CURSO DE DIREITO PROCESSUAL CIVIL

MISAEL MONTENEGRO FILHO

CURSO DE DIREITO PROCESSUAL CIVIL

TEORIA GERAL DOS RECURSOS, RECURSOS EM ESPÉCIE E PROCESSO DE EXECUÇÃO

VOLUME 2

11ª edição

De acordo com o novo CPC

SÃO PAULO
EDITORA ATLAS S.A. – 2015

1. ed. 2005; 2. ed. 2006; 3. ed. 2006; 4. ed. 2007; 5. ed. 2009;
6. ed. 2010; 7. ed. 2011; 8. ed. 2012; 9. ed. 2013; 10. ed. 2014;
11. ed. 2015

Capa: Leonardo Hermano
Composição: Formato Serviços de Editoração Ltda.

Dados Internacionais de Catalogação na Publicação (CIP)
(Câmara Brasileira do Livro, SP, Brasil)

Montenegro Filho, Misael
Curso de direito processual civil, volume 2: teoria geral dos recursos, recursos em espécie e processo de execução / Misael Montenegro Filho. – 11. ed. – São Paulo : Atlas, 2015.

Bibliografia.
ISBN 978-85-224-9768-3
ISBN 978-85-224-9769-0 (PDF)

1. Processo civil 2. Processo civil – Brasil I. Título.

0472-40
CDD-347.9(81)

Índice para catálogo sistemático:

1. Brasil : Direito processual civil 347.9(81)

Depósito legal na Biblioteca Nacional conforme Lei nº 10.994, de 14 de dezembro de 2004.

Impresso no Brasil/*Printed in Brazil*

Editora Atlas S.A.
Rua Conselheiro Nébias, 1384
Campos Elísios
01203 904 São Paulo SP
011 3357 9144
atlas.com.br

A quem dedico

Ao meu filho Pedro, por ter modificado a minha vida (ou o modo de vê-la) depois do seu nascimento. Hoje compreendo que Deus foi muito bondoso comigo.

A Camila, filha igualmente amada, sobressaltando-me com os seus gestos tão delicados.

À minha esposa Mônica, com todo amor.

Sumário Geral

Volume 1

Volume 2

Volume 3

Sumário do Volume 2

Abreviaturas e Siglas

AASP – Associação dos Advogados de São Paulo

ac. – acórdão

ADCOAS – Série – Jurisprudência ADCOAS

ADin – Ação direta de inconstitucionalidade

ADV – Advocacia

Ag. – Agravo

AGA – Agravo regimental no agravo de instrumento

Agdo – Agravado

AGREsp – Agravo regimental em recurso especial

AgRg – Agravo regimental

AGRMC – Agravo em medida cautelar

Agte – Agravante

AI – Agravo de instrumento

Ajuris – *Revista da Associação dos juízes do Rio Grande do Sul*

Amagis – *Revista da Associação dos Magistrados Mineiros*

ampl. – ampliada

AO – Ação ordinária

Ap. – Apelação

Apel. – Apelação

art. – artigo

ATARJ – Arquivos dos Tribunais de Alçada do Estado do Rio de Janeiro

atual. – atualizada

Bol. AASP – *Boletim da Associação dos Advogados de São Paulo*

Câm. – Câmara

CC – Código Civil

CDC – Código de Proteção e Defesa do Consumidor

CDPriv. – Câmara de direito privado

CF – Constituição Federal

Cód. – Código

CODJERJ – Código de Organização e Divisão Judiciárias do Estado do Rio de Janeiro

Colet. – coletânea

Concl. – conclusão

CP – Código Penal

CPC – Código de Processo Civil

CPP – Código de Processo Penal

CTN – Código Tributário Nacional

Dec. – Decreto

Dec. leg. – Decreto Legislativo

Dec. lei – Decreto-lei

Des. – Desembargador, Desembargadora

DJ – *Diário da Justiça*

DJU – *Diário da Justiça da União*

DOU – *Diário Oficial da União*

DT – Decisório Trabalhista

ECA – Estatuto da Criança e do Adolescente

ED – Embargos de Divergência

ed. – edição

Ed. – editora

EDcl – Embargos de Declaração

EDRESP – Embargos de Declaração em Recurso Especial

EI – Embargos Infringentes

em. – ementa

embs. – embargos

EMERJ – Escola da Magistratura do Estado do Rio de Janeiro

ENTA – Encontro Nacional de Tribunais de Alçada

EREsp – Embargos de divergência em recurso especial

GenesisTrab – Genesis Revista de Direito do Trabalho

HC – *Habeas corpus*

j. – julgado

JB – Jurisprudência Brasileira

JC – Jurisprudência Catarinense

JSTF – Jurisprudência do Supremo Tribunal Federal

JSTJ – Jurisprudência do Superior Tribunal de Justiça

JTA – Julgados dos Tribunais de Alçada Civil de São Paulo

JTACivSP – Jurisprudência do Tribunal de Alçada Cível de São Paulo

JTAMG – Julgados do Tribunal de Alçada do Estado de Minas Gerais

JTARS – Julgados do Tribunal de Alçada do Rio Grande do Sul

JTFR – Jurisprudência do Tribunal Federal de Recursos

JTJ – Julgados do Tribunal de Justiça

JTJRS – Jurisprudência do Tribunal de Justiça do Rio Grande do Sul

JTS – Julgados dos Tribunais Superiores

LA – Lei de Alimentos

LACP – Lei da Ação Civil Pública

LArb – Lei de Arbitragem

LEF – Lei de Execuções Fiscais

LEJ – Lei dos Juizados Especiais Cíveis

Lex-JTA – Lex-jurisprudência dos Tribunais de Alçada Civil de São Paulo

LI – Lei do Inquilinato

LICC – Lei de Introdução ao Código Civil

LIP – Lei de Investigação de Paternidade

LMS – Lei do Mandado de Segurança

LOMN – Lei Orgânica da Magistratura Nacional

LRP – Lei de Registros Públicos

LTr – *Revista Legislação Trabalhista*

Med. Caut. – Medida Cautelar

Med. Prov. – Medida Provisória

MI – Mandado de Injunção

Min. – Ministro, Ministra

MP – Ministério Público

MS – Mandado de Segurança

mv – maioria de votos

n. – número

OAB – Ordem dos Advogados do Brasil

p. – página

p. ex. – por exemplo

priv. – privado

RCiJur – Revista Ciência Jurídica

RCJF – Regimento de Custas da Justiça Federal

RDA – *Revista de Direito Administrativo*

RDC – *Revista de Direito Civil, Imobiliário, Agrário e Empresarial*

RDJTJDF – *Revista de Doutrina e Jurisprudência do Tribunal de Justiça do Distrito Federal e dos Territórios*

RDP – *Revista de Direito Público*

RDTJRJ – *Revista de Direito do Tribunal de Justiça do Rio de Janeiro*

RE – Recurso Extraordinário

Recdo – Recorrido

Recte – Recorrente

Rel. – Relator

Renovar – *Revista de Direito Renovar*

Res. – Resolução

REsp – Recurso Especial

rev. – revisada

RF – *Revista Forense*

RISTF – Regimento Interno do STF

RISTJ – Regimento Interno do STJ

RITJPE – Regimento Interno do Tribunal de Justiça de Pernambuco

RJ – *Revista Jurídica*

RJDTACrimSP – *Revista de Julgados e Doutrina do Tribunal de Alçada Criminal do Estado de São Paulo*

RJEsp – *Revista dos Juizados Especiais*

RJM – *Revista Jurisprudência Mineira*

RJMin – *Revista Jurídica Mineira*

RJTAMG – *Revista de Jurisprudência do Tribunal de Alçada de Minas Gerais*

RJTJERGS – *Revista de Jurisprudência do Tribunal de Justiça do Rio Grande do Sul*

RJTJESP – *Revista de Jurisprudência do Tribunal de Justiça do Estado de São Paulo*

RJTJRS – *Revista de Jurisprudência do Tribunal de Justiça do Rio Grande do Sul*

RJTJSP – *Revista de Jurisprudência do Tribunal de Justiça de São Paulo*

RMS – Recurso em Mandado de Segurança

ROMS – Recurso Ordinário em Mandado de Segurança

RP – *Revista de Processo*

RPS – *Revista de Previdência Social*

RST – *Revista Síntese Trabalhista*

RSTJ – *Revista do Superior Tribunal de Justiça*

RT – *Revista dos Tribunais*

RTFR – *Revista do Tribunal Federal de Recursos*

RTJ – *Revista trimestral de jurisprudência*

RTJE – *Revista Trimestral de Jurisprudência dos Estados*

RTRF-3ª – *Revista do Tribunal Regional Federal da 3ª Região*

RTRF-4ª – *Revista do Tribunal Regional Federal da 4ª Região*

SFH – Sistema Financeiro de Habitação

SIMP – Simpósio de Curitiba, realizado em outubro de 1975

ss – seguintes

STF – Supremo Tribunal Federal

STJ – Superior Tribunal de Justiça

Supl. – suplemento

T – Turma

TA – Tribunal de Alçada

TACivSP – Tribunal de Alçada Civil de São Paulo

TACSP – Tribunal de Alçada Civil de São Paulo

TAPR – Tribunal de Alçada do Paraná

TFR – Tribunal Federal de Recursos

tir. – tiragem

tit. – título

TJDF – Tribunal de Justiça do Distrito Federal

TJMS – Tribunal de Justiça do Mato Grosso do Sul

TJMT – Tribunal de Justiça do Mato Grosso

TJRJ – Tribunal de Justiça do Rio de Janeiro

TJRS – Tribunal de Justiça do Rio Grande do Sul

TJSP – Tribunal de Justiça de São Paulo

TRF – Tribunal Regional Federal

UF – União Federal

un. – unânime

v. – volume

V ENTA – 5º Encontro Nacional dos Tribunais de Alçada, realizado no Rio de Janeiro, em novembro de 1981

v. g. – *verbi gratia*

VI ENTA – 6º Encontro Nacional dos Tribunais de Alçada, realizado em Belo Horizonte, em junho de 1983

v.u. – votação unânime

Prefácio

Muitas foram as obras de direito processual civil neste país, sob a forma de curso, em face do interesse renovado por esse ramo após a promulgação do Código de Processo Civil em vigor, a partir da década de 1970. Nossos processualistas daquela primeira hora preocuparam-se detidamente com as novas estruturas trazidas então pelo Código Buzaid, alguns deles, senão a maioria, preocupados excessivamente com o tecnicismo. Mas recentemente e mercê de inúmeras alterações no estatuto processual civil, as obras de processo retratam um sentido mais prático, mais preocupados que estamos todos nós com as amarras que dificultam a Justiça e o seu acesso.

O Código Civil de 2002 abre um novo leque de conjecturas e meditações acerca da aplicação do Direito, apontando indubitavelmente novos caminhos ao processo, caminhos mais humanos, mais sociais, mas éticos e menos desvinculados de formalismos arcaicos, que ainda adornam nossa ciência processual.

Desse modo, as novas obras de processo civil devem inaugurar uma terceira fase, abandonando a técnica exagerada e não se prendendo exclusivamente à prática. É evidente que uma não vive sem a outra. Porém, mais do que isso, o processo, por força de todas e tamanhas vicissitudes que enfrentamos nos tribunais deste Brasil, em todos os níveis, deve sofrer uma reformulação de base, que não depende exclusivamente de reformas legislativas. As novas formas de resolução de conflitos, como a negociação e a conciliação, que antecedem a instauração da lide, passam a ser essenciais em nossa sociedade. Desse modo, há que se abandonar a velha fórmula arraigada por tantos anos em nossa cultura no sentido de que todas as nossas quesilhas e questiúnculas devam desembocar no Judiciário. Há inúmeras situações, hoje perfeitamente claras, que não devem sofrer o crivo de um processo judicial. Nem por isso, contudo, afastam-se as regras de procedimento, as regras de processo, em qualquer situação de solução de demandas que se proponha.

A obra de Misael Montenegro Filho inaugura, sem dúvida, essa terceira fase de trabalhos completos de direito processual. Como resultado de sua experiência de advogado e professor, Misael nos apresenta um escrito completo sobre processo, de fácil compreensão. O leitor notará que os tópicos são realçados, bem divididos e diretos, de fácil localização, sem firulas doutrinárias ou dogmáticas, tão a gosto de autores presos ao passado, o que facilita sobremaneira a consulta de uma obra ampla, mas sem prejudicar sua leitura discursiva e completa. Ao final de cada capítulo há uma síntese conclusiva que mais ainda encoraja a busca do texto desejado, além de indicações sumulares, sobremaneira úteis para o operador do Direito.

Não passa despercebido ao insigne e promissor autor desta obra que o processo civil brasileiro está em descompasso com nossa realidade social, que há necessidade de torná-lo mais acessível à nossa população, na medida em que a Justiça tem que alcançá-la. Como afirma em suas palavras introdutórias, o processo é instrumento para o juiz, que deve ser ético e humano. Fora desses desígnios, o processo será, como frequentemente tem sido, um obstáculo para atingir a Justiça. Esse é exatamente o sentido que o professor Misael Montenegro Filho imprime nesta obra ampla, que denota dedicado labor e técnica do artesão e do artífice.

Neste novo século, quando passamos a conviver com um novo Código Civil, calcado em amplos princípios sociais, esta obra vem em momento oportuno, pois o novo processo deve acompanhar e se adaptar a esse novo universo de direito material. O Direito mudou nestes últimos anos. A sociedade exige novas respostas. Os velhos temas devem receber novas vestes. Os operadores do Direito encontrarão neste trabalho de direito processual civil um quadro muito claro dessas novas exigências, o qual, aliado à clareza e didática do texto, colocará Misael entre nossos estudantes e profissionais da área e entre as referências obrigatórias e os mais importantes cultores de nossa ciência processual.

Sílvio de Salvo Venosa

NOTA À 11ª EDIÇÃO

Faço minhas as palavras de Mário Quintana: *Bendito quem inventou o belo truque do calendário, pois o bom da segunda-feira, do dia 1º do mês e de cada ano novo é que nos dão a impressão de que a vida não continua, mas apenas recomeça...*

O 1º dia do ano de 2015 nos dá a impressão de que a vida não continua, mas apenas recomeça, e, para nós, processualistas, recomeça com um novo CPC, aprovado em dezembro do ano que se encerra.

Nesta edição, atualizamos a obra com foco no novo CPC, tentando auxiliar o nosso leitor para o enfrentamento de uma nova realidade processual. É um dos nossos principais desejos para 2015...

Misael Montenegro Filho

NOTA À 10ª EDIÇÃO

Estamos encerrando o ano de 2013 com um fato que o marca, para os estudiosos do direito processual civil: a aprovação do projeto do novo CPC pela Câmara dos Deputados. Com isso, temos a real possibilidade de aprovação final do projeto pelo Senado Federal, em 2014, o que pode impactar na vida dos operadores do direito e da sociedade em geral.

Só (tudo) isso já justifica uma nova edição de nossa obra, além do esgotamento da edição anterior, o que muito nos estimula e nos incentiva a continuar escrevendo sobre o processo civil.

O encerramento de um ano é cercado de promessas: alguns dizem que vão emagrecer, outros juram que vão parar de fumar. No meu caso, prometo me manter focado no estudo dessa área do direito que tanto me encanta. Que venha 2014. Desejo um ano repleto de realizações para todos. Abraços,

Misael Montenegro Filho

Nota à 9ª Edição

Dizem que teremos um novo Código de Processo Civil em 2012. Só isso já justifica uma nova edição do nosso CURSO DE DIREITO PROCESSUAL CIVIL, compreendendo os seus três volumes. Nesta nova edição, além de simplificarmos a linguagem e de revisarmos algumas considerações, acompanhando a jurisprudência, fazemos um confronto entre o CPC de 1973 e o projeto do novo CPC, antecipando discussões, para que o operador do direito comece a se familiarizar com a nova realidade processual.

Não obstante o desafio do convívio com o novo Código, insistimos que a nossa realidade processual só será efetivamente alterada quando mudarmos a nossa cultura, valorizando mais a conciliação e a mediação, em detrimento do litígio. O projeto do novo CPC se preocupa com isso, prevendo que todas as ações serão iniciadas com a designação da audiência de tentativa de conciliação ou com o encaminhamento dos autos a um mediador.

Que essa nova técnica permita que o processo seja encerrado em menor espaço de tempo, sem jamais descuidarmos da pretendida qualidade das decisões judiciais, caso a proposta de conciliação não seja acolhida pelas partes. É tempo de um novo processo. Vamos estudá-lo juntos!!!

Misael Montenegro Filho

AGRADECIMENTOS

A Deus, pela força necessária para concluir esta etapa do projeto.

Ao amigo Eduardo Athayde, por todas as horas dedicadas à digitação de textos deste volume, quando o cansaço impedia a digitação por mãos próprias.

Ao também amigo Luiz Henrique Alcoforado, assim como o fiz no volume 1, pela preciosa colaboração na revisão do texto e no oferecimento de sugestões qualificadas para o seu aperfeiçoamento.

Introdução

Conforme anotações lançadas no volume 1 desta obra, voltado ao trato das peculiaridades da *Teoria Geral do Processo e do Processo de Conhecimento*, este é um trabalho de três volumes, interligados de forma associada, pretendendo estabelecer uma trilogia científica que se aproxime da rotineira dinâmica do processo, com *início*, *meio* e *fim*.

Este volume debruça-se sobre a análise da *Teoria Geral dos Recursos, dos Recursos em espécie e do Processo de Execução*, mantendo-se a mesma filosofia do volume de abertura do *Curso*, ou seja, de tratar do processo civil de forma simplificada, com linguagem acessível, sob a ótica de que a aplicação da lei adjetiva ao caso concreto, modernamente desapegada do formalismo exacerbado, prega a simplicidade das formas, valorizando o fim almejado, que é o de o Estado liberar-se da função jurisdicional, estágio apenas alcançado com a pacificação do conflito de interesses que gerou o exercício do direito de ação.

O capítulo inicial deste volume recebeu o número 13 em face dos 12 capítulos alinhados no volume 1, o que de igual sorte explica a razão de a matéria de execução ter sido alocada no *Capítulo 14* e da defesa do réu habitar o *Capítulo 15*. No término de cada um deles, tratamos de apontar os principais temas contemplados em *sínteses conclusivas*, no propósito de reforçar a compreensão dos textos maiores, seguidas da reprodução de súmulas de tribunais de referência (principalmente do STF e do STJ) sobre os assuntos englobados em cada compartimento do livro.

Assim nos comportamos em vista da constatação de que a jurisprudência de nossos tribunais tem-se qualificado como fonte primária do direito processual civil em alguns temas, complementando a lei positivada ou atuando como verdadeira norma (embora não escrita), quando não edificada – em letras – disposição para tutelar todas as inquietudes da tramitação de uma ação judicial.

Deixamos de tratar das questões relacionadas à *ordem dos processos nos tribunais* e à *Declaração de inconstitucionalidade* em pontos específicos pela razão de que o primeiro tema acabou sendo contemplado em cada uma das espécies recursais, já que alinhamos pensamentos sobre a dinâmica dos recursos em espécie no desfecho das partes do livro a eles destinadas. O segundo tema foi tratado por ocasião do enfrentamento da hipótese de cabimento do recurso extraordinário embasado na alínea *b,* inciso III do art. 102 da CF.

Especificamente, no Capítulo 14 reproduzimos o texto do Projeto-lei nº 3.253/2004, que se propõe a alterar o panorama da ação de execução por quantia certa, transmudando a sua natureza jurídica (de ação para mera fase do processo de conhecimento). Com a providência, pretendemos antecipar a discussão do assunto, a fim de que o leitor forme a sua opinião e domine o assunto em regime de antecipação, aplicando o mandamento 1 de Eduardo Couture (*"Estuda. O direito se transforma constantemente. Se não seguires seus passos serás cada dia menos Advogado"*).

Não vamos nos alongar na apresentação do volume, no afã de que o leitor se interesse pela sua parte central, que é o texto científico em si. No entanto, e no momento em que assumi este projeto, decidi – de forma nostálgica – que através dele homenagearia meu pai, que não conheci como devia, porque prematuramente nos deixou (a mim, à minha irmã e a todos os que o amavam).

Não há outra forma de melhor homenageá-lo do que, mais uma vez – como o fizemos no volume 1 –, reproduzir texto que escreveu no passado para ser lido no futuro, com o necessário discernimento:

"Sinto pouco
Espero ainda menos

E distraído
Sou capaz de alumbramentos

Eu sou momentos
Sou risos e sou prantos
Quase sem envolvimento

Mais descubro novidades
Mais sou preso de saudades

Mas aprendo
Aprendo pouco
Em pouco tempo."

Meu pai. A escrita deste trabalho deu a mim a oportunidade de *aprender muito em pouco tempo* e, além de aprender, de compreender que o conteúdo deste livro não foi para mim escrito, mas para os seus leitores. Obrigado. Sua poesia me inspirou.

Misael Montenegro Filho

13

Recursos

decisão recorrida julgar válida lei local contestada em face de lei federal; 13.17.4 Dinâmica do recurso especial e do recurso extraordinário; 13.17.5 Recurso especial e recurso extraordinário retidos; 13.18 Embargos de divergência; 13.18.1 Dinâmica do recurso de embargos de divergência; 13.19 Síntese conclusiva; 13.20 Principais súmulas aplicáveis aos assuntos tratados.

13.1 RECURSO – CONCEITO

No volume 1 desta obra – onde estudamos a *Teoria Geral do Processo* e o *Processo de Conhecimento* –, demonstramos que o Estado assumiu de forma (quase) monopolizada a tarefa de pacificar os conflitos de interesses, desde que o autor exercite o *direito de ação*, acarretando a formação de um *processo*, que se desdobra por meio de um *procedimento* (*comum*, nas espécies do comum ordinário e do sumário, ou *especial*, além do *procedimento sumaríssimo*, disciplinado em legislação esparsa).

O procedimento (do latim *procedere*) representa um *caminhar para a frente*, desde a formação do processo – marcada pela distribuição da petição inicial – até a prolação da sentença, que é o pronunciamento judicial que põe fim à fase de conhecimento com ou sem a resolução do mérito, a depender da presença (ou não) das condições da ação e dos pressupostos de constituição (petição inicial, jurisdição, citação e capacidade postulatória, exclusivamente para o autor) e de desenvolvimento válido e regular do processo (petição inicial apta, autoridade jurisdicional competente e citação válida).

Não obstante a afirmação, temos de compreender que, no curso do processo, várias decisões judiciais podem ser proferidas pelo magistrado, causando prejuízo a uma das partes, ao Ministério Público ou a um terceiro, justificando a possibilidade de serem revistas pelo próprio órgão jurisdicional que a *criou* ou – geralmente – por autoridade de hierarquia superior (tribunais).

Alguns pronunciamentos judiciais são marcados pela inexistência de prejuízo para a parte, característica que marca os *despachos* (§ 3º do art. 162),[1] tão somente objetivando assegurar a marcha processual, permitindo o desfecho da relação em etapas sucessivas, estágio apenas alcançado com a efetiva entrega da prestação jurisdicional, desincumbindo-se o Estado do dever assumido anteriormente (eliminar o conflito de interesses).

Outros pronunciamentos, ao contrário, sempre causam prejuízo a uma das partes, característica das *decisões interlocutórias* (§ 2º do art. 162),[2] das *sentenças* (§

---

1 "Art. 162. *Omissis*. § 3º São despachos todos os demais atos do juiz praticados no processo, de ofício ou a requerimento da parte, a cujo respeito a lei não estabelece outra forma. *Omissis*."

2 "Art. 162. *Omissis*. § 2º Decisão interlocutória é o ato pelo qual o juiz, no curso do processo, resolve questão incidente. *Omissis*." **O novo CPC estabelece a regra de que *decisão interlocutória é todo***

1º do art. 162)[3] e dos *acórdãos* (art. 163),[4] prolatados pelos tribunais, representando pronunciamento colegiado (da lavra de mais de um julgador). É desses pronunciamentos prejudiciais à parte que nos ocupamos, sobre eles assentando-se toda a dogmática da matéria recursal.

O recurso é o instrumento processual voluntariamente utilizado pelo legitimado que sofreu prejuízo decorrente da decisão judicial, para obter a sua *reforma*, a sua *invalidação*, o seu *esclarecimento* ou a sua *integração*, com a expressa solicitação de que nova decisão seja proferida, que pode ou não substituir o pronunciamento hostilizado.

A nova decisão, que *responde* ao recurso da parte, pode ser proferida pela própria autoridade que prolatou a anterior ou pelo tribunal que seja imediatamente superior à comentada autoridade, em tese ensejando a interposição de outro recurso.

O traço marcante dos recursos é o de que a revisão do pronunciamento judicial ocorre no âmbito do próprio processo, sem ensejar a formação de nova relação jurídico-processual. N'outro modo de dizer, não se forma um novo processo para que a decisão seja revista; **a revisão é *endoprocessual***, no curso da ação que envolve o autor, o réu e o magistrado que *criou* a decisão atacada pelo recurso, quando muito sendo tratado como uma espécie de apêndice processual, como observamos com o recurso de agravo de instrumento, que forma autos no tribunal competente para conhecer a espécie.

A formação dos autos distanciados da ação da qual o recurso se originou não representa um novo processo, uma nova relação jurídica, mas tão somente um *apêndice*, desdobrado do processo originário.[5]

Determinados instrumentos processuais podem ensejar a revisão de pronunciamento judicial proferido nos autos de outra ação, como o *mandado de segurança* (Lei nº 12.016/09), a *ação rescisória* (arts. 485 ss), a *ação anulatória* (art. 486) e a *ação declaratória de nulidade de ato judicial* (denominada por parte da doutrina *querella*

***pronunciamento judicial de natureza decisória* que não põe fim à fase cognitiva do procedimento comum e que não extingue a execução.**

3 "Art. 162. *Omissis*. § 1º Sentença é o ato do juiz proferido conforme os arts. 267 e 269 desta Lei. *Omissis*."

4 "Art. 163. Recebe a denominação de acórdão o julgamento proferido pelos tribunais." **O novo CPC estabelece a regra de que *recebe a denominação de acórdão o julgamento colegiado proferido pelos tribunais*.**

5 Precisa a lição da doutrina especializada: "Há que se notar que existe um recurso – o agravo de instrumento – em que são formados autos apartados, os quais são enviados ao tribunal, enquanto os autos principais permanecem com o juízo de primeira instância. Isto não altera, porém, o que acabou de ser dito. A formação de novos autos não implica o aparecimento de processo novo. O que se tem na hipótese é um desdobramento do procedimento, o qual irá pender, simultaneamente, perante o juízo de primeiro grau e o tribunal" (CÂMARA, Alexandre Freitas. *Lições de direito processual civil*. 7. ed. Rio de Janeiro: Lumen Juris, 2004. v. II, p. 54).

nulitatis insanabilis), sendo em tese possível pelas citadas vias assistirmos ao ataque de decisão (interlocutória ou sentença) proferida nos autos de processo distinto.

Exemplificativamente, observe a situação que envolve uma ação possessória, na qual foi deferida liminar em favor do autor (decisão interlocutória). O pronunciamento em referência pode ser atacado nos próprios autos do processo, através da interposição do recurso de agravo. Não obstante a prerrogativa, não se afasta (em tese) o cabimento do mandado de segurança, uma vez escoado o prazo para a interposição do recurso de agravo de instrumento, desde que a decisão judicial seja teratológica[6] (*monstruosa*, segundo conceito enciclopédico).

Não queremos com isto afirmar que as decisões interlocutórias podem sempre ser combatidas através da impetração do mandado de segurança, já que o inciso II do art. 5º da Lei nº 12.016/09[7] veda o cabimento da ação mandamental para o combate de decisão judicial passível de impugnação através de recurso dotado do efeito suspensivo, por evidente ausência do interesse de agir, já que idêntico resultado prático (o combate da decisão) pode ser obtido por meio processual mais singelo (da interposição do recurso cabível).

Apenas pretendemos afirmar que a impugnação da decisão através da impetração do mandado de segurança representa reação *extraprocessual*, dando ensejo à formação de um novo processo, finalizado por sentença autônoma; por esta razão, não se qualifica como recurso, já que, se recurso fosse, a decisão poderia ser atacada nos próprios autos do processo em que foi proferida.

Aos instrumentos que podem impugnar as decisões através da formação de nova relação jurídico-processual atribuímos a denominação de **sucedâneos recursais**,[8] sobressaindo o *mandado de segurança*, a *ação rescisória*, a *correição parcial*, a *recla-*

---

[6] "O mandado de segurança não pode constituir-se em sucedâneo recursal, sendo admitido pela jurisprudência apenas para (salvante casos excepcionais, de erro teratológico ou de ofensa ostensiva e direta a norma constitucional relevante) atribuir efeito suspensivo ao agravo cabível. Negativa de provimento a recurso ordinário" (ROMS 1362 – SP, 4ª Turma do STJ, rel. Min. ATHOS GUSMÃO CARNEIRO) (grifamos).

[7] "Art. 5º Não se concederá mandado de segurança quando se tratar: *omissis*; II – de decisão judicial, da qual caiba recurso com efeito suspensivo." O entendimento em exame é ratificado pela **Súmula 267 do STF**, assim assentada: "Não cabe mandado de segurança contra ato judicial passível de recurso ou correição."

[8] Ilustrativa a lição de ARAKEN DE ASSIS: "O critério para agrupar institutos tão discrepantes sob o excêntrico rótulo 'sucedâneos dos recursos' só pode ser o da exclusão: toda vez que faltarem a determinado remédio as notas essenciais do conceito de recurso, ou seja, a previsão legal (princípio da taxatividade), a voluntariedade na interposição e o desdobramento no processo pendente, em que pese produzir idênticas finalidades, incluir-se-ão dentre os meios aptos a impugnar resoluções judiciais" (ASSIS, Araken de. *Introdução aos sucedâneos recursais*. In: NERY JUNIOR, Nelson; WAMBIER, Teresa Arruda Alvim. *Aspectos polêmicos e atuais dos recursos e de outros meios de impugnação às decisões judiciais*. São Paulo: Revista dos Tribunais, 2002. v. 6, p. 17).

mação e o *pedido de reconsideração*. Recursos não são, por não atacarem os pronunciamentos emanam na própria ação na qual a decisão foi proferida.

Não obstante as colocações, alguns sucedâneos recursais acabam *fazendo as vezes de recurso*, permitindo a revisão e a modificação da decisão combatida nos próprios autos da ação judicial, como na situação que envolve o acolhimento do intitulado *pedido de reconsideração*, que não é recurso, tendo sido criado pela dinâmica forense e referendado por todos os órgãos do Poder Judiciário. É tipicamente apresentado à autoridade que proferiu decisão interlocutória, não suspendendo ou interrompendo o prazo para a interposição do recurso adequado, no caso o agravo, na espécie retida ou instrumental.

Quando a autoridade judicial acolhe as alegações da parte, não obstante a possibilidade de determinar a modificação da decisão interlocutória, não podemos considerar que o pedido de reconsideração seja espécie recursal, sobretudo em face do *princípio da taxatividade*, a ser estudado em linhas seguintes.

Concluímos que o recurso representa *remédio* processual de utilização voluntária da parte que tenha sido prejudicada por pronunciamento judicial de cunho decisório, possibilitando o seu reexame no âmbito da relação processual da qual se origina, sendo excepcionalmente cognoscível pela própria autoridade que externou a decisão ou por órgão que lhe seja hierarquicamente superior (o que é a regra).

O recurso representa a **possibilidade de ataque da decisão judicial no curso da própria ação na qual o pronunciamento foi proferido**, diferenciando-se dos instrumentos que viabilizam seu combate fora do processo. Para que o recurso seja admitido, a parte terá de preencher os **requisitos de admissibilidade**, garantindo a apreciação do seu mérito.

Alertamos ao leitor que tramita na Casa Legislativa Federal proposta de alteração de dispositivos da Carta Magna, em complemento às *Reformas do Poder Judiciário,* com inegável repercussão na matéria recursal. Apenas para exemplificar, é defendida a atribuição de competência ao STJ para editar súmula que, a partir da sua publicação, constituir-se-ia em impedimento à interposição de quaisquer recursos contra a decisão que a houver aplicado, como se depreende através da leitura de dispositivo constitucional de adoção proposta:

> *"Art. 105-A O Superior Tribunal de Justiça poderá, de ofício ou por provocação, mediante decisão de dois terços dos seus membros, após reiteradas decisões sobre a matéria, aprovar súmula que, a partir de sua publicação, constituir-se-á em impedimento à interposição de quaisquer recursos contra a decisão que a houver aplicado, bem como proceder à sua revisão ou cancelamento, na forma estabelecida em lei. § 1º A súmula terá por objetivo a validade, a interpretação e a eficácia de normas determinadas, acerca das quais haja controvérsia atual entre órgãos judiciários ou entre esses e a administração pública que acarrete grave insegurança jurídica e relevante multiplicação de processos sobre questão idêntica. § 2º Sem prejuízo do que vier a ser estabelecido em lei, a aprovação, revisão ou cancelamento*

de súmula poderá ser provocada originariamente perante o Superior Tribunal de Justiça por aqueles que podem propor a ação direta de inconstitucionalidade. § 3º São insuscetíveis de recurso e de quaisquer meios de impugnação e incidentes as decisões judiciais, em qualquer instância, que dêem a tratado ou lei federal a interpretação determinada pela súmula impeditiva de recurso."

13.2 RECURSO – OBJETO

O objeto do recurso é a **decisão judicial** que causa prejuízo, não se admitindo a sua interposição para o combate a pronunciamentos que apenas impulsionam o processo sem acarretar prejuízos para qualquer das partes, para o Ministério Público ou para terceiro,[9] característica marcante dos *despachos* (como exemplos: determinação judicial para que a secretaria do juízo designe dia e hora para a realização da audiência de instrução e julgamento; para que uma das partes manifeste-se sobre documento atado aos autos pelo seu opositor; para que os autos sejam remetidos ao contador etc.).

A justificativa para não permitir a interposição do recurso contra pronunciamento judicial que não tenha causado gravame à parte, ao Ministério Público e/ou ao terceiro prejudicado funda-se na **ausência do interesse recursal**, que é requisito de admissibilidade dos recursos, tema estudado em linhas seguintes.

13.2.1 Possibilidade de interposição do recurso contra o pronunciamento que ordena a citação do réu

Como regra, não se admite a interposição de recurso contra o despacho que ordena a citação do réu, convocando-o para oferecer a defesa no processo, parte da jurisprudência entendendo que esse pronunciamento não causa prejuízo ao réu,[10] caracterizando-se como despacho. Não concordamos com esse entendimento, sobretudo quando o despacho que ordena a citação do réu não é fundamentado, ou seja, quando não reconhece a coexistência das condições da ação e dos pressupostos

---

9 A distinção entre a decisão interlocutória e o despacho de mero expediente está bem *desenhada* no julgado adiante transcrito: "**Enquanto os despachos são pronunciamentos meramente ordinatórios, que visam impulsionar o andamento do processo, sem solucionar controvérsia, a decisão interlocutória, por sua vez, ao contrário dos despachos, possui conteúdo decisório e causa prejuízo às partes**. O pronunciamento judicial que determina a intimação da parte, como no caso, onde inocorre excepcionalidade, é meramente ordinatório e visa impulsionar o feito, sem causar qualquer gravame" (REsp 195848 – MG, 4ª Turma do STJ, rel. Min. SÁLVIO DE FIGUEIREDO TEIXEIRA, em transcrição parcial) (grifamos).

10 "**O despacho que determina a citação do devedor, em execução fiscal, não ostenta natureza decisória, na configuração que lhe empresta o art. 162 do CPC, o que revela sua irrecorribilidade**. Precedentes jurisprudenciais desta Corte. Recurso Especial improvido" (REsp 537379 – RN, 1ª Turma do STJ, rel. Min. LUIZ FUX) (grifamos).

processuais, sendo ato mecânico (*Cite-se o réu para oferecer defesa no prazo legal, sob pena de revelia*, por exemplo), causando prejuízo ao réu quando a simples leitura da petição inicial revelar a ausência de uma das condições da ação, o que é visível, ou o não preenchimento de pressuposto de constituição do processo.

Exemplos multiplicam-se, bastando citar o exercício do direito de ação por autor manifestamente ilegítimo, situação que se constata de plano; a distribuição de ação inaugurada por petição inicial não assinada por advogado inscrito nos quadros da OAB etc. O despacho que determina o aperfeiçoamento da citação, nessas hipóteses, acarreta prejuízo processual ao réu, autorizando a interposição do recurso de agravo, já que o magistrado, ao receber a inicial, deve verificar se foram (ou não) preenchidos os requisitos do art. 282, se estão presentes (ou não) as condições da ação e os pressupostos de constituição e de desenvolvimento válido e regular do processo.[11]

Poder-se-ia afirmar que a existência dos vícios processuais pode ser denunciada pelo réu tão logo apresente a defesa nos autos. N'outro modo de dizer, a manifestação posterior do réu tem força suficiente para determinar o encerramento do processo, através de sentença extintiva, que não aprecia o mérito, vale dizer, que não atribui o direito material nem ao autor, nem ao réu, em tese permitindo o ingresso de nova ação fundada nos mesmos elementos (partes, causa de pedir e pedido), desde que seja possível eliminar o vício que impôs a extinção anterior.

Isso ocorrendo, providenciada a extinção do processo sem a resolução do mérito, não haveria prejuízo para o réu, a justificar a alegação de que o magistrado teria causado prejuízo ao demandado no instante em que recebeu a petição inicial com o vício sem obstar o seu andamento. Não podemos concordar com a alegação, já que a moderna processualística afirma de modo peremptório que a função jurisdicional não se resume à existência do processo e de um pronunciamento judicial que lhe ponha termo.

Além disso, temos de contemplar a jurisdição pelo aspecto do *tempo do processo*, o que anima os doutrinadores a afirmar que prestar a função jurisdicional significa resolver o conflito de interesses no menor espaço de tempo possível, na busca do *processo de resultados.*[12] A demora na eliminação do vício processual, pelo fato de o

---

11 O entendimento é compartilhado por parte da doutrina, como se colhe do seguinte ensinamento: "Assim, este pronunciamento judicial positivo tem, sem dúvida alguma, conteúdo decisório. Não pode ser considerado como mero impulso processual, o juiz não dá pura e simplesmente andamento ao processo. É mais do que isso. Aliás, se fosse negativo o processo seria extinto sem julgamento de mérito. Nestas condições, evidenciado o conteúdo decisório deste pronunciamento judicial, a conclusão só pode ser em um sentido: trata-se de decisão interlocutória. Não podemos, de forma alguma, concordar com a expressão 'despacho liminar positivo', apesar de o legislador processual, no artigo 285, ter usado a expressão 'estando em termos a petição inicial, o juiz a despachará ordenando a citação do réu...'" (GIANESINI, Rita. Da recorribilidade do "cite-se". In: NERY JUNIOR, Nelson; WAMBIER, Teresa Arruda Alvim. *Aspectos polêmicos e atuais dos recursos cíveis e de outras formas de impugnação às decisões judiciais*. São Paulo: Revista dos Tribunais, 2001. v. 4, p. 938).

12 "Dois fatores informativos preponderaram no processo civil: segurança e efetividade. Durante muito tempo, ousamos dizer que ao longo de quase todo o século XX, o primeiro foi seguido à exaustão. O

magistrado ter determinado a citação do réu quando era hipótese de indeferimento da inicial, retrata injustiça processual, não se podendo afirmar que a jurisdição foi devidamente prestada.

É que o ônus imposto ao réu de apresentar a defesa para denunciar a existência do vício levado para o processo através da petição inicial implica o seu envolvimento com demanda fadada ao insucesso, sem falar nos custos financeiros do litígio, retratados na necessidade de contratação de profissional para a apresentação da defesa, o que poderia ter sido evitado através de um exame até mesmo superficial da inicial, transmudando o despacho que ordenou a citação do réu em sentença terminativa.

13.3 RECURSO – OBJETIVO

Partindo da premissa de que o recurso reclama a demonstração de que a parte (bem assim, o terceiro prejudicado e/ou o Ministério Público) está suportando prejuízo com a decisão por ele abrangida, temos de examinar os seus objetivos, sobretudo considerando que a atuação da autoridade incumbida de julgá-lo está atrelada ao *princípio da adstrição* – também denominado *princípio da congruência* ou da *correlação* –,[13] implicitamente previsto nos arts. 128[14] e 460.[15]

No volume 1 desta obra, demonstramos que ao sentenciar, o magistrado só pode conferir à parte o *objeto* contido na petição inicial, incluindo o **bem da vida** e a **resposta judicial** (*pedido mediato* e *pedido imediato*), sem prejuízo dos denominados

---

evolver do direito brasileiro e da própria sociedade, entretanto, pendeu pelo privilégio do segundo. Cresceu a busca por decisões mais ágeis, em uma sociedade com ares de globalização. Por força do art. 5º, XXXV, da Magna Carta, erigiu-se como direito fundamental a defesa da lesão ou da ameaça de lesão ao direito. É o chamado princípio da inafastabilidade da prestação jurisdicional. Sem um maior esforço, constata-se que o legislador originário atentou para um fator informativo da tutela jurisdicional para o qual antes não se dava maior vista: tempo" (ALVES, Francisco Glauber Pessoa. Ampla defesa × desvirtuamentos. In: NERY JUNIOR, Nelson; WAMBIER, Teresa Arruda Alvim. *Aspectos polêmicos e atuais dos recursos e de outros meios de impugnação às decisões judiciais*. São Paulo: Revista dos Tribunais, 2002. v. 6, p. 202).

13 Os contornos do princípio foram bem definidos pela doutrina especializada: "O enunciado do princípio da congruência, que se perfaz pelos aforismos 'sentença conforme o libelo', e 'vedação de julgamento *citra, ultra* ou *extra petita*', é o seguinte: o julgador deve *debruçar-se* exatamente sobre todo o pedido das partes. Além disso, tem-se que esse princípio requer também a correlação da sentença com a demanda. Extraindo-se o elemento subjetivo (as partes), que para este estudo não interessa, pode-se dizer que, por força do princípio da congruência, o juiz não pode deixar de analisar a parte objetiva da demanda, ou melhor, o pedido e a causa de pedir" (OLIVEIRA, Vallisney de Souza. *Nulidade da sentença e o princípio da congruência*. São Paulo: Saraiva, 2004. p. 67-68).

14 "Art. 128. O juiz decidirá a lide nos limites em que foi proposta, sendo-lhe defeso conhecer de questões, não suscitadas, a cujo respeito a lei exige a iniciativa da parte."

15 "Art. 460. É defeso ao juiz proferir sentença, a favor do autor, de natureza diversa da pedida, bem como condenar o réu em quantidade superior ou em objeto diverso do que lhe foi demandado."

pedidos implícitos, como custas e despesas processuais, parcelas vincendas, juros, correção monetária e honorários advocatícios.

O princípio da congruência também é aplicado na matéria recursal, para garantir que o órgão responsável pelo julgamento da espécie só pode atribuir ao recorrente o que foi pleiteado na petição de interposição do *remédio* processual, exceto no que se refere ao enfrentamento das *matérias processuais de ordem pública* (ver considerações na seção atinente aos *Requisitos de admissibilidade dos recursos*, no âmbito deste capítulo).

Assim é que a definição dos objetivos importa na determinação daquilo que pode ser pleiteado pelo recorrente na petição de interposição da espécie, limitando a atuação da autoridade responsável pelo seu julgamento de mérito. Os objetivos possíveis são:

a) **A reforma da decisão**, diante do *error in judicando*, ou seja, de pronunciamento marcado pela injustiça, pelo fato de a autoridade ter se distanciado da verdade formal dos autos.
b) **A invalidação do pronunciamento**, diante do *error in procedendo*, ou seja, de a autoridade ter infringido lei de procedimento, como é o caso da sentença proferida em processo marcado pela nulidade da audiência de instrução e julgamento, pelo fato de o magistrado ter indeferido (quando não deveria) a tomada do depoimento de testemunha arrolada pelo vencido.
c) **A integração ou o esclarecimento do pronunciamento**, na hipótese do acolhimento do recurso de embargos de declaração, assunto estudado em linhas seguintes.

Quando a sentença é *injusta*, por ter solucionado o processo em desconformidade com os fatos e com as provas constantes dos autos, encontramo-nos diante de decisão que merece *reforma*, representando *error in judicando*.

Se a sentença convalida uma nulidade processual (por exemplo: no caso de o magistrado ter sentenciado o processo apoiado em documento que não foi objeto de exame e de manifestação da parte contrária àquela que foi agraciada pelos seus termos, infringindo o art. 398),[16] encontramo-nos diante de pronunciamento que merece *invalidação*, caracterizando *error in procedendo*.

---

16 "Art. 398. Sempre que uma das partes requerer a juntada de documento aos autos, o juiz ouvirá, a seu respeito, a outra, no prazo de 5 (cinco) dias." O posicionamento da jurisprudência é firme no sentido de invalidar o processo quando concluir que o documento era influente para a formação do convencimento do magistrado, conforme se verifica pela análise do seguinte julgado: "A falta de intimação da juntada de documentos relevantes que influenciam no julgamento autoriza a anulação do processo quando fundamentada a impugnação e demonstrado que, da omissão, decorreu evidente prejuízo à defesa da parte contrária" (REsp 347041 – RJ, 2ª Turma do STJ, rel. Min. FRANCISCO PEÇANHA MARTINS).

Quando a decisão apresenta-se incompleta por não ter enfrentado ponto relevante do processo, ou por haver contradição entre os seus requisitos essenciais (relatório, fundamentação e dispositivo), é necessária a interposição do recurso de embargos de declaração, com o objetivo de que o pronunciamento recursal (a resposta apresentada à espécie utilizada pela parte) integre-se à decisão atacada, completando-a na sua forma e no seu conteúdo.

Em linhas seguintes, quando estudamos o recurso de embargos de declaração, percebemos que o seu julgamento pode *modificar* (não apenas *integrar*) o pronunciamento combatido, quando sanar omissão relevante para o julgamento do processo, desprezada pelo julgador no momento em que proferiu a decisão atacada pela parte.

Exemplificativamente, observe a ação originada da colisão entre dois veículos. Na petição inicial, o autor alegou que o réu estaria embriagado, atando *boletim* fornecido pela autoridade de trânsito, que ratifica a veracidade da alegação, entendendo que essa circunstância seria suficiente para provar a culpa do réu.

O magistrado, ao sentenciar o processo e por descuido, não enfrentou a alegação, deixando de examinar o documento que fundamentava a tese, julgando a ação pela improcedência dos pedidos formulados na petição inicial. O autor utiliza o recurso de embargos de declaração no afã de eliminar a omissão, o que ocorre, reconhecendo o magistrado a prevalência do direito material do autor, acolhendo os pedidos alinhados na petição inicial. A hipótese demonstra que o recurso de embargos pode – eventualmente – ter por objetivo modificar a decisão que o originou, acarretando a inversão da sucumbência (a vitória processual, antes atribuída ao réu, passa a ser certificada ao autor).

Não obstante o objetivo específico do recurso (invalidação, reforma etc.), a depender da espécie (agravo, apelação etc.), a finalidade de todo e qualquer *remédio* processual é a de impedir a *preclusão*, possibilitando que as partes possam renovar em outras instâncias a argumentação que apoia as suas principais manifestações processuais (petição inicial e contestação). O grau máximo da preclusão, que retira por completo da parte a possibilidade de tratar dos elementos do processo perante a mesma instância ou outra que lhe seja superior, é a coisa julgada material.

Assim é que a finalidade maior do recurso é a de impedir a consumação da preclusão, e a própria coisa julgada, na situação que envolve as decisões finais do processo, como a sentença e o acórdão do tribunal. Se a parte não interpõe o recurso de agravo de instrumento após ter ciência de decisão judicial que lhe foi desfavorável, não haverá perda do processo como um todo, limitando-se o seu prejuízo à impossibilidade de tratar do assunto posteriormente.

Se o pronunciamento interlocutório do juiz vedar a tomada do depoimento de uma testemunha arrolada pela parte, não tendo sido interposto o recurso de agravo, o prejudicado não mais poderá alegar que teria sido cerceado no seu direito de defesa, em vista da preclusão que acobertou a decisão não atacada. Mas não haverá perda do processo, podendo a parte obter êxito na postulação por outros argumentos, demonstrando, por exemplo, que a prova da veracidade das suas afirmações está ratificada em documento atado à petição inicial.

Contudo, se o sucumbente não interpôs o recurso de apelação contra a sentença que o desagradou, haverá *preclusão máxima*,[17] representando a coisa julgada material, imutabilizando todos os aspectos do processo, que não podem mais ser discutidos na ação judicial nem em outra demanda fundada nos mesmos elementos (partes, causa de pedir e pedido). Nesse caso, a decisão só poderá ser atacada através de instrumento extraprocessual (ação rescisória), não mais por instrumento endoprocessual (recurso).

13.4 PRINCÍPIOS PROCESSUAIS E CONSTITUCIONAIS RELACIONADOS AOS RECURSOS

No volume 1 desta obra, estudamos os princípios processuais e constitucionais, demonstrando que são *premissas básicas*, em torno das quais *gravita* todo o sistema jurídico, servindo de *norte* na edificação de normas – que devem respeitá-los –, e para orientação da dinâmica do processo.

Além de fazermos remissão expressa aos apontamentos alinhados no citado compartimento, reforçamos a importância dos princípios na realidade dos recursos cíveis, advertindo que não se apresentam necessariamente na forma escrita, podendo ser aplicados mesmo não se encontrando positivados e contemplados na CF, no CPC ou em legislação esparsa (como a lei dos juizados especiais cíveis, do mandado de segurança, da ação popular, por exemplo).

Apenas para exemplificar, em linhas seguintes demonstramos que o *princípio da fungibilidade* não está previsto em letras no CPC. Não obstante a omissão legislativa, é abertamente aplicado na dinâmica dos recursos cíveis, por pacífico entendimento doutrinário e jurisprudencial.[18] Assim, podemos construir a premissa de que os princípios são *normas jurídicas qualificadas*, embora não escritas em algumas situações,

---

[17] Precisa a lição de DINAMARCO: "Se o recurso não for interposto no prazo, ocorre a preclusão temporal e a decisão torna-se firme no processo; o grau máximo de imunização das decisões judiciárias a impugnações pelas partes é a coisa julgada formal, tradicionalmente referida pela doutrina como *preclusio maxima* e capaz de impedir, desde quando consumada, a admissibilidade de qualquer recurso" (DINAMARCO, Cândido Rangel. *A nova era do processo civil*. São Paulo: Malheiros, 2004. p. 109).

[18] Apenas de forma exemplificativa, reproduzimos a V ENTA 1: "Continua vigorante em nosso direito processual civil o princípio da fungibilidade dos recursos, inaplicável, todavia, em caso de erro grosseiro e excesso do prazo previsto para o recurso cabível."

servindo de orientação ao legislador e ao aplicador do direito, situando-se em plano superior no nosso ordenamento jurídico.[19]

Em virtude de uma verdadeira *constitucionalização* do processo civil, registramos que vários princípios relacionados à matéria dos recursos foram incluídos no art. 5º da CF, que arrola os direitos e garantias fundamentais, qualificando-se como *cláusulas pétreas,* não se admitindo a sua supressão, sequer por emenda constitucional (inciso IV do § 4º do art. 60 da CF).

13.4.1 Princípio do duplo grau de jurisdição

Na introdução do volume 1 desta obra, no compartimento que ocupou o Capítulo 2, anotamos que a jurisdição representa o poder conferido ao Estado-juiz de solucionar os conflitos de interesses, eliminando a denominada *justiça privada,* que já foi realidade em diversos sistemas jurídicos vigentes em épocas remotas.

O julgamento que se espera do representante do Poder Judiciário deve respeitar o contraditório, a ampla defesa, mas deve ser proferido sem retardos injustificados, afastando-nos de realidades primitivas, como destacado pela doutrina clássica:[20]

> *"Não há negar, contudo, que no adoçamento dos costumes, abrandando as cruezas dos julgamentos primitivos, a Justiça ateniense prestou assinalados serviços. Às vezes, chegava a bem intencionadas sutilezas. É expressivo, neste particular, aquele caso de que fala AULO GELIO: certa mulher, acusada de haver causado a morte do marido, que lhe assassinara um filho do primeiro leito, foi submetida a julgamento perante o Areópago. O crime estava provado. A lei era severa. Nenhuma escusa de ordem legal a absolveria. Havia, no entanto, razões*

---

[19] Precisa a definição oferecida pela doutrina especializada: "Já os princípios gerais de direito constituem uma reminiscência do direito natural como fonte. Há autores que os identificam com estes, outros que o fazem repousar na equidade, enquanto sentimento do justo no caso concreto. Sua formulação é indefinida. Há quem os reduza, em última análise, aos famosos preceitos romanos: *honeste vivere, alterum non laedere, suum cuique tribuere*. De qualquer modo, ainda que se entenda que possam ser aplicados diretamente na solução de conflitos, trata-se não de normas, mas de princípios. Ou seja, não são elementos do repertório do sistema, mas fazem parte de suas regras estruturais, dizem respeito a isso, como fórmula tópica, eles são mencionados na forma indefinida que depois se determina numa regra geral com caráter normativo jurisprudencial: a) tendo em vista os princípios gerais de direito, b) ninguém deve aproveitar-se de sua própria torpeza, donde se segue que... Observe-se que a expressão 'princípios gerais' é tomada como premissa maior sem especificações. A especificação ocorre na premissa menor que, esta sim, adquire o caráter de norma geral. Ou seja, os princípios gerais, na sua forma indefinida, compõem a estrutura do sistema, não o seu repertório. São regras de coesão que constituem as relações entre as normas como um todo" (FERRAZ JR., Tercio Sampaio. *Introdução ao estudo do direito*. 2. ed. São Paulo: Ática, 1994. p. 247).

[20] GUIMARÃES, Mário. *O juiz e a função jurisdicional.* Rio de Janeiro: Forense, 1962. p. 25-26.

de ordem moral... O Tribunal adiou o julgamento e convocou as partes, sob as penas legais, para nova audiência, 100 anos após."

A função jurisdicional é assumida pelo Estado desde o instante em que o *direito de ação* é exercitado, dando ensejo à formação do *processo*, que se desenvolve através de um *procedimento*, representando a *forma* como os atos são praticados pelas partes, pelo magistrado e pelos auxiliares da justiça.

A jurisdição é gênero, apresentando-se nas espécies da *jurisdição de conhecimento*, da *jurisdição cautelar* e da *jurisdição de execução*, cada uma com as suas finalidades próprias, assunto estudado à exaustão no volume 1 desta obra. Temos de compreender que o Estado, ao assumir a função jurisdicional, torna-se *devedor* de uma resposta às partes, não necessariamente de mérito, já que o seu enfrentamento depende da coexistência das condições da ação e dos pressupostos de constituição e de desenvolvimento válido e regular do processo.

A jurisdição não é exercida apenas no 1º Grau, ou seja, através dos pronunciamentos dos juízes que integram a 1ª instância, que atuam de forma monocrática, sem a companhia de outros pares. A jurisdição abrange toda a estrutura do Poder Judiciário, formada por órgãos de 1ª instância (juízes de direito e juízes federais, que integram a Justiça Comum Estadual e a Justiça Federal, respectivamente), por tribunais de 2ª instância (Tribunais Estaduais e TRF's), e por Tribunais Superiores (sobressaindo, na matéria cível, o STF, como guardião das normas constitucionais, e o STJ, tutor das normas infraconstitucionais).

O art. 92 da CF *desenha* toda essa estrutura, definindo as competências originárias e recursais dos tribunais ordinários e dos Tribunais Superiores em artigos seguintes, resguardando às Constituições Estaduais a definição complementar da competência dos primeiros Colegiados.

Para assegurar que o Estado bem se desincumba do dever de solucionar os conflitos de interesses, considerando a possibilidade de o magistrado ou do tribunal se equivocar na apreciação de uma causa, mal sopesando os fatos, ou de praticar ato nulo, prevê-se a possibilidade de a decisão ser novamente analisada pela mesma autoridade que a proferiu (como exceção, na hipótese específica dos embargos de declaração) ou pela instância superior (como regra).

Essa possibilidade denota a prevalência do *princípio do duplo grau de jurisdição*, não sendo absoluto, respeitadas as hipóteses que vedam a possibilidade do reexame de pronunciamento judicial, que permanece intocado.[21]

O princípio examinado não está escrito na Carta Magna, sendo aplicado através da interpretação gramatical do inciso LV do seu art. 5º, com a seguinte redação:

---

21 Apenas para exemplificar, o § 2º do art. 543 do CPC prevê: "§ 2º Na hipótese de o relator do recurso especial considerar que o recurso extraordinário é prejudicial àquele, em decisão irrecorrível sobrestará o seu julgamento e remeterá os autos ao Supremo Tribunal Federal, para o julgamento do recurso extraordinário."

"Aos litigantes, em processo judicial ou administrativo, e aos acusados em geral, são assegurados o contraditório e ampla defesa, com os meios e recursos a ela inerentes."

JOSÉ CRETELLA NETO[22] demonstra que a tradição recursal já era realidade em Roma, conferindo-se naquela época o poder de revisitar as decisões ao imperador, o que *aumentava ainda mais seu já enorme controle sobre toda a sociedade.*

Não apenas no CPC percebemos a aplicação do mencionado princípio, prevendo recursos para o combate dos pronunciamentos judiciais, como também em várias legislações esparsas, bastando citar a Lei nº 9.099/95 (Lei dos Juizados Especiais), que contempla recurso específico para o combate da sentença proferida pelo juiz do 1º Grau de Jurisdição (art. 41),[23] como verdadeira apelação, embora a lei não lhe tenha atribuído essa nomenclatura.[24]

Numa visão simplista, é inegável que o princípio em estudo *colabora* para o retardo na entrega da prestação jurisdicional, sobretudo porque quase todas as espécies podem ser dotadas do efeito suspensivo (ver anotações articuladas na seção *Efeitos dos recursos*, no curso deste capítulo, além da advertência de que o novo CPC estabelece que os recursos não impedirão a plena eficácia da decisão), acarretando sacrifício processual ao adversário da parte que utilizou a espécie recursal, que terá de aguardar pelo pronunciamento da instância superior para ver o seu direito confirmado, e mais, para que tenha o direito de requerer a instauração da execução, na técnica do cumprimento da sentença, de acordo com os arts. 475-J ss, se a decisão exequenda determinou o adimplemento da obrigação de pagar soma em dinheiro.

Como forma de garantir o primado da *ampla defesa*, o legislador criou várias espécies recursais, expressamente previstas no CPC e em legislações esparsas, multiplicando as hipóteses de impugnação às decisões judiciais, bastando citar que um só processo pode apresentar uma infinidade de agravos, desde que o magistrado profira múltiplas decisões interlocutórias no seu curso.

Não obstante a observação, anotamos que a prevalência do princípio do duplo grau de jurisdição assenta-se na necessidade de *controle* dos atos judiciais,[25] evitan-

---

22 CRETELLA NETO, José. *Fundamentos principiológicos do processo civil.* Rio de Janeiro: Forense, 2002. p. 82.

23 "Art. 41. Da sentença, excetuada a homologatória de conciliação ou laudo arbitral, caberá recurso para o próprio Juizado."

24 Precisa a lição da doutrina: "Já a sentença do juiz togado que põe fim ao processo, com ou sem julgamento de mérito, desafia recurso, que a lei não nominou, mas que equivale à apelação do Código de Processo Civil" (THEODORO JÚNIOR, Humberto. *Curso de direito processual civil.* 25. ed. Rio de Janeiro: Forense, 2001. v. III, p. 438).

25 "Mas o principal fundamento para a manutenção do princípio do duplo grau é de natureza política: nenhum ato estatal pode ficar imune aos necessários controles. O Poder Judiciário, principalmente onde seus membros não são sufragados pelo povo, é, dentre todos, o de menor representatividade. Não o legitimaram as urnas, sendo o controle popular sobre o exercício da função jurisdicional ainda incipiente em muitos ordenamentos, como o nosso. É preciso, portanto, que se exerça ao menos o con-

do que uma injustiça ou uma ilegalidade prevaleça em vista da ausência de recurso adequado para combatê-la.

Como regra, os recursos são conhecidos e julgados por autoridade que se situa em plano hierárquico superior ao do representante do Poder Judiciário responsável pela criação do pronunciamento. A regra não é absoluta, bastando citar o recurso de embargos de declaração, conhecido e julgado pela própria autoridade que prolatou a decisão combatida.

13.4.1.1 Princípio do duplo grau de jurisdição no reexame necessário

Conforme anotações articuladas em vários compartimentos deste volume, o recurso pode ser conceituado como a manifestação voluntária da parte (autor e/ou réu), do Ministério Público e/ou do terceiro prejudicado, com o propósito de que seja reformada a decisão injusta, de que seja invalidada a decisão marcada por nulidade, ou de que seja proferida decisão que se integre ou que complemente o pronunciamento combatido.

Todo e qualquer recurso liga-se à ideia da *sucumbência*, não se admitindo o manejo de espécie diante de pronunciamento judicial que não tenha causado prejuízo ao recorrente, só tendo interesse de recorrer quem suportou gravame em virtude da decisão, sob pena do não conhecimento do *remédio* processual, obstando a sua tramitação na origem.

As considerações são necessárias para demonstrar que o *reexame necessário* não é espécie recursal, por lhe faltarem requisitos necessários a que se qualifique como tal. Neste particular, percebemos que é apresentado pelo próprio juiz que profere a sentença, sem que se possa sustentar que a autoridade teria legitimidade e interesse para combater decisão por ela proferida.

Além disso, os recursos exigem uma regularidade formal, o que não ocorre com o reexame necessário, também denominado *recurso de ofício* ou *duplo grau obrigatório de jurisdição*, expressões livremente utilizadas em linhas seguintes. Em vista das considerações, atamo-nos ao entendimento de que o reexame necessário não é espécie recursal, compartilhando dos ensinamentos da doutrina especializada, reunidos na lição transcrita:

> *"A uma, por não ter sido enumerado, quer no art. 496 do CPC quer em lei extravagante, como tal. Aliás, está disciplinado no Código de Processo Civil na Seção relativa à coisa julgada. A duas porque o magistrado não está entre os legi-*

---

trole interno sobre a legalidade e a justiça das decisões judiciárias. Eis a conotação política do princípio do duplo grau de jurisdição" (CINTRA, Antônio Carlos de Araújo et al. *Teoria geral do processo*. 15. ed. São Paulo: Malheiros, 1999. p. 74).

timados a recorrer – art. 499 do CPC. A três porque falta ao juiz, evidentemente, a vontade de impugnar a sentença que ele mesmo proferiu, não tem interesse algum na sua modificação. Não está inconformado com a sua decisão. Não é vencido ou sucumbente. A quatro, inexiste prazo para a remessa, a sentença não produz efeito algum, não transita em julgado. A cinco na hipótese de a Fazenda ingressar com recurso de apelação, a sentença estaria sendo, a rigor, impugnada por dois recursos, afrontando o princípio da singularidade. A seis, inexiste pedido de reforma da decisão. A sete, carece também das razões, da fundamentação, mesmo porque o magistrado não desenvolve argumentação contrária a sua própria."[26]

O recurso de ofício representa uma prerrogativa conferida à União, aos Estados-membros, ao Distrito Federal, aos municípios e às respectivas autarquias e fundações de direito público, garantindo que a decisão monocraticamente proferida contra as citadas pessoas apenas surta efeitos depois de confirmada pelo tribunal competente. Após a intimação da sentença, as pessoas indicadas (através dos seus representantes) podem interpor recurso voluntário contra o pronunciamento que lhes foi desfavorável.

Assim não agindo, na situação que envolve litigante não agraciado pelo benefício, assistiríamos à materialização da coisa julgada, tornando definitivo o pronunciamento se a sentença for de mérito. Contudo, em se tratando das pessoas em exame, a decisão judicial não transita em julgado, mesmo que o recurso voluntário (apelação) não seja interposto, submetendo o processo ao crivo da instância recursal, sendo para lá encaminhado através da remessa necessária, por simples despacho proferido pelo próprio magistrado que *criou* o pronunciamento.

O reexame necessário também é adotado quando a sentença julgar procedentes, no todo ou em parte, os embargos à execução de dívida ativa da Fazenda Pública, situação que impõe a desconstituição total ou parcial do título que apoiou a ação executiva proposta pelo ente público.

Na última hipótese, para que se garanta a incidência do recurso de ofício, é necessário que o julgamento seja proferido em embargos opostos por pessoa executada pela Fazenda Pública, apoiando-se a execução na constituição da dívida ativa (art. 2º da Lei nº 6.830/80).[27] Se a sentença dos embargos for proferida em qualquer outra situação, mesmo que desfavorável à Fazenda Pública, não há reexame necessário, como, por exemplo, com a sentença proferida em embargos à execução opostos pela

---

26 GIANESINI, Rita. A fazenda pública e o reexame necessário. In: NERY JUNIOR, Nelson; WAMBIER, Teresa Arruda Alvim. *Aspectos polêmicos e atuais dos recursos cíveis e de outras formas de impugnação às decisões judiciais.* São Paulo: Revista dos Tribunais, 2001. v. 4, p. 917.

27 "Art. 2º Constitui dívida ativa da Fazenda Pública aquela definida como tributária ou não tributária na Lei 4.320, de 17 de março de 1964, com as alterações posteriores, que estatui normas gerais de direito financeiro para elaboração e controle dos orçamentos e balanços da União, dos Estados, dos Municípios e do Distrito Federal."

Fazenda Pública na tentativa de desconstituir o título que apoiou execução contra ela proposta.[28]

Não há prazo para a manifestação da remessa necessária, confirmando a alegação de que recurso não é. Com ou sem o oferecimento do recurso voluntário, o magistrado deve encaminhar o processo ao tribunal, sem qualquer fundamentação jurídica, apenas arrimado na verificação objetiva de uma das situações elencadas nos incisos I e II do art. 475. Se o magistrado deixar de remeter o processo ao tribunal, o presidente da Corte deve avocar os autos (§ 1º do art. 475).

Com a remessa do processo, o efeito da sentença é imediatamente suspenso, até que o tribunal aprecie a causa para confirmar (ou não) o pronunciamento abrangido pela reapreciação necessária. A sentença permanece em *condição suspensiva* até que haja segunda manifestação jurisdicional nos autos, impondo a prorrogação da instância. O benefício previsto em lei não é extensivo às sociedades de economia mista e às empresas públicas, tampouco às fundações de direito privado da administração indireta, em vista das suas personalidades jurídicas, já que são pessoas jurídicas de direito privado.

Questão elegante diz respeito à eventual incidência do art. 475 à hipótese que envolve o deferimento da tutela antecipada contra a Fazenda Pública. Esse pronunciamento, como regra, é de natureza interlocutória, o que o afastaria da previsão da norma processual, já que o reexame necessário apenas ocorre quando o pronunciamento for sentença, de mérito ou terminativa, desfavorável à pessoa jurídica de direito público. Contudo, não se pode negar que a antecipação de tutela confere à parte uma fração ou a totalidade do que a ela seria conferido através da sentença. Assim, a antecipação de tutela é uma espécie de sentença proferida em momento atípico, diferentemente das liminares em medidas cautelares, que não são satisfativas, apenas protegendo o bem ou o direito a ser disputado na ação principal.

Visualizando a antecipação de tutela por esse prisma (como espécie de *sentença atípica*), poder-se-ia sustentar a aplicação do art. 475 às hipóteses que envolvem o deferimento de tutela antecipada contra a Fazenda Pública, com o que não concordamos. A antecipação de tutela é típica decisão interlocutória, que não pode ser qualificada como sentença pelo só fato de atribuir à parte uma fração ou a totalidade do que se busca obter por meio da sentença, pela razão de ser satisfativa.

Preferimos interpretar o art. 475 de modo gramatical, reservando o reexame necessário apenas para as situações que envolvem a prolação de *sentença* contra a Fazenda Pública. Na verdade, há restrição ao deferimento de tutela antecipada contra a Fazenda Pública, segundo previsto na Lei nº 9.494/97, sobretudo quando acarreta a concessão de aumento ou a extensão de vantagens em favor de servidor público.

---

28 "**Segundo já pacificado pela Corte Especial desse STJ, a sentença proferida nos embargos à execução, movida contra a Fazenda Pública, não se submete ao reexame necessário.** Recurso especial não conhecido" (REsp 425052 – SC, 6ª Turma do STJ, rel. Min. FERNANDO GONÇALVES) (grifamos).

A reforma realizada no CPC no ano de 2001, promovendo a alteração do art. 475, inseriu hipóteses nas quais o reexame não se confirma, ainda que a sentença seja desfavorável à pessoa jurídica de direito público (ver §§ 2º e 3º do dispositivo em exame).[29] Isto ocorre quando:

a) **A sentença impõe condenação ou reconhece direito controvertido em desfavor da Fazenda Pública no valor não excedente a 60 salários-mínimos.** As demandas de resultado econômico não superior a 60 salários-mínimos são consideradas como *de pequeno valor*, justificando a exceção, uniformizando a tendência contemplada no art. 3º da Lei nº 10.259/2001, responsável pela instituição dos Juizados Especiais Federais, estabelecendo que não há reexame necessário nas causas afetas ao conhecimento do órgão especial de jurisdição.

b) **A sentença está fundada em jurisprudência do plenário do STF, ou em Súmula deste Tribunal ou do Tribunal Superior competente.**

Na hipótese da letra *a*, para que se afaste o reexame necessário, a sentença deve ser líquida, não suplantando o teto máximo estabelecido pela lei. Na situação que envolve o descabimento do reexame necessário quando a sentença estiver fundada em jurisprudência do plenário do STF ou em Súmula deste Tribunal ou do Tribunal Superior competente, a letra da lei privilegia os precedentes dos Tribunais Superiores.

O duplo grau obrigatório de jurisdição pode ser decidido monocraticamente pelos relatores nos tribunais (art. 557). O fato de a questão ser reapreciada por um só magistrado não desnatura o instituto, considerando que a exigência repousa na preocupação de que a causa seja *revista*, não necessariamente por um Colegiado, bastando que uma segunda opinião seja manifestada nos autos, esperada em virtude da preocupação com a segurança jurídica das relações que envolvem a Fazenda Pública.[30]

---

29 "§ 2º Não se aplica o disposto neste artigo sempre que a condenação ou o direito controvertido, for de valor certo não excedente a 60 (sessenta) salários mínimos, bem como no caso de procedência dos embargos do devedor na execução de dívida ativa do mesmo valor." "§ 3º Também não se aplica o disposto neste artigo quando a sentença estiver fundada em jurisprudência do plenário do Supremo Tribunal Federal ou em súmula deste Tribunal ou do tribunal superior competente."

30 "A aplicação do art. 557 do CPC supõe que o julgador, ao isoladamente, negar seguimento ao recurso, confira à parte, prestação jurisdicional equivalente à que seria concedida acaso o processo fosse julgado pelo órgão colegiado. A *ratio essendi* do dispositivo, com a redação dada pelo art. 1º da Lei 9.756/98, está a desobstruir as pautas dos Tribunais, dando preferência a julgamentos de recursos que encerrem matéria controversa. **Prevalência do valor celeridade à luz do princípio da efetividade. Relator, com base no art. 557 do CPC, pode decidir monocraticamente a apelação e a remessa oficial, sem, todavia comprometer o duplo grau de jurisdição**" (REsp 517358 – RN, 1ª Turma do STJ, rel. Min. LUIZ FUX) (grifamos).

13.4.2 Princípio da fungibilidade

No Capítulo 5 do volume 1 desta obra – destinado ao estudo dos *Atos processuais* –, demonstramos que a *forma do ato* refere-se à sua apresentação exterior, impondo o CPC um ritual sobre o assunto, para evitar que a deliberação fique a cargo exclusivo das partes. Não obstante essa preocupação, também demonstramos que o processo moderno é orientado pelo denominado *princípio da instrumentalidade das formas,* validando o ato que tenha sido praticado sob forma diversa da prevista em lei, desde que a finalidade tenha sido alcançada e que a parte contrária não suporte prejuízo.

O desprezo ao formalismo exacerbado, sem que isto represente despreocupação com a segurança jurídica, tem sido notado na dinâmica forense, tratando a jurisprudência de recepcionar atos que se revestem de forma imprópria, visualizando o processo como *meio,* não como fim,[31] nele se encerrando normas que objetivam o alcance da finalidade maior, qual seja, a entrega da prestação jurisdicional no menor espaço de tempo possível.

A instrumentalidade das formas também é defendida na matéria recursal, possibilitando que um recurso seja conhecido – vale dizer, processado – quando outro era o adequado. É com apoio nessa premissa básica que a doutrina vem admitindo a aplicação da fungibilidade na matéria recursal, considerando que o CPC de 1939,[32] já não prevê a fungibilidade de forma expressa. A melhor doutrina afirma que "jamais se aconselha que a forma sacrifique o direito do jurisdicionado".[33]

Contudo, para a aplicação do princípio na matéria recursal, a parte deve preencher dois requisitos cumulativos (e não alternativos):

a) Interpor o recurso equivocado no prazo do recurso correto.

b) Demonstrar a não ocorrência do *erro grosseiro,* evidenciando a presença da denominada *dúvida objetiva,* diferente da subjetiva, apenas existente

---

31 Pela (habitual) lucidez, reproduzimos lição externada por TERESA ARRUDA ALVIM WAMBIER: "Não se pode, pois, jamais perder de vista que o processo foi concebido para 'dar' direitos a quem os tem: não para 'inventar' direitos e atribuí-los a quem não os tenha, ou para subtrair direitos dos seus titulares. Não deve haver, pensamos, um 'fosso' entre a realidade criada como resultado do processo e a realidade disciplinada pelo direito material. Ambos os planos devem caminhar de modo absolutamente rente" (WAMBIER, Teresa Arruda Alvim. Fungibilidade de 'meios': uma outra dimensão do princípio da fungibilidade. In: NERY JUNIOR, Nelson; WAMBIER, Teresa Arruda Alvim. *Aspectos polêmicos e atuais dos recursos cíveis e de outras formas de impugnação às decisões judiciais*. São Paulo: Revista dos Tribunais, 2001. v. 4, p. 1091).

32 O art. 810 do Código de Processo Civil de 1939 apresentava a seguinte redação: "Salvo a hipótese de má-fé ou erro grosseiro, a parte não será prejudicada pela interposição de um recurso por outro, devendo os autos ser enviados à Câmara, ou Turma, a que competir o julgamento."

33 TUCCI, José Rogério Cruz e. *Lineamentos da nova reforma do CPC.* 2. ed. rev., atual. e ampl. São Paulo: Revista dos Tribunais, 2002. p. 43.

no raciocínio do recorrente, sem nenhum fundamento doutrinário e/ou jurisprudencial.

No que se refere ao primeiro requisito, a sua aplicação se fundamenta na preocupação de afastar a *burla processual*, evitando que a parte, que perdeu o prazo para a interposição do recurso adequado para o combate de determinada decisão judicial, pudesse tentar remediar o erro através da apresentação de outro recurso, de prazo mais amplo.

Assim, se o recurso adequado diante de um caso concreto era o agravo de instrumento, e, por equívoco, a parte interpõe a apelação, deve apresentá-la dentro do prazo da primeira espécie, ou seja, nos dez dias seguintes à intimação da decisão combatida, sob pena de não conhecimento do recurso interposto.[34]

De forma minoritária, parte da doutrina e da jurisprudência afirma que o recurso incorreto pode ser interposto dentro do seu prazo, no da espécie adequada,[35] com o que não concordamos, preocupados com primados de segurança jurídica, evitando que a má-fé processual do recorrente e/ou do seu procurador possa garantir a tramitação do recurso equivocado, uma vez esgotado o prazo para a interposição da espécie correta.

O segundo dos requisitos diz respeito à *dúvida objetiva* em relação ao recurso cabível diante de determinado pronunciamento judicial, afastando a caracterização do denominado *erro grosseiro*. Quando se rejeita a aplicação do princípio da fungibilidade, pelo cometimento de erro grosseiro, quer significar que o recorrente ignorou previsão legal, que previa o recurso correto, fazendo uso de outra espécie recursal.[36]

O erro não é grosseiro, e, portanto, escusável (*que se pode desculpar,* segundo ensinamento enciclopédico), quando a doutrina e a jurisprudência divergem a respeito do recurso cabível para a impugnação de determinado pronunciamento,

---

[34] "Processual civil. Decisão que excluiu um dos réus litisconsortes da relação processual. Decisão interlocutória. Recurso cabível. Agravo de instrumento. Princípio da fungibilidade dos recursos. Qualifica-se como interlocutória a decisão que exclui um dos litisconsortes da relação processual, sendo recorrível, portanto, pela via do agravo de instrumento, e não da apelação. **Inaplicável o princípio da fungibilidade se a apresentação da irresignação se deu após o transcurso do decêndio legal previsto para a interposição do recurso próprio**" (Apelação Cível 19990110112313 – DF, 2ª Turma Cível do TJDF, rel. Des. EDSON ALFREDO SMANIOTTO) (grifamos).

[35] Nesse sentido: *RSTJ* 30/474 e *RT* 127/244.

[36] "O agravo regimental, interno ou inominado, somente é cabível de decisão monocrática, jamais contra aquela proferida por órgão colegiado, como é o caso presente. **Inexiste na hipótese, a presença da chamada *dúvida objetiva*, ou seja, a existência na doutrina ou na jurisprudência, de controvérsia na identificação do recurso adequado, para que se aplique o princípio da fungibilidade recursal. 'Em se tratando de erro grosseiro, não é possível aplicar-se a fungibilidade, pois não seria razoável, premiar-se o recorrente desidioso, que age em desconformidade com as regras comezinhas do direito processual**' (Nelson Nery Junior, 'Princípios Fundamentais – Teoria Geral dos Recursos', RT, 1990, p. 189). Agravo Regimental a que se nega provimento" (AROMS 13985 – SP, 2ª Turma do STJ, rel. Min. FRANCIULLI NETTO) (grifamos).

exatamente por não se conseguir definir, de forma pacífica, a natureza jurídica da decisão, se interlocutória ou terminativa.[37]

A lei silencia a respeito do recurso adequado para o ataque de determinada decisão, não havendo uniformização na doutrina e na jurisprudência a respeito da questão, autorizando a utilização de qualquer dos recursos em tese cabíveis, desde que o outro requisito seja preenchido, atinente ao prazo da interposição da espécie escolhida pelo recorrente, que deve ser apresentada no menor dos prazos dos recursos em tese admissíveis.

Apenas para ilustrar as colocações, destacamos a redação do art. 311, textualizando que, "julgada procedente a exceção, os autos serão remetidos ao juiz competente". Observamos que a lei não definiu a natureza jurídica da decisão proferida na situação em exame, se interlocutória ou sentença.

Em situações como esta, diante do *silêncio* da lei em predefinir o recurso adequado, é autorizada a apresentação de qualquer das duas espécies em tese indicadas para o ataque da decisão, vale dizer, apelação ou agravo, embora no caso apresentado incline-se a jurisprudência para afirmar, de maneira praticamente unânime, que a decisão é de natureza interlocutória,[38] impondo a apresentação do recurso de agravo.

Como ilustração, citamos algumas dúvidas relativas à natureza jurídica de decisões judiciais, em tese justificando a aplicação do princípio da fungibilidade recursal:

a) Decisão homologatória do pedido de desistência formulado por um dos litisconsortes.[39]
b) Decisão antecipatória de tutela na sentença.[40]

---

[37] **VI ENTA 55:** "Admite-se a fungibilidade dos recursos desde que inocorrente o erro grosseiro. Inexiste este quando há acentuada divergência doutrinário-jurisprudencial sobre qual seria o recurso próprio."

[38] Nesse sentido: "**A decisão que põe fim ao incidente de incompetência, por ser interlocutória, é suscetível de agravo de instrumento, e não de apelação.** Na espécie, não é possível se aplicar o princípio da fungibilidade dos recursos, uma vez que o recurso foi interposto fora do prazo de agravo de instrumento" (RE 97.687 – 6, 21.9.82, 2ª Turma do STF, rel. Min. DJACI FALCÃO) (grifamos).

[39] Nesse sentido: "Direito processual civil. Agravo de instrumento. Homologação de desistência quanto a dois dos litisconsortes passivos. Provimento do recurso à unanimidade. **Não é pacífico na doutrina nem na jurisprudência qual o recurso a ser interposto, no caso da decisão que homologa desistência de litisconsortes passivos, razão pela qual não pode ser considerado erro grosseiro seja a interposição do recurso de apelação seja a do agravo de instrumento, capaz de afastar a aplicação do princípio da fungibilidade, não se constituindo erro grosseiro a interposição de apelação em vez de agravo de instrumento. Nesse caso, admite-se o princípio da fungibilidade recursal se existente dúvida objetiva na doutrina e na jurisprudência a respeito do cabimento do recurso na espécie.** Recurso conhecido e provido à unanimidade" (AI 20010020040046, 3ª Turma Cível do TJDF, rel. Des. WELLINGTON MEDEIROS) (grifamos).

[40] Embora seja recomendável que o magistrado conceda a tutela em separado da sentença, nada obsta que as decisões – sentença e antecipação de tutela – sejam proferidas num único momento, no interior da sentença, representando *decisão híbrida*, sendo parte sentença e parte antecipação de tutela, como se fosse uma decisão interlocutória.

Quando falamos da *confusão* ou da *dúvida objetiva* no que atine ao recurso adequado para o ataque de determinada decisão judicial, é importante destacar que a semelhança entre as grafias de duas espécies por si só não justifica a dúvida, ou seja, não se pode receber um recurso quando outro é o adequado apenas porque apresentam nomenclaturas semelhantes.

Para ilustrar, perceba a semelhança entre as nomenclaturas dos recursos de **agravo** de instrumento e de **agravo** retido, sendo espécies de um mesmo gênero (agravo). Independentemente da semelhança e da mesma derivação, a autoridade judicial não pode receber o agravo de instrumento quando a lei determinar a interposição do agravo retido, ou seja, quando a decisão atacada não tem o condão de causar à parte lesão grave e de difícil reparação, quando não delibera pelo não conhecimento da apelação ou não trata dos efeitos em que o apelo é recebido (art. 522 do CPC).

No mesmo sentido, perceba a semelhança entre as nomenclaturas do **agravo** (art. 557) e do **agravo** regimental, previsto em quase todos os Regimentos Internos dos Tribunais. Não obstante a semelhança, a jurisprudência converge para afirmar que a apresentação do agravo regimental – ao invés do agravo dito *legal* – inviabiliza o conhecimento da espécie recursal, caracterizando erro grosseiro.

De qualquer modo, para a aplicação do princípio da fungibilidade, não há erro grosseiro quando, embora a quase totalidade da jurisprudência se incline no sentido de definir a natureza jurídica de uma determinada decisão, permanece a dúvida em decorrência de outra corrente jurisprudencial em sentido contrário,[41] embora minoritária.

13.4.3 Princípio da taxatividade

O princípio em estudo orienta que somente são recursos os expressamente elencados na lei, numa previsão *fechada*, ou seja, em *numerus clausus*, não podendo a parte manejar irresignação que não se encontra contemplada na norma. O CPC elenca as espécies recursais no art. 496, prevendo como irresignações:

a) A apelação.

b) O agravo, nas espécies do agravo de instrumento e do agravo retido, com a ressalva de que o novo CPC suprime o agravo retido e inclui o agravo interno na relação dos recursos.

c) Os embargos infringentes, com a ressalva de que o novo CPC suprime esse recurso.

---

[41] Nesse sentido: "O erro grosseiro, que inadmite a fungibilidade recursal, não é o resultante da contrariedade entre o recurso utilizado e a orientação jurisprudencial majoritária. Havendo, por menor que seja, discrepância jurisprudencial, a hipótese não se configura como erro grosseiro" (AI 593064157, 1ª CC TJRS, rel. Des. CASTRO DO NASCIMENTO).

d) Os embargos de declaração.
e) O recurso ordinário.
f) O recurso especial.
g) O recurso extraordinário.
h) Os embargos de divergência em recurso especial e em recurso extraordinário.

Não queremos com isso afirmar que apenas as mencionadas espécies seriam recursos, já que leis esparsas contemplam outras espécies não previstas expressamente no CPC. Mais uma vez, atentos à Lei nº 9.099/95 (Lei dos Juizados Especiais), anotamos que a legislação em exame prevê o cabimento de recurso para o combate da sentença, sem o nominar, preceituando o art. 41 que "da sentença, excetuada a homologatória de conciliação ou laudo arbitral, caberá recurso para o próprio juizado".

A espécie em análise é recurso porque prevista em lei, permitindo a conclusão de que o princípio da taxatividade determina que são recursos não apenas as espécies listadas no art. 496, como também todas as demais expressamente previstas em leis de iniciativa da União, já que o inciso I do art. 22 da CF confere *competência privativa* à mencionada pessoa jurídica de direito público para legislar sobre direito processual.

13.4.4 Princípio da singularidade ou da unicidade recursal

Pelo princípio em análise, contra a decisão judicial é cabível a interposição de um só recurso, regra que não é absoluta, bastando pensar na situação que envolve a interposição concomitante do recurso especial e do recurso extraordinário.

Sem considerações relativas à semelhança de grafias das duas espécies, temos de considerar que exigem o preenchimento de requisitos específicos, não extensivos à outra espécie, preocupando-se o recurso extraordinário com a higidez do Texto Constitucional, funcionando o STF (ao qual foi atribuída competência originária para o conhecimento e o julgamento da espécie) como *guardião* da Constituição, reservando-se o recurso especial para a tutela do texto infraconstitucional.

Nesse particular, o STJ assumiu a função de *proteger* a legislação hierarquicamente postada abaixo da Constituição Federal. Daí por que se uma só decisão ao mesmo tempo afrontar norma constitucional e norma infraconstitucional, é cabível a interposição simultânea do recurso extraordinário e do recurso especial. Nesse caso, encontramo-nos diante de situação que revela a não aplicação do princípio da singularidade, evidenciando a existência de uma só decisão combatida ao mesmo tempo por dois *remédios* processuais.

13.4.5 Princípio da proibição da *reformatio in pejus*

O princípio revela a preocupação com a segurança jurídica dos pronunciamentos judiciais, desdobrando-se no plano de outro princípio de grande importância na realidade do processo civil, como tal o da *adstrição* ou da *correlação*, várias vezes destacado no curso deste capítulo, e positivado nos arts. 128 e 460.

No momento em que o legitimado interpõe o recurso, *limita* a pretensão recursal, ligada à ideia de sucumbência, já que não seria de se admitir a interposição da espécie sem a demonstração do prejuízo, sob pena de a irresignação ter o seu seguimento negado pela ausência do interesse recursal. Com isso, percebemos que o recurso deve ser *útil* à parte, no sentido de poder impor modificação para melhora da sua situação processual.

N'outro modo de dizer, o recurso tem o propósito de melhorar a situação do recorrente. Essa expectativa se parece com as que acompanham a distribuição da petição inicial, já que a procedência dos pedidos formulados na mencionada peça processual só pode beneficiar ao autor, não se admitindo que a sua situação jurídica seja piorada, por estarmos diante de peça de *ataque*, sendo incontroverso que a improcedência da ação não pode prejudicar o autor, para condená-lo ao pagamento de soma em dinheiro; para declarar direito contra ele; para desconstituir uma relação jurídica etc., apenas se admitindo essas consequências se o réu sair dessa situação desconfortável (de réu) através do oferecimento da *reconvenção*, ou quando a contestação que apresenta tem *natureza dúplice*, permitindo defesa e ataque ao mesmo tempo, assuntos estudados nos Capítulos 7 e 8 do volume 1 desta obra.

Em conclusão parcial, podemos afirmar que a ação judicial foi concebida para melhorar a situação jurídica do autor, ou de mantê-lo na situação em que se encontrava (no caso de improcedência da ação). Por analogia, o recurso só pode melhorar a situação jurídica do recorrente, ou manter a situação criada pelo pronunciamento atacado.

Se o autor ingressa com ação de indenização por perdas e danos e obtém sentença que julga procedente em parte a ação, fixando a indenização no valor correspondente a 50% do que foi pleiteado por aquele, a interposição do recurso de apelação por parte deste só pode conferir-lhe melhora processual, com a elevação do valor da condenação, ou a manutenção do julgado, sem retirar qualquer parcela da verba deferida no 1º Grau de Jurisdição.

Esse princípio não é de aplicação absoluta, cedendo quando a instância recursal reconhecer uma *questão processual de ordem pública*,[42] do interesse do Estado,

---

[42] "(...) são de ordem pública as regras que tratam dos requisitos genéricos para a obtenção de um provimento de mérito (condições da ação e pressupostos processuais – CPC, arts. 219, § 5º, 267, § 3º, e 301, § 4º – objeto específico do presente ensaio), assim como as que versam sobre competência absoluta" (PARENTE, Eduardo de Albuquerque. Os recursos e as matérias de ordem pública. In: NERY JUNIOR, Nelson; WAMBIER, Teresa Arruda Alvim. *Aspectos polêmicos e atuais dos recursos*

transpassando as pretensões das partes, referindo-se a temas que não foram tratados pelo recorrente no recurso.

Exemplo ilustrativo envolve ação de alimentos proposta por filho menor contra pai rico – equivocadamente distribuída para uma vara cível, quando a comarca apresenta vara de família, privativa para o julgamento de ações dessa natureza –, assim como todos os litígios originados das relações matrimoniais e das questões de família. A sentença proferida no processo confere verba alimentar ao autor, no valor correspondente a 50% do pedido formulado na petição inicial, sendo pronunciamento marcado por *error in procedendo*, em vista da incompetência absoluta da autoridade que o *criou*.

Se o recorrente combater a sentença, solicitando que a verba seja elevada, o tribunal pode invalidar a decisão, determinando a remessa dos autos ao juízo competente (Vara de Família), invalidando todos os atos decisórios, sendo estas as consequências que emanam do reconhecimento da incompetência absoluta (§ 2º do art. 113),[43] matéria que é de ordem pública, como demonstrado no Capítulo *Jurisdição e competência*, no volume 1 desta obra.

Evidente que houve *piora* na situação do recorrente, tendo sido conhecida matéria sequer alegada na peça de interposição da espécie. As matérias processuais de ordem pública estão alinhadas, no maior número, no art. 301, representando as *preliminares*, sobretudo às *peremptórias*, que acarretam a extinção do processo sem a resolução do mérito (inépcia da petição inicial; perempção; litispendência; coisa julgada; incapacidade da parte, defeito de representação ou falta de autorização; convenção de arbitragem; carência de ação; falta de caução ou de outra prestação, que a lei exige como preliminar), quando acolhidas, conforme demonstrado no capítulo *Defesa do réu*, no volume 1 desta obra.

O § 4º do art. 301 é peremptório em prever: "com exceção do compromisso arbitral, o juiz conhecerá de ofício da matéria enumerada neste artigo". No mesmo sentido, o § 3º do art. 267 preceitua:

> *"O juiz conhecerá de ofício, em qualquer tempo e grau de jurisdição, enquanto não proferida a sentença de mérito, da matéria constante dos nºs IV, V e VI; todavia, o réu que a não alegar, na primeira oportunidade em que lhe caiba falar nos autos, responderá pelas custas de retardamento."*

As matérias processuais de ordem pública não se submetem à *preclusão processual*, de modo que o fato de não terem sido suscitadas pelo adversário do recorrente

---

cíveis e de outros meios de impugnação às decisões judiciais. São Paulo: Revista dos Tribunais, 2003. v. 7, nº 7, p. 115).

43 "Art. 113. A incompetência absoluta deve ser declarada de ofício e pode ser alegada, em qualquer tempo e grau de jurisdição, independentemente de exceção. *Omissis*. § 2º Declarada a incompetência absoluta, somente os atos decisórios serão nulos, remetendo-se os autos ao juiz competente."

no 1º Grau de Jurisdição ou na instância recursal não retira da autoridade responsável pelo julgamento da espécie a prerrogativa de apreciá-las.

Em linhas seguintes deste capítulo, anotamos que, nas hipóteses do art. 475,[44] a mesma autoridade que prolata o pronunciamento judicial está obrigada a remeter o processo à instância recursal, já que a decisão foi proferida contra os interesses da *Fazenda Pública*, evidenciando a preocupação de termos um segundo pronunciamento sobre a questão (de que a *coisa* pública seja protegida), em resposta ao *reexame necessário* procedido por iniciativa do magistrado, de nada importando se a Fazenda Pública interpôs o recurso voluntário.

Encontramo-nos diante do intitulado *duplo grau obrigatório de jurisdição* (que recebe várias outras denominações da doutrina, como *recurso de ofício*, *devolução obrigatória* e *reexame obrigatório*), não se admitindo que a decisão surta efeitos sem que seja reapreciada pela instância recursal. Em vista disso, perguntamos: não sendo interposto recurso pela Fazenda Pública, a instância recursal pode piorar a situação da pessoa de direito público quando julgar o *recurso de ofício*?

Sobre o tema, embora não seja da nossa simpatia, anotamos que o STJ editou a Súmula 45, após seguidos pronunciamentos no mesmo sentido,[45] verberando: "No reexame necessário, é defeso, ao Tribunal, agravar a condenação imposta à Fazenda Pública."

Em vista da Súmula reproduzida, a jurisprudência predominante entende que a instância recursal não pode piorar a situação jurídica da Fazenda Pública nem mesmo quando deparar com matéria processual de ordem pública, com o que não concordamos, em face da norma do § 3º do art. 267, impositiva, de comando cogente, obrigando o tribunal a reexaminar a presença (ou não) das condições da ação (legitimidade das partes, interesse de agir e possibilidade jurídica do pedido) e dos pressupostos de constituição e de desenvolvimento válido e regular do processo, mesmo que o assunto não tenha sido enfrentado pela sentença atacada pelo recurso de ofício (ou reexame necessário).

Numa hipótese exemplificativa, perceba a situação de uma ação de desapropriação proposta pelo Estado, que foi julgada parcialmente procedente, para confirmação da desapropriação e condenação da Fazenda Pública ao pagamento de indenização em valor superior ao indicado na petição inicial como sendo o correspondente à *justa indenização*, além de honorários advocatícios calculados sobre a diferença entre a oferta e o *quantum* arbitrado pelo juiz.

---

44 "Art. 475. Está sujeita ao duplo grau de jurisdição, não produzindo efeito senão depois de confirmada pelo tribunal, a sentença: I – proferida contra a União, o Estado, o Distrito Federal, o Município, e as respectivas autarquias e fundações de direito público; II – que julgar procedentes, no todo ou em parte, os embargos à execução de dívida ativa da Fazenda Pública."

45 "O Tribunal *a quo* não pode, ao apreciar a remessa oficial, reformar o *decisum* de primeiro grau para prejudicar a Fazenda Pública" (REsp 488676 – BA, 1ª Turma do STJ, rel. Min. HUMBERTO GOMES DE BARROS).

Em vista da sucumbência parcial e recíproca, o processo é remetido ao tribunal (sem recurso voluntário da pessoa jurídica de direito público), a fim de que a instância recursal reaprecie a condenação da diferença e dos honorários advocatícios, inclinando-se a jurisprudência para afirmar que o órgão de reexame não pode elevar a verba honorária.[46] Não obstante esse fato, entendemos que a instância recursal pode (e deve) declarar a carência de ação, em vista da ilegitimidade passiva do réu, mesmo não tendo sido o tema suscitado por este nem enfrentado na sentença, por nos encontrarmos diante de norma cogente,[47] impondo o dever à instância recursal de reapreciar a presença das condições da ação e dos pressupostos processuais.

13.5 REQUISITOS DE ADMISSIBILIDADE DOS RECURSOS

No Capítulo 3 do volume 1 desta obra, demonstramos que o exercício do direito de ação está condicionado à coexistência das condições da ação, que são: legitimidade das partes, possibilidade jurídica do pedido e interesse de agir, a última apoiando-se na demonstração da *necessidade* do processo, da sua *utilidade* e da *adequação* da via eleita.

Também deixamos registrado que o exercício do direito de ação não credita ao autor o direito de obter sentença que lhe seja favorável, e sequer sentença de mérito, assim entendido o pronunciamento que põe termo ao processo, certificando (ou não) o direito material em favor do autor, em vista da autonomia do direito processual.

As condições da ação são requisitos mínimos que devem ser preenchidos pelo autor e que, juntamente com os pressupostos de constituição e de desenvolvimento válido e regular do processo, permitem a prolação do pronunciamento de mérito,

---

46 **"Em sede de reexame necessário, não pode o Tribunal majorar a verba honorária arbitrada na sentença de primeiro grau para agravar a situação da Fazenda Pública. Aplicação da Súmula nº 45 do STJ**. O fato de o recorrente, nas contrarrazões de apelação, insistir na tese de que motivou a interposição de agravo retido nos autos, não tem, só por si, o condão de suprir a exigência estampada no art. 523, § 1º, do Código de Processo Civil. Recurso especial parcialmente provido" (REsp 264264 – BA, 2ª Turma do STJ, rel. Min. JOÃO OTÁVIO DE NORONHA) (grifamos).

47 "Destarte, não obstante as eminentes manifestações em sentido contrário, adota-se no presente ensaio a posição de que os capítulos da sentença não impugnados se sujeitam à confirmação pelo tribunal de que estejam presentes os pressupostos processuais e as condições da ação. Isto porque, em resumo, *(a)* tais matérias são de ordem pública no sentido da administração do exercício da jurisdição, diferenciando-se das de direito material; *(b)* a norma é dirigida ao juiz; *(c)* tais matérias apresentam-se no plano vertical de cognição pelo tribunal; *(d)* não há violação à vedação à *reformatio in pejus*, pois esta se atrela ao aspecto da extensão do apelo; e *(e)* prescinde de haver ou não dependência entre pedidos" (PARENTE, Eduardo de Albuquerque. *Os recursos e as matérias de ordem pública*. In: NERY JUNIOR, Nelson; WAMBIER, Teresa Arruda Alvim (Coordenadores). *Aspectos polêmicos e atuais dos recursos cíveis e de outros meios de impugnação às decisões judiciais*. São Paulo: Revista dos Tribunais, 2003. v. 7, p. 133).

razão maior da existência do processo, possibilitando a eliminação do conflito de interesses que determinou a sua formação.

Essas premissas básicas podem ser transpostas para a matéria recursal. Por analogia, podemos afirmar sem (por enquanto) maior compromisso científico que as condições estão para a ação (e para o processo) assim como os requisitos de admissibilidade estão para os recursos.[48]

Os requisitos de admissibilidade dos recursos são exigências formais, que devem ser observadas pelo recorrente para garantir a apreciação do mérito da irresignação,[49] referente à injustiça da decisão atacada ou à sua nulidade, pelo fato de a autoridade que a *criou* ter infringido preceitos de ordem pública, de incidência inafastável pela vontade das partes e do próprio julgador.

Exemplificativamente, observe a situação da parte que depara com decisão interlocutória proferida pelo magistrado na audiência de instrução e julgamento, negando a ouvida de testemunha tempestivamente arrolada pelo litigante prejudicado pela decisão, entendendo que a produção da prova seria imprescindível para a formação do convencimento do magistrado.

Estamos diante de decisão interlocutória que enseja a interposição do agravo retido (ver considerações específicas em linhas seguintes deste volume), tudo levando a crer que o recorrente venha a alcançar êxito através do provimento do recurso, diante da demonstração de que foi cerceado no seu direito de defesa, com infração ao inciso LV do art. 5º da CF. Esta é a questão de mérito *desenhada* no recurso, ou seja: a importância da prova para a formação do convencimento do magistrado em

---

[48] A comparação serve apenas para demonstrar a importância dos requisitos de admissibilidade dos recursos, já que, do ponto de vista técnico, estes requisitos não se confundem com as condições da ação, segundo ensinamento doutrinário adiante reproduzido: "É evidente que no julgamento do recurso pode-se voltar a examinar, ou examinar pela primeira vez, as questões preliminares ao mérito da ação, por se tratar de questões de ordem pública, nulidades absolutas, como as condições da ação e os pressupostos processuais. Isto é possível em razão da previsão expressa do art. 267, § 3º, do CPC, sendo este, então, o próprio mérito do recurso. Já as questões de admissibilidade do recurso, como preliminares ao julgamento do seu mérito, dizem respeito à possibilidade de conhecimento do recurso pelo órgão competente, em função das condições e dos pressupostos genéricos impostos pela lei – como a legitimidade e o interesse em recorrer, a tempestividade, a regularidade formal do recurso, o preparo etc. – e dos pressupostos específicos (hipóteses de cabimento) de cada recurso em espécie" (PINTO, Nelson Luiz. *Manual dos recursos cíveis*. 3. ed. São Paulo: Malheiros, 2002. p. 49).

[49] Sobre o tema, esclarecedora a lição da doutrina especializada: "Antes de se examinar o conteúdo da apelação, seja ele qual for, o remédio empregado contra a sentença há de ultrapassar a implacável barreira da admissibilidade, uma série de requisitos impostos à possibilidade de a parte prolongar o processo após o oferecimento bastante da prestação jurisdicional. Chama-se *juízo de admissibilidade* à avaliação do conjunto desses requisitos. Preenchendo a todos, se diz que o apelo é conhecido; desatendido ao menos um deles, não é conhecido. Verificada a hipótese de conhecimento, o órgão competente para o julgamento da apelação se habilita ao exame do seu objeto, que é etapa ulterior, inteiramente diversa, designada de juízo de mérito" (ASSIS, Araken de. Efeito devolutivo da apelação. *Revista Síntese de Direito Civil e Processual Civil.* nº 13. set./out. 2001. Porto Alegre: Síntese, 2001. p. 146).

vista da qualidade do depoimento que foi negado e o correspondente cerceamento do direito de defesa da parte prejudicada pelo pronunciamento interlocutório.

Contudo, para que o recorrente assista ao exame da espécie pela autoridade competente, é necessário que preencha requisitos processuais (formais), não se confundindo com o mérito do recurso, sobressaindo a tempestividade; o preparo; a sua regularidade formal; a legitimidade e o interesse do recorrente em ver a questão reapreciada.

O fato de o recurso ser interposto fora do prazo de dez dias retira da parte o direito de ter a sua manifestação examinada no mérito, *esbarrando* em óbice processual, que acarreta o *não conhecimento* do recurso e a preclusão da matéria, sem que a parte possa renová-la em recursos posteriores.

Já demonstramos em várias linhas da obra que a regularidade do processo é do interesse do Estado, não se confundindo com o direito material que fundamenta a ação. A regularidade da formação do processo e da sua tramitação, além da exigência da perfeição e da fundamentação dos pronunciamentos proferidos pelos representantes do Estado, são questões do interesse do que assumiu – de forma monopolizada – o dever de eliminar o conflito de interesses.

O princípio dispositivo não confere às partes a prerrogativa de determinar como as ações judiciais devem tramitar. A *forma* dos atos e o modo como são praticados dentro do processo assumem *coloração publicística*, do interesse do Estado, razão pela qual o direito processual é de índole pública, não obstante seja instrumento de eliminação de conflitos privados, abandonando a filosofia europeia anteriormente observada, de considerar o processo como *sache der parteien* (coisa das partes).

MAURO CAPPELLETTI faz referência à máxima retratada com os seguintes apontamentos doutrinários:

> *"A vontade das partes podia dar vida, quase sem limites, a acordos probatórios, tais inclusive que vinculasse ao juiz a colocar como base da sentença fatos manifestamente não acontecidos ou impossíveis; e assim sucessivamente acontecia. Toda espécie de poder judiciário, em resumo, era desconhecida ou pelo menos estava muito atenuada; o juiz deveria permanecer totalmente alheio ao processo; o processo – repito – era 'coisa das partes', desenvolvia-se exclusivamente entre as partes; o juiz não apenas estava por cima como que fora da arena."*[50]

Na atualidade, assentado o entendimento de que a regularidade formal do processo é do interesse do Estado, podemos concluir que os requisitos de admissibilidade dos recursos são *questões processuais de ordem pública*, do interesse do ente estatal, não apenas das partes.

---

50 CAPPELLETTI, Mauro. *O processo civil no direito comparado.* Belo Horizonte: Cultura Jurídica – Ed. Líder, 2001. p. 39.

Essa constatação é fundamental em virtude da consequência que dela se origina, a saber: os requisitos de admissibilidade podem (e devem) ser examinados a qualquer tempo e grau de jurisdição, não se submetendo à preclusão processual, de modo que o fato de o vício (intempestividade do recurso, por exemplo) não ser denunciado pela parte no momento ideal não retira dos representantes do Poder Judiciário a prerrogativa de negar seguimento ao recurso em face da irregularidade em exame.

Neste capítulo, ao estudarmos cada uma das espécies previstas no CPC, demonstramos que a interposição ocorre perante determinado representante do Poder Judiciário (juízo processante), mas o seu julgamento, como regra, é realizado por outra autoridade estatal (juízo julgador), na maioria das vezes hierarquicamente superior àquela perante a qual o recurso foi protocolizado.

Temos de compreender, assim, que há uma coexistência de autoridades que mantêm contato com o recurso, sendo uma a *processante* e a outra a *julgadora* do *remédio* processual. Esta é uma regra que admite exceções, demonstrando que em certos casos essas autoridades se *fundem* numa só pessoa, como ocorre com o recurso de embargos de declaração, que é interposto perante o magistrado (no caso de atacar sentença) ou o tribunal (no caso de impugnar acórdão), sendo julgado por essa mesma autoridade, ao mesmo tempo se qualificando como *processante* e como *julgadora* da espécie recursal.

Analisando a apelação, observamos que é interposta (apresentada) perante o juiz que prolatou a sentença terminativa ou de mérito atacada pela espécie, que processa o *remédio* processual, abrindo vista dos autos ao recorrido para que ofereça as contrarrazões, o que é seguido do despacho ordenando a remessa do processo ao tribunal, como *autoridade julgadora* do recurso.

Entre a apresentação da espécie e a sua remessa ao tribunal, o próprio juiz confirma o preenchimento (ou não) dos requisitos de admissibilidade do recurso, verificando se é tempestivo, se o recolhimento das custas foi providenciado, se há interesse para recorrer, legitimidade da parte etc.

Esse exame representa o *juízo de admissibilidade diferido ou provisório,* que não é preclusivo, de modo que os mesmos requisitos devem ser revistos pelo tribunal antes do enfrentamento da questão de mérito. Com a chegada da espécie à Corte, assistimos à sua distribuição para um relator, que processa o recurso até o momento em que estiver pronto para o julgamento do mérito, percorrendo as etapas da preparação do relatório; do seu encaminhamento ao Ministério Público (se for a hipótese); da remessa ao revisor (se for a hipótese); da solicitação de dia para julgamento; da publicação da pauta no *Diário da Justiça* etc.

Durante o *iter* procedimental, o relator mantém-se como responsável pelo processamento do recurso, devendo realizar o exame do preenchimento (ou não) dos requisitos de admissibilidade logo no primeiro contato com a espécie, novamente verificando se teria sido apresentada no prazo previsto em lei, se foi providenciado o recolhimento das custas, se o recorrente tem interesse e legitimidade etc.

Esse juízo de admissibilidade (ainda não definitivo) não se vincula ao que foi decidido pelo magistrado do 1º Grau de Jurisdição, de modo que o relator pode negar seguimento ao recurso – impedindo o julgamento do seu mérito –, se concluir que a espécie foi interposta fora do prazo, por exemplo, não obstante a autoridade *processante* tenha afirmado que o recurso seria tempestivo.

O juízo de admissibilidade do recurso feito pelo relator também não é definitivo, já que a verificação do preenchimento (ou não) dos requisitos de admissibilidade da espécie será mais uma vez realizada na sessão de julgamento, antes do enfrentamento do mérito. Nesse instante, após a apresentação do relatório, o órgão fracionário do tribunal (Turma, Câmara, Grupo de Câmaras etc.) pode (e deve, se for o caso) chegar à conclusão de que o recurso é intempestivo, que preparo não foi providenciado, que falta interesse ou legitimidade ao recorrente etc., deixando de conhecê-lo, impedindo a análise das suas razões de mérito.

A rigidez do procedimento, que impõe a constante renovação de aberturas de oportunidades para que se examine o preenchimento dos requisitos de admissibilidade dos recursos, justifica-se pela constatação de que as exigências formais são prejudiciais em relação ao exame do mérito, a ela sobrepondo-se.

Ilustrativamente, observe a situação de ação de indenização por perdas e danos manifestamente infundada, que deve ser julgada pela improcedência dos pedidos, pelo fato de o autor não ter provado que o réu seria o responsável pelo suposto dano indicado na petição inicial, o que é atacado pelo réu na contestação.

Não obstante a realidade, o magistrado condena o réu a pagar valor absurdo, justificando a interposição do recurso de apelação no vigésimo dia posterior à intimação da sentença, no qual o vencido demonstra a injustiça da condenação. O fato de a espécie ter sido interposta fora do prazo legal impede o conhecimento do mérito da pretensão recursal, apoiado na injustiça da sentença combatida.

Assim, observamos que o exame do recurso é fracionado em duas fases distintas. Num primeiro momento, o recurso deve ser *conhecido*, dizendo respeito à afirmação de que os requisitos gerais de admissibilidade foram preenchidos, sem prejuízo de requisitos específicos, a serem estudados quando do enfrentamento de cada espécie de *per se*. Ultrapassada essa fase, reconhecido o preenchimento dos requisitos de admissibilidade, podemos afirmar que o recurso foi *conhecido*.

Mas isso não garante vitória em favor do recorrente, a não ser de natureza processual, com a conclusão de que o recurso pode ser julgado para a apreciação do seu mérito. A segunda fase refere-se ao *provimento* ou ao *improvimento* do recurso, marcada pela análise das questões de mérito, partindo da premissa de que a espécie foi conhecida, ou seja, de que todos os requisitos de admissibilidade foram preenchidos.

É por isso que, na introdução desta seção, comparamos os requisitos de admissibilidade às condições da ação. Se o autor as observa ao exercitar o direito de ação, além disso, preenchendo os pressupostos de constituição e de desenvolvimento válido e regular do processo, tem direito a que a sentença de mérito seja prolatada, que verdadeiramente soluciona o conflito de interesses, em favor de **A** ou de **B**. No mesmo conduto de exposição, se o recorrente preenche os requisitos de admissibilidade do recurso, tem direito a assistir ao seu julgamento de mérito. Do contrário, depara com o não conhecimento do recurso, representando obstáculo processual prejudicial ao conhecimento do mérito da espécie.

Em conclusão parcial, podemos afirmar que os requisitos gerais de admissibilidade dos recursos aplicam-se a todos eles (apelação, agravo, embargos infringentes, embargos de declaração etc.). Eventualmente, outros requisitos deverão ser preenchidos, além dos gerais, sendo *específicos*, variando de espécie para espécie, assunto estudado em linhas seguintes.

A preocupação do Estado com o preenchimento dos requisitos de admissibilidade dos recursos motivou a alteração do art. 557, textualizando, de forma expressa, que o relator pode negar seguimento ao recurso, quando:

> *"For manifestamente inadmissível, improcedente, prejudicado ou em confronto com súmula ou com jurisprudência dominante do respectivo tribunal, do Supremo Tribunal Federal, ou de Tribunal Superior."*

O assunto é estudado com mais profundidade em compartimento específico deste trabalho, devendo ser neste instante destacado que o trancamento do recurso pode ocorrer de ofício, ou em resposta a requerimento formulado pelo recorrido através de petição *avulsa*, diretamente dirigida ao juiz da causa (se o processo ainda se encontrar no 1º Grau de Jurisdição) ou ao relator (se já enviado ao tribunal competente). A jurisprudência entende que a denúncia do não preenchimento de um dos requisitos de admissibilidade do recurso não pode ser feita através da interposição de outro recurso (geralmente o de agravo de instrumento), porque a parte pode obter igual resultado prático através de simples petição.

Melhor explicando, imagine que a parte vencida interpõe o recurso de apelação 30 dias após o início do prazo recursal, ou seja, apresenta recurso manifestamente intempestivo.

O juiz do processo prolata decisão afirmando que o recurso seria tempestivo, equivocando-se no confronto da data da intimação da sentença com o momento do protocolo da peça recursal. Perceba que a decisão é visivelmente incorreta, acarretando prejuízo para a parte contrária, já que a intempestividade da apelação, se reconhecida naquele momento, resultaria o trânsito em julgado da sentença, autorizando a parte vencedora a solicitar a instauração da execução definitiva do pronunciamento.

A decisão que recebe o recurso interposto pela parte contrária é de natureza interlocutória, podendo ser em tese atacada pelo recurso de agravo, nos dez dias seguintes à intimação do despacho que recebeu o recurso. Através da nova espécie, o recorrente pretenderia a reforma da decisão monocrática, para o reconhecimento da intempestividade da apelação. Contudo, como já afirmado anteriormente, não cabe agravo contra a decisão em análise.

Não cabe porque o resultado que seria perseguido pelo agravante pode ser obtido através de simples petição *avulsa*, sem as formalidades e burocracias próprias da irresignação recursal. Assim, como o resultado pode ser alcançado através de manifestação processual mais singela, falta interesse à parte prejudicada para buscá-lo – o resultado – por meio de manifestação mais complexa, mais burocratizada do ponto de vista processual.

13.5.1 Importância do conhecimento do recurso para o trânsito em julgado da decisão judicial

Questão elegante diz respeito à importância do conhecimento do recurso (com a confirmação da presença dos requisitos de admissibilidade) para a contagem do prazo decadencial visando à propositura da ação rescisória, que deve preencher pelo menos um dos requisitos do art. 485, assunto estudado no Capítulo 12 do volume 1 desta obra.

Se o recurso não for conhecido em vista da sua intempestividade, a doutrina entende que o trânsito em julgado do pronunciamento ocorre na data em que expirou para o recorrente o prazo para a interposição da espécie, que foi apresentada além dele, de nada importando a data em que a intempestividade foi reconhecida, visto que esse reconhecimento produz efeitos *ex tunc*, retroagindo ao último dia do prazo para a interposição da espécie recursal. O exemplo oferecido pela doutrina[51] é ilustrativo, merecendo reprodução:

> *"Por exemplo, sendo as partes intimadas da sentença no dia 1º.10, segunda-feira, o prazo para a interposição do recurso termina no dia 16.10, terça-feira. Se, por um lado, o recurso for interposto no dia 19.10, ainda que o acórdão do tribunal seja proferido dois anos após a interposição da apelação, considera-se que o trânsito em julgado ocorreu no dia 16.10. Portanto, o prazo para a propositura de eventual ação rescisória começa a correr desta data."*

Se o recurso não é conhecido pelo não preenchimento de requisito diferente da intempestividade (como a ausência do preparo, a ilegitimidade ou a falta de interesse do recorrente), o pronunciamento em referência produz efeito *ex nunc*, a partir dele contando-se o prazo para a propositura da ação rescisória.

---

[51] MIRANDA, Gilson Delgado. *Código de Processo Civil interpretado*. In: MARCATO, Antônio Carlos. São Paulo: Atlas, 2004. p. 1518.

13.6 CLASSIFICAÇÃO DOS REQUISITOS

A classificação dos requisitos de admissibilidade dos recursos não é unânime na doutrina, que adota vários critérios diferenciados. Entendemos que o melhor parte de uma classificação singela, fracionada em apenas uma subdivisão. Assim, temos os denominados *requisitos extrínsecos de admissibilidade*, dizendo respeito ao recurso propriamente dito (tempestividade, preparo, regularidade formal e adequação), e os *requisitos intrínsecos de admissibilidade dos recursos*, alusivos ao recorrente (legitimidade e interesse).

Em linhas seguintes, estudamos cada um dos requisitos, na ordem exposta, ressaltando que não há hierarquia entre eles, e que a sua presença no processo não é alternativa, mas cumulativa, de modo que o recurso apenas será conhecido quando confirmado o preenchimento de todos os requisitos de admissibilidade.

13.6.1 Tempestividade

No Capítulo 5 do volume 1 desta obra, anotamos que a expressão *atos processuais* representa o gênero, com as espécies *atos das partes*, *atos do magistrado* e *atos dos serventuários da justiça*, todos colaborando para que a finalidade maior do processo seja alcançada, que é a eliminação do conflito de interesses que determinou a sua formação, após o exercício do direito de ação.

Os prazos de que as partes dispõem para praticar atos são *próprios*, posto que se sujeitam à preclusão processual, de modo que o fato de a parte não praticar o ato que lhe incumbia (preclusão temporal), de praticá-lo de forma incompleta (preclusão consumativa) ou de praticá-lo em confronto com outro ato antes externado (preclusão lógica) acarreta severas consequências processuais, prejudicando o próprio direito material envolvido no litígio.

Os prazos conferidos ao magistrado e aos auxiliares da justiça são *impróprios*, de modo que o fato de o ato ser praticado fora do prazo estabelecido em lei não acarreta maior consequência processual, sem afastar a aplicação de penalidades administrativas e mesmo da propositura da ação de indenização por perdas e danos, desde que sejam preenchidos os requisitos legais (demonstração do dano; comportamento do agente e nexo de causalidade, estabelecendo uma relação de *causa* e *efeito* entre os dois primeiros requisitos da demanda indenizatória).

A abordagem é extensiva à matéria recursal, impondo à parte agravada pela decisão judicial o ônus (não a obrigação ou o dever)[52] de impugná-la no prazo previsto

---

[52] Precisa a lição da doutrina sobre o tema: "A atividade de interpor um recurso, como, de regra, a atividade das partes no processo, consiste num ônus, como por exemplo o ato de contestar ou de impugnar, especificamente, cada um dos fatos deduzidos na inicial. O que caracteriza o ônus, e o dife-

em lei, sob pena de deparar com a *preclusão* da matéria ou mesmo com o *trânsito em julgado* do pronunciamento judicial, se este for sentença ou acórdão, representando as possíveis consequências decorrentes do não oferecimento do recurso.

A não interposição do recurso no prazo previsto em lei acarreta a *preclusão temporal*, consistente no transcurso do prazo para a prática do ato sem qualquer comportamento da parte (art. 183). Mas não é apenas essa espécie de preclusão que incide na matéria recursal, admitindo-se a ocorrência das demais espécies, a saber: *lógica* e *consumativa*.

A *preclusão consumativa* é marcada pelo fato de a parte interpor o recurso (prática parcial do ato) no prazo fixado em lei, sem, contudo, comprovar o recolhimento das custas processuais. O ato foi praticado em parte, mas é incompleto, pelo não preenchimento do requisito alusivo ao preparo.

A interposição do recurso é *ato complexo*, integrado por vários atos, como o protocolo da peça recursal devidamente assinada pelo advogado que a elaborou, dentro do prazo previsto em lei, acompanhada do recolhimento das custas recursais. Tendo sido apenas um dos atos praticados, deixando o recorrente de praticar os demais, não podemos afirmar que o ato de recorrer foi praticado por completo, o que é motivo impeditivo do seguimento da espécie, que não será conhecida.

Na mesma linha de exposição, se a parte protocolou o recurso no prazo, juntando o comprovante de recolhimento das custas à peça recursal, mas antes disso praticou ato que demonstra a sua aceitação tácita aos termos do pronunciamento que ataca, encontramo-nos diante da **preclusão lógica**, de igual modo acarretando consequências processuais negativas à parte, assunto que foi estudado em seção deste volume.

Ao falarmos a respeito da tempestividade, estamos nos referindo à exigência de interposição do recurso dentro do prazo previsto em lei, nem antes nem depois dele, sob pena de o recurso sofrer obstáculo de tramitação, por questões formais insuperáveis, sem que o vício possa ser desprezado, posto que a matéria é do interesse do Estado, como *guardião* da regularidade do procedimento do primeiro ao último ato do processo.

O prazo para a interposição do recurso é *peremptório*,[53] não admitindo modificação pelas partes, nem mesmo através de requerimento conjunto, ao contrário do que

---

rencia de figuras como a obrigação ou o dever, é que, quando a atividade, a que corresponde o ônus, é desempenhada, quem, de regra, com isso se beneficia é a própria parte que pratica o ônus, e não aquela que se encontra no polo da relação jurídica, como acontece com a obrigação. Quando a parte se omite, entretanto, normalmente as consequências negativas decorrentes dessa omissão voltar-se-ão exatamente contra aquele que se omitiu" (WAMBIER, Luiz Rodrigues. *Curso avançado de processo civil*. 6. ed. São Paulo: Revista dos Tribunais, 2003. v. 1, p. 564).

53 "O prazo que pode ser prorrogado ou ampliado é aquele que ao juiz cabe fixar. Não é o prazo legal, peremptório, que a lei estabelece. O prazo para recurso é sempre prazo peremptório e por isso não pode ser dilargado pelo juiz, nem com o assentimento das partes" (FADEL, Sérgio Sahione. *Có-*

observamos com os prazos *dilatórios*, que são relativamente flexíveis, representando prazos de menor importância processual, como o conferido para a manifestação conjunta a respeito do laudo pericial apresentado pelo perito.

O art. 508 fixa os prazos para a interposição dos recursos listados no art. 496, apresentando-nos os *prazos gerais*, existindo exceções, que se apoiam na previsão do CPC para ampliar o prazo, em atenção à pessoa que utiliza a espécie recursal, ou para reduzi-lo, em face da observância de princípios específicos.

Não há de se estranhar o afastamento da norma processual, que é regra geral, em virtude da aplicação do *princípio da especialidade* (lei especial afastando a aplicação da lei geral). Nesse particular, o § 2º do art. 2º da LINDB prevê: "A lei nova, que estabeleça disposições gerais ou especiais a par das já existentes, não revoga nem modifica a lei anterior."

Com as atenções voltadas para o novo CPC, percebemos a existência de regra que apresenta a seguinte redação: "Excetuados os embargos de declaração, o prazo para interpor os recursos e para responder-lhes é de quinze dias."

13.6.1.1 Redução de prazos para a interposição dos recursos

Iniciando pelas normas de redução dos prazos previstos no CPC, anotamos que a primeira exceção diz respeito ao recurso contemplado na Lei nº 9.099/95, voltando-se ao ataque de sentenças prolatadas no âmbito dos Juizados Especiais Cíveis. O recurso em referência, não obstante não tenha sido assim nominado, apresenta todas as características e os objetivos do recurso de apelação.[54]

Embora seja verdadeira a apelação, o prazo para a sua interposição não é de 15 dias, como previsto na lei processual civil, **mas de 10**. A redução do prazo decorre da sumariedade do rito a que as queixas apresentadas perante os Juizados Especiais Cíveis se submetem, orientadas, dentre outros, pelo *princípio da celeridade processual* (art. 2º da lei citada, textualizando os princípios informativos do rito sumaríssimo).

Para se alcançar a celeridade, dentre outros mecanismos próprios da lei especial,[55] é necessária a redução dos prazos para a prática dos atos processuais, como é a hipótese em análise.

---

digo de Processo Civil comentado. Atualizado por J. E. Carreira Alvim. 7. ed. Rio de Janeiro: Forense, 2004. p. 222).

[54] Nesse sentido: "Já a sentença do juiz togado que põe fim ao processo, com ou sem julgamento de mérito, desafia recurso, que a lei não nominou, mas que equivale à apelação do Código de Processo Civil" (THEODORO JÚNIOR, Humberto. *Curso de direito processual civil* 3. v. 25. ed. Rio de Janeiro: Forense, 2001. p. 438).

[55] Como a concentração de atos processuais, ou seja, a prática de vários atos num só instante, e a proibição da prática de certos atos, como observamos através da simples leitura do art. 10 da enfocada

A segunda regra de exceção, igualmente prevista em norma especial, está na Lei nº 8.069, de 13-7-1990 (ECA). O inciso II do art. 198 do Estatuto prevê a seguinte regra de adaptação ao que consta no CPC:

> *"Art. 198. Nos procedimentos afetos à Justiça da Infância e da Juventude, inclusive os relativos à execução das medidas socioeducativas, adotar-se-á o sistema recursal da Lei n. 5.869, de 11 de janeiro de 1973 (Código de Processo Civil), com as seguintes adaptações: omissis; II – em todos os recursos, salvo nos embargos de declaração, **o prazo para o Ministério Público e para a defesa será sempre de 10 (dez) dias**; omissis"* (grifos do autor).

Como visto, a lei reduziu o prazo para a interposição de recursos nas ações que tramitam sob a sua égide, vale dizer: ação de destituição e de suspensão de pátrio poder; ação de destituição da tutela; ação de adoção[56] etc. A justificativa da redução dos prazos para a interposição dos recursos decorre da preocupação de que os processos regidos pelo ECA tramitem com agilidade, o que é possível através do *encurtamento* de prazos processuais, aplicando-se o *princípio da especialidade.*[57]

13.6.1.2 Ampliação de prazos para a interposição dos recursos

O art. 188[58] textualiza que, quando a parte vencida for a *Fazenda Pública* (União, Estados, Distrito Federal, Territórios, Municípios, autarquias e fundações públicas)[59] ou o Ministério Público,[60] o prazo para recorrer é contado em dobro. A prerrogativa

---

legislação, vedando o exercício da intervenção de terceiro nos processos que tramitam pelos Juizados Especiais Cíveis.

56 De *criança* e de *adolescente*, definidos no art. 2º da mesma Lei.

57 Ou seja, dá-se prevalência à aplicação do ESTATUTO DA CRIANÇA E DO ADOLESCENTE, legislação especial, em detrimento da aplicação do CPC, legislação geral.

58 "Art. 188. Computar-se-á em quádruplo o prazo para contestar e em dobro para recorrer quando a parte for a Fazenda Pública ou o Ministério Público." Com as atenções voltadas para o novo CPC, percebemos a existência de regra que tem a seguinte redação: "Os litisconsortes que tiverem diferentes procuradores, de escritórios de advocacia distintos, terão prazos contados em dobro para todas as suas manifestações, em qualquer juízo ou tribunal, independentemente de requerimento."

59 A prerrogativa da contagem do prazo em dobro foi estendida às fundações públicas e às autarquias em decorrência da Lei nº 9.469, de 10.7.1997, cujo art. 10 apresenta a seguinte redação: "Art. 10. Aplica-se às autarquias e fundações públicas o disposto nos arts. 188 e 475, 'caput', e no seu inciso II, do Código de Processo Civil."

60 Como parte ou como fiscal da lei.

conferida ao Ministério Público é mantida mesmo quando atua como fiscal da lei,[61] ou *custos legis*, não obstante valiosas posições em sentido contrário.[62]

Na mesma linha de raciocínio, se a ação apresentar litisconsortes representados por diferentes procuradores, o prazo para recorrer também é contado em dobro, conforme o art. 191,[63] mesmo que os advogados sejam integrantes de uma mesma sociedade, conforme entendimento jurisprudencial, embora não unânime.[64] Não obstante a regra, a Súmula 641 do STF[65] orienta que o prazo para recorrer não é contado em dobro se apenas um dos litisconsortes foi prejudicado pela decisão atacada através da interposição do recurso.

A sistemática da contagem dos prazos em dobro sofre restrições no âmbito dos Juizados Especiais Cíveis, mesmo quando o processo apresentar partes com mais de um advogado constituído,[66] certamente para não comprometer a pretendida celeridade dos processos que tramitam pelos aludidos Órgãos Judiciais, orientados pelos *princípios da oralidade, da simplicidade, da informalidade*, da *economia processual* e da *celeridade* (art. 2º da Lei nº 9.099/95).

O prazo também é contado em dobro quando a ação envolve beneficiário da assistência judiciária (o intitulado *pobre na forma da lei*), segundo estatuído no § 5º, do art. 5º da Lei nº 1.060/50.[67] Nesta hipótese, para que se garanta a incidência da

---

61 Nesse sentido: "**A norma do art. 188, CPC, que prevê prazo em dobro para recorrer, aplica-se também ao Ministério Público quando este atua no processo como *custos legis***, sendo manifesta a impropriedade da sua redação, a reclamar exegese sistemática e teleológica" (REsp 15311 – SP, 4ª Turma do STJ, rel. Min. SÁLVIO DE FIGUEIREDO TEIXEIRA) (grifamos).

62 "Esse privilégio é uma imposição do interesse público. Presume-se que os órgãos públicos, no curto prazo assinalado para a contestação e para os recursos, não disponham do tempo necessário para articular sua defesa, que requer, via de regra, consulta à repartição pública interessada ou responsável pelo ato sob censura. O Ministério Público dispõe de idêntico privilégio mas apenas quando atua como parte, e não quando intervém como fiscal da lei" (FADEL, Sérgio Sahione. *Código de Processo Civil comentado*. Atualizado por J. E. Carreira Alvim. 7. ed. Rio de Janeiro: Forense, 2004. p. 230).

63 "Art. 191. Quando os litisconsortes tiverem diferentes procuradores, ser-lhes-ão contados em dobro os prazos para contestar, para recorrer e, de modo geral, para falar nos autos."

64 Nesse sentido: "Se os litisconsortes tiverem procuradores diferentes, mesmo que sejam advogados sócios ou companheiros do mesmo escritório de advocacia, têm direito ao benefício de prazo do CPC 191" (*RT* 565/86).

65 **Súmula 641 do STF:** "Não se conta em dobro o prazo para recorrer quando só um dos litisconsortes haja sucumbido."

66 Nesse sentido, transcrevemos o Enunciado de nº 26 do I COLÉGIO RECURSAL CÍVEL DO ESTADO DE PERNAMBUCO: "Em sede de juizados, nos recursos ou contrarrazões, em que haja mais de uma parte interessada, assistidas por advogados distintos, os prazos serão comuns e correrão em secretaria."

67 "Art. 5º *Omissis*. § 5º Nos Estados onde a Assistência Judiciária seja organizada e por eles mantida, o Defensor Público, ou quem exerça cargo equivalente, será intimado pessoalmente de todos os atos do processo, em ambas as instâncias, contando-se-lhes em dobro todos os prazos."

prerrogativa, a jurisprudência exige que o beneficiário da assistência judiciária esteja representado no processo por membro da Defensoria Pública ou por quem exerça função equivalente,[68] não se aplicando a regra quando a representação é exercida por advogado particular.[69]

13.6.1.3 Início do prazo recursal

O prazo para a interposição do recurso é contado a partir do dia útil imediatamente seguinte à intimação da decisão, que na maior parte das vezes ocorre através da publicação do pronunciamento no *Diário da Justiça*,[70] seja o periódico Estadual ou Federal, com a exclusão do dia da veiculação (art. 184), em respeito ao brocardo *dies a quo non computator in termino*. Se a publicação ocorreu num sábado (dia não útil para a prática de atos processuais *internos*), a intimação é considerada efetivada na segunda-feira, desde que seja dia útil, com o início da contagem do prazo recursal a partir da terça-feira, se não for feriado nacional ou jurídico.[71] Essa é a interpretação a que chegamos através da leitura do § 2º do art. 184[72] e do art. 240.[73]

---

[68] "Não se aplica a contagem em dobro do prazo se a parte está representada por advogado dativo que não integra o órgão estatal de assistência judiciária, não é defensor público, nem ocupa cargo equivalente" (2º TACivSP – *RT* 745/280). No mesmo sentido é o Enunciado de nº 29 do I COLÉGIO RECURSAL CÍVEL DO ESTADO DE PERNAMBUCO: "ASSISTÊNCIA JUDICIÁRIA: O prazo dobrado apenas é conferido à parte beneficiária da assistência judiciária quando representada por Defensor Público do Estado."

[69] "O prazo para a interposição de recurso especial é de 15 dias (artigo 508 do Código de Processo Civil). **A jurisprudência desta Corte Superior de Justiça é uníssona no sentido de que, para fazer jus aos benefícios instituídos pelo artigo 5º, parágrafo 5º, da Lei 1.060 (intimação pessoal e prazo em dobro), é necessário que o procurador da parte seja integrante do Serviço de Assistência Judiciária, mantido e organizado pelos Estados, não se incluindo nessa condição o patrono particular**, como na espécie. Precedentes. 3. Agravo regimental improvido" (AGREsp 495334 – SP, 6ª Turma do STJ, rel. Min. HAMILTON CARVALHIDO) (grifamos).

[70] **"Se a intimação realizou-se por meio do *Diário da Justiça*, o prazo para interposição do recurso começa a correr a partir do primeiro dia útil após a data da circulação do órgão oficial, e não a data de sua edição**. Recurso conhecido e provido" (REsp 114078 – DF, 2ª Turma do STJ, rel. Min. FRANCISCO PEÇANHA MARTINS) (grifamos). No mesmo sentido: REsp 183946 – SP, rel. Min. FÉLIX FISCHER.

[71] "Publicada a decisão em dia sem expediente forense, será considerada realizada a intimação no primeiro dia útil que se lhe seguir, hipótese em que o prazo recursal terá início no dia útil subsequente" (REsp 97541 – BA, 5ª Turma do STJ, rel. Min. ASSIS TOLEDO).

[72] "Art. 184. *Omissis*. § 2º. Os prazos somente começam a correr a partir do primeiro dia útil após intimação (art. 240 e parágrafo único)."

[73] "Art. 240. Salvo disposição em contrário, os prazos para as partes, para a Fazenda Pública e para o Ministério Público contar-se-ão da intimação. Parágrafo único. As intimações consideram-se realizadas no primeiro dia útil seguinte, se tiverem ocorrido em dia em que não tenha havido expediente forense."

Embora o sábado seja considerado dia *útil* pelo CPC, como dispõe o seu art. 175, já demonstramos que apenas admite a prática dos denominados *atos externos*, como o excepcional cumprimento do mandado de citação e penhora para evitar o perecimento do direito.

A publicação da decisão no *Diário da Justiça* qualifica-se como *comunicação processual*, dando às partes condições de conhecer o teor do pronunciamento, ensejando reação, por meio da prática de ato processual, como a interposição do recurso adequado. A publicação da decisão no *Diário da Justiça*, embora inclua os nomes das partes, é destinada aos advogados que as representam, já que esses profissionais representam o autor, o réu e os intervenientes (art. 36), sendo nas suas pessoas aperfeiçoadas as intimações, apenas como exceção prevendo a lei que a comunicação processual seja dirigida à parte, assunto enfrentado no Capítulo 5 do volume 1 desta obra, no qual estudamos os *Atos processuais*.

Quando a decisão é prolatada em audiência, a contagem do prazo recursal tem início a partir do primeiro dia útil seguinte ao ato, no qual a intimação das partes e dos seus advogados acerca do conteúdo do pronunciamento que desagrada a um dos litigantes é aperfeiçoada.

Se a decisão for proferida pelo tribunal, logo após a sessão de julgamento é feita uma publicação no *Diário da Justiça* com o resumo da decisão, ou seja, com a sua *ementa*. O prazo para a interposição do recurso não é contado da publicação da ementa, mas do **acórdão**, com a íntegra ou com os principais trechos do pronunciamento, possibilitando-lhe conhecer dos seus termos, daí fluindo o prazo para a interposição do recurso adequado.

A regra não é a mesma se o julgado for proferido pelo Colégio Recursal, no âmbito dos Juizados Especiais Cíveis, conforme prevê o art. 46 da Lei nº 9.099/95. Nesse caso, não há publicação do acórdão no *Diário da Justiça*, mas apenas da *Súmula* do julgado.[74] O prazo para recorrer de decisões prolatadas pelos Colégios Recursais começa a fluir da data da sessão de julgamento, não da publicação da decisão no *Diário da Justiça*, sob a forma de acórdão, de ementa ou de enunciado.

Ainda no âmbito dos Juizados Especiais Cíveis, se a decisão for proferida por magistrado que integra o 1º Grau de Jurisdição, através de sentença, a contagem do prazo tem início a partir da ciência do pronunciamento, não da juntada do AR – AVISO DE RECEBIMENTO – ou do mandado de intimação aos autos,[75] conforme

---

[74] Apenas para exemplificar, reproduzimos o inciso XI do art. 27 do REGIMENTO INTERNO DO I COLÉGIO RECURSAL CÍVEL DO ESTADO DE PERNAMBUCO, com a seguinte redação: "Art. 27. Os julgamentos dos feitos obedecerão, sempre que possível, as seguintes regras: *omissis*; XI – não se lavrará acórdão, devendo ser publicada em Diário Oficial apenas a Súmula do julgado, que terá por fim tão-só dar conhecimento ao público em geral do repertório de jurisprudência do Colégio Recursal."

[75] Nesse sentido, transcrevemos o Enunciado nº 13 do VII ENCONTRO NACIONAL DE COORDENADORES DE JUIZADOS ESPECIAIS, realizado entre os dias 24 e 27 de maio de 2000:

entendimento que nos parece majoritário, com o propósito de garantir a celeridade da demanda, resguardando a higidez dos princípios que a informam.

De qualquer modo, anotamos que o prazo flui continuamente, não sofrendo solução de contagem, exceto nas hipóteses legais de suspensão, de modo que, se a parte interpõe recurso inadequado ou formula pedido de reconsideração durante a fluência, esses atos não suspendem ou interrompem o prazo para a interposição do recurso adequado.[76]

Se a parte comparecer aos autos apenas para arguir a nulidade da intimação da decisão judicial, desta data começa a fluir o prazo para a apresentação do recurso, já que denota a ciência inequívoca em relação à existência do pronunciamento que se pretende combater.[77]

Em todos os casos, a fluência do prazo recursal somente tem início a partir da intimação do advogado da parte, conforme dispõe o art. 242, através da publicação da decisão no *Diário da Justiça*, pelo correio, pelo oficial de justiça ou pessoalmente, na hipótese do comparecimento espontâneo do profissional em cartório. Se a intimação for aperfeiçoada pelos correios ou através do oficial de justiça, o prazo para a interposição do recurso somente começa a fluir da data da juntada do aviso de recebimento ou do mandado judicial aos autos, com a exclusão do dia de início e a inclusão do dia do término do prazo (art. 184).

É que a intimação, nessas hipóteses, é *ato complexo*, por envolver não apenas a ciência da decisão proferida, como também a expedição do mandado judicial ou da correspondência, o seu efetivo cumprimento e recebimento pelo destinatário e a juntada do documento aos autos. O último ato aperfeiçoa a intimação realizada.

Sendo aperfeiçoada a intimação do advogado e da parte, a última ocorrida posteriormente, o prazo começa a fluir da intimação do profissional,[78] tendo em vista que representa a parte em juízo, de acordo com o art. 36.

"ENUNCIADO 13: O prazo para recurso, no Juizado Especial Cível, conta-se da ciência da sentença, e não da juntada do AR ou mandado aos autos."

[76] "**A interposição de recurso manifestamente incabível ou intempestivo não tem o condão de interromper o prazo para interposição de outros recursos**. Precedentes. *In casu*, a interposição equivocada de agravo regimental após o julgamento colegiado – o qual sequer foi conhecido por falta de previsão legal – não interrompeu o prazo para interposição do apelo ordinário, resultando na intempestividade deste. Recurso não conhecido" (ROMS 15152 – MG, 5ª Turma do STJ, rel. Min. FELIX FISCHER) (grifamos).

[77] "Comparecendo a parte aos autos para arguir a ausência de intimação da sentença, demonstrando inequívoco conhecimento do ato decisório, começa a fluir deste momento o termo inicial do prazo recursal. Recurso especial não conhecido" (REsp 249895 – SC, 2ª Turma do STJ, rel. Min. FRANCISCO PEÇANHA MARTINS).

[78] Nesse sentido: "O que ficou bem claro no art. 242 foi a necessidade de a intimação das decisões judiciais ser sempre feita na pessoa do advogado, e, se também a parte for intimada, o prazo recursal contar-se-á da intimação do advogado e não da ciência pessoal da parte" (THEODORO JÚNIOR,

Seguindo o movimento reformista estimulado pela Emenda Constitucional 45/2004, incluindo o *princípio da razoável duração do processo* no rol do art. 5º da CF, o legislador infraconstitucional editou a Lei nº 11.419/2006, dispondo sobre a *informatização do processo judicial*, prevendo os arts. 4º e 5º:

"Art. 4º Os tribunais poderão criar Diário da Justiça eletrônico, disponibilizado em sítio da rede mundial de computadores, para publicação de atos judiciais e administrativos próprios e dos órgãos a eles subordinados, bem como comunicações em geral.

§ 1º O sítio e o conteúdo das publicações de que trata este artigo deverão ser assinados digitalmente com base em certificado emitido por Autoridade Certificadora credenciada na forma da lei específica.

§ 2º A publicação eletrônica na forma deste artigo substitui qualquer outro meio e publicação oficial, para quaisquer efeitos legais, à exceção dos casos que, por lei, exigem intimação ou vista pessoal.

§ 3º Considera-se como data da publicação o primeiro dia útil seguinte ao da disponibilização da informação no Diário da Justiça eletrônico.

§ 4º Os prazos processuais terão início no primeiro dia útil que seguir ao considerado como data da publicação.

§ 5º A criação do Diário da Justiça eletrônico deverá ser acompanhada de ampla divulgação, e o ato administrativo correspondente será publicado durante 30 (trinta) dias no diário oficial em uso.

Art. 5º As intimações serão feitas por meio eletrônico em portal próprio aos que se cadastrarem na forma do art. 2º desta Lei, dispensando-se a publicação no órgão oficial, inclusive eletrônico.

§ 1º Considerar-se-á realizada a intimação no dia em que o intimando efetivar a consulta eletrônica ao teor da intimação, certificando-se nos autos a sua realização.

§ 2º Na hipótese do § 1º deste artigo, nos casos em que a consulta se dê em dia não útil, a intimação será considerada como realizada no primeiro dia útil seguinte.

§ 3º A consulta referida nos §§ 1º e 2º deste artigo deverá ser feita em até 10 (dez) dias corridos contados da data do envio da intimação, sob pena de considerar-se a intimação automaticamente realizada na data do término desse prazo.

§ 4º Em caráter informativo, poderá ser efetivada remessa de correspondência eletrônica, comunicando o envio da intimação e a abertura automática do prazo processual nos termos do § 3º deste artigo, aos que manifestarem interesse por esse serviço.

Humberto. A intimação e a contagem do prazo para recorrer. In: *Revista Síntese de Direito Civil e Direito Processual Civil.* nº 13, Porto Alegre: Síntese, p. 15, set./out. 2001).

§ 5º Nos casos urgentes em que a intimação feita na forma deste artigo possa causar prejuízo a quaisquer das partes ou nos casos em que for evidenciada qualquer tentativa de burla ao sistema, o ato processual deverá ser realizado por outro meio que atinja a sua finalidade, conforme determinado pelo juiz.

§ 6º As intimações feitas na forma deste artigo, inclusive da Fazenda Pública, serão consideradas pessoais para todos os efeitos legais."

A lei em exame pretende contribuir para a dinamização do processo, permitindo sua conclusão em razoável espaço de tempo. Para tanto, os tribunais devem equipar o sistema de informática (reclamando investimento considerável), para permitir a adoção da técnica da *comunicação eletrônica dos atos processuais*, valendo não apenas para os recursos, como também para os demais atos possessórios.

13.6.1.4 Intimação pessoal como condição para a fluência do prazo recursal

Não obstante o CPC preveja que o prazo para a interposição do recurso só começa a fluir a partir da intimação do advogado que representa o vencido, através da publicação do pronunciamento no *Diário da Justiça*, em algumas hipóteses, a lei determina que a intimação da decisão deve ser realizada pessoalmente, afastando a regra comentada em linhas anteriores.

Isto ocorre na situação clássica que envolve o Ministério Público, conforme anotações esposadas no Capítulo 9 do volume 1 desta obra, tendo sido demonstrado no citado compartimento que a instituição goza de várias prerrogativas processuais, sobressaindo o privilégio contemplado no § 2º do art. 236, estabelecendo que "a intimação do Ministério Público, em qualquer caso, será feita pessoalmente".

Igual privilégio é concedido ao *defensor dativo* do *pobre na forma da lei*, estabelecendo o § 5º do art. 5º da Lei nº 1.060/50[79] que o profissional em referência é pessoalmente intimado de todos os atos do processo, da leitura do dispositivo extraindo-se a regra de que o prazo para a interposição do recurso apenas é contado a partir desse acontecimento (intimação pessoal), não da publicação do pronunciamento no *Diário da Justiça*.

A União Federal também é privilegiada com o tratamento diferenciado, dispondo o art. 38 da Lei Complementar nº 73/93 que as intimações dos membros da Advocacia-Geral da União e dos Procuradores da Fazenda Nacional devem ser realizadas pessoalmente. Não obstante o privilégio, o prazo para a interposição do

---

[79] "Art. 5º *Omissis.* § 5º Nos Estados onde a Assistência Judiciária seja organizada e por eles mantida, o Defensor Público, ou quem exerça cargo equivalente, será intimado pessoalmente de todos os atos do processo, em ambas as instâncias, contando-se-lhes em dobro todos os prazos."

recurso começa a fluir da data da intimação pessoal do representante da pessoa jurídica de direito público, não da juntada do mandado aos autos.[80]

13.6.1.5 Interposição do recurso antes do início do prazo e consequências processuais

Questão interessante diz respeito ao reconhecimento da intempestividade do recurso quando interposto antes do início da fluência do prazo para recorrer, o que causa certa perplexidade, visto que a palavra *intempestividade*, numa interpretação gramatical, sugere o manejo do recurso para além do prazo conferido à parte, atrelando-se à ideia de extemporaneidade.

A jurisprudência não interpreta a questão desse modo, negando seguimento ao recurso quando interposto antes do início do prazo recursal.[81] O assunto é polêmico, posto que, ao mesmo tempo em que a jurisprudência considera o recurso extemporâneo, pelo fato de o recorrente tê-lo protocolizado antes de ter sido intimado da decisão – por meio da publicação –, admite a possibilidade de o recorrente reiterar as razões do recurso após a efetivação da intimação.[82]

Na nossa compreensão, a melhor solução seria a de validar a interposição do recurso mesmo quando ocorrida antes da publicação da decisão, com fundamento no *princípio da finalidade*.[83] Quer nos parecer que não se pode admitir a renovação da

---

[80] "**O prazo recursal da União começa a fluir a partir da intimação pessoal de seu representante legal, e não da juntada aos autos do respectivo mandado cumprido, a teor dos arts. 240 e 242, *caput*, do CPC**. Precedentes. Recurso não conhecido" (REsp 573807 – RJ, 5ª Turma do STJ, rel. Min. FELIX FISCHER) (grifamos). No mesmo sentido, dentre outros, REsp 490503 – RJ, rel. Min. JOSÉ ARNALDO DA FONSECA.

[81] "**A extemporaneidade do recurso ocorre não apenas quando é interposto além do prazo legal, mas também quando vem à luz aquém do termo inicial da existência jurídica do decisório alvejado**. Precedente do STF. Constatado que os embargos declaratórios foram opostos sem que o acórdão embargado sequer tivesse sido publicado, não se constituindo, portanto, o *dies a quo* do termo legal para interposição do recurso deve-se tê-lo como extemporâneo.' (EdclHC 9275 – RJ, da minha relatoria, *in DJ* 19.12.2002). Agravo regimental improvido" (AGA 483055 – SC, 6ª Turma do STJ, rel. Min. HAMILTON CARVALHIDO) (grifamos).

[82] "**Somente após a publicação do acórdão ou da decisão que se quer aclarar, torna-se oportuna a oposição de embargos declaratórios. Opostos antes da aludida publicidade, deve-se renovar o recurso após este ato**. Precedente da Corte Especial (APN 101/ES – EDcl, rel. Min. William Patterson, *DJ* 15.12.1997). Embargos rejeitados" (EDAGA 460139 – PR, 4ª Turma do STJ, rel. Min. ALDIR PASSARINHO JUNIOR) (grifamos).

[83] O entendimento defendido encontra eco na doutrina, como se percebe da análise da seguinte lição: "Como se viu, publicação não é condição de existência do acórdão recorrido. E, na verdade, a tempestividade de um recurso interposto antes da publicação oficial da decisão recorrida, além de poder ser aferida de uma visão sistemática das disposições do CPC a respeito de prazo e de intimação, e da interpretação teleológica das disposições relativas ao prazo recursal, é ainda imposição dos princípios constitucionais da razoabilidade e da proporcionalidade. Com efeito, o entendimento de que o recurso

interposição do recurso após a publicação, já que a interposição anterior evidencia a preclusão consumativa, retirando da parte a prerrogativa de inovar em termos recursais.

Com as atenções voltadas para o novo CPC, percebemos a inclusão da seguinte regra no seu texto: "Será considerado tempestivo o ato praticado antes do termo inicial do prazo."

13.6.1.6 Justa causa na interposição do recurso fora do prazo legal

O art. 507 prevê:

> *"Se, durante o prazo para a interposição do recurso, sobrevier o falecimento da parte ou de seu advogado, ou ocorrer motivo de força maior, que suspenda o curso do processo, será tal prazo restituído em proveito da parte, do herdeiro ou do sucessor, contra quem começará a correr novamente depois da intimação."*

O ideal é que o recurso seja protocolizado no prazo previsto em lei, afirmando-se a sua tempestividade através do cotejo entre as datas do dia útil seguinte à intimação do pronunciamento e da sua apresentação, com expresso preenchimento do requisito da tempestividade recursal, permitindo a apreciação das suas razões de mérito, logicamente, se todos os demais requisitos de admissibilidade forem preenchidos.

Casos ocorrem, contudo, em que é impossível interpor o recurso dentro do prazo, em vista de motivos de *força maior*, que independem da vontade do vencido (parágrafo único do art. 393), podendo ocorrer por várias circunstâncias, como o falecimento súbito do advogado da parte, um acidente que o envolve no último dia do prazo, impedindo o protocolo da peça, o roubo de sua valise de trabalho no exato instante em que se deslocava ao fórum, na qual a peça recursal se encontrava etc. Cada caso deve ser examinado como um caso isolado, analisando a presença (ou não) de obstáculo intransponível para a prática do ato.

O parágrafo único do art. 393 do CC textualiza: "o caso fortuito ou de força maior verifica-se no fato necessário, cujos efeitos não era possível evitar ou impedir".

O obstáculo natural deve ser comprovado, não apenas alegado nos autos, tão logo cesse a causa que o impôs, requerendo a parte a restituição do prazo para a prática do ato, no quantitativo remanescente, contado a partir do deferimento. A parte pode também protocolizar a peça recursal após o afastamento da causa impeditiva, suscitando a justa causa.

---

interposto antes da publicação da decisão é intempestivo viola a um só tempo esses dois princípios basilares da atual hermenêutica constitucional" (SEGUNDO, Hugo de Brito Machado; MACHADO, Raquel Cavalcanti Ramos. Recurso interposto antes de publicada a decisão recorrida: tempestividade. *Revista Dialética de Direito Processual*, nº 7, p. 16, out. 2003).

Questão que muito se repete na dinâmica forense diz respeito a problemas havidos com os sistemas de acompanhamento processual utilizados pela parte para o recebimento de intimações originadas da Justiça, mediante a contratação de empresas privadas, que se especializaram em efetivar a leitura dos *Diários da Justiça*, procedendo ao recorte das publicações com os nomes dos advogados que as contrataram, remetendo os destaques, permitindo que o profissional pratique o ato processual adequado para combater os pronunciamentos desfavoráveis aos seus constituintes.

O advogado – com o serviço – pretende eliminar o trabalho que teria com a leitura – ele próprio – do *Diário da Justiça*, labor que demanda tempo considerável. A dúvida prática diz respeito à possibilidade (ou não) de arguição da justa causa, acompanhado do pedido de devolução do prazo recursal, quando o advogado provar que a empresa não lhe enviou o recorte correspondente ao processo que envolve a publicação, alegando vício na prestação do serviço, acarretando prejuízo relevante para a parte, como também para o próprio profissional.

A jurisprudência que ecoa dos tribunais inclina-se para afirmar de forma praticamente unânime que fatos como o examinado não se qualificam como justa causa, sem restabelecer em favor da parte o prazo que já fluiu a partir da publicação regular.[84]

No mesmo tema, anotamos que, se a parte estiver representada nos autos por vários advogados, um deles tendo sido abatido por mal súbito, este acontecimento não representa justa causa, para validar a interposição do recurso interposto fora do prazo, concluindo-se que o ato poderia ter sido praticado por qualquer outro advogado da parte, regularmente constituído nos autos.[85]

Por último, reforçando argumentos que alinhamos no Capítulo 5 do volume 1 desta obra, cabe-nos examinar a situação que envolve a intempestividade do recurso apresentado fora do prazo em vista de a parte ter sido induzida a erro por informações constantes dos *sites* dos tribunais, sugerindo, por exemplo, que o mandado de intimação teria sido juntado aos autos numa determinada data (na qual o recorrente baseou-se para efetivar a contagem do prazo recursal), quando na verdade o acontecimento processual em referência se deu dias antes da informação.

Estamos diante de pronunciamento que foi comunicado à parte através do cumprimento de mandado judicial, não por meio da publicação no *Diário da Justiça*.

---

84 "**Não constitui motivo relevante para impedir o início da fluência do prazo recursal o atraso no envio do recorte ao advogado, porquanto a Justiça nada tem a ver com as organizações que se encarregam desse mister**, até porque o conhecimento do ato judicial se dá pela simples publicação no órgão oficial (art. 236 do CPC)" (AGA 52721 – SP, 2ª Turma do STJ, rel. Min. AMÉRICO LUZ) (grifamos).

85 "**Não se caracteriza justa causa impeditiva do protocolamento de recurso, se no último dia do prazo um dos quatro advogados constituídos, em virtude de mal súbito, deixa de protocolar a apelação, já que todos tinham condição formal para tal**, sequer sendo necessário o substabelecimento. Recurso não conhecido" (REsp 97680 – SP, rel. Min. FRANCISCO PEÇANHA MARTINS) (grifamos).

Nessa situação, o prazo para a interposição do recurso é como regra contado a partir da juntada do mandado aos autos.

Já destacamos que a maioria da jurisprudência inclina-se para afirmar que o serviço disponibilizado às partes é tão somente *complementar*, devendo os advogados que representam o autor e o réu acompanhar o andamento do processo através do comparecimento ao cartório, verificando *in loco* e de forma direta as datas de juntada de mandados aos autos, assim como os demais acontecimentos processuais importantes.

Num outro modo de dizer, o fato em análise (erro de informação veiculada pela *internet*) não se qualifica como justa causa para validar e garantir o processamento de recurso interposto fora do prazo, exclusivamente por conta do equívoco constante da informação oficial.

Discordamos do posicionamento, apoiando-nos em corrente jurisprudencial minoritária,[86] entendendo que o serviço prestado pelo tribunal deve ser qualificado, tendo sido pensado com o propósito de diminuir o fluxo de pessoas na justiça, permitindo que o acompanhamento processual se dê no ambiente de trabalho do advogado.

13.6.2 Preparo

O recurso exige o recolhimento das custas,[87] o que deve ser providenciado pelo recorrente no ato da interposição, juntando os comprovantes à peça recursal. O não recolhimento das custas, o seu recolhimento após a interposição do recurso ou o recolhimento a menor (ver considerações feitas em passagem seguinte) acarretam a aplicação da *pena de deserção* como consequência, representando o *abandono do recurso*, respeitando a origem latina da palavra (*desero, deseris, deserui, desertum, deserere*).

Essa é a regra, mas existem situações em que a interposição do recurso ocorre sem o recolhimento das custas, ou com o recolhimento posterior, não coincidindo com o momento da protocolização da peça. No primeiro caso, encontramo-nos

---

86 "**Informações prestadas pela rede de computadores operada pelo Poder Público são oficiais e merecem confiança. Bem por isso, eventual erro nelas cometido constitui 'evento imprevisto, alheio à vontade da parte e que a impediu de praticar o ato'. Reputa-se, assim, justa causa (CPC, art. 183, § 1º), fazendo com que o juiz permita a prática do ato, no prazo que assinar**" (REsp 390561 – PR, 1ª Turma do STJ, rel. Min. HUMBERTO GOMES DE BARROS) (grifamos).

87 Modalidade de taxa, conforme decidido pelo STJ no seguinte julgado: "PROCESSO CIVIL. RECURSOS. PREPARO. **As custas constituem modalidade de taxa**, cuja base de cálculo pode ser atualizada monetariamente independentemente de lei (CTN, art. 97, § 2º) – procedimento, todavia, que não pode ser levado a efeito por analogia (CTN, art. 108, § 1º), exigindo previsão na legislação tributária (CTN, art. 96). Recurso especial conhecido e provido" (REsp 340043, 3ª Turma do STJ, rel. Min. ARI PARGENDLER) (grifamos).

diante das hipóteses de *isenção*, que podem ser **subjetivas** ou **objetivas**, segundo classificação do direito tributário.[88]

As custas recursais representam a remuneração de serviço público de natureza jurisdicional como fato gerador, sendo específico e divisível, utilizado pelo contribuinte, que é a parte do processo. Em cada Estado da Federação vigora uma lei de custas específica, incidente em relação aos processos sob a sua jurisdição, devendo ser registrado que, no âmbito da Justiça Federal, relativamente aos processos que por ali tramitam (art. 109 da CF), vigora a Lei nº 9.289/96, com destaque para o seu art. 14,[89] disciplinando o recolhimento das custas em favor da União Federal, que é sujeito ativo da obrigação tributária.

13.6.2.1 Isenções subjetivas

Diante da isenção subjetiva, o recolhimento das custas não é exigido em atenção à pessoa que utiliza o recurso, pela sua condição pessoal, merecendo destaque o § 1º do art. 511, com a seguinte redação:

> *"São dispensados de preparo os recursos interpostos pelo Ministério Público, pela União, pelos Estados e Municípios e respectivas autarquias,*[90] *e pelos que gozam de isenção legal."*[91]

---

[88] A doutrina especializada, classificando as isenções, fornece-nos a seguinte lição: "VI – Quanto ao elemento com que se relacionam: a) objetivas – concedidas em função do fato gerador da obrigação tributária, objetivamente considerado, isto é, em função do ato, fato, negócio, ou coisa, da mercadoria, da sua qualidade ou destinação; b) subjetivas – concedidas em função de condições pessoais de seu destinatário, isto é, daquele que, se inexistente a isenção, seria o sujeito passivo da obrigação tributária" (MACHADO, Hugo de Brito. *Curso de direito tributário*. 16. ed. São Paulo: Malheiros, 1999. p. 173).

[89] "Art. 14. O pagamento das custas e contribuições devidas nos feitos e nos recursos que se processam nos próprios autos efetua-se da forma seguinte: *Omissis*; II – aquele que recorrer da sentença pagará a outra metade das custas, dentro do prazo de cinco dias, sob pena de deserção; *omissis*; § 4º As custas e contribuições serão reembolsadas a final pelo vencido, ainda que seja uma das entidades referidas no inciso I do art. 4º, nos termos da decisão que o condenar, ou pelas partes, na proporção de seus quinhões, nos processos divisórios e demarcatórios, ou suportadas por quem tiver dado causa ao procedimento judicial; § 5º Nos recursos a que se refere este artigo o pagamento efetuado por um recorrente não aproveita aos demais, salvo se representados pelo mesmo advogado."

[90] Sobre o assunto, transcrevemos o art. 1º – A da Lei nº 9.494, de 10.9.97: "Art. 1º-A. Estão dispensados de depósito prévio, para interposição de recurso, as pessoas jurídicas de direito público federais, estaduais, distritais e municipais."

[91] A isenção foi estendida às fundações pelo inciso I do art. 4º da Lei nº 9.289/96, com a seguinte redação: "Art. 4º São isentos de pagamento de custas: I – a União, os Estados, os Municípios, os Territórios Federais, o Distrito Federal e as respectivas autarquias e fundações; *omissis*."

Além das pessoas expressamente indicadas, o chamado *pobre na forma da lei* também não recolhe custas processuais,[92] segundo previsão contida no inciso I do art. 3º da Lei nº 1.060/50, devendo ser anotado que o *estado de pobreza* pode ser evidenciado depois de o processo ter sido sentenciado, já na fase recursal.[93]

Melhor explicando, a demanda pode ter início sem que o autor requeira os benefícios da assistência judiciária, recolhendo as custas na distribuição da petição inicial, o que se repete a cada novo ato do processo, em vista da sua obrigação de antecipar as custas (§§ 1º e 2º do art. 19), resolvendo a sentença quem efetivamente deve pagá-las, determinando a restituição em favor do autor, quando o pronunciamento lhe atribui a vitória.

Contudo, após a sentença, o autor percebe que não tem condições de efetuar o recolhimento das custas recursais sem prejuízo do seu próprio sustento. Nesta hipótese, de acordo com a Lei nº 1.060/50,[94] o recorrente pode requerer a concessão dos benefícios da assistência judiciária, deixando de recolher as custas recursais.

Assim comportando-se, assume o risco de deparar com o reconhecimento da deserção do recurso, se o benefício lhe for negado, em vista do esgotamento da oportunidade para recolher as custas, que deveria ter coincidido com o ato da interposição.[95]

Sobre o conceito de pobreza, remetemos o leitor à análise de reflexões que esposamos em trabalho publicado:[96]

---

92 Nesse sentido: "Processual Civil. Recurso. Beneficiário da Justiça Gratuita. A assistência jurídica integral aos necessitados, garantia de dignidade constitucional, tem por desiderato possibilitar o acesso à Justiça aos economicamente hipossuficientes, sendo de rigor a observância dos preceitos legais afirmativos dessa franquia democrática. Deferido o benefício da justiça gratuita, resulta inexigível o prévio preparo do recurso interposto pelo necessitado, que permanecerá isento de custas e encargos de sucumbência enquanto persistir o estado de pobreza. Recurso Especial conhecido e provido" (REsp 245663/MG, 6ª Turma do STJ, Rel. Min. VICENTE LEAL).

93 "**É possível o juiz apreciar o pedido de assistência judiciária formulado quando da interposição da apelação**, porquanto não enseja a alteração da sentença vedada pelo art. 463 do CPC, e, por outro lado, permite que, no exame prévio dos pressupostos de admissibilidade da apelação, verifique-se a exigibilidade do respectivo preparo" (REsp 361701 – DF, 3ª Turma do STJ, rel. Min. NANCY ANDRIGHI) (grifamos).

94 O art. 6º da enfocada lei apresenta a seguinte redação: "Art. 6º O pedido, quando formulado no curso da ação, não a suspenderá, podendo o juiz, em face das provas, conceder ou denegar de plano o benefício da assistência."

95 "O pedido de gratuidade formulado tardiamente, concomitantemente com a interposição da apelação, não tem o condão de, acaso indeferido, postergar o momento do preparo, que é cogente e expressamente definido pela regra do art. 511 do CPC. Deserção da apelação corretamente aplicada. Inexistência de circunstância especial, a demandar solução diversa. Recurso especial não conhecido" (REsp 434784 – MG, 4ª Turma do STJ, rel. Min. ALDIR PASSARINHO JÚNIOR).

96 MONTENEGRO FILHO, Misael. *Prática do processo civil.* São Paulo: Atlas, 2004. p. 76.

"Quando se fala em pobre na forma da lei, pretende-se aludir ao estado de pobreza, ou seja, à impossibilidade de pagamento das custas do processo sem o prejuízo do sustento do promovente e de sua família. Em outras palavras, e conforme já assentado pela jurisprudência, pode o autor até ser proprietário de bem (ns) imóvel (is), mesmo assim fazendo jus à concessão do benefício, desde que se encontre em situação fática (desemprego, v.g.) que lhe impeça de efetuar o pagamento de custas processuais naquela situação objetiva.[97] *É o cotejo entre a renda e/ou situação patrimonial do promovente com o valor das custas do processo que determina – ou não – se haverá a concessão do benefício."*

A afirmação do estado de pobreza pode ser externada por pessoa jurídica, não com fundamento na lei específica, que é omissa sobre a matéria, mas por entendimento dos tribunais,[98] apoiados na redação do inciso LXXIV do art. 5º da CF, que, ao estabelecer o dever do Estado de prestar *assistência jurídica integral e gratuita aos que comprovarem insuficiência de recursos,* não limitou o benefício às pessoas físicas, não cabendo ao intérprete restringir a aplicação do preceito constitucional.

Não obstante a realidade, parte da jurisprudência afirma que há presunção relativa de que a pessoa jurídica tem condições de efetuar o recolhimento das custas processuais, exigindo a produção de prova pelo interessado na concessão do benefício,[99] diferentemente do que observamos com as pessoas físicas, às quais a concessão da gratuidade é garantida através da simples afirmação (não da prova) de pobreza.

As pessoas legitimadas à propositura da ação civil pública também não se submetem ao recolhimento das custas recursais, em vista da redação do art. 18 da Lei nº 7.347/85[100] (LACP), a saber: Ministério Público, União, Estados-membros e Municípios, autarquias, empresas públicas, fundações, sociedades de economia

---

97 Nesse sentido: "Segundo a lei, o beneficiário da Assistência Judiciária é aquele que, por ocasião da propositura da ação, não podia pagar as custas do processo e os honorários do advogado, sem prejuízo próprio ou da família. Não se busca situação do pleiteante no passado; nem para o futuro, quando poderá exsurgir a obrigação do pagamento em razão da mudança do Estado de Pernambuco" (Apelação Cível 28491 – 9, 2ª Câmara Cível do TJPE, rel. Des. ANTÔNIO CAMAROTTI).

98 "**O entendimento firmado no STJ é no sentido de que a pessoa jurídica pode, em tese, se beneficiar da assistência judiciária**" (REsp 460151 – SP, 4ª Turma do STJ, rel. Min. ALDIR PASSARINHO JÚNIOR) (grifamos). Em sentido contrário: AGRACA 484067 – RJ, rel. Min. JOSÉ AUGUSTO DELGADO.

99 Nesse sentido, reproduzimos o enunciado nº 6 FVC-IMP, editado pelo Fórum que agrega os magistrados do Estado de Pernambuco: "Para os fins da concessão da Justiça Gratuita, presume-se ter a pessoa jurídica capacidade econômica para arcar com o pagamento das custas do processo e dos honorários advocatícios, presunção que poderá ser elidida mediante prova inequívoca da sua precária condição financeira."

100 "Art. 18. Nas ações de que trata esta lei, não haverá adiantamento de custas, emolumentos, honorários periciais e quaisquer outras despesas, nem condenação da associação autora, salvo comprovada má-fé, em honorários de advogado."

mista e associações, desde que constituídas há mais de um ano, incluindo a proteção ao meio ambiente, ao consumidor, à ordem econômica, à livre concorrência, ou ao patrimônio artístico, estético, histórico, turístico e paisagístico entre as suas finalidades institucionais.

13.6.2.2 Isenções objetivas

Nas isenções objetivas, a parte é liberada do recolhimento das custas em decorrência do tipo de recurso utilizado, pouco importando quem dele se utiliza. É a espécie recursal que determina o não recolhimento das custas, não uma condição pessoal do recorrente. Eventualmente, podemos deparar com uma hipótese de isenção que seja subjetiva e objetiva ao mesmo tempo, na qual a regra que afasta o dever de recolher as custas decorre de uma condição pessoal do recorrente **e** (conjunção aditiva) do tipo de recurso utilizado pelo vencido (por exemplo: recurso de embargos de declaração – marcado pela isenção objetiva – sendo interposto pela União Federal – agraciada por isenção subjetiva).

Como espécies do gênero isenção objetiva, temos os seguintes recursos:

a) embargos de declaração;

b) agravo retido;

c) embargos infringentes, podendo os Regimentos dos Tribunais, contudo, afastar a regra isencional;[101]

d) agravos regimentais, com a ressalva esposada na letra anterior.

Em relação às situações previstas nas letras *c* e *d*, registramos que a regra isencional não é absoluta, podendo variar de tribunal para tribunal, a depender do que dispuserem os seus Regimentos Internos, que disciplinam a matéria com autonomia.[102]

---

101 Neste particular, apoiamo-nos em ensinamento da doutrina especializada: "O texto originário do art. 533, *caput*, do CPC, estabelecia o preparo também para os embargos infringentes; a Lei 8.950/94, dando-lhe nova redação, silenciou quanto à exigência. Entende José Carlos Barbosa Moreira, no entanto, que isso não 'quer dizer que se haja suprimido esse requisito, em termos genéricos: o ponto ficou reservado, conforme o art. 511, à legislação pertinente' – expressão sob a qual se compreendem as normas de organização judiciária e os próprios regimentos internos dos tribunais" (MEDINA, Paulo Roberto de Gouvêa. *O preparo dos recursos em face da instrumentalidade do processo. Aspectos polêmicos e atuais dos recursos cíveis e de outras formas de impugnação às decisões judiciais.* In: NERY JUNIOR, Nelson; WAMBIER, Teresa Arruda Alvim. São Paulo: Revista dos Tribunais, 2001. v. 4, p. 906).

102 Sobre o tema, preciso o levantamento feito por THEOTONIO NEGRÃO: "No momento, os embargos infringentes não estão sujeitos a preparo no STJ e nos TRF's (v. RCJF 1º – 'caput', 'a contrario sensu', e RISTJ 112). O mesmo ocorre no Estado de São Paulo, salvo quanto aos embargos infringentes em processo de competência originária dos tribunais (Lei 4.952, de 27.12.85, art. 4º – II, em Lex est. 1985/917, Bol. AASP 1.412/supl.; v, ainda, Lex-JTA 162/548). Igualmente, os Regimentos Internos dos Tribunais Regionais Federais da 2ª e da 3ª Regiões (sedes: Rio de Janeiro e São Paulo) dispõem, respectivamente, em seus arts. 250 e 261: 'Os embargos infringentes não estão sujeitos a preparo.' A

Além das situações analisadas, verificamos que a Lei nº 8.069/90 (ECA) prevê que, nas causas regidas pela aludida legislação, qualquer recurso é interposto "independentemente de preparo" (inciso I do art. 198). A exigência do recolhimento das custas diante das espécies recursais está abrangida na alçada de cada Estado da federação, através da edição de legislação pertinente.

Por conta disso, a jurisprudência tem respeitado as isenções garantidas por legislação específica, de aplicação restrita a determinado Estado da federação.[103]

13.6.2.3 Momento do recolhimento das custas e da comprovação nos autos

Quando estudamos os atos processuais, no Capítulo 5 do volume 1 desta obra, destacamos que tanto o autor como o réu devem praticar os atos nos prazos previstos em lei, sob pena de suportarem consequência processual, geralmente consistente na perda do direito de praticar o ato posteriormente, em decorrência da *preclusão consumativa*.

Na matéria recursal, destacamos o recolhimento das custas como um dos principais atos das partes, conforme anotações articuladas em passagem anterior, sob pena de a parte deparar com o reconhecimento da *deserção* do recurso, acarretando o seu não conhecimento, impedindo (por um aspecto meramente formal) o enfrentamento da matéria de mérito, fim maior do *remédio* processual. O ato em exame, da mesma forma como ocorre com todos os demais atos de responsabilidade das partes, deve ser praticado num momento específico, para que seja admitido como válido, e mesmo como existente.

A leitura do art. 511 demonstra que o recolhimento das custas e a sua comprovação nos autos devem ocorrer no momento da interposição da espécie recursal, o que decorre da interpretação gramatical do dispositivo em exame ("No ato da interposição do recurso, o recorrente comprovará..."), deixando claro que o momento

---

Tabela de Custas do TRF da 5ª Região consigna que 'nas ações rescisórias e nos embargos infringentes a cobrança das custas judiciais encontra-se suspensa à conta do disposto na Resolução n. 10/99 do TRF'. Os Regimentos Internos e as Tabelas de Custas do TRF da 1ª Região e do TRF da 4ª Região nada dispõem sobre preparo de embargos infringentes. No STF, há preparo de embargos infringentes (RISTJ 335, §§ 2º e 3º)" (NEGRÃO, Theotonio. *Código de Processo Civil e legislação processual em vigor*. 35. ed. São Paulo: Saraiva, 2003. p. 591-591).

[103] "O artigo 6º, inciso VI, da Lei Paulista nº 4.952/85, afasta a incidência da taxa judiciária nos embargos à execução, isenção que deve ser estendida à apelação interposta contra a sentença que os julgou. O legislador não diferenciou, na lei em exame, que a taxa judiciária haveria de incidir somente em determinado momento processual, mas, sim, em toda a extensão do processo de embargos de execução. Incabível, na espécie, portanto, a aplicação da pena de deserção prevista no artigo 511 do estatuto processual civil. Agravo Regimental provido. Recurso Especial provido" (AGA 450404 – SP, 2ª Turma do STJ, rel. Min. CASTRO MEIRA). No mesmo sentido: REsp 555791 – SP, rel. Min. ELIANA CALMON.

único para o recolhimento das custas é o *ato da interposição*, vale dizer, o momento em que o recurso é protocolado.

O recolhimento das custas após o mencionado ato, mesmo que restem dias para a interposição do recurso, resulta a aplicação da *pena de deserção*, conforme entendimento pacífico da jurisprudência.[104] A consequência indesejada é confirmada mesmo quando a espécie é interposta, considerando que a manifestação da vontade de recorrer é *complexa*, não se resumindo à interposição propriamente dita, dependendo do desembolso financeiro, apresentando-se os atos do recolhimento e da comprovação como *conexos* ao principal.

O fato de a parte não ter recolhido as custas importa em preclusão temporal; o fato de ter recolhido as custas após a interposição do recurso, mas ainda "dentro do prazo" recursal, acarreta a preclusão consumativa.[105] Nas duas situações, assistiremos ao não conhecimento do recurso, pela sua deserção, já que recolhimento fora do prazo é considerado ato processual inexistente.

Melhor explicando, se a decisão a ser impugnada foi publicada no *Diário Oficial*, iniciando-se a contagem do prazo para a interposição do recurso a partir do dia dois de dezembro de determinado ano, já excluído o dia de início, temos que o prazo, em se tratando da apelação, expiraria no dia 16 do mesmo mês, com a ressalva de que o novo CPC só considera os dias úteis na contagem dos prazos processuais. Contudo, o recorrente decide protocolizar a peça no dia 13, ou seja, três dias antes do *término* do prazo recursal.

Mesmo assim, não poderá efetuar o recolhimento das custas após a data de interposição, juntando o comprovante ao processo, alegando que o prazo para o recolhimento somente findaria no dia 16. A partir do momento em que apresentou a peça recursal, antes do prazo de esgotamento, ocorreu a *preclusão consumativa*, não tendo ele – o recorrente – prazo remanescente para efetuar nem o recolhimento das custas nem a juntada do comprovante aos autos.

---

104 Nesse sentido: "A lei é expressa ao exigir a demonstração do pagamento do preparo no momento da interposição do recurso. Esse entendimento se harmoniza com o fim pretendido pelo legislador da reforma processual, qual seja o de agilizar os procedimentos. Ademais, tal diretriz se afina com o princípio da consumação dos recursos, segundo o qual **a oportunidade de exercer todos os poderes decorrentes do direito de recorrer se exaure com a efetiva interposição do recurso, ocorrendo *preclusão consumativa* quanto aos atos que deveriam ser praticados na mesma oportunidade e não o foram, como é o caso do preparo, por expressa exigência do CPC 511**" (Ag 93904 – RJ, 4ª Turma do STJ, rel. Min. SÁLVIO DE FIGUEIREDO) (grifamos).

105 Sobre a conceituação da *preclusão consumativa*, tomamos por empréstimo os ensinamentos de ANDRÉ RICARDO FRANCO: "Por fim, aparece a preclusão consumativa que, por sua vez, dá-se quando a faculdade processual já foi devidamente exercida pela parte, em momento adequado, impossibilitando a nova prática. É a impossibilidade de se praticar um ato já praticado e consumado. Seria o caso de se apresentar nova defesa, após apresentada a contestação" (FRANCO, André Ricardo. Sistema de preclusão. *Revista Consulex*, ano IV, nº 42, p. 12-19).

A jurisprudência é pacífica em afirmar que ao vencido cabe não apenas recolher as custas até a interposição do recurso, como também comprovar o recolhimento nos autos, no mesmo instante da interposição.[106] Assim, se a parte recolheu as custas antes da interposição do *remédio* processual, mas, por descuido ou por outro motivo qualquer, deixou para juntar o comprovante aos autos após a interposição da peça, deparará com o não conhecimento do recurso,[107] o que deve ser confirmado de ofício pelo magistrado, através do *juízo diferido de admissibilidade*, que será *negativo* no caso em exame.

Alguns julgados do STJ vêm admitindo que o requisito de admissibilidade – o do preparo – seja preenchido não no ato da interposição, mas no dia seguinte, se o recurso for protocolado no último dia do prazo, após o horário de encerramento do expediente bancário, sob o argumento de que o encerramento deste expediente antes do término do forense impõe restrição à prática do ato processual, no caso do ato de recorrer,[108] entendimento que foi afiançado pela Súmula 484 do STJ, com a seguinte redação: "Admite-se que o preparo seja efetuado no primeiro dia útil subsequente, quando a interposição do recurso ocorrer após o encerramento do expediente bancário."

13.6.2.3.1 Regras de afastamento da sistemática do art. 511 do CPC

A regra relativa ao preparo no ato da interposição não se aplica ao recurso de apelação interposto em demandas que têm curso pela Justiça Federal (por envolver a União, autarquia ou empresa pública federal, na condição de autora, ré, assistente

---

106 Apenas para exemplificar, reproduzimos o Enunciado nº 09 do Colégio Recursal Cível do Estado de Pernambuco: "O preparo do recurso é ato complexo, não se resumindo ao recolhimento das custas, taxa judiciária e depósito recursal, perante banco, no prazo legal, sendo pressuposto indispensável a juntada das respectivas guias no mesmo prazo."

107 "O preparo deve ser comprovado no ato de interposição do recurso especial, sob pena de deserção. Agravo a que se nega provimento" (REsp 531387 – PE, 3ª Turma do STJ, rel. Min. CASTRO FILHO). No mesmo sentido: "**Conforme reiterada jurisprudência desta Eg. Corte, a comprovação do pagamento do preparo na apelação deve ser feita no ato de interposição do referido recurso, sob pena de deserção. Como preceituado no art. 511 do Código de Processo Civil, tem-se que o recolhimento das custas está atrelado, de forma indissociável, ao do oferecimento do recurso, sendo inviável a dilação do lapso temporal para o seu pagamento.** Agravo interno desprovido" (AGREsp 573748 – RJ, 5ª Turma do STJ, rel. Min. GILSON DIPP) (grifamos).

108 Nesse sentido: "Nega-se provimento ao agravo regimental, em face das razões que sustentam a decisão recorrida, sendo certo que a Colenda Corte Especial deste Tribunal já assentou o entendimento no sentido de que protocolado o recurso após o encerramento do expediente bancário, ter-se-á como tempestivo o preparo efetuado no primeiro dia útil seguinte ao da interposição. **É que o encerramento do expediente bancário antes do forense importa em obstáculo a justificar o não atendimento do que é imposto pelo artigo 511, do CPC**" (AGRESP 134885/RS, 1ª Turma do STJ, rel. Min. FRANCISCO FALCÃO) (grifamos).

ou oponente, e nas demais alinhadas no art. 109 da CF), em decorrência de norma especial prevista no inciso II do art. 14 da Lei nº 9.289/96,[109] como tal o REGIMENTO DE CUSTAS DA JUSTIÇA FEDERAL, afastando a incidência da lei geral – do CPC. Na hipótese, o prazo para o recolhimento das custas e sua comprovação nos autos é de cinco dias, fluindo a partir da interposição do *remédio* processual.

Também não se aplica a regra de recolhimento das custas no ato da interposição nos processos que tramitam perante os Juizados Especiais Cíveis, segundo o § 1º do art. 42 da Lei nº 9.099/95, mais uma vez evidenciando a adoção do *princípio da especialidade*.

Na sistemática em exame, o recolhimento das custas e a juntada do comprovante ao processo far-se-ão nas 48 horas seguintes à interposição da espécie, sendo o prazo contado minuto a minuto, conforme o § 4º do art. 132 do CC,[110] de modo que, se o recurso de apelação for interposto numa quinta-feira, às 15:00 h, o prazo para o recolhimento das custas e a juntada do comprovante aos autos finda na primeira hora de expediente do dia útil imediatamente seguinte, após a fluência das 48 horas, no caso, na primeira hora da segunda-feira, não coincidindo com feriado nacional ou jurídico.

Os Juizados Especiais Cíveis têm adotado regras próprias, diferenciando-se das normas gerais do CPC, reclamando o conhecimento dos enunciados aprovados pelos Colégios Recursais Cíveis de cada unidade da federação.[111]

---

109 Com a seguinte redação: "Art. 14. O pagamento das custas e contribuições devidas nos feitos e nos recursos que se processam nos próprios autos efetua-se da forma seguinte: *omissis*; II – aquele que recorrer da sentença pagará a outra metade das custas, dentro do prazo de cinco dias, sob pena de deserção."

110 Lei nº 10.406, de 10-1-2002.

111 Apenas de forma ilustrativa, transcrevemos alguns enunciados dos Colégios Recursais Cíveis que se aplicam ao preparo:

COLÉGIO RECURSAL CÍVEL DO ESTADO DE PERNAMBUCO

"ENUNCIADO nº 07 – ASSISTÊNCIA JUDICIÁRIA/DEPÓSITO RECURSAL – O benefício da assistência judiciária não isenta a parte recorrente da obrigação de efetuar o pagamento recursal, previsto na Lei de Custas, como pressuposto de admissibilidade do recurso, por se tratar de requisito prévio de garantia do Juízo em auto satisfatividade de eventual condenação."

"ENUNCIADO nº 08 – DEPÓSITO RECURSAL – O depósito recursal em sua integralidade compreende o valor atualizado da condenação, nos termos da sentença recorrida, para efeito de preparo do recurso."

"ENUNCIADO nº 09 – PREPARO/PRAZO – O preparo do recurso é ato complexo, não se resumindo ao recolhimento das custas, taxa judiciária e depósito recursal, perante banco, no prazo legal, sendo pressuposto indispensável a juntada das respectivas guias no mesmo prazo."

"ENUNCIADO nº 17 – PRAZO PRORROGAÇÃO – Vencido o prazo de preparo do recurso em Juizados Especiais em dia de feriado forense, as providências cabíveis do preparo são prorrogadas para o primeiro dia útil imediato, observando, contudo, nesse cômputo, a dicção do art. 125 do Código Civil, em apuração das horas que sobejam, contadas minuto a minuto."

13.6.2.3.2 Recolhimento a menor e complementação

Através da leitura do § 2º do art. 511, percebemos que a insuficiência do depósito do valor das custas não acarreta a imediata aplicação da pena de deserção, conferindo-se ao recorrente o prazo de cinco dias para efetuar o depósito complementar. A norma refere-se à *insuficiência* do depósito, não à sua não efetivação, de modo que a interposição do recurso sem o preparo impõe a pronta deserção, devendo ter o seguimento obstado pelo não preenchimento do requisito em exame.

A norma em destaque não detalhou o que devemos entender por *insuficiência de depósito*, em termos porcentuais, de modo que a interpretação que nos parece correta é a de que o depósito a menor, seja qual for o seu valor e a sua desproporção em relação ao valor total, caracteriza a insuficiência do depósito. O entendimento não ecoa em parte da doutrina, parte dos autores entendendo que a complementação sugere que a maior parte do recolhimento foi procedida, como se percebe da análise do pensamento reproduzido:

> *"Com a vigência da nova lei, deve-se ter cuidado ao conceituar-se o depósito incompleto ou insuficiente. Como parâmetro mínimo parece poder-se eleger que o que há de ser tido como complementação de um preparo insuficiente há de ser, sempre e necessariamente, menor do que o que foi recolhido. Assim, por exemplo, sendo o valor das custas de R$ 60,00, tendo sido pagos R$ 40,00, pode-se considerar serem os R$ 20,00 restantes uma 'complementação' do preparo; o inverso, todavia, não pode ocorrer."*[112]

De qualquer sorte, do modo que se interprete o dispositivo, entendemos que a sistemática representa um retrocesso e um estímulo à má-fé processual, já que a parte, apoiada na norma, pode sempre aventurar-se em efetuar o depósito a menor, ciente de que dispõe de prazo razoável para efetuar a complementação, se o vício for constatado.

A constatação da insuficiência do depósito pode (e deve) ser realizada a qualquer tempo e grau de jurisdição, enquanto o recurso não for apreciado em termos de mérito, em vista de a matéria ser de ordem pública, não se sujeitando à preclusão processual, de modo que a negativa de seguimento do recurso pode ocorrer logo após a sua interposição, pelo magistrado do 1º Grau de Jurisdição, pelo relator do recurso no tribunal, ou mesmo pelo Colegiado (Câmara Cível, Turma Cível, por exemplo),

---

COLÉGIO RECURSAL CÍVEL DO ESTADO DA PARAÍBA

"ENUNCIADO nº 02 – Deve o Juiz do processo apreciar o pedido de benefício da assistência judiciária gratuita da parte que tem como patrono advogado particular durante toda a instrução do processo, e só o requer quando a sentença lhe é desfavorável, para não pagar as custas e preparo do recurso".

112 WAMBIER, Luiz Rodrigues. *Curso avançado de processo civil*. 6. ed. São Paulo: Revista dos Tribunais, 2003. v. I, p. 566.

quando do conhecimento (ou não) do *remédio* processual, antes do enfrentamento das suas razões de mérito.

O pronunciamento que reconhece a insuficiência do preparo deve ser levado ao conhecimento do recorrente por meio de intimação, na maioria das vezes aperfeiçoada através da publicação da decisão no *Diário da Justiça*, do dia útil imediatamente seguinte fluindo o prazo de cinco dias para que a complementação seja providenciada, com a exclusão do dia da veiculação, segundo o art. 184.

O prazo examinado não pode ser estendido pelo magistrado, com a concessão de lapso temporal maior do que o previsto em lei,[113] por ser *peremptório*, não *dilatório*. Se a complementação for realizada fora do prazo de cinco dias, haverá a deserção do recurso,[114] representando obstáculo à sua tramitação.

13.6.2.4 O recolhimento da multa pela litigância de má-fé como requisito específico de admissibilidade do recurso

No Capítulo 5 do volume 1 desta obra, demonstramos que as partes devem comportar-se com boa-fé e lealdade processual (expondo os fatos em juízo conforme a verdade; não formulando pretensões, nem alegando defesa, cientes de que são destituídas de fundamento; não produzindo provas, nem praticando atos inúteis ou desnecessários à declaração ou defesa de direito etc.), de modo que a inobservância da regra impõe sanção pecuniária, no quantitativo de até 1% (um por cento) do valor da causa, podendo (a imposição) ser cumulada com a condenação ao pagamento de indenização por prejuízos causados, no correspondente a até 20% (vinte por cento) do valor da causa.

Além das previsões gerais, que se encontram nos arts. 14 ss, percebemos que a interposição do recurso de embargos de declaração pode gerar a imposição de multa, no percentual de até 1% (um por cento) do valor da causa, quando considerado *procrastinatório*, decorrente da ausência de omissão, de obscuridade e/ou de contradição a ser sanada (requisitos específicos do recurso), admitindo-se a elevação da penalidade para até 10% (dez por cento) do valor da causa, quando a conduta procrastinatória for reiterada, com o claro objetivo de interromper o prazo

---

[113] "Conforme reiterada jurisprudência desta Eg. Corte, a comprovação do pagamento do preparo na apelação deve ser feita no ato da interposição do referido recurso, sob pena de deserção. Como preceituado no art. 511 do Código de Processo Civil, tem-se que o recolhimento das custas está atrelado, de forma indissociável, ao do oferecimento do recurso, sendo inviável a dilação do lapso temporal para o seu pagamento. Agravo interno desprovido" (AGREsp 573748 – RJ, 5ª Turma do STJ, rel. Min. GILSON DIPP).

[114] "**Consoante a jurisprudência iterativa desta Corte, ocorre a deserção quando a complementação do preparo, após a intimação da parte para esse fim, não for efetuada no prazo de cinco dias (art. 511, § 2º, do CPC)**. Recurso especial conhecido e provido" (REsp 582020 – RJ, 2ª Turma do STJ, rel. Min. FRANCISCO PEÇANHA MARTINS) (grifamos).

para o aforamento do recurso principal, assunto estudado nas seções relacionadas à espécie recursal.

Na situação que envolve a reiteração da conduta procrastinatória, observamos que o parágrafo único do art. 538 textualiza a regra de que a interposição do recurso principal fica condicionada ao depósito do valor correspondente à multa imposta, qualificando o depósito como *requisito específico de admissibilidade do recurso principal*, somando-se a todos os requisitos gerais.

Assim é que, no assunto atinente ao preparo, temos de anotar que o recolhimento regular das custas pode vir acompanhado do depósito do valor correspondente à multa imposta, de modo que o só depósito das custas, sem a efetivação do recolhimento da multa, representa obstáculo à tramitação regular do recurso, que deixará de ser conhecido em vista do não preenchimento de requisito específico, de nada importando que a parte tenha providenciado o recolhimento das custas recursais.

Entendemos que o art. 511, ao referir-se ao preparo, restringe-se às custas recursais, de modo que a intimação para a complementação do depósito, quando realizado de forma insuficiente, apenas atine às custas, não podendo haver ampliação de interpretação para a inclusão do depósito do valor da multa, não efetivado anteriormente.

Queremos sustentar que o recolhimento regular das custas, sem o depósito do valor da multa, não enseja a intimação da parte para complementar a importância desembolsada anteriormente, já que as custas recursais e a multa são parcelas autônomas e diferenciadas, porque originadas de fatos diversos, com naturezas distintas, uma referindo-se à utilização do serviço público específico, a outra à penalidade imposta à parte que agiu com má-fé processual.

Igual raciocínio pode ser estendido para abranger as pessoas agraciadas pela isenção subjetiva (Fazenda Pública, Ministério Público etc.). A liberação do recolhimento das custas não as isenta do recolhimento da multa imposta pela litigância de má-fé,[115] de modo que o fato de terem interposto a espécie recursal sem realizar o depósito não enseja a concessão de prazo para a adoção da providência.

13.6.3 Regularidade formal

Sempre nos reportando ao volume 1 desta obra, no qual estudamos a teoria geral do processo, de compreensão necessária para o exame dos temas específicos,

---

115 "Não obstante a Fazenda Pública esteja dispensada de prévio depósito de custas e emolumentos, que serão pagos ao final pela parte vencida, a teor do disposto nos arts. 511, § 1º e 27 do CPC, **esse privilégio não abrange a multa prevista no artigo 557, § 2º, do Estatuto Processual Civil, por se tratar de instituto de natureza diversa**. Inaplicabilidade do art. 1º – A da Lei nº 9.494/97, pois a sanção imposta pelo Código de Processo Civil não se confunde com o depósito prévio, este relativo a custas e despesas processuais" (AGA 518521 – SP, 2ª Turma do STJ, rel. Min. FRANCIULLI NETO) (grifamos).

demonstramos que os atos processuais (das partes, do magistrado e dos auxiliares da justiça) devem revestir uma *forma*, em respeito à segurança jurídica.

Não obstante a premissa, também verificamos que o sistema processual moderno é desapegado do formalismo exacerbado, valorizando o *princípio da instrumentalidade das formas*, topograficamente alocado no art. 250, prestigiando o fim em detrimento do meio, logicamente desde que não seja causado prejuízo a qualquer das partes do processo e à própria administração da Justiça.

Se a parte deveria ter praticado determinado ato de acordo com forma prevista em lei, não tendo sido esta observada, podemos admitir a sua validade, desde que princípios maiores não sejam lesados, notadamente o do contraditório e da ampla defesa, que *habita* o inciso LV do art. 5º da CF, visto como direito e garantia fundamental, não se admitindo a sua supressão, sequer por emenda constitucional, segundo reiteradas vezes afirmado no curso desta obra, renovado neste instante apenas para ratificar a sua importância jurídica.

O desapego ao formalismo exacerbado é extensivo à matéria recursal, registrando-se que o CPC não contempla formas rígidas a serem seguidas pelo recorrente, a não ser em situações específicas, analisadas no decorrer desta seção. A premissa básica da matéria é a de que o **recurso deve ser como regra interposto por petição (forma escrita)**, característica de todas as espécies recursais e de todos os tipos de procedimentos, inclusive os mais informais, como o sumário e o sumaríssimo.

Apenas como exceção admite-se a interposição oral do recurso, como observamos com o *agravo retido*, no gênero, com as espécies do *agravo retido escrito* e do *agravo retido oral*, adequado para o combate de decisão interlocutória proferida durante a audiência de instrução e julgamento, geralmente sobre matéria probatória.

Em várias passagens do CPC verificamos a primazia da forma escrita na matéria recursal, como percebemos da leitura parcial dos arts. 514 ("a apelação, **interposta por petição**..." – grifo do autor), 524 ("o agravo de instrumento será dirigido diretamente ao tribunal competente, **através de petição**..." – grifo do autor), 536 ("os embargos serão opostos, no prazo de cinco dias, **em petição** dirigida ao relator..." – grifo do autor) e 541 da mencionada Codificação ("o recurso extraordinário e o recurso especial, nos casos previstos na Constituição Federal, serão interpostos perante o presidente ou o vice-presidente do tribunal recorrido, **em petições** distintas..." – grifo do autor).

Embora defendamos o desprezo da forma exclusivamente escrita (em combate ao *princípio da escritura*, adotado durante anos em toda a Europa), dando preferência pela forma oral, possibilitando a obtenção da tão decantada *celeridade processual*, é evidente que o processo não pode ser todo oral, mantendo-se vários dos seus atos sob a forma escrita, garantindo o registro material das manifestações de vontade originadas das partes, do magistrado e dos auxiliares da justiça com maior segurança.

De modo meramente superficial, fazemos alusão a alguns requisitos formais de determinadas espécies recursais, resguardando o trato de maior fôlego quando do estudo isolado de cada recurso, destacando-se como requisito formal geral a **assinatura do recurso pelo advogado que representa a parte**, em vista da capacidade postulatória, exclusiva do profissional.

Não obstante o requisito formal, a maioria da jurisprudência entende que o recurso não pode deixar de ser conhecido de forma automática, quando constatada a ausência da assinatura do profissional que o elaborou, devendo ser ensejada à parte oportunidade para sanar o vício, somente após isso, com a manutenção da situação, autorizando-se a negativa de seguimento da espécie.[116] Esse entendimento é exclusivamente aplicável à instância ordinária (1º e 2º Graus de Jurisdição), não se repetindo na instância extraordinária (perante o STJ e o STF).

No mesmo conduto de exposição, embora a jurisprudência se incline para validar a interposição de recurso desacompanhado de procuração outorgada ao advogado que subscreveu a peça, sendo a irregularidade depois sanada através da acostada do instrumento procuratório aos autos, esse raciocínio é exclusivo para a instância ordinária, nos termos da Súmula 115 do STJ, com a seguinte redação: "na instância especial, é inexistente recurso interposto por advogado sem procuração nos autos".

13.6.3.1 Requisitos formais da apelação

Dispõe o art. 514 do CPC:

> *"Art. 514. A apelação, interposta por petição dirigida ao juiz, conterá: I – os nomes e a qualificação das partes; II – os fundamentos de fato e de direito; III – o pedido de nova decisão."*

Atentos ao novo CPC, transcrevemos a seguinte norma:

> *"A apelação, interposta por petição dirigida ao juízo de primeiro grau, conterá: I – os nomes e a qualificação das partes; II – a exposição do fato e do direito; III – as razões do pedido de reforma ou de decretação de nulidade; IV – o pedido de nova decisão. § 1º O apelado será intimado para apresentar contrarrazões no prazo de quinze dias. § 2º Se o apelado interpuser apelação adesiva, o juiz intimará o apelante para apresentar contrarrazões. § 3º Após as formalidades previstas nos §§ 1º e 2º, os autos serão remetidos ao tribunal pelo juiz, independentemente de juízo de admissibilidade."*

---

[116] "O posicionamento deste Tribunal é no sentido de se aproveitar ao máximo os atos processuais, admitindo-se a regularização da representação processual após a prática do ato, mas na instância de origem. **O princípio da instrumentalidade admite, salvante caso de má-fé, nas instâncias ordinárias, conceder à parte recorrente oportunidade de seu procurador subscrever a petição recursal**. Precedentes jurisprudenciais" (AGA 463339 – PR, 1ª Turma do STJ, rel. Min. LUIZ FUX) (grifamos).

Dentre os requisitos formais destacados, alguns não são *essenciais*, de modo que a sua ausência não acarreta consequência processual importante, como é o caso da qualificação das partes, considerando que os seus dados pessoais já constam da petição inicial e da contestação. O requisito é aplicado com maior contundência ao terceiro prejudicado, considerando que a interposição do recurso pode *inaugurar* a sua atuação no processo, não havendo qualquer dado anterior com os registros da sua pessoa.

Os fundamentos de fato e de direito representam a causa de pedir da pretensão recursal, não se admitindo que a parte simplesmente repita as razões expostas na petição inicial ou na contestação.[117] Não obstante a advertência, admite-se de forma excepcional a remissão quando as razões da inicial ou da contestação coincidirem com as do recurso.

Isso pode ocorrer, por exemplo, quando a parte propõe ação de indenização por perdas e danos contra o réu, alegando que este teria colidido em veículo de propriedade daquele, causando-lhe danos materiais, tudo decorrendo do fato de o réu se encontrar embriagado no momento do acidente. Após a produção da prova em audiência, o magistrado julga a ação pela improcedência dos pedidos, concluindo pela inexistência de culpa do réu.

Ao apelar, o autor pode se utilizar quase que integralmente das razões da petição inicial, insistindo no fato de que o réu teria sido o culpado pela colisão, complementando suas alegações com pontos relevantes da prova produzida. Igual situação não se verifica se o magistrado julgar a ação por outro fundamento, como, por exemplo, quando extingue o processo sem a resolução do mérito por suposta ilegitimidade ativa, fundada na afirmação de que o autor não é o proprietário do bem envolvido no acidente.

Ao apelar, o autor não pode apenas se reportar à dinâmica do fato, devendo concentrar as razões recursais quase que exclusivamente no combate ao raciocínio atinente à ilegitimidade ativa. As razões da petição inicial diziam respeito ao acidente e à culpa do réu. As razões do apelo dizem respeito à legitimidade para a propositura da ação, demonstrando o autor que pleiteia em nome próprio o reconhecimento

---

117 "Recurso Especial interposto contra v. Acórdão que considerou indispensável que na apelação sejam declinadas as razões pelas quais a sentença seria injusta ou ilegal. **O Código de Processo Civil (arts. 514 e 515) impõe às partes a observância da forma segundo a qual deve se revestir o recurso apelatório. Não é suficiente mera menção a qualquer peça anterior à sentença (petição inicial, contestação ou arrazoados), à guisa de fundamentos com os quais se almeja a reforma do decisório monocrático. À luz do ordenamento jurídico-processual, tal atitude traduz em comodismo inaceitável, devendo ser afastado.** O apelante deve atacar, especificamente, os fundamentos da sentença que deseja rebater, mesmo que, no decorrer das razões, utilize-se, também, de argumentos já delineados em outras peças anteriores. No entanto, só os já desvendados anteriormente não são por demais suficientes, sendo necessário o ataque específico à sentença. Procedendo dessa forma, o que o apelante submete ao julgamento do Tribunal é a própria petição inicial, desvirtuando a competência recursal originária do Tribunal" (REsp 359080 – PR, 1ª Turma do STJ, rel. Min. JOSÉ AUGUSTO DELGADO) (grifamos).

de direito próprio. No que se refere ao pedido, já estudamos (no Capítulo 12, *Da sentença e da coisa julgada*, no volume 1 desta obra) que o autor, ao propor a ação, *limita* a função jurisdicional, não podendo o magistrado apresentar resposta judicial em desconformidade com o que foi articulado na inicial, em respeito ao *princípio da congruência, da adstrição* ou *da correlação*, presente nos arts. 128 e 460, com exceção dos denominados *pedidos implícitos* (despesas e custas processuais, honorários advocatícios, juros, correção monetária e parcelas vincendas).

O assunto é repetido da mesma forma na matéria recursal, o que avulta a importância do pedido formulado pelo recorrente, sabido que o órgão responsável pelo seu julgamento apenas pode conferir ao que utilizou o *remédio* processual parcela que tenha sido pleiteada na irresignação, com exceção das *questões processuais de ordem pública*, assunto estudado em linhas anteriores.

13.6.3.2 Requisitos formais do agravo de instrumento

Verificamos em linhas seguintes que o recurso de agravo de instrumento é adequado para combater decisão de natureza interlocutória, sobressaindo o (in) deferimento de pedidos de tutela antecipada e de liminares em medidas cautelares e todas as demais decisões que apresentam o condão de causar à parte lesão grave e de difícil reparação.

Em resumo, é decisão que resolve *questão pendente* no processo sem lhe pôr termo, causando prejuízo a uma das partes. O recurso é interposto perante o tribunal, reclamando uma regularidade formal, já que aos membros do órgão colegiado devem ser fornecidos elementos e informações necessárias ao conhecimento e ao enfrentamento das questões de mérito do recurso, após a confirmação da presença dos requisitos de admissibilidade da espécie.

Os requisitos formais do recurso em análise estão relacionados no art. 524, com a seguinte redação:

> *"Art. 524. O agravo de instrumento será dirigido diretamente ao tribunal competente, através de petição com os seguintes requisitos: I – a exposição do fato e do direito; II – as razões do pedido de reforma da decisão; III – o nome e o endereço completo dos advogados, constantes do processo."*

Eliminando o estudo dos dois primeiros requisitos formais, por entendermos que as considerações esperadas estão compreendidas nos comentários feitos aos requisitos formais da apelação, na seção anterior, debruçamo-nos na análise do requisito formal previsto no inciso III da norma, dizendo respeito à obrigatoriedade de o agravante informar, na peça de interposição, os nomes e o endereço profissional dos advogados que representam a parte contrária.

A razão da norma centra-se na constatação de que a intimação do agravado, para oferecer a impugnação ao recurso, é aperfeiçoada no advogado que o representa, não apenas em decorrência da norma disposta no art. 36, como também pela necessidade de que o recurso tenha uma dinâmica célere. A intimação da própria parte burocratizaria a tramitação da espécie, reclamando a expedição de mandado de intimação, com cumprimento delegado aos oficiais de justiça, o que em muito retardaria a entrega da prestação jurisdicional.

Observe que a interpretação meramente gramatical do art. 524 sugere que a indicação dos nomes dos advogados da parte contrária, com o endereço profissional, deve constar da petição de interposição do recurso, o que tem animado parte minoritária da jurisprudência a afirmar que a espécie deve ter o seu seguimento negado quando for verificado que os dados constam de documento atado à petição pelo recorrente, não no seu interior.

Para exemplificar, partindo da premissa de que a procuração outorgada ao advogado da parte contrária é documento essencial à interposição do recurso (além de outros indicados no art. 525), e que no mencionado documento há a lógica indicação dos nomes dos advogados que representam o recorrido e o seu endereço profissional, parte da jurisprudência não admite o processamento da espécie quando os dados não constam da petição recursal, mesmo se encontrando expressamente previstos na procuração acostada aos autos.

Em respeito ao *princípio da instrumentalidade das formas*, e partindo da premissa de que o processo é *meio* para o alcance de um *fim*, que se resume à prestação da função jurisdicional em menor espaço de tempo possível, entendemos que o posicionamento merece críticas, devendo ser validada a interposição do recurso na situação em que, embora o recorrente não tenha transposto as informações para o interior da petição de interposição do agravo, estas constam de documento atado ao recurso.[118]

Quando muito, se o relator entender de modo contrário, ainda apoiado no princípio informado, defendemos a tese que deve conceder oportunidade ao recorrente para sanar o *vício* no prazo de cinco dias,[119] somente depois disso negando seguimento ao recurso pela irregularidade formal.

---

[118] O posicionamento é ratificado por pronunciamentos da jurisprudência, como se percebe da leitura do seguinte julgado: "**A jurisprudência da Corte vem se consolidando no sentido de considerar prescindível a indicação do nome e endereço completos do advogado, na petição de encaminhamento do agravo, quando constantes das peças componentes do instrumento de modo claro e preciso.** Esta a interpretação que melhor atende às causas finais do processo e ao princípio de sua instrumentalidade, desprezando o formalismo exagerado. Embargos de divergência conhecidos, porém, rejeitados" (EREsp 181631 – DF, Corte Especial do STJ, rel. Min. FRANCISCO PEÇANHA MARTINS) (grifamos).

[119] Parte da jurisprudência endossa o entendimento, como se percebe da leitura do seguinte julgado: "(...) **Diante dessas circunstâncias, na mesma quadra do entendimento esposado pelo ilustre relator do acórdão profligado, entende este subscritor que 'o mais adequado é dar ao recorrente a oportunidade para que providencie o endereço em que o agravado possa ser intimado, aí sim, sob pena de vir a ser negado o seguimento do recurso**, caso descumprida a determinação, pois assim se estará aplicando a regra legal no contexto de uma exegese teleológica que atenderá ao princípio do contraditório (possibilitando ao agravado o conhecimento do recurso que poderá afetar seus direitos e interesses), sem

13.6.3.3 Requisitos formais do recurso especial

Dispõem o art. 541 e seu parágrafo único:

"Art. 541. O recurso extraordinário e o recurso especial, nos casos previstos na Constituição Federal, serão interpostos perante o presidente ou o vice-presidente do tribunal recorrido, em petições distintas, que conterão: I – a exposição do fato e do direito; II – a demonstração do cabimento do recurso interposto; III – as razões do pedido de reforma da decisão recorrida. Parágrafo único. Quando o recurso fundar-se em dissídio jurisprudencial, o recorrente fará a prova da divergência mediante certidão, cópia autenticada ou pela citação do repositório de jurisprudência, oficial ou credenciado, inclusive em mídia eletrônica, em que tiver sido publicada a decisão divergente, ou ainda pela reprodução de julgado disponível na Internet, com indicação da respectiva fonte, mencionando, em qualquer caso, as circunstâncias que identifiquem ou assemelhem os casos confrontados."

Deixamos de comentar os requisitos formais previstos nos incisos I, II e III do dispositivo reproduzido por entender que a matéria foi estudada quando da análise dos requisitos formais do agravo de instrumento e da apelação, evitando a repetição de ideias. As adaptações devidas são feitas no instante em que tratamos do cabimento dos recursos especial e extraordinário, no final deste capítulo, limitando as reflexões ao parágrafo único do artigo da lei.

Nesse particular, dentro da Federação, proliferam várias interpretações a respeito da aplicação de normas infraconstitucionais, emanadas de diferentes tribunais. Assim, o Tribunal de Justiça do Estado do Rio de Janeiro pode entender que as indenizações devem limitar-se ao tabelamento previsto em determinado texto legal, decidindo o Tribunal de São Paulo, em casos semelhantes, que a indenização é ilimitada.

O STJ é *guardião* da interpretação da legislação infraconstitucional, como já afirmado anteriormente, proferindo decisões *modelo* sobre casos específicos, orientando como os dispositivos situados na legislação infraconstitucional devem ser interpretados. ROBERTO ROSAS[120] ensina-nos:

"Concluímos, então, que não importa o nome quando o tribunal fixa entendimento e diretriz. É a chamada força vinculante da decisão, pouco importa o nome – orientação, precedente, jurisprudência, súmula."

---

impor ao agravante o ônus que não está clara e inequivocamente expresso na legislação processual e sem criar limitações ao acesso à ordem jurídica justa'" (REsp 205780 – SP, 2ª Turma do STJ, rel. Min. FRANCIULLI NETTO) (grifamos).

120 ROSAS, Roberto. *Direito sumular*. 12. ed. São Paulo: Malheiros, 2004. p. 12.

A função *paradigmática* do STJ apoia a interposição do recurso pela alínea *c* do inciso III do art. 105 da CF, obrigando o recorrente a demonstrar que a decisão que combate (denominada *acórdão recorrido*), da lavra de um tribunal, destoa de decisão(ões) proferida(s) por outro(s) tribunal(is) da federação, denominadas *acórdãos paradigma*, respondendo pela grande maioria dos recursos especiais interpostos.

Nesta hipótese, o recorrente deve reproduzir julgados sobre a mesma matéria – mas em sentido contrário – proferidos por outros tribunais do país, não servindo à demonstração da divergência a transcrição de julgados do mesmo tribunal que prolatou a decisão recorrida, diante da redação da Súmula 13 do STJ.[121]

A parte deve ser diligente em relação à forma como demonstra a divergência jurisprudencial, respeitando o § 1º do art. 255 do Regimento Interno do STJ, com a seguinte redação:

> *"Art. 255. Omissis. § 1º A comprovação de divergência, nos casos de recursos fundados na alínea c do inciso III do artigo 105 da Constituição Federal, será feita: a) por certidões ou cópias autenticadas dos acórdãos apontados, discordantes da interpretação de lei federal adotada pelo recorrido; b) pela citação de repositório oficial, autorizado ou credenciado, em que os mesmos se achem publicados. Omissis."*

Complementando a regra, os repositórios oficiais estão relacionados no § 3º do dispositivo,[122] com a indicação de que são autorizados ou credenciados os repositórios habilitados na forma do art. 134 do mesmo Regimento.

Em qualquer hipótese, o recorrente deve transcrever os acórdãos proferidos por outros tribunais, em sentido contrário da decisão proferida no processo no qual o recurso é interposto. Não se exige a transcrição completa do acórdão, admitindo-se a transcrição de trechos do pronunciamento que demonstrem a divergência, numa comparação analítica,[123] não se admitindo a simples transcrição da ementa.[124] A pro-

---

121 **Súmula 13 do STJ:** "A divergência entre julgados do mesmo Tribunal não enseja recurso especial."

122 *Revista Trimestral de Jurisprudência do Supremo Tribunal Federal*, *Revista do Superior Tribunal de Justiça*, *Revista do Tribunal Federal de Recurso*, extinto por força da criação do STJ.

123 "O conhecimento do recurso especial, fundado na alínea *c* do permissivo constitucional, exige não apenas a apresentação dos trechos dos acórdãos que configurem o dissídio alegado, mas também a demonstração das circunstâncias que identifiquem ou assemelhem os casos confrontados, de modo a demonstrar analiticamente a divergência jurisprudencial (artigos 541, parágrafo único, do Código de Processo Civil e 255, § 2º, do RISTJ)" (AGREsp 576219 – SC, 1ª Turma do STJ, rel. Min. DENISE ARRUDA).

124 Sobre a matéria, transcrevemos trecho do voto do Ministro GARCIA VIEIRA proferido nos autos do REsp 72.089 – SP: "Em seu recurso interposto com base na letra *c* (fls. 160), o recorrente aponta, como divergente, acórdão do Egrégio Tribunal de Justiça (fls. 162 e 165), mas citou apenas a sua ementa e não fez a demonstração analítica da divergência, não mencionou as circunstâncias que pudessem identificar ou assemelhar os casos postos em confronto. Não cumpriu o disposto no parágrafo único

vidência em análise serve para demonstrar a divergência analítica entre os julgados (o *recorrido* e o *paradigma*). O STJ, sobre o tema, vem dispensando a transcrição dos julgados, quando a divergência for notória.[125]

Além disso, o recorrente deve indicar a **fonte** da qual as decisões colecionadas foram extraídas, para possibilitar a conferência por parte do Ministro Relator, se estiver em dúvida a respeito da correta transcrição dos julgados reproduzidos. É medida de segurança, que visa a evitar transcrições que não correspondam à realidade do(s) julgado(s).

Se o julgado foi retirado de repositório oficial (Revista Trimestral de Jurisprudência do Supremo Tribunal Federal, Revista do Superior Tribunal de Justiça, Revista do Tribunal Federal de Recurso – § 3º do art. 255 do RISTJ), ao recorrente basta indicar o número da revista da qual a decisão foi extraída e a página na qual o julgado se encontra.

Tendo sido retirado de *repositório autorizado ou credenciado*,[126] a providência a ser adotada pelo recorrente é idêntica à situação anterior, contentando-se o Regimento do STJ com a transcrição do acórdão (ou de parte deste) e a indicação da fonte da qual a decisão foi extraída.

Se o acórdão foi obtido pelo recorrente, mas não se encontra publicado em repositório oficial, credenciado ou autorizado, o vencido deve transcrever a decisão (ou parte desta), juntando ao recurso cópia do pronunciamento ou certidão fornecida pelo tribunal que o prolatou, com sua transcrição, total ou parcial.

Como visto, temos duas decisões judiciais a considerar. De um lado, a prolatada no processo que envolve o recorrente, de outro lado, decisão, sobre a mesma matéria, em sentido contrário, citada pelo recorrente como *paradigma*, pretendendo que o STJ julgue o recurso especial de acordo com os seus termos e conclusão.

A observância das formalidades tratadas é requisito específico de admissibilidade do recurso especial, de modo que o desrespeito às normas do CPC e/ou do RISTJ acarreta o não conhecimento do *remédio* processual, impedindo a apreciação das suas razões de mérito.

---

do art. 541 do CPC e 255 de nosso Regimento. Frise-se ainda que os venerando acórdãos recorridos e paradigma têm pressupostos fáticos e jurídicos diversos."

125 Nesse sentido: "**As exigências de natureza formal (cópia autenticada dos arestos paradigmas ou a menção do repositório em que estejam publicados) devem ser mitigadas quando se cuidar de dissonância interpretativa notória, manifestamente conhecida do Tribunal**. Embargos conhecidos, mas rejeitados" (EDIv no REsp 64.465 – SP, Corte Especial do STJ, rel. Ministro BARROS MONTEIRO) (grifamos).

126 *ADCOAS, ATARJ, DT, GenesisTrab, JB, JC, JSTF, JSTJ, JTAMG, JTARS, JTFR, JTS, Lex-JTA, LTr, Rcijur, RDA, RDC, RDJTJDF, RDP, RDTJRJ, Renovar, RF, RJ, RJDTCrimSP, RJM, RJMin, RJTJRS, RJTJSP, RP, RPS, RST, RSTJ, RT, RTFR, RTJ, RTJE, RTRF* – 3ª e *RTRF* – 4ª, segundo levantamento procedido por NELSON NERY JUNIOR (*in Código de processo civil comentado e legislação processual civil extravagante em vigor.* 4. ed. São Paulo: Revista dos Tribunais, 1999. p. 2720).

13.6.4 Adequação

No Capítulo 3, *Da ação*, no volume 1 desta obra, demonstramos que o interesse de agir se insere dentre as condições da ação, apoiando-se no binômio *necessidade-utilidade* do provimento jurisdicional para pôr fim ao conflito de interesses que interliga o autor ao réu através do magistrado, ocupando posição soberana no processo.

Também registramos que o autor deve fazer uso do instrumento processual adequado para solucionar o conflito, dizendo respeito à coincidência da sua pretensão com o tipo de ação previsto em lei como indicado para determinar a intervenção do Estado, através do Poder Judiciário, de modo que a propositura da ação possessória, por exemplo, quando a situação reclamava o ingresso da reivindicatória, acarreta a extinção do processo sem a resolução do mérito, pela *inadequação da via eleita*, não se podendo requerer a aplicação do *princípio da fungibilidade*, em vista de se restringir às ações possessórias (manutenção de posse, reintegração de posse e interdito proibitório, previstas em *numerus clausus* na lei).

As considerações articuladas podem ser integralmente transpostas para a matéria recursal. Deixando para tratar do requisito específico do interesse em linhas seguintes, registramos que a adequação é requisito de admissibilidade de todas as espécies relacionadas no art. 496, exigindo que o recorrente interponha o recurso adequado para combater a decisão, a depender da sua natureza.

Podemos organizar o tema da seguinte forma:

a) a decisão interlocutória gera a interposição do recurso de agravo, retido ou de instrumento, com a ressalva de que o novo CPC suprime o agravo retido;

b) a sentença ou o acórdão (e a decisão interlocutória, segundo entendimento majoritário da doutrina e da jurisprudência) que apresente omissão, obscuridade ou contradição gera a interposição do recurso de embargos de declaração;

c) a decisão não unânime proferida pelo tribunal no julgamento da apelação ou da ação rescisória (uma vez preenchidos os demais requisitos) gera a interposição do recurso de embargos infringentes;

d) a decisão proferida em única ou última instância (por tribunal, no caso do Recurso Especial) que infrinja norma constitucional ou infraconstitucional ou que se enquadre em qualquer das demais previsões do inciso III do art. 102 e do inciso III do art. 105 do CPC, gera a interposição do recurso especial e/ou do recurso extraordinário.

Se o recorrente, diante de decisão de natureza inegavelmente interlocutória, interpõe o recurso de apelação, assistiremos ao não conhecimento da espécie equivocada pela *inadequação da via recursal eleita*, impedindo o julgamento de mérito do recurso, exceto se for possível o seu aproveitamento, em respeito ao *princípio da fungibilidade*, conforme anotações esposadas em passagem anterior.

13.6.5 Interesse para recorrer

O interesse processual, como gênero, representa a necessidade da obtenção de resposta jurisdicional, mediante a demonstração de que, sem a intervenção do representante do Poder Judiciário, a solução do conflito de interesses é impossível. Se, não obstante a existência de conflito, este é dirimido no plano extrajudicial, seja por *desforço próprio* (de um dos sujeitos da lide) ou por acomodação, não há que se falar no interesse para comparecer a juízo, posto que a parte estaria pleiteando o que já tem (a solução do conflito).

No plano recursal, tem interesse para interpor a espécie a **parte**, o **Ministério Público** e o **terceiro** que suportou prejuízo em decorrência da decisão, encontrando-se em qualquer polo da relação processual. O prejuízo decorre da perda parcial ou total daquilo que foi pleiteado na peça inicial ou na contestação, ou por o terceiro ter sido atingido por decisão proferida em processo judicial no qual não figurou como parte principal.

Sobre a matéria, a doutrina afirma que a parte deve ser *sucumbente*, no sentido de ter saído vencida da empreitada processual. De fato, não haveria sentido em se permitir que a parte vencedora, que logrou êxito total em suas pretensões, pudesse interpor o recurso, pois não haveria o que ser pleiteado em termos de melhora da sua situação jurídica. A matéria é regida pelo binômio *necessidade/utilidade*, preconizado pela jurisprudência na matéria analisada.[127]

A regra é excepcionada no caso do Ministério Público. A instituição, mesmo saindo vencedora, na condição de parte ou de fiscal da lei, pode interpor recurso contra a decisão que lhe foi favorável, em respeito ao princípio da *independência funcional.*[128] Para tanto, é necessário que novo membro do *Parquet* atue no processo, em substituição a outro promotor. Isto ocorre porque o Ministério Público atua em causas de interesse público, evidenciadas pela natureza da lide ou pela presença no processo de pessoas que merecem especial atenção do Estado (relativa ou absolutamente incapazes, com rol previsto nos arts. 3º e 4º do CC).

---

127 Nesse sentido: "Necessidade e utilidade. Provimento do recurso que não traria proveito algum à apelante. Interesse recursal ausente. Não conhecimento" (AI 184871 – 2, 14ª Câmara Cível do TJSP, rel. Des. FRANKLIN NEIVA).

128 Nesse sentido: "**O interesse recursal não se constitui para o Ministério Público em pressuposto de admissibilidade do recurso**, daí não precisar ele demonstrar em que consistiria a utilidade prática que para ele adviria do provimento do seu recurso. Doutrina de Nelson Nery Junior sobre o tema" (Apelação Cível 594147803, 6ª Câmara Cível do TJRS, rel. Des. CACILDO DE ANDRADE XAVIER).

Ainda sobre a matéria relativa ao interesse para recorrer, percebemos que o requisito, ligado à ideia de necessidade, leva-nos a investigar se o recorrente, através de instrumento processual mais singelo, pode alcançar o mesmo resultado prático perseguido via pretensão recursal. Se a resposta for positiva, ao recorrente falta interesse para a interposição do *remédio* processual, resultando no não conhecimento do recurso, se for apresentado.

Exemplo oferecido em linhas anteriores demonstra que a pessoa que poderia utilizar a espécie não tem interesse para interpor recurso em tese cabível contra a decisão judicial que recebe o recurso da outra parte do processo, quando não deveria ter sido recebido, em vista do não preenchimento de um dos requisitos recursais (tempestividade, p. ex.).[129]

Não cabe agravo contra a decisão porque o que se buscaria através da espécie seria a reforma do pronunciamento impugnado, para garantir a negativa de seguimento do recurso apresentado pela outra parte. Se o prejudicado com o recebimento do recurso intempestivo apresentado pela parte adversa pode denunciar o fato – a intempestividade – através de petição singela, falta-lhe interesse para perseguir igual providência por meio de recurso, mais burocratizado do que uma simples petição *avulsa*.

13.6.6 Legitimidade para recorrer

A legitimidade das partes, no plano processual, está ligada à ideia de que a pessoa que se apresenta em juízo é titular do direito material cuja tutela é solicitada na ação, coincidindo as figuras do *sujeito da lide* e do *sujeito do processo*. Num exemplo ilustrativo, observando a dinâmica de um acidente de veículos, anotamos que apenas o proprietário do bem atingido ou pessoa que tenha a obrigação de conservá-lo detém legitimidade para estar em juízo na defesa do direito de que é titular, caracterizando a *legitimação ordinária* (sujeito da lide = sujeito do processo).

O art. 6º estabelece que "ninguém poderá pleitear, em nome próprio, direito alheio, salvo quando autorizado por lei". Em algumas situações, contudo, a lei autoriza que a ação seja proposta por pessoa que toma assento no processo na condição de *sujeito do processo*, embora não seja o *sujeito da lide,* ou seja, protagonista do litígio

---

129 Apenas para reforço, reproduzimos lição doutrinária: "Pode a lei, em certos casos, estabelecer a irrecorribilidade de determinadas decisões através de agravo tendo em vista o fato da desnecessidade da interposição desse recurso, como ocorre, por exemplo, na situação prevista no art. 519, § 2º, do CPC, pois a decisão que revela a pena de deserção poderá ser revista pelo tribunal independentemente de ter ou não sido interposto, que, no caso, não seria sequer cabível, por falta de interesse recursal. É o que ocorre também em face das decisões que admitem (recebem) o recurso para encaminhá-lo ao órgão superior, em razão de sua absoluta desnecessidade, pois o órgão *ad quem* irá, necessariamente, refazer o juízo de admissibilidade" (PINTO, Nelson Luiz. *Manual dos recursos cíveis.* 3. ed. ampl. e atual. São Paulo: Malheiros, 2002. p. 190).

que deu ensejo ao exercício do direito de ação e à formação do processo. Estamos diante da *substituição processual*, marcando a *legitimação extraordinária*.

Exemplos dessa situação processual envolvem o Ministério Público e as associações que, através de legitimidade que lhes foi conferida pela Lei nº 7.347/85, podem requerer o reconhecimento do direito individual homogêneo, direito difuso ou interesse coletivo de titularidade de terceiros, integrantes de grupos ou de coletividades individualizadas ou não, quantificadas ou não, conforme previsão do art. 81 do CDC. As pessoas analisadas são *substitutos processuais*, pleiteando em nome próprio o reconhecimento de direito alheio, de integrantes das universalidades comentadas.

Feitas as digressões preparatórias, devemos afirmar que, no assunto que nos interessa, o recurso pode ser interposto pelas *partes do processo*, pelo *Ministério Público* e pelo *terceiro prejudicado*, devendo este demonstrar que o pronunciamento que ataca refletiu na sua esfera de interesses, justificando seu ingresso no processo, provando que foi ou pode ser atingido pelos efeitos da decisão.

13.6.6.1 Legitimidade das partes

As partes da relação processual estão bem identificadas na ação, não apenas as principais (autor e réu), mas também os que assumiram essa condição por terem ingressado no processo posteriormente à sua formação, na condição de *intervenientes*, através da assistência, da oposição, da nomeação à autoria, da denunciação da lide ou do chamamento ao processo.

Os terceiros admitidos no processo passam a ser partes,[130] submetendo-se às regras processuais próprias do litígio, admitindo que a sentença os atinja, bastando citar a denunciação da lide, sendo a sentença útil para resolver a situação jurídica estabelecida entre o autor e o réu e entre o réu e o litisdenunciado, evitando a propositura de nova ação após o encerramento da ação primitiva, o que é estimulado por razões de economia processual.

Os terceiros, que ingressaram no processo de forma voluntária ou forçada, podem interpor recursos contra a sentença, geralmente de forma autônoma, ou seja, independentemente da apresentação do recurso pela parte originária a que se propõem beneficiar ou a que se opõem, nada obstando, contudo, que se subordinem à apresentação do recurso pela parte principal, como ocorre na assistência simples, quando então, "por não poder atuar em contraste com a parte assistida",[131] terá a sua pretensão recursal negada se o assistido desistir do recurso.

---

[130] Esta é, na verdade, uma das mais importantes consequências advindas da intervenção de terceiro, ao lado da possibilidade de modificação da competência do Órgão Julgador, como pode ocorrer quando a União Federal ingressa no processo, na condição de assistente, acarretando a remessa dos autos à Justiça Comum Federal (art. 109 da CF).

[131] FUX, Luiz. *Curso de direito processual civil.* Rio de Janeiro: Forense, 2001. p. 255.

No litisconsórcio unitário, o recurso apresentado por um dos litisconsortes, a todos aproveita,[132] em decorrência da interpretação do art. 509, com a ressalva de que o novo CPC estabelece a regra de que só há aproveitamento quando as questões de fato e de direito forem comuns.

Na substituição processual, o reconhecimento de direito alheio, de natureza difusa, coletiva ou individual homogênea, como nas ações propostas pelo Ministério Público, por uma associação constituída e em funcionamento há mais de um ano[133] etc., atribui-se a legitimidade para recorrer tanto ao *substituto* (sujeito do processo) como ao substituído (*sujeito da lide*), já que estamos diante da *legitimação extraordinária*.

Questão elegante sobre a legitimidade da parte para recorrer de decisão que lhe tenha sido desfavorável envolve a ação de indenização por perdas e danos, quando o autor pleiteia o pagamento da verba correspondente ao dano moral, sem quantificar a pretensão, requerendo que o valor seja arbitrado pelo magistrado, situação que muito se repete na dinâmica forense, algumas vezes pelo fato de o autor pretender reduzir o valor da causa, afastando uma maior incidência das custas processuais, outras por se encontrar inseguro no que se refere ao justo valor da indenização, preferindo confiar na estimativa judicial.

A dúvida é a de se saber se o autor pode recorrer da sentença que julgou a ação pela procedência dos pedidos, quando o valor arbitrado o desagrada, já que esperava receber quantia maior, na consideração de que teria suportado dano de grande proporção. A ausência de pedido determinado seria obstáculo impeditivo para a parte interpor o recurso perseguindo a elevação da condenação?

A resposta apresentada de modo uniforme pela jurisprudência é negativa, inclinando-se para conferir legitimidade ao autor,[134] sem prejuízo da conferida ao réu, já que suportou condenação quando esperava a improcedência da ação, pondo-nos diante da **sucumbência recíproca** (decisão que desagrada ao autor e ao réu ao mesmo tempo; a um por não ter recebido a prestação jurisdicional na me-

---

132 Nesse sentido: "Recurso. Legitimidade. Litisconsórcio unitário. Recurso interposto por um só dos requeridos em ação cautelar. Limite subjetivo. **No litisconsórcio unitário, devendo ser uniforme a decisão para os litisconsortes, o recurso interposto por um deles a todos aproveita**" (REsp 91517 – SC, 1ª Turma do STJ, rel. Min. HUMBERTO GOMES DE BARROS).

133 O § 1º do art. 82 do CDC dispensa o requisito relativo à pré-constituição "quando haja manifesto interesse social evidenciado pela dimensão ou característica do dano, ou pela relevância do bem jurídico a ser protegido". Idêntico requisito consta no § 4º do art. 5º da Lei de Ação Civil Pública.

134 "Já decidiu a Corte, sem discrepância, que se o autor 'pediu que o juiz arbitrasse a indenização, era lícito ao autor, inconformado com o arbitramento, pedir ao Tribunal que revisse o valor arbitrado pelo juiz. **Em tal caso, não faltava, como não falta, interesse para recorrer** (Cód. de Proc. Civil, art. 3º e 499)' (REsp 123.523 – SP, relator o Ministro NILSON NAVES, *DJ* de 28/6/99)" (REsp 330256 – MG, 3ª Turma do STJ, rel. Min. CARLOS ALBERTO MENEZES DIREITO) (grifamos). No mesmo sentido: REsp 300115 – RJ, rel. Min. ARI PARGENDLER.

dida esperada; ao outro pelo fato de a sentença ter sido proferida em favor do seu adversário processual).

13.6.6.2 Legitimidade do Ministério Público

O Ministério Público pode interpor o recurso não apenas quando atua como parte, mas também quando atua como fiscal da lei (*custos legis*), independentemente da interposição do recurso pela parte principal,[135] assunto estudado no Capítulo 9, relativo ao *Ministério Público*, no curso do volume 1 desta obra.

Lembramos que o prazo recursal só começa a fluir da data em que o Ministério Público é pessoalmente intimado do pronunciamento,[136] à instituição, não se aplicando a regra da intimação aperfeiçoada através do *Diário da Justiça*, contando-se em dobro o prazo para a interposição do *remédio*, independentemente da espécie, o que é justificado pelo interesse público que norteia a função Ministerial, e pelo volume exacerbado dos processos que são confiados ao patrocínio e ao acompanhamento da instituição.

13.6.6.3 Legitimidade do terceiro prejudicado

O art. 472 estabelece a seguinte regra:

> *"Art. 472. A sentença faz coisa julgada às partes entre as quais é dada, não beneficiando, nem prejudicando terceiros. Nas causas relativas ao estado de*

---

135 Nesse sentido: "Ministério Público. *Custos legis*. Recurso. Legitimidade. Separação judicial. O Ministério Público tem legitimidade para recorrer de sentença proferida em processo de separação judicial, ainda que inexista recurso das partes. Art. 499, par. 2º, do CPC e **Súmula 99/STJ**. Recurso conhecido e provido" (REsp 176632/MG; Rel. Min. RUY ROSADO DE AGUIAR; 4ª Turma do STJ). Ainda sobre a matéria, reproduzimos a Súmula 99 do STJ, com a seguinte redação: "O Ministério Público tem legitimidade para recorrer no processo em que oficiou como fiscal da lei, ainda que não haja recurso da parte."

136 Importante ressaltar que o STF e o STJ têm demonstrado mudança de entendimento quanto ao início do prazo recursal para o MP, o qual agora não é mais a data da oposição do "ciente" pelo membro do órgão, e sim a do protocolo dos autos na Procuradoria. Nesse sentido "**Não obstante o entendimento predominante desta Turma, que considerava como início do prazo recursal para o Ministério Público a data da oposição do ciente pelo órgão ministerial, e não a do ingresso dos autos na Procuradoria, a matéria atualmente encontra-se assentada em sentido contrário, em face da nova ótica dada à questão pelo Supremo Tribunal Federal**. Entendimento no sentido de que o prazo recursal para o Ministério Público não pode correr de acordo com a conveniência do integrante do *Parquet*, sob pena de malferimento ao princípio da igualdade das partes. III – Se o acórdão recorrido encontra-se em consonância com a mais recente jurisprudência do Pretório Excelso, deve ser mantido por seus próprios fundamentos. IV – Recurso desprovido" (REsp 605245 – SP, 5ª Turma do STJ, rel. Min. GILSON DIPP).

pessoa, se houverem sido citadas no processo, em litisconsórcio necessário, todos os interessados, a sentença produz coisa julgada em relação a terceiros."

O artigo reproduzido versa sobre os *limites subjetivos da coisa julgada*, prevendo quem pode ser atingido pelo pronunciamento proferido pelo representante do Poder Judiciário, eliminando a possibilidade de a decisão *invadir* a esfera jurídica de pessoa que não tenha tomado assento no processo como parte, considerando que a citação é pressuposto de constituição do processo, de modo que a inexistência do ato em relação ao terceiro acarreta a constatação de inexistência do processo para a sua pessoa.

Não obstante o fato, o pronunciamento judicial pode atingir terceiro, conferindo--lhe a lei vários instrumentos processuais para se proteger, como a propositura da ação rescisória, do mandado de segurança e dos embargos de terceiro.

Os instrumentos em referência são *extraprocessuais*, manejados fora da ação originária, o que não retira do terceiro a prerrogativa de combater o pronunciamento através de *remédio endoprocessual*, interpondo o recurso adequado, o que representa mera faculdade, não sendo a norma do art. 499 interpretada de forma impositiva, mas apenas como um ônus, não como uma obrigação.

Dessa forma, preferindo o terceiro prejudicado, pode desprezar o instrumento endoprocessual e atacar o pronunciamento que lhe atingiu através da impetração do mandado de segurança,[137] ou da utilização de qualquer outro instrumento extraprocessual, o que encontra guarida na Súmula 202 do STJ.[138]

No gênero terceiro prejudicado, a jurisprudência tem incluído o advogado como espécie, conferindo-lhe a prerrogativa de interpor recurso contra a sentença que tenha fixado verba honorária em seu favor em percentual que não o agradou,[139] considerando que a execução dos honorários pode ser instaurada diretamente pelo profissional que representa a parte, conforme disposições contidas na Lei nº 8.906/94, especificamente o seu art. 23, com a seguinte redação:

"*Art. 23. Os honorários incluídos na condenação, por arbitramento ou sucumbência, pertencem ao advogado, tendo este direito autônomo para executar*

---

[137] "Ao permitir o recurso de terceiro prejudicado, o art. 499 do CPC outorga direito potestativo, a ser exercido a critério do prejudicado, cuja inércia não gera preclusão. **É lícito ao terceiro prejudicado requerer Mandado de Segurança contrato ato judicial, em lugar de interpor, contra ele, o recurso cabível.** A circunstância de a sentença estar sob desafio de recurso com efeito suspensivo não lhe retira o potencial ofensivo, nem a imuniza contra o Mandado de Segurança em favor de terceiro prejudicado" (ROMS 14266 – MA, 1ª Turma do STJ, rel. Min. HUMBERTO GOMES DE BARROS) (grifamos).

[138] **Súmula 202 do STJ:** "A impetração de segurança por terceiro, contra ato judicial, não se condiciona à interposição de recurso."

[139] "**O advogado possui legitimidade para recorrer da verba honorária na qualidade de terceiro interessado.** Precedentes. Recurso especial conhecido e provido" (REsp 311092 – PR, 4ª Turma do STJ, rel. Min. BARROS MONTEIRO) (grifamos).

a sentença nesta parte, podendo requerer que o precatório, quando necessário, seja expedido em seu favor."

13.7 *TANTUM DEVOLUTUM QUANTUM APELLATUM* × QUESTÕES PROCESSUAIS DE ORDEM PÚBLICA

Anotamos em várias passagens desta obra que o processo civil apoia-se nos princípios *dispositivo* e da *inércia*, o que impõe como consequência a certeza de que o processo deve ser formado a partir (e na dependência) da iniciativa da parte, como regra, não podendo o magistrado atribuir ao autor bem da vida ou resposta jurisdicional além ou fora do que foi pleiteado na petição inicial. Esta última consequência decorre, ainda, da aplicação do *princípio da correlação* (também denominado *princípio da adstrição* ou da *congruência*), positivado nos arts. 128 e 460.

Mais uma vez, demonstramos a coincidência entre os princípios gerais do processo civil e os que disciplinam a matéria recursal, já que o vencido que interpõe o recurso não pode receber resposta recursal que lhe atribua bem da vida ou prestação jurisdicional não contemplada de forma expressa na petição de interposição da espécie, ou nas razões orais, na hipótese que envolve o agravo retido, conforme anotações articuladas no decorrer deste capítulo.

Regra geral é o recorrente que limita o objeto do recurso, identificando quais as questões que pretende sejam reapreciadas, interpretando-se que houve *aceitação tácita* se o recurso não ataca especificamente uma ou alguma(s) parte(s) da decisão.

Sobre o assunto, a doutrina afirma que a devolutividade recursal deve ser interpretada na sua *extensão* e *profundidade*.[140] No que se refere à sua *extensão*, a instância recursal, ao rever a decisão atacada, só pode apreciar a lide nos limites da irresignação recursal apresentada pela parte que se sente prejudicada com o pronunciamento.

Se o autor requereu a condenação do réu ao pagamento de indenização por danos morais e materiais, e a sentença defere a parcela de danos morais no valor correspondente a 50% (cinquenta por cento) do que foi pleiteado na inicial, constatando que no recurso de apelação o autor apenas requereu a reforma da sentença

---

[140] A matéria é bem analisada pela doutrina especializada, nos seguintes termos: "Quanto à extensão, o grau de devolutividade é definido pelo recorrente, nas razões de seu recurso. Significa dizer que, ao deduzir o pedido de nova decisão, o recorrente fixa a extensão da devolutividade, a fim de que o Tribunal possa julgar o recurso... Os arts. 515 e 516 do CPC estabelecem a *profundidade* da cognição a ser exercida pelo Tribunal, respeitada a extensão fixada pelo recorrente. Assim, tendo o recorrente, por exemplo, postulado apenas a reforma parcial do julgado, o Tribunal, não ultrapassando esse limite de extensão, poderá analisar todo e qualquer fundamento, provas e demais elementos contidos nos autos, ainda que não abordados na sentença recorrida. Enfim, poderá o Tribunal, em profundidade, analisar todo o material constante dos autos, limitando-se, sempre, à extensão fixada pelo recorrente" (CUNHA, Leonardo José Carneiro da. *Inovações no processo civil.* São Paulo: Dialética, 2002. p. 79-80).

para a majoração dessa verba, a instância recursal não pode atribuir a parcela de dano material (porque não foi formulado pedido explícito no recurso interposto), mesmo chegando à conclusão da injustiça do seu não deferimento no 1º Grau de Jurisdição.

No que se refere à *profundidade*, ensina-nos a doutrina que a instância recursal, para julgar o recurso, pode examinar todos os elementos do processo, incluindo argumentos e fatos. Assim, se o autor ingressa com ação contra o réu em decorrência de acidente automobilístico, sustentando a culpa do réu pelo fato de se encontrar embriagado no momento do acidente e de dirigir em velocidade excessiva, a instância recursal pode reexaminar o pronunciamento judicial à luz do suposto estado de embriaguez, mesmo tendo o autor/vencido apenas feito alusão ao excesso de velocidade quando interpôs o recurso de apelação.

Uma hipótese afasta a regra em exame, atribuindo à instância recursal a prerrogativa de enfrentar matéria não suscitada pelo recorrente. Trata-se da *questão processual de ordem pública*, de interesse do Estado, extrapolando o mero interesse das partes, autorizando a que a matéria seja conhecida mesmo de ofício pela instância recursal,[141] incluindo-se no gênero as condições da ação (legitimidade das partes, interesse de agir e possibilidade jurídica do pedido), os pressupostos de constituição (citação, jurisdição, petição inicial e capacidade postulatória) e de desenvolvimento válido e regular do processo (autoridade jurisdicional competente, citação válida e petição inicial apta) e a competência absoluta do julgador.

Como exemplo, observe a situação relativa à competência absoluta, que é inderrogável pela vontade das partes (em razão da matéria e da hierarquia). Para análise da situação, imagine que determinada pessoa ingressa com ação perante juízo absolutamente incompetente, pleiteando a condenação do réu ao pagamento de duas parcelas predeterminadas. Em resposta, o magistrado prolata sentença parcialmente favorável ao autor, condenando o réu ao pagamento de apenas uma das parcelas, rejeitando a outra pretensão.

Contra a sentença, a parte interpõe recurso de apelação, pleiteando a parcela não reconhecida pelo magistrado. O recorrente limitou o âmbito da sua pretensão recursal, apenas referindo-se à parcela que não lhe foi atribuída pelo juízo do 1º Grau, sem suscitar a incompetência absoluta do julgador.

Mesmo com a limitação feita pelo recorrente, o tribunal pode exorbitar os limites do recurso, conhecendo e enfrentando matéria não suscitada pelo vencido, reconhecendo a incompetência absoluta, para determinar a remessa do processo ao juízo competente, declarando a nulidade dos atos decisórios (§ 2º do art. 113),

---

141 Nesse sentido: "Segundo o princípio consagrado no brocardo *tantum devolutum quantum apellatum*, inscrito no artigo 515 do CPC, a extensão do efeito devolutivo é limitada à matéria impugnada, ressalvados os casos de apreciação de ofício. Inocorre em ofensa ao artigo 515, § 1º do CPC, o acórdão que, a despeito de rechaçar a preliminar de ilegitimidade ativa, sob a alegação de preclusão, terminou por analisá-la quando da apreciação do mérito da apelação. Recurso especial não conhecido" (REsp 341415/PB, 6ª Turma do STJ, rel. Min. VICENTE LEAL).

incluindo liminares, antecipações de tutela, sentença e outras decisões interlocutórias que tenham causado prejuízo econômico e/ou processual à parte.

O exemplo apresentado, que indiscutivelmente demonstra o afastamento da regra de que o recorrente é que limita o âmbito da pretensão de reexame da decisão, decorre da aplicação do § 4º do art. 301, revelando, além do afastamento da regra do *tantum devolutum quantum apellatum*, a não aplicação do *princípio da proibição da reformatio in pejus*, assunto estudado no decorrer deste capítulo, cedendo diante das questões processuais de ordem pública.

13.8 ACEITAÇÃO TÁCITA OU EXPRESSA AOS TERMOS DO PRONUNCIAMENTO JUDICIAL

Embora seja da própria natureza humana insurgir-se contra decisão que lhe tenha sido desfavorável, anotamos que o contrário representa renúncia processual, no gênero, com as espécies da *renúncia tácita* e da *renúncia expressa*.

Na primeira espécie, a negativa de seguimento do recurso interposto pelo interessado se justifica por ter praticado atos processuais ou extraprocessuais que denotam a aceitação aos termos do pronunciamento judicial, pondo-nos diante da denominada **preclusão lógica**, entendida como a perda do direito de praticar o ato em face de uma manifestação anterior que seja incompatível com o ato praticado posteriormente.

Os exemplos multiplicam-se na dinâmica forense. Um deles se refere ao fato de a parte ré ter sido intimada de sentença que a condenou ao pagamento de quantia em favor do autor, por danos decorrentes de ato ilícito. Após a intimação, o réu procura pelo autor, efetuando o pagamento da indenização arbitrada no pronunciamento judicial que lhe foi desfavorável.

A posterior apresentação da peça recursal acarreta o não conhecimento do recurso, em vista da renúncia tácita, apoiando-se a decisão interlocutória que impuser o obstáculo na preclusão lógica, exceto se a parte praticou o ato *sob protesto ou reserva*.[142]

O segundo dos exemplos envolve a ação de despejo para uso próprio, tratando o réu de procurar pelo autor, diante da procedência da ação, efetuando a entrega das chaves do imóvel disputado. O ato praticado pelo vencido representa *aceitação tácita* aos termos da sentença, impedindo a interposição do recurso de apelação, que

142 "**Não há falar em aceitação tácita do decisório, quando a parte praticar o ato sob protesto ou reserva.** Recurso especial conhecido e provido" (REsp 76903 – SP, 4ª Turma do STJ, rel. Min. BARROS MONTEIRO) (grifamos).

sofreria obstáculo de tramitação em face da preclusão lógica, o que não encontra eco unânime na jurisprudência.[143]

A aceitação expressa é marcada pela afirmação da parte de que não tem interesse na interposição de qualquer recurso contra a decisão que lhe foi desfavorável, inclinando-se a jurisprudência para afirmar que o ato processual somente pode ser praticado após o conhecimento dos termos do pronunciamento, não podendo ser anterior a ele, porque ainda não existente como ato processual.[144]

Discordamos do entendimento da jurisprudência, com os olhos voltados para a sentença homologatória da transação firmada entre as partes, que impõe a extinção do processo com a resolução do mérito, a teor do inciso III do art. 269. Na dinâmica forense, é comum que as partes incluam na petição que externa as condições da transação cláusula estabelecendo que renunciam ao prazo para a interposição de qualquer recurso porventura cabível contra a decisão de ratificação do acordo de vontade, permitindo o imediato cumprimento das obrigações, sem que se tenha de aguardar o decurso do prazo previsto em lei para o ataque da decisão.

No momento em que apresentam a petição em juízo, o acordo estabelecido entre as partes ainda não foi homologado, não sendo conhecido o conteúdo do pronunciamento judicial, que ainda não existe como ato processual. Não obstante a constatação, entendemos ser válida a cláusula de renúncia ao prazo recursal, desde que a ratificação se dê nos exatos termos das solicitações formuladas pelas partes, em respeito ao *princípio da finalidade*.

13.9 DESISTÊNCIA DO RECURSO

Sempre comparando a dinâmica dos recursos com as considerações alinhadas na teoria geral do processo, lembramos que o autor não pode desistir do processo após o aperfeiçoamento da citação do réu, exceto se houver concordância de sua parte, ou, a critério do magistrado, se o promovido não concordar com o pedido, apresentando motivo injustificado, situação que não se repete no âmbito recursal,

---

143 **"Remanesce interesse para o prosseguimento da ação (art. 267, VI, do CPC) ao locatário que, após vencido em ação de despejo, entrega as chaves do imóvel, e, posteriormente, interpõe apelação aduzindo vícios processuais e matéria meritória, não havendo que se ter como caracterizada, pela simples ocorrência daquele ato voluntário, a inexistência de interesse no prosseguimento da ação ou a prática de ato incompatível com a vontade de recorrer (art. 503, § único, do CPC).** Na hipótese, deve a Corte recorrida apreciar pelo mérito a apelação interposta pelo locatário. Recurso especial conhecido e provido" (REsp 293851 – DF, 5ª Turma do STJ, rel. Min. GILSON DIPP) (grifamos).

144 "O fato de a parte silenciar a respeito do cálculo, não implica renúncia prévia à interposição do recurso cabível, porquanto disciplinada a matéria no artigo 503 do Código de Processo Civil. **Para que a parte renuncie, é preciso a preexistência da sentença. Não se pode renunciar previamente ao recurso, sem se conhecer o teor da decisão sobre a qual se vai recorrer**" (EREsp 87531 – SP, Corte Especial do STJ, rel. Min. DEMÓCRITO REINALDO) (grifamos).

admitindo a lei que o recorrente desista do recurso, gerando decisão de homologação pelo magistrado, sem necessidade de aperfeiçoamento da intimação da parte contrária para se manifestar e concordar com o ato em referência.

A desistência do recurso pode ocorrer a qualquer tempo no curso do processo, desde a sua interposição, não se admitindo, contudo, que seja manifestada após o julgamento da espécie,[145] em face da impossibilidade de desconstituir um ato judicial plenamente válido e eficaz (acórdão proferido pelo tribunal).

A manifestação da desistência impõe a ratificação da extinção do processo com a resolução do mérito, prevalecendo a decisão anteriormente proferida, que gerou a interposição do recurso no qual o pedido de desistência foi formulado. A desistência é do recurso, não atingindo a ação, considerando que o direito (de ação) já foi exercitado anteriormente.

13.10 EFEITOS DOS RECURSOS

Como regra, os recursos são recebidos nos efeitos *devolutivo* e *suspensivo* (art. 520), obrigando a parte vencedora a aguardar o julgamento da espécie pelo tribunal para instaurar a execução do julgado que lhe foi favorável, com as ressalvas de que o novo CPC estabelece a regra de que *os recursos não impedem a eficácia da decisão, salvo disposição legal ou decisão judicial em sentido diverso*.

Pelo regime que vigora, a execução provisória da sentença só pode ser instaurada a partir do julgamento da espécie recursal, em face do *princípio do duplo grau de jurisdição*, estudado no curso deste capítulo, em atenção à segurança jurídica que norteia os atos da jurisdição. O sacrifício ao vencido (a execução ou a efetivação do título judicial) só pode ser imposto, como regra, após o pronunciamento que lhe foi desfavorável ser confirmado pela própria autoridade judicial (como exceção), ou pela que seja hierarquicamente superior (como regra).

Parte da doutrina, à qual nos filiamos, afirma que ao lado dos dois efeitos principais temos também o *efeito de retratação*, significando a possibilidade conferida à autoridade que proferiu a decisão combatida de reformar – ela própria – o pronunciamento judicial, o que é contundente no recurso de agravo retido.[146]

---

145 "**O direito de desistência do recurso, a que alude o art. 501 do CPC, somente pode ser exercido até o momento imediatamente anterior ao julgamento.** Agravo regimental improvido" (AGREsp 433920 – PR, 2ª Turma do STJ, rel. Min. ELIANA CALMON) (grifamos).

146 "Quando o recurso é interposto a fim de que o próprio juiz prolator da decisão recorrida reexamine o que fora por ele próprio decidido, diz-se que o recurso provoca um *juízo de retratação*, desde que, neste caso, ao contrário daquele em que ocorra apenas o efeito devolutivo em toda sua pureza, dá-se ao julgador que tivera sua decisão impugnada a possibilidade de revê-la e modificá-la" (SILVA, Ovídio Baptista da. *Curso de processo* civil. 5. ed. São Paulo: Revista dos Tribunais, 2000. v. 1, p. 415).

O efeito devolutivo do recurso representa a garantia de que a decisão judicial seja revista pela autoridade competente para o conhecimento e a apreciação de mérito da espécie utilizada pelo recorrente, acarretando a *prorrogação da jurisdição*, evitando o trânsito em julgado ou a preclusão da matéria.[147] A devolutividade em regra é feita em favor do tribunal que é hierarquicamente superior à autoridade responsável pela *criação* do pronunciamento que se ataca.

No recurso de embargos de declaração, percebemos que o *remédio* processual é apreciado pela própria autoridade que *criou* a decisão, o que anima parte da doutrina a afirmar que, na hipótese, não estaríamos diante do efeito devolutivo.[148]

Ao mesmo tempo em que assentamos o entendimento de que a devolutividade do recurso apenas abrange o pedido formulado pelo recorrente, em respeito ao *princípio da congruência*, com exceção das questões processuais de ordem pública, entendemos que o efeito devolutivo é próprio de toda espécie recursal. A só interposição do recurso já transfere ao órgão competente a prerrogativa de reapreciar a decisão, com a possibilidade de modificá-la no seu conteúdo ou na sua forma, para invalidá-la, para esclarecê-la, para integrá-la ou para reformá-la, sendo estes os objetivos dos recursos.

O efeito suspensivo não diz respeito ao recurso em si, da sua efetiva utilização, mas ao efeito da decisão, que só pode ser executada se não for atacada pelo recurso adequado, até lá permanecendo em *condição suspensiva*. Assim é que todas as decisões admitem a sua suspensão, pelo só fato de existir recurso apropriado para combatê-las.

Este efeito não incide quando o recurso não é apresentado, ou quando a lei (CPC ou legislação esparsa) afastar a sua aplicação nos casos que disciplinar, marcados por uma situação de urgência ou de quase certeza da retidão do pronunciamento judicial.

A apelação é o recurso de maior devolutividade, de modo que a sua interposição afasta do vencedor o direito de executar o julgado que lhe foi favorável, o que perdura até o julgamento da espécie pelo tribunal, já que os recursos posteriores (recurso especial e/ou recurso extraordinário) não são dotados do efeito suspensivo, a teor do § 2º do art. 542.[149]

---

147 "O efeito devolutivo da apelação, segundo o entendimento dominante da doutrina, ocorre sempre que se verifica a transferência ao órgão *ad quem* do conhecimento da matéria julgada em grau inferior de jurisdição, nos limites da impugnação" (APRIGLIANO, Ricardo de Carvalho. *A apelação e seus efeitos.* São Paulo: Atlas, 2003. p. 96).

148 "Só se opera o efeito devolutivo quando o órgão *ad quem* é diverso do órgão *a quo*. Há recursos, porém, em que a lei atribui competência ao próprio órgão *a quo* para que os julgue. É o que se dá, por exemplo, nos embargos de declaração. Nestes casos não se produz o efeito devolutivo" (CÂMARA, Alexandre Freitas. *Lições de direito processual civil.* 7. ed. Rio de Janeiro: Lumen Juris, 2004. v. 2, p. 77).

149 "Art. 542. *Omissis*. § 2º Os recursos extraordinário e especial serão recebidos no efeito devolutivo."

Neste particular, o § 2º do art. 542 textualiza que os recursos extremos (especial e extraordinário) são recebidos no efeito apenas devolutivo, tacitamente revogando a Súmula 228 do STF, que conduzia orientação em sentido contrário ("Não é provisória a execução na pendência de recurso extraordinário, ou do agravo destinado a fazê-lo admitir").

Em algumas hipóteses, contudo, a parte vencedora pode instaurar a execução provisória independentemente do julgamento do recurso de apelação interposto pelo seu opositor, considerando que a espécie recursal é recebida no efeito apenas devolutivo, não tendo força para obstar a execução da sentença judicial.

Algumas dessas hipóteses estão previstas no art. 520. Diante delas, o recurso de apelação interposto pelo vencido será regularmente processado, devolvendo ao tribunal a apreciação dos fatos e das alegações jurídicas arguidas na instância inferior, sem retirar da parte beneficiada pelo pronunciamento a prerrogativa de conviver, de forma provisória, com os efeitos da decisão.

13.10.1 Homologação da divisão ou da demarcação

As ações de demarcação e de divisão estão disciplinadas nos arts. 946 e ss, prevendo o Código que as sentenças nelas proferidas comportam apelação dotada apenas do efeito devolutivo, respeitando-se neste particular, e se houver recurso pendente, as normas que disciplinam a execução provisória, segundo as disposições dos arts. 475-O ss.

13.10.2 Condenação à prestação de alimentos

Na prestação de alimentos, percebemos que a regra é lógica, e considera a necessidade de a sentença ser imediatamente executada, pois se o recurso da parte vencida fosse dotado do efeito suspensivo, o vencedor ficaria sem receber a verba alimentar até que o tribunal julgasse a espécie interposta pela parte contrária, comprometendo a própria subsistência e a sobrevivência do autor do processo.

A execução dos alimentos fixados em decisão interlocutória ou na sentença não é instaurada nos próprios autos da ação originária, mas através da ação de execução, contemplada nos arts. 732 ss. O inciso LXVII do art. 5º da CF excepciona a regra da não admissibilidade da prisão por dívida, permitindo que a medida coercitiva recaia sobre o devedor dos alimentos, quando, sendo citado para efetuar o pagamento do débito, não quitá-lo, deixando de apresentar qualquer justificativa plausível para amparar sua conduta omissiva.

De qualquer modo, a execução desdobra-se na forma convencional da *execução por quantia certa contra devedor solvente*, devendo o autor instruir a petição inicial da ação com *memória discriminada* dos cálculos, na forma disposta no art. 475-A.

O parágrafo único do art. 732 dispõe: "Recaindo a penhora em dinheiro, o oferecimento de embargos não obsta a que o exequente levante mensalmente a importância da prestação." Poder-se-ia sustentar que, para o levantamento da importância aludida na norma, seria necessária a prestação de caução, o que não se coaduna com o entendimento majoritário da doutrina, tendo o legislador deslocado o trato da matéria para compartimento específico do CPC, sem fazer alusão à necessidade da prestação de garantia para o levantamento das prestações mensais, abatidas da penhora formalizada em dinheiro.

13.10.3 Julgamento do processo cautelar

A ação cautelar, como espécie de jurisdição (ao lado da *jurisdição de conhecimento* e da *jurisdição de execução*), é marcada pela sua urgência, reclamando a parte seja-lhe oferecida resposta jurisdicional em abreviado espaço de tempo, provisória, acessória e acautelatória dos interesses do autor, não sendo satisfativa.

Na medida cautelar, o autor apenas pretende proteger o direito ou o interesse em litígio, conservando-o para que seja disputado na ação principal. Mas é medida de urgência, que impõe o deferimento de liminar apoiada nos requisitos gerais do *fumus boni juris* e do *periculum in mora*, sem afastar a eventual incidência de requisitos específicos. Se o recurso de apelação que combate decisão proferida nos autos da ação cautelar fosse dotado dos efeitos suspensivo e devolutivo, obstaria o pronto cumprimento de uma decisão prolatada em regime de urgência, o que não é de se admitir, justificando o recebimento do recurso apenas no efeito devolutivo.

Questão polêmica diz respeito ao julgamento concomitante da ação cautelar e da ação principal, o que quase sempre ocorre na dinâmica forense. Como a regra do inciso IV do art. 520 refere-se apenas ao processo cautelar, parte da doutrina e da jurisprudência sustenta que a apelação que combate a sentença do processo principal deve ser recebida nos dois efeitos (suspensivo e devolutivo).[150]

Embora a situação não tenha sido contemplada na norma, mas por conclusão a que chegamos por analogia, temos de examinar a hipótese que envolve o julgamento concomitante de duas ações conexas (art. 103), interligadas pelo mesmo objeto ou pela mesma causa de pedir. Sabemos que a reunião das ações conexas em torno de um só juízo é recomendada pela preocupação de se evitar a prolação de decisões contraditórias nos processos.

Na dinâmica forense, com grande repetição, verificamos que as ações são julgadas numa mesma sentença, que é reproduzida para os autos do outro processo. A

---

150 "**A jurisprudência desta Corte Superior de Justiça é firme no sentido de que se a sentença decide ao mesmo tempo a ação cautelar e a principal, a apelação suspenderá os efeitos da decisão relativa à principal e terá eficácia meramente devolutiva, no tocante ao processo cautelar**" (REsp 182221 – SP, 6ª Turma do STJ, rel. Min. HAMILTON CARVALHIDO) (grifamos).

pergunta que devemos formular é a seguinte: se a uma das ações for aplicada a regra da suspensão dos efeitos da sentença no caso da interposição da apelação, como resolver o problema ligado à outra ação judicial? A esta ação seriam estendidos os efeitos da apelação interposta no outro processo? A resposta é negativa, afirmando a jurisprudência que um dos processos (não contemplado pelo efeito suspensivo da apelação) não se aproveita do regime jurídico aplicado à outra demanda que lhe seja conexa.[151]

13.10.4 Rejeição liminar dos embargos à execução ou o seu julgamento pela improcedência do pedido

Se o devedor resistir em cumprir espontaneamente os termos da obrigação disposta em título extrajudicial, é justificada a instauração do processo de execução, que confere ao devedor oportunidade para apresentação da defesa, para impugnar os atributos que acompanham o título. À defesa do devedor atribuímos a denominação de *embargos à execução*, sendo ação incidental autônoma, conforme anotações articuladas no Capítulo 14. Os embargos à execução, como demanda judicial autônoma, são mantidos para o ataque à execução fundada em título executivo extrajudicial.

Se os embargos forem julgados improcedentes ou se forem liminarmente rejeitados, o devedor pode interpor recurso de apelação, que é recebido no efeito apenas devolutivo, não impedindo o prosseguimento da execução.

A suspensão da execução pode ter ocorrido pelo oferecimento dos embargos (situação excepcional), em face da previsão contida no § 1º do art. 739-A, com a redação que lhe foi conferida pela Lei 11.382/2006; a sentença que julga os embargos põe fim a essa situação jurídica excepcional (*excepcional*, pelo fato de os embargos como regra não imporem a suspensão da execução), não podendo avançar para abranger os atos que importem a alienação dos bens penhorados, o que acarretaria dano de difícil reparação, já que o provimento posterior do recurso não teria como desfazer a venda procedida em favor do adquirente de boa-fé.

A norma processual apenas faz alusão aos embargos à execução. Contudo, em interpretação mais ampla do que a gramatical, a maioria da jurisprudência entende que o *raciocínio* do dispositivo é extensivo aos embargos à arrematação e aos embargos à adjudicação.[152]

---

151 "**Assentada a jurisprudência desta Corte no sentido de que, em casos de cumulação de ações ou de ações conexas, ainda que julgadas numa única sentença, hão que ser cindidos os feitos das apelações interpostas contra cada capítulo da sentença**" (REsp 439849 – SP, 5ª Turma do STJ, rel. Min. FELIX FISCHER) (grifamos).

152 "**A jurisprudência do STJ já consolidou o entendimento de que a apelação interposta nos embargos à arrematação não é recebida no duplo efeito e, sim, apenas no efeito devolutivo**" (AGA 553736 – SP, 4ª Turma do STJ, rel. Min. ALDIR PASSARINHO JUNIOR) (grifamos).

13.10.5 Julgamento pela procedência do pedido de instituição de arbitragem

O inciso VI do art. 520 foi acrescido ao CPC pelo art. 42 da Lei de Arbitragem, conferindo apenas efeito devolutivo à apelação que combate o pronunciamento que julga procedente o *pedido de instituição de arbitragem*, em vista da redação do art. 7º da comentada lei.

Neste caso, a norma extravagante pretendeu respeitar a plena eficácia da *cláusula compromissória*, assim entendida como a disposição na qual as partes vinculam a obrigação de instituir um árbitro para a solução de litígio decorrente do descumprimento de contrato que versa sobre direito patrimonial (disponível), evitando que a questão seja levada ao conhecimento do Poder Judiciário.

13.10.6 Julgamento que confirma a antecipação dos efeitos da tutela

Conforme anotações articuladas no Capítulo 5, dos *Atos processuais,* no volume 1 desta obra, verificamos que os atos dos magistrados consistem nas *decisões interlocutórias*, nas *sentenças* e nos *despachos*, além dos *acórdãos*, que são pronunciamentos colegiados proferidos pelos tribunais Estaduais, Regionais ou Superiores.

A antecipação da tutela é concedida por decisão de natureza interlocutória, exclusivamente em favor do autor, em qualquer espécie de rito processual. Traço que lhe é igualmente marcante diz respeito à possibilidade de ser deferida em qualquer fase do processo, não necessariamente logo após o recebimento da petição inicial e antes do aperfeiçoamento da citação do réu.

É que nem sempre o autor consegue provar o preenchimento dos requisitos logo após o ajuizamento da ação, por vezes sendo necessária a produção de determinada espécie de prova para somente depois confirmar-se a presença da prova inequívoca da verossimilhança da alegação (requisito básico) e do *periculum in mora* (requisito alternativo) ou da prova inequívoca da verossimilhança da alegação (requisito básico) e do manifesto propósito protelatório do réu (requisito alternativo).

A doutrina discutia qual seria o destino da tutela antecipada após a prolação da sentença, para evitar que a interposição da apelação (porque dotada dos efeitos devolutivo e suspensivo, como regra) sobrestasse os efeitos da tutela antecipada. Sustentava-se que a decisão *maior* (a sentença) absorvia a *menor* (a interlocutória), e que por esta razão a plena eficácia da antecipação de tutela ficaria prejudicada se a parte contrária interpusesse a apelação contra a decisão *maior*.

Exemplificando, voltamos as atenções para uma ação que persegue o adimplemento de obrigação de fazer, proposta contra empresa que explora o segmento de plano de saúde, marcada pelo deferimento de tutela antecipada no início do processo, garantindo a permanência do autor em leito de UTI, que foi negada pelo réu na via administrativa.

Posteriormente, a sentença confirma a obrigação do réu de custear a internação do autor no leito de UTI, até que se recupere completamente, pronunciamento que é atacado pelo recurso de apelação, dotado do efeito suspensivo. Como a decisão *maior* absorveu a *menor*, parte da doutrina sustentava que não seria mais possível manter o autor no leito de UTI em vista de a decisão interlocutória ter perdido a sua eficácia jurídica, em face da sentença proferida, atacada pelo recurso de apelação dotado do efeito suspensivo.

Dando fôlego a esse entendimento, percebemos que a decisão que antecipa a tutela é provisória, *sobrevivendo* até a prolação da decisão *maior*. O ensinamento doutrinário ratifica a colocação:[153]

> *"Dessa maneira, a concessão de tutela antecipada é ato jurídico processual que tem eficácia até o momento em que outro ato, emanado do mesmo órgão ou de órgão superior, produza o efeito de substituí-lo, suspendê-lo ou até mesmo revogá-lo. Enquanto não é proferido ato judicial posterior, como a sentença ou acórdão do Tribunal, que produza tais efeitos, a decisão antecipatória mantém a sua eficácia intacta, podendo produzir todos os efeitos que emanam do comando decisório."*

Para resolver o impasse, a Lei nº 10.352, de 26.12.2001 colocou uma *pá de cal* na discussão, textualizando que mesmo que o vencido interponha apelação contra a sentença que (além de julgar a questão como um todo) ratifica a tutela antecipada, nesta parte, a apelação é recebida no efeito tão somente devolutivo, mantendo íntegros os efeitos da tutela antecipada, reafirmados no pronunciamento judicial que pôs termo ao processo.[154]

13.10.6.1 Julgamento que concede a antecipação dos efeitos da tutela

---

[153] SPADONI, Joaquim Felipe. Breves anotações sobre a tutela antecipada e os efeitos da apelação. In: NERY JUNIOR, Nelson; WAMBIER, Teresa Arruda Alvim. *Aspectos polêmicos e atuais dos recursos e de outros meios de impugnação às decisões judiciais*. São Paulo: Revista dos Tribunais, 2002. v. 6, p. 320-321.

[154] "Não importam nem o procedimento nem o objeto do processo em que a medida antecipada seja deferida: em nenhuma hipótese a sentença de mérito pode ter eficácia menor do que a decisão interlocutória anterior. Tanto assim é verdade que em todas as hipóteses legais que admitem medida liminar (cautelar ou antecipatória), como o mandado de segurança, medida cautelar ou a ação civil pública, a própria lei retira da apelação o efeito suspensivo, para que aquela medida possa ser substituída pela sentença favorável, sem interromper a eficácia por ela gerada. Ainda que com atraso, o legislador soube restabelecer a coerência do sistema, confirmando a maior eficácia da sentença em relação à liminar" (APRIGLIANO, Ricardo de Carvalho. *A apelação e seus efeitos*. São Paulo: Atlas, 2003. p. 254).

Ainda sobre a questão que envolve os efeitos do recurso de apelação interposto contra a sentença que confirma a tutela, observamos que o legislador foi infeliz na redação do inciso VII do art. 520, textualizando a regra da devolutividade (apenas) quando a sentença *confirmar* a antecipação dos efeitos da tutela, o que parte da premissa de que a providência liminar foi deferida no curso do processo, antes da prolação da sentença, tendo sido por ela apenas ratificada.

Vimos em linhas anteriores que a antecipação da tutela pode ser deferida em qualquer fase do processo, a partir do instante em que o autor desincumbe-se do ônus que lhe foi imposto, demonstrando o preenchimento dos requisitos específicos, alinhados nos incisos I e II e no *caput* do art. 273 (prova inequívoca da verossimilhança da alegação e *periculum in mora* ou prova inequívoca da verossimilhança da alegação e manifesto propósito protelatório do réu, que pratica atos na tentativa de postergar o encerramento da relação processual).

Não causa qualquer estranheza o fato de o autor apenas conseguir desincumbir-se do ônus após a ouvida das testemunhas por ele arroladas, que confirmam de forma peremptória a veracidade das alegações dispostas na petição inicial. Se o magistrado apenas julgasse o mérito da demanda, através da sentença, o recurso de apelação interposto pelo réu teria o condão de suspender os efeitos do pronunciamento judicial.

Para evitar a situação, ao magistrado é conferida a prerrogativa de proferir a sentença e antecipar a tutela, concomitantemente, num só documento judicial. A decisão apresenta natureza *híbrida*, sendo que o recurso de apelação interposto pelo vencido não tem o condão de impedir a efetivação ou a execução da tutela antecipada.

Desse modo, verificando sem qualquer dúvida que a tutela antecipada pode ser concedida apenas por ocasião da sentença,[155] no interior dessa decisão *maior*, entendemos que o legislador foi infeliz na redação do inciso VII do art. 520, ao contemplar o recebimento do recurso de apelação no efeito devolutivo quando a sentença *confirmar* a tutela antecipada, quando deveria ter previsto idêntica situação para o caso de a tutela antecipada ser concedida na sentença, e não por ela apenas ratificada.

Não obstante o equívoco legislativo, a doutrina afirma que o dispositivo deve ser interpretado de forma ampla, permitindo o entendimento destacado em linhas anteriores,[156] gerando a conclusão de que o recurso de apelação interposto pelo réu é recebido apenas no efeito devolutivo quando atacar sentença que tenha confirmado

---

155 "**A Corte admite o deferimento da tutela antecipada por ocasião da sentença, não violando tal decisão o art. 273 do Código de Processo Civil.** Recurso especial não conhecido" (REsp 473069 – SP, 3ª Turma do STJ, rel. Min. CARLOS ALBERTO MENEZES DIREITO) (grifamos).

156 "Aliás, o novo inciso VII do artigo 520 do Código, não obstante suprimir o efeito suspensivo na apelação que 'confirmar os efeitos da antecipação da tutela', evidentemente se aplica também às sentenças que, pela primeira vez, concedem a antecipação dos efeitos da tutela. A redação do inciso procurou contemplar a situação mais corriqueira, em que a antecipação dos efeitos da tutela é deferida antes da decisão de primeiro grau. Nessas situações, a sentença nada mais faz do que confirmar a antecipação.

a tutela antecipada (logicamente deferida anteriormente) ou que tenha deferido a providência jurisdicional em concomitância com a prolação da sentença.

13.10.6.1.1 Recurso cabível contra a decisão que concede a tutela antecipada na sentença

Devemos definir qual recurso pode ser interposto pela parte prejudicada contra a decisão que concede a tutela antecipada na sentença, considerando que o pronunciamento judicial é *misto*, sendo parte sentença e parte decisão interlocutória, o que anima alguns autores a defender a interposição simultânea do recurso de apelação, para atacar a sentença, e do recurso de agravo de instrumento, para combater a antecipação da tutela.

Entendemos que o comportamento processual em exame não pode ser admitido, por duas razões que nos parecem óbvias. A primeira refere-se à prevalência do *princípio da singularidade* ou da *unirrecorribilidade*, estudado neste capítulo, garantindo que uma decisão judicial seja atacada por um só recurso, no caso do *maior*, que é a apelação.

A segunda refere-se à constatação de que a sentença representa pronunciamento único, sendo o ato judicial que encerra a fase de conhecimento na instância, conforme o art. 162. Não temos dois atos judiciais: sentença e decisão interlocutória. Temos apenas uma sentença que conduz à resolução de questão pendente, que pode ser desafiada tão logo proposta a ação e mesmo na fase recursal.

O recurso adequado para o ataque da sentença que, além de julgar a ação, antecipa a tutela, evitando que o autor tenha de aguardar pelo pronunciamento do tribunal para executar providência de caráter urgente, é o de apelação,[157] devolvendo ao tribunal a apreciação de todos os aspectos controvertidos do processo, permitindo o reexame do raciocínio do magistrado que fundamentou a concessão da tutela antecipada.

Se a parte ré sofrer prejuízo imediato com o deferimento da tutela na sentença, pode requerer seja atribuído efeito suspensivo excepcional à apelação,

---

Contudo, idêntico tratamento deve receber a hipótese de concessão da tutela pela primeira vez na sentença" (APRIGLIANO, Ricardo de Carvalho. *A apelação e seus efeitos*. São Paulo: Atlas, 2003. p. 258).

[157] Nesse sentido, reproduzimos julgados proferidos pelo STJ sobre a matéria: "De acordo com o princípio da singularidade recursal, tem-se que a sentença é apelável, a decisão interlocutória agravável e os despachos de mero expediente são irrecorríveis. Logo, o recurso cabível contra a sentença em que foi concedida a antecipação de tutela é a apelação. Recurso especial não conhecido" (REsp 524017 – MG, 6ª Turma do STJ, rel. Min. PAULO MEDINA, j. 16.9.2003, *DJ* 6.10.2003). No mesmo *sentido*: "A matéria posta a exame possui jurisprudência nesta Corte, no sentido de **ser cabível apelação da sentença que defere antecipação da tutela**" (AGREsp 511315 – PI, 5ª Turma do STJ, rel. Min. GILSON DIPP) (grifamos).

com fundamento no parágrafo único do art. 558,[158] suscitando a matéria como preliminar, exigindo a lei que demonstre que o pronunciamento pode acarretar lesão grave e de difícil reparação, sendo relevante a fundamentação. O requerimento deve ser apreciado pelo próprio magistrado que atua no 1º Grau de Jurisdição, já que a apelação não é protocolizada diretamente no tribunal, mas perante o *juízo processante*.[159]

A providência força o magistrado a se posicionar sobre o assunto. Se a sua resposta for negativa (negando o efeito suspensivo excepcionalmente requerido pelo interessado), contra essa decisão, de natureza interlocutória, é admitida a interposição do recurso de agravo de instrumento, dirigido ao tribunal, que deliberará se deve ou não atribuir efeito suspensivo à apelação interposta contra a sentença, principalmente na parte relativa à antecipação da tutela.

A posição que assumimos, defendendo o uso do agravo de instrumento no caso concreto, decorre da constatação de que a decisão combatida apresenta (em tese) o condão de causar à parte lesão grave e de difícil reparação, adequando-se à situação hipotética alinhada no art. 522.

13.10.7 Regras sobre os efeitos do recurso, disciplinadas em legislações esparsas

Topograficamente deslocadas do CPC, de incidência garantida em respeito ao *princípio da especialidade*, temos algumas situações em que o recurso apresentado pelo interessado é recebido no efeito meramente devolutivo, não impedindo a instauração da execução, embora de forma provisória.

A primeira delas repousa no inciso V do art. 58 da LI (Lei nº 8.245/91), prevendo que os recursos interpostos em ações inquilinárias (despejo, em qualquer das suas modalidades – por falta de pagamento, por infração de cláusula contratual, por denúncia vazia ou para uso próprio –; consignação em pagamento; revisional de

---

158 "Art. 558. O relator poderá, a requerimento do agravante, nos casos de prisão civil, adjudicação, remição de bens, levantamento de dinheiro sem caução idônea e em outros casos dos quais possa resultar lesão grave e de difícil reparação, sendo relevante a fundamentação, suspender o cumprimento da decisão até o pronunciamento definitivo da turma ou câmara. Parágrafo único. Aplicar-se-á o disposto neste artigo às hipóteses do art. 520."

159 Nesse sentido: "Para esses casos, entretanto, como a apelação, diferentemente do agravo de instrumento, não é dirigida diretamente ao tribunal, mas ao juiz prolator da sentença, entendemos haver necessidade de que seja requerido ao juiz de primeiro grau o recebimento da apelação no efeito suspensivo e, somente diante da negativa ou omissão deste, é que se poderá, através da interposição do recurso de agravo contra a decisão negativa do efeito suspensivo, proceder-se na forma do art. 558, requerendo-se a suspensão dos efeitos da sentença ao relator desse agravo" (PINTO, Nelson. In: MARCATO, Antônio Carlos (Coord.). *Código de processo civil interpretado*. São Paulo: Atlas, 2004. p. 1663).

aluguéis e renovatória da locação) são recebidos apenas no efeito devolutivo, autorizando a instauração da execução provisória, desde que o vencedor preste caução real ou fidejussória, segundo as regras do § 4º do art. 63[160] c/c art. 64.[161]

A regra modificou a sistemática prevista na Lei Inquilinária anterior, sobretudo no que se refere à ação de despejo por falta de pagamento de aluguéis. Antes da modificação, o inquilino inadimplente permanecia longos anos na posse do bem locado, valendo-se da interposição de vários recursos para evitar a execução do julgado, causando imenso prejuízo ao locador.

Pela sistemática atual, mesmo que o vencido interponha recurso contra a decisão judicial, terá de desocupar o bem locado, desde que o locador formule pedido através de procedimento próprio, aguardando o julgamento do recurso fora do imóvel.

Julgados minoritários, com os quais simpatizamos, permitem que o autor/locador solicite a execução da sentença prestando os aluguéis não pagos pelo inquilino como caução, evitando que o credor seja impedido de retomar o bem quando não dispuser de meios para prestar a garantia,[162] podendo ainda oferecer o próprio imóvel objeto do contrato de locação desfeito.[163]

A segunda hipótese disciplinada por legislação esparsa, autorizando a instauração da execução provisória, está prevista na LMS, textualizando o § 3º do art. 14 da Lei nº 12.016/09 que "a sentença que conceder o mandado de segurança pode ser executada provisoriamente, salvo nos casos em que for vedada a concessão da medida liminar".

A terceira situação consta do art. 14 da LACP (Lei nº 7.347/85), que prevê a possibilidade de o magistrado conferir efeito suspensivo a recurso "para evitar dano irreparável à parte". Se ao juiz é atribuída a prerrogativa de atribuir efeito suspensivo

---

160 "Julgada procedente a ação de despejo, o juiz fixará prazo de trinta dias para a desocupação voluntária, ressalvado o disposto nos parágrafos seguintes. *Omissis.* § 4º – A sentença que decretar o despejo fixará o valor da caução para o caso de ser executada provisoriamente."

161 "Salvo nas hipóteses das ações fundadas nos incisos I, II e IV do art. 9º, a execução provisória do despejo dependerá de caução não inferior a doze meses e nem superior a dezoito meses do aluguel, atualizado até a data do depósito da caução. § 1º – A caução poderá ser real ou fidejussória e será prestada nos autos da execução provisória. § 2º – Ocorrendo a reforma da sentença ou da decisão que concedeu liminarmente o despejo, o valor da caução reverterá em favor do réu, como indenização mínima das perdas e danos, podendo este reclamar, em ação própria, a diferença pelo que a exceder."

162 REsp 42193 – SP, 6ª Turma do STJ, rel. Min. ADHEMAR MACIEL.

163 "A nova lei do inquilinato autoriza a execução provisória da sentença que julga procedente a ação de despejo por falta de pagamento, desde que oferecida a caução pelo locador, **a quem é assegurado dar em garantia o próprio imóvel reclamado, *ex vi* do disposto nos arts. 63 e 64**" (ROMS 7502 – MG, 6ª Turma do STJ, rel. Min. VICENTE LEAL).

a recurso de forma excepcional, significa que a regra é a de recebimento dos *remédios* processuais apenas no efeito devolutivo.[164]

Outra situação está prevista no inciso VI do art. 199-A do ECA, que tem a seguinte redação:

> *"A sentença que deferir a adoção produz efeito desde logo, embora sujeita à apelação, que será recebida no efeito exclusivamente devolutivo, salvo se se tratar de adoção internacional ou se houver perigo de dano irreparável ou de difícil reparação ao adotando."*

Perceba que o art. 558 do CPC conferiu ao julgador o poder de atribuir efeito suspensivo a recursos que, pela sua natureza, não são ordinariamente dotados desse efeito, desde que o recorrente demonstre o *periculum in mora*, ou seja, que a execução provisória da sentença pode acarretar-lhe dano irreparável ou de difícil reparação, além da relevância da fundamentação.

O pedido relativo à concessão extraordinária do efeito suspensivo ao recurso deve ser formulado na peça recursal ou em petição *avulsa*, para apreciação pelo próprio magistrado que proferiu a decisão e/ou pelo relator, quando de sua chegada ao órgão competente para apreciá-lo.

A decisão do relator que aprecia a pretensão da parte é de natureza interlocutória, devendo ser anotado que contra ela não se admite a impetração do mandado de segurança,[165] em vista das disposições do inciso II do art. 5º da Lei nº 12.016/09 e da Súmula 267[166] do STF, já que a lei processual prevê espécie recursal para o combate da decisão do relator, sem que possa ser substituída pela ação mandamental.

De qualquer modo, de forma majoritária, a jurisprudência entende que a caução, na execução provisória,[167] deve ser exigida não como condição para a instauração da execução, mas – e apenas – para o levantamento de dinheiro, produto

---

164 A matéria é magistralmente tratada pela doutrina de nomeada: "Como a norma estabelece poder o juiz conferir efeito suspensivo aos recursos, significa *a contrario sensu* que os recursos no sistema da LACP têm, sempre, o efeito meramente devolutivo como regra geral" (NERY JUNIOR, Nelson. *Código de Processo Civil Comentado e legislação processual extravagante em vigor.* 4. ed. rev. e ampl. São Paulo: Revista dos Tribunais, 1999. p. 1536).

165 "**O mandado de segurança não é sucedâneo recursal.** A irresignação contra a decisão do relator que não acolheu o pedido suspensivo, somente poderia ser questionada pela via do agravo interno e este, se for o caso, por um dos recursos extraordinários, de acordo com a abordagem da matéria, pelo prisma da constitucionalidade ou da legalidade" (ROMS 16594 – GO, 2ª Turma do STJ, rel. Min. CASTRO MEIRA) (grifamos).

166 "Súmula 267. Não cabe mandado de segurança contra ato judicial passível de recurso ou correição."

167 Vale dizer, quando a sentença foi atacada por recurso, recebido no efeito meramente devolutivo.

da arrematação, quando de natureza expropriatória.[168] Assim, a parte pode dar início à execução provisória sem prestar a caução.[169]

Uma última situação, desta feita relativa à condição suspensiva do pronunciamento judicial, também impedindo a pronta execução da sentença monocrática, encontra-se no art. 475 da lei processual, tratando do chamado *duplo grau obrigatório de jurisdição*, assunto estudado na abertura deste capítulo, quando nos debruçamos na análise do princípio do duplo grau de jurisdição. Na hipótese, considerando a qualificada presença de uma das partes (União, Estado-membro, Município, Distrito Federal, território, autarquia ou fundação pública), o processo é remetido ao tribunal, independentemente da apresentação de recurso voluntário pelo vencido, sem que a sentença produza seus efeitos naturais, pelo menos até que seja confirmada pela instância recursal.

Conforme demonstrado anteriormente, a doutrina especializada afirma que, nesse caso, não há que se falar em recurso, mas em *condição suspensiva de eficácia da decisão*,[170] considerando que a remessa necessária não se submete ao preenchimento dos requisitos próprios dos recursos (preparo, regularidade formal, tempestividade etc.), não havendo nem interesse nem legitimidade, por parte do magistrado, para a apresentação de recurso contra a decisão que ele próprio proferiu.

Os §§ 2º e 3º do art. 475 preveem situações de exceção, diante das quais o reexame necessário não protege a sentença, sendo o recurso voluntário porventura interposto contra a decisão judicial atacada recebido no efeito meramente devolutivo, permitindo a instauração da execução provisória.

Isto ocorre quando a condenação imposta na sentença prolatada contra a Fazenda Pública, ou o direito controvertido, "for de valor certo e não excedente a 60 (sessenta) salários-mínimos, bem como no caso de procedência dos embargos do devedor na execução de dívida ativa do mesmo valor".

De igual modo, o efeito suspensivo é desprezado quando a decisão impugnada houver sido prolatada de acordo com a "jurisprudência do plenário do Supremo Tribunal Federal ou em Súmula deste Tribunal ou do tribunal superior competente".

A justificativa para o desprezo do efeito suspensivo que poderia ser atribuído ao recurso decorre da constatação de que o *remédio* processual a ser apresentado pelo recorrente terá seu seguimento negado quando da remessa ao tribunal, por aplicação do art. 557, conferindo poder ao relator para assim agir.

---

168 Ou seja, na execução por quantia certa contra devedor solvente ou em execuções de outras espécies que tenham sido transformadas em execução por quantia certa contra devedor solvente, pelo não adimplemento da obrigação específica (obrigação de dar, de fazer ou de não fazer).

169 Nesse sentido: "**Não há necessidade de prestar-se caução para se dar início à execução provisória. O processo de execução provisória pode iniciar-se e prosseguir sem caução**, somente exigida quando do levantamento do dinheiro ou disponibilidade de bens" (TJSP – *RT* 726/238) (grifamos).

170 Conforme FUX, Luiz. *Curso de direito processual civil.* Rio de Janeiro: Forense, 2001. p. 853.

13.11 RECURSO ADESIVO

Em respeito ao *princípio da taxatividade*, e à constatação de que o art. 496 não previu o recurso adesivo como espécie recursal, decidimos retirá-lo da seção *Dos recursos em espécie*, na qual fizemos anotações relacionadas a cada um dos recursos alinhados na norma processual.

O recurso adesivo não é recurso, mas ***modo* de interposição dos recursos de apelação, dos embargos infringentes, do recurso extraordinário e do recurso especial**. O recurso adesivo nos coloca diante da *sucumbência recíproca*, tendo sido autor e réu prejudicados pelo pronunciamento judicial, um por não ter recebido tudo aquilo que pretendia em termos de prestação jurisdicional, e o outro por ter assistido à procedência da ação em favor do seu adversário.

Depois de intimadas da decisão, as partes poderiam ter interposto recursos de forma autônoma e voluntária, preferindo um dos sucumbentes assim não proceder, aguardando o chamamento para o oferecimento das contrarrazões ao recurso do seu opositor, objetivando – além disso – aderir ao recurso, oferecendo irresignação aos termos do pronunciamento.

O recurso adesivo representa o recurso de apelação, o recurso de embargos infringentes, o recurso extraordinário ou o recurso especial, interposto no prazo do oferecimento das contrarrazões à espécie recursal utilizada pela parte contrária, dependendo da demonstração da sucumbência recíproca, como requisito específico.

A grande diferença que há entre o comportamento da parte de interpor o recurso voluntário, após ter sido intimada do pronunciamento, e de apresentar a sua irresignação somente no prazo das contrarrazões, sob a forma adesiva, é de que, na primeira hipótese, o recorrente tem autonomia processual, podendo insistir no julgamento do *recurso* desde que preencha os requisitos gerais de admissibilidade, independentemente do fato de a parte contrária também ter combatido o pronunciamento através de outro recurso voluntário.

Num outro modo de dizer, a irresignação de uma das partes, quando interpõe recurso no modo convencional, não fica prejudicada pelos obstáculos impostos ao recurso do seu opositor e nem por uma eventual desistência desse mesmo recurso. Quando a espécie é interposta no *modo* adesivo, o recorrente se condiciona ao *sucesso* do recurso manejado pelo seu opositor, sem que a sua irresignação tenha autonomia para garantir o julgamento do *remédio* adesivo se o recurso principal não for conhecido, pelo não preenchimento dos requisitos de admissibilidade,[171] ou mesmo pela desistência manifestada pela parte contrária.

---

171 **"O recurso especial adesivo está subordinado ao recurso principal. Assim, negado seguimento ao recurso especial principal, decisão da qual não se recorreu, inadmissível a pretensão de se determinar**

O recurso adesivo, assim, condiciona-se ao preenchimento de requisitos específicos, sem desprezo dos gerais, assim alinhados:

a) **deve ser interposto através de petição autônoma,** não se admitindo a sua apresentação na mesma peça de oferecimento das contrarrazões (requisito formal);
b) **será dirigido à autoridade competente para admitir o recurso principal**;
c) **deve ser apresentado no prazo conferido à parte para responder ao recurso interposto pelo seu opositor**;
d) **reclama sucumbência recíproca.**[172]

Se a parte utilizou o recurso voluntário, após ter sido intimada do pronunciamento, a lei não lhe confere a prerrogativa de posteriormente interpor o recurso adesivo, em face da *preclusão lógica* e da impossibilidade de aditamento da espécie recursal já utilizada.

A lei não exige *pertinência temática* entre as razões do recurso principal (da parte contrária) e do adesivo, podendo a pessoa que deste se utiliza suscitar outras questões não tratadas no recurso oferecido pelo seu opositor.[173]

Apresentado o recurso adesivo, em respeito ao princípio do contraditório e da ampla defesa, o magistrado deve abrir vista dos autos à parte contrária, para o oferecimento das contrarrazões, considerando que estamos diante do recurso de embargos infringentes, do recurso de apelação, do recurso especial ou do recurso extraordinário, apresentado no *modo* adesivo, todas as espécies prevendo a abertura de *espaço* para o oferecimento das contrarrazões, sob pena de nulidade, se a parte prejudicada suscitar o vício na primeira oportunidade que lhe for dada para se manifestar nos autos (art. 245).[174]

---

o prosseguimento do recurso adesivo independente do recurso especial principal. Agravo regimental improvido" (AG 183847 – SP, 3ª Turma do STJ, rel. Min. CARLOS ALBERTO MENEZES DIREITO) (grifamos).

172 "**O recurso adesivo é possível quando presente a sucumbência recíproca, subordinando-se às mesmas regras do independente, quanto às condições de admissibilidade, preparo e julgamento no Tribunal Superior**. Recurso especial conhecido e provido" (REsp 213813 – PA, 3ª Turma do STJ, rel. Min. CARLOS ALBERTO MENEZES DIREITO) (grifamos).

173 "O art. 500 do CPC não impõe deva o adesivo contrapor-se unicamente ao tema impugnado no recurso principal, pois a lei faz referência apenas à sucumbência recíproca, à interposição do recurso principal, ao atendimento do prazo para oferecer as razões e ao conhecimento do recurso principal como condição do exame do adesivo" (REsp 203874 – SC, 3ª Turma do STJ, rel. Min. WALDEMAR ZVEITER).

174 "Art. 245. A nulidade dos atos deve ser alegada na primeira oportunidade em que couber à parte falar nos autos, sob pena de preclusão."

13.12 APELAÇÃO – CONSIDERAÇÕES GERAIS

A espécie agora estudada é a mais importante dentre todas as previstas no CPC e em legislações esparsas, representando o primeiro recurso *desenhado* pelos povos primitivos, com origem na *appellatio* do Direito Romano.

É a de maior devolutividade dentre as espécies recursais, permitindo que o recorrente transfira ao tribunal competente a apreciação das matérias debatidas no processo, exceto das que foram acobertadas pelo manto da preclusão, como observamos, por exemplo, com a decisão omissa, cuja eliminação não foi tentada através da interposição do recurso de embargos de declaração.

O fato de a parte não ter impugnado o pronunciamento judicial no momento devido retira-lhe a possibilidade de suscitar a omissão quando interpõe a apelação, em vista da preclusão, com fundamento no art. 183.

No mesmo conduto de exposição, o autor e o réu devem impugnar as decisões interlocutórias proferidas no curso do processo, através da interposição do recurso de agravo, para evitar que os pronunciamentos sejam acobertados pelo manto da preclusão.

A regra geral *caminha* nesse modo de pensar, existindo exceção na Lei nº 9.099/95, de específica aplicação no âmbito dos Juizados Especiais Cíveis. Nesta hipótese, em decorrência do não cabimento do recurso de agravo de instrumento contra decisões interlocutórias proferidas no curso do processo (segundo entendimento quase unânime dos Colégios Recursais dos Juizados Especiais Cíveis), pela ausência de previsão legal, a parte deve aguardar para incluir na apelação a matéria que em princípio seria objeto do recurso de agravo de instrumento.

Num exemplo ilustrativo, se a parte foi prejudicada pela decisão do magistrado em impedir a ouvida de testemunha por ela conduzida ao ato, cerceando o seu direito de defesa, o prejudicado deve aguardar pela interposição do *recurso inominado*, que corresponde ao recurso de apelação (porque ataca sentença de mérito ou terminativa), suscitando a nulidade do processo a partir da audiência, como questão preliminar, de modo que o acolhimento da alegação acarreta o retorno dos autos ao juízo *a quo*, com a determinação de que a audiência seja redesignada, desta feita permitindo a ouvida da testemunha, para posteriormente assistirmos à prolação de nova sentença.

Os temas processuais não são acobertados pela preclusão, podendo ser alegados pela primeira vez na apelação, quando forem de ordem pública (*questões processuais de natureza pública*), permitindo o seu enfrentamento a qualquer tempo e grau de jurisdição, e conhecidos até mesmo de ofício pelo magistrado. Essas questões estão listadas, na sua maior parte, no art. 301 (inexistência ou nulidade da citação; incompetência absoluta; litispendência; coisa julgada; conexão; incapacidade da parte, defeito de representação ou falta de autorização; carência de ação; falta de caução ou de outra prestação, que a lei exige como preliminar). Os contornos de cada instituto foram estudados no Capítulo 8, intitulado *Da defesa do réu*, no volume I desta obra.

Como afirmamos em passagens anteriores, é o recorrente que limita o objeto da sua irresignação, não podendo o tribunal extrapolar o âmbito do que foi aduzido pelo recorrente, em respeito ao *princípio do tantum devolutum quantum apellatum*, com exceção das *questões processuais de ordem pública*, que podem ser conhecidas de ofício pela instância recursal, em vista do interesse público que revelam.

O art. 517 é peremptório em afirmar: "as questões de fato,[175] não propostas no juízo inferior, poderão ser suscitadas na apelação, se a parte provar que deixou de fazê-lo por motivo de força maior".

A interpretação do dispositivo em análise demonstra que a inclusão de fatos novos no recurso de apelação, ou seja, de fatos não suscitados na instância inferior, não pode modificar a causa de pedir, já que o art. 264 proíbe a alteração do pedido e da causa de pedir depois do aperfeiçoamento da citação do réu. O dispositivo refere-se a fatos novos, que em algumas situações reclamam a juntada de documentos aos autos, visando ratificar as alegações articuladas pelas partes.

No Capítulo 11, no curso do volume 1 desta obra, demonstramos que a prova – seja qual for a sua espécie – apresenta *momentos*, dizendo respeito à sua *propositura,* à sua *admissão,* à sua *produção* e à sua *valoração*, estágio apenas alcançado com a prolação da sentença, na qual as provas são sopesadas pelo magistrado, podendo desprezar algumas espécies em face de outras que são valorizadas, observando-se, neste particular, o *princípio do livre convencimento motivado ou racional* (art. 131).[176]

No que se refere à prova documental, a lei exige que os documentos *substanciais* sejam aportados aos autos juntamente com a petição inicial e a contestação, admitindo juntada posterior de documentos, desde que não guardem a característica antes comentada, conferindo-se prazo para que a parte contrária sobre eles se manifeste, em respeito aos *princípios do contraditório e da ampla defesa* e da *bilateralidade da audiência*.

---

[175] Sobre a matéria, reproduzimos a seguinte lição doutrinária: "Já Corrêa (1987, 77/80) contribui sobre as questões de fato, não propostas no juízo de primeiro grau, e que a parte queira propor ao Tribunal, há que se distinguir aquelas que se referem a fatos ocorridos antes da sentença, por meio da qual a parte só pode propô-las se provar que não o fez, na época oportuna, por motivo de força maior; com relação àquelas que se referem a fatos posteriores à sentença, a parte deverá provar, tão somente, a data da sua ocorrência. É que nosso direito admite a apresentação, mas limita o instituto ao determinar que a parte comprove a impossibilidade durante a discussão perante o juiz singular. Esta limitação serve para evitar a procrastinação da decisão do feito ou para prejudicar a outra parte, tornando o processo mais oneroso por força do recurso, por desídia ou com a intenção de deixar de lado fatos e provas, para só apresentá-los quando recorresse" (CORRÊA, Josel Machado. *Recurso de apelação.* São Paulo: Iglu, 2001. p. 243).

[176] "Art. 131. O juiz apreciará livremente a prova, atendendo aos fatos e circunstâncias constantes dos autos, ainda que não alegados pelas partes; mas deverá indicar, na sentença, os motivos que lhe formaram o convencimento."

Num outro modo de dizer, o documento não pode se apresentar como *elemento surpresa*. As premissas são plenamente aproveitadas na matéria recursal. Não obstante o CPC tenha permitido que o recorrente inclua na apelação questões de fato não propostas anteriormente, é evidente que essa permissibilidade se refere aos documentos necessários para ratificar a veracidade das alegações suscitadas pelo interessado no mencionado recurso.[177]

Contudo, o recorrente deve provar que os documentos, assim como as questões às quais dizem respeito, foram subtraídos da apreciação da instância inferior por motivo de força maior, o que nos faz recorrer ao § 1º do art. 183, que tem a seguinte redação: "reputa-se justa causa o evento imprevisto, alheio à vontade da parte e que a impediu de praticar o ato, por si ou por mandatário".

Entendemos que o recorrente pode alegar fatos no *recurso,* de que apenas tomou conhecimento após o momento que teria para suscitá-los, bem como juntar documentos que apenas foram formados após a sentença. Na mesma linha de raciocínio, é admitida a juntada aos autos de documentos relativos a fatos já ocorridos, desde que a parte comprove que não os juntou anteriormente por ignorar, naquele instante, a sua existência.[178]

Apenas para exemplificar, observe a situação do autor de ação indenizatória ajuizada em decorrência de acidente de trânsito, fundada na alegação de que o réu estaria embriagado por ocasião do infortúnio. O autor tenta ratificar a veracidade da alegação através da ouvida de testemunhas arroladas, no que não logra êxito, saindo vencido do processo.

Após a publicação da sentença, toma conhecimento de que a Polícia Técnica elaborou laudo comprovando o alegado estado de embriaguez, muito tempo depois do ajuizamento da ação e do encerramento da fase de instrução. O fato – a embriaguez – não é novo, mas o documento que o comprova foi confeccionado após a fase de instrução probatória, não tendo o autor ciência da sua existência naquele momento nem condições de juntá-lo aos autos.

---

177 "O Direito Brasileiro veda o *novorum iudicium* na apelação, porquanto o juízo recursal é de controle e não de revisão (*revisio prioriae instantiae*). Em consequência, o art. 517 do CPC interdita a arguição superveniente no segundo grau de jurisdição de fato novo, que não se confunde com documento novo acerca de fato alegado. **Precedentes do STJ no sentido de que a juntada de documentos com a apelação é possível, desde que respeitado o contraditório e inocorrente a má-fé, com fulcro no art. 397 do CPC**. Recurso especial provido" (REsp 466751 – AC, 1ª Turma do STJ, rel. Min. LUIZ FUX) (grifamos).

178 Apenas como ilustração, reforçando o entendimento, reproduzimos trecho de julgado proferido pelo e. TJPE sobre o tema: "(...) **Por documento novo não se deve entender aquele que só posteriormente à sentença veio a formar-se, mas o documento já constituído cuja existência o autor ignorava ou do qual não pôde fazer uso, no curso do processo de que resultou o aresto rescindendo**. Ação improcedente. Cassada a liminar concedida. Decisão unânime" (Ação Rescisória 49.374 – 3, 2ª Câmara Cível do TJPE, rel. Des. WALDEMIR LINS) (grifamos).

O documento em apreço, segundo entendemos, pode acompanhar o recurso de apelação interposto após a publicação da sentença, devendo o recorrente, contudo, demonstrar que apenas teve ciência da sua existência posteriormente, o que pode ser feito, por exemplo, através da juntada de declaração fornecida pela autoridade policial, atestando que o exame em destaque só foi concluído após a fase de instrução probatória.

13.12.1 Apelação – objeto

O objeto da apelação é a sentença, entendido como sendo o pronunciamento do juiz que resolve ou não o mérito, segundo se extrai da leitura do § 1º do art. 162.[179] O pronunciamento em exame pode ser proferido em qualquer espécie de ação judicial (declaratória, condenatória, constitutiva, executiva *lato sensu* e mandamental), e em qualquer rito processual (comum, nas subespécies do comum ordinário e do sumário; especial e sumaríssimo).

A sua interposição é garantida em processos de jurisdição voluntária ou graciosa, em respeito ao *princípio do duplo grau de jurisdição*, assunto estudado em linhas introdutórias deste capítulo.[180]

Embora o CPC qualificasse a sentença judicial como o pronunciamento que punha fim ao processo, por influência da doutrina de ALFREDO BUZAID,[181] anotamos a aprovação da Lei nº 11.232, de 22 de dezembro de 2005, que vigora desde o mês de junho de 2006, estabelecendo normas para o *cumprimento da sentença* quando se tratar de obrigação de pagar quantia certa.

---

179 Lembramos que o § 1º do art. 162 do CPC foi remodelado pela Lei nº 11.232, de 22 de dezembro de 2005, com a previsão de que a sentença é o *ato do juiz proferido conforme os arts. 267 e 269* da lei processual.

180 Sobre a matéria, colhemos o ensinamento de LUIZ FUX: "A apelação é o recurso cabível, em regra, das sentenças definitivas ou terminativas, que extinguem os procedimentos em primeiro grau de jurisdição, qualquer que seja a natureza do processo" (FUX, Luiz. *Curso de direito processual civil.* Rio de Janeiro: Forense, 2001. p. 849).

181 Bastando destacar trecho da Exposição de Motivos do Código de 1973, nos seguintes termos: "Diversamente do Código vigente, o projeto simplifica o sistema de recursos. Concede apelação só de sentença; de todas as decisões interlocutórias, agravo de instrumento. Esta solução atende plenamente aos princípios fundamentais do Código, sem sacrificar o andamento da causa e sem retardar injustificavelmente a resolução de questões incidentes, muitas das quais são de importância decisiva para a apreciação do mérito. O critério que distingue os dois recursos é simples. Se o juiz põe termo ao processo, cabe apelação. Não importa indagar se decidiu ou não o mérito. A condição do recurso é que tenha havido julgamento final no processo. Cabe agravo de instrumento de toda a decisão, proferida no curso do processo, pela qual o juiz resolve questão incidente."

Cabe-nos anotar que a finalidade maior da lei é a de alterar a execução, por meio da transmudação da sua natureza jurídica, que perdeu o *status* de ação judicial (espécie de jurisdição), passando a ser *fase do processo de conhecimento*, não se formando nova relação jurídico-processual após a prolação da sentença proferida na fase de *certificação* do direito material.

Para tanto, foi necessária a alteração da natureza jurídica e do conceito de sentença, já que a manutenção do seu *status* original retiraria a possibilidade de afirmarmos a continuação do processo após a sua existência como ato processual. Nesse aspecto, o § 1º do art. 162 passou a apresentar a seguinte redação: "sentença é o ato do juiz que implica alguma das situações previstas nos arts. 267 e 269 desta Lei", de igual sorte promovendo-se a alteração do último dos artigos referidos, passando a ter a seguinte redação: "Art. 269. Haverá resolução de mérito", e não mais "extingue-se o processo com julgamento de mérito".

As modificações impuseram severa alteração na execução, mas não interferem na matéria recursal, resguardando-se a apelação para o combate do pronunciamento do magistrado que certifica o direito em favor de uma das partes ao término da fase de instrução ou de modo antecipado (na situação que envolve o *julgamento antecipado da lide*), ou que extingue o processo sem apreciação do mérito, não importando neste particular, se o processo terá ou não seguimento após o ato.

Voltando ao estudo geral do assunto, observe a necessidade de definirmos a natureza jurídica do pronunciamento – se sentença ou decisão interlocutória – para identificar o recurso adequado para combatê-lo – se agravo ou apelação. Se o pronunciamento judicial resolveu determinada questão pendente e incidente, mas o processo continua após ele, encontramo-nos diante de decisão interlocutória, que pode ser desafiada através da interposição do recurso de agravo.

Se o pronunciamento julgar a ação, retirando a prerrogativa de o magistrado inovar no processo, a não ser para corrigir inexatidões materiais, para eliminar erros de cálculos ou em acolhimento ao recurso de embargos de declaração, encontramo-nos diante de uma decisão final, autorizando a interposição do recurso de apelação.

Conforme anotações externadas em linhas anteriores, não se qualificam como sentença, eliminando a possibilidade de serem atacadas através da interposição do recurso de apelação, as decisões que julgam os *incidentes processuais*, como a impugnação ao valor da causa, a exceção de incompetência relativa e o incidente de falsidade, com divergências na última espécie (ver considerações articuladas no Capítulo 11, *Das provas*, no volume 1 desta obra). Os pronunciamentos causam prejuízo a uma das partes, encerram um incidente processual, uma extensão do processo, mas não o processo como um todo, que tem o seu seguimento garantido após o pronunciamento.

13.12.2 Apelação – objetivo

Dois podem ser os objetivos do recurso de apelação: a *reforma* ou a *invalidação da sentença*. No primeiro caso, encontramo-nos diante do *error in judicando*, e, no segundo, do *error in procedendo*.

O *error in judicando* decorre do fato de a sentença ser *injusta*, por ter equivocadamente analisado os fatos e as provas do processo. O equívoco do magistrado, a justificar o pedido de reexame da decisão, não é de natureza processual, mas da certificação do direito material em favor de pessoa diversa da que a prova dos autos e as alegações das partes indicavam como sendo o justo vencedor do litígio.

Num exemplo ilustrativo, mais uma vez voltando as atenções para a ação de indenização por perdas e danos, na qual o autor consegue demonstrar por testemunhas que o réu foi o culpado pelo acidente, fato ratificado através de prova documental idônea, observe a injustiça da sentença que julga a ação pela improcedência dos pedidos, sob a alegação de inexistência de prova de culpa do réu.

Não nos encontramos diante de sentença que tenha infringido dispositivo legal, mas de pronunciamento que se afasta da realidade dos autos, da *verdade formal* que inclinava o julgamento do processo para parte diversa da que foi agraciada pela decisão judicial. O recurso de apelação, neste caso, apenas se fundamenta nas alegações de mérito, sem preliminares que o apóiem, relativas a uma eventual nulidade do pronunciamento pelo desrespeito, pela infração ou pela não aplicação de norma legal.

Com o provimento do recurso, o recorrente pretende obter a *reforma* da sentença, através de acórdão que a substitua, tratando o tribunal de reavaliar os fatos, as alegações e as provas do processo, na busca da verdade formal que o recorrente insiste pender em seu favor. O processo não é devolvido ao 1º Grau de Jurisdição para que nova sentença seja proferida. O pronunciamento atacado é válido, do ponto de vista processual, mas injusto, merecendo reforma.

Na hipótese que envolve o *error in procedendo*, encontramo-nos diante de sentença que retrata irregularidade formal, de natureza processual, por ela *plantada* ou já existente antes da sua prolação, evidenciando um vício na atuação do magistrado.[182] No primeiro caso, é suficiente indicar a situação que envolve a prolação de sentença que não preenche os requisitos do art. 458, que são *essenciais*. No segundo caso, serve de exemplo a prolação de sentença em processo marcado por nulidade ocorrida na fase de instrução e julgamento, como a indevida proibição de ouvida de uma testemunha.

---

182 Precisa a lição da doutrina especializada: "A situação é, todavia, diferente quando a sentença incide em vício de atividade (*errores in procedendo*). Se o fundamento da apelação é o de que a sentença teria incidido em vício de atividade, não há espaço para o tribunal reformar a decisão, mas, tão somente, anulá-la. Se a sentença não foi proferida em conformidade com as normas processuais adequadas, a consequência inevitável é, de regra, a sua anulação" (JORGE, Flávio Cheim. *Apelação cível*: teoria e admissibilidade. 2. ed. São Paulo: Revista dos Tribunais, 2002. p. 61).

O recurso de apelação ataca o mérito (denunciando a injustiça da decisão), mas em preliminar é suscitada questão processual (*vício de atividade* do magistrado), com bastante ênfase. Com o provimento do recurso, se os requisitos de admissibilidade forem preenchidos, o recorrente persegue a *invalidação* do pronunciamento judicial.

A conclusão do tribunal nesse sentido determina a remessa do processo ao juízo do 1º Grau de Jurisdição, para que outra sentença seja proferida no lugar da que foi invalidada pelo pronunciamento do órgão do 2º Grau de Jurisdição, que em princípio não pode julgar o mérito, após o afastamento do vício processual, por não se admitir a denominada *supressão de instância*. Esta é a regra, que admite exceção, assunto estudado em compartimento separado desta seção, pela sua importância processual.

13.12.3 Interposição do recurso de apelação contra a sentença que indefere a petição inicial

Ao publicar a sentença, o magistrado cumpre e põe fim ao seu ofício jurisdicional, não podendo inovar no processo, transferindo essa prerrogativa ao tribunal competente, desde que o vencido interponha o recurso adequado, ou nas hipóteses que envolvem o *reexame necessário*, que retarda o trânsito em julgado da sentença, funcionando como *condição suspensiva*, reclamando o pronunciamento do tribunal sobre a decisão do 1º Grau de Jurisdição, atestando (ou não) a sua correção como ato processual.

A situação que envolve o art. 296[183] *quebra* a regra processual da *imutabilidade* do pronunciamento pelo próprio magistrado, permitindo o exercício do denominado *juízo de retratação*, que em princípio é extensivo às decisões interlocutórias, não alcançando as sentenças. Diante da situação, a lei confere ao próprio magistrado a prerrogativa de reexaminar a decisão que proferiu, podendo afastar o raciocínio que impôs o indeferimento da petição inicial, ato contínuo ordenando o aperfeiçoamento da citação do réu, convocando-o para que apresente a sua defesa.

Os casos que envolvem o indeferimento da petição inicial estão agrupados no art. 295, dizendo respeito à **ausência de uma das condições da ação** (legitimidade das partes, interesse de agir e possibilidade jurídica do pedido), à **verificação da prescrição ou da decadência**, à **constatação de que o tipo de procedimento escolhido pelo autor não corresponde à natureza da causa** (não havendo possibilidade de fungibilizar os procedimentos, em aplicação do *princípio da instrumentalidade das formas*) ou quando for constatado que **o autor não providenciou a emenda da inicial**, após determinação judicial nesse sentido.

---

183 "Art. 296. Indeferida a petição inicial, o autor poderá apelar, facultado ao juiz, no prazo de quarenta e oito horas, reformar sua decisão."

Excluída a última das hipóteses, percebemos que o magistrado indefere a petição inicial sem oportunizar ao autor a prerrogativa de emendá-la. Isso ocorre diante da constatação de que a determinação da emenda da inicial é medida inócua, já que o autor não tem como eliminar o vício que acompanha a petição inicial. O fato de ter proposto a demanda além do prazo decadencial previsto em lei, por exemplo, é vício que não pode ser espancado com a emenda da inicial, o que justifica o seu indeferimento de pronto, afastando a regra do art. 284.

Firmada a premissa, é imperioso destacar que o juízo de retratação só pode ser exercitado pelo magistrado no instante processual examinado, ou seja, quando a extinção do processo sem a resolução do mérito ocorre antes de ser (e sem que seja) ordenada a citação do réu. Se o réu é citado, e o processo é depois extinto sem a resolução de mérito pelo acolhimento de preliminar suscitada na contestação, não se confere ao magistrado a prerrogativa de exercer o juízo de retratação.[184]

O exercício do juízo de retratação apresenta um *ritual* que não inclui a intimação do réu para contrarrazoar o recurso interposto pelo autor, anotando-se que, após o ingresso da apelação, ao magistrado é conferida a prerrogativa de exercê-lo no prazo de 48 horas, sendo prazo *impróprio*, de modo que a sua fluência sem a prática do ato esperado não acarreta qualquer consequência processual, sem afastar a possibilidade de o magistrado sofrer punição funcional, deixando de ser promovido, pela circunstância de, injustificadamente, reter autos em seu poder além do prazo legal (alínea *e* do inciso II do art. 93 da CF).

Sendo exercitado o juízo de retratação, o magistrado *invalida* a sentença que proferiu anteriormente, determinando o aperfeiçoamento da citação do réu para a apresentação da sua defesa. Se mantiver a sentença, encaminha os autos ao tribunal, sem colher as contrarrazões do réu, o que em certo sentido frustra o contraditório, que é princípio constitucional (inciso LV do art. 5º da CF).

A justificativa para afastar o estabelecimento do contraditório nesta fase apoia-se na alegação de que não se pode intimar o réu em vista da inexistência da citação, que é *pressuposto de constituição do processo*, ao lado da petição inicial, da jurisdição e da capacidade postulatória, esta exclusivamente em relação ao autor, assunto estudado no Capítulo 4, *Do processo*, no volume 1 desta obra.

Como a citação não foi aperfeiçoada anteriormente, não há processo, já que este representa uma relação *trium personarum*, do autor, do réu e do juiz. O ensinamento da doutrina especializada é preciso sobre o assunto:

> *"Não há que se cogitar, outrossim, de qualquer afronta ao princípio do contraditório, pois, ainda que a apelação do autor venha a ser provida, o réu poderá, depois de citado, arguir, em sua defesa, toda a matéria que deu causa*

---

184 "Necessidade de observância do princípio do contraditório, pois a ação foi contestada, inclusive com denunciação da lide. Aplicação do art. 463 do CPC. Recurso provido para receber a ação no seu duplo efeito" (AI 0835179 – 5 – 7ª Câmara do 1º TACivSP, rel. Juiz SEBASTIÃO ALVES JUNQUEIRA).

ao indeferimento da inicial e que já fora rejeitada pelo tribunal. O contraditório, neste caso, é diferido, pois se implementará depois, e somente na hipótese de o apelo ser provido. E não sofrerá qualquer restrição pelo fato de a matéria já ter sido apreciada pelo tribunal."[185]

Já manifestamos nosso entendimento, contrário ao parágrafo único do art. 296, que não faz alusão à *abertura* de oportunidade para o oferecimento das contrarrazões e à inclinação majoritária da doutrina e da jurisprudência. Pensamos que o oferecimento das contrarrazões pelo réu é medida que preserva o contraditório, garantindo-lhe a prerrogativa de defender a manutenção da decisão que impôs o indeferimento da inicial. O argumento de que a antecipação do chamamento do réu lhe acarretaria ônus processual e econômico não nos impressiona.

É que a defesa que apresenta neste instante apenas se refere aos aspectos formais da controvérsia, à discussão do acerto (ou não) do pronunciamento que pôs fim ao processo de forma abreviada, garantindo, isto sim, não tenha de apresentar defesa de mérito posteriormente (mais burocratizada, como sabemos), se o tribunal reformar a decisão proferida pelo juízo do 1º Grau de Jurisdição.

13.12.4 Supressão da instância na hipótese do § 3º do art. 515 do CPC

Demonstramos que diante do *error in procedendo*, ao reconhecer o *vício de atividade* do magistrado, o tribunal deve devolver o processo ao juízo do 1º Grau de Jurisdição, permitindo a prolação de outra sentença, eliminado o raciocínio que impôs o julgamento anterior. A regra é ditada em respeito ao duplo grau de jurisdição, sendo da competência do tribunal o reexame da sentença, não se posicionando pela primeira vez sobre o *meritum causae*.

Diante do *error in procedendo,* o pedido recursal formulado pelo prejudicado é o de que a sentença seja invalidada, não apenas reformada, como na hipótese que envolve o *error in judicando,* que apenas retrata a injustiça do ato judicial combatido. Esta é a regra, sofrendo mitigação com a aplicação do § 3º do art. 515, com a seguinte redação:

"§ 3º Nos casos de extinção do processo sem julgamento do mérito (artigo 267), o tribunal pode julgar desde logo a lide, se a causa versar questão exclusivamente de direito e estiver em condições de imediato julgamento."

---

185 CORREIA, André de Luizi. Os recursos interpostos contra decisões proferidas antes da citação – necessidade de contrarrazões? In: NERY JUNIOR, Nelson; WAMBIER, Teresa Arruda Alvim. *Aspectos polêmicos e atuais dos recursos cíveis e de outras formas de impugnação às decisões judiciais.* São Paulo: Revista dos Tribunais, 2001. v. 4, p. 47.

No caso examinado, o recorrente requer que o recurso seja conhecido e provido não apenas para reconhecer o equívoco da conclusão manifestada pelo magistrado do 1º Grau de Jurisdição, afastando a extinção do processo sem a resolução do mérito, em acréscimo, pleiteando que a ação seja julgada em termos de mérito, em evidente demonstração de *supressão de instância*,[186] sendo incontroverso que o tribunal julga o mérito da ação sem que tenha sido apreciado pela instância inferior, afastando-se da sua função típica, de índole recursal, em princípio não sendo órgão de *criação*.

Antes do acréscimo do parágrafo transcrito, deparando o tribunal com processo que foi extinto sem a resolução do mérito, em vista da ilegitimidade do autor, por exemplo, com o provimento do apelo e o afastamento da conclusão originada do magistrado do 1º Grau de Jurisdição, o processo era devolvido para a instância inferior, a fim de que o magistrado prolatasse decisão de mérito.

Imagine a hipótese de genitora que representa seu filho e que ajuiza ação de investigação de paternidade contra o suposto pai do menor, equivocando-se ao propor a ação em seu nome, não no do filho. O magistrado decide extinguir o processo sem a resolução do mérito, entendendo que a autora estaria pleiteando, em nome próprio, o reconhecimento de direito alheio (do seu filho), concluindo que haveria ilegitimidade ativa no caso concreto.

Antes da reforma, ao afastar a conclusão da ilegitimidade, entendendo que o magistrado teria se equivocado, o tribunal devolvia o processo à instância monocrática, para que o juiz prolatasse outra sentença, desta feita de mérito, atribuindo (ou não) à parte autora o bem da vida de reconhecimento pleiteado na inicial. Após a reforma, o tribunal pode – por razões de economia processual e na busca da celeridade tão decantada pela doutrina moderna – de logo julgar o mérito, suprimindo a instância, atribuindo (ou não) ao autor o bem da vida identificado na peça inicial.

Para que isto ocorra, a causa deve versar questão exclusivamente de direito, desapegada de qualquer questão de fato, e estar em condições de imediato julgamento. Se questão de fato houver a ser esclarecida, reclamando a fase da instrução probatória para a colheita de provas necessárias ao esclarecimento dos pontos controvertidos, o processo deve ser remetido ao 1º Grau de Jurisdição, possibilitando a prolação de sentença fundamentada, escorada em elemento fático idôneo (resultado da produção da prova testemunhal, pericial, documental etc.).

---

[186] A expressão é *lapidada* por DINAMARCO, como percebemos através da análise das suas lições: "A decomposição analítica das pretensões do autor (pretensão ao julgamento do mérito, pretensão ao bem da vida) permite perceber que ocorre uma supressão de grau jurisdicional sempre que o tribunal destinatário da apelação interposta contra sentença terminativa (que se limitou a apreciar a primeira das pretensões, não se pronunciando sobre a segunda), reformar essa sentença e, dando um passo mais adiante, decidir também a segunda, que não fora objeto de julgamento pelo juiz (a pretensão ao bem da vida). Tradicionalmente, em casos assim cumpria ao tribunal, ao reformar a sentença terminativa e, portanto, afirmar o direito do autor ao julgamento de *meritis*, devolver o processo ao grau inferior, para que sobre este se pronunciasse o juiz" (DINAMARCO, Cândido Rangel. *A nova era do processo civil*. São Paulo: Malheiros, 2004. p. 156).

Entendemos que a regra processual poderia ter dito mais do que expressou, incluindo na sua previsão as questões de fato já dirimidas, prontas (*maduras*) para enfrentamento por parte do tribunal. Em outras palavras, incluir-se-iam na disposição da lei as causas envolvendo questões de fato com instrução probatória concluída, na hipótese de o magistrado ter reconhecido a presença do fato que determinou a extinção do processo sem a resolução do mérito apenas por ocasião da sentença.

Substituiríamos a conjunção aditiva **e** pela alternativa **ou**, entendimento que é plenamente compartilhado por autores de nomeada, como se colhe da lição esposada por ALEXANDRE FREITAS CÂMARA, nos seguintes termos:

> *"É preciso que se diga desde logo que, a nosso sentir, há um equívoco na redação do dispositivo. Entendemos que a conjunção aditiva e está mal empregada, devendo-se ler o texto como se ali estivesse a conjunção alternativa ou. Queremos com isto dizer que bastará, para que incida a norma prevista no § 3º do art. 515, que o processo esteja em condições de imediato julgamento. Presente este requisito, e sendo as questões de mérito exclusivamente de direito, poderá o tribunal, desde logo, pronunciar-se sobre o objeto do processo. Se, todavia, houver questões de fato a resolver, ainda assim será possível aplicar-se a regra constante do dispositivo sub examine se o material probatório existente for suficiente para o julgamento do mérito (ou seja, se o processo estiver em condições de imediato julgamento)."*[187]

A situação ocorre com frequência na dinâmica forense. Em vários casos, embora o réu tenha suscitado preliminar na contestação, de natureza *peremptória* (que acarreta a extinção do processo sem a resolução do mérito, quando acolhida), o magistrado decide postergar o seu conhecimento, apenas enfrentando a alegação após a fase de instrução probatória, por ocasião da sentença.

Devolver-se ao 1º Grau de Jurisdição processo inserido na situação analisada, objetivando a prolação da sentença de mérito, para que posteriormente volte a ser apreciada pelo tribunal, fere o *princípio da celeridade processual*, tão valorizado na dinâmica forense, e que vem orientando todas as reformas realizadas no CPC.

Externamos as considerações com a ciência de que a norma disposta no § 3º do art. 515 *quebra* a regra geral, orientada no sentido de afirmar que o tribunal só pode enfrentar matéria dirimida pela instância monocrática. Contudo, se o legislador afastou a regra, poderia ter ido além, imprimindo maior celeridade aos processos judiciais. De qualquer modo, o acréscimo ao art. 515, com a inclusão do §

---

[187] CÂMARA, Alexandre Freitas. *Lições de direito processual civil*. 7. ed. Rio de Janeiro: Lumen Juris, 2004. v. 2, p. 90.

3º, recebeu severas críticas por parte da doutrina, apoiadas na alegação de *supressão de instância*.[188]

13.12.5 Dinâmica do recurso de apelação

O recurso de apelação é interposto no prazo de 15 dias (salvo se o apelante for agraciado por regra diferenciada), por petição escrita, dirigida ao juiz do processo, acompanhada das suas razões, direcionadas ao tribunal, com o pedido de processamento da espécie e encaminhamento à Corte competente, devendo apresentar-se assinada pelo advogado da parte, admitindo a jurisprudência que o recorrente seja intimado para sanar o vício (falta de assinatura) no prazo fixado no pronunciamento judicial.[189]

Após a interposição da espécie, numa avaliação superficial, o magistrado realiza o denominado *juízo diferido de admissibilidade do recurso*, meramente provisório, que não o vincula, nem à instância recursal, de modo que a espécie pode ser posteriormente não conhecida, diante do reconhecimento da ausência de requisito essencial.

Quando determinar o processamento da apelação, com implícito *juízo positivo de admissibilidade*, o magistrado declina os efeitos em que a recebe, abrindo vista dos autos à parte contrária, para que ofereça contrarrazões no prazo de 15 dias, não sendo beneficiada pela prerrogativa da contagem do prazo em dobro. A abertura de vista ao apelado é necessária para resguardar o contraditório, evitando alegação de nulidade do processo em face da inobservância da regra processual, originária de primado constitucional.[190]

---

188 Nesse sentido: "É possível que aqui resida o ponto mais preocupante de toda a reforma processual. Abstração feita do entendimento que se tem acerca da natureza da regra do duplo grau – simplesmente técnica ou de índole constitucional – dúvida não pode haver que a novidade em tela, inserida no § 3º do art. 515, vulnera, pelo menos, dois importantes postulados da dogmática processual. Em primeiro lugar, como afirma Barbosa Moreira, se se trata de sentença terminativa, vale dizer, de ato decisório que coloca termo ao procedimento de primeiro grau, sem julgar o mérito, pelo sistema consagrado no Código, não se permite ao órgão *ad quem* passar, de imediato, ao exame deste, na hipótese de provimento da apelação. 'Seria infringir o princípio do duplo grau, tal como se configura no presente contexto, pela conjugação do art. 515, *caput*, com o art. 463, do qual resulta que, não se tendo pronunciado *de meritis*, o juiz *a quo* não chegou 'a cumprir e acabar o ofício jurisdicional'. O provimento da apelação, nesse caso, acarretará a restituição dos autos ao órgão inferior, para que dê prosseguimento ao processo.' Nesse idêntico sentido, pondera Araújo Cintra que o Tribunal que vai julgar a apelação não está autorizado a proferir acórdão com julgamento do mérito da causa para substituir a sentença terminativa, sem incorrer em violação do duplo grau de jurisdição" (TUCCI, José Rogério Cruz e. *Lineamentos da nova reforma do CPC*. 2. ed. rev., atual. e ampl. São Paulo: Revista dos Tribunais, 2002. p. 100).

189 "A ausência de assinatura da petição recursal pode ser regularizada, ainda, na instância ordinária" (AGA 451788 – SP, 1ª Turma do STJ, rel. Min. DENISE ARRUDA).

190 "**Interposta a apelação, a abertura de vista ao apelado para responder constitui formalidade essencial, sob pena de violação ao art. 518 do CPC.** *In casu*, a preclusão da arguição de nulidade só

Com ou sem o oferecimento das contrarrazões, os autos retornam conclusos para o magistrado, que reexamina o preenchimento dos requisitos de admissibilidade da espécie (§ 2º do art. 518),[191] agora apoiado nas alegações apresentadas pelo recorrido, que pode arguir preliminar para pleitear o não conhecimento do recurso em vista do não preenchimento de requisito geral ou específico, admitindo-se a prolação de decisão de natureza interlocutória pelo magistrado, negando seguimento à espécie recursal.

Embora a decisão seja manifestada após a interposição do recurso de apelação, sugerindo a possibilidade de interposição do agravo retido, observamos que o art. 522 admite o aforamento do agravo de instrumento na situação examinada, ciente de que a apresentação da espécie retida seria inócua, visto que o *remédio* processual ficaria *preso* a processo que tem o seu encaminhamento negado ao tribunal por determinação do juiz que o processa.

Com a chegada da apelação ao tribunal, procede-se ao seu protocolo e à sua distribuição (art. 547),[192] sendo encaminhada ao relator, que, como primeira providência, examina o preenchimento (ou não) dos requisitos de admissibilidade do recurso, não sendo o exame ainda definitivo, como verificamos em passagem seguinte. Concluindo pela ausência de requisito, o relator prolata decisão de natureza interlocutória, contra a qual é cabível a interposição do recurso de agravo, previsto no art. 557, no prazo de cinco dias, admitindo-se o exercício do *juízo de retratação*.

Mantida a decisão, o recurso de agravo é encaminhado ao Colegiado ao qual o relator se encontra vinculado (Turma, Câmara etc.), que examina o acerto ou não da decisão de *trancamento* por ele proferida. Confirmada através de acórdão, admite-se a interposição do recurso de embargos de declaração (sendo omisso, obscuro ou contraditório o pronunciamento) ou do recurso especial e/ou do recurso extraordinário, com a exigência formal de que o prejudicado pela decisão observe os requisitos específicos de cada espécie.

Se o relator acolher o agravo ou se o Colegiado reformar a decisão por ele proferida, e após a confecção do relatório, abre-se vista dos autos ao Ministério Público, sendo o caso (nas situações genericamente elencadas no art. 82), que elabora parecer,

---

caberia ser reconhecida à parte que deixou de suscitá-la, na primeira oportunidade que, obviamente, lhe coubesse falar nos autos, quando se lhe abrisse vista para manifestar-se; hipótese em que não se aplica a regra do art. 245 do CPC. Recurso provido" (REsp 143626 – RS, 1ª Turma do STJ, rel. Min. MILTON LUIZ PEREIRA) (grifamos).

191 "Art. 518. *Omissis*. § 2º Apresentada a resposta, é facultado ao juiz, em cinco dias, o reexame dos pressupostos de admissibilidade do recurso."

192 "Art. 547. Os autos remetidos ao tribunal serão registrados no protocolo no dia de sua entrada, cabendo à secretaria verificar-lhes a numeração das folhas e ordená-los para distribuição. Parágrafo único. Os serviços de protocolo poderão, a critério do tribunal, ser descentralizados, mediante delegação a ofícios de justiça de primeiro grau."

atuando como *custos legis*, sob pena de nulidade do processo a partir do momento em que se impunha a intervenção ministerial.

Após essa fase, os autos são encaminhados ao revisor, com a ressalva de que algumas ações dispensam a providência (§ 3º do art. 551),[193] que lança o *visto* no processo, solicitando dia para julgamento. A pauta deve ser afixada na entrada da sala de julgamento, e publicada no *Diário da Justiça* no mínimo quarenta e oito (48) horas antes da sessão, sob pena de nulidade,[194] tendo por objetivo dar publicidade do ato às partes e aos seus advogados, possibilitando-lhes acompanhar o julgamento.

Incluído o processo em pauta, como regra, só não é julgado na sessão se:

a) Houver esgotamento do horário normal de trabalho, não tendo sido possível o julgamento em face da apreciação de outros processos que se encontravam melhor posicionados em ordem cronológica na pauta e/ou pelo enfrentamento de espécies recursais e de sucedâneos cujos julgamentos independem de inclusão em pauta (embargos de declaração, agravo regimental etc.).
b) Houver impedimento, suspeição, ausência do relator, do revisor ou de desembargador que tenha solicitado vista dos autos em sessão anterior.
c) Houver determinação do relator ou do revisor neste sentido.
d) Houver requerimento conjunto das partes, solicitando o adiamento do julgamento, com pretensão deferida pelo relator.

No que se refere ao julgamento, anotamos que o ato processual em exame é inaugurado através da leitura do relatório, pelo relator, seguida da oportunidade conferida aos advogados (primeiro do apelante e depois do apelado) para que profiram sustentação oral pelo prazo improrrogável de 15 minutos, e da eventual solicitação de esclarecimentos ao relator e discussão do recurso, inicialmente em seus aspectos preliminares.

Queremos afirmar que o Colegiado primeiramente se *debruça* na análise do preenchimento (ou não) dos requisitos de admissibilidade da espécie, confirmando se o recurso foi interposto no prazo legal, se o recorrente providenciou o recolhi-

---

193 "Art. 551. *Omissis*. § 3º Nos recursos interpostos nas causas de procedimento sumário, de despejo e nos casos de indeferimento liminar da petição inicial, não haverá revisor."

194 A arguição de nulidade é desprezada se a parte comparecer espontaneamente ao ato, segundo a **Súmula 117 do STJ**, assim assentada: "A inobservância do prazo de 48 (quarenta e oito) horas, entre a publicação de pauta e o julgamento sem a presença das partes, acarreta nulidade." A doutrina especializada afirma que, se a publicação da pauta ocorrer na sexta-feira, o recurso só pode ser julgado na quarta-feira da semana seguinte. Nesse sentido: "Estabelecido que entre a pauta de julgamento publicada e a sessão de julgamento deve mediar o espaço de quarenta e oito horas (CPC, art. 552, § 1º), e não contado o dia inicial, e sim o final, o início do prazo ocorre no primeiro dia útil seguinte. Tal controvérsia ocorre nas publicações às sextas-feiras: o início do prazo começa na segunda, e o julgamento será na quarta-feira" (ROSAS, Roberto. *Direito sumular*. 12. ed. São Paulo: Malheiros, 2004. p. 381).

mento das custas, se as partes são legítimas, se há interesse e regularidade formal etc., *conhecendo* ou não a espécie. Quando conhecer, as questões de mérito são analisadas, resultando o provimento ou o improvimento do recurso, assunto estudado em linhas anteriores.

Os votos são proferidos na ordem legal (primeiro o relator, depois o revisor e por último o terceiro magistrado com assento no Colegiado), anunciando-se o resultado da votação. Os autos são encaminhados ao relator para que lavre o acórdão, seguindo ao autor do primeiro voto vencedor se o relator saiu vencido na decisão (art. 556).

A Lei nº 11.280/2006 modificou a sistemática do chamado *voto vista*, ou seja, o voto proferido por desembargador que solicita a retirada dos autos da sessão de julgamento, depois de iniciado, com o propósito de analisar o caso com maior profundidade, circunstância necessária à prolação do seu voto.

Pela redação dos §§ 2º e 3º do artigo 555, se um dos desembargadores que integram o colegiado solicitar vista dos autos durante a sessão de julgamento, deve devolvê-los no prazo *impróprio* de dez dias, possibilitando a continuação do julgamento. Se isso ocorrer, o processo é apreciado na sessão subsequente à devolução, sem necessidade de nova inclusão em pauta.

Contudo, se o processo não for devolvido dentro do prazo legal, o presidente do órgão fracionário deve requisitá-lo, com a reabertura do julgamento na primeira sessão ordinária subsequente à devolução, **sendo necessária a publicação da pauta de julgamento**.

13.12.5.1 Apreciação do mérito do recurso pelo relator

Afastando-nos da dinâmica esperada do recurso de apelação, que objetiva a apreciação do seu mérito, anotamos que a espécie pode sofrer obstáculos de tramitação, o primeiro deles dizendo respeito ao pronunciamento interlocutório do relator que nega seguimento ao *remédio* processual, em vista do não preenchimento de requisito de admissibilidade.

O cerne de nossas considerações de momento diz respeito à prerrogativa conferida ao relator de julgar o mérito da irresignação (posicionando-se não apenas sobre questões formais), quando concluir pela improcedência da espécie, ou por estar em confronto com súmula ou com jurisprudência dominante do tribunal que integra, do Supremo Tribunal Federal ou de Tribunal Superior. De igual modo, pode dar provimento ao recurso quando verificar que a decisão combatida encontra-se em manifesta divergência com súmula do Supremo Tribunal Federal ou de Tribunal Superior.

O art. 557 dispõe:

> "*Art. 557. O relator negará seguimento a recurso manifestamente inadmissível, improcedente, prejudicado ou em confronto com súmula ou com jurisprudência*

dominante do respectivo tribunal, do Supremo Tribunal Federal, ou de Tribunal Superior. § 1º – A Se a decisão recorrida estiver em manifesto confronto com súmula ou com jurisprudência dominante do Supremo Tribunal Federal, ou de Tribunal Superior, o relator poderá dar provimento ao recurso."

A redação do dispositivo *levantou vozes* de que seria inconstitucional, por possibilitar ao relator – isoladamente – julgar feitos de competência originária de órgãos colegiados (Câmaras Cíveis, Turmas, Grupo de Câmaras etc.). Suscitou-se a infração ao princípio do duplo grau de jurisdição, implicitamente resguardado pela Carta Magna.

Posicionamentos em contrário foram edificados, aos quais anuímos, para afirmar que o duplo grau de jurisdição é preservado, diante da possibilidade de a decisão ser revista por outra instância diferente da que prolatou o pronunciamento combatido, pouco importando se a reapreciação da causa é feita por órgão colegiado ou por membro isolado que o integra.

Não faltam exemplos de hipóteses em que os integrantes de Cortes recursais apreciam situações específicas de forma isolada, sem a necessidade de submeter a questão ao Colegiado. Apenas para exemplificar, perceba o poder atribuído ao Presidente do STF de, isoladamente (sem encaminhar a questão a uma Turma ou ao Pleno), enfrentar o *pedido de suspensão da segurança*, concedendo ou negando a pretensão da parte que o formula.[195]

O poder conferido ao relator no âmbito dos tribunais não é *supremo*, considerando que os seus atos podem ser atacados pelo recurso de agravo, disciplinado pelo § 1º do art. 557, conhecido e julgado por órgão Colegiado. A atuação isolada do relator ocorre num primeiro instante, sem retirar a possibilidade de a matéria ser analisada por órgão composto por mais de um juiz.

A técnica objetiva dinamizar a tramitação dos recursos no âmbito dos tribunais, evitando que espécies de solução evidente tenham de se submeter a todos os entraves burocráticos próprios à dinâmica dos recursos, o que acarreta retardo injustificado à entrega da prestação jurisdicional. Entendemos que, diante das hipóteses estudadas, há um verdadeiro dever imposto ao relator de julgar o mérito do recurso de forma isolada, em face da aplicação do inciso II do art. 125, textualizando: "Art. 125. O juiz dirigirá o processo conforme as disposições deste Código, competindo-lhe: *Omissis*; II – velar pela rápida solução do litígio; *omissis*."

Encontramo-nos na fase doutrinária que se preocupa com o *tempo* de duração do processo, apoiada na máxima de que justiça tardia é sinônimo de injustiça, razão

---

[195] O art. 297 do Regimento Interno do Supremo Tribunal Federal é claro sobre a questão, merecendo reprodução: "Art. 297. Pode o Presidente, a requerimento do Procurador-Geral, ou da pessoa de direito público interessada, e para evitar grave lesão à ordem, à saúde, à segurança e à economia pública, suspender, em despacho fundamentado, a execução de liminar, ou da decisão concessiva de mandado de segurança, proferida, em única ou última instância, pelos tribunais locais ou federais."

pela qual estamos acordes no entendimento legislativo de dimensionar os poderes dos relatores no interior dos tribunais, desde que as decisões por eles proferidas sejam fundamentadas, por exigência constitucional (inciso IX do art. 93 da CF), e que se preveja recurso para o combate dos pronunciamentos que venham a proferir, da mesma forma que ocorreria se estivéssemos diante de acórdãos da lavra de órgãos colegiados.

O poder conferido ao relator para a apreciação do recurso pode resultar o seu provimento ou a negativa do seu seguimento. No primeiro caso (provimento do recurso), a decisão se fundamenta no fato de a sentença recorrida confrontar com súmula[196] ou com jurisprudência dominante do Supremo Tribunal Federal ou de Tribunal Superior.

Neste particular, o CPC confere *força vinculante* às súmulas dos Tribunais referidos, atribuindo função paradigmática aos seus julgados, ou seja, *modelo*, orientando como as decisões devem ser proferidas pelos órgãos de instância inferior. O § 3º do art. 103-A da CF textualiza que "do ato administrativo ou decisão judicial que contrariar a súmula aplicável ou que indevidamente a aplicar, caberá reclamação ao Supremo Tribunal Federal que, julgando-a procedente, anulará o ato administrativo ou cassará a decisão judicial reclamada, e determinará que outra seja proferida com ou sem a aplicação da súmula, conforme o caso".

O dispositivo em exame foi regulamentado pela Lei nº 11.417, de 19 de dezembro de 2006, da qual extraímos o seu art. 7º, com a seguinte redação:

> *"Art. 7º Da decisão judicial ou ato da administração pública que contrariar enunciado de súmula vinculante, negar-lhe vigência ou aplicá-lo indevidamente caberá reclamação ao Supremo Tribunal Federal, sem prejuízo dos recursos ou outros meios admissíveis de impugnação."*

A reprodução do dispositivo demonstra que o relator **deve julgar o recurso de forma monocrática, quando constatar a existência de súmula vinculante sobre a matéria, evitando a proliferação de espécies versando sobre tema jurídico consolidado pela Instância Superior.**

Não só as súmulas subsidiam a decisão do relator que dá provimento à apelação interposta pelo interessado. Também pode fundamentar a sua decisão o fato de a sentença recorrida confrontar com jurisprudência dominante do Supremo Tribunal Federal ou de Tribunal Superior, impondo ao julgador demonstrar que os pronun-

---

196 O § 1º do art. 122 do RISTJ dispõe que: "Será objeto de Súmula o julgamento tomado pelo voto da maioria absoluta dos membros que integram a Corte Especial ou cada uma das Seções, em incidente de uniformização de jurisprudência. Também poderão ser inscritos na Súmula os enunciados correspondentes às decisões firmadas por unanimidade dos membros componentes da Corte Especial ou da Seção, em um caso, ou por maioria absoluta em pelo menos dois julgamentos concordantes." No mesmo sentido, dispõe o art. 102 do RISTF: "Art. 102. A jurisprudência assentada pelo Tribunal será compendiada na 'Súmula do Supremo Tribunal Federal'."

ciamentos que fundamentam a conclusão refletem o entendimento majoritário do Tribunal, embora não seja unânime.

No que diz respeito à negativa de seguimento do recurso, o pronunciamento do relator pode apoiar-se nas mesmas situações alinhadas na hipótese do provimento, com uma prerrogativa de fundamentação adicional: a negativa de seguimento pode ser externada quando o recurso confronta com súmula ou com entendimento dominante do próprio tribunal ao qual o relator se vincula. O entendimento majoritário deve ser do tribunal, não apenas de órgão fracionário do qual o relator faz parte (Câmara Cível, Turma, Grupo de Câmaras etc.).[197]

13.12.5.1.1 Características do agravo que combate a decisão do relator

Denominamos de *agravo legal* a espécie prevista no § 1º do art. 557.[198] O recurso é adequado para o combate de decisão prolatada pelo relator de recurso que se encontra no tribunal, nas hipóteses examinadas na seção anterior.

A espécie recursal foi introduzida em nosso ordenamento jurídico para garantir maior celeridade ao processo, ciente o legislador federal da demora na tramitação interna dos recursos nas diversas Cortes do país, originada do volume excessivo de *remédios* processuais utilizados pelas partes em geral.

Não existe razão para que recurso fadado ao insucesso, de provimento ou de não provimento indiscutível, permaneça longos meses ou mesmo anos no aguardo do pronunciamento de órgão Colegiado do tribunal, submetendo-se a todo o procedimento próprio à tramitação do *remédio* processual na instância recursal (elaboração de relatório; remessa ao Ministério Público; elaboração de parecer; remessa ao revisor; pedido de inclusão em pauta; publicação da pauta; julgamento; lavratura do acórdão; publicação do acórdão).

Nessas hipóteses, o relator pode isoladamente negar seguimento ao recurso, dar-lhe ou negar-lhe provimento, desde que atue em consonância com a previsão ge-

---

197 "O *caput* do art. 557 do CPC autoriza o relator a negar seguimento a recurso manifestamente inadmissível, improcedente, prejudicado ou em confronto com súmula ou com jurisprudência dominante do respectivo tribunal, do Supremo Tribunal Federal, ou de Tribunal Superior. O § 1º – A do mesmo dispositivo, porém, impõe requisitos mais rigorosos para o provimento monocrático do recurso, determinando que, nesse caso, a decisão recorrida deve estar em manifesto confronto com súmula ou com jurisprudência dominante do Supremo Tribunal Federal, ou de Tribunal Superior. **Ofende o art. 557, § 1º – A, do CPC, portanto, a decisão monocrática do relator que dá provimento a recurso apenas com base em jurisprudência do próprio órgão fracionário a que se vincula**. Recurso especial a que se dá provimento" (REsp 533188 – RS, 1ª Turma do STJ, rel. Min. TEORI ALBINO ZAVASCKI) (grifamos).

198 Alguns doutrinadores denominam o recurso apenas de *agravo*. Outros preferem chamá-lo de *agravo interno*, sob a influência da lição esposada por ALVIM, J. E. Carreira. *Novo agravo*. 2. ed. Belo Horizonte: Del Rey, 1996. p. 125.

nérica do *caput* do art. 557, complementado pelo § 1º. Observamos que, na dinâmica forense, é mais frequente a decisão da relatoria de negar seguimento a recurso sob a alegação de não preenchimento de requisito de admissibilidade (preparo, interesse, legitimidade, tempestividade, regularidade formal etc.).

O poder atribuído aos relatores, no âmbito dos tribunais de modo geral, para obstar o seguimento de recursos interpostos (de qualquer espécie), decorre da ampliação da Lei nº 8.038, de 28 de maio de 1990, instituidora de "normas procedimentais" para os processos e recursos apreciados pelo STF e pelo STJ.

Assim, o legislador federal estendeu aos demais recursos a prática que vinha sendo adotada relativamente às irresignações que tramitavam pelas declinadas Cortes de Justiça, com a pretensão de conferir maior celeridade aos processos, como anteriormente afirmado.

Após a publicação da decisão da relatoria, inicia-se a contagem do prazo de cinco dias para a apresentação do *agravo* no tribunal, com as suas razões, pleiteando o recorrente que o relator reaprecie a decisão que proferiu, através do exercício do *juízo de retratação*. Se acolher o agravo interposto, o recurso principal volta a ter o seu seguimento normal, afastando a decisão do relator, que negava seguimento à espécie principal.

Se a decisão não for modificada pelo próprio relator, este determina que o recurso seja encaminhado ao órgão fracionário competente para o conhecimento e o julgamento do recurso principal (Câmara Cível, Turma, Grupo de Câmaras etc.), submetendo o agravo à apreciação dos demais magistrados integrantes do órgão, seguindo-se o seu julgamento.

Na maioria dos tribunais, o agravo é remetido ao órgão fracionário na primeira sessão de julgamento seguinte à interposição do recurso, sem que espécie seja sequer incluída em pauta. Em outras palavras, não se procede ao aviso aos advogados e às partes a respeito do dia designado para o julgamento do recurso, devendo os interessados acompanhar o seu processamento dentro do tribunal, independentemente de intimações judiciais.

Em virtude da semelhança entre as nomenclaturas, anotamos que na dinâmica forense assistimos à interposição do *agravo regimental* contra a decisão proferida pelo relator nas hipóteses que dariam ensejo à interposição do *agravo legal*, examinado nesta seção. Entendemos que a espécie equivocadamente utilizada pela parte deve ser imediatamente rejeitada, através de decisão que declara o seu não conhecimento, em vista da *inadequação* do tipo recursal apresentado, sem que o recorrente possa defender a aplicação do *princípio da fungibilidade* para garantir a aceitação do agravo regimental como se agravo legal fosse.

É que há *erro grosseiro* na situação examinada, impedindo a aplicação do princípio da fungibilidade,[199] já que a lei processual predefine a espécie adequada para o combate da decisão perfeitamente identificada, não se registrando *dúvida objetiva* acerca da espécie reclamada.

A interposição do recurso de agravo é medida que se impõe diante da previsão da lei, também não se admitindo a interposição do recurso especial e/ou do recurso extraordinário na mesma situação, já que a Súmula 281 do STF[200] exige o *esgotamento da instância ordinária* para a utilização dos recursos *extremos*. Num outro modo de dizer, os recursos especial e extraordinário não podem ser interpostos quando existir recurso adequado para o ataque do pronunciamento do relator, mostrando-se as espécies *extremas* como a última tentativa de reforma da decisão judicial.

13.12.5.1.2 Multa pela utilização procrastinatória do agravo legal

Em várias outras passagens desta obra, registramos que as partes devem praticar os atos processuais com lealdade e boa-fé, e que a conduta que se distancie da regra geral pode originar a aplicação de multa pela *litigância de má-fé*, o que se acentua na matéria recursal, em vista da reiterada utilização de espécies com o intuito de postergar a entrega da prestação jurisdicional, acarretando prejuízos a uma das partes e ao próprio Poder Judiciário, como *devedor* da *resposta* necessária para eliminar o conflito de interesses que gerou o exercício do direito de ação.

A aplicação da multa pela litigância de má-fé tem previsão no art. 18, voltando-se de modo geral a todas as situações processuais, sem afastar previsões específicas, como é a multa prevista no § 2º do art. 557, incidente quando o recurso de agravo legal for considerado *procrastinatório*, gerando a imposição de penalidade pecuniária estipulada entre um e dez por cento do valor corrigido da causa.

---

199 Nesse sentido, apenas para exemplificar: "Afigura-se de pronto a erronia do manejo, quando dispõe a lei, expressamente, no contido pelo § 1º do art. 557 do CPC, qual o recurso cabível contra decisão que nega seguimento a agravo de instrumento. **Na hipótese vertente, a interposição de Agravo Regimental ao invés do recurso adequado, o de agravo legalmente previsto, reduzindo-o, pois, aos limites do recurso doméstico, apresenta-se como erro grosseiro, diante de comando legal já reportado, cujo conteúdo é claro, manifesto e preciso, a impossibilitar, daí, a aplicação do princípio da fungibilidade recursal ao caso. Demais disso, a eventual conversão do agravo regimental em recurso de agravo, na forma do art. 557 do CPC, imporia, por ato complexo, a necessidade inexorável do preparo recursal, inexistindo a possibilidade de dilação de prazo a esse preparo, em face da lógica da sistemática recursal ditada pelo art. 511 do referido Diploma Processual.** Descurando a recorrente de efetivar o preparo recursal, entendido este como um dos requisitos extrínsecos de admissibilidade dos recursos, afigurou-se erro inescusável, incompatível com a fungibilidade recursal. Agravo dito regimental não conhecido. Decisão indiscrepante" (AgRg 53645 – 6/01, 4ª Câmara Cível do TJPE, rel. Des. JONES FIGUEIRÊDO) (grifamos).

200 **Súmula 281 do STF:** "É inadmissível o recurso extraordinário, quando couber, na justiça de origem, recurso ordinário da decisão impugnada."

A imposição da penalidade deve ser fundamentada, com demonstração objetiva de aspectos do recurso que denotam a tentativa do recorrente de utilizar *remédio* processual descabido, em face dos elementos constantes dos autos. Não há uma regra rígida e absoluta para qualificar o que deve ser entendido por *agravo manifestamente inadmissível ou infundado*, como disposto no parágrafo em exame. Cada caso deve ser analisado de forma diferenciada, permitindo a conclusão (diante da subjetividade da avaliação) de que a imposição da penalidade é facultativa, não representando um dever.[201]

Se a decisão do agravo for desfavorável à Fazenda Pública, que utilizou a espécie anteriormente, com o reconhecimento do propósito procrastinatório, impõe-se o recolhimento do valor da penalidade, não se incluindo no conceito de *custas e emolumentos*, a merecer a aplicação da regra de isenção subjetiva, como visto no momento em que estudamos as questões relacionadas ao *Preparo*, no decorrer deste capítulo.[202]

13.12.6 Súmula impeditiva do recurso de apelação

A Lei nº 11.276/2006 incorporou o § 1º ao art. 518 da lei processual, com a seguinte redação:

> *"§ 1º O juiz não receberá o recurso de apelação quando a sentença estiver em conformidade com súmula do Superior Tribunal de Justiça ou do Supremo Tribunal Federal."*

A norma em exame foi criada com o propósito de **reduzir a quantidade de recursos de apelação destinados aos tribunais da federação,** prestigiando as sentenças judiciais, quando em consonância com súmula editada pelo STJ ou pelo STF, circunstância que nos aproxima do sistema do *common law*, ratificando a tese de que a jurisprudência vem assumindo papel importante na solução das questões judiciais, algumas vezes posicionando-se como *fonte primária* do direito processual.

---

201 "**A imposição da sanção prevista no artigo 557, § 2º do Código de Processo Civil é faculdade do órgão julgador, aplicável de acordo com as circunstâncias do caso concreto, não se tratando de providência obrigatória.** Precedente da Corte Especial. Não se admite a regularização da representação processual nesta instância julgadora (Súmula nº 115/STJ). Agravo regimental desprovido" (AEAEER 199970 – DF, 1ª Turma do STJ, rel. Min. DENISE ARRUDA) (grifamos).

202 "Não obstante a Fazenda Pública esteja dispensada de prévio depósito de custas e emolumentos, que serão pagos ao final pela parte vencida, a teor do disposto nos arts. 511, § 1º, e 27 do CPC, **esse privilégio não abrange a multa prevista no artigo 557, § 2º, do Estatuto Processual Civil, por se tratar de instituto de natureza diversa**" (AGA 518479 – SP, 2ª Turma do STJ, rel. Min. FRANCIULLI NETTO) (grifamos).

Em trabalho de nossa autoria,[203] realizamos o seguinte apontamento sobre o tema:

> "É sabido que os tribunais em estudo proferem *decisões paradigmáticas*, interpretando as normas constitucionais e infraconstitucionais, com o objetivo de pacificar entendimentos divergentes manifestados por diversos tribunais da federação. A Emenda Constitucional 45/2004 conferiu força complementar às súmulas editadas pelo STF, que podem assumir força vinculante, obrigando a que órgãos do Poder Judiciário e da administração direta e indireta apreciem questões com subserviência às conclusões constantes das súmulas (ver art. 103-A da CF). Mas essa não é a única demonstração de força das súmulas originadas das comentadas Cortes, bastando que se observe o teor do art. 557 da Lei de Ritos, *reformatado* desde o ano de 1998, de cujo dispositivo retiramos a conclusão de que o relator de espécies que têm curso pelos tribunais pode negar-lhes seguimento, quando concluir que a irresignação é manifestamente inadmissível, improcedente, prejudicada ou quando estiver em confronto com súmula ou com jurisprudência dominante do respectivo tribunal, do Supremo Tribunal Federal ou de Tribunal Superior. Num outro dizer, mesmo na hipótese de a súmula não ter efeito vinculante, pode servir de apoio para a prolação de decisões de negativa de seguimento a recursos, numa clara demonstração de que o legislador vem se preocupando com o volume exacerbado de processos que tramitam em todas as Cortes Estaduais e Regionais do país."

A decisão proferida pelo magistrado (que não conhece o recurso de apelação) é de natureza interlocutória, podendo ser desafiada através da interposição do recurso de agravo de instrumento, de uso garantido por força do art. 522.

A autorização legal conferida ao magistrado através do parágrafo examinado se qualifica como *pressuposto negativo de admissibilidade da apelação.* Num outro modo de dizer, o recorrente deve demonstrar o preenchimento dos requisitos gerais (tempestividade, legitimidade, preparo, interesse etc.) e que a decisão combatida não está em consonância com súmula do STJ ou do STF. Do contrário, esbarra no não conhecimento da espécie.

13.13 AGRAVO – CONSIDERAÇÕES GERAIS

O recurso de agravo é de grande utilidade na dinâmica forense, destinando-se ao ataque de decisão interlocutória proferida no curso do processo, assim enten-

---

203 MONTENEGRO FILHO, Misael. *Cumprimento da sentença e outras reformas processuais*. São Paulo: Atlas, 2006. p. 132.

dida a decisão que resolve questão pendente, causando prejuízo a uma das partes, sem pôr fim à demanda. O recurso pode ser apresentado várias vezes no processo, considerando a possibilidade de serem proferidas várias decisões interlocutórias numa só ação judicial.

O agravo é gênero, apresentando as espécies do *agravo de instrumento* e do *agravo retido*, com a ressalva de que o novo CPC suprime a última espécie. Vários outros recursos alinhados no CPC e nos Regimentos dos tribunais apresentam nomenclatura semelhante à do agravo, bastando citar os seguintes *remédios* processuais:

a) *agravo legal* (§ 1º do art. 557), adequado para o combate de decisão isolada proferida pelo relator do recurso no âmbito do tribunal que: 1) nega-lhe seguimento por considerá-lo inadmissível ou prejudicado; 2) aprecia o seu mérito – também isoladamente – concluindo pela sua improcedência; 3) dá provimento à espécie por constatar que a decisão combatida está em manifesto confronto com súmula ou com jurisprudência dominante do Supremo Tribunal Federal ou de Tribunal Superior;

b) *agravo para destrancamento do recurso especial e/ou do recurso extraordinário* (art. 544), quando as espécies não forem remetidas ao STF ou ao STJ, pelo fato de a presidência do *tribunal local* declarar que o recorrente não teria preenchido requisito geral ou específico de admissibilidade (tempestividade, interesse, legitimidade, prequestionamento etc.);

c) *agravo* do art. 545, adequado para o combate de decisão do relator no âmbito do STJ ou do STF que não admite o agravo interposto para *destrancar* o recurso especial ou o recurso extraordinário que por sua vez teve o seu seguimento negado pela presidência do *tribunal local*, que negar-lhe provimento ou que reformar o acórdão recorrido;

d) *agravo regimental*, previsto em quase todos os Regimentos Internos dos Tribunais Estaduais, Tribunais Regionais e Tribunais Superiores, geralmente voltando-se ao combate de decisão do Presidente ou do Vice-Presidente do Tribunal, Presidentes das Seções Cíveis, das Câmaras, ou ainda do relator, de que não caiba outro recurso.[204]

---

[204] Apenas para exemplificar, transcrevemos dispositivos inseridos nos regimentos de alguns tribunais: a) **art. 200 do RITJRJ**: "A parte que, em processo judicial ou administrativo, se considerar agravada, por decisão do Presidente ou dos Vice-Presidentes do Tribunal, Presidente da Seção Criminal ou das Câmaras, ou ainda do Relator, de que não caiba outro recurso, poderá, no prazo de 05 (cinco) dias, contados de sua intimação por publicação no órgão oficial, requerer a apresentação do feito em mesa, a fim de que o Órgão julgador conheça da decisão, confirmando-a ou reformando-a"; b) **art. 252 do RITJPE**: "Das decisões do Presidente do Tribunal, dos presidentes dos seus órgãos fracionários, do Presidente do Conselho da Magistratura e dos relatores caberá agravo nos termos deste regimento, dentro de cinco dias a contar de sua ciência"; c) **art. 228 do RITRF da 5ª Região**: "A parte que se considerar agravada por decisão do Presidente do Tribunal, de Turma ou de Relator, poderá requerer, dentro de 5 (cinco) dias, a apresentação do feito em mesa, para que o Plenário ou a Turma sobre eles se pronuncie, confirmando-a ou reformando-a."

O agravo do art. 522, objeto de nossas atenções, é o único, dentre os apresentados, que é interposto contra decisões proferidas no 1º Grau de Jurisdição (por juiz de direito da Justiça Comum Estadual, ou por juiz federal),[205] sendo as demais espécies destinadas ao combate de decisões proferidas pelos integrantes da instância recursal.

Como anotado na introdução desta seção, é necessário que o interessado demonstre ter sofrido prejuízo com a decisão, sob pena de ser caracterizada como *despacho*, sem que possa ser combatido, em face da inexistência de interesse recursal.

Apenas de forma ilustrativa, listamos alguns pronunciamentos judiciais que podem ser atacados pelo recurso de agravo, representando *decisões interlocutórias*:

a) deferimento ou indeferimento de liminares em ações cautelares;
b) deferimento ou indeferimento de liminares em ações possessórias;
c) deferimento ou indeferimento de antecipações de tutela;
d) decisão que indefere o ingresso do terceiro no processo, em qualquer das modalidades de intervenção de terceiros (nomeação à autoria, denunciação da lide, assistência, oposição e chamamento ao processo);
e) decisões proferidas no curso da audiência de instrução e julgamento, geralmente sobre matéria probatória, como as que indeferem a ouvida de testemunha arrolada pela parte; que negam a tomada do depoimento pessoal da outra parte; que vedam a juntada de documentos etc.;
f) decisões proferidas no curso da audiência preliminar, sobressaindo a fixação de pontos controvertidos em contraposição ao interesse de uma das partes; o indeferimento da produção de uma prova etc.;
g) decisões que julgam incidentes processuais, como as proferidas nas impugnações ao valor da causa, nas exceções de incompetência relativa, nos incidente de falsidade etc.;
h) decisões que determinam o desentranhamento de documentos dos autos;
i) decisões que rejeitam preliminares suscitadas pelo réu na contestação;
j) decisão de atualização de cálculos no curso da execução;[206]

---

[205] **"O agravo de instrumento, previsto no art. 522 do Código de Processo Civil, está adstrito à instância ordinária.** O cabimento do agravo de instrumento para o Supremo Tribunal Federal e para o Superior Tribunal de Justiça encontra-se disciplinado no art. 544, *caput*, do mesmo Código, apenas quando não admitido o recurso extraordinário ou o recurso especial. 2. Agravo improvido" (AGA 563902 – ES, 2ª Turma do STJ, rel. Min. CASTRO MEIRA) (grifamos).

[206] Algumas Súmulas foram editadas para confirmar o cabimento do recurso de agravo em situações concretas, como percebemos através da transcrição dos seguintes enunciados: **Súmula 118 do STJ:** "O agravo de instrumento é o recurso cabível da decisão que homologa a atualização do cálculo da liquidação"; **Súmula 10 do 1º TACivSP:** "O agravo é o recurso cabível contra o ato judicial que, em execução por título extrajudicial, homologa cálculo do contador"; **VI ENTA 5:** "Não cabe apelação contra julgamento de cálculo no curso da execução, haja vista que, como se sabe, antecede a execução."

k) decisões que fungibilizam ações judiciais, transformando uma em outra;
l) decisões que deferem, em favor de uma das partes, o levantamento de dinheiro sem prestação de caução;
m) decisões que determinam a prestação de caução;
n) decisões que indeferem liminarmente a reconvenção;[207]
o) decisões, proferidas em processo de inventário, que deferem a habilitação de herdeiro ou que o exclui do processo; que defere a expedição de alvará para a venda de um dos bens inventariados quando havia requerimento de um dos herdeiros em sentido contrário etc.;
p) decisões que deferem ou indeferem a realização de perícia judicial; que indeferem a apresentação de quesitos suplementares;
q) decisão que indefere o pedido de adiamento de audiência formulado por uma das partes, devidamente fundamentado no art. 453;
r) decisão que indefere a contradita de testemunha;
s) decisão que exclui uma das partes do processo, reconhecendo a sua ilegitimidade passiva;[208]
t) decisão que decreta a revelia do réu;
u) decisão que julga a liquidação de sentença (art. 475-H);
v) decisão que desata a impugnação oposta pelo executado na fase de execução fundada em título executivo judicial (§ 3º do art. 475-M).

13.13.1 Objetivo do recurso de agravo

Em todas as situações referidas na seção anterior, percebemos que o recurso de agravo combate decisão que delibera sobre a dinâmica do processo, de aspectos formais, não se confundindo com as questões de mérito. Mesmo no caso que envolve a antecipação da tutela, que de certo modo posiciona-se antecipadamente sobre a questão *de fundo* (o direito do autor de obter autorização para a realização de procedimento cirúrgico, o direito do autor de obter decisão judicial que determine a retirada do seu nome do SPC ou do SERASA, por exemplo), notamos que o combate ao pronunciamento centra-se na alegação de que os requisitos do art. 273 não teriam sido preenchidos.

---

[207] Nesse sentido: **IV ENTA 58:** "O agravo de instrumento é o recurso adequado contra as decisões que julgam a impugnação ao valor da causa, que apreciam a incompetência relativa e que liminarmente indeferem a reconvenção."

[208] "**A decisão que exclui do processo um dos litisconsortes, sob o fundamento de ilegitimidade passiva *ad causam*, é impugnável por meio de agravo**, uma vez que não põe termo à relação processual" (REsp 364339 – SP, 1ª Turma do STJ, rel. Min. HUMBERTO GOMES DE BARROS) (grifamos).

A decisão que indefere a ouvida de testemunha tempestivamente arrolada pela parte que tinha interesse na produção da prova é processual; a que indefere a juntada de documentos aos autos apresenta a mesma característica, assim como todas as demais decisões de natureza interlocutória.

A compreensão do fato é importante para permitir a conclusão de que o objetivo primordial do recurso de agravo é o de *invalidar* a decisão interlocutória, sob a alegação de que teria infringido disposições do CPC, da CF ou de legislação esparsa, geralmente com o propósito de determinar o retorno ao *status quo ante*, ou seja, à situação processual verificada antes da prolação da decisão combatida, invalidando, além dela, todos os atos subsequentes, em respeito à teoria do fruto da árvore envenenada.

Num exemplo singelo, quando o magistrado preside a audiência de instrução e julgamento sem permitir a produção da prova testemunhal anteriormente proposta pela parte, fundamental para a formação do seu convencimento, cerceia o direito de defesa da parte, comprometendo a validade do processo desse momento em diante, inclusive a sentença de mérito, que poderia ter sido proferida de outra forma, se a ouvida da testemunha tivesse sido admitida.

É por essa razão que o recurso de agravo é conhecido antes da apelação, considerando que o seu julgamento pode tornar sem objeto o recurso principal, quando conhecido e provido (art. 559 e parágrafo único).[209] O reconhecimento de que o magistrado deveria ter tomado o depoimento de testemunha arrolada pela parte invalida a relação processual dali por diante, inclusive a sentença prolatada, não se justificando a apreciação do seu acertamento (ou não), em termos de *justiça* do pronunciamento.

Assim é que o recurso de agravo tem por objetivo denunciar *error in procedendo*, ou questões processuais, de forma do processo, de rigor pretendendo *invalidar* o pronunciamento interlocutório em vista da sua nulidade.

13.13.2 Agravo retido e agravo de instrumento

Como afirmamos em passagem anterior, o agravo é gênero, apresentando o *agravo retido* e o *agravo de instrumento* como espécies. A matéria analisada nesta seção sofreu modificação legislativa com a aprovação da Lei nº 11.187/2005, repercutindo na redação dos arts. 522, 523 e 527.

Antes da modificação em estudo, diante de decisão de natureza interlocutória, a parte podia (mera faculdade) fazer uso do recurso de agravo de instrumento ou do

---

209 "Art. 559. A apelação não será incluída em pauta antes do agravo de instrumento interposto no mesmo processo. Parágrafo único. Se ambos os recursos houverem de ser julgados na mesma sessão, terá precedência o agravo."

agravo retido. Após a reforma, o CPC prevê que as decisões interlocutórias, como regra, devem ser combatidas através do **agravo retido**, remanescendo o uso do agravo de instrumento apenas quando o pronunciamento tiver o condão de causar à parte *lesão grave e de difícil reparação*, justificando a interposição do recurso no tribunal, para que o relator aprecie o requerimento de atribuição do efeito suspensivo ou de antecipação da tutela recursal formulado pelo prejudicado, sem descuidar da possibilidade de uso da espécie para combater decisão que nega seguimento à apelação ou que delibera a respeito dos efeitos em que é recebida.

A modificação apresenta função *terapêutica,* na tentativa de resolver o problema da acentuada e crescente interposição de agravos de instrumento em todas as instâncias recursais do país, causando evidente prejuízo para a função jurisdicional, que é *emperrada* em vista da grande quantidade de agravos de instrumento interpostos.

Assim, como primeira premissa, advertimos que, diante da decisão interlocutória, o prejudicado deve fazer uso do agravo retido (como regra), só interpondo o de instrumento quando situações de urgência e de relevância o permitirem, exigindo-se do recorrente que faça a demonstração da ocorrência dos fatos na peça recursal protocolada junto ao tribunal, sob pena de o relator converter o agravo de instrumento em agravo retido, conforme previsão do inciso II do art. 527,[210] de igual modo modificada pela legislação citada, decisão que só é passível de reforma por ocasião do julgamento do agravo, salvo se o próprio relator a reconsiderar, como textualizado no parágrafo único do artigo informado em linhas anteriores.

Além de o agravo de instrumento poder ser interposto contra decisões que apresentam o condão de causar à parte lesão grave e de difícil reparação, o CPC, de igual modo, autoriza o uso da espécie para combater a decisão de **inadmissão da apelação**, bem como pronunciamento que delibera a respeito dos **efeitos em que a apelação é recebida** (atribuição de efeito suspensivo, quando o apelo deveria ter sido recebido tão somente no efeito devolutivo, por exemplo).

De forma ilustrativa, com as atenções voltadas para a dinâmica forense, podemos ilustrar o cabimento do agravo de instrumento diante das seguintes decisões judiciais, admitindo-se a ampliação do rol ou sua redução, a depender das circunstâncias de cada caso concreto:

a) para o combate de decisão que defere ou que indefere liminares no curso da ação cautelar e antecipações de tutela em ações em geral;

b) para o combate de decisão que defere ou que indefere liminares nas ações possessórias;

---

[210] Com a seguinte redação: "Art. 527. *Omissis*. II – converterá o agravo de instrumento em agravo retido, salvo quando se tratar de decisão suscetível de causar à parte lesão grave e de difícil reparação, bem como nos casos de inadmissão da apelação e nos relativos aos efeitos em que a apelação é recebida, mandando remeter os autos ao juiz da causa; *omissis*."

c) para o combate de decisão interlocutória que decreta a prisão civil do réu em ação de execução de alimentos;

d) para o combate de decisão interlocutória que decreta a prisão civil do executado na ação de execução, por suposta infidelidade do depósito do bem penhorado, o que contraria a Súmula Vinculante 25 do STF;

e) para o combate de decisão interlocutória que nega a pretensão de retirada do nome do autor de cadastro pejorativo, circunstância que restringe seu crédito na praça, impedindo a realização de compras a prazo.

Nos casos estudados, encontramo-nos diante de pronunciamentos *traumáticos* para a parte, justificando o uso de *remédio* processual, que possibilita pronta resposta em favor do agravante, consubstanciada na atribuição de efeito suspensivo ao recurso (para suspender os efeitos da própria decisão atacada) ou na concessão de tutela antecipada recursal.

Quer-nos parecer que o uso do agravo de instrumento ou do agravo retido depende do exame da *necessidade* da parte. Se esta for imediata, real e concreta, o uso do agravo de instrumento é autorizado. Em caso contrário, a parte pode se contentar com o uso do agravo retido, que deve ser interposto para evitar a preclusão da matéria, sem necessidade de obtenção de resposta jurisdicional imediata, para suspender os efeitos do pronunciamento atacado.

Além da necessidade, a decisão deve ser analisada no aspecto do *prejuízo*. Se o pronunciamento apresenta o condão de causar prejuízo imediato ao agravante (*lesão grave e de difícil reparação,* segundo a previsão do art. 522), a interposição do agravo de instrumento é autorizada. Se o prejuízo for apenas hipotético, o caso concreto demanda a utilização do agravo retido, que só é conhecido e julgado por ocasião do enfrentamento da apelação, como matéria preliminar e prejudicial ao julgamento do recurso principal,[211] desde que remanesça interesse e objeto no comentado instante, e se o agravante reiterou suas razões como preliminar da apelação (art. 523).[212]

O último comentário merece acréscimo de considerações. Com as atenções voltadas para exemplo extraído da dinâmica forense, perceba a situação do autor de determinada ação judicial de rito comum ordinário que apresentou o rol de testemunhas dez dias antes da audiência de instrução e julgamento, com a pretensão de que a prova oral fosse produzida, que, na sua compreensão, seria necessária para a formação do convencimento do magistrado.

Não obstante a providência adotada pelo autor, o juiz nega a ouvida da testemunha, através de decisão interlocutória proferida na abertura da audiência de

---

211 "Art. 559. A apelação não será incluída em pauta antes do agravo de instrumento interposto no mesmo processo. Parágrafo único. Se ambos os recursos houverem de ser julgados na mesma sessão, terá precedência o agravo."

212 "Art. 523. Na modalidade de agravo retido o agravante requererá que o tribunal dele conheça, preliminarmente, por ocasião do julgamento da apelação."

instrução e julgamento, forçando o prejudicado a interpor o recurso de agravo retido, necessariamente na sua forma oral, como determinado pelo § 3º do art. 523.

Para surpresa do autor, o magistrado julga a ação pela procedência dos pedidos, evidenciando que a formação do seu convencimento foi realizada através da produção de outras espécies de prova, de fato não se revelando necessária a ouvida das testemunhas arroladas.

É evidente que o autor não tem mais interesse na apreciação do recurso de agravo retido anteriormente interposto, sendo suficiente que não suscite a questão como matéria preliminar das contrarrazões a serem oferecidas em resposta ao recurso de apelação que seja interposto pelo réu, evidenciando a desistência tácita do recurso de agravo retido.

Quando o magistrado defere liminar em favor do autor de ação possessória, obrigando o réu a desocupar o imóvel objeto da demanda, este deve interpor o recurso de agravo de instrumento, requerendo ao relator da espécie que lhe atribua efeito suspensivo, impedindo a consumação da imissão do autor na posse do bem disputado.

A interposição do agravo retido, nesse caso, nenhum resultado processual imediato produziria em favor do réu, impondo-lhe o dever de ter de aguardar pelo julgamento do recurso de apelação para somente nesse instante assistir à apreciação do agravo, como questão prejudicial ao recurso principal, afastando-se do bem durante todo o tempo que medeia o deferimento da liminar e o conhecimento do recurso de agravo retido pelo tribunal.

O agravo de instrumento deve ser apenas interposto quando a decisão interlocutória puder causar **prejuízo imediato** ao agravante, necessitando de pronunciamento judicial imediato para debelar os efeitos do pronunciamento, através da aplicação do inciso III do art. 527,[213] mediante a atribuição de efeito suspensivo ao *remédio* processual ou da concessão da tutela antecipada recursal, sobrestando os efeitos da decisão impugnada ou concedendo o denominado *efeito ativo*, a merecer estudo destacado em seguida.

Se o prejuízo que gera a interposição do recurso é apenas potencial (pelo menos no momento da interposição), o agravante *deve* interpor o agravo retido, porque não necessita de decisão que suspenda os efeitos do pronunciamento atacado.

Deve interpor o recurso para evitar a preclusão da matéria, mas a decisão, por si só, não produz efeitos prejudiciais imediatos ao recorrente. Em algumas situações, o prejuízo que a parte imaginou suportar nem chega a se concretizar. Apenas para exemplificar, observe a situação em que a parte é surpreendida com decisão do juiz que indefere a ouvida de testemunha tempestivamente arrolada, entendendo o prejudicado que a ouvida em exame seria fundamental para a instrução do processo,

---

213 "Art. 527. Recebido o agravo de instrumento no tribunal, e distribuído *incontinenti*, o relator: *Omissis*; III – poderá atribuir efeito suspensivo ao recurso, ou deferir, em antecipação de tutela, total ou parcialmente, a pretensão recursal, comunicando ao juiz sua decisão; *omissis*."

e que sem a produção da prova não conseguirá ratificar a veracidade das alegações constantes da peça inicial ou da contestação.

Não obstante a não ouvida da testemunha, a parte acaba logrando êxito no processo, não se confirmando os prejuízos que imaginava suportar. Esse é um exemplo clássico que justifica a interposição do agravo retido contra a decisão judicial, não do agravo de instrumento.

Na situação em que a parte interpõe o agravo de instrumento quando era caso de utilização do agravo retido, porque não há demonstração da possibilidade de suportar prejuízo imediato, o relator *transforma o agravo de instrumento em* agravo retido, remetendo-o ao 1º Grau de Jurisdição, onde será processado, permanecendo no aguardo da interposição da apelação para ser reiterado e conhecido pela instância recursal como preliminar desse (inciso II do art. 527).[214]

A decisão do relator é interlocutória e monocrática (decisão isolada, não sendo proferida por órgão colegiado), não dando ensejo à interposição de qualquer recurso, como dispõe o parágrafo único do art. 527, com o qual não simpatizamos, abrindo oportunidade para a impetração do mandado de segurança, segundo entendemos.

Com as atenções voltadas para o novo CPC, percebemos que o agravo retido foi suprimido, estabelecendo o seu texto que as questões resolvidas por decisões interlocutórias (exceto as que versarem sobre tutelas de urgência ou da evidência, sobre o mérito da causa, as que forem proferidas na fase de cumprimento da sentença ou no processo de execução e em outros casos específicos) proferidas antes da sentença não ficam acobertadas pela preclusão, podendo ser impugnadas pela parte, em preliminar, nas razões ou contrarrazões de apelação.

13.13.2.1 Agravo retido escrito e agravo retido oral

Compreendido que a *forma* do ato refere-se à sua apresentação ou aparência no *mundo* dos autos, conforme premissas alinhadas no Capítulo 5, *Atos processuais,* no volume 1 desta obra, registramos que o agravo retido (como espécie do gênero agravo) admite as formas (de interposição) *escrita* e *oral,* a primeira destinada ao combate de decisões interlocutórias proferidas na audiência de tentativa de conciliação e na audiência preliminar, além de pronunciamentos escritos do magistrado, remanescendo a segunda subespécie para o ataque a decisões proferidas no curso da audiência de instrução e julgamento.

---

214 "Art. 527. Recebido o agravo de instrumento no tribunal, e distribuído *incontinenti*, o relator: *Omissis*; II – converterá o agravo de instrumento em agravo retido, salvo quando se tratar de decisão suscetível de causar à parte lesão grave e de difícil reparação, bem como nos casos de inadmissão da apelação e nos relativos aos efeitos em que a apelação é recebida, mandando remeter os autos ao juiz da causa; *omissis*."

A matéria em estudo sofreu modificação legislativa através da aprovação da Lei nº 11.187, de 19-10-2005, com a previsão de que a decisão proferida durante a audiência de instrução e julgamento deve ser **necessariamente** atacada através do **agravo retido oral**, exigindo a lei que as suas razões sejam apresentadas na própria audiência, que constarão do seu termo.

Para tanto, o advogado da parte deve solicitar a palavra ao magistrado, para exposição das comentadas razões, quase sempre se apoiando na alegação do cerceamento do direito de defesa, fazendo referência expressa ao inciso LV do art. 5º da Carta Magna, para *forrar* a posterior interposição do recurso extraordinário, preenchendo o requisito do prequestionamento, que é específico para a comentada espécie recursal.

O que pretendemos afirmar é que a decisão proferida pelo magistrado na audiência de instrução e julgamento quase sempre se refere a um aspecto da prova judicial, com a indicação de que indefere a tomada do depoimento pessoal da parte contrária, de que não permite a ouvida da testemunha conduzida ao ato pela parte, de que não defere a juntada de documentos aos autos etc. Em todos os exemplos, verificamos que os pronunciamentos em tese acarretam o cerceamento do direito de defesa do prejudicado, tornando quase uniformes as razões do agravo retido oral.

Deparando a parte com decisão interlocutória proferida na audiência de instrução e julgamento, sem combatê-la naquele instante, assistirá à preclusão da matéria, em face da redação do § 3º do art. 523, que tem o seguinte teor:

> *"§ 3º Das decisões interlocutórias proferidas na audiência de instrução e julgamento caberá agravo na forma retida, devendo ser interposto oral e imediatamente, bem como constar do respectivo termo (art. 457), nele expostas sucintamente as razões do agravante."*

As duas subespécies (agravo retido escrito e agravo retido oral) devem apresentar os argumentos fáticos e jurídicos e o pedido de reforma da decisão judicial, para sua invalidação, além do pedido de exercício do *juízo de retratação*, que será analisado pelo magistrado durante a própria audiência de instrução e julgamento (no caso do agravo retido oral), ou fora dela (no caso do agravo retido escrito).

Deparando o magistrado com a possibilidade de revogar a decisão, deve abrir vista dos autos ao agravado, para que ofereça impugnação, sob pena de caracterização do cerceamento do direito de defesa,[215] em respeito ao comando constitucional e ao *princípio da bilateralidade da audiência*, assunto estudado no Capítulo 11, *Das provas.*

---

215 **"Constitui cerceamento do direito de defesa a não abertura de vista ao agravado para impugnação do agravo retido, mormente quando resta patenteado o prejuízo sofrido em face do acolhimento daquele recurso pelo Tribunal estadual *ad quem*"** (REsp 296075-RS, 4ª Turma do STJ, rel. Min. ALDIR PASSARINHO) (grifamos).

As duas subespécies **não reclamam o recolhimento das custas recursais**, sendo hipóteses de **isenção objetiva** (determinada pela espécie utilizada), de nada importando a condição da pessoa que faz uso do *remédio* processual, como também não reclamam o *traslado* (reprodução e juntada de alguns documentos), pelo fato de o recurso ser interposto nos próprios autos da ação originária (ação de indenização por perdas e danos, por exemplo), não se justificando a reprodução de documentos que se encontram no processo.

13.13.2.2 Dinâmica do agravo retido

A dinâmica procedimental do agravo retido é simples, quer se trate da subespécie oral ou da escrita, com a advertência de que, após a sua apresentação perante o juízo que processa a causa, deve ser oportunizado à parte contrária o direito de apresentar a impugnação, no prazo de dez dias (no caso da impugnação ao agravo retido escrito, considerando que o oral é impugnado na própria audiência de instrução e julgamento, em respeito ao princípio da isonomia), não contando com o benefício da contagem do prazo em dobro, como ocorre na ação que envolve litisconsortes com diferentes procuradores (art. 191).

Após a concessão de prazo para o oferecimento da impugnação, com ou sem ela, o magistrado pode reformar ou manter o pronunciamento, situação que determina a permanência do recurso nos autos, para posterior apreciação pela instância recursal. O exercício do *juízo de retratação positivo* reclama que a decisão nesse sentido seja fundamentada, em respeito ao inciso IX do art. 93 da CF, textual em exigir que todos os pronunciamentos judiciais sejam fundamentados, sob pena de nulidade.

Se o juízo de retratação for negativo, com a consequente manutenção da decisão atacada, situação vista com maior frequência na dinâmica forense, o recorrente deve reiterar as razões do recurso como preliminar da apelação, reservando espaço nessa peça para reproduzir os argumentos que fundamentaram a interposição do agravo retido, sob pena de se interpretar que não tem mais interesse no seu conhecimento, pelo fato de o prejuízo imaginado no instante da interposição não ter sido confirmado.

Exemplo ilustrativo pode ser extraído da situação que envolve a interposição do agravo retido contra decisão que impediu a ouvida de testemunha em audiência. Não obstante a negativa, para a surpresa da parte, depara com sentença que lhe é favorável, revelando que a ouvida da testemunha não era necessária para a formação do convencimento do julgador. Isto ocorrendo, basta que a parte silencie a respeito da anterior interposição da espécie recursal, no momento em que for intimada para oferecer as contrarrazões ao recurso interposto pelo seu adversário.

13.13.2.3 Traslado de peças no agravo de instrumento

Conforme considerações esposadas quando do estudo dos *Requisitos formais no agravo de instrumento*, no curso deste capítulo, a espécie exige que junte documentos considerados *essenciais* à peça de interposição, resultando a negativa de seguimento da espécie quando não presentes nos autos. O rol dos documentos está no art. 525, dizendo respeito às **procurações** outorgadas aos advogados das partes, à **decisão combatida** e à **certidão da sua intimação**, para comprovar a tempestividade do recurso.

Parte expressiva da jurisprudência,[216] à qual anuímos, afirma que a ausência da certidão de intimação da decisão recorrida deve ser relevada quando for possível atestar a tempestividade do *remédio* processual através da análise de outros documentos constantes dos autos, como na situação em que a interposição do recurso é efetivada em menos de dez dias da data da prolação da decisão combatida.

Entendemos que a finalidade da norma é a de garantir a certificação da tempestividade do recurso, apresentando-se como requisito de admissibilidade de todas as espécies, de modo que a finalidade é alcançada por outra via – diferente da exibição do documento específico –, aplicando-se à matéria o *princípio da instrumentalidade das formas*, corolário da máxima do *pas de nulitté sans grief*.

Com as atenções voltadas para o novo CPC, percebemos que o seu texto exige a juntada da certidão da intimação da decisão ou de *outro documento oficial que comprove a tempestividade*.

Os documentos são apresentados em cópias, entendendo a maioria da jurisprudência que a lei não exige a autenticação, já que a providência não é requisito específico da espécie recursal.[217]

O entendimento em exame foi ratificado pela Lei nº 11.382/2006, responsável pelo acréscimo de inciso ao art. 365, apresentando a seguinte redação:

> *"Art. 365. Fazem a mesma prova que os originais: Omissis. IV – as cópias reprográficas de peças do próprio processo judicial declaradas autênticas pelo próprio advogado sob sua responsabilidade pessoal, se não lhe for impugnada a autenticidade".*

No que se refere às cópias das procurações outorgadas aos advogados das partes, é necessário examinarmos a situação em que a procuração do advogado da parte

---

216 "**Embora a certidão de publicação da decisão agravada constitua peça obrigatória na instrução do agravo de instrumento (art. 525 do CPC), a sua ausência pode ser relevada quando patente a tempestividade do recurso**, hipótese caracterizada na espécie. Precedentes. Recurso especial conhecido e provido" (REsp 573065 – RS, 4ª Turma do STJ, rel. Min. FERNANDO GONÇALVES) (grifamos).

217 "**A autenticação de peças, segundo a jurisprudência da Corte, não é requisito de admissibilidade do agravo de instrumento**" (REsp 401586 – RJ, 3ª Turma do STJ, rel. Min. CARLOS ALBERTO MENEZES DIREITO) (grifamos).

agravada não consta nos autos, porque ainda não constituído no processo, não tendo sido o seu constituinte sequer citado para a apresentação da defesa.

Isso ocorre quando a decisão agravada é proferida no início do processo, bastando pensarmos na situação em que o autor propõe a ação pleiteando a concessão de liminar ou de antecipação de tutela, e o magistrado nega a pretensão. Como consequência, o autor interpõe o recurso de agravo de instrumento, requerendo que o tribunal lhe atribua o chamado *efeito ativo*, ou seja, conceda a liminar negada na instância monocrática, caracterizando a decisão judicial como espécie de tutela antecipada recursal, total ou parcial.[218]

Observe que o réu ainda não foi citado para apresentar a defesa, o que impede o agravante de juntar o instrumento procuratório do advogado do agravado aos autos, porque sequer consta no processo. O agravante não pode apenas informar o fato ao tribunal, no momento em que interpõe o recurso de agravo de instrumento, afirmando que deixa de juntar a procuração ao recurso porque esta ainda não consta do processo judicial.

Deve juntar certidão fornecida pela secretaria do juízo pelo qual o processo tramita no 1º Grau de Jurisdição,[219] para suprir a inexistência da procuração, atestando que o réu ainda não constituiu advogado nos autos, porque ainda não citado. Atentos ao novo CPC, percebemos que, na situação em estudo, o agravante terá de juntar certidão ao recurso de agravo de instrumento, *que ateste a inexistência de qualquer dos documentos referidos no inciso I deste artigo, a ser expedida pelo cartório no prazo de vinte e quatro horas, independentemente do pagamento de qualquer despesa*.

Além dos documentos considerados *essenciais*, o agravante pode fundamentar as razões do recurso com outros documentos, sendo *facultativos*. Se esses documentos são referidos pelo recorrente, sem serem juntadas aos autos, não é de se impor o não conhecimento do recurso em vista da omissão.

---

218 A modificação realizada no inciso III do art. 527, para possibilitar o deferimento da tutela antecipada recursal em favor do recorrente é comentada com maestria por CRUZ E TUCCI, nos seguintes termos: "Curvando-se então à orientação que acabou vingando na praxe do foro, a nova reforma agora expressamente autoriza a dação de efeito ativo ao agravo, consistente na antecipação, total ou parcial, da eficácia da pretensão recursal" (TUCCI, José Rogério Cruz e. *Lineamentos da nova reforma do CPC*. 2. ed. São Paulo: Revista dos Tribunais, 2002. p. 119).

219 "É de responsabilidade do agravante a formação do instrumento de agravo, obedecendo às exigências dispostas no artigo 525, do Código de Processo Civil. A simples leitura do dispositivo legal em comento aponta para a cópia da procuração outorgada ao advogado do agravado, imprescindível à formação do agravo de instrumento. A referida peça é exigida expressamente no inciso I do artigo 525 do CPC, que elenca o rol denominado pela doutrina de 'peças obrigatórias' na instrução do agravo. **Saliente-se que a possível ausência do instrumento procuratório do recorrido nos autos principais deve ser comprovada pelo agravante, mediante certidão, no ato da interposição do agravo.** Agravo regimental improvido" (AGREsp 501260 – RS, 1ª Turma do STJ, rel. Min. FRANCISCO FALCÃO) (grifamos).

Entendemos que, se a peça for indispensável à compreensão da controvérsia, o tribunal deve ensejar à parte a possibilidade de complementar a formação do instrumento através da juntada dos documentos, fixando o prazo de cinco dias para a adoção da providência. Da mesma forma, o tribunal pode solicitar o envio das peças pretendidas ao juízo do 1º Grau de Jurisdição.

A flexibilidade do procedimento não é estendida às peças obrigatórias (procurações, cópia da decisão agravada e da certidão de sua intimação, com o aproveitamento dos comentários feitos em passagem anterior acerca do último documento), embora se registre entendimento nesse sentido,[220] com o qual não concordamos, em vista da literalidade do art. 525, que exige a perfeição da formação do agravo, no que toca aos documentos *essenciais*, no ato da interposição da espécie.

13.13.2.3.1 Dinâmica do agravo de instrumento

O recurso de agravo de instrumento é interposto no prazo de dez dias (de quinze, na sistemática do novo CPC), se a parte não é agraciada pela contagem do prazo em dobro, diretamente junto ao tribunal competente, através de petição, que deve preencher os requisitos formais do art. 524, sobressaindo a indicação do endereço profissional dos advogados do agravado, para aperfeiçoamento da sua intimação, permitindo que ofereça a impugnação.

Após o protocolo da peça recursal junto ao tribunal, acompanhada do comprovante de recolhimento das custas recursais, providenciada a sua distribuição, os autos seguem conclusos ao relator para que prolate o primeiro pronunciamento, devendo:

a) **negar seguimento ao recurso**, quando concluir pelo não preenchimento de requisito geral (tempestividade, preparo, legitimidade, interesse etc.) ou de requisito específico (ausência de documento essencial, por exemplo), representando decisão interlocutória, contra a qual é cabível a interposição do recurso de agravo, previsto no § 2º do art. 557, que deve ser apresentado no prazo de cinco dias após a publicação da decisão no *Diário da Justiça*;

b) **converter o agravo de instrumento em agravo retido**, remetendo-o ao juízo do 1º Grau de Jurisdição, para que seja processado como tal, quando

---

220 "Cabe ao Tribunal oportunizar à parte a juntada das peças reputadas necessárias (art. 525, I CPC), decidindo, a seguir, como entender de direito. Recurso especial conhecido e provido" (REsp 556681 – PR, 4ª Turma do STJ, rel. Min. FERNANDO GONÇALVES, j. 3.2.2004, *DJ* 16.2.2004, p. 272). Em contraposição ao entendimento em destaque, transcrevemos julgado da lavra do STJ com o qual concordamos na sua inteireza: "**No sistema da Lei nº 9.139/97, não há espaço, nas instâncias ordinárias, para a correção de eventuais falhas na formação do instrumento, dado que o art. 525, I, do CPC, alterado por aquele diploma legal, encerra norma de caráter cogente**. Precedentes do STJ. Embargos acolhidos" (EREsp 136399 – PR, Corte Especial, rel. Min. FERNANDO GONÇALVES) (grifamos).

reconhecer que não era caso de interposição da primeira espécie, em vista da ausência da demonstração de lesão grave e de difícil reparação pelo agravante, evidenciando questão que envolve dano potencial;

c) **atribuir efeito suspensivo ao recurso**, quando demonstrada a possibilidade de o recorrente suportar lesão grave e de difícil reparação, comunicando o inteiro teor da decisão recursal ao juiz da causa, qualificando-se o pronunciamento como decisão interlocutória, somente sendo passível de reforma por ocasião do julgamento do agravo, salvo se o próprio relator a reconsiderar;

d) **negar o efeito suspensivo solicitado pelo recorrente**, quando não se convencer da procedência das alegações que apoiam o pleito de suspensividade da decisão combatida;

e) **conceder tutela antecipada recursal em favor do agravante**, correspondendo ao *efeito ativo* do recurso, assunto estudado em linhas seguintes;

f) **determinar que o juiz da causa preste informações no prazo de dez dias**, sendo prazo *impróprio*, de modo que não se impõe – necessariamente – o desprezo das informações quando prestadas fora do prazo;

g) **determinar a intimação da parte agravada**, por ofício dirigido ao seu advogado, sob registro e com aviso de recebimento, abrindo em seu favor o prazo de dez dias para a apresentação da impugnação, para defender o não conhecimento ou o improvimento do agravo, sendo-lhe facultada a juntada de documentos, com a ressalva de que, nas comarcas sede de tribunal e naquelas em que o expediente forense for divulgado no *Diário Oficial*, a intimação é feita mediante publicação no órgão oficial. Se o agravado for o Ministério Público, ou se estiver assistido pela Defensoria Pública, a intimação deve ser pessoal;[221]

h) **determinar a abertura de *vista* dos autos ao representante do Ministério Público**, nas hipóteses do art. 82.

Após a adoção das providências anteriormente destacadas, não tendo o magistrado que prolatou a decisão combatida exercido o juízo de retratação (o que imporia a perda do objeto do agravo), o relator solicita dia para julgamento do recurso, no prazo não superior a 30 dias da intimação do agravado (art. 528), prazo que é *impróprio*, de modo que o julgamento do recurso após a dilação prevista em lei não acarreta qualquer nulidade ou outra consequência processual.

O julgamento do recurso deve ser antecedido da inclusão do feito em pauta, com publicação procedida no mínimo 48 horas antes da sessão, sob pena de nulidade

---

[221] Sobre o tema transcrevemos o § 2º do art. 206 do RITJRJ: "§ 2º – Quando a parte agravada for o Ministério Público ou assistida pela Defensoria Pública, as intimações para responder serão realizadas na pessoa dos respectivos representantes dos órgãos de atuação em exercício no segundo grau de jurisdição."

do julgamento, exceto se as partes tiverem comparecido espontaneamente ao ato (Súmula 117 do STJ).[222] A publicação em referência objetiva proporcionar o comparecimento das partes e de seus advogados para acompanharem o julgamento, em vista da preocupação com a publicidade dos atos processuais, que não se limita à instância *a quo*, sendo também exigida na instância *ad quem*.

Embora se estimule a presença do advogado à sessão, não poderá realizar sustentação oral no agravo de instrumento, segundo prevê o art. 554,[223] que exclui a atuação do profissional nos recursos de agravo de instrumento e de embargos de declaração, com o que não concordamos. Embora o art. 7º do EOAB tenha garantido ao advogado sustentar as razões em qualquer feito ou recurso, anotamos que a prerrogativa foi suspensa pela liminar deferida nos autos da Adin 1.105 – 7.[224]

Divergimos da posição adotada, por entendermos que o recurso de agravo de instrumento é extremamente complexo, apresentando-se com vários requisitos específicos, reclamando maior participação das partes no seu julgamento. Não se permitir a realização da sustentação oral no julgamento deste tipo de recurso corresponde a cercear o direito de defesa do recorrente, sendo a proibição incompatível com o modelo constitucional, infringindo os incisos LIV e LV do art. 5º da Carta Magna.

13.13.2.3.2 Antecipação de tutela no âmbito do recurso de agravo de instrumento

Com a interposição do recurso de agravo de instrumento perante o tribunal competente, e em virtude de a espécie ser destinada ao combate de decisão que causa prejuízo imediato à parte, espera-se uma resposta jurisdicional imediata, que suspenda os efeitos do pronunciamento atacado.

A suspensão dos efeitos do pronunciamento proferido pela autoridade do 1º Grau de Jurisdição é realidade que vem acompanhando o recurso de agravo de instrumento desde o instante em que foi remodelado, já há vários anos, abandonando

---

222 **Súmula 117 do STJ:** "A inobservância do prazo de 48 (quarenta e oito) horas, entre a publicação de pauta e o julgamento sem a presença das partes, acarreta nulidade."

223 "Art. 554. Na sessão de julgamento, depois de feita a exposição da causa pelo relator, o presidente, se o recurso não for de embargos declaratórios ou de agravo de instrumento, dará a palavra, sucessivamente, ao recorrente e ao recorrido, pelo prazo improrrogável de quinze (15) minutos para cada um, a fim de sustentarem as razões do recurso."

224 Da ementa da liminar, retiramos a seguinte fundamentação conclusiva: "Na taxinomia das normas jurídicas o regimento interno dos tribunais se equipara à lei. A prevalência de uma ou de outro depende de matéria regulada, pois são normas de mesma categoria. Em matéria processual prevalece a lei; no que tange ao funcionamento dos tribunais o regimento interno prepondera. Constituição, art. 5º, LIV e LV, e 96, I, *a*. Relevância jurídica da questão: Precedente do STF e resolução do Senado Federal. Razoabilidade da suspensão cautelar de norma que alterou a ordem dos julgamentos, que é deferida até o julgamento da Ação Direta."

a necessidade – antes observada – de a parte ter de combater a decisão através da interposição do agravo de instrumento e da impetração do mandado de segurança. Na realidade atual, não mais se exige a impetração da ação mandamental, sendo apenas necessária a interposição da espécie recursal, que pode dar resposta jurisdicional imediata à parte, suspendendo os efeitos do pronunciamento atacado.

A suspensão perseguida é medida facultativa do relator, que pode ocorrer no início da tramitação do *remédio* processual, através de decisão interlocutória devidamente fundamentada, como devem ser todas as decisões proferidas pelos representantes do Poder Judiciário (inciso IX do art. 93 da CF). Para tanto, é necessário que se confirme a presença de requisitos, semelhantes aos da medida cautelar, a saber: *fumus boni juris* e *periculum in mora*.

O recorrente deve demonstrar que os seus argumentos de mérito têm respaldo jurídico, e que há necessidade de recebimento de resposta judicial imediata, sob pena de suportar lesão grave e de difícil reparação. A realidade consta do inciso III do art. 527.[225] Ao lado dela, o legislador possibilitou ao magistrado conceder tutela antecipada em favor do recorrente, pronunciamento que não se confunde com a atribuição de efeito suspensivo ao recurso, revelando o preenchimento de requisitos diversos, além de a finalidade não ser a mesma.

A antecipação dos efeitos da tutela recursal – ao invés da simples atribuição do efeito suspensivo ao recurso – ocorre quando estivermos diante de decisão interlocutória do 1º Grau de Jurisdição negando as pretensões do recorrente, não se justificando o pedido de suspensão dos efeitos da decisão, posto que nada há a ser suspenso.

Num exemplo ilustrativo, observe a situação de consumidor que ingressa com ação contra determinada empresa que presta o serviço de banco de dados, fornecendo ao mercado a relação dos *maus pagadores,* evitando lhes sejam vendidas mercadorias com pagamento a prazo. A alegação principal do consumidor é a de que seu nome está incluído no cadastro pejorativo há mais de cinco anos, o que não se admite em face das normas dispostas no CDC, razão pela qual pleiteia indenização por danos morais e antecipação de tutela para que o seu nome seja imediatamente excluído do rol pejorativo.

O magistrado do 1º Grau de Jurisdição nega a tutela antecipada através de decisão interlocutória, que é combatida pela interposição do agravo de instrumento. Na hipótese, a formulação do pedido de atribuição de efeito suspensivo ao recurso é inadequada, posto que não há o que ser suspenso na decisão, que é negativa. A situação reclama a formulação do pedido de concessão da tutela antecipada recursal em favor do agravante, não o pedido clássico de atribuição do efeito suspensivo, pretensão adequada quando a decisão combatida é *positiva*.

---

[225] "Art. 527. Recebido o agravo de instrumento no tribunal, e distribuído *incontinenti*, o relator: Omissis; III – poderá atribuir efeito suspensivo ao recurso (art. 558), ou deferir, em antecipação de tutela, total ou parcialmente, a pretensão recursal, comunicando ao juiz sua decisão; *omissis*."

Tivesse sido concedida a antecipação de tutela no 1º Grau de Jurisdição, a ré poderia interpor agravo de instrumento, pleiteando a atribuição de efeito suspensivo, por se encontrar diante de decisão positiva.

A redação do inciso III do art. 527 foi inspirada em ensinamentos da doutrina, que intitulavam de *efeito ativo do recurso* o que foi denominado pelo legislador de *antecipação da tutela recursal.*[226] Para o deferimento da providência, é necessário que o recorrente preencha requisitos mais rígidos do que os exigidos para a atribuição do efeito suspensivo, limitados ao *fumus boni juris* e ao *periculum in mora*.

O recorrente deve provar o preenchimento dos requisitos do art. 273, ou seja, ratificar a existência de prova inequívoca da verossimilhança da alegação e do *periculum in mora* **ou** (requisito alternativo) do manifesto propósito protelatório do réu (art. 273, *caput*, e incisos I e II).

13.13.2.3.3 Comunicação da interposição do recurso ao juízo do 1º Grau de Jurisdição

Nos três dias seguintes à interposição do recurso no tribunal, o recorrente deve juntar cópia do recurso ao processo em curso pelo juízo do 1º Grau de Jurisdição, acompanhada da relação dos documentos que o instruíram e do comprovante de interposição da espécie, permitindo que o magistrado exerça *juízo de retratação*, em decorrência da redação do parágrafo único do art. 526.[227]

A lei previu *penalidade* – antes não existente – para o caso da não observância da norma em exame, consistente no **não conhecimento do recurso**, desde que a irregularidade seja denunciada pela outra parte no prazo para a apresentação da impugnação.[228]

Antes da reforma, diante da inexistência de previsão relativa à aplicação de penalidade para o caso do não cumprimento do dispositivo,[229] a regra era corri-

---

[226] Preciso o comentário da doutrina especializada: "Na jurisprudência, a concessão de liminar em agravo de instrumento, para converter uma decisão de conteúdo negativo em conteúdo positivo, ficou conhecida como 'efeito ativo', que é, agora, substituído pela antecipação de tutela no tribunal" (ALVIM, J. E. Carreira. *Ação monitória e temas polêmicos da reforma processual*. 4. ed. Rio de Janeiro: Forense, 2004. p. 84).

[227] "Art. 526. O agravante, no prazo de 3 (três) dias, requererá juntada, aos autos do processo, de cópia da petição do agravo de instrumento e do comprovante de sua interposição, assim como a relação dos documentos que instruíram o recurso. Parágrafo único. O não cumprimento do disposto neste artigo, desde que arguido e provado pelo agravado, importa inadmissibilidade do agravo."

[228] "**O parágrafo único do art. 526 do CPC condiciona a inadmissibilidade do agravo à arguição e prova pelo agravado**. Recurso especial conhecido e provido" (REsp 541061 – MS, 4ª Turma do STJ, rel. Min. CESAR ASFOR ROCHA) (grifamos).

[229] Nesse sentido: "Não é obrigação, mas sim ônus do agravante, a comunicação ao juízo de primeiro grau de que o agravo foi interposto, sendo, portanto, facultativa. **Caso o agravante não comunique,**

queiramente desprezada pelos recorrentes, que não juntavam a cópia da peça de interposição no 1º Grau de Jurisdição, ato contínuo à interposição do recurso. Da reforma em diante, **o recorrente é obrigado a observar a regra destacada**, sob pena de negativa de seguimento do recurso, o que não pode ser decretado de ofício, ficando na dependência de o fato ser denunciado e provado pela parte contrária, sob pena de preclusão.

Entendemos que o único momento conferido ao agravado para denunciar a inação do seu adversário processual é nas contrarrazões do recurso de agravo, em vista da redação do art. 245, peremptório no sentido de afirmar: "A nulidade dos atos deve ser alegada na primeira oportunidade em que couber à parte falar nos autos, sob pena de preclusão." Conforme FREDIE DIDIER JÚNIOR:

> *"outra interpretação poderia levar, ainda, a chicanas processuais: o agravado se calaria, deixando para o último momento possível essa 'arma', que somente ele poderia manejar".*[230]

13.13.2.3.4 Recurso de agravo no âmbito dos Juizados Especiais Cíveis

Quando estudamos os *procedimentos*, no Capítulo 4, *Do processo*, no volume 1 desta obra, deixamos registrado que o parágrafo único do art. 272 textualiza:

> *"O procedimento especial e o procedimento sumário regem-se pelas disposições que lhes são próprias, aplicando-se-lhes, subsidiariamente, as disposições gerais do procedimento ordinário."*

Pela simples leitura do dispositivo, concluímos que o procedimento comum ordinário é aplicado de forma subsidiária ou supletiva em relação aos demais procedimentos previstos no âmbito do CPC, por ser o mais completo. O raciocínio deve ser estendido aos procedimentos disciplinados por legislação esparsa.

Não obstante a afirmação, verificando que o procedimento sumaríssimo é aplicado às ações que tramitam pelos Juizados Especiais, anotamos que o recurso de agravo de instrumento tem sua interposição restringida no âmbito dos JEC's, entendendo a maioria dos Colégios Recursais que a sua admissibilidade infringiria

---

terá contra si apenas a impossibilidade de o juiz retratar-se, não podendo ser apenado com o não conhecimento do agravo, pena essa não prevista na lei como consequência para a não comunicação" (Agravo 34838 – 0/8, Câmara Especial do TJSP, rel. Des. LUÍS DE MACEDO) (grifamos).

[230] DIDIER JÚNIOR, Fredie. Primeiras impressões sobre o par. ún., art. 526, CPC. In: NERY JUNIOR, Nelson; WAMBIER, Teresa Arruda Alvim. *Aspectos polêmicos e atuais dos recursos e de outros meios de impugnação às decisões judiciais*. São Paulo: Revista dos Tribunais, 2002. v. 6, p. 227.

o *princípio da celeridade*, que norteia a atuação do órgão em análise (art. 2º da Lei nº 9.099/95), além de não ter sido previsto em letras na lei especial.

A apresentação do agravo de instrumento contra decisões interlocutórias proferidas no âmbito dos Juizados Especiais Cíveis é exceção, devendo a parte prejudicada, diante de decisão da natureza enfocada, aguardar para impugná-la no recurso principal (*recurso inominado*, previsto no art. 42 da Lei nº 9.099/95).

A informação prestada exige complementação de exposição, em vista da necessidade de se definir qual o recurso adequado contra a decisão interlocutória proferida pela autoridade do 1º Grau de Jurisdição na hipótese de o pronunciamento causar dano de difícil reparação, reclamando a utilização de *remédio* processual eficaz, não podendo a parte aguardar pela interposição do *recurso inominado*, que será (apenas) conhecido pelo Colégio Recursal longo tempo depois da interposição da espécie.

Bastante comum, nos Juizados Especiais Cíveis, a prolação de decisões de natureza interlocutória, geralmente nas audiências de instrução e julgamento, nada obstando que os pronunciamentos surjam em resposta a algum requerimento formulado no desfecho da audiência de tentativa de conciliação.

No primeiro caso, ou seja, das decisões proferidas durante as audiências de instrução e julgamento, citamos, de forma não exaustiva, os seguintes exemplos:

a) decisão que indefere a juntada de documentos aos autos;
b) decisão que decreta a revelia do promovido;
c) decisão que indefere a produção de uma prova específica (prova testemunhal, p. ex.);
d) decisão que rejeita preliminar suscitada pelo réu;
e) decisão que nega a ouvida da parte contrária;
f) decisão que defere ou que indefere a contradita de testemunha.

Na segunda hipótese, referente às decisões proferidas no desfecho da audiência de tentativa de conciliação,[231] citamos as seguintes situações, mais uma vez de forma meramente ilustrativa:

a) decisão que indefere a juntada ao processo de documentos trazidos aos autos pelas partes;
b) decisão que indefere o pedido relativo ao decreto de revelia, ante o tardio comparecimento do representante legal da parte contrária à audiência;

---

[231] As decisões que enfrentam requerimentos formulados na audiência de tentativa de conciliação não são proferidas no próprio ato, por ser conduzido por um *conciliador* (arts. 21 e 22 da Lei nº 9.099/95), como regra, fazendo com que os autos sigam conclusos ao magistrado, fora da audiência, para desatar a questão específica.

c) decisão que indefere a juntada posterior da carta de preposição firmada em favor de determinado preposto.

Além das decisões proferidas em resposta a algum requerimento formulado durante uma das audiências do processo, a interlocutória pode originar-se do pedido de concessão da tutela antecipada ou de liminar; ou da imposição, elevação ou afastamento da aplicação de multa fixada contra o réu, representando requerimentos formulados fora da audiência, através de petições *avulsas*.

Majoritariamente, os Colégios Recursais vedam a possibilidade de interposição do recurso de agravo de instrumento contra decisões como as comentadas, afirmando que o recurso em análise não teria sido previsto de forma expressa na lei específica (Lei nº 9.099/95), atraindo a aplicação do *princípio da especialidade* (lei especial afastando a aplicação da norma geral). Não se poderia alegar, na tentativa de afastar o fundamento citado, a necessidade de aplicação subsidiária do CPC, posto que a incidência da lei maior é negada por boa parte da doutrina e da jurisprudência.[232]

Várias Conclusões e Enunciados foram editados sobre a matéria, vedando a interposição do recurso de agravo de instrumento contra decisões interlocutórias proferidas no âmbito dos Juizados Especiais Cíveis, destacando-se:

a) Conclusão nº 15 do I Encontro Nacional de Coordenadores de Juizados Especiais (realizado nos dias 22 e 23 de maio de 1997, em Natal/RN): "Nos Juizados Especiais não é cabível o Recurso de Agravo";
b) Enunciado nº 06 do I Encontro de Coordenadores e Juízes das Turmas Recursais dos Juizados Especiais (realizado nos dias 5 e 6 de junho de 1998, no Rio de Janeiro): "É inadmissível o agravo de instrumento no sistema dos Juizados Especiais, ainda que interposto de decisão posterior à sentença";
c) Enunciado nº 15 do VI Encontro Nacional de Coordenadores de Juizados Especiais (finalizado no dia 28 de novembro de 1999, em Macapá/AP): "Nos Juizados Especiais não é cabível o Recurso de Agravo";
d) Enunciado nº 15 do XI Encontro do Fórum Permanente de Coordenadores de Juizados Especiais do Brasil (realizado entre os dias 5 e 8 de março de 2002, em Brasília – DF): "Nos Juizados Especiais não é cabível o recurso de agravo";
e) Enunciado nº 07 do CGJE – BA – CIV: "Não há preclusão em relação às decisões interlocutórias."

---

232 Nesse sentido: "Os princípios informativos dos juizados especiais acham-se previstos na própria Lei 9.099/95, não se admitindo, portanto, a aplicação supletiva do CPC. Assim, é válida a citação, ainda que feita com antecedência inferior a vinte e quatro horas da sessão de conciliação, uma vez que nela não se produzirá defesa, mas apenas se procurará a melhor forma de resolver o litígio, mediante concessões mútuas" (RJEsp – DF 2/109).

Deparando a parte com decisão interlocutória proferida por juiz integrante de Juizado Especial Cível, antevendo a probabilidade de não conhecimento do recurso de agravo, entendemos que deve impetrar *mandado de segurança* contra o pronunciamento, desde que preencha os demais requisitos específicos da ação constitucional, a saber:

a) ilegalidade ou abuso de poder;
b) liquidez e certeza do direito invocado, e, para fins de deferimento de liminar;
c) *periculum in mora*.

A afirmação do cabimento do *mandamus* fundamenta-se na constatação de que estamos diante de decisão judicial prolatada por autoridade pública, causando violação a direito. Não pretendemos afirmar que toda e qualquer decisão judicial proferida no curso de demanda que tramita por Juizado Especial Cível seria passível de impugnação através da ação mandamental.

Limitamos a possibilidade de impetração às hipóteses, repita-se, em que a parte prejudicada consegue demonstrar o preenchimento de todos os requisitos próprios da ação específica, sobretudo a liquidez e a certeza do direito invocado. Se para demonstrar a ilegalidade do ato a parte depende da produção de provas, como a ouvida de uma testemunha, descabe a ação mandamental, considerando que esta tem fase de instrução probatória coincidente com a do ingresso da demanda (prova *pré-constituída* da existência do direito líquido e certo invocado), exigindo que as provas sejam acostadas à inicial, sob pena de incidir a regra prevista no art. 10 da Lei nº 12.016/09.[233]

Apenas para exemplificar, consideramos que a ilegalidade estaria em tese configurada, infringindo o disposto no inciso LV, do art. 5º da CF, quando o magistrado indefere a ouvida de testemunha, fundamental para o julgamento do processo, sob o argumento de que a testemunha seria dispensável e desnecessária, sem qualquer fundamentação jurídica, afrontando o inciso IX do art. 93 da CF.

Contudo, cabe-nos advertir que alguns (vários) Colégios Recursais, aos quais a ação mandamental é dirigida, entendem que o mandado de segurança não pode ser impetrado contra decisão interlocutória proferida por juiz integrante do Juizado Especial Cível, sob o argumento de que a impetração afrontaria a Súmula 267 do STF, que impede o aforamento do mandado de segurança contra ato judicial passível de recurso ou de correição.

Em aditamento à alegação, os membros de alguns Colegiados afirmam que existiria recurso adequado para o combate da decisão de natureza interlocutória,

---

233 Com a seguinte redação: "Art. 10. A inicial será desde logo indeferida, por decisão motivada, quando não for o caso de mandado de segurança ou lhe faltar algum dos requisitos legais ou quando decorrido o prazo legal para a impetração."

como tal o *recurso inominado* (correspondendo à apelação), devendo o prejudicado quedar silente após a decisão interlocutória, aguardando para impugná-la nas razões do recurso principal. Em outras palavras, no recurso inominado, o prejudicado deveria impugnar a decisão interlocutória proferida e a sentença.

Temos outro entendimento sobre o assunto. Pensamos que a decisão interlocutória pode ser atacada de pronto, quando causa prejuízo imediato à parte, através da impetração do mandado de segurança, sem que o recurso inominado seja instrumento eficaz para sustar os efeitos do pronunciamento, já que é interposto algum tempo após a prolação da decisão interlocutória, tendo esta, na ocasião do julgamento do recurso inominado, possivelmente surtido todos os efeitos maléficos contra o recorrente. Quando a Súmula 267 do STF veda a impetração do *mandamus* contra decisão passível de recurso, pressupõe que o *remédio* processual seja de interposição imediata, capaz de sustar os efeitos da decisão recorrida, no mínimo devolvendo ao tribunal o objeto da irresignação, para imediato julgamento. Quando não for a hipótese, a utilização da ação mandamental é possível, para obstaculizar os efeitos de decisão judicial proferida em contrariedade à lei, que tenha infringido direito líquido e certo do impetrante. Alguns membros de Colegiados Recursais têm o mesmo entendimento, admitindo a impetração do mandado de segurança para o combate de decisões interlocutórias proferidas por magistrados de Juizados Especiais Cíveis,[234] diante da ausência de previsão legal permissiva da interposição do agravo de instrumento contra os comentados pronunciamentos.

13.14 EMBARGOS INFRINGENTES – CONSIDERAÇÕES GERAIS

O recurso de embargos infringentes sofreu razoável modificação legislativa por força da edição da Lei nº 10.352, de 26 de dezembro de 2001. Sua hipótese de cabimento é limitada à instância recursal, ou seja, aos processos julgados pelos tribunais, não sendo admitindo para o combate de pronunciamento manifestado no 1º Grau de Jurisdição (decisões interlocutórias e sentenças judiciais), pela lógica

---

234 Como ilustração, transcrevemos trechos do julgado prolatado no MS nº 01312/99, do Colégio Recursal Cível do Estado de Pernambuco, apresentando como relator o Exmo. Sr. Dr. Juiz LUIZ MÁRIO DE GÓES MOUTINHO: "Não resta mais qualquer dúvida quanto ao cabimento de mandado de segurança contra ato de autoridade judiciária, ainda que de natureza jurisdicional, mormente em sede de juizado, onde há previsão de recurso apenas contra decisão que põe termo ao processo. A demonstração do direito da impetrante carece de dilação probatória, inexistindo qualquer incompatibilidade com o rito do *mandamus*... (...) Entender que a existência de recurso impede o conhecimento do *mandamus*, significa dizer que o remédio heroico não cabe em sede de juizado, ao menos para os provimentos de natureza jurisdicional, posto que, todos eles podem ser atacados por ocasião do recurso inominado, o que não é de admitir, ante a possibilidade da irreparabilidade do dano quando a decisão do recurso pela instância revisora."

razão de o pronunciamento não apresentar parte *não unânime*, já que proferido por um único julgador.

Diante de decisão do tribunal marcada pela não unanimidade, tendo membro(s) do colegiado divergido do entendimento externado por outro(s) membro(s), sua utilização é em tese obrigatória (para evitar a preclusão), não podendo a parte de logo interpor o recurso especial e/ou o recurso extraordinário, em face das Súmulas 281 do STF e 207 do STJ, reproduzidas em passagem anterior, que exigem o esgotamento da instância recursal para a posterior utilização dos remédios *extremos*.

Com as atenções voltadas para o novo CPC, percebemos que o recurso de embargos infringentes não foi contemplado no seu texto, o que nos permite dizer que a espécie foi suprimida.

13.14.1 Embargos infringentes – objeto

Como antecipado, o recurso de embargos infringentes é destinado ao ataque de acórdão não unânime, entendido como a decisão proferida por órgão de qualquer tribunal, seja estadual, regional ou Tribunal Superior. A situação processual (acórdão não unânime) representa o requisito básico da espécie, embora não seja o único.

Além dele, exige-se que a decisão do tribunal seja proferida no julgamento do recurso de apelação ou na apreciação da ação rescisória, que é da competência originária do tribunal, com a procedência dos pedidos formulados na inicial. Em decorrência desses requisitos, e limitando-se o recurso de embargos ao ataque de acórdão não unânime proferido na apelação, a quase totalidade da jurisprudência se inclina para não admitir a utilização da espécie diante de acórdão não unânime proferido no julgamento de qualquer outro recurso, como embargos de declaração, agravo de instrumento, agravo regimental etc.[235]

Tem-se admitido a interposição do recurso de embargos infringentes para combater decisão não unânime proferida no julgamento do recurso de agravo

---

235 A doutrina discute se seria cabível a interposição do recurso de embargos infringentes contra acórdão não unânime prolatado no julgamento do agravo de instrumento. Apenas para ilustrar, reproduzimos lição externada por NELSON LUIZ PINTO: "Ainda quanto à admissibilidade dos embargos infringentes, discute-se na doutrina e na jurisprudência sobre seu cabimento contra decisões não unânimes havidas no julgamento de agravo de instrumento que resultem em extinção do processo pelo tribunal, e também no julgamento da matéria objeto de agravo retido apreciada como preliminar da apelação. Como regra, não se admite o recurso de embargos infringentes contra acórdão de agravo de instrumento, contra decisão de agravo retido contida em acórdão de apelação e contra decisões de agravo regimental. Entretanto, se ao julgar o agravo retido o tribunal apreciou matéria de mérito ou que não preclui e proferiu decisão não unânime, os embargos são cabíveis. Admitem-se também os infringentes quando a matéria versada no agravo retido estiver inafastavelmente vinculada ao próprio mérito da apelação" (PINTO, Nelson Luiz. *Manual dos recursos cíveis.* 3. ed. São Paulo: Malheiros, 2002. p. 162).

regimental, quando interposto contra pronunciamento que julga a ação rescisória, como a que a indefere liminarmente.[236] No mesmo sentido, admite-se a interposição do recurso de embargos infringentes para combater acórdão não unânime proferido no julgamento do recurso de embargos de declaração, que tenha atacado decisão proferida no julgamento do recurso de apelação.[237]

Nos exemplos apresentados, percebemos que os recursos que geram a interposição dos embargos infringentes originam-se do julgamento da apelação ou da ação rescisória. Não representam o próprio julgamento do recurso principal e da ação, mas desdobramentos dos tipos examinados.

De qualquer modo, cabe-nos anotar que os requisitos destacados em linhas anteriores já se encontravam na redação do art. 530 do CPC, que sofreu modificação no ano de 2001 (através da Lei nº 10.352, de 26.12.2001), ao dispositivo tendo sido acrescidos dois novos requisitos, com o claro propósito de reduzir a quantidade de recursos de embargos infringentes, permitindo que algumas decisões não unânimes sejam desafiadas de imediato através da interposição do recurso especial e/ou do recurso extraordinário.

Com a modificação legislativa, apenas se admite a interposição do recurso de embargos infringentes se o pronunciamento não unânime proferido pelo tribunal no julgamento da apelação houver **reformado a sentença do 1º Grau de Jurisdição**, que deve ser de **mérito**. Assim, se a sentença reformada não houver apreciado o mérito (*sentença terminativa*), não cabe a interposição do recurso de embargos infringentes, devendo a parte, mesmo com a discrepância de votos, interpor recurso especial e/ou recurso extraordinário contra o pronunciamento do tribunal.

Se o magistrado do 1º Grau de Jurisdição extinguiu o processo em vista do reconhecimento da ilegitimidade passiva do réu, e tendo o tribunal, por maioria de votos, entendido que não seria caso de extinção, não cabe recurso de embargos infringentes. Encontramo-nos diante de acórdão não unânime proferido no julgamento de apelação, que reformou a sentença. Contudo, constatando que o primeiro pronunciamento não é de mérito, o recurso de embargos infringentes não pode ser interposto.

Na mesma linha de raciocínio, estando diante de acórdão não unânime que negou provimento ao recurso de apelação que combate a sentença de mérito, também não cabe o recurso de embargos infringentes, pelo fato de a sentença ter

---

236 "**Cabem embargos infringentes contra acórdão proferido por maioria em sede de agravo regimental, por sua vez, dirigido contra decisão que indeferira liminarmente a ação rescisória**" (REsp 345339 – DF, 5ª Turma do STJ, rel. Min. FELIX FISCHER) (grifamos).

237 "**A jurisprudência desta Corte, como também a doutrina, reconhecem a possibilidade de abrir a via infringente contra acórdão não unânime, em sede de embargos de declaração, tendo em vista que os aclaratórios constituem um desdobramento do acórdão da apelação, incorporando-se a este**, desde que a discordância esteja caracterizada na ocorrência de omissão, contradição ou obscuridade" (REsp 539339 – MG, 1ª Turma do STJ, rel. Min. JOSÉ AUGUSTO DELGADO) (grifamos).

sido confirmada, embora de forma não unânime. É que nos encontramos diante da *quase certeza* de que o julgamento deve pender em favor da parte que foi favorecida pela sentença, registrando-se pelo menos três manifestações em seu favor: uma do juiz *a quo* e duas dos membros do colegiado que apreciou o recurso de apelação, valorizando a aplicação do *princípio da sucessiva conformidade*.[238]

Na ação rescisória, que se inicia no tribunal, em exemplo de competência originária, a decisão proferida nessa ação só dá ensejo à interposição do recurso de embargos infringentes se a ação for julgada pela procedência dos pedidos. Sendo julgada improcedente, mesmo que por maioria de votos, não cabe o recurso em destaque, devendo a parte que se sentir prejudicada interpor recurso especial e/ou recurso extraordinário.

Assim, em conclusão parcial, advertimos que o recurso de embargos infringentes está limitado às hipóteses em que:

a) a decisão do tribunal, em recurso de apelação, foi prolatada por maioria de votos;
b) além disso, reformou a decisão de primeira instância;
c) reformou sentença monocrática que julgou o mérito da causa; ou
d) em ação rescisória, julgou procedente a ação, por maioria de votos.

13.14.2 Embargos infringentes – objetivo

Partindo da premissa de que o acórdão não unânime proferido pelo tribunal reviu sentença de mérito, podemos concluir que o acórdão também enfrentou o mérito da controvérsia,[239] em vista de o objetivo do recurso de apelação, neste caso,

---

238 O tema mereceu estudo da doutrina especializada, como se colhe da seguinte lição: "Temos para nós que a solução adequada, reveladora da *mens legis* (e também da *mens legislatoris*), surge com a aplicação do princípio da *sucessiva conformidade* em matéria de mérito. Sempre que o tribunal, ao julgar o próprio conflito de interesses, haja concordado com a conclusão ou as conclusões a que chegou o juízo monocrático (não necessariamente pelos mesmos fundamentos), ficando assim *por duas vezes composta a lide no mesmo sentido, restam excluídos os EI.* Com efeito, se dois graus de jurisdição inclinam-se sucessivamente pela mesma solução do litígio, teremos a favor dessa solução três magistrados, o juiz sob a vantagem do 'exame direto' (na maior parte das vezes) dos fatos e dos depoimentos pessoais (imediação), e dois deles sob a maior experiência que se supõe nos julgadores do segundo grau de jurisdição. Um só voto-vencido não será, então, bastante para justificar um terceiro exame do mérito" (CARNEIRO, Athos Gusmão. Os "novos" embargos infringentes e o direito intertemporal. *Síntese de Direito Civil e Processual Civil*, Porto Alegre: Síntese, 2002, nº 18, p. 117, jul./ago. 2002).

239 "Na interpretação das normas processuais o julgador não deve pautar-se por exegese literal e isolada. Em vez disso, partindo do texto da norma, deve orientar-se por uma interpretação não só construtiva, mas também sistemática e teleológica, como magistralmente ensina Alípio Silveira,

ser o de obter a *reforma* do pronunciamento do 1º Grau de Jurisdição, marcado pelo *error in judicando*, não pelo *error in procedendo*.

Assim é que o objetivo do recurso de embargos infringentes é o de obter a *reforma* do acórdão não unânime, para que o voto vencido prevaleça, que não seguiu o entendimento manifestado pelos demais integrantes do órgão colegiado do tribunal. Com a prolação do acórdão que julga o recurso de embargos infringentes, o recorrente pretende que o colegiado prolate decisão em substituição à anterior, tendo o voto minoritário como fundamento.

13.14.3 Recurso de embargos infringentes e o sobrestamento do prazo para a interposição do recurso especial e/ou do recurso extraordinário

Antes da reforma, convivíamos com a *quebra* do *princípio da singularidade* ou da *unicidade recursal* quando o acórdão do tribunal julgava o recurso de apelação ou a ação rescisória parte à unanimidade de votos e parte por maioria.

A situação forçava o vencido a interpor o recurso de embargos infringentes contra a parte não unânime **e** o recurso especial e/ou recurso extraordinário contra a parte unânime, que se encontrava *pronta* para ser combatida pelos recursos *extremos*. Incidia na espécie a orientação das Súmulas 354 e 355 do STF.[240]

Em exemplo de fixação, perceba a situação da ação de indenização por perdas e danos proposta contra determinado réu, que, no curso da instrução probatória, deparou com decisão do magistrado proibitiva da ouvida de testemunha por ele arrolada, e, em ato contínuo, com sentença judicial julgando a ação pela procedência dos pedidos.

Como preliminar da apelação, suscita a nulidade do processo a partir da audiência de instrução e julgamento, alegando que teria sido cerceado no seu direito de defesa (*error in procedendo*), e, no mérito, a injustiça da decisão (*error in judicando*), que contraria posicionamentos de outros juízes e tribunais da federação.

---

na esteira dos melhores doutrinadores, entre os quais Recasens Siches, François Geny e Carlos Maximiliano. **A melhor interpretação do art. 530, CPC, em sua redação atual, está a indicar o descabimento de embargos infringentes contra acórdão que não examina o mérito da pretensão**" (REsp 503073 – MG, 4ª Turma do STJ, rel. Min. SÁLVIO DE FIGUEIREDO TEIXEIRA) (grifamos).

[240] **Súmula 354:** "Em caso de embargos infringentes parciais, é definitiva a parte da decisão embargada em que não houve divergência na votação." **Súmula 355:** "Em caso de embargos infringentes parciais, é tardio o recurso extraordinário interposto após o julgamento dos embargos, quanto à parte da decisão embargada que não fora por eles abrangida."

Ao julgar o recurso, o tribunal não acolhe a pretensão de invalidação da sentença, por dois votos a um, e mantém a sentença no mérito, por unanimidade de votos. Na sistemática antiga, o vencido ingressava com o recurso de embargos infringentes contra a parte não unânime e com o recurso especial contra a parte unânime, alegando a divergência jurisprudencial entre a decisão proferida pelo tribunal e pronunciamentos de outros tribunais da federação.

Neste particular, a reforma do CPC alterou a redação do *caput* do art. 498, acrescentando-lhe o parágrafo único, com a seguinte redação:

> *"Art. 498. Quando o dispositivo do acórdão contiver julgamento por maioria de votos e julgamento unânime, e forem interpostos embargos infringentes, o prazo para recurso extraordinário ou recurso especial, relativamente ao julgamento unânime, ficará sobrestado até a intimação da decisão nos embargos. Parágrafo único. Quando não forem interpostos embargos infringentes, o prazo relativo à parte unânime da decisão terá como dia de início aquele em que transitar em julgado a decisão por maioria."*

Assim é que, deparando com decisão que seja parte unânime e parte não unânime, o vencido deve interpor um só recurso (mantendo a aplicação do *princípio da unicidade* ou da *singularidade recursal*), como tal os embargos infringentes, aguardando o seu julgamento para, sendo a hipótese, interpor recurso especial e/ou recurso extraordinário.

O prazo para a interposição do recurso especial e/ou do recurso extraordinário fica *sobrestado*. Não podemos confundir com prazo *suspenso* ou com prazo *interrompido*, já que a dilação temporal para a prática do ato de recorrer sequer começa a fluir, apenas tendo início a partir da intimação da decisão que julgar os embargos infringentes. Não sendo a espécie apresentada, o que acarreta o trânsito em julgado da parte não unânime, que não poderá ser discutida nos recursos *extremos*, começa a fluir o prazo para a apresentação do recurso especial e/ou do recurso extraordinário a partir desse instante.

13.14.4 Dinâmica do recurso de embargos infringentes

O recurso deve ser interposto no prazo de 15 dias, contados do primeiro dia útil seguinte à publicação do acórdão no *Diário da Justiça* (com a aplicação das regras dos arts. 184 e 240), através de petição escrita, dirigida ao relator da apelação ou da ação rescisória. Ato contínuo, essa autoridade determina o aperfeiçoamento da intimação da parte contrária para oferecer as contrarrazões no mesmo prazo conferido ao recorrente para interpor a espécie, em respeito ao princípio do contraditório e da ampla defesa, sob pena de nulidade do processo, a partir desse instante, por cerceamento do direito de defesa.

Com ou sem o oferecimento das contrarrazões, os autos são encaminhados ao relator, que verifica se os requisitos de admissibilidade do recurso foram preenchidos, os **gerais** (tempestividade, legitimidade, interesse etc.) e os **específicos** (decisão não unânime, proferida em apelação ou em ação rescisória, sentença monocrática de mérito e reforma do pronunciamento).

Constatado o não preenchimento de algum dos requisitos, o relator pode negar seguimento à espécie, por decisão que pode ser atacada pela interposição do recurso de *agravo legal* (§ 1º do art. 557), assunto estudado em linhas anteriores. Sendo admitido, é processado e julgado de acordo com o que dispuser o regimento interno do tribunal, tendo o CPC criado *norma em aberto*, permissiva da análise do recurso de acordo com as características de cada tribunal.

A dinâmica forense recomenda e estimula que o regimento interno do tribunal preveja a regra de sorteio de novo relator, que não tenha atuado no julgamento do recurso de apelação ou da ação rescisória, e que o recurso de embargos infringentes seja apreciado por órgão colegiado integrado por um número maior de julgadores, se comparado ao órgão fracionário responsável pela prolação do acórdão combatido.

Se o acórdão foi proferido por uma Câmara Cível, por exemplo, composta por três desembargadores, é aconselhável que o recurso de embargos seja julgado por um Grupo de Câmaras, ou por qualquer outro órgão do tribunal integrado por outros desembargadores, além dos que participaram do julgamento que originou a interposição da espécie. É que, se a composição original for mantida, possivelmente assistiremos à manutenção do *placar* do primeiro julgamento, não se ampliando a possibilidade de modificação do pronunciamento em face de votos que sejam proferidos por outros juízes.

De qualquer modo, anotamos que o julgamento é antecedido da remessa dos autos ao relator e ao revisor (com as ressalvas do § 3º do art. 551),[241] pelo prazo de 15 dias para cada um, ato seguinte incluindo-se o recurso na pauta de julgamento, com todo o *ritual* detalhado anteriormente (publicação no *Diário de Justiça* no mínimo 48 horas antes do julgamento, afixação na entrada da sala de sessão). O prazo de 15 dias para contato do relator e do revisor com o processo é *impróprio*, não acarretando qualquer penalidade processual se não for observado.

No dia do julgamento, após a leitura do relatório, enseja-se às partes a prerrogativa de sustentar as razões do recurso através dos seus advogados (primeiro os do embargante e depois os do embargado), pelo prazo improrrogável de 15 minutos, seguindo-se à eventual discussão e à solicitação de esclarecimentos ao relator, ao conhecimento do recurso e ao julgamento do seu mérito, superada a etapa anterior.

---

241 "Art. 551. *Omissis.* § 3º Nos recursos interpostos nas causas de procedimento sumário, de despejo e nos casos de indeferimento da petição inicial, não haverá revisor."

13.14.5 Embargos infringentes na ação de mandado de segurança

O recurso de embargos infringentes não é admitido na ação mandamental, em virtude da aplicação das Súmulas 597 do STF[242] e 169 do STJ, a última com a seguinte redação: "São inadmissíveis embargos infringentes no processo de mandado de segurança."

A aprovação das súmulas decorreu da constatação de que a Lei nº 1.533/51 não previa o recurso de forma expressa, não se permitindo a aplicação subsidiária do CPC, considerando que o art. 19 da lei citada estabelecia que a lei processual incidia de forma subsidiária na matéria do litisconsórcio, animando a doutrina a concluir que se pretendeu eliminar a incidência do restante da lei maior. A questão foi inteiramente pacificada com a edição da Lei nº 12.016/09, cujo art. 25 veda a interposição do recurso de embargos infringentes no MS.

13.15 EMBARGOS DE DECLARAÇÃO – CONSIDERAÇÕES GERAIS

Após a prolação da sentença, não se confere ao magistrado (como regra) a prerrogativa de inovar no processo, em vista do esgotamento da sua função jurisdicional. A regra está assentada no art. 463, que alinha exceções, admitindo-se nova intervenção da mesma autoridade judicial para corrigir inexatidões materiais, para eliminar erros de cálculos ou para enfrentar recurso de embargos de declaração interposto por qualquer das partes.

O tema mereceu estudo no capítulo *Da sentença e da coisa julgada*, no volume 1 desta obra. Neste instante, é necessário afirmar que a correção de inexatidões materiais ou a eliminação de erros de cálculos não é realizada através do recurso de embargos de declaração,[243] sendo a espécie apenas admitida quando os seus requisitos específicos forem preenchidos.

A inexatidão material pode ser eliminada de ofício pelo magistrado, sem iniciativa da parte interessada, ao contrário da eliminação da omissão, da obscuridade ou da contradição, que exige a oposição do recurso de embargos de declaração.

---

242 **Súmula 597 do STF:** "Não cabem embargos infringentes de acórdão que, em mandado de segurança, decidiu por maioria de votos a apelação."

243 "Nos termos dos artigos 263 do Regimento Interno deste Superior Tribunal de Justiça e 536 do Código de Processo Civil, em se tratando de matéria cível, o prazo para oposição de embargos declaratórios é de cinco dias. **O mero erro material é corrigível a qualquer tempo, de ofício ou a requerimento da parte, a teor do artigo 463, inciso I, do Código de Processo Civil**. Embargos de declaração não conhecidos e erro material corrigido de ofício" (EDREsp 530089 – PB, 6ª Turma do STJ, rel. Min. HAMILTON CARVALHIDO) (grifamos).

O recurso de embargos de declaração é espécie *intermediária*, situando-se **entre a sentença judicial e a apelação** ou entre o **acórdão do tribunal e o recurso especial e/ou extraordinário**, razão pela qual tem a sua natureza recursal negada por parte da doutrina.[244] É, portanto, preparatório da interposição do recurso principal (apelação ou especial e/ou extraordinário), sem afastar a possibilidade de ser interposto contra decisão de natureza interlocutória, conforme apontamentos articulados em linhas seguintes.

Diante da sua hipótese de cabimento, deve ser necessariamente apresentado, para evitar a preclusão da matéria. Havendo omissão, obscuridade ou contradição no julgado, como requisitos específicos da espécie, a parte não pode se reservar para suscitar os vícios no recurso principal (apelação, recurso especial e/ou recurso extraordinário), sob pena de deparar com o reconhecimento da preclusão, não lhe sendo permitida a discussão do tema no âmbito do recurso principal.

Exemplificativamente, observe a situação de ação de indenização por perdas e danos que persegue a condenação do réu ao pagamento de indenização por danos morais e materiais. O magistrado julga a ação pela procedência dos pedidos, conferindo ao autor o correspondente a 50% (cinquenta por cento) do valor da parcela de danos materiais, deixando de se posicionar sobre o deferimento da parcela de danos morais.

O autor interpõe recurso de apelação contra a decisão que lhe foi parcialmente desfavorável (por não ter acolhido a totalidade dos pedidos), requerendo que o tribunal defira a parcela de danos morais, repita-se, não enfrentada no 1º Grau de Jurisdição. O recorrente assistirá ao não conhecimento do recurso, nesta parte, pelo fato de a matéria estar preclusa, não tendo sido desafiada através do recurso de embargos de declaração.

Diante da constatação, podemos concluir que, embora seja recurso *intermediário*, não pode ser desprezado pela parte quando for cabível, ou seja, quando o pronunciamento for omisso, contraditório ou obscuro. A omissão diz respeito ao fato de o julgador não se ter manifestado sobre ponto ou questão que tenha sido suscitada pela parte, como no exemplo apresentado em linhas anteriores.

No aspecto da contradição, temos de relembrar que a sentença apresenta requisitos *essenciais*, alinhados no art. 458, dizendo respeito ao relatório, à fundamentação e ao dispositivo ou parte conclusiva do pronunciamento, na qual o julgador declara o direito em favor do autor ou do réu. Diante da contradição, temos conclusões inconciliáveis em compartimentos da sentença, como no caso de o magistrado

---

244 "Já não sou um ferrenho opositor da natureza recursal dos embargos de declaração, como no passado fui. Continuo entendendo que *em sua pureza conceitual* eles não são um recurso, mas reconheço que essa pureza nem sempre está presente e, sempre que abram caminho a alguma alteração substancial no julgado, eles se conceituam como autêntico recurso. Essa é uma solução intermediária e creio que a distinção proposta merece atenção" (DINAMARCO, Cândido Rangel. *A nova era do processo civil*. São Paulo: Malheiros, 2004. p. 178).

indicar na fundamentação que o réu teria dado causa ao acidente automobilístico, concluindo na parte dispositiva pela improcedência dos pedidos, como se o autor fosse o responsável pela colisão.

Na obscuridade, verificamos uma dificuldade de exata compreensão dos termos do pronunciamento judicial, não se conseguindo interpretar com clareza a fundamentação e/ou a conclusão a que o julgador chegou.[245] Independentemente do vício processual presente na sentença, anotamos a necessidade de o recorrente indicar com exatidão o ponto do pronunciamento marcado pela mácula, sob pena de o recurso não ser conhecido pela sua irregularidade formal, com fundamento no art. 536.[246]

13.15.1 Embargos de declaração – objeto

Embora o CPC preveja que o objeto do recurso de embargos de declaração é a sentença ou o acórdão que apresenta omissão, obscuridade ou contradição, é pacífica, tanto na doutrina quanto na jurisprudência,[247] a sua admissibilidade para o ataque de decisão interlocutória que apresenta qualquer dos vícios, devendo ser destacado que a lei, embora seja fonte primária do direito, não exclui a incidência de outras fontes, como a doutrina,[248] a jurisprudência (*usus fori*), os costumes, os princípios gerais de direito etc.

---

245 A conceituação de cada uma das hipóteses é feita pela doutrina, como se colhe do seguinte ensinamento: "Haverá obscuridade quando a sentença deixar de ser clara, isto é, inteligível. Será contraditório o julgado que faz, na fundamentação, afirmações inconciliáveis, ou quando daquela não podia chegar logicamente ao dispositivo, como, no exemplo de Moacyr Amaral Santos, o juiz admite a validade de um recibo, mas o repele, sob a alegação de que o pagamento não foi feito. Omissa será a sentença que deixar de se pronunciar, quer na fundamentação, quer no dispositivo, sobre matérias suscitadas pelas partes ou que deveriam ser apreciadas de ofício" (SLAIBI FILHO, Nagib. *Sentença cível.* 5. ed. rev. e atual. Rio de Janeiro: Forense, 2001. p. 437).

246 "Art. 536. Os embargos serão opostos, no prazo de cinco dias, em petição dirigida ao juiz ou relator, com indicação do ponto obscuro, contraditório ou omisso, não estando sujeito a preparo." O novo CPC apresenta dispositivo com a seguinte redação: "Os embargos serão opostos, no prazo de cinco dias, em petição dirigida ao órgão jurisdicional, com indicação do erro, obscuridade, contradição ou omissão, e não se sujeitam a preparo."

247 "**Os embargos declaratórios são cabíveis contra qualquer decisão judicial** e, uma vez interpostos, interrompem o prazo recursal. A interpretação meramente literal do art. 535, CPC, atrita a sistemática que deriva do próprio ordenamento processual" (REsp 173021 – MG, 4ª Turma do STJ, rel. Min. SÁLVIO DE FIGUEIREDO TEIXEIRA) (grifamos). No mesmo sentido: "Cabem embargos de declaração contra decisão interlocutória" (*RT* 561/137; *JTACivSP* 66/178, 74/84, 121/59; *JTA – Lex* 120/214) (grifamos).

248 Nesse sentido, reproduzimos a lição da doutrina especializada: "Embora se refira apenas à sentença e acórdão, os vícios apontados na norma comentada não podem subsistir na decisão interlocutória, que deve ser corrigida por meio de Edcl" (NERY JUNIOR, Nelson. *Código de Processo Civil comentado*

A interpretação da vontade da lei[249] demonstra que o legislador pretendeu espancar todo e qualquer vício de intelecção do pronunciamento judicial, certamente em respeito ao inciso IX do art. 93 da CF, exigindo que todas as decisões judiciais sejam fundamentadas. Por *fundamentadas* devemos entender decisões desprovidas de vícios formais, permitindo à parte exercer o direito de interpor o recurso para combatê-las.

A interposição do recurso de embargos de declaração contra decisão de natureza interlocutória tem as mesmas características da espécie que ataca sentença ou acórdão, ou seja, não se submete ao recolhimento das custas recursais (isenção objetiva), interrompendo o prazo para a interposição do recurso principal, que no caso é o de agravo. O entendimento é ratificado tanto pela doutrina[250] como pela jurisprudência,[251] com a utilização de argumentos praticamente irrespondíveis.

A admissibilidade de apresentação do recurso contra decisões de natureza interlocutória origina-se do primado da amplitude de defesa, erigido como direito individual e coletivo, com previsão expressa na Carta Magna (inciso LV do art. 5º). Além disso, é incontroverso que as decisões judiciais devem ser fundamentadas, significando não apenas o enquadramento da situação discutida no processo em determinada regra jurídica, mas também a plena inteligência do que está contido no pronunciamento judicial. Decisão ininteligível prejudica o direito processual da parte de impugná-la através do recurso principal.

Pelas razões apontadas, vislumbramos de modo inquestionável o cabimento do recurso de embargos de declaração contra decisões de natureza interlocutória, sendo providência *sadia*, afeta à amplitude da defesa e aos primados do contraditório.

---

e legislação processual civil extravagante em vigor. 4. ed. rev. e ampl. São Paulo: Revista dos Tribunais, 1999. p. 1045).

249 "No campo do direito, a interpretação é a definição do significado da norma jurídica" (CALDARA, Emilio. *Interpretazione delle leggi*. Milão, 1908. p. 5).

250 "Com a apresentação dos embargos de declaração, o prazo para a apresentação de agravo de instrumento fica interrompido. Se cabíveis os embargos de declaração, como já anotado mais acima, opera-se a interrupção do prazo recursal, que somente começa a correr depois da intimação da parte acerca da decisão que os resolve. Assim, o prazo de dez dias para interposição do agravo de instrumento somente começa a fluir após a decisão dos embargos de declaração" (PIPOLO, Henrique Afonso. Do cabimento dos embargos de declaração em decisões interlocutórias e seus efeitos em relação ao prazo para interposição de agravo. *Repertório IOB de jurisprudência*, caderno 3, nº 16/2001, p. 316, 2ª quinzena ago. 2001).

251 Nesse sentido: "Processual Civil. Decisão. Decisão interlocutória. Embargos de declaração. Agravo. Cabimento. Doutrina. Precedentes. Recurso provido. **Os embargos declaratórios são cabíveis contra qualquer decisão judicial e, uma vez interpostos, interrompem o prazo recursal. A interpretação meramente literal do art. 535 do CPC**, atrita com a sistemática que deriva do próprio ordenamento processual" (REsp 111.637 – MG, 4ª Turma do STJ, rel. Min. SÁLVIO DE FIGUEIREDO TEIXEIRA) (grifamos).

Com as atenções voltadas para o novo CPC, percebemos que foi garantida a interposição do recurso de embargos de declaração contra *qualquer decisão judicial*.

13.15.2 Embargos de declaração – objetivo

Como regra, a decisão que julga o recurso de embargos integra-se à sentença ou ao acórdão, sem inverter a sucumbência. Se a ação foi julgada em favor do autor, havendo omissão no julgado, a decisão dos embargos de declaração não pode modificar a sentença, passando a ação a ser julgada em favor do réu.

Em conclusão preliminar, podemos assentar o entendimento de que o objetivo do recurso de embargos de declaração é o de emitir pronunciamento judicial que se integre à sentença, ao acórdão ou à decisão interlocutória, aperfeiçoando-os como atos processuais, possibilitando perfeita compreensão dos pronunciamentos, *abrindo o caminho* para a apresentação da irresignação principal.

É por esta razão que a doutrina especializada afirma que a decisão proferida no julgamento dos embargos de declaração apresenta a natureza jurídica de *sentença complementar*, aditando a primeira sentença proferida no julgamento do processo, na hipótese de a ela se integrar.

Essa é a regra, comportando exceção, diante da qual assistimos à possibilidade de a decisão proferida nos embargos de declaração *modificar* o pronunciamento atacado (*caráter infringente* ou *modificativo* dos embargos), invertendo a sucumbência, de modo que a ação, antes julgada em favor do autor, passa a ser julgada em favor do réu, ou vice-versa,[252] concluindo o magistrado ter-se equivocado no entendimento anterior.[253]

Num exemplo da dinâmica forense, perceba a situação que envolve uma colisão entre dois veículos, afirmando o autor na peça inicial que o promovido estaria embriagado no momento do infortúnio, fato que deu causa ao acidente, juntando aos autos farta prova nesse sentido, inclusive boletim de trânsito elaborado pela autoridade policial, que confirma a versão apresentada pelo autor.

---

252 A situação em análise é francamente admitida pela jurisprudência, como se conclui da análise do seguinte julgado da lavra do STJ: "Com a integração do seguro e acidentes do trabalho no sistema da Previdência Social, revogadas, por não mais se justificarem, as normas constantes dos Decretos-leis 7.036/44 e 293/67, haverá responsabilidade do empregador, com base no direito comum, desde que tenha concorrido com culpa, ainda que leve, para o acidente. Embargos declaratórios. **Reconhecida a omissão, de seu suprimento podem resultar efeitos infringentes**. Sentença. Limitação do pedido. Violação do disposto no artigo 460 do Código de Processo Civil" (REsp 63.558 – 6 – SP, 3ª Turma do STJ, rel. Min. EDUARDO RIBEIRO) (grifamos).

253 Sábias as palavras de WASHINGTON BOLIVAR: "não deve o juiz ter pejo de confessar que errou, em qualquer circunstância e, muito especialmente, quando ainda há tempo de corrigir-se e corrigir. Pois aquele que reconhece o seu erro demonstra que é mais sábio hoje, quando o corrige, do que ontem, quando o praticou" (*Revista do TFR* nº 119, p. 318-323).

Na sentença, o magistrado julga a ação improcedente, afirmando que o autor não teria se desincumbido do ônus probatório, sugerindo que não haveria qualquer demonstração de culpa do réu no acidente que ensejou a postulação. Não obstante os argumentos, o magistrado não enfrenta a alegação relativa ao estado de embriaguez do réu, deixando de se *debruçar* na análise dos documentos que confirmam a veracidade da alegação.

Em decorrência da interposição do *remédio* processual, atacando o ponto omisso, o magistrado conclui pela culpa do réu no acidente, acolhendo e dando provimento ao recurso de embargos de declaração para atribuir *caráter infringente* ao julgado, substituindo o pronunciamento anterior pela decisão manifestada na espécie recursal. A adoção da providência é medida excepcional, sendo da natureza da espécie ter o objetivo de integração da decisão dos embargos à sentença, ao acórdão ou à decisão interlocutória anteriormente proferida.

13.15.3 Interrupção do prazo para a interposição do recurso principal

O art. 538 dispõe que: "os embargos de declaração interrompem o prazo para a interposição de outros recursos, por qualquer das partes". Com a interposição do *remédio* processual, a parte aguarda pelo seu julgamento, não se admitindo a imediata interposição da apelação, do agravo ou do recurso especial e/ou do recurso extraordinário, em decorrência da aplicação do *princípio da singularidade* ou da *unicidade recursal*, estudado em linhas anteriores.

A interrupção do prazo distingue-se da suspensão, porque na primeira, os dias utilizados para o aforamento do recurso intermediário (embargos de declaração) não são considerados na contagem do prazo relativo ao recurso principal. Ao contrário, diante da regra de suspensão, os dias utilizados para a interposição do recurso de embargos de declaração são abatidos do prazo total para o aforamento do recurso principal. Apenas para exemplificar, reiteramos as colocações com os seguintes exemplos ilustrativos:

a) se for hipótese de interrupção, considerando que o recurso de apelação deve ser apresentado dentro do prazo de 15 dias, imagine que a parte tenha aforado o recurso de embargos de declaração antes da apelação, o que ocorreu no quinto dia posterior à intimação da sentença. Sendo o recurso intermediário apreciado, a parte disporá da integralidade do prazo do recurso principal (15 dias) para apresentar a apelação, não considerando os dias utilizados para a interposição dos embargos de declaração;

b) se for hipótese de suspensão, e utilizando o mesmo exemplo, sendo julgado o recurso de embargos de declaração, a parte só disporia do prazo de dez dias para a apresentação do recurso principal (apelação), considerando que se havia utilizado de cinco dias para a apresentação do recurso *intermediário* (embargos de declaração).

A interrupção do prazo do recurso principal é garantida mesmo quando a espécie *intermediária* não é conhecida em vista do não preenchimento de requisito geral ou específico, inclusive com o reconhecimento da inexistência de omissão, de obscuridade ou de contradição a ser sanada,[254] **exceto a intempestividade**, de modo que a rejeição dos embargos sem o enfrentamento das suas alegações de mérito confere à parte a prerrogativa de interpor a espécie principal (apelação, agravo de instrumento, recurso especial ou recurso extraordinário), contando com a totalidade do prazo.

A regra não é a mesma se o recurso de embargos de declaração for interposto fora do prazo, que é de 5 (cinco) dias, de modo que o não conhecimento da espécie pelo não preenchimento do requisito geral em exame representa impedimento para a interposição do recurso principal,[255] em vista da probabilidade de o prazo dessa espécie ter escoado *in albis*.

No âmbito dos Juizados Especiais Cíveis há regra específica sobre o assunto, confundindo alguns aplicadores do Direito. Por força do art. 50 da Lei nº 9.099/95,[256] o recurso de embargos de declaração apenas *suspende* – e não interrompe – o prazo para a interposição do recurso principal, no que se refere à decisão proferida pelo 1º Grau de Jurisdição (sentença), sendo que, no caso da decisão prolatada pelo Colégio Recursal, aplica-se a regra geral do CPC, ou seja, da interrupção.

O afastamento da norma do CPC justifica-se pela prevalência do *princípio da especialidade*, levando em consideração os princípios que norteiam as ações que

---

[254] Preciso o ensinamento da doutrina: "Em conclusão, e tendo em vista a doutrina e a jurisprudência amplamente dominantes, o *efeito interruptivo do prazo opera sempre.* Como bem mencionou o Ministro CESAR ASFOR ROCHA, em seu voto condutor do REsp 153.324/RS, 'a não se interromper o prazo toda vez que se verificar a inexistência, ainda que manifesta, de omissão ou contradição (o que acontece na maior parte dos casos), a parte embargante, sem poder contar com a certeza de acolhimento dos seus embargos, teria que interpor o recurso futuro praticamente junto com os embargos, o que vem a contrariar o intuito legislativo e a organicidade processual' (STJ, 4ª T., *v.u.,* Ac. de 29.04.1998, *DJU* 22.6.1998). Poder-se-á abrir exceção, apenas e tão somente, para os casos de embargos de declaração *manifestamente intempestivos*, quando sem qualquer dúvida razoável (pela indiscutibilidade do *dies a quo*) já ultrapassado o prazo recursal e, assim, caracterizada uma litigância protelatória ou de má-fé" (CARNEIRO, Athos Gusmão. Dos embargos de declaração e seu inerente efeito interruptivo do prazo recursal. *Revista Síntese de Direito Civil e Processual Civil*, Porto Alegre: Síntese, nº 10, p. 9, mar./abr. 2001).

[255] "**Como cediço, os embargos de declaração intempestivos não interrompem o prazo recursal**. Agravo regimental desprovido" (AGEDAG 503559 – RJ, 3ª Turma do STJ, rel. Min. CARLOS ALBERTO MENEZES DIREITO, j. 16.10.2003, *DJ* 15.12.2003, em transcrição parcial) (grifamos).

[256] "Art. 50. Quando interpostos contra sentença, os embargos de declaração suspenderão o prazo para recurso."

tramitam perante os JEC's, sobrelevando ressaltar o *princípio da celeridade*, alcançada através da eliminação de procedimentos que posterguem a efetiva entrega da prestação jurisdicional.

Ainda sobre a questão relativa à interrupção do prazo para a interposição do recurso principal (agravo, apelação, recurso especial e/ou recurso extraordinário), resta assentado do ponto de vista jurisprudencial que a interrupção ocorre não apenas em relação ao primeiro recurso de embargos de declaração apresentado, mas também em relação ao segundo, se este for efetivamente interposto, e quantos mais forem interpostos pela parte que se sente agravada pelo pronunciamento judicial.

Detalhando a regra, considerando a existência de omissão em determinada decisão judicial, a parte tenta supri-la através da apresentação do recurso de embargos de declaração. O juiz da causa entende que a decisão não é omissa, rejeitando os embargos. Observe que os embargos interromperam o prazo para a interposição do recurso seguinte, como tal o de apelação.

Não satisfeita com a resposta judicial apresentada no julgamento dos embargos de declaração, e insistindo na tese de que há omissão, a parte interpõe novo recurso de embargos de declaração, nos cinco dias seguintes à intimação da decisão proferida nos primeiros embargos. A nova interposição, como ocorrido no primeiro recurso, interrompe o prazo para a apresentação da apelação, contando a parte, após o julgamento do segundo recurso de embargos, com a integralidade do prazo para a apresentação da apelação.[257]

A interrupção do prazo é regra edificada em benefício de ambas as partes do processo, não apenas em favor da que apresentou o recurso, já que a decisão dos embargos pode ter efeito *modificativo* ou *infringente*, forçando a parte que vinha sendo beneficiada pela sentença a interpor o recurso principal contra a decisão dos embargos, que agora a prejudica.

Há, assim, *instabilidade processual* com a apresentação do recurso de embargos de declaração, devendo as partes do processo, não apenas o recorrente, aguardar o seu julgamento, para, somente após a sua ocorrência, partir para a apresentação do recurso principal.

Com as atenções voltadas para o novo CPC, percebemos a existência de norma que apresenta a seguinte redação: *não serão admitidos novos embargos de declaração se os dois anteriores houverem sido considerados protelatórios*.

---

[257] Nesse sentido: "**A interposição de embargos declaratórios, pouco importando sejam os segundos, impõe a interrupção do prazo para a manifestação de outros recursos**. A pena para os embargos protelatórios não é a suspensão do benefício processual, mas, sim, a pecuniária, como assentado em precedente da Corte. Recurso especial conhecido e provido" (REsp 174.193-SP, 3ª Turma do STJ, rel. Min. CARLOS ALBERTO MENEZES DIREITO) (grifamos).

13.15.4 Aplicação da multa em decorrência do caráter procrastinatório do recurso

No capítulo *Partes e procuradores*, no volume 1 desta obra, demonstramos que a lei impõe a todos os protagonistas (autor, réu e juiz) e coadjuvantes da relação (perito, oficial de justiça, avaliador, escrivão, tradutor etc.) o dever de agir com lealdade e boa-fé em todos os atos do processo, sob pena de ser aplicada a penalidade prevista em lei, seja pecuniária e/ou disciplinar, regra que é extensiva aos advogados das partes.

Os deveres impostos às partes e a todos aqueles que de qualquer forma participam do processo, alinhados no art. 14, decorrem do dever geral de agir com boa-fé e com lealdade processual. As regras são aplicadas a todos os atos praticados no curso do processo, acentuando-se a sua incidência na fase recursal, já que a interposição demasiada de recursos sem qualquer fundamentação jurídica pode representar *atitude procrastinatória*, ensejando a aplicação de multa contra o responsável pela prática recriminada.

No recurso de embargos de declaração, diferentemente do que observamos na maioria das demais espécies, temos regra específica (parágrafo único do art. 538),[258] prevendo a aplicação de penalidade pecuniária pela sua injustificada utilização, caracterizada pelo fato de a parte interpor a espécie sem denunciar qualquer omissão, obscuridade ou contradição. A interposição do recurso ocorreu com o único propósito de interromper o prazo para o aforamento do recurso principal, retardando a entrega da prestação jurisdicional.

A aplicação da pena é sempre esperada nessa hipótese, inserindo-se a atuação do magistrado no *poder de polícia* que lhe foi atribuído pela lei. Não obstante esse poder, exige-se que a imposição da multa seja fundamentada, à luz do inciso IX do art. 93 da CF, sob pena de o pronunciamento ser marcado pela nulidade.

Não há uma regra específica para considerar o recurso como sendo de utilização procrastinatória. Cada caso deve ser interpretado de forma isolada na dinâmica forense, revelando-se o caráter por indícios e, sobretudo, pela constatação objetiva de que não há omissão, obscuridade ou contradição a ser sanada, sempre em cotejo das razões do recurso com o pronunciamento judicial.

A conclusão do caráter procrastinatório do recurso acarreta como primeira consequência a aplicação de multa, no quantitativo correspondente a até um por cento do valor atribuído à causa, sendo penalidade inegavelmente *tímida*, que na dinâmica forense estimula alguns litigantes à prática do ato indesejado, cientes de

---

[258] "Art. 538. *Omissis*. Parágrafo único. Quando manifestamente protelatórios os embargos, o juiz ou o tribunal, declarando que o são, condenará o embargante a pagar ao embargado multa não excedente de um por cento sobre o valor da causa. Na reiteração de embargos protelatórios, a multa é elevada a até dez por cento, ficando condicionada a interposição de qualquer outro recurso ao depósito do valor respectivo."

que a punição é visivelmente módica, com a ressalva de que o novo CPC estabelece a regra de que a multa deve ser fixada em valor não excedente a dois por cento sobre o valor atualizado da causa. A imposição da penalidade ocorre de ofício, sem necessidade de requerimento expresso da parte contrária, em vista da interpretação gramatical do parágrafo único do art. 18.

A primeira penalidade não impõe maior consequência processual à parte, limitando-se ao seu caráter meramente econômico, o que por vezes não ocorre, sobretudo nas causas que apresentam valor *ínfimo*, estimado para efeitos meramente fiscais (como nas cautelares, na grande maioria das ações declaratórias, na ação de indenização por perdas e danos com pedido de arbitramento da verba de dano moral etc.).

Utilizando uma medida cautelar como exemplo, em que o valor da causa, regra geral, é fixado para efeitos meramente fiscais, em quantia, portanto, irrisória, não há consequência expressiva, contra a parte, na imposição de multa correspondente a até um por cento do valor atribuído à causa, não surtindo o efeito desejado, que é o de *sacrificar* financeiramente o litigante que agiu com má-fé processual, servindo de medida terapêutica, desestimulando a prática de outros atos com o mesmo intento.

De qualquer modo, devemos ressaltar que a imposição da multa não impede que a parte apresente o recurso seguinte (agravo de instrumento, apelação, recurso especial e/ou recurso extraordinário), que pode ser interposto sem o recolhimento da multa fixada.

Contudo, se houver nova interposição dos embargos de declaração, com idêntico propósito protelatório, a multa é elevada a até dez por cento do valor dado à causa, com uma agravante, desta feita com evidente prejuízo processual para o litigante que agiu com má-fé, a saber: só pode interpor o recurso seguinte se efetuar o recolhimento da multa, fixada na decisão dos embargos, comportamento que deve ser adotado no ato da interposição da espécie principal, em companhia das custas recursais.

O recolhimento da multa, na situação, é condição para a interposição do recurso principal, qualificando-se como requisito específico, somado aos gerais (tempestividade, preparo, legitimidade, interesse etc.). O não recolhimento da multa acarreta o não conhecimento do recurso, obstaculizando a sua tramitação.[259]

Em qualquer das situações (aplicação da multa em decorrência da interposição do primeiro recurso de embargos ou na sua reiteração), e como registrado em linhas anteriores, o magistrado deve fundamentar a decisão, para embasar a tese

---

259 *Mutatis mutandis*, reproduzimos trecho de julgado prolatado pelo STF no enfrentamento de matéria semelhante: "O agravante – quando condenado pelo Tribunal a pagar, à parte contrária, a multa a que se refere o § 2º do art. 557 do CPC – somente poderá interpor 'qualquer outro recurso', se efetuar o depósito prévio do valor correspondente à sanção pecuniária que lhe foi imposta. **A ausência de comprovado recolhimento do valor da multa importará em não conhecimento do recurso interposto, eis que a efetivação desse depósito prévio atua como pressuposto objetivo de recorribilidade**" (Edcl em AgRg em Ag 234.163 – 3 – MA, 2ª Turma do STF, rel. Min. CELSO DE MELLO) (grifamos).

de que o recurso tem pretensão meramente protelatória, sob pena de nulidade do pronunciamento neste ponto, conforme pacífico entendimento pretoriano aplicável ao tema em discussão.[260] A nulidade não abrange toda a decisão judicial, mas apenas o compartimento que impôs a aplicação da multa.

A penalidade pode ser imposta indistintamente no processo, seja quem for o recorrente, inclusive a Fazenda Pública e o Ministério Público, a eles sendo extensiva a regra de que o não recolhimento da multa é *causa impeditiva* para o julgamento do mérito do recurso principal, caracterizando-se como requisito específico da espécie.

Não é procrastinatório o recurso de embargos de declaração interposto contra acórdão do tribunal, com o intuito de prequestionar a matéria visando à futura interposição do recurso especial e/ou do recurso extraordinário, em vista da redação da Súmula 98 do STJ.[261]

Com as atenções voltadas para o novo CPC, percebemos que a nova legislação estabelece a regra de que a Fazenda Pública e o beneficiário da gratuidade de justiça não estão obrigados ao recolhimento imediato da multa, como condição para a interposição de qualquer outro recurso, com o que não concordamos.

13.15.5 Dinâmica do recurso de embargos de declaração

A dinâmica procedimental do recurso de embargos é extremamente simples, impondo registrar que a espécie deve ser interposta no prazo de cinco dias, a contar da intimação da decisão combatida.

Não obstante o primado do contraditório e da ampla defesa, que incide na realidade do processo civil para determinar que à parte contrária seja conferida oportunidade para se manifestar sobre as proposições do seu adversário, anotamos que o recurso de embargos de declaração não exige a abertura de prazo para que a parte contrária ofereça as contrarrazões, como nas demais espécies, diante da constatação de que a decisão dos embargos não pode – em princípio – alterar a situação jurídica já constituída, a ponto de inverter a sucumbência, apenas se integrando ao pronunciamento prolatado.

Contudo, antevendo a possibilidade de modificar a decisão combatida, atribuindo efeito infringente ao recurso de embargos de declaração, o magistrado deve

---

[260] Nesse sentido: "Não constando do acórdão proferido em sede de embargos de declaração fundamentação hábil a amparar a conclusão de haverem sido aqueles manejados com intuito meramente protelatórios, existindo, outrossim, evidências que indicam a ausência de tal propósito por parte da embargante, é de ser afastada, por injustificável, a imposição da multa prevista no CPC 538 par. ún" (REsp 52995 – 6 – SP, 4ª Turma do STJ, rel. Min. SÁLVIO DE FIGUEIREDO TEIXEIRA).

[261] **Súmula 98 do STJ:** "Embargos de declaração manifestados com notório propósito de prequestionamento não têm caráter protelatório."

ensejar à parte contrária o direito de oferecer impugnação, sob pena de nulidade da nova decisão judicial que for proferida, por cerceamento do direito de defesa,[262] assunto a ser tratado pela parte prejudicada na primeira oportunidade que lhe for concedida para se manifestar nos autos, sob pena de preclusão, nos termos do art. 245 do CPC.

Com ou sem o oferecimento da impugnação, proceder-se-á ao julgamento do recurso de embargos de declaração no prazo de cinco dias, conforme a redação do art. 537, em se tratando de ataque à decisão interlocutória ou à sentença. Nos tribunais, o *remédio* processual deve ser julgado na sessão seguinte à da sua interposição. Os prazos em exame são *impróprios*, de modo que o seu descumprimento não acarreta qualquer consequência processual.

O julgamento do recurso de embargos de declaração, como entendido por parte da jurisprudência e por nós afiançado, deve, sempre que possível, se dar pela própria autoridade que prolatou a decisão hostilizada.[263] A regra não é absoluta, admitindo-se a apreciação da espécie pelo juiz substituto.

13.16 RECURSO ORDINÁRIO – CONSIDERAÇÕES GERAIS

Em outros compartimentos desta obra, registramos que aos tribunais é atribuída não apenas competência recursal, sendo de sua prerrogativa (apresentando-se como verdadeiro dever) o julgamento de determinadas ações, que têm início perante os tribunais, não sendo para lá apenas encaminhadas em grau de recurso, com vistas a seu reexame.

Exemplos multiplicam-se, marcando-se como situações clássicas o julgamento da ação rescisória, do mandado de segurança, do *habeas corpus*, do *habeas data* e dos mandados de injunção. Não queremos afirmar que todos os mandados de segurança e *habeas corpus* seriam julgados pelos Tribunais Estaduais e Tribunais Regionais Federais. Esta competência é afirmada quando pessoa de direito público qualificada tomar assento no processo, sabido que a competência é determinada em

---

262 "Mas não é preciso dizer, para deixar muito clara a necessidade de ouvir o embargado em resposta, sempre que, pelos termos dos embargos declaratórios opostos, esteja sendo postulada uma decisão que lhe retire a condição de parte vencedora, transmudando-o em sucumbente" (DINAMARCO, Cândido Rangel. *A nova era do processo civil.* São Paulo: Malheiros, 2004. p. 185-186).

263 "Processual civil. Embargos de Declaração analisados por Juiz diverso do prolator da sentença embargada. **A sentença dos embargos de declaração deve, sempre que possível, ser prolatada pelo Juiz prolator da sentença embargada.** Com a entrega dos autos ao Cartório, torna-se a sentença imutável. Os embargos de declaração objetivam sanar contradição, omissão ou obscuridade, não se lhes podendo atribuir efeito infringente. Ocorrência da *reformatio in pejus*. Nulidade da segunda sentença" (AC 187.774/RJ, 2ª Turma do TRF da 2ª Região, rel. Des. Fed. PAULO ESPÍRITO SANTO) (grifamos).

atenção à categoria funcional da autoridade coatora, na precisa situação que envolve a impetração do mandado de segurança.

Como regra, essas ações têm início perante os tribunais (competência originária e não recursal) quando envolverem atos praticados pelos Governadores, pelos prefeitos da capital, pelos Secretários de Estado, pelo Conselho da Magistratura, pelo Conselho do Ministério Público, por juiz de direito, pelo comandante do Corpo de Bombeiros, pelo comandante da Polícia Militar, pela mesa da Câmara de Vereadores, pela mesa da Assembleia Legislativa etc., em rol que não é exaustivo, variando de acordo com o que a Constituição de cada Estado dispuser.

De qualquer sorte, o julgamento proferido pelos tribunais no âmbito da sua competência originária gera a prolação de um *acórdão*, representando a primeira decisão proferida no processo, que pode ser atacada pelo recurso ordinário, se a decisão for denegatória do pedido formulado pelo autor na petição inicial.

Em conclusão, podemos afirmar que o recurso ordinário presta-se ao combate de decisão proferida pelos Tribunais Superiores, pelos Tribunais Regionais Federais ou pelos Tribunais dos Estados, do Distrito Federal e Territórios, quando for denegatória a decisão que proferirem no julgamento originário do mandado de segurança, do *habeas data* e do mandado de injunção. Cada uma das mencionadas decisões pode ser proferida pelos seguintes tribunais:

a) no caso do mandado de segurança – pelos Tribunais Superiores (STJ, STM, TST e TSE), gerando a interposição do recurso ordinário, a ser julgado pelo Supremo Tribunal Federal;
b) ainda no caso do mandado de segurança – pode ser decidido originariamente pelos TRFs, pelos Tribunais dos Estados e do Distrito Federal e territórios, gerando a interposição do recurso ordinário, a ser julgado pelo STJ;
c) no caso do *habeas data* e dos mandados de injunção, pelos Tribunais Superiores, gerando a interposição do recurso ordinário, a ser julgado pelo STF.

A interposição do recurso ordinário é ainda admitida nas causas em que forem partes, de um lado, Estado estrangeiro ou organismo internacional e, do outro, município ou pessoa residente ou domiciliada no país (alínea *b* do inciso II do art. 539). Nesta hipótese, o recurso ordinário será julgado pelo STJ.

Nas situações dispostas nas letras *a*, *b* e *c* supra, é necessário que a decisão seja denegatória. Se os tribunais originariamente julgarem as ações pela procedência dos pedidos, não há ensejo para a interposição do recurso ordinário, mas dos recursos especial e extraordinário, desde que os requisitos de admissibilidade de cada uma dessas espécies forem preenchidos, e quando presentes as suas hipóteses de cabimento.

Com as anotações feitas, podemos perceber que o cabimento do recurso ordinário está condicionado ao *resultado* do mandado de segurança, do mandado de injunção e do *habeas data* apreciados pelo tribunal (*secundum eventum litis*). Se a vitória for atribuída ao autor, não cabe recurso ordinário; em caso contrário, diante de decisão denegatória, o cabimento é assegurado.

Essa compreensão é fundamental, já que a interposição do recurso extraordinário ou do recurso especial quando era a hipótese do ingresso do recurso ordinário impede o seguimento da espécie equivocada, não se podendo requerer a aplicação do *princípio da fungibilidade* em vista do cometimento de erro grosseiro, não havendo *dúvida objetiva* que ampare esse modo de proceder[264] (Súmula 272 do STF).[265]

A palavra *denegatória* refere-se à apreciação do mérito da ação, numa visão meramente gramatical. Não obstante a constatação, deixamos registrado que doutrina e jurisprudência são unânimes em admitir a espécie também quando a decisão do tribunal rejeitar liminarmente a ação, ou quando for extinta sem apreciação do mérito.[266] Mais uma vez, encontramo-nos diante de pronunciamentos que causaram prejuízo ao autor, garantindo o uso do recurso ordinário.

Essa abertura não significa que o recurso ordinário seja cabível para combater decisão monocrática do relator no âmbito dos tribunais, havendo restrição jurisprudencial para aceitação do remédio processual em situações como essa.[267] Contra a decisão em referência, cabível a interposição de agravo para o órgão colegiado, que se pronuncia através de acórdão, podendo ensejar a interposição do recurso ordinário.

O recurso ordinário exige regularidade formal, obrigando o recorrente a expor as razões que fundamentam o pedido de reforma, não se admitindo que apenas reproduza as razões expostas na petição do mandado de segurança, do mandado de injunção ou do *habeas data*.

---

264 **"Constitui, com a máxima vênia, erro grosseiro a impedir a aplicação do princípio da fungibilidade, a interposição de recurso especial contra acórdão que decide mandado de segurança impetrado no Tribunal Regional Federal como única instância, ao invés do recurso ordinário**, próprio na espécie. Agravo regimental desprovido" (AGA 146214 – RJ, 2ª Turma do STJ, rel. Min. ALDIR PASSARINHO JÚNIOR) (grifamos).

265 **Súmula 272 do STF:** "Não se admite como recurso ordinário, recurso extraordinário de decisão denegatória de mandado de segurança."

266 "Cabível é o recurso ordinário, previsto no art. 105, II, *b*, da Constituição da República, ainda que a decisão atacada tenha extinto o processo instrumentador do mandado de segurança. Correto o acórdão recorrido, não provido deve ser o recurso" (ROMS 191 – SP, 3ª Turma do STJ, rel. Min. CLÁUDIO DOS SANTOS).

267 **"Só é cabível recurso ordinário de decisões de única instância proferidas, em Mandado de Segurança, por Tribunais (Regionais, Federais, Estaduais, do Distrito Federal e Territórios), quando denegada a ordem**. Recurso ordinário não conhecido, por incabível" (ROMS 9304 – SC, 2ª Turma do STJ, rel. Min. FRANCISCO PEÇANHA MARTINS) (grifamos).

13.16.1 Recurso ordinário – objeto

Em linhas anteriores, percebemos que o objeto do recurso ordinário é o acórdão do tribunal que põe termo ao mandado de segurança, ao *habeas data* e ao mandado de injunção, declarando a improcedência dos pedidos, a rejeição liminar da ação ou a extinção do processo sem a resolução do mérito.

Duas condições colocam-se de forma aditiva para garantir a admissão da espécie:

a) que a decisão do tribunal seja um acórdão;

b) que seja denegatória, impondo sucumbência ao autor, sem desprezar a hipótese da letra *b* do inciso II do dispositivo processual examinado.

Se houver decisão proferida no mandado de segurança, no mandado de injunção ou no *habeas data* que se processou originariamente pelo tribunal, com concessão da ordem e/ou procedência dos pedidos, com sucumbência imposta contra o réu, não cabe recurso ordinário, mas recurso especial e/ou recurso extraordinário.

13.16.2 Recurso ordinário – objetivo

Em vista das considerações alinhadas, percebemos que o recurso ordinário muito se assemelha à apelação, não obstante a última espécie recursal tenha por objeto o ataque à sentença, de mérito ou terminativa.

A semelhança decorre da constatação de que as duas espécies (recurso ordinário e apelação) combatem a decisão que põe termo ao processo na instância originária. Aproximando ainda mais as espécies, percebemos que o recurso ordinário, assim como ocorre com a apelação, tem por objetivo obter a *invalidação* da decisão, na hipótese de *error in procedendo*, ou seja, quando são combatidos aspectos formais do processo e/ou da decisão que lhe pôs termo (incompetência absoluta do julgador, por exemplo; o fato de o tribunal ter julgado a questão sem oportunizar ao autor o direito de se manifestar sobre documento atado aos autos pela parte contrária, no qual a decisão se apoiou etc.), ou a sua *reforma*, na hipótese de o acórdão ter sido proferido de modo *injusto* (*error in judicandum*), desapegando-se dos elementos de fatos e de prova constantes dos autos, sem aspectos formais a serem sanados.

13.16.3 Dinâmica do recurso ordinário

O recurso deve ser interposto perante o *tribunal local* no prazo de 15 dias, exigindo o recolhimento das custas recursais, sobressaindo as despesas relativas ao porte de remessa e de retorno, sob pena de deserção.[268]

---

268 "A falta de preparo, em sede recursal, no devido prazo, gera a deserção do recurso. A ausência do atendimento a um dos requisitos recursais objetivos implicará o não conhecimento do recurso de

O art. 540 determina que sejam aplicadas ao recurso ordinário as mesmas regras procedimentais que regem a tramitação da apelação e do recurso de agravo de instrumento. Além da remissão às disposições próprias aos mencionados recursos, anotamos que a lei processual conferiu aos regimentos internos do STF e do STJ o disciplinamento do processamento do *remédio* no interior das citadas Cortes. Embora o regimento do STF não seja preciso sobre o tema, verificamos que os arts. 244 ss do regimento interno do STJ disciplinam o *modus operandi* do recurso ordinário no âmbito do mencionado Tribunal.[269]

13.17 RECURSO ESPECIAL E RECURSO EXTRAORDINÁRIO – CONSIDERAÇÕES GERAIS

Como premissa necessária à compreensão das espécies em exame, devemos fixar a razão da existência dos recursos especial e extraordinário, que são diferentes, em termos de requisitos e de finalidades, de todos os demais recursos.

O tema sobre o qual nos debruçamos neste instante passa pela análise da constatação de que o STF e o STJ não se apresentam como *terceira instância*, aberta após o esgotamento da denominada *instância ordinária* (1º e 2º Graus de Jurisdição). A finalidade dos dois tribunais não é a de rever *errores in judicando* dos magistrados do 1º Grau de Jurisdição e dos tribunais, ou seja, não se prestam à análise dos elementos de fato dos processos judiciais que lhes são confiados.

A delegação constitucional atribuída às duas Cortes apoia-se na preocupação em **proteger direito objetivo**, ou seja, as normas constitucionais e infraconstitucionais, evitando que a interpretação equivocada da lei possa alterar o seu sentido, a razão da sua existência, tratando as Cortes Superiores de proferir a última palavra a respeito da interpretação dos regramentos constitucional e infraconstitucional.[270]

---

forma a impossibilitar que este seja procedimentado. 3. Recurso não conhecido" (ROMS 9692 – ES, 2ª Turma do STJ, rel. Min. LAURITA VAZ).

269 "Artigo 244. O recurso ordinário em *habeas corpus* será interposto na forma e no prazo estabelecidos na legislação processual vigente. Artigo 245. Distribuído o recurso, a Secretaria fará os autos com vista ao Ministério Público pelo prazo de dois dias. Parágrafo único. Conclusos os autos ao relator, este submeterá o feito a julgamento na primeira sessão que se seguir à data da conclusão. Artigo 246. Será aplicado, no que couber, ao processo e julgamento do recurso, o disposto com relação ao pedido originário de *habeas corpus* (arts. 201 e seguintes). Artigo 247. Aplicam-se ao recurso ordinário em mandado de segurança, quanto aos requisitos de admissibilidade e ao procedimento no Tribunal recorrido, as regras do Código de Processo Civil relativas à apelação. Artigo 248. Distribuído o recurso, a Secretaria fará os autos com vista ao Ministério Público pelo prazo de cinco dias. Parágrafo único. Conclusos os autos ao relator, este pedirá dia para julgamento."

270 "**A Constituição Federal reservou ao Superior Tribunal de Justiça a missão, indeclinável, de zelar pela inteireza do direito positivo federal infraconstitucional (art. 105, inciso III), razão por que a ele cabe a última palavra no que se refere à interpretação das normas processuais**, procedimentais

Os recursos especial e extraordinário limitam a *vontade recursal* da parte, que só pode suscitar, como fundamento da irresignação, uma das hipóteses previstas no inciso III, do art. 105, e/ou no inciso III, do art. 102, da CF. E mais. Forçoso que se entenda que o STJ e o STF, responsáveis pelo julgamento do recurso especial e do recurso extraordinário, respectivamente, têm como precípua função prolatar *decisões paradigmáticas* em matéria infraconstitucional e constitucional, demonstrando como os dispositivos da Lei Maior e das que hierarquicamente se situam abaixo dela devem ser interpretados.

A tarefa conferida aos declinados órgãos do Poder Judiciário visa pacificar dentro da federação a interpretação de normas constitucionais e infraconstitucionais, evitando a proliferação de diferentes decisões sobre um mesmo assunto, o que acarretaria manifesta instabilidade judicial.

Apenas para exemplificar, não devemos ter interpretações diferentes dentro da federação sobre a aplicação da Lei nº 8.009/90 (que disciplina a proteção ao *bem de família*), decidindo o Tribunal de São Paulo que o televisor utilizado pelo executado não poderia ser penhorado, e o Tribunal do Rio de Janeiro afirmando que a penhora pode ser formalizada.

O STJ não prolata decisões *vinculantes*, que forçariam a que os demais órgãos do Poder Judiciário proferissem os seus julgamentos na mesma linha de raciocínio. As decisões proferidas pelo STJ, na interpretação a ser conferida às normas infraconstitucionais, são de mera *orientação*, não vinculando a vontade e o poder decisório dos demais magistrados e dos tribunais que integram a ampla estrutura do Poder Judiciário.

Com base nessas premissas, de obrigatória compreensão para o domínio de todas as nuanças do recurso especial e do recurso extraordinário, concluímos que as espécies não se preocupam com matéria fática, com o *direito subjetivo*, sendo de sua índole o enfrentamento da matéria jurídica,[271] de natureza objetiva.

---

e recursais insculpidas no Código de Processo Civil" (AGRMC 7328 – RJ, 2ª Turma do STJ, rel. Min. JOÃO OTÁVIO DE NORONHA) (grifamos).

271 A exposição da matéria fática serve para ilustrar a peça processual, quando muito para demonstrar a origem do descumprimento da norma infraconstitucional arguida pelo recorrente como fundamento da sua irresignação. Apenas para ilustrar essa afirmação, reproduzimos decisão da lavra do STJ: "Recurso especial. Impossibilidade de considerar elementos de fato diversos daquele em que se assentou o acórdão recorrido. **Destina-se o recurso a velar pela exata aplicação do direito aos fatos que as instâncias ordinárias soberanamente examinaram**" (Agravo 3.742 – RJ, 3ª Turma do STJ, rel. Ministro EDUARDO RIBEIRO) (grifamos).

13.17.1 Principais súmulas do STF e do STJ aplicáveis aos recursos Especial e Extraordinário – considerações gerais

A força das súmulas editadas pelos Tribunais Superiores (especialmente pelo STF) ganha especial importância em face da aprovação das intituladas *Reformas do Poder Judiciário,* fato ocorrido no ano de 2004, determinando que órgãos de hierarquia inferior posicionem-se de acordo com a postura assumida pelo STF, positivando o instituto da *súmula vinculante* em nosso ordenamento jurídico.

Com a redação do art. 103-A, ficou assentada a regra de que "o Supremo Tribunal Federal pode, de ofício ou por provocação, mediante decisão de dois terços dos seus membros, após reiteradas decisões sobre matéria constitucional, aprovar súmula que, a partir de sua publicação na imprensa oficial, terá efeito vinculante em relação aos demais órgãos do Poder Judiciário e à administração pública direta e indireta, nas esferas federal, estadual e municipal, bem como proceder à sua revisão ou cancelamento, na forma estabelecida em lei".

O dispositivo em análise dependia de regulamentação, realizada através da Lei nº 11.417, de 19 de dezembro de 2006. A adoção da súmula vinculante tem por objetivo o de reduzir os processos em curso perante as instâncias recursais, contribuindo para que o Poder Judiciário fique reservado para o conhecimento de questões singulares, não se assoberbando com casos repetidos, de conclusão jurisdicional consolidada.

Anotamos a proliferação de súmulas tratando dos recursos analisados, a maior parte impondo restrições ao seu cabimento, que se somam aos requisitos de admissibilidade dos recursos (tempestividade, preparo, legitimidade, interesse, regularidade formal etc.), podendo determinar o não conhecimento das espécies.

Dentre as várias Súmulas que se referem aos recursos especial e extraordinário, algumas merecem destaque, pela sua importância na dinâmica forense, servindo como fundamento para justificar a negativa de seguimento dos recursos *extremos*, alegando a presidência do *tribunal local* (que realiza o *juízo de admissibilidade diferido* – ou provisório – dos recursos) que o recorrente não teria preenchido determinado requisito específico de admissibilidade.

O *juízo de admissibilidade diferido* dos recursos extremos, realizado pela presidência dos *tribunais locais*, é meramente provisório, para admitir (ou não) o processamento e o regular encaminhamento da espécie recursal ao STJ e/ou ao STF,[272] não

---

[272] Sobre as características da decisão prolatada pelos *tribunais locais*, admitindo ou não o processamento dos recursos *extremos*, reproduzimos lição esposada pela doutrina qualificada: "A decisão declaratória da admissibilidade dos recursos deve ser fundamentada e não admite retratação, nem vincula a Corte Superior. Assim é que, não obstante admitido o recurso na origem, pode ser declarado inadmissível posteriormente. Por outro lado, admitido por um fundamento, apesar de 'suscitados vários outros', é livre o tribunal superior acolhê-los indistintamente" (FUX, Luiz. *Curso de direito processual civil.* Rio de Janeiro: Forense, 2001. p. 951).

vinculando os Tribunais Superiores, que podem obstar a tramitação desses recursos em reapreciação aos requisitos específicos e gerais.

Interpretamos quatro súmulas, selecionadas pela sua importância, remetendo o leitor ao encerramento deste capítulo, no qual pode vislumbrar todas as súmulas que se aplicam aos recursos *extremos* e, de um modo geral, a todas as demais espécies recursais (agravo, apelação, embargos de declaração, embargos infringentes, embargos de divergência etc.).

Embora as três primeiras súmulas tenham sido editadas pelo STF, na época em que acumulava as funções de *guardião* da matéria constitucional e da matéria infraconstitucional, antes da criação do STJ, anotamos que se aplicam tanto ao recurso extraordinário como ao recurso especial, tendo o STJ em algumas hipóteses editado súmula de redação quase idêntica, adaptada à realidade do recurso especial.

13.17.1.1 Súmula 282 do STF

Dentre as súmulas selecionadas, iniciamos pelo estudo da mais importante, sendo responsável pela grande parte dos pronunciamentos de negativa de seguimento dos recursos especial e extraordinário. A Súmula 282 trata do *prequestionamento* da matéria, apresentando a seguinte redação: "É inadmissível o recurso extraordinário quando não ventilada, na decisão recorrida, a questão federal suscitada."

A doutrina vem conceituando o prequestionamento de várias formas, pelo fato de a CF não ter assim procedido,[273] como se depreende, de forma meramente ilustrativa, através da análise da conceituação oferecida por ATHOS GUSMÃO CARNEIRO em obra de inegável riqueza jurídica:[274]

> *"Todavia, para que uma determinada questão seja considerada como prequestionada, não basta que haja sido suscitada pela parte no curso do contraditório, preferentemente com expressa menção à norma de lei federal onde a mesma questão esteja regulamentada. É necessário, mais, que no aresto recorrido a matéria tenha sido decidida, e decidida manifestamente (não obstante se possa considerar prescindível a expressa menção ao artigo de lei)."*

---

[273] Levantamento doutrinário demonstra que Constituições passadas trataram do assunto com maior clareza, como se observa da análise da seguinte lição: "A Constituição de 1891, no art. 59, III, *a*, dizia: 'quando se questionar a validade de leis ou aplicação de tratados e leis federais, e a decisão for contra ela'. De forma idêntica dispôs a Constituição de 1934, no art. 76, III, *a*: 'quando a decisão for contra literal disposição de tratado ou lei federal, sobre cuja aplicação se haja questionado'. Essas Constituições eram mais explícitas a respeito do âmbito do recurso extraordinário" (ROSAS, Roberto. *Direito sumular*. 12. ed. São Paulo: Malheiros, 2004. p. 124-125).

[274] CARNEIRO, Athos Gusmão. *Recurso especial, agravos e agravo interno*. Rio de Janeiro: Forense, 2001. p. 25.

Sem desprezar outras definições *desenhadas* pela doutrina especializada, afirmamos que o requisito referente ao prequestionamento – que é específico para os recursos *extremos* – exige do recorrente que se comporte com disciplina no decorrer do processo, antevendo a possibilidade de posteriormente ter de interpor recurso especial e/ou recurso extraordinário.

A parte deve ser diligente no curso do processo, alegando no momento devido que determinada decisão judicial teria afrontado norma constitucional ou infraconstitucional, não deixando para suscitar a tese apenas no recurso *extremo*. Se assim se comportar, esbarrará na Súmula 282 do STF, que certamente será aplicada para determinar a negativa de seguimento do recurso, frustrando as intenções da parte, já que o STF e o STJ não podem examinar matéria *nova,* que não tenha sido suscitada e enfrentada na instância ordinária, mesmo que seja de ordem pública.[275]

Exemplificando, perceba a situação da parte que, durante a audiência de instrução e julgamento, é surpreendida com decisão do juiz no sentido de impedir a ouvida de testemunha tempestivamente arrolada. Diante do pronunciamento, o prejudicado deve interpor o recurso de agravo retido, sustentando que teria sofrido cerceamento do direito de defesa, com infração aos incisos LIV e LV do art. 5º da CF.

Saindo vencido da demanda judicial, em decorrência de sentença que lhe foi desfavorável, o prejudicado deve renovar em apelação a arguição do cerceamento do direito de defesa sofrido, como preliminar da espécie, conforme determinado pelo § 1º do art. 523,[276] forçando o tribunal a manifestar-se sobre a matéria, ou seja, a decidir se houve ou não cerceamento do direito de defesa e, em consequência, se os incisos LIV e LV do art. 5º da Carta Magna foram ou não afrontados.

Tendo assim se comportado, se o tribunal apreciar e manifestar-se sobre a questão, é possível a interposição do recurso extraordinário, alegando o recorrente que houve afronta a dispositivo da CF, enquadrando o recurso na alínea *a* do inciso III do art. 102 do Texto Constitucional.

Não basta, contudo, que a afronta ao dispositivo constitucional tenha sido arguida pelo recorrente. Em complemento, deve garantir que o tribunal sobre ela se manifeste, para preencher na sua totalidade o requisito do prequestionamento. A exigência qualifica-se como *ato complexo*, impondo a constatação de que a reclamação da parte a respeito da afronta a dispositivo da CF ou de norma infraconstitucional foi externada durante o seguimento da demanda, a partir da primeira oportunidade que a parte teve para se manifestar nos autos após a prática do ato judicial, e que

---

[275] "**A jurisprudência desta Corte é firme no sentido de que, em sede de recurso especial, não é possível se conhecer de matéria não analisada nas instâncias ordinárias, mesmo em se tratando de matéria que possa ser tida como de ordem pública**" (REsp 517331 – RN, 6ª Turma do STJ, rel. Min. HAMILTON CARVALHIDO) (grifamos).

[276] "Art. 523. *Omissis*. § 1º Não se conhecerá do agravo se a parte não requerer expressamente, nas razões ou na resposta da apelação, sua apreciação pelo tribunal; *omissis*."

essa reclamação foi apreciada pela instância recursal, com expresso pronunciamento nesse sentido.

Se o tribunal julgar o recurso da parte, mas não enfrentar a matéria relativa ao alegado cerceamento do direito de defesa sofrido, o recorrente deve insistir no pronunciamento da Corte através da interposição do recurso de embargos de declaração, alegando a existência de omissão no acórdão combatido, exigindo que o tribunal cumpra a função jurisdicional na sua inteireza.

Se o tribunal mantiver a omissão, mesmo com a apresentação do recurso de embargos de declaração, dará ensejo à interposição do recurso *extremo*, não mais recurso extraordinário, pela afronta aos incisos LIV e LV do art. 5º da Carta Magna, mas recurso especial, por afronta ao art. 535 do CPC, norma infraconstitucional, enquadrando-se o remédio processual na alínea *a* do inciso III do art. 105 da Carta Magna.

É que o tribunal, ao manter a omissão, infringiu norma prevista no CPC, que garante à parte a possibilidade de afastar omissões dos julgados através do recurso de embargos de declaração. Mantendo-se a omissão, fere-se norma infraconstitucional, no caso, dispositivo do CPC.[277]

Questão elegante diz respeito ao intitulado *prequestionamento implícito*, interpretado de duas formas, a saber: "A ausência de um pronunciamento explícito do tribunal *a quo* sobre matéria federal controvertida"[278] e o fato de o "tribunal não mencionar explicitamente o dispositivo legal tido como violado, apesar de enfrentar explicitamente a regra nele contida".[279]

Para parte da doutrina, seria exigido o *prequestionamento explícito* para a interposição do recurso especial e/ou do recurso extraordinário, ou seja, em todas as situações, o recorrente deve indicar de forma numérica o dispositivo da norma infraconstitucional que teria sido violado. Além disso, ao enfrentar o recurso, o tribunal deve indicar de forma expressa qual teria sido o dispositivo tido por violado, não se admitindo a simples menção genérica a princípios.

---

277 Nesse sentido: "Quando o tribunal rejeitar EDcl, na hipótese em que deveria acolhê-los e, por isso, o vício permanecer, cabe REsp com fundamento na ofensa ao CPC 535. O STJ, se der provimento ao REsp, anulará o acórdão e determinará que o tribunal de origem julgue os Edcl. Só então caberá REsp quanto à questão que fora objeto dos Edcl" (NERY JUNIOR, Nelson. *Código de Processo Civil comentado e legislação processual civil extravagante em vigor.* 4. ed. São Paulo: Revista dos Tribunais, 1999. p. 1052).

278 FREIRE, Rodrigo da Cunha Lima. Prequestionamento implícito em recurso especial: posição divergente no STJ. In: NERY JUNIOR, Nelson; WAMBIER, Teresa Arruda Alvim. *Aspectos polêmicos e atuais dos recursos cíveis e de outros meios de impugnação às decisões judiciais*. São Paulo: Revista dos Tribunais, 2001. p. 958.

279 Idem, ibidem. p. 958.

Para os que assim entendem, se o tribunal não se manifestar expressamente sobre o dispositivo que teria sido violado (com a sua indicação numérica), o recorrente deveria interpor embargos de declaração, sob pena de assistir ao não conhecimento do recurso especial posteriormente interposto.

O STJ vem admitindo o *prequestionamento implícito*,[280] o que angaria a nossa simpatia. Contudo, a admissão vem sendo contestada no âmbito do Tribunal Superior, não se permitindo a interposição do recurso especial contra acórdão – não atacado pelo recurso de embargos de declaração – que não tenha esposado, de forma explícita, o número do dispositivo de lei que teria sido violado, a abrir brecha para a interposição de recurso ao STJ.[281]

Entendemos que, para a configuração do prequestionamento, não se exige que o tribunal inferior indique de forma expressa o número do dispositivo de lei que teria sido violado, sendo apenas necessário que o tribunal manifeste-se de forma expressa sobre a matéria federal objeto da controvérsia.[282]

---

280 Apenas para exemplificar: "Processo civil. Recurso especial. Prequestionamento implícito. Embargos acolhidos. **O prequestionamento consiste na apreciação e na solução, pelo tribunal de origem, das questões jurídicas que envolvem a norma positiva tida por violada**, inexistindo a exigência de sua expressa referência no acórdão impugnado" (EREsp 162608 – SP, Corte Especial do STJ, rel. Min. SÁLVIO DE FIGUEIREDO TEIXEIRA) (grifamos). No mesmo sentido: "Processo civil. Recurso especial. Prequestionamento implícito. Admissibilidade. Orientação da Corte. Embargos acolhidos. **O prequestionamento implícito consiste na apreciação, pelo tribunal de origem, das questões jurídicas que envolvam a lei tida por vulnerada, sem mencioná-la expressamente. Nestes termos, tem o Superior Tribunal de Justiça admitido o prequestionamento implícito**. São numerosos os precedentes nesta Corte que têm por ocorrente o prequestionamento, mesmo não constando do corpo do acórdão impugnado a referência ao número e à letra da norma legal, desde que a tese jurídica tenha sido debatida e apreciada" (EREsp 155621 – SP, Corte Especial do STJ, rel. Min. SÁLVIO DE FIGUEIREDO TEIXEIRA) (grifamos).

281 Nesse sentido: "Apesar de existir corrente jurisprudencial, no âmbito desta Egrégia Corte e do Colendo STF, que admite estar configurado o prequestionamento, independentemente de menção expressa aos dispositivos legais invocados, desde que a matéria trazida pelo especial tenha sido enfrentada no pronunciamento do Tribunal *a quo*, outra corrente no seio deste Tribunal só admite o recurso especial quando houver menção expressa dos dispositivos legais apontados como violados, caracterizando, assim, o necessário prequestionamento. E a essa corrente, com as mais nobres escusas aos entendimentos divergentes, filio-me" (AGA 209809 – PE, 1ª Turma do STJ, rel. Min. JOSÉ DELGADO).

282 Essa parece ser a corrente majoritária do STJ, como se colhe da análise do seguinte julgado, reproduzido de forma ilustrativa: "**Esta Corte tem aceito o prequestionamento implícito, consistente na abordagem, no Tribunal *a quo*, da tese jurídica, sem explicitação do artigo de lei sobre o qual está o embasamento jurídico**. Também entende a Corte haver prequestionamento quando o Tribunal, ao rechaçar expressamente a tese jurídica sustentada pelas partes, firma seu entendimento com respaldo em tese jurídica substitutiva" (AGA 239836 – SP, 2ª Turma do STJ, rel. Min. FRANCISCO PEÇANHA MARTINS) (grifamos).

13.17.1.2 Súmula 279 do STF

Outra Súmula do STF que se aplica tanto ao recurso especial quanto ao extraordinário é a 279,[283] indicando que "para simples reexame de prova não cabe recurso extraordinário". Como afirmado em passagem anterior, o STF e o STJ (através dos órgãos que os integram) se preocupam com a soberania da Carta Magna e de textos infraconstitucionais, orientando através de decisões judiciais como devem ser interpretados os dispositivos da Lei Maior e de outras de hierarquia inferior.[284]

O STJ não é instância revisora de decisões prolatadas pela *instância ordinária* (1º e 2º Graus de Jurisdição). A sua função é a de uniformizar a interpretação a respeito da norma infraconstitucional.

Por essa razão é que a Súmula em comentário veda a interposição do recurso especial que objetive a simples reapreciação da prova produzida no curso da instrução probatória, e que foi equivocadamente valorada, na interpretação do recorrente. A matéria relativa à valoração da prova é fática, não podendo, por si só e de forma isolada, embasar a interposição dos recursos especial e extraordinário, que se preocupam com matéria de direito.[285]

Assim é que, trazendo exemplo ilustrativo, o recorrente não pode interpor o recurso especial insinuando que o magistrado teria malvalorado a prova pericial, julgando a ação improcedente, contrariamente às conclusões do laudo elaborado pelo *expert* do juízo, que ratificava a veracidade das alegações contidas na petição inicial.[286] A matéria é de fato, afastando a incidência do recurso especial.

Contudo, é possível a interposição da espécie, no mesmo caso, se o magistrado julgar a ação, após receber o laudo, sem conferir às partes o direito de se manifesta-

---

283 Essa Súmula foi praticamente repetida pela Súmula de nº 7 do STJ, com a seguinte redação: "A pretensão de simples reexame de prova não enseja recurso especial."

284 Nesse sentido precisa a lição da doutrina: "Com essa rápida evolução legislativa, fica fácil demonstrar que o atual legislador constituinte, ao inserir e criar o recurso especial, preocupou-se em deixar ao Supremo Tribunal Federal a tarefa única e exclusiva de ser o guardião da Constituição Federal enquanto ao Superior Tribunal de Justiça o trabalho de fiscalizar a correta e uniforme aplicação da lei federal" (JORGE, Flávio Cheim. Recurso especial com fundamento na divergência jurisprudencial. In: NERY JUNIOR, Nelson; WAMBIER, Teresa Arruda Alvim. *Aspectos polêmicos e atuais dos recursos cíveis e de outras formas de impugnação às decisões judiciais*. São Paulo: Revista dos Tribunais, 2001. v. 4, p. 375).

285 De forma meramente ilustrativa, reproduzimos julgado proferido pelo STF: "Processual Civil. Locação. Litigância de má-fé. Comprovação. Prova. Súmula 07 do STJ. Tendo o v. acórdão hostilizado, apreciando o material cognitivo constante dos autos, entendido que não caracterizada a litigância de má-fé, decisão em sentido contrário, analisando os argumentos suscitados pelo recorrente, implicaria, *in casu*, reexame de prova, o que não é possível nesta instância incomum (Súmula 07/STJ). Recurso não conhecido" (REsp 254.071/RJ, 5ª Turma do STJ, rel. Min. FÉLIX FISCHER).

286 O art. 436 do CPC textualiza que "o juiz não está adstrito ao laudo pericial, podendo formar a sua convicção com outros elementos ou fatos provados nos autos".

rem sobre o documento, através dos seus assistentes, malferindo o parágrafo único do art. 433 do CPC.[287]

13.17.1.3 Súmula 281 do STF

A terceira das Súmulas selecionadas é a 281, com a seguinte redação: "É inadmissível o recurso extraordinário quando couber, na justiça de origem, recurso ordinário da decisão impugnada." Exige-se, para a interposição do recurso especial (como também do extraordinário), que a parte tenha se utilizado de todos os recursos adequados ao combate e à impugnação da decisão recorrida, vale dizer, do acórdão proferido pelo *tribunal local.*

A hipótese refere-se especificamente aos recursos que podem ser interpostos contra os acórdãos proferidos pelos tribunais no julgamento dos recursos de apelação, de embargos infringentes, de embargos de declaração e de agravo de instrumento. O pronunciamento do tribunal pode ser atacado através da interposição do recurso de embargos de declaração, quando houver omissão, obscuridade e/ou contradição; ou dos embargos infringentes, quando prolatado por maioria de votos, e desde que os demais requisitos sejam preenchidos.

A parte não pode deixar de interpor os recursos de embargos de declaração e de embargos infringentes nessas situações (Súmula 207 do STJ),[288] afastando-os para dar preferência à interposição do recurso especial e/ou do recurso extraordinário. As espécies *extremas* exigem do recorrente a demonstração de que foram utilizados todos os recursos antes da interposição dos remédios processuais que se dirigem ao STF e ao STJ. Deparando a parte com acórdão que contém omissão, por ter deixado de enfrentar ponto ou questão processual relevante, deve obrigatoriamente interpor o recurso de embargos de declaração, na tentativa de afastar o vício processual. Decidido o recurso de embargos – com ou sem o seu provimento –, a parte fica autorizada a interpor recurso especial e/ou recurso extraordinário, desde que enquadre a irresignação em uma das hipóteses previstas no inciso III do art. 102 e no inciso III do art. 105, ambos da Carta Magna. Assim não se comportando – decidindo de logo ingressar com recurso especial –, assistirá à negativa de seguimento da espécie, em face da aplicação da Súmula 281, mesmo que o acórdão prolatado pelo *tribunal local* tenha infringido a CF ou norma infraconstitucional.

Se a parte for surpreendida por decisão do relator no âmbito do tribunal, como a que nega seguimento a recurso pelo não preenchimento de requisito de admissibilidade, deve interpor o recurso adequado (agravo ou agravo regimental, a depender

---

287 "Art. 433. *Omissis*. Parágrafo único. Os assistentes técnicos oferecerão seus pareceres no prazo comum de dez dias, após intimadas as partes da apresentação do laudo."

288 **Súmula 207 do STJ:** "É inadmissível recurso especial quando cabíveis embargos infringentes contra o acórdão proferido no Tribunal de origem."

da natureza da decisão), não podendo utilizar o recurso especial, em vista do não esgotamento da instância ordinária.[289]

13.17.1.4 Súmula 13 do STJ

A última das Súmulas analisadas é a 13 do STJ, com a seguinte redação: "A divergência entre julgados do mesmo Tribunal não enseja recurso especial." A Súmula refere-se especificamente ao recurso especial interposto com base na alínea *c* do inciso III do art. 105 da Carta Magna, repetindo orientação do STF no mesmo sentido, superada em face da atual redação do inciso III do art. 102 da CF (Súmula 369 do STF).[290]

Na hipótese, o recorrente entende que o acórdão recorrido divergiu de acórdãos prolatados por outros tribunais. O recorrente pretende pacificar a divergência jurisprudencial, pleiteando que o STJ julgue o recurso nos termos dos acórdãos originários de outros tribunais (*acórdãos paradigma*), afastando a decisão prolatada no acórdão recorrido (*acórdão paragonado*, seguindo expressão adotada por parte da doutrina).

Deve obter julgados de *outros* tribunais, observando as exigências legais neste sentido, assunto estudado na seção relativa à *Regularidade formal no recurso especial*, no âmbito deste capítulo. Indispensável que as decisões coletadas originem-se de *outros tribunais*, não se admitindo que o recorrente apenas reproduza decisões proferidas pelo *próprio tribunal* que *criou* a decisão recorrida, em vista da clara interpretação da Súmula 13 do STJ.

13.17.2 Recurso especial – cabimento

O recurso especial só pode ser interposto contra decisões proferidas por Tribunais Regionais Federais ou pelos Tribunais dos Estados, do Distrito Federal e Territórios, conforme prevê o inciso III do art. 105 da Carta Magna, com a seguinte redação:

---

289 **"A previsão constitucional para o recurso especial diz respeito a decisões emanadas de Tribunais, em única ou última instância, ficando afastada a possibilidade de insurgência contra aquelas proferidas singularmente por relator.** Nessa hipótese, há que se provocar a manifestação do órgão colegiado sobre a questão suscitada por meio do competente agravo regimental, para que se viabilize o acesso à instância excepcional à parte recorrente" (EDREsp 555476 – RJ, 1ª Turma do STJ, rel. Min. JOSÉ AUGUSTO DELGADO) (grifamos).

290 **Súmula 369 do STF:** "Julgados do mesmo tribunal não servem para fundamentar o recurso extraordinário por divergência jurisprudencial."

"Art. 105. Compete ao Superior Tribunal de Justiça: Omissis*; III – julgar, em recurso especial, as causas decididas, em única ou última instância, pelos Tribunais Regionais Federais ou pelos Tribunais dos Estados, do Distrito Federal e Territórios, quando a decisão recorrida: a) contrariar tratado ou lei federal, ou negar-lhes vigência; b) julgar válido ato de governo local contestado em face de lei federal; c) der à lei federal interpretação divergente da que lhe haja atribuído outro tribunal."*

Em decorrência da interpretação gramatical da norma, é majoritário (e quase pacífico) o entendimento de que não cabe recurso especial contra decisões proferidas pelos Colégios Recursais dos Juizados Especiais Cíveis, representando o 2º Grau de Jurisdição do órgão em exame.[291] Os Colégios Recursais, segundo a doutrina, não são tribunais, pelo fato de não terem sido relacionados no art. 92 da CF, desautorizando, por essa razão, a utilização do recurso especial para o combate de decisões por eles proferidas, embora sejam de última instância.

Se a decisão contrariar norma infraconstitucional, ou qualquer outra consequência que geraria a interposição do recurso especial, a jurisprudência diverge a respeito do *remédio* processual adequado para o combate do pronunciamento originado do Colégio Recursal, parte dos autores afirmando que seria o mandado de segurança,[292] de utilização *extraprocessual*, não sendo recurso pelo fato de não ser apresentado nos autos da ação originária (manifestação *endoprocessual*), conforme anotações articuladas na introdução deste capítulo, quando apresentamos o conceito de recurso.

Em trabalho de nossa autoria,[293] manifestamos o entendimento de que não caberia mandado de segurança na hipótese em exame, em vista da falta de previsão legal para a sua admissibilidade, sem falarmos na aplicação da Súmula 267 do STF,[294] que de forma expressa veda a impetração do mandado de segurança contra decisão

---

291 Nesse sentido: "As decisões dos Juizados Especiais para as causas cíveis de menor complexidade, ainda que adotadas por colegiados recursais, **não comportam recurso especial**" (REsp 151.692, STJ, rel. Ministro WALDEMAR ZVEITER). Ainda sobre a matéria, transcrevemos a **Súmula 203 do STJ:** "Não cabe recurso especial contra decisão proferida, nos limites de sua competência, por órgão de segundo grau dos Juizados Especiais."

292 Apenas para exemplificar, reproduzimos o ensinamento da doutrina especializada: "Será, todavia, admissível, em tese, o mandado de segurança? A nosso ver, nos devidos termos e ponderadas as limitações inerentes ao MS contra ato jurisdicional, cremos que sim, porque garantia constitucional. E como os colegiados recursais são compostos por juízes de 1º grau, tais mandados de segurança deverão ser apreciados pelo Tribunal de Justiça, ante o nível hierárquico da autoridade apontada como coatora" (CARNEIRO, Athos Gusmão. *Recurso especial, agravos e agravo interno.* Rio de Janeiro: Forense, 2001. p. 14).

293 MONTENEGRO FILHO, Misael. *Recursos cíveis na prática*. São Paulo: Atlas, 2004. p. 124.

294 **Súmula 267 do STF:** "Não cabe mandado de segurança contra ato judicial passível de recurso ou correição."

judicial que possa ser atacada por recurso. O MS, como ação constitucional perfeitamente delineada, não é admitido como substitutivo de ação judicial ou de recurso.

O entendimento que manifestamos em momento anterior merece (re)interpretação, permitindo uma renovação de nossas conclusões. Hoje admitimos a utilização do mandado de segurança contra pronunciamento do Colégio Recursal que tenha infringido norma infraconstitucional, desde que a decisão seja *teratológica* (*monstruosa*, segundo ensinamento enciclopédico), que não pode ser acobertada pelo manto da coisa julgada por apegos a empecilhos formais.

Ainda sobre a temática relativa ao recurso especial, e em linhas gerais, destacamos que a espécie deve ser interposta contra decisões proferidas em *causas*, conforme a previsão do inciso III do art. 105 da CF. O substantivo empregado no texto constitucional apresenta-se em seu sentido amplo, abrangendo as decisões prolatadas em feitos de jurisdição contenciosa e voluntária, não obstante algumas posições doutrinárias em sentido contrário.[295]

Contudo, existem restrições à interposição do recurso especial para o combate de pronunciamentos que concluem certos procedimentos, sobressaindo:

a) os processos de *dúvida*, meramente administrativos, com previsão expressa nos arts. 198 ss da Lei nº 6.015, de 31.12.73, conforme orientação do STJ,[296] e desde que não haja *litígio* ou discordância entre os interessados;
b) as decisões proferidas pela Presidência dos Tribunais no processamento dos precatórios;[297]
c) as decisões proferidas por *Tribunais Administrativos*, como Tribunais Administrativos Tributários, Conselhos de Contribuintes, Tribunais Marítimos etc.;
d) as decisões proferidas pelos Conselhos da Magistratura.[298]

13.17.2.1 Cabimento na hipótese de a decisão recorrida contrariar tratado ou lei federal, ou negar-lhes vigência

---

295 "*Causa* a que se refere o texto constitucional, deve ser entendida no seu sentido restrito, processualmente, como ação contenciosa, onde as partes litigam para obterem do Poder Judiciário uma prestação jurisdicional: o autor pugna pela prestação a seu favor; o réu impugna tal prestação. Do enunciado se excluem os procedimentos voluntários, onde não há um litígio entre partes" (MONTEIRO, Samuel. *Recurso especial e extraordinário.* São Paulo: Hemus, 1992. p. 209).

296 REsp 13.637, 4ª Turma do STJ, rel. Min. ATHOS GUSMÃO CARNEIRO.

297 REsp 140.113, rel. Min. MILTON LUIZ PEREIRA.

298 Nesse sentido: AgRgAg 51289 – 4 DF, rel. Min. PÁDUA RIBEIRO.

Observamos na dinâmica forense que grande parte dos recursos especiais interpostos fundamenta-se na alínea *a* do inciso III do art. 105 da Carta Magna, afirmando o recorrente que a decisão recorrida contrariou ou negou vigência a dispositivo de tratado ou de lei federal (CPC, CDC, CP, CPP etc.). Parte da doutrina assenta o entendimento de que este seria o único fundamento do recurso especial.[299]

Limitamos o conceito de *lei federal*:

a) *lei federal em sentido estrito*, dizendo respeito a direito federal, ou seja, aplicado em todo o território nacional, não em localidade específica, como, por exemplo, no Distrito Federal;[300]
b) *decreto federal*;
c) *regulamento federal*.

Não se enquadram no conceito de lei federal, não ensejando, por esta razão, a interposição de recurso especial sob a alegação da sua infração, os seguintes instrumentos normativos, indicados de forma não exaustiva:

a) portarias ministeriais;
b) resoluções, atos normativos, circulares e provimentos de autarquias;[301]
c) convênios firmados entre Estados, geralmente em matéria tributária, nada obstando que sejam sobre outra matéria, como segurança pública, por exemplo;
d) súmula do STF ou de qualquer outro Tribunal do país;
e) norma de Regimento Interno de Tribunal;
f) lei estadual e lei municipal, como espécies do gênero *lei local*.[302]

---

299 "Este, na verdade, é o único fundamento possível do recurso especial. As demais alíneas do dispositivo constitucional ora sob enfoque (art. 105, III) dizem respeito não propriamente a outros possíveis fundamentos, mas a algumas hipóteses de cabimento do recurso que há de ser interposto sempre com fundamento na letra *a* do art. 105, III: contrariedade ou negativa de vigência a lei federal" (WAMBIER, Luiz Rodrigues. *Curso avançado de processo civil*. 6. ed. São Paulo: Revista dos Tribunais, 2003. v. 1, p. 636).

300 PINTO, Nelson Luiz. *Manual dos recursos cíveis*. 3. ed. São Paulo: Malheiros, 2002. p. 195.

301 "O manejo do recurso especial reclama violação ao texto infraconstitucional federal, sendo certo que **a resolução não** se enquadra no conceito de lei federal a ensejar a interposição **do especial**, com base na alínea 'a' do permissivo constitucional" (AGEDAG 537802 – SP, 5ª Turma do STJ, rel. Min. GILSON DIPP) (grifamos).

302 "Não se conhece de recurso especial quando a parte recorrente aponta como infringidos dispositivos de legislação local. A Carta Política de 1988 é expressa e taxativa ao enumerar no art. 105, III, *a*, as possibilidades de se apreciar recurso especial. Dentre elas não se inclui o exame de contrariedade a normas estaduais ou municipais, mas, unicamente, leis federais" (AGA 549319 – RJ, 1ª Turma do STJ, rel. Min. JOSÉ AUGUSTO DELGADO).

No recurso especial, o recorrente deve indicar qual o dispositivo de lei federal que entende teria sido violado, de forma *direta e frontal*, não apenas *oblíqua*,[303] para evitar que a espécie tenha o seu seguimento negado em vista da alegação de irregularidade formal.

A infração ao dispositivo da lei federal pode decorrer da sua interpretação equivocada, da sua aplicação errônea ou da sua não aplicação, quando seria a hipótese de aplicá-lo.

13.17.2.2 Cabimento na hipótese de a decisão recorrida julgar válido ato de governo local contestado em face de lei federal

Antes da promulgação da Emenda Constitucional nº 45/2004, observávamos o cabimento do recurso especial contra decisão que julgava válida **lei** ou **ato** de governo local contestado em face de lei federal. A Emenda em estudo alterou o *remédio* processual para restringir o seu cabimento quando a decisão recorrida julgar válido **ato** de governo local contestado em face de lei federal. Se a decisão recorrida julgar válida **lei** local contestada em face de lei federal, abre-se ensejo para a interposição do recurso extraordinário (alínea *d* do inciso III do art. 102 da CF).

Não obstante a alteração no texto constitucional, alinhamos considerações com as atenções voltadas para a sistemática aplicada antes da promulgação da comentada Emenda, para subsidiar o leitor no seu estudo, de modo que as anotações articuladas nesta seção específica da obra atualmente ilustram a hipótese de cabimento do recurso extraordinário, não do recurso especial.

Por *lei local*, entenda-se a lei estadual e municipal, de aplicação e vigência restrita em determinada localidade. Na hipótese, o tribunal *a quo* aplica lei local no julgamento de determinado caso, afastando a aplicação da lei federal, que disciplinava a mesma matéria em sentido contrário.

Há preterição da lei federal, dando-se preferência à aplicação da lei local. Imagine que em determinado município há lei municipal proibindo o exercício do chamado *transporte alternativo*. Sobre a matéria, há lei federal garantindo o exercício da atividade a todos aqueles que preencham requisitos, como habilitação específica, contratação de seguro em favor dos transportados, obtenção de licença etc.

Durante fiscalização realizada por autoridade de trânsito no Município em estudo, inserida no poder de polícia que lhe é atribuído, é apreendido veículo de

---

[303] As expressões foram retiradas do seguinte julgado prolatado pelo STJ: "Só há ofensa à lei federal de forma direta e frontal, e não oblíqua" (AgRg no Agravo 82.517, 1ª Turma do STJ, rel. Min. JOSÉ DE JESUS FILHO).

particular que realizava o *transporte alternativo*, alegando a autoridade que a norma municipal impediria a prática da atividade na localidade específica.

O prejudicado ingressa com demanda judicial, na qual pleiteia a liberação do automóvel e a declaração judicial de ilegalidade do ato de apreensão do bem que lhe pertence, com a sua liberação para o exercício da atividade anteriormente desenvolvida. A autoridade monocrática julga a ação pela procedência dos pedidos.

Não satisfeito, o Município interpõe recurso de apelação, que é provido para a reforma da decisão combatida, decidindo o *tribunal local* aplicar a norma municipal (que proíbe o exercício do *transporte alternativo*), deixando de aplicar a lei federal que garantia o exercício da atividade. No caso, há ensejo para a interposição do recurso extraordinário, escorado na alínea *d* do inciso III do art. 102 da Carta Magna, pleiteando o recorrente que a irresignação seja provida para aplicação da lei federal, afastando a incidência da norma municipal utilizada para o desate da ação.

O exemplo apresentado é meramente hipotético, posto que dificilmente teríamos normas federal e municipal dispondo a respeito da regulamentação de trânsito, por ser matéria de competência privativa da União Federal (inciso XI do art. 22 da CF), embora se admita a edição de lei complementar, autorizando-se os Estados "a legislar sobre questões específicas das matérias" relacionadas no art. 22 da Carta Magna.

A jurisprudência registra que a maior incidência dos recursos fundados na hipótese versada se dá quando há *competência concorrente* entre Estados e a União Federal para legislar sobre matéria específica.[304] Na hipótese, com a *liberdade legislativa* conferida às declinadas pessoas jurídicas de direito público, há extrapolação de poderes por parte de uma delas, que legisla além do devido.

Isso ocorrendo, estaremos diante de duas legislações (federal e estadual) interpretando a mesma matéria de modo diverso, decidindo o *tribunal local* aplicar a lei estadual, preterindo a aplicação da lei federal, devendo o STF ser *convocado* para desatar a questão, afirmando qual das duas legislações de fato deve incidir na situação específica.

---

304 "Afirma-se, geralmente, que esta hipótese de recurso especial configuraria um 'contencioso constitucional', pois a contradição entre lei federal e lei local somente poderia ser dirimida à luz da partilha constitucional de competência legislativa entre a União e os Estados. Consoante o Min. Carlos Mário da Silva Velloso, 'este pressuposto do recurso especial contém, no seu cerne, o contencioso constitucional, por isso que, de regra, quando um tribunal estadual julga válida uma lei ou ato de governo local contestado em face de lei federal é porque reconhece o tribunal estadual que a lei ou ato de governo local comportava-se na competência constitucional assegurada a este, tendo a lei federal, pois, invadido competência local, pelo que é inconstitucional' ('O Superior Tribunal de Justiça na Constituição de 1988', RT 638/15). No entanto, no Pretório Excelso foi dito, em voto do Min. Sepúlveda Pertence no RE 117.809, que a letra 'b' não se refere aos casos em que se questiona a constitucionalidade da lei federal, mas aos casos em que a controvérsia versa sobre a compatibilidade entre lei federal e lei local, nos casos de legislação concorrente. O STJ, 3ª Turma, rel. o Min. EDUARDO RIBEIRO, adotou a orientação supra (REsp nº 31.391, RSTJ 50/328)" (CARNEIRO, Athos Gusmão. *Recurso especial, agravos e agravo interno.* Rio de Janeiro: Forense, 2001. p. 42-43).

13.17.2.3 Cabimento na hipótese de a decisão recorrida dar à lei federal interpretação divergente da que lhe haja atribuído outro Tribunal

Considerando a extensão da federação, é evidente que os tribunais externam interpretações diversas a respeito da aplicação das normas infraconstitucionais, podendo o Tribunal de Justiça do Estado do Rio de Janeiro, por exemplo, concluir que as indenizações deveriam limitar-se ao tabelamento previsto em determinada lei, decidindo o Tribunal de São Paulo, em caso semelhante, que a indenização é ilimitada.

O STJ é *guardião* da legislação infraconstitucional, como já afirmado anteriormente, prolatando decisões *modelo* em casos concretos, orientando como devem ser interpretados os dispositivos contidos em legislação hierarquicamente posicionada abaixo da Constituição Federal. A hipótese em exame representa a grande maioria dos recursos especiais, afirmando os recorrentes que a decisão combatida destoaria do entendimento externado por outros Tribunais sobre o mesmo tema.

Verificamos, em passagem anterior, quando do estudo dos *Requisitos formais no recurso especial,* que o recorrente deve catalogar julgados sobre a mesma matéria – mas em sentido contrário – originados de *outros* tribunais, não servindo à demonstração da divergência a transcrição de julgados do mesmo tribunal que prolatou a decisão recorrida, em decorrência da redação da Súmula 13 do STJ.

O pedido formulado é o de provimento do recurso para que a causa que envolve o recorrente seja julgada da mesma forma como o foi(ram) a(s) causa(s) trazida(s) ao conhecimento do STJ, originária(s) de outros tribunais da federação, assentada(s) nas mesmas bases fáticas. Para tanto, a parte deve ser diligente em relação à *forma* como demonstra a divergência jurisprudencial, incidindo na espécie o § 1º do art. 255 do Regimento Interno do STJ, assunto que anteriormente examinamos.

O recorrente deve transcrever os acórdãos proferidos por outros tribunais, que julgaram ações semelhantes contrariamente ao que foi decidido pelo tribunal que processou e julgou a ação que o envolve. Não se exige a transcrição completa do acórdão, admitindo-se a transcrição de trechos que demonstrem a divergência em relação à decisão recorrida. A transcrição serve para comprovar a divergência analítica entre os julgados (o recorrido e o paradigma). Além da transcrição, o recorrente deve indicar a fonte da qual as decisões colecionadas foram extraídas.

13.17.3 Recurso extraordinário – cabimento

O recurso extraordinário apresenta âmbito de interposição limitado, prestando-se à uniformização da matéria constitucional, atuando o STF como *guardião* da Constituição Federal, num sistema de *contrafreios* da atuação da instância ordinária na aplicação do Texto Constitucional.[305]

305 A preocupação já era objeto de considerações no ano de 1910, conforme se percebe pela análise da seguinte lição doutrinária: "A par dessa largueza, no art. 61 da Constituição firmou-se parallelamente

O pedido formulado no recurso extraordinário não pode perseguir a revisão de fatos, preocupando-se o STF com a manutenção da higidez dos dispositivos que integram a Carta Magna, definindo como devem ser interpretados, proferindo decisões que espera sejam seguidas por todos os demais tribunais da federação.

O STF, no desempenho da função que lhe foi constitucionalmente delegada, prolata *decisões modelo* sobre temas constitucionais, servindo de orientação aos tribunais e aos magistrados do 1º Grau de Jurisdição.

A decisão prolatada pelo STF não tem força *vinculante,* necessariamente, para determinar aos demais tribunais que apliquem o comando manifestado no julgamento do recurso extraordinário em outros casos semelhantes, exceto quando o entendimento tenha sido *sumulado,* demonstrando o *amadurecimento* no âmbito do STF, situação com a qual passamos a conviver após a aprovação das *Reformas do Poder Judiciário,* no ano de 2004, e, sobretudo, da regulamentação do art. 103-A da CF, através da Lei nº 11.417, de 19 de dezembro de 2006. As hipóteses de interposição do recurso extraordinário estão alinhadas no inciso III do art. 102 da Carta Magna.

Antes de analisarmos cada uma das hipóteses *de cabimento do recurso extraordinário*, é necessário afirmar que, ao contrário do que observamos com o especial, aquele pode combater decisão proferida por órgão judicial que não apresenta, necessariamente, o *status* de tribunal, como os Colégios Recursais dos Juizados Especiais Cíveis, em decorrência da interpretação do inciso III do art. 102 da Carta Magna. O dispositivo admite a interposição do recurso extraordinário contra decisões proferidas em "causas decididas em única ou última instância", sem exigir que sejam forçosamente provenientes de tribunal.

A jurisprudência admite a interposição de recurso extraordinário contra decisão proferida por Colégio Recursal[306] e mesmo por Juiz de Direito, de forma isolada,[307]

---

o princípio de que as decisões dos juízes ou tribunaes dos Estados, nas materias de sua competencia, poriam termo aos processos e ás questões, exceptuadas apenas as relativas ao *habeas corpus* e espolio de extrangeiros, não podendo a justiça federal (art. 62) intervir em questões submettidas aos tribunaes dos Estados, nem annullar, alterar ou suspender as decisões ou ordens destes, afóra os casos mencionados. A latitude, assim conferida ás magistraturas locaes, poderia ser fonte de grandes perigos, se não lhe fosse opposto um dos salutares contrafreios, a que allude o publicista Bagehot, nos seus excellentes estudos sobre a Constituição Ingleza" (OLIVEIRA, Cândido. *Algumas notas sobre o recurso extraordinário.* Rio de Janeiro, 1910. p. 6).

306 Nesse sentido: "Constitucional. Juizado Especial de Pequenas Causas. Recurso Extraordinário. Cabimento. **Cabimento de recurso extraordinário de decisão proferida pelo Colegiado Recursal dos Juizados Especiais de Pequenas Causas, desde que ocorrentes os pressupostos constitucionais**. Precedentes do STF. Reclamações 438, 459, 470 e 461. Reclamação julgada procedente para o fim de determinar o processamento do agravo de instrumento" (Recl. 525 – 9 – SP, Pleno do STF, rel. Min. CARLOS VELOSO) (grifamos).

307 Sobre o tema, reproduzimos o seguinte ensinamento jurisprudencial: "Independentemente da decisão ter, ou não, sido proferida por tribunal, **cabendo, portanto, recurso extraordinário de decisão de Juízo de 1º grau, nas causas de alçada, desde que a decisão não esteja sujeita a nenhum recurso ordinário**" (RE 140.362 – 4, 2ª Turma do STF, *RT* 714/279 e *RTJ* 159/960) (grifamos).

desde que o pronunciamento não possa ser combatido por recurso ordinário (como a apelação, por exemplo).

O § 3º do art. 102 da CF prevê que o recorrente, no recurso extraordinário, deve demonstrar a **repercussão geral** das questões constitucionais discutidas no caso, para que o Tribunal examine a admissão do recurso, podendo recusá-lo pela manifestação de dois terços de seus membros, equivalendo ao posicionamento assumido por oito ministros.

A regra em exame impõe o acréscimo de novo requisito específico de admissibilidade da espécie, somando-se à exigência do prequestionamento, à demonstração do interesse, da legitimidade, da tempestividade etc.

O não conhecimento do recurso (pela razão apontada) é circunstância que não pode ser manifestada pelas presidências dos *tribunais locais* (Tribunais dos Estados e Tribunais Regionais Federais), pelo fato de a Emenda Constitucional ter atribuído competência originária ao STF, neste particular, sob pena de *supressão de instância.*

A modificação em estudo exige do recorrente a demonstração de que o tema pelo mesmo tratado tem repercussão ampla, não se limitando à espécie recursal interposta, mesmo que verse sobre matéria constitucional, evitando que o STF se envolva com questões *menores*, servindo apenas para tumultuar o funcionamento da Corte de Justiça.

Regulamentando o § 3º do art. 102 da CF, o legislador infraconstitucional editou a Lei nº 11.418/2006, tornando efetiva a previsão constitucional, para incluir **requisito específico de admissibilidade do recurso extraordinário** ao rol dos requisitos existentes.

A técnica em exame importa a inclusão dos arts. 543-A e 543-B ao CPC, com a seguinte redação:

> *"Art. 543-A. O Supremo Tribunal Federal, em decisão irrecorrível, não conhecerá do recurso extraordinário, quando a questão constitucional nele versada não oferecer repercussão geral, nos termos deste artigo.*
>
> *§ 1º Para efeito da repercussão geral, será considerada a existência, ou não, de questões relevantes do ponto de vista econômico, político, social ou jurídico, que ultrapassem os interesses subjetivos da causa.*
>
> *§ 2º O recorrente deverá demonstrar, em preliminar do recurso, para apreciação exclusiva do Supremo Tribunal Federal, a existência da repercussão geral.*
>
> *§ 3º Haverá repercussão geral sempre que o recurso impugnar decisão contrária a súmula ou jurisprudência dominante do Tribunal.*
>
> *§ 4º Se a Turma decidir pela existência da repercussão geral por, no mínimo, 4 (quatro) votos, ficará dispensada a remessa do recurso ao Plenário.*

§ 5º Negada a existência da repercussão geral, a decisão valerá para todos os recursos sobre matéria idêntica, que serão indeferidos liminarmente, salvo revisão da tese, tudo nos termos do Regimento Interno do Supremo Tribunal Federal.

§ 6º O Relator poderá admitir, na análise da repercussão geral, a manifestação de terceiros, subscrita por procurador habilitado, nos termos do Regimento Interno do Supremo Tribunal Federal.

§ 7º A Súmula da decisão sobre a repercussão geral constará de ata, que será publicada no Diário Oficial e valerá como acórdão.

"Art. 543-B. Quando houver multiplicidade de recursos com fundamento em idêntica controvérsia, a análise da repercussão geral será processada nos termos do Regimento Interno do Supremo Tribunal Federal, observado o disposto neste artigo.

§ 1º Caberá ao Tribunal de origem selecionar um ou mais recursos representativos da controvérsia e encaminhá-los ao Supremo Tribunal Federal, sobrestando os demais até o pronunciamento definitivo da Corte.

§ 2º Negada a existência de repercussão geral, os recursos sobrestados considerar-se-ão automaticamente não admitidos.

§ 3º Julgado o mérito do recurso extraordinário, os recursos sobrestados serão apreciados pelos Tribunais, Turmas de Uniformização ou Turmas Recursais, que poderão declará-los prejudicados ou retratar-se.

§ 4º Mantida a decisão e admitido o recurso, poderá o Supremo Tribunal Federal, nos termos do Regimento Interno, cassar ou reformar, liminarmente, o acórdão contrário à orientação firmada.

§ 5º O Regimento Interno do Supremo Tribunal Federal disporá sobre as atribuições dos Ministros, das Turmas e de outros órgãos, na análise da repercussão geral."

Sobre a repercussão geral, a doutrina nos fornece o seguinte ensinamento:

"Sob certo aspecto, o parágrafo ressuscita a relevância da questão federal como pressuposto de admissibilidade do recurso extraordinário, tal como aconteceu na ordem constitucional anterior (art. 119, § 1º, da Constituição de 1967, com a redação da emenda nº 7, de 13.4.77). A relevância da matéria constitucional versada no recurso extraordinário será medida, não em função do modo como o julgado recorrido e o que vier a ser proferido pelo STF repercutirem na esfera do interesse do litigante, porém da sua repercussão na sociedade. À luz do § 3º, a admissibilidade do recurso extraordinário dependerá da verificação de que, efetivamente, o quanto nele se decidir alcançará outras situações semelhantes, ou contribuirá para a solução uniforme da questão constitucional em causa. O § 3º entrelaça-se com o art. 103-A, também produto da Emenda Constitucional" (BERMUDES, Sérgio. *A reforma do judiciário pela emenda constitucional nº 45*. Rio de Janeiro: Forense, 2005. p. 55).

Como percebemos, o recorrente deve demonstrar que o julgamento do recurso extraordinário interposto interessa não apenas às partes, apresentando repercussão ampla, evidenciando interesse coletivo, sob pena de deparar com a decisão de negativa de seguimento da espécie.

13.17.3.1 Cabimento na hipótese de a decisão recorrida contrariar dispositivo da Constituição Federal

Somente ao STF foi conferida a prerrogativa de afirmar se determinado dispositivo constitucional foi violado por decisão proferida pela instância ordinária (1º e 2º Graus de Jurisdição), não sendo a prerrogativa estendida aos *tribunais locais* por ocasião da decisão que delibera a respeito da inadmissibilidade do recurso *extremo*,[308] devendo a atuação desses órgãos se limitar à análise do preenchimento (ou não) dos requisitos gerais de admissibilidade do recurso (tempestividade, legitimidade, interesse, regularidade formal etc.) e dos requisitos específicos (prequestionamento, por exemplo).

A advertência é feita diante da constatação de que alguns tribunais negam a remessa do processo à instância superior, realizando o chamado *juízo diferido de admissibilidade*, sob a alegação de que o dispositivo constitucional indicado pelo recorrente não teria sido violado pela decisão combatida, incursionando na análise de matéria que não lhes foi delegada em termos constitucionais. O *tribunal local* apenas realiza o juízo de admissibilidade do recurso, de forma provisória, para conhecê-lo ou não, sendo o julgamento de mérito privativo do STF.

O recorrente deve demonstrar no *remédio* processual a violação à norma constitucional, de forma *frontal*, sendo certo que o STF apresenta restrições para conhecer de recurso extraordinário fundado em alegada ofensa indireta ao Texto Constitucional.[309]

---

[308] Nesse sentido, precisa a lição da doutrina especializada: "Ao recorrente cumpre revelar esse descompasso da decisão com o texto constitucional, cabendo, exclusivamente, ao Supremo Tribunal Federal, aferir a procedência do vício apontado, para o fim de prover o recurso. Não se admite, sob pena de inversão das etapas da admissibilidade e mérito da impugnação, ao tribunal de origem, negar seguimento, sob a alegação de que não houve a violação apontada pelo recorrente. Esta tarefa, repita-se, é o Supremo Tribunal Federal" (FUX, Luiz. *Curso de direito processual civil.* Rio de Janeiro: Forense, 2001. p. 943-944).

[309] Nesse sentido: "**Alegação de ofensa indireta à Constituição não dá margem ao cabimento do recurso extraordinário**" (AgRgAg 210550 – 7 – MG, 1ª Turma do STF, rel. Min. MOREIRA ALVES) (grifamos).

13.17.3.2 Cabimento na hipótese de a decisão recorrida declarar a inconstitucionalidade de tratado ou lei federal

O art. 97 da CF confere aos tribunais a prerrogativa de declarar a inconstitucionalidade de lei ou ato normativo do Poder Público. A declaração exige quórum *qualificado*, devendo ser proferida através do voto da maioria absoluta dos membros do tribunal ou dos membros do respectivo órgão especial.

A inconstitucionalidade pode ser suscitada pelas partes de qualquer processo originário ou de recurso em tramitação no tribunal local, ou pelo Ministério Público, exigindo pronunciamento do relator, que submete a questão ao órgão fracionário do tribunal a quem competir o julgamento da espécie recursal (agravo de instrumento, apelação etc.) ou da ação (mandado de segurança, ação rescisória etc.), antes determinando a ouvida do Ministério Público, na condição de *custos legis*, sob pena de nulidade da questão incidental.[310] O órgão do *tribunal local* pode:

a) rejeitar a alegação, dando ensejo à continuidade do julgamento do recurso ou da ação que tramita pelo *tribunal local*;
b) acolher a alegação (salvo se já houver pronunciamento sobre o tema do órgão especial do tribunal local ou do STF, hipótese que determina a simples invocação do precedente da Corte ou do STF, ficando vinculado a essa orientação), gerando a lavratura de acórdão e o posterior encaminhamento da questão ao tribunal pleno, que, repita-se, tem competência constitucional para declarar a inconstitucionalidade de lei ou de ato normativo do poder público. O órgão fracionário não pode declarar a inconstitucionalidade em exame,[311] limitando-se a sua função no incidente ao acolhimento da alegação para fins de encaminhamento ao tribunal pleno ou à Corte Especial, se o tribunal apresentar esse órgão na sua estrutura interna.

Na hipótese da letra *b* supra, anotamos que o julgamento procedido pelo tribunal pleno, na forma de acórdão, sendo reconhecida a inconstitucionalidade de lei ou de ato normativo do poder público, dá ensejo à interposição do recurso extraordinário, com cabimento garantido pela letra *b* do inciso III do art. 102 da Carta Magna.

---

310 "**Evidente o interesse público, arguida incidentalmente a inconstitucionalidade de lei ou de ato normativo do Poder Público, impõe-se a prévia participação do Ministério Público, sob pena de nulidade do julgado.** A falta não é suprível por subsequente manifestação da Procuradoria da Fazenda, representante da entidade integrada na relação processual estabelecida para o deslinde do litígio ensejador da ação. Precedentes jurisprudenciais. Recurso provido" (REsp 107733 – SP, 1ª Turma do STJ, rel. Min. MILTON LUIZ PEREIRA) (grifamos).

311 "**Na linha de precedente da Corte, o órgão fracionário não tem competência para declarar a inconstitucionalidade de lei federal, competência privativa do tribunal pleno ou do órgão especial, onde houver.** Recurso especial conhecido e provido" (REsp 97870 – MG, 3ª Turma do STJ, rel. Min. CARLOS ALBERTO MENEZES DIREITO) (grifamos).

A declaração de inconstitucionalidade que emana do *tribunal local* não produz efeitos *erga omnes*, para promover a invalidação e a garantia da não aplicação da lei ou do ato normativo relativamente a processos que envolvam qualquer pessoa física ou jurídica, sendo limitada às partes da ação ou do processo afeto à competência do *tribunal local* (declaração *incidenter tantum*), do qual a arguição da inconstitucionalidade se originou.

O controle realizado pelos tribunais é denominado *controle difuso de constitucionalidade ou pela via indireta*, não se confundindo com o *controle abstrato de constitucionalidade ou pela via direta* (porque não ocorre numa situação concreta),[312] efetivado originariamente pelo STF por meio da *ação direta de inconstitucionalidade de lei ou ato normativo federal ou estadual* (alínea *a* do inciso I do art. 102 da CF).

13.17.3.3 Cabimento na hipótese de a decisão recorrida julgar válida lei ou ato de governo local contestado em face da Constituição Federal e na hipótese de a decisão recorrida julgar válida lei local contestada em face de lei federal

A hipótese estudada assemelha-se à situação prevista na alínea *b* do inciso III do art. 105 da Carta Magna, analisada no compartimento do recurso especial. Nele, verificamos o cabimento do recurso especial quando a decisão recorrida aplica lei local contestada em face de lei federal.

No caso agora examinado, temos duas normas de hierarquias diferenciadas: de um lado, uma norma de lei federal, do outro lado, dispositivo da Carta Magna. A decisão recorrida decide aplicar a norma disposta em lei federal, deixando de aplicar dispositivo da CF, que disciplinava a matéria em sentido contrário, com outro norte de interpretação.

Apenas para exemplificar, perceba que o § 3º do art. 40 da Carta Magna dispunha, antes da reforma da Previdência operada pela EC 41/03:

---

312 Preciso o ensinamento doutrinário sobre a questão: "Esse controle é exercido nos moldes preconizados por Hans Kelsen para o Tribunal Constitucional austríaco e adotados, posteriormente, pelo Tribunal Constitucional alemão, espanhol, italiano e português, competindo ao Supremo Tribunal Federal processar e julgar, originariamente, ação direta de inconstitucionalidade de lei ou ato normativo federal ou estadual. Por meio desse controle, procura-se obter a declaração de inconstitucionalidade da lei ou do ato normativo em tese, independentemente da existência de um caso concreto, visando à obtenção da invalidação da lei, a fim de garantir-se a segurança das relações jurídicas, que não podem ser baseadas em normas inconstitucionais" (MORAES, Alexandre de. *Direito constitucional*. 13. ed. São Paulo: Atlas, 2003. p. 606).

> *"Os proventos de aposentadoria, por ocasião da sua concessão, serão calculados com base na remuneração do servidor no cargo efetivo em que se der a aposentadoria e, na forma da lei, corresponderão à totalidade da remuneração."*

O dispositivo constitucional previa que os servidores, ao pleitearem a concessão de aposentadoria, recebiam a remuneração própria dos ativos, sem qualquer discriminação. Imagine que determinada lei federal, em sentido contrário, estabelece diferença entre a remuneração do servidor aposentado e o pessoal da ativa, sustentando que o dispositivo da Carta Magna não seria autoaplicável, divergindo do preceito contido no Texto Maior. Determinado servidor público exercita o direito de ação, pleiteando a prevalência da Carta Magna para a sua situação específica, afastando a aplicação da lei federal.

O magistrado do 1º Grau de Jurisdição aplica a lei federal para a solução do litígio, deixando de utilizar a norma constitucional, posicionamento que é reiterado pelo tribunal local no julgamento do recurso de apelação. Diante da hipótese, está aberta a oportunidade para a interposição do recurso extraordinário, fundado na alínea *c* do inciso III do art. 102 da Carta Magna, demonstrando o recorrente que a decisão combatida deu preferência à aplicação de norma federal, preterindo a aplicação do dispositivo da CF.

O recorrente deve realizar o cotejo entre o dispositivo da lei federal e a norma da Carta Magna, demonstrando o desacerto na aplicação do primeiro, formulando, como pedido, a reforma da decisão judicial para a correta aplicação do dispositivo constitucional, afastando a incidência do dispositivo de lei federal.

As *Reformas do Poder Judiciário* impuseram a modificação da sistemática do recurso extraordinário, com o acréscimo da alínea *d* ao inciso III do art. 102 da CF, de modo que o recurso em estudo passa a ser também admitido para o combate de decisão que tenha julgado válida lei local contestada em face de lei federal.

A decisão recorrida priorizou a aplicação da lei local (lei estadual ou municipal), contestada em face de lei federal, reclamando a intervenção do STF, que passa a ser *guardião* da lei federal para os fins em exame.

13.17.4 Dinâmica do recurso especial e do recurso extraordinário

O recurso especial e o recurso extraordinário devem ser interpostos no prazo de 15 dias, contados da intimação da decisão recorrida (arts. 184 e 240), em petição escrita, dirigida à presidência do *tribunal local*. Na hipótese que envolve a interposição conjunta das espécies, em vista de a decisão contrariar ao mesmo tempo dispositivo da CF e norma infraconstitucional, exige-se a apresentação de peças distintas, não se admitindo a interposição por meio de uma só petição, considerando que o destino das espécies é distinto: o recurso especial é encaminhado ao STJ, enquanto o extraordinário ao STF.

O prazo da interposição pode ser ampliado se a parte que utiliza a espécie é agraciada pela prerrogativa da contagem do prazo em dobro (pobre na forma da lei, representado por defensor dativo; Fazenda Pública; Ministério Público e litisconsortes com diferentes procuradores, diante da sucumbência de ambos os litisconsortes, não apenas de um deles).

Após o protocolo da peça de interposição, é providenciada a intimação do recorrido, para que apresente as contrarrazões, em respeito ao princípio do contraditório e da ampla defesa. A abertura de prazo para a apresentação das contrarrazões antes de os autos seguirem conclusos ao presidente ou ao vice-presidente para a realização do juízo de admissibilidade tem por objetivo colher subsídios para que o magistrado possa se apoiar em alegações articuladas pela parte contrária.

A apresentação das contrarrazões não é obrigatória, de modo que, com ou sem elas, os autos são encaminhados à presidência do *tribunal local*, a fim de que o presidente ou o vice-presidente da Corte examine se os requisitos gerais e específicos de admissibilidade do recurso foram (ou não) preenchidos. O conhecimento da espécie pelo presidente ou pelo vice-presidente vai depender do que dispuser cada regimento dos tribunais *espalhados* pela federação.

O pronunciamento deve ser externado no prazo de 15 dias (§ 1º do art. 542), representando dilação temporal *imprópria*, de modo que o descumprimento da norma não acarreta qualquer consequência processual. Não obstante a constatação, anotamos que a decisão de (in)admissibilidade do recurso deve ser fundamentada, em respeito ao inciso IX do art. 93 da CF.

A Lei nº 11.672/2008 acresceu o art. 543-C ao Código de Processo Civil, com a seguinte redação:

> **Art. 543-C.** Quando houver multiplicidade de recursos com fundamento em idêntica questão de direito, o recurso especial será processado nos termos deste artigo. § 1º Caberá ao presidente do tribunal de origem admitir um ou mais recursos representativos da controvérsia, os quais serão encaminhados ao Superior Tribunal de Justiça, ficando suspensos os demais recursos até o pronunciamento definitivo do Superior Tribunal de Justiça. § 2º Não adotada a providência descrita no § 1º deste artigo, o relator do Superior Tribunal de Justiça, ao identificar que sobre a controvérsia já existe jurisprudência dominante ou que a matéria já está afeta ao colegiado, poderá determinar a suspensão, nos tribunais de segunda instância, dos recursos nos quais a controvérsia esteja estabelecida. § 3º O relator poderá solicitar informações, a serem prestadas no prazo de quinze dias, aos tribunais federais ou estaduais a respeito da controvérsia. § 4º O relator, conforme dispuser o regimento interno do Superior Tribunal de Justiça e considerando a relevância da matéria, poderá admitir manifestação de pessoas, órgãos ou entidades com interesse

na controvérsia. § 5º Recebidas as informações e, se for o caso, após cumprido o disposto no § 4º deste artigo, terá vista o Ministério Público pelo prazo de quinze dias. § 6º Transcorrido o prazo para o Ministério Público e remetida cópia do relatório aos demais Ministros, o processo será incluído em pauta na seção ou na Corte Especial, devendo ser julgado com preferência sobre os demais feitos, ressalvados os que envolvam réu preso e os pedidos de *habeas corpus*. § 7º Publicado o acórdão do Superior Tribunal de Justiça, os recursos especiais sobrestados na origem: I – terão seguimento denegado na hipótese de o acórdão recorrido coincidir com a orientação do Superior Tribunal de Justiça; ou II – serão novamente examinados pelo tribunal de origem na hipótese de o acórdão recorrido divergir da orientação do Superior Tribunal de Justiça. § 8º Na hipótese prevista no inciso II do § 7º deste artigo, mantida a decisão divergente pelo tribunal de origem, far-se-á o exame de admissibilidade do recurso especial. § 9º O Superior Tribunal de Justiça e os tribunais de segunda instância regulamentarão, no âmbito de suas competências, os procedimentos relativos ao processamento e julgamento do recurso especial nos casos previstos neste artigo.

Como observamos, a modificação legislativa pretende **reduzir a quantidade de recursos especiais destinados ao STJ**, envolvendo casos repetitivos, através da *subida* de um único recurso, selecionado entre vários semelhantes, que ficam sobrestados em termos de processamento, aguardando o julgamento do STJ.

A presidência dos tribunais locais (Estaduais e Regionais Federais) deve ser cuidadosa, no sentido de afirmar a similitude das questões, evitando o sobrestamento de recurso(s) que não se identifique(m) com a tese que integra o recurso alçado ao STJ, cujo julgamento se projetará para alcançar as espécies *paralisadas* na instância *a quo*.

A Resolução nº 7, de 14 de julho de 2008, estabelece os procedimentos relativos ao processamento de recursos especiais repetitivos. O art. 1º da Resolução em exame apresenta a seguinte redação: "Nos Tribunais Regionais Federais e nos Tribunais de Justiça, havendo multiplicidade de recursos especiais com fundamento em idêntica questão de direito, tanto na jurisdição cível quanto na criminal, caberá ao presidente, admitir um ou mais recursos representativos da controvérsia, suspendendo por 180 dias a tramitação dos demais".

Sendo positivo o juízo de admissibilidade, o recurso é encaminhado ao tribunal competente (STF ou STJ). Diante da interposição conjunta das espécies, ambos os recursos seguem ao STJ, a fim de que primeiramente seja julgado o especial, depois remetendo o extraordinário ao STF, no caso de ainda remanescer o seu objeto, já que a decisão do especial, sendo favorável ao recorrente, pode importar na falta de interesse para o conhecimento e o julgamento de mérito do extraordinário (§ 1º do art. 543).[313]

Essa é a regra geral, que pode ser afastada se o relator do recurso especial entender que o julgamento do recurso extraordinário é prejudicial ao conhecimento da primeira espécie, admitindo-se a remessa dos autos ao STF, neste caso, a fim de que primeiramente julgue o citado recurso. A decisão do relator do especial pode restar frustrada se o relator do extraordinário concluir que não há *prejudicialidade*, impondo o retorno dos autos ao STJ, não se admitindo a interposição de qualquer recurso contra as decisões (§§ 2º e 3º do art. 543),[314] sendo exemplo que demonstra a não incidência do princípio do duplo grau de jurisdição.

Indicamos que nenhum dos *caminhos* até aqui examinados marca a rotina mais frequente das espécies na dinâmica forense. Em termos estatísticos, é mais comum que o recorrente depare com o *juízo de admissibilidade negativo* da espécie, decidindo a presidência do *tribunal local* pelo não preenchimento de requisito geral ou específico, representando pronunciamento de natureza interlocutória, abrindo ensejo para a interposição do recurso de agravo referido no art. 544.

O recurso analisado não se confunde com o agravo de instrumento objeto de nosso estudo anterior, não se prestando ao combate de decisão interlocutória proferida por magistrado do 1º Grau de Jurisdição. Seu objeto é a decisão interlocutória prolatada pela presidência do *tribunal local* na apreciação e na inadmissibilidade do recurso especial e/ou do recurso extraordinário.

Deve ser apresentado no prazo preclusivo de dez dias (exceto se o recorrente for beneficiado por prazo diferenciado), sob pena de assistirmos ao trânsito em julgado da decisão judicial, protocolizando-se a espécie perante a presidência do tribunal.

O recurso de agravo agora examinado (tem por objetivo *destrancar* o recurso especial ou o recurso extraordinário que teve seu seguimento negado pela presidência do *tribunal local*).

Após a interposição do recurso de agravo, é aberta vista dos autos à parte contrária, permitindo o oferecimento das contrarrazões no prazo preclusivo e *próprio* de dez dias. Após essa fase, procede-se à remessa do recurso ao STJ ou ao STF, sendo distribuído na forma regimental e encaminhado ao relator sorteado, que pode, monocraticamente:

---

313 "Art. 543. Admitidos ambos os recursos, os autos serão remetidos ao Superior Tribunal de Justiça. § 1º Concluído o julgamento do recurso especial, serão os autos remetidos ao Supremo Tribunal Federal, para apreciação do recurso extraordinário, se este não estiver prejudicado; *omissis*."

314 "Art. 543. *Omissis*. § 3º No caso do parágrafo anterior, se o relator do recurso extraordinário, em decisão irrecorrível, não o considerar prejudicial, devolverá os autos ao Superior Tribunal de Justiça, para o julgamento do recurso especial."

a) negar seguimento ao recurso, pelo não preenchimento de requisito geral ou específico de admissibilidade, qualificando-se como decisão interlocutória, contra a qual cabível a interposição do recurso de agravo, no prazo de cinco dias seguintes à intimação do pronunciamento do relator, a ser apreciado pela turma do tribunal à qual competia o conhecimento e o julgamento do primeiro agravo;
b) conhecer do agravo para dar provimento ao próprio recurso especial ou recurso extraordinário que teve o seu seguimento negado por decisão do *tribunal local*, quando concluir que o acórdão que gerou a sua interposição está em confronto com súmula ou com jurisprudência dominante do STJ (no caso do recurso especial) ou do STF (no caso do recurso extraordinário);
c) converter o agravo em recurso especial ou em recurso extraordinário, situação que é determinada por questões de economia processual, quando apresentar todos os elementos da espécie principal, processando-se o recurso daí por diante como se fosse o principal.

Se o recurso especial ou o recurso extraordinário não sofreu qualquer obstáculo de tramitação (foi interposto perante o *tribunal local*, ali conhecido e remetido ao STJ ou ao STF, onde também foi conhecido pelo relator), promove-se a abertura de vista dos autos ao Ministério Público (nas situações previstas no art. 82), para oferecimento de parecer no prazo de 20 dias, seguido do pedido para julgamento, por parte do relator, promovendo-se a inclusão do recurso em pauta, a ser publicada no *Diário da Justiça* e afixada na entrada da sala de sessão.

Por ocasião do julgamento, o colegiado pode (por decisão unânime ou por maioria de votos) não conhecer do recurso (juízo definitivo de admissibilidade), em vista da ausência de requisito geral ou de requisito específico, impedindo o julgamento de mérito da espécie. Se o recurso for conhecido, parte-se para a apreciação do seu mérito, originando a prolação de acórdão, que pode ser atacado através do recurso de embargos de divergência, conforme externado em linhas seguintes.

13.17.5 Recurso especial e recurso extraordinário retidos

No curso do processo, sendo a parte surpreendida por decisão interlocutória que lhe foi desfavorável, pode atacá-la através da interposição do recurso de agravo de instrumento, quando a decisão tem o condão de lhe causar lesão grave e de difícil reparação.

A espécie recursal será julgada pelo tribunal competente, sob a forma de acórdão, que pode originar a interposição de recurso especial e/ou de recurso extraordinário, quando assistirmos à infração de norma constitucional e/ou de norma infraconstitucional.

Exemplificativamente, observe a situação da parte que pretende ratificar a veracidade das suas alegações através da juntada de documentação robusta aos autos, pretensão que não é admitida pelo juízo do 1º Grau de Jurisdição, forçando o sucumbente a interpor o recurso de agravo de instrumento, no qual alega a infração ao inciso LV do art. 5º da CF, sustentando ter sido cerceado no seu direito de defesa.

O tribunal nega provimento à irresignação, forçando o prejudicado a interpor o recurso extraordinário nos 15 dias seguintes, voltando a insistir na tese de que foi malferido dispositivo constitucional. O último recurso não é de logo encaminhado ao STF, sabido que o interesse no seu julgamento pode ser eliminado no curso do processo, como na hipótese de a decisão interlocutória não influenciar no julgamento do processo, concluindo o magistrado pela procedência dos pedidos em favor da parte que pretendeu juntar o documento aos autos. Evidente que a sentença judicial espancou o interesse da parte de que o processo seja anulado a partir de certo momento, com apoio na alegação do cerceamento do direito de defesa. É por esta razão, e como forma de eliminar o processamento de recursos especiais e de recursos extraordinários sem a certeza de que a decisão final do processo virá ou não a confirmar os termos do pronunciamento que os originou, que o § 3º do art. 542 determina que as espécies extremas permaneçam retidas nos autos, somente sendo processadas se a parte insistir no seu conhecimento por ocasião da interposição de recurso contra pronunciamento final, ou na hipótese que envolve o oferecimento de contrarrazões. A negativa de processamento imediato dos recursos extremos abrange os acórdãos proferidos em decisão interlocutória originada de processo de conhecimento, de ação cautelar ou de embargos à execução. A jurisprudência do STJ tem admitido a propositura de medida cautelar para o destrancamento do recurso especial retido, quando provado o *periculum in mora*, traduzido na urgência da prestação jurisdicional, e o *fumus bonis juris*, apoiado na plausibilidade do direito alegado. A parte terá de provar que o destrancamento do recurso especial, permitindo a sua imediata subida ao STJ, é medida que se impõe diante da possibilidade de ocorrência de dano de difícil ou de incerta reparação.[315] Algumas decisões interlocutórias têm verdadeiro conteúdo de sentença, como o pronunciamento que exclui litisconsorte do processo, acolhendo a alegação de ilegitimidade passiva. O processo continua em relação aos demais corréus, encerrando-se no que se refere ao litisconsorte excluído. Sendo interposto o recurso de agravo de instrumento por parte do autor, alegando, por exemplo, a infração ao artigo 3º do CPC, sendo a

---

[315] "Nos termos do art. 542, § 3º, do Código de Processo Civil, o recurso especial, quando interposto contra decisão interlocutória em processo de conhecimento, cautelar, ou embargos à execução, ficará retido nos autos e somente será processado se o reiterar a parte, no prazo para a interposição do recurso contra a decisão final, ou para as contrarrazões. A jurisprudência desta Corte, em casos excepcionalíssimos, tem dado temperamentos à interpretação literal do referido artigo, permitindo o imediato processamento do recurso especial, desde que demonstradas a urgência da prestação jurisdicional e a plausibilidade do direito alegado. Inexistência de dano irreparável ou de difícil reparação, a ensejar o destrancamento do apelo excepcional. Agravo regimental desprovido" (AGA 497194 – SP, 1ª Turma do STJ, rel. Min. DENISE ARRUDA, j. 27.4.2004, *DJ* 31.5.2004).

espécie improvida pelo tribunal, entendemos que cabe recurso especial, a ele não se aplicando a regra de retenção obrigatória.[316]

13.18 EMBARGOS DE DIVERGÊNCIA

O recurso em exame é praticamente a última espécie possível na realidade de uma ação que percorreu todas as suas etapas desde a sua formação, coincidindo com a distribuição da petição inicial, permanecendo em estado de *hesitação* até a efetivação da citação do réu, ato qualificado como *pressupostos de constituição do processo*.

O cabimento do recurso de embargos de divergência é extremamente pontual e específico, voltando-se ao ataque de decisão proferida no julgamento do recurso especial e do recurso extraordinário, no STJ e STF, objetivando pacificar a jurisprudência interna do tribunal sobre determinada matéria jurídica, que não vem recebendo a mesma interpretação por outras turmas,[317] por seção[318] ou pelo órgão especial (Corte Especial),[319] na hipótese que envolve o recurso especial, ou por turma[320] ou pelo plenário,[321] na hipótese que envolve o recurso extraordinário.

Pela colocação feita, podemos perceber que o recurso de embargos de divergência tem por **objeto** o acórdão do STF ou do STJ que julga o recurso especial e o recurso extraordinário, e como **objetivo** a reforma ou a invalidação da decisão combatida, a fim de que se adote o raciocínio esposado no julgamento de outra questão que envolveu a mesma matéria jurídica, originada de outra turma, seção, ou órgão especial, no caso do recurso especial; de outra turma ou do plenário, no caso do recurso extraordinário.

---

[316] "O Superior Tribunal de Justiça já teve oportunidade de se manifestar sobre o assunto. Em face de decisão interlocutória proferida na primeira instância, que indeferiu, liminarmente, denunciação à lide, o denunciante interpôs agravo de instrumento. No Tribunal local, manteve-se a decisão na qual se interpôs recurso especial. O Presidente do Tribunal determinou a sua retenção, nos termos do Art. 542, § 3º, do Código de Processo Civil. Dessa decisão, foi interposto agravo de instrumento dirigido ao Superior Tribunal de Justiça o qual decidiu que o recurso especial interposto contra decisão interlocutória, que tenha conteúdo de sentença, não pode se ater ao regime de retenção" (OLIVEIRA, Gleydson Kleber Lopes de. Interesse em recorrer nos recursos extraordinário e especial retidos, instituídos pela Lei 9.756/98. In: NERY JUNIOR, Nelson; WAMBIER, Teresa Arruda Alvim. *Aspectos polêmicos e atuais dos recursos cíveis e de outros meios de impugnação às decisões judiciais.* São Paulo: Revista dos Tribunais, 2001. v. 4, p. 461).

[317] Cada turma é composta por cinco Ministros, a teor do § 4º do art. 3º do RISTJ.

[318] O mesmo parágrafo informado demonstra que a seção é formada pela reunião de duas turmas.

[319] Composta por 21 Ministros, sendo presidida pelo Presidente do STJ, a teor do § 2º do art. 2º do RISTJ.

[320] Cada turma é composta por cinco ministros, como dispõe o art. 4º do RISTF.

[321] Composto por todos os Ministros do STF.

Se o recurso especial e o recurso extraordinário chegaram ao STJ ou ao STF e foram julgados monocraticamente pelo relator, o que pode ocorrer em vista da redação do art. 557 do CPC, contra essa decisão não cabe o recurso de embargos de divergência,[322] visto que o art. 546[323] exige que a decisão que lhe dá ensejo seja *acórdão* de turma do STJ ou do STF.

Pelas considerações alinhadas, percebemos que o cabimento do recurso de embargos de divergência reclama a presença do recurso especial ou do recurso extraordinário nos tribunais a que se referem. Se a parte ingressou com um dos recursos na instância ordinária, assistindo ao trancamento da espécie por decisão interlocutória da presidência do tribunal local, e ingressou com o recurso de agravo de instrumento, sendo esse julgado, não cabe o recurso de embargos de divergência.

No mesmo conduto de exposição, se a parte não sofreu o obstáculo na instância ordinária, tendo o recurso especial ou o recurso extraordinário chegado ao conhecimento do STJ ou do STF, assistindo à negativa de seu seguimento por decisão monocrática do relator (embasada na fundamentação do não preenchimento de requisito de admissibilidade geral ou específico do REsp ou do RExtr), contra essa decisão não cabe o recurso de embargos de divergência, devendo ser atacada pelo agravo, como previsto no § 2º do art. 557.

A fundamentação do recurso é a divergência jurisprudencial no âmbito do STJ ou do STF, provada através do cotejo entre o acórdão proferido no processo que envolve o recorrente e o(s) julgado(s) prolatado(s) por *outra* turma, seção, Corte Especial ou plenário do mesmo tribunal. Se a divergência é vista no âmbito da própria turma, que decidiu a mesma matéria de modo diverso, não há ensejo para a interposição do recurso de embargos de divergência.[324]

---

322 "Não são admissíveis embargos de divergência contra decisão monocrática de relator que julgar recurso especial, que deverá ser atacada via agravo interno, cujo julgamento – aí sim – poderá ser hostilizado pelos divergentes. Tal entendimento em nada abala a higidez do verbete n. 599 da Súmula do Supremo Tribunal Federal, editada antes da Lei n. 9.756/98, que deu competência ao relator para julgar, sozinho, o mérito do recurso especial. Agravo regimental improvido" (AEREsp 295902 – SP, Corte Especial do STJ, rel. Min. CESAR ASFOR ROCHA, j. 11.4.2002, *DJ* 22.4.2003). No mesmo sentido: "Nos termos dos arts. 266 do RISTJ e 546, I, do CPC, são cabíveis embargos de divergência apenas contra decisões colegiadas proferidas pela Turma, **sendo uníssono o entendimento jurisprudencial desta Corte no sentido de não se admitir tal recurso contra decisão individual do relator**. Agravo regimental desprovido" (AEREsp 395834 – RS, 1ª Seção do STJ, rel. Min. TEORI ALBINO ZAVASCKI) (grifamos).

323 "Art. 546. É embargável a decisão da turma que: I – em recurso especial, divergir do julgamento de outra turma, da seção ou do órgão especial; II – em recurso extraordinário, divergir do julgamento da outra turma ou do plenário."

324 "**Os embargos de divergência não se prestam para pacificar divergência interna de turma ou seção, mas, sim, para unificar a divergência jurisprudencial estabelecida entre órgãos diversos do Superior Tribunal de Justiça, não se constituindo fator relevante, para efeito de flexibilização da norma, o fato de ter-se modificado a composição da Turma**. Agravo regimental improvido" (AEREsp 237766 – SP, 1ª Turma do STJ, rel. Min. JOÃO OTÁVIO DE NORONHA) (grifamos).

A modificação do entendimento da turma pode decorrer da alteração do posicionamento de mérito assumido pelos Ministros que a integram ou – mais comum – pela aposentadoria de alguns de seus membros, substituídos por outros julgadores que têm entendimento doutrinário diferente do que era anteriormente externado pelo órgão, suficiente para alterar o seu modo de pensar.

Também não cabe o recurso analisado se o recorrente fundamentou a suposta divergência em julgado de outro órgão, que já foi reformado por entendimentos recentes, em vista da completa falta de interesse recursal, e ainda por conta do não preenchimento de requisito específico. Assim, se o recurso da parte foi julgado pela 1ª Turma do STJ, por exemplo, e o recorrente fundamenta a divergência jurisprudencial em acórdão da 2ª Turma do mesmo Tribunal, efetivamente em sentido contrário, tendo sido o entendimento desse outro órgão depois reformulado em outros julgados sobre o mesmo tema, não cabe a interposição dos embargos, porque divergência já não há mais a ser eliminada (art. 332 do RISTF[325] e Súmula 168 do STJ).[326]

De qualquer sorte, necessário que se reforce a necessidade de o recorrente demonstrar de forma direta que outro órgão do tribunal vem julgando a mesma matéria em sentido contrário, não servindo como fundamentação a alegação que se apoia em situação fática distinta, que não revela a divergência jurisprudencial necessária à admissão e ao julgamento de mérito da espécie recursal.

13.18.1 Dinâmica do recurso de embargos de divergência

O recurso de embargos de divergência pode ser interposto perante o STJ ou o STF no prazo de 15 dias, contados da publicação do acórdão do REsp ou do RExtr no *Diário da Justiça*, com a aplicação dos arts. 184 e 240, sendo processado e julgado de acordo com o disposto nos Regimentos Internos dos citados tribunais, não havendo qualquer norma procedimental alinhada no CPC (parágrafo único do art. 546).[327]

A divergência que o recorrente afirma existir entre julgados de órgão internos distintos deve ser demonstrada através de certidões ou de cópias dos acórdãos originados de outra turma, seção, órgão especial ou plenário, ou por meio da indicação do repositório oficial ou credenciado do qual foram extraídas, na forma do art. 322 do RISTF e § 1º do art. 266 do RISTJ. A exigência representa requisito formal da espécie, de modo que a sua não observância pode acarretar o não conhecimento

---

325 Art. 332 do RISTF: "Não cabem embargos, se a jurisprudência do Plenário ou de ambas as Turmas estiver firmada no sentido da decisão embargada, salvo o disposto no art. 103."

326 **Súmula 168 do STJ:** "Não cabem embargos de divergência, quando a jurisprudência do tribunal se firmou no mesmo sentido do acórdão embargado."

327 "Art. 546. *Omissis*. Parágrafo único. Observar-se-á, no recurso de embargos, o procedimento estabelecido no regimento interno."

do recurso, impedindo a apreciação das suas razões de mérito (§ 3º do art. 266 do RISTJ).[328]

Interposta a espécie, promove-se o sorteio do relator, que realiza o juízo de admissibilidade, examinando o preenchimento (ou não) dos requisitos que lhe são peculiares, constatando se o recurso foi interposto tempestivamente, se a parte tem interesse para recorrer, se foi observada a regra da regularidade formal etc.

O exame pode resultar no indeferimento liminar do recurso, obstando o seu seguimento, o que pode gerar a interposição do recurso de agravo, no prazo de cinco dias, dirigido ao órgão que tem competência para apreciar os embargos de divergência. Se o exame for positivo, abre-se vista ao Ministério Público para lançar parecer nos autos (na situação que envolve o art. 82), sendo a parte contrária intimada, a fim de que ofereça contrarrazões no prazo de 15 dias, respeitando-se o princípio do contraditório e da ampla defesa, ato seguido da conclusão do processo ao relator e do pedido de inclusão do feito em pauta, sendo julgado da mesma forma como são apreciadas as demais espécies recursais da competência dos examinados tribunais.

13.19 SÍNTESE CONCLUSIVA

13.19.1 O recurso é o instrumento endoprocessual e voluntário, que pode ser utilizado pela parte, pelo Ministério Público ou pelo terceiro prejudicado por pronunciamento judicial, sendo apresentado no próprio processo em que a decisão hostilizada foi proferida, perseguindo a sua reforma, a sua invalidação ou a sua integração.

13.19.2 Uma das suas principais finalidades é evitar a preclusão processual, permitindo a *prorrogação da instância*.

13.19.3 O recurso é geralmente julgado pela instância superior, o que não é absoluto, bastando citar os embargos de declaração, espécie conhecida e julgada pelo próprio órgão jurisdicional que proferiu a decisão.

13.19.4 O objeto do recurso é a decisão judicial que causa prejuízo ao interessado (parte, terceiro prejudicado ou Ministério Público), ligando-se à ideia de *sucumbência*, não se admitindo a sua interposição contra despacho.

13.19.5 O objetivo do recurso consiste na invalidação do pronunciamento, diante do *error in procedendo*; na sua reforma, diante do *error in judicandum*; na sua integração ou no seu esclarecimento, situação específica dos embargos de declaração.

---

328 "Art. 266. *Omissis*. § 3º Sorteado o relator, este poderá indeferi-los, liminarmente, quando intempestivos, ou quando contrariarem Súmula do Tribunal, ou não se comprovar ou não se configurar a divergência jurisprudencial."

13.19.6 Dentre os princípios processuais e constitucionais aplicáveis aos recursos, destacam-se os do *duplo grau de jurisdição*, que não é absoluto; da *fungibilidade*, permitindo que uma espécie seja recebida quando outra era a adequada, desde que não haja erro grosseiro e que a espécie interposta seja apresentada no prazo da espécie esperada; da *taxatividade*, prevendo-se como recursos apenas as espécies listadas na lei; da *singularidade* ou da *unicidade recursal*, prevendo o cabimento de um só recurso para o ataque da decisão; da *proibição da reformatio in pejus*, vedando a reforma do pronunciamento para piorar a situação jurídica do recorrente, exceto diante das *questões processuais de ordem pública*.

13.19.7 Os requisitos de admissibilidade dos recursos são **questões de ordem pública**, do interesse do Estado, não apenas das partes, não se sujeitando à preclusão processual, podendo (e devendo) ser examinados de ofício pelo magistrado.

13.19.8 Os requisitos podem ser *extrínsecos*, dizendo respeito ao recurso propriamente dito (tempestividade, preparo, regularidade formal e adequação) ou *intrínsecos*, alusivos ao recorrente (legitimidade e interesse).

13.19.9 No campo da tempestividade, anotamos que o recurso deve ser interposto nos prazos dispostos no art. 508, vislumbrando-se outras hipóteses que tratam da redução ou da ampliação dos prazos, geralmente apoiadas em dispositivos de legislações esparsas.

13.19.10 No que se refere ao preparo, quase todo o recurso reclama o recolhimento das custas, exceto nas hipóteses que tratam das isenções objetivas (a regra isencional é determinada em face da espécie recursal) ou subjetivas (que aplicam a regra isencional em atenção à pessoa do recorrente).

13.19.11 O recolhimento das custas deve ser realizado, como regra, no ato da interposição da espécie, com comprovação feita neste instante, exceto nas hipóteses alinhadas em legislação esparsa.

13.19.12 A insuficiência do preparo não gera a imediata aplicação da pena de deserção, devendo ser *aberto* o prazo de cinco dias para que o recorrente efetue a complementação do depósito.

13.19.13 A multa pela litigância de má-fé não se insere no conceito de custas recursais, de modo que o seu depósito deve ser realizado mesmo diante das regras de isenção.

13.19.14 Os recursos devem ser interpostos através de petição, exceto o agravo retido oral. Anotamos a incidência de vários requisitos formais no que pertine aos recursos de agravo de instrumento e ao recurso especial, cujas ausências acarretam o não conhecimento da espécie.

13.19.15 O prejudicado deve interpor o recurso adequado para o combate da decisão judicial (agravo de instrumento contra decisão interlocutória; apelação contra sentença; embargos de declaração contra decisão interlocutória, sentença ou acórdão etc.), sob pena de deparar com o não conhecimento do recurso pela *inadequação da via eleita*.

13.19.16 No que se refere ao interesse para recorrer, a parte, o Ministério Público ou o terceiro deve demonstrar que sofreu prejuízo com o pronunciamento judicial, requisito que é flexibilizado em relação ao Ministério Público.

13.19.17 No campo da legitimidade, o CPC prevê que o recurso pode ser interposto pelas partes (principais – autor e réu –, e os terceiros que migraram para a demanda); pelo terceiro prejudicado e pelo Ministério Público, na condição de parte ou de fiscal da lei (*custos legis*).

13.19.18 A instância recursal só pode conhecer da pretensão externada pelo recorrente, em respeito ao princípio do *tantum devolutum quantum apelattum*, na sua extensão e na sua profundidade, regra que cede diante das questões processuais de ordem pública.

13.19.19 Aquele que aceita tácita ou expressamente os termos do pronunciamento judicial não pode recorrer.

13.19.20 A desistência do recurso é ato privativo do recorrente, não se sujeitando à aceitação da parte contrária, podendo ser manifestada até o julgamento da espécie.

13.19.21 Os recursos são em regra recebidos nos efeitos devolutivo e suspensivo, sendo recebidos apenas no primeiro efeito nas situações previstas do art. 520 e em legislação esparsa.

13.19.22 No caso que envolve a antecipação de tutela confirmada ou deferida na sentença, entendemos ser cabível o recurso de apelação (e não apelação e agravo de instrumento ao mesmo tempo, em respeito ao *princípio da singularidade*), anotando-se que o apelo é recebido apenas no seu efeito devolutivo.

13.19.23 O recurso adesivo não é espécie recursal, mas *modo* de interposição dos recursos de apelação, de embargos infringentes, do recurso extraordinário e do recurso especial, apresentando como requisitos específicos a existência de sucumbência recíproca, a sua interposição no prazo das contrarrazões, em petição autônoma, condicionando-se ao conhecimento do recurso apresentado pelo opositor da parte que dele se utilizou.

13.19.24 A apelação é recurso que combate decisão que põe fim à fase de conhecimento com ou sem a resolução do mérito, objetivando a reforma do pronunciamento, quando marcado por injustiça, ou a sua invalidação, quando conduz vício processual e/ou formal.

13.19.25 O indeferimento da petição inicial antes do aperfeiçoamento da citação do réu justifica a interposição do recurso de apelação, facultando ao juiz a prerrogativa de exercer *juízo de retratação*, com a advertência de que, se a decisão for mantida, o processo é remetido ao tribunal competente, sem colher as contrarrazões da parte contrária.

13.19.26 Como regra, se o tribunal reformar ou invalidar a sentença terminativa, deve remeter os autos ao 1º Grau de Jurisdição, evitando a denominada *supressão de instância*, situação que é afastada na hipótese do § 3º do art. 515.

13.19.27 O art. 557 do CPC confere poderes ao relator para negar seguimento a recurso, para julgá-lo procedente ou improcedente, de forma monocrática, nas situações indicadas na norma, podendo originar a interposição do agravo legal.

13.19.28 O agravo, nas espécies do agravo de instrumento e do agravo retido (nas subespécies do agravo retido escrito e do agravo retido oral), é voltado ao combate de decisão interlocutória proferida pelo juízo do primeiro grau de jurisdição, assim entendida a decisão que resolve questão pendente sem pôr termo ao processo.

13.19.29 Como regra, diante de decisão interlocutória, o prejudicado deve interpor o recurso de agravo retido, apenas se admitindo o uso do agravo de instrumento quando a decisão tiver o condão de causar à parte lesão grave e de difícil reparação, bem como nos casos de inadmissão da apelação e quando delibera a respeito dos efeitos em que é recebida.

13.19.30 O agravo de instrumento é destinado ao combate de decisão interlocutória que tem o condão de causar lesão grave e de difícil reparação ao sucumbente; no agravo retido, o prejuízo é apenas potencial.

13.19.31 Interposto o agravo de instrumento, o relator pode (mera faculdade) atribuir efeito suspensivo ao recurso ou deferir tutela antecipada recursal, quando deparar com decisão interlocutória *negativa*.

13.19.32 O relator deve converter o agravo de instrumento em agravo retido, quando verificar que não era hipótese de cabimento da primeira espécie, pela ausência da demonstração da ocorrência de lesão grave e de difícil reparação.

13.19.33 A jurisprudência restringe a interposição do recurso de agravo de instrumento no âmbito dos Juizados Especiais Cíveis, apoiada na tese de que a lei especial não previu o cabimento do *remédio* processual, não admitindo aplicação subsidiária do CPC.

13.19.34 O recurso de embargos infringentes combate decisão não unânime proferida em apelação ou em ação rescisória, quando o julgamento for pela procedência dos pedidos, exigindo, além disso, o preenchimento de dois outros requisitos: (a) a demonstração de que a sentença no 1º Grau de Jurisdição apreciou o mérito da pretensão, não sendo terminativa; (b) a demonstração de que o acórdão do tribunal modificou a sentença do 1º Grau de Jurisdição em termos de sucumbência.

13.19.35 O recurso de EI é de interposição obrigatória, quando for a sua hipótese de cabimento, sob pena de a parte não ter o direito de futuramente interpor recurso especial e/ou recurso extraordinário.

13.19.36 O recurso de embargos infringentes não é admitido no mandado de segurança, conforme entendimento sumulado, tanto pelo STF quanto pelo STJ.

13.19.37 O recurso de embargos infringentes sobresta o prazo para a interposição do recurso especial e/ou do recurso extraordinário.

13.19.38 O recurso de embargos de declaração combate sentença ou acórdão marcado por omissão, obscuridade ou contradição, segundo a lei, sendo quase unânime o entendimento doutrinário e jurisprudencial permissivo da utilização da espécie para combater decisão interlocutória que apresenta os mesmos vícios.

13.19.39 O recurso de embargos de declaração objetiva a integração ou a complementação do pronunciamento judicial, admitindo-se o seu caráter infringente quando for sanada omissão relevante ao julgamento do processo.

13.19.40 O recurso de embargos de declaração interrompe o prazo para a interposição do recurso principal, exceto se a causa tiver curso pelo procedimento sumaríssimo, cuja lei de regência prevê regra diferenciada, peremptória em afirmar que contra a sentença é cabível a interposição do recurso de embargos, que **suspende** o prazo para a interposição do recurso principal.

13.19.41 Se a espécie for considerada *procrastinatória*, o juiz ou o tribunal pode impor multa no valor correspondente a até um por cento do valor da causa, podendo ser elevada a até dez por cento quando houver reiteração da interposição, igualmente procrastinatória.

13.19.42 Neste último caso, o recolhimento da multa é requisito específico de admissibilidade do recurso principal, que só pode ser interposto se o valor da multa for recolhido juntamente com as custas processuais.

13.19.43 O recurso ordinário muito se parece com a apelação, destinando-se ao combate de acórdão do tribunal que julga originariamente o mandado de segurança, o *habeas data* ou o mandado de injunção, quando denegatória a decisão, além de se destinar ao combate de decisão proferida nas causas em que forem partes, de um lado, Estado estrangeiro ou organismo internacional e, do outro, município ou pessoa residente ou domiciliada no país.

13.19.44 No que toca aos recursos especial e extraordinário, e por exigência sumulada, não podem ser interpostos quando o requisito do prequestionamento não for preenchido, quando se apoiam exclusivamente em matéria de fato e quando a instância ordinária (1º e 2º Graus de Jurisdição) não tenha sido esgotada.

13.19.45 O cabimento de cada uma das espécies está definido no inciso III do art. 102 e no inciso III do art. 105 da CF.

13.19.46 O STJ e o STF atuam como *guardiões* das normas infraconstitucionais e constitucionais, respectivamente, prolatando decisões *paradigmáticas*, que oferecem orientação aos órgãos do 1º e do 2º Graus de Jurisdição a respeito de como as normas devem ser interpretadas.

13.19.47 Em termos de dinâmica, devem ser interpostos perante a presidência do *tribunal local*, que realiza o *juízo de admissibilidade diferido* das espécies, atestando o preenchimento (ou não) dos requisitos gerais e dos específicos.

13.19.48 Se a decisão da presidência negar seguimento ao recurso, o interessado deve interpor agravo.

13.19.49 Com o encaminhamento do agravo ao STF e ao STJ, outros obstáculos podem ser impostos ao recorrente, forçando a utilização do recurso de agravo disciplinado pelo art. 545.

13.19.50 Se o julgamento do recurso especial ou do recurso extraordinário divergir do entendimento de outra turma, seção ou órgão especial, na situação do recurso especial, ou de outra turma ou do plenário, no caso do recurso extraordinário, é cabível a interposição dos embargos de divergência no âmbito do próprio STJ ou do STF.

13.19.51 O recurso não pode ser interposto para combater decisão – em sentido contrário – proferida pela mesma turma que prolatou o pronunciamento no caso que geraria a interposição do *remédio* processual.

13.20 PRINCIPAIS SÚMULAS APLICÁVEIS AOS ASSUNTOS TRATADOS

- Do STF:

* Sobre o recurso de agravo

Súmula 506: "O agravo a que se refere o art. 4º da Lei nº 4.348, de 26.06.1964, cabe, somente, do despacho do presidente do Supremo Tribunal Federal que defere a suspensão da liminar, em mandado de segurança, não do que a denega."

* Sobre o recurso de agravo de instrumento

Súmula 727: "Não pode o magistrado deixar de encaminhar ao Supremo Tribunal Federal o agravo de instrumento interposto da decisão que não admite recurso extraordinário, ainda que referente a causa instaurada no âmbito dos juizados especiais."

* Sobre o recurso de agravo regimental

Súmula 622: "Não cabe agravo regimental contra decisão do relator que concede ou indefere liminar em mandado de segurança."

* Sobre o recurso de apelação

Súmula 320: "Apelação despachada pelo juiz no prazo legal não fica prejudicada pela demora da juntada, por culpa do cartório."

Súmula 428: "Não fica prejudicada a apelação entregue em cartório no prazo legal, embora despachada tardiamente."

* Sobre os recursos de embargos de declaração e de divergência

Súmula 317: "São improcedentes os embargos declaratórios, quando não pedida a declaração do julgado anterior, em que se verificou a omissão."

Súmula 598: "Nos embargos de divergência não servem como padrão de discordância os mesmos paradigmas invocados para demonstrá-la, mas repelidos como não dissidentes no julgamento do recurso extraordinário."

Súmula 599: "São incabíveis embargos de divergência de decisão de turma, em agravo regimental."

* Sobre o recurso de embargos infringentes

Súmula 293: "São inadmissíveis embargos infringentes contra decisão em matéria constitucional submetida ao plenário dos tribunais."

Súmula 294: "São inadmissíveis embargos infringentes contra decisão do Supremo Tribunal Federal em mandado de segurança."

Súmula 295: "São inadmissíveis embargos infringentes contra decisão unânime do Supremo Tribunal Federal em mandado de segurança."

Súmula 296: "São inadmissíveis embargos infringentes sobre matéria não ventilada, pela turma, no julgamento do recurso extraordinário."

Súmula 354: "Em casos de embargos infringentes parciais, é definitiva a parte da decisão embargada em que não houve divergência na votação."

Súmula 355: "Em caso de embargos infringentes parciais, é tardio o recurso extraordinário interposto após o julgamento dos embargos, quanto à parte da decisão embargada que não fora por eles abrangida."

Súmula 368: "Não há embargos infringentes no processo de reclamação."

Súmula 455: "Da decisão que se seguir ao julgamento de constitucionalidade pelo Tribunal Pleno, são inadmissíveis embargos infringentes quanto à matéria constitucional."

Súmula 597: "Não cabem embargos infringentes de acórdão que, em mandado de segurança, decidiu por maioria de votos a apelação."

* Sobre questões gerais

Súmula 267: "Não cabe mandado de segurança contra ato judicial passível de recurso ou correição."

Súmula 322: "Não terá seguimento pedido ou recurso dirigido ao Supremo Tribunal Federal, quando manifestamente incabível, ou apresentado fora do prazo, ou quando for evidente a incompetência do Tribunal."

Súmula 392: "O prazo para recorrer de acórdão concessivo de segurança conta-se da publicação oficial de suas conclusões, e não da anterior ciência à autoridade para cumprimento da decisão."

Súmula 423: "Não transita em julgado a sentença por haver omitido o recurso 'ex officio', que se considera interposto 'ex-lege'."

Súmula 424: "Transita em julgado o despacho saneador de que não houve recurso, excluídas as questões deixadas, explícita ou implicitamente, para a sentença."

Súmula 514: "Admite-se ação rescisória contra sentença transitada em julgado, ainda que contra ela não se tenham esgotado todos os recursos."

Súmula 626: "A suspensão da liminar em mandado de segurança, salvo determinação em contrário da decisão que a deferir, vigorará até o trânsito em julgado da decisão definitiva de concessão da segurança ou, havendo recurso, até a sua manutenção pelo Supremo Tribunal Federal, desde que o objeto da liminar deferida coincida, total ou parcialmente, com o da impetração."

Súmula 641: "Não se conta em dobro o prazo para recorrer, quando só um dos litisconsortes haja sucumbido."

* Sobre o recurso extraordinário

Súmula 228: "Não é provisória a execução na pendência de recurso extraordinário, ou de agravo destinado a fazê-lo admitir."

Súmula 279: "Para simples reexame de prova não cabe recurso extraordinário."

Súmula 280: "Por ofensa a direito local não cabe recurso extraordinário."

Súmula 281: "É inadmissível o recurso extraordinário, quando couber, na justiça de origem, recurso ordinário da decisão impugnada."

Súmula 282: "É inadmissível o recurso extraordinário, quando não ventilada, na decisão recorrida, a questão federal suscitada."

Súmula 283: "É inadmissível o recurso extraordinário, quando a decisão recorrida assenta em mais de um fundamento suficiente e o recurso não abrange todos eles."

Súmula 284: "É inadmissível o recurso extraordinário, quando a deficiência na sua fundamentação não permitir a exata compreensão da controvérsia."

Súmula 285: "Não sendo razoável a arguição de inconstitucionalidade, não se conhece do recurso extraordinário fundado na letra *c* do art. 101, III, da Constituição."

Súmula 286: "Não se conhece do recurso extraordinário fundado em divergência jurisprudencial, quando a orientação do plenário do Supremo Tribunal Federal já se firmou no mesmo sentido da decisão recorrida."

Súmula 287: "Nega-se provimento ao agravo quando a deficiência na sua fundamentação, ou na do recurso extraordinário, não permitir a exata compreensão da controvérsia."

Súmula 288: "Nega-se provimento a agravo para subida de recurso extraordinário, quando faltar no traslado o despacho agravado, a decisão recorrida, a petição de recurso extraordinário ou qualquer peça essencial à compreensão da controvérsia."

Súmula 289: "O provimento do agravo, por uma das turmas do Supremo Tribunal Federal, ainda que sem ressalva, não prejudica a questão do cabimento do recurso extraordinário."

Súmula 291: "No recurso extraordinário pela letra *d* do art. 101, número III, da Constituição, a prova do dissídio jurisprudencial far-se-á por certidão, ou mediante indicação do 'Diário da Justiça' ou de repertório de jurisprudência autorizado, com a transcrição do trecho que configure a divergência, mencionadas as circunstâncias que identifiquem ou assemelhem os casos confrontados."

Súmula 292: "Interposto o recurso extraordinário por mais de um dos fundamentos indicados no art. 101, III, da Constituição, a admissão apenas por um deles não prejudica o seu conhecimento por qualquer dos outros."

Súmula 299: "O recurso ordinário e o extraordinário interpostos no mesmo processo de mandado de segurança, ou de 'habeas-corpus', serão julgados conjuntamente pelo Tribunal Pleno."

Súmula 355: "Em caso de embargos infringentes parciais, é tardio o recurso extraordinário interposto após o julgamento dos embargos, quanto à parte da decisão embargada que não fora por eles abrangida."

Súmula 356: "O ponto omisso da decisão, sobre o qual não foram opostos embargos declaratórios, não pode ser objeto de recurso extraordinário, por faltar o requisito do prequestionamento."

Súmula 369: "Julgados do mesmo Tribunal não servem para fundamentar o recurso extraordinário por divergência jurisprudencial."

Súmula 389: "Salvo limite legal, a fixação de honorários de advogado, em complemento da condenação, depende das circunstâncias da causa, não dando lugar a recurso extraordinário."

Súmula 399: "Não cabe recurso extraordinário, por violação de lei federal, quando a ofensa alegada for a regimento de Tribunal."

Súmula 400: "Decisão que deu razoável interpretação à lei, ainda que não seja a melhor, não autoriza recurso extraordinário pela letra *a* do art. 101, III, da Constituição Federal."

Súmula 432: "Não cabe recurso extraordinário com fundamento no art. 101, III, *d*, da Constituição Federal, quando a divergência alegada for entre decisões da justiça do trabalho."

Súmula 454: "Simples interpretação de cláusulas contratuais não dá lugar a recurso extraordinário."

Súmula 456: "O Supremo Tribunal Federal, conhecendo do recurso extraordinário, julgará a causa aplicando o direito à espécie."

Súmula 528: "Se a decisão contiver partes autônomas, a admissão parcial, pelo presidente do Tribunal 'a quo', de recurso extraordinário que, sobre qualquer delas se manifestar, não limitará a apreciação de todas pelo Supremo Tribunal Federal, independentemente de interposição de agravo de instrumento."

Súmula 634: "Não compete ao Supremo Tribunal Federal conceder medida cautelar para dar efeito suspensivo a recurso extraordinário que ainda não foi objeto de juízo de admissibilidade na origem."

Súmula 635: "Cabe ao Presidente do Tribunal de origem decidir o pedido de medida cautelar em recurso extraordinário ainda pendente do seu juízo de admissibilidade."

Súmula 636: "Não cabe recurso extraordinário por contrariedade ao princípio constitucional da legalidade, quando a sua verificação pressuponha rever a interpretação dada a normas infraconstitucionais pela decisão recorrida."

Súmula 637: "Não cabe recurso extraordinário contra acórdão de Tribunal de Justiça que defere pedido de intervenção estadual em Município."

Súmula 638: "A controvérsia sobre a incidência, ou não, de correção monetária em operações de crédito rural é de natureza infraconstitucional, não viabilizando recurso extraordinário."

Súmula 639: "Aplica-se a Súmula 288 quando não constarem do traslado do agravo de instrumento as cópias das peças necessárias à verificação da tempestividade do recurso extraordinário não admitido pela decisão agravada."

Súmula 640: "É cabível recurso extraordinário contra decisão proferida por juiz de Primeiro grau nas causas de alçada, ou por turma recursal de juizado especial cível e criminal."

Súmula 733: "Não cabe recurso extraordinário contra decisão proferida no processamento de precatórios."

Súmula 735: "Não cabe recurso extraordinário contra acórdão que defere medida liminar."

* Sobre o recurso ordinário

Súmula 272: "Não se admite como ordinário recurso extraordinário de decisão denegatória de mandado de segurança."

Súmula 319: "O prazo do recurso ordinário para o Supremo Tribunal Federal, em 'habeas-corpus' ou mandado de segurança, é de cinco dias."

- Do STJ

* Sobre o recurso de agravo de instrumento

Súmula 86: "Cabe recurso especial contra acórdão proferido no julgamento de agravo de instrumento."

Súmula 118: "O agravo de instrumento é o recurso cabível da decisão que homologa a atualização do cálculo da liquidação."

Súmula 223: "A certidão de intimação do acórdão recorrido constitui peça obrigatória do instrumento de agravo."

* Sobre o recurso de embargos de declaração

Súmula 98: "Embargos de declaração manifestados com notório propósito de prequestionamento não têm caráter protelatório."

* Sobre o recurso de embargos infringentes

Súmula 88: "São admissíveis embargos infringentes em processo falimentar."

Súmula 169: "São inadmissíveis embargos infringentes no processo de mandado de segurança."

Súmula 207: "É inadmissível recurso especial quando cabíveis embargos infringentes contra o acórdão proferido no Tribunal de origem."

Súmula 255: "Cabem embargos infringentes contra acórdão, proferido por maioria, em agravo retido, quando se tratar de matéria de mérito."

* Sobre questões gerais

Súmula 25: "Nas ações da Lei de Falências o prazo para interposição de recurso conta-se da intimação da parte."

Súmula 55: "Tribunal Regional Federal não é competente para julgar recurso de decisão proferida por juiz estadual não investido de jurisdição federal."

Súmula 99: "O Ministério Público tem legitimidade para recorrer no processo em que oficiou como fiscal da lei, ainda que não haja recurso da parte."

Súmula 115: "Na instância especial é inexistente recurso interposto por advogado sem procuração nos autos."

Súmula 116: "A Fazenda Pública e o Ministério Público têm prazo em dobro para interpor agravo regimental no Superior Tribunal de Justiça."

Súmula 187: "É deserto o recurso interposto para o Superior Tribunal de Justiça quando o recorrente não recolhe, na origem, a importância das despesas de remessa e retorno dos autos."

Súmula 202: "A impetração de segurança por terceiro, contra ato judicial, não se condiciona à interposição de recurso."

Súmula 216: "A tempestividade de recurso interposto no Superior Tribunal de Justiça é aferida pelo registro no protocolo de secretaria e não pela data da entrega na agência do correio."

Súmula 253: "O art. 557 do CPC, que autoriza o relator a decidir o recurso, alcança o reexame necessário."

Súmula 256: "O sistema de 'protocolo integrado' não se aplica aos recursos dirigidos ao Superior Tribunal de Justiça."

* Sobre o recurso especial

Súmula 5: "A simples interpretação de cláusula contratual não enseja recurso especial."

Súmula 7: "A pretensão de simples reexame de prova não enseja recurso especial."

Súmula 13: "A divergência entre julgados do mesmo Tribunal não enseja recurso especial."

Súmula 83: "Não se conhece do recurso especial pela divergência, quando a orientação do tribunal se firmou no mesmo sentido da decisão recorrida."

Súmula 86: "Cabe recurso especial contra acórdão proferido no julgamento de agravo de instrumento."

Súmula 123: "A decisão que admite, ou não, o recurso especial deve ser fundamentada, com o exame dos seus pressupostos gerais e constitucionais."

Súmula 126: "É inadmissível recurso especial, quando o acórdão recorrido assenta em fundamentos constitucional e infraconstitucional, qualquer deles suficiente, por si só, para mantê-lo, e a parte vencida não manifesta recurso extraordinário."

Súmula 211: "Inadmissível recurso especial quanto à questão que, a despeito da oposição de embargos declaratórios, não foi apreciada pelo Tribunal 'a quo'."

14

EXECUÇÃO

14.1 Jurisdição executiva e jurisdição de conhecimento – diferenças ontológicas; 14.2 Execução – conceito; 14.3 Princípios de maior relevo aplicados à execução; 14.3.1 Princípio da menor onerosidade para o devedor; 14.3.2 Princípio do contraditório e da ampla defesa na realidade da execução; 14.4 Condições da execução; 14.4.1 Ausência do interesse de agir na execução; 14.4.1.1 Perda superveniente do interesse de agir na execução; 14.5 Competência para a execução; 14.6 Legitimidade para a execução; 14.6.1 Legitimidade ativa para a execução; 14.6.1.1 Legitimidade ativa do credor, a quem a lei confere título executivo; 14.6.1.2 Legitimidade ativa do Ministério Público; 14.6.1.3 Legitimidade do espólio, dos herdeiros ou dos sucessores do credor, sempre que, por morte deste, lhes for transmitido o direito resultante do título executivo; 14.6.1.4 Legitimidade do cessionário, quando o direito resultante do título executivo lhe foi transferido por ato entre vivos; 14.6.1.5 Legitimidade do sub-rogado, nos casos de sub-rogação legal ou convencional; 14.6.2 Legitimidade passiva para a execução; 14.6.2.1 Legitimidade passiva do devedor; 14.6.2.2 Legitimidade passiva do espólio, dos herdeiros ou dos sucessores do devedor; 14.6.2.3 Legitimidade passiva do novo devedor, que assumiu, com o consentimento do credor, a obrigação resultante do título executivo; 14.6.2.4 Legitimidade passiva do fiador judicial; 14.6.2.5 Legitimidade passiva do responsável tributário, assim definido na legislação própria; 14.7 Dos requisitos necessários para realizar qualquer execução; 14.8 Título executivo; 14.8.1 Requisitos do título executivo; 14.8.2 Títulos executivos judiciais; 14.8.2.1 Sentença proferida no processo civil que reconheça a existência da obrigação de fazer, de não fazer, de entregar coisa ou de pagar quantia; 14.8.2.2 Sentença penal condenatória transitada em julgado; 14.8.2.3 Sentença homologatória de transação e de conciliação; 14.8.2.4 Sentença estrangeira homologada pelo Superior Tribunal de Justiça; 14.8.2.5 O formal e a certidão de partilha, exclusivamente em relação ao inventariante, aos herdeiros e aos sucessores a título singular ou universal; 14.8.2.6 Sentença arbitral; 14.8.2.7 Acordo extrajudicial, de qualquer natureza, homologado judicialmente; 14.8.3 Títulos executivos extrajudiciais; 14.8.3.1 Letra de câmbio, nota promissória, duplicata, debênture e o cheque – considerações gerais; 14.8.3.1.1 Letra de câmbio; 14.8.3.1.2 Nota promissória; 14.8.3.1.3 Duplicata; 14.8.3.1.4 Debênture; 14.8.3.1.5 Cheque; 14.8.3.2 Escritura pública ou outro documento público, contrato particular e instrumento de transação; 14.8.3.3 Contratos garantidos por hipoteca, penhor, anticrese e caução, bem como os de seguro de vida; 14.8.3.4 Crédito decorrente de foro e laudêmio, bem assim o crédito, documentalmente comprovado, decorrente de aluguel de imóvel, encargos acessórios, tais como taxas e despesas de condomínio; 14.8.3.5 Crédito de serventuário de justiça, de perito, de intérprete ou de tradutor, quando as custas, emolumentos ou honorários forem aprovados por decisão judicial; 14.8.3.6 Certidão da dívida ativa da Fazenda Pública da União, dos Estados, do Distrito Federal, dos Territórios e dos Municípios, correspondente aos créditos inscritos na forma da lei; 14.8.3.7 Demais títulos a que, por disposição expressa, a lei atribuir força executiva; 14.9 Propositura da ação de desconstituição do título e sua prejudicialidade em face da execução; 14.10 Responsabilidade patrimonial – considerações gerais; 14.10.1 Responsabilidade patrimonial e a impenhorabilidade de bens; 14.10.2 Responsabilidade secundária; 14.10.3 Fraude contra credores e fraude à execução – considerações gerais; 14.10.3.1 Fraude contra credores; 14.10.3.2 Fraude à execução; 14.10.3.3 Atos atentatórios à dignidade da Justiça; 14.11 Desistência da execução e suas consequências jurídicas; 14.12 Liquidação – considerações gerais; 14.12.1 Natureza jurídica do pronunciamento que põe fim à liquidação; 14.12.2 Respeito à coisa julgada na liquidação; 14.12.3 Espécies de liquidação; 14.12.4 Resultado zero na liquidação; 14.13 Das várias espécies de execução; 14.13.1 Execução para entrega de coisa certa; 14.13.1.1 Multa pelo não cumprimento da obrigação e suas controvérsias principais; 14.13.1.2 Indenização por benfeitorias realizadas como precondição para o cumprimento do pronunciamento que impõe a entrega de coisa certa; 14.13.1.3 Dinâmica da execução para entrega de coisa certa apoiada em título extrajudicial; 14.13.2 Execução para entrega de coisa incerta; 14.13.3 Execução das obrigações de fazer e de não fazer – considerações gerais; 14.13.3.1 Dinâmica da execução da obrigação de fazer; 14.13.3.2 Dinâmica da execução da obrigação de não fazer; 14.13.3.2.1 Execução imprópria em face da não conclusão do contrato; 14.13.4 Execução por quantia certa contra devedor solvente – considerações gerais; 14.13.4.1 Citação do devedor; 14.13.4.2 Arresto; 14.13.4.3 Pagamento do principal com os acréscimos legais e suas consequências jurídicas; 14.13.4.4 Nomeação de bens à penhora; 14.13.4.5 Não localização de bens do devedor passíveis de penhora e consequências processuais; 14.13.4.6 Obtenção de certidão comprobatória do ajuizamento da execução; 14.13.4.7 Penhora – conceito; 14.13.4.7.1 Efeitos da penhora; 14.13.4.7.2 Penhora efetivada por carta; 14.13.4.7.3 Penhora de bens imóveis; 14.13.4.7.4 Dinâmica da penhora; 14.13.4.7.5 Pronunciamento judicial que resolve a questão da penhora; 14.13.4.7.6 Desfazimento da penhora incidente em bens de terceiro não responsável; 14.13.4.7.7 Renovação da penhora; 14.13.4.7.8 Penhoras especiais; 14.13.4.8 Oposição dos embargos e eventual suspensão do curso da execução; 14.13.4.9 Avaliação – considerações gerais; 14.13.4.9.1 Dispensa da avaliação; 14.13.4.9.2 Dinâmica da avaliação; 14.13.4.10 Formas de satisfação do credor; 14.13.4.11 Pagamento ao credor em

14.1 JURISDIÇÃO EXECUTIVA E JURISDIÇÃO DE CONHECIMENTO – DIFERENÇAS ONTOLÓGICAS

No volume 1 desta obra, no qual estudamos a *Teoria Geral do Processo* e o *Processo de Conhecimento*, demonstramos que a jurisdição – entendida como a função do Estado de eliminar os conflitos de interesses – é gênero, fracionando-se nas espécies da *jurisdição de conhecimento*, da *jurisdição executiva* e da *jurisdição cautelar*, cada qual marcada por finalidades próprias, uma não se confundindo com as demais.

Empreendida a etapa de compreensão do fenômeno da jurisdição de conhecimento, resta-nos estudar as nuanças da jurisdição de execução, destinando o volume 3 da obra para a análise da jurisdição cautelar, em companhia dos procedimentos especiais. No entanto, por entendermos que o processo não pode ser visto de forma isolada, como se cada um dos seus compartimentos fosse estanque, é necessário realizarmos uma revisitação dos conceitos gerais, permitindo a conclusão de que a jurisdição de execução representa uma consequência do exaurimento da jurisdição de conhecimento, quando fundada em título executivo judicial.

Na jurisdição de conhecimento, o representante do Poder Judiciário se preocupa com a *certificação* do direito, ou seja, com o reconhecimento da titularidade do bem material envolvido no litígio, atestando se a razão está com o autor ou se pende em favor do réu. A jurisdição de conhecimento persegue a busca da *verdade formal*, considerando que a moderna processualística abandonou a preocupação com a busca *cega* pela *verdade real*, contentando-se com o juízo de probabilidade da existência do direito afirmado pelo autor.

Se a verdade real for revelada no curso do processo, nos encontraremos numa situação ideal, podendo se afirmar com exatidão que a razão está com o protagonista da relação processual que melhor se desincumbiu do ônus de ratificar a veracidade das suas afirmações, geralmente atribuído ao autor (art. 333). Contudo, não sendo obtida a verdade real, mas pendendo a solução da lide em favor de uma das partes através de *juízo de aproximação*, de verossimilhança, de probabilidade, autorizada está a entrega da prestação jurisdicional.

A jurisdição de conhecimento, assim, busca a verdade formal (com ela se contentando), ensejando às partes a oportunidade para a ampla produção de provas, investigando fatos, examinando documentos, tomando o depoimento de testemunhas, ouvindo os sujeitos do processo, numa avaliação ampla que tem por finalidade a prolação de sentença que se aproxime de um grau máximo de Justiça, sabido que a função jurisdicional não pode ser prestada de qualquer forma, sem maiores critérios, obrigando o Estado a solucionar o conflito de interesses com *qualidade*.

A sentença representa o *ápice* da jurisdição de conhecimento, da etapa de busca da verdade formal, de acertamento do litígio, de certificação do direito em favor de um dos envolvidos no processo. A sentença pode ser declaratória, constitutiva, condenatória, mandamental ou *executiva lato sensu*, assunto que foi estudado no volume de abertura desta obra.

O pronunciamento final, contudo, não é, por si só, capaz de eliminar o conflito de interesses que gerou o exercício do direito de ação, reclamando nova intervenção do Estado para que seja cumprida de forma coercitiva a vontade que emana do pronunciamento judicial, se o vencido negar-se a cumpri-la de forma espontânea. O descumprimento do devedor e a existência de uma obrigação a ser adimplida (de pagar quantia certa, de entregar coisa, de fazer ou de não fazer) justificam a solicitação do interessado para que o Estado volte a atuar em vista da manutenção de um conflito de interesses, desta feita de características diferenciadas.

Num primeiro momento – na jurisdição de conhecimento – temos um conflito em grau máximo de incerteza, reclamando a intervenção Estatal para que defina quem é o titular do direito material em disputa. No segundo momento – da jurisdição de execução –, já sabemos quem é o titular do direito material, quem foi *agraciado* pela declaração ou pela *certificação* do direito, reclamando-se a intervenção Estatal para que o devedor cumpra de forma coercitiva o comando extraído do ato judicial que resolveu o conflito.[1]

---

[1] Sobre a diferenciação entre a jurisdição de conhecimento e a jurisdição de execução, reproduzimos lúcido ensinamento da doutrina: "Enquanto no processo de conhecimento o juiz examina a lide para 'descobrir e formular a regra jurídica concreta que deve regular o caso', no processo de execução pro-

A sentença, assim, não é capaz de solucionar o conflito, que não se resume à *certificação* do direito em favor do autor ou do réu. O pronunciamento que condena o réu a pagar determinada soma em dinheiro ao autor, por exemplo, não tem o condão de eliminar o conflito pela exata razão de não garantir que o devedor venha a observá-lo de forma voluntária. Se esse comportamento for adotado, evidenciando a aceitação expressa ou tácita da sentença, o conflito que gerou o exercício do direito de ação é completamente eliminado.

Em sentido contrário (e é o que mais ocorre na dinâmica forense), o vencedor solicita ao Estado-juiz que retire parcela do patrimônio do devedor suficiente para o adimplemento da obrigação constante do título, representando a jurisdição executiva, de índole forçada, contrapondo-se à execução voluntária, que não foi externada pelo vencido após o desfecho do embate processual de conhecimento.

Remontando às origens do Direito Romano, berço do nosso direito no seu maior volume, anotamos que a obrigação (*obligatio*) enseja a formação de uma ação (*actio*), que culmina com uma condenação (*condemnatio*), quando for este o objeto do processo judicial. Contudo, temos de registrar que a sentença apenas *diz* o direito, afirma a sua existência, depois de eliminada a fase de investigação da veracidade (ou não) das alegações do autor e do réu. Depois disso, é necessária a *realização* do direito, tarefa voltada à ação de execução, que opera a *efetivação* do direito, eliminando o conflito de interesses.[2]

Temos por tradição a convivência de um processo de conhecimento com um processo de execução, o segundo como consequência lógica do primeiro, na exclusiva hipótese de a ação de execução se apoiar em título executivo judicial. Visualizamos a existência de dois processos, devidamente formados através do ingresso de uma petição inicial, da citação do réu – em respeito ao *princípio do contraditório* e da *ampla defesa* – e de uma sentença judicial que lhes ponha termo.

Queremos sustentar que, historicamente, a execução se apresenta como uma *ação judicial*, não como uma fase do processo de conhecimento, instaurada após a prolação da sentença, em face das diferenças contundentes que são observadas

---

videncia as operações práticas necessárias para efetivar o conteúdo daquela regra, para modificar os fatos da realidade de modo a que se realize a coincidência entre as regras e os fatos" (THEODORO JÚNIOR, Humberto. *Processo de execução*. 20. ed. São Paulo: LEUD, 2000. p. 43-44).

2 Precisa a lição do mestre OVÍDIO BAPTISTA DA SILVA: "O princípio que nos ilumina, como o fundamento primeiro do sistema, é o paradigma racionalista. Para nós o processo é o veículo concebido pelo Direito para que o juiz possa investigar os fatos e descobrir a verdade. A descoberta da verdade é o grande sonho que acalenta nossas esperanças e sustenta nossas instituições, particularmente a interminável cadeia de recursos. O racionalismo, a ideia de que a função do juiz seja a descoberta da verdade, por sua vez, fortalece a separação entre o dizer e o fazer, a separação entre as funções intelectuais do ***dicere*** e as atividades práticas do ***facere***" (SILVA, Ovídio Baptista da. Mandamentalidade e autoexecutoriedade das decisões judiciais. *Revista da EMERJ*, v. 5. nº 18. 2002. p. 30).

em relação aos dois modelos processuais,[3] o que é uma característica marcante da execução por quantia certa, considerando que as demais espécies executivas já se apresentam como fases do processo de conhecimento, conforme anotações articuladas em compartimentos próprios deste capítulo, raciocínio exclusivamente alinhado em relação à execução fundada em título judicial que tenha imposto o adimplemento da obrigação de dar, de fazer ou de não fazer.

A existência de dois processos impõe como consequência a perda demasiada de tempo, já que, após o desfecho do primeiro (processo de conhecimento), exige-se a formação do segundo (processo de execução), se o devedor mostrar-se recalcitrante em cumprir espontaneamente a obrigação, com o consequente pagamento das custas processuais; da distribuição da petição inicial ao juízo competente; da citação do devedor; da concessão de prazo para que externe manifestações processuais etc.

A moderna processualística já não mais consegue conviver com os retardos injustificados do processo, anseando pelo convívio com um *processo de resultados*. Em vista disso, hoje se constata que o Estado não se desincumbe da função jurisdicional quando elimina o conflito de interesses de forma tardia, mas apenas quando espanca o conflito no menor espaço de tempo possível, o que não é tarefa singela, em vista dos princípios que norteiam o processo civil, sobrelevando ressaltar o do contraditório e da ampla defesa.

Eliminar o conflito em curto espaço de tempo impondo sacrifício para a defesa do réu não é medida que se pode admitir como válida do ponto de vista jurídico,[4] o que nos faz concluir de forma preparatória que o fim idealizado na atualidade é o de que o conflito de interesses seja eliminado no menor espaço de tempo possível, res-

---

3 Sobre o tema reproduzimos lição de Liebman: "Por outro lado, o órgão jurisdicional e as partes desenvolvem uma atividade muito diferente na cognição e na execução, e os atos dos dois processos são por natureza e efeitos profundamente diferentes entre si. Na cognição, a atividade do juiz é prevalentemente de caráter lógico: ele deve conhecer, isto é, estudar, o caso submetido ao seu exame, investigar os fatos, escolher e aplicar as normas legais adequadas, fazendo em suma, um trabalho intelectual que não difere, sob certos pontos de vista, do que um historiador, quando reconstrói e avalia os fatos do passado. O resultado de todas estas atividades é sempre de caráter ideal, porque consiste na afirmação da vontade do Estado orientada no sentido de regular as relações entre as partes. Na execução, ao contrário, a atividade do juiz é toda prática e material, visando produzir no mundo dos fatos modificações que tornem a realidade conforme àquela vontade (tanto assim que esta atividade é confiada em grande parte aos órgãos inferiores do aparelhamento judiciário)" (LIEBMAN, Enrico Tullio. *Estudos sobre o processo civil brasileiro.* São Paulo: Saraiva, 1947. p. 40-41).

4 Precisa a lição da doutrina: "Não podemos perder de vista, é certo, que o 'processo instantâneo é uma verdadeira quimera', sendo curial observar-se que 'um processo extremamente seguro, mas excessivamente lento é tão inadequado quanto outro bastante rápido, mas sem nenhuma segurança', pelo que tem-se que buscar formas de equilibrar a balança, garantindo-se um processo tão rápido quanto possível, afim de se obter uma maior segurança nos provimentos jurisdicionais" (ACIOLI, José Adelmy da Silva. *A crise do processo civil: uma visão crítica*. <http://oas. trt19.gov.br:8022/doutrina/003. asp>. Acesso em: 17.8.2004).

peitados os primados principiológicos de maior importância, como o devido processo legal, o contraditório e a ampla defesa, o duplo grau de jurisdição e o juiz natural.

Essas premissas são necessárias para que se compreenda a razão da edição da Lei nº 11.232, de 22 de dezembro de 2005, que modificou a execução por quantia certa, transmudando a sua natureza jurídica, passando a ser fase do processo, posterior à sentença que resolve o mérito, não mais ação autônoma, quando a pretensão do credor estiver apoiada em título executivo judicial.

Após a aprovação da lei em destaque, podemos afirmar que a jurisdição executiva é fase de um processo só, marcada pela necessidade de garantir de forma coercitiva o comando que emana da sentença, que não mais põe termo ao processo, apenas resolvendo o mérito, eliminando a etapa de cognição, abrindo a fase de cumprimento da decisão *maior* do magistrado, se a obrigação não for adimplida de forma voluntária pelo devedor.

Nossas anotações são apoiadas nos dois modelos, ou seja, no adotado a partir da aprovação do CPC de 1973 e na lei citada, com a certeza de que, sua vigência no ordenamento jurídico e sua aplicação dinâmica reclamam a compreensão dos paradigmas do sistema revogado e derrogado, que se mantêm como *fonte* para a aplicação interpretativa do sistema novo.

14.2 EXECUÇÃO – CONCEITO

A execução é o instrumento processual posto à disposição do credor para exigir o adimplemento forçado da obrigação através da retirada de bens do patrimônio do devedor ou do responsável (no modelo da execução por quantia certa contra devedor solvente), suficientes para a plena satisfação do exequente, operando-se no benefício deste e independentemente da vontade do executado – e mesmo contra a sua vontade – conforme entendimento doutrinário unânime.

Ideal que o devedor – depois de assim qualificado – adimpla de forma voluntária a obrigação que lhe foi imposta pelo título judicial ou extrajudicial. Esse é o comportamento esperado, mas não é a praxe na dinâmica forense, marcada pela resistência injustificada à observância das obrigações líquidas, certas e exigíveis. O que justifica o panorama é a cultura *plantada* na sociedade brasileira, que talvez seja modificada com a enérgica aplicação das normas contidas nas Leis nºs 11.232/2005 e 11.382/2006, incorporadas à Lei de Ritos.

Havendo resistência ao adimplemento espontâneo da obrigação, considerando a proibição constitucional de prisão do devedor por dívidas ou outro sacrifício semelhante,[5] exceto na hipótese que envolve o devedor de alimentos (inciso LXVII

---

[5] A preocupação em garantir a liberdade pessoal do devedor foi objeto de lúcidas divagações manifestadas pelo mestre OVÍDIO BAPTISTA DA SILVA, merecendo reprodução: "Intriga-me sobremodo

do art. 5º da CF), como foi realidade em povos antigos, inclusive em Roma, quando a execução era *pessoal* e não *patrimonial*,[6] ainda se mantendo em alguns sistemas jurídicos, é exigida a intervenção estatal para que se retirem do patrimônio do devedor ou do responsável meios que assegurem o cabal cumprimento da obrigação. Historicamente, com as atenções voltadas para a Lei das XII Tábuas, anotamos que o não cumprimento espontâneo da obrigação conferia ao credor o direito de encarcerar o devedor pelo prazo de 60 dias, dentro do qual comparecia com o devedor por três dias ao mercado na presença do pretor, na tentativa de que alguém se apresentasse para solver a dívida, o que liberava o devedor. Isto não ocorrendo, e com a fluência dos 60 dias, o credor tornava-se proprietário do devedor, podendo vendê-lo ou fazê-lo escravo. Alguns autores afirmam que o credor poderia matar o devedor e retalhar o seu corpo, oferecendo a cada um dos credores pedaço correspondente à extensão da dívida não adimplida.

Na atualidade, em face de lúcido ensinamento do mestre CHIOVENDA,[7] registre-se que o fim esperado em qualquer execução é o de que se atribua ao credor exatamente aquilo que o título lhe confere (*il processo deve dare per quanto è possibile praticamente a chi ha un diritto tutto quello e proprio quello ch'egli ha diritto di conseguire*), de modo que, se a sentença condenou o réu a pagar determinada soma em dinheiro, diante da recalcitrância do vencido, espera-se que a função jurisdicional executiva efetue a penhora de bens do executado para alienação e entrega do produto da venda judicial ao credor, o que deve ocorrer no menor espaço de tempo possível, em atenção ao *princípio da efetividade* do processo de execução. O retardo demasiado da execução ensejava no passado a prisão do devedor, quando a ação tinha duração superior a três meses.[8]

---

esse ardor com que o sistema exalta a inviolabilidade pessoal e esse respeito exaltado pela liberdade humana, quando a Inglaterra, por exemplo, considerada por todos o berço das liberdades civis, não vacila em colocar na prisão aqueles que não cumprem as ordens judiciais. Sou levado a supor que nós os brasileiros, tenhamos excedido todos os limites na preservação das liberdades democráticas e no respeito à dignidade da pessoa humana, deixando para traz os demais povos. Se isto não fosse uma simples e trágica ironia, poderíamos imaginar-nos capazes de dar lições de democracia e respeito individuais aos ingleses...!" (SILVA, Ovídio Baptista da. Mandamentalidade e autoexecutoriedade das decisões judiciais. *Revista da EMERJ*, v. 5. nº 18. 2002. p. 33).

6 No Direito Romano, o não cumprimento voluntário da sentença impunha o poder do credor de agir fisicamente contra o devedor, inclusive reduzindo-lhe à condição de escravo. Essa realidade foi perdendo força, tendo sido praticamente abolida com a Revolução Francesa. Os sistemas jurídicos que adotam a política de aprisionar o devedor que não tenha adimplido de forma voluntária o comando da sentença preocupam-se não com o devedor em si, justificando a pena prisional pelo desrespeito à ordem judicial (*contempt of court*).

7 *Principii di diritto processuale civile*. Nápoles: Eugenio Jovene, 1980. p. 29.

8 Conforme levantamento histórico realizado pela doutrina especializada: "Seguindo esse modelo, as Ordenações Filipinas previam a execução *per officium judicis* das sentenças e a assinação de dez dias, ação sumária, aplicável às dívidas contraídas mediante escritura pública, alvarás particulares de pessoas privilegiadas e dotes, embora esta, segundo observação do Barão de Ramalho, fosse usada

No mesmo modo de pensar, diante do descumprimento da obrigação de fazer, espera-se que o devedor, convocado pelo Estado para satisfazer à obrigação, realize a prestação disposta no título (a construção de uma casa em favor do credor, por exemplo). Contudo, havendo resistência da sua parte, considerando a impossibilidade de ser ordenada a sua prisão, é necessário que se converta o valor da obrigação específica em perdas e danos, quantificando os custos para que a construção seja realizada por um terceiro, diferente do devedor, observando-se daí por diante as regras da execução por quantia certa contra devedor solvente.

Em complemento, se ao devedor foi imposta a obrigação de entregar coisa certa ao credor, como um automóvel, por exemplo, constatando que o bem deteriorou em poder daquele, é necessária a sua quantificação, resolvendo-se a obrigação em perdas e danos, de modo que ao credor é transferida a soma em dinheiro, produto da arrematação que incidiu em bens do devedor, mais uma vez convertendo-se a obrigação específica (obrigação de dar) em obrigação genérica (obrigação de pagar quantia certa).

O tema é devidamente estudado por ocasião do exame das *execuções das obrigações de dar, de fazer e de não fazer*, cabendo-nos anotar neste momento de introdução que a execução é a ação judicial ou a fase do processo de conhecimento (posterior à sentença) dirigida em face do executado (que pode mesmo não ser o devedor), sendo marcada pela adoção de práticas coercitivas, que têm por propósito o cumprimento da obrigação específica ou da obrigação genérica, mesmo contra – e geralmente contra – a vontade do devedor, que se sujeita aos atos da execução em face da sua postura de não cumprir a obrigação de forma voluntária.[9]

A atividade do Estado é *substitutiva* da manifestação que se esperava do devedor de forma voluntária,[10] autorizando o representante do Poder Judiciário a adotar posturas enérgicas, traumáticas (como a penhora, por exemplo), apoiado na premissa

---

raramente. A execução deveria terminar no prazo de três meses. Se o executado a retardasse por dolo, além desse prazo, podia ser preso até que a execução fosse concluída. Também era cabível a prisão do executado nos casos de ocultação ou sonegação de bens, por dolo, em fraude de execução" (GRECO, Leonardo. A execução e a efetividade do processo. *Revista de Processo*, nº 94. abr./jun. 1999. São Paulo: Revista dos Tribunais, 1999. p. 37).

9 O conceito em referência é repetido por quase toda a doutrina, como se colhe da análise dos ensinamentos do mestre DINAMARCO: "Conceitua-se a execução, em face do exposto, como uma cadeia de atos de atuação da vontade sancionatória, ou seja, *conjunto de atos estatais através de que, com ou sem o concurso da vontade do devedor* (e até contra ela), invade-se seu patrimônio para, à custa dele, realizar-se o resultado prático desejado concretamente pelo direito objetivo material" (DINAMARCO, Cândido Rangel. *Execução civil*. 8. ed. São Paulo: Malheiros, 2002. p. 121).

10 Nesse sentido, reproduzimos a lição da doutrina especializada: "A atividade do Estado, no exercício da jurisdição, é substitutiva. Ele atua em lugar dos particulares (dele próprio, às vezes, mas imparcialmente), quando estes não solucionam suas próprias questões" (SANTOS, Ernane Fidélis dos. *Manual de direito processual civil*. v. 2. São Paulo: Saraiva, 2002. p. 1).

de que o título que dá suporte à pretensão do credor está assentado em obrigação líquida, certa e exigível.

14.3 PRINCÍPIOS DE MAIOR RELEVO APLICADOS À EXECUÇÃO

Em todas as etapas desta obra, registramos que o sistema jurídico brasileiro está alicerçado em princípios, dando sustentação à criação das leis e às condutas processuais manifestadas pelas partes, pela autoridade judicial e pelos auxiliares da justiça.

Demonstramos que os princípios não se apresentam necessariamente na forma escrita, bastando citar o exemplo que envolve o *princípio da fungibilidade* na matéria recursal, que não foi contemplado em letras no CPC de 1973. Não obstante a omissão legislativa, a sua aplicação doutrinária e jurisprudencial é inegável, embasando a tramitação de espécie recursal equivocada quando outra era a esperada, desde que o recorrente demonstre a existência de *dúvida objetiva* e que o recurso incorreto seja interposto no prazo do *remédio* adequado.

Além disso, percebemos que o *princípio do duplo grau de jurisdição* também não está positivado em nosso sistema jurídico, sendo aplicado através da leitura interpretativa do inciso LV do art. 5º da CF, numa visão não apenas gramatical.

A importância dos princípios para a dinâmica do processo é confirmada na jurisdição de conhecimento, na jurisdição executiva e na jurisdição cautelar, fazendo-se expressa remissão às anotações dispostas no Capítulo 1 do volume 1 desta obra, no qual alinhamos considerações extensas sobre os princípios do *juiz natural*, do *devido processo legal*, da *isonomia*, do *contraditório e da ampla defesa*, da *motivação das decisões judiciais* e da *publicidade do processo e dos atos processuais*. Todas as considerações ali *desenhadas* servem de apoio para novas anotações feitas neste capítulo, diretamente relacionadas à execução.

Queremos com isto sustentar que os princípios destacados têm aplicação garantida na execução, não como um dogma jurídico intocável, e desde que sejam úteis ao andamento do processo em exame,[11] com as devidas adaptações em face das características da ação ou da fase processual que se examina. O princípio da

---

11 Nesse sentido, preciso o ensinamento da doutrina: "Por outro lado, convém ter presente que no direito em geral, e no processo em especial, é sempre imprudente e às vezes danoso levar às últimas consequências, como quem dirigisse veículo sem fazer uso do freio, a aplicação rigorosamente lógica de qualquer princípio. Desnecessário frisar que os princípios processuais estão longe de configurar dogmas religiosos. Sua significação é essencialmente instrumental: o legislador adota-os porque crê que a respectiva observância facilitará a boa administração da justiça. Eles merecem reverência na medida em que sirvam à consecução dos fins do processo, e apenas em tal medida" (MOREIRA, José Carlos Barbosa. *A Constituição e as provas ilicitamente obtidas*. <www. editoraforense.com.br>. Acesso em: 13.8.2004).

efetividade, de extrema importância na execução, não mereceu seção destacada em face de se encontrar presente de forma dispersa em todas as considerações alinhadas no decorrer deste capítulo.

14.3.1 Princípio da menor onerosidade para o devedor

Para que a matéria em exame seja estudada de forma correta, é necessário dominarmos a premissa de que a execução (como ação ou como fase do processo de conhecimento) é instaurada em atenção ao credor, comprometendo-se o Estado com a sua plena satisfação, o que só é possível com a imposição de sacrifício de maior ou de menor estatura em detrimento do devedor, que recalcitrou em adimplir de forma espontânea a obrigação.

Não se poderia investir o devedor de prerrogativas máximas nesta fase processual, o que acarretaria desequilíbrio manifesto entre as partes, infringindo o *princípio da isonomia processual*. Assim é que os mesmos direitos processuais conferidos ao credor também se dirigem ao réu, como a garantia de que se manifestem sobre a avaliação do bem penhorado, de conhecer o dia e hora da realização da hasta pública etc.

Mas a execução movimenta-se em favor do credor, em sua atenção, que vem sendo punido pela conduta injustificável do devedor de não adimplir voluntariamente a obrigação, gerando a solicitação do prejudicado para que o Estado atue de forma substitutiva. Isso não significa que a execução só pode ser desfechada em favor do credor, já que o devedor pode espancar os atributos de certeza, de liquidez e de exigibilidade da obrigação representada pelo título que embasou a execução através do acolhimento da sua defesa, materializada de forma clássica na oposição dos embargos à execução ou da impugnação, sem afastar a possibilidade de apresentação da *exceção de pré-executividade*, tema estudado no capítulo seguinte.

O encerramento típico da execução é a satisfação do credor, sendo atípico o encerramento do processo sem que se atribua ao prejudicado a parcela do patrimônio do executado necessária a garantir ao exequente o mesmo nível de satisfação que seria alcançado com o adimplemento voluntário da obrigação.

A Lei nº 11.232, de 22 de dezembro de 2005, substituiu os embargos à execução pela *impugnação*, como instrumento adequado de ataque à penhora formalizada na fase de cumprimento da sentença, não suspendendo o curso da execução, como regra (arts. 475-J e 475-M).[12]

---

[12] "Art. 475-J. Caso o devedor, condenado ao pagamento de quantia certa ou já fixada em liquidação, não o efetue no prazo de quinze dias, o montante da condenação será acrescido de multa no percentual de dez por cento e, a requerimento do credor e observado o disposto no art. 614, inciso II, desta lei, expedir-se-á mandado de penhora e avaliação. § 1º Do auto de penhora e de avaliação será de imediato intimado o executado, na pessoa de seu advogado (arts. 236 e 237), ou, na falta deste, o seu representante legal, ou pessoalmente, por mandado ou pelo correio, podendo oferecer impugnação,

O que pretendemos afirmar é que o desfecho normal da execução é a satisfação do credor (inciso I do art. 794),[13] o que confirma a presunção constituída em seu favor, relativa à higidez formal e substancial do documento que embasa a pretensão de adimplemento da obrigação constante de título judicial ou extrajudicial. Cabe ao devedor desconstituir a presunção comentada, abrindo ensejo para que a execução seja encerrada de forma atípica ou anormal, com declaração judicial que se refira a aspectos formais (ilegitimidade de parte, falta de interesse de agir etc.) ou ao conteúdo do próprio título, que perderia os atributos substanciais e/ou formais necessários à sua qualificação como *título executivo*.

Vários atos processuais são praticados durante o *iter* procedimental da execução em evidente desconforto do devedor, como a formalização de penhora em bens do seu patrimônio, a designação de dia e hora para a realização da hasta pública, a arrematação do bem penhorado, o pagamento feito em favor do credor em qualquer das suas modalidades etc. O art. 620, que agasalha o *princípio da menor onerosidade para o devedor*, textualiza: "quando por vários meios o credor puder promover a execução, o juiz mandará que se faça pelo modo menos gravoso para o devedor".

Temos de interpretar a regra processual de acordo com a *mens legislatoris*, evitando que a intenção do legislador seja comprometida por interpretações restritivas ou ampliativas do texto legal, permitindo a *percepção clara e exata da norma estabelecida pelo legislador*.[14]

Conforme anotações articuladas até esta passagem, temos de nos apoiar na premissa de que a execução – como ação ou como fase do processo de conhecimento ulterior à sentença – é movimentada e justificada pelo propósito de garantir ao exequente o cumprimento forçado da obrigação,[15] tal como se observaria se o devedor a houvesse adimplido de forma voluntária, sem a necessidade da intervenção estatal. As atenções do magistrado na execução devem ser voltadas primordialmente ao credor, sem descuidar dos primados da amplitude de defesa e do contraditório, que tutelam as ações do devedor, evitando sacrifícios desmedidos.

O dispositivo analisado representa um *favor debitoris*, garantindo que dentre várias formas possíveis de se operar o (natural) sacrifício do devedor que se prossiga pelo caminho menos tortuoso, que menos o traumatize. Se o devedor possui

---

querendo, no prazo de quinze dias. Art. 475-M. A impugnação não terá efeito suspensivo, podendo o juiz atribuir-lhe tal efeito desde que relevantes seus fundamentos e o prosseguimento da execução seja manifestamente suscetível de causar ao executado grave dano de difícil ou incerta reparação."

13 "Art. 794. Extingue-se a execução quando: I – o devedor satisfaz a obrigação; *omissis*."

14 FIORE, Paquale. *De la irretroactividad e interpretación de las leyes*. Madri, 1927. p. 564.

15 **"Esta Corte firmou entendimento no sentido de que é lícito ao credor recusar bens oferecidos à penhora que se revelarem de difícil alienação, isto porque a execução é feita no seu interesse, e não no do devedor**. Precedentes. Agravo regimental desprovido" (AGA 547959 – SP, 1ª Turma do STJ, rel. Min. DENISE ARRUDA) (grifamos).

dois bens, cada qual de valor suficiente para o adimplemento da obrigação, a lei lhe confere a prerrogativa de requerer a substituição do bem penhorado, *desde que comprove cabalmente que a substituição não trará prejuízo algum ao exequente e será menos onerosa para ele devedor* (art. 668). No mesmo conduto de exposição, quando se constatar que a arrematação foi efetivada por preço *vil* (reles; ordinário; humilde; miserável, segundo ensinamento enciclopédico), aconselha-se o seu desfazimento, o que pode embasar a oposição dos embargos à arrematação, conforme demonstração feita no capítulo seguinte.

Em todos eles, percebemos que o favor conferido ao devedor não pode prejudicar a plena satisfação do credor, reforçando a tese de que as atenções devem ser a ele voltadas, por ter sido injustiçado pela conduta unilateral do devedor de não adimplir a obrigação, no tempo e no modo devidos.[16]

Outra demonstração da aplicação do princípio em exame é extraída da interpretação do art. 594, textualizando:

> *"O credor, que estiver, por direito de retenção, na posse de coisa pertencente ao devedor, não poderá promover a execução sobre outros bens senão depois de excutida a coisa que se achar em seu poder."*

O princípio da menor onerosidade para o devedor não pode ser utilizado para sustentar a pretensão do executado de não submeter o seu faturamento à penhora,[17] por exemplo, exceto se o ato de constrição comprometer a continuação das atividades da pessoa jurídica devedora. Na mesma linha de exposição, o princípio também não pode mais subsidiar a pretensão do devedor de nomear bens à penhora, já que a Lei nº 11.382/2006, aplicável à execução de título extrajudicial, prevê que a convocação do executado na abertura da execução se dá com o propósito de lhe conferir o direito de (apenas) efetuar o pagamento da dívida no prazo de três dias, sob pena de se sujeitar à formalização da penhora, a partir da iniciativa do oficial de justiça ou

---

16 A atuação do magistrado deve ser balizada na garantia da aplicação de dois princípios antagônicos, a saber: da efetividade da execução e da menor onerosidade possível ao executado, o que mereceu as considerações do mestre DINAMARCO, como se colhe da análise de trecho de ensaio doutrinário específico: "Dispondo o art. 620 do Código de Processo Civil que 'quando por vários meios o credor puder promover a execução, o juiz mandará que se faça pelo modo menos gravoso para o devedor', a norma que desse texto se extrai mediante uma interpretação sistemática é a de que a execução deve pautar-se por duas balizas fundamentais, antagônicas, mas necessariamente harmoniosas, que são (a) a do respeito à integridade patrimonial do executado, sacrificando-o o mínimo possível e (b) a do empenho a ser feito para a plena realização do direito do exequente" (DINAMARCO, Cândido Rangel. *A nova era do processo civil*. São Paulo: Malheiros, 2004. p. 290).

17 "Admite-se como sendo possível proceder-se a penhora sobre faturamento da empresa, desde que: a) comprovada a inexistência de outros bens passíveis de garantir a execução, ou, sejam os indicados de difícil alienação; b) nomeação de administrador (arts. 678 e 719, *caput* do CPC), ao qual incumbirá apresentação das formas de administração e pagamento; c) fixação de percentual que não inviabilize a atividade econômica da empresa" (REsp 628406 – BA, 1ª Turma do STJ, Rel. Min. LUIZ FUX).

da indicação realizada pelo credor, em companhia da inicial da execução (art. 652 e seus parágrafos).

Estamos nos preparando para o convívio com uma nova fase processual. Após a promulgação da Constituição Federal de 1988, com a previsão dos direitos e das garantias fundamentais do art. 5º da Carta Magna, o operador do direito resistiu à ideia de promover o desencadeamento da execução quando as providências jurisdicionais pudessem importar sacrifícios extremos ao devedor, circunstância que justificou (durante anos) a vedação à formalização da intitulada *penhora on-line*, a expedição de ofícios ao Banco Central e à Receita Federal, como providências necessárias à descoberta de patrimônio do devedor, possibilitando a penhora.

As Leis nºs 11.232/2005 e 11.382/2006 pretenderam alterar o panorama, dinamizando a execução em benefício do credor, o que é evidenciado pela possibilidade que lhe é conferida de indicar bens do devedor passíveis de penhora; de requerer ao magistrado que requisite informações à autoridade supervisora do sistema bancário, sobre a existência de ativos em nome do executado; de requerer a alienação do patrimônio penhorado através da rede mundial de computadores etc.

Contudo, advertimos que os sacrifícios processuais devem sempre respeitar e se curvar aos princípios constitucionais, como *normas jurídicas qualificadas*, hierarquicamente situadas acima das disposições da legislação infraconstitucional.

14.3.2 Princípio do contraditório e da ampla defesa na realidade da execução

Demonstramos no volume 1 desta obra que o princípio do contraditório e da ampla defesa permite às partes do processo (e não somente ao autor) produzir provas necessárias à confirmação do seu direito; manifestar-se a respeito de documentos atados aos autos pelo seu adversário processual; a apresentação de defesa na sua plenitude etc.

O princípio não pode ser interpretado em termos absolutos, amoldando-se à realidade de cada processo judicial, a depender dos seus contornos e do seu *iter* procedimental. Exemplo clássico envolve o mandado de segurança, que se apoia na existência de *direito líquido e certo*, dizendo respeito à pré-constituição das provas que ratificam a existência do direito afirmado pelo autor, que deve aportar documentos à petição inicial comprovando a veracidade das suas alegações, não se admitindo a complementação da prova posteriormente, através da ouvida de testemunhas, da realização de perícia etc., providências que são incompatíveis com o rito da ação em exame.

O fato de o autor não ter se desincumbido no ingresso da ação do ônus probatório que lhe é imposto acarreta o indeferimento da petição inicial (art. 10 da Lei nº 12.016/09), pela ausência do interesse de agir (*inadequação da via eleita*), em vista da constatação de que o caso concreto reclamava a propositura de ação judicial servida por instrução mais ampla, jamais da ação mandamental. O pronunciamento judicial que põe fim abreviado à ação em referência não prejudica o direito material em litígio (até porque a sentença extinguiu o processo sem a resolução do mérito), apenas retirando do autor a prerrogativa de assistir ao reconhecimento do direito pela via do mandado de segurança.

Alinhadas as considerações e com as atenções voltadas para o exemplo apresentado, não podemos afirmar que a inadmissão da produção da prova testemunhal na realidade do mandado de segurança imporia cerceamento do direito de defesa do autor, sabido que a ação em exame não apresenta fase de instrução probatória após a postulação, o que reforça o entendimento de que o princípio constitucional deve ser visto à luz das peculiaridades de cada ação judicial à qual é transposto, no ambiente processual onde a sua aplicação é defendida.

Grande parte da doutrina nega a garantia do princípio do contraditório e da ampla defesa na execução, já que a defesa do devedor (com o intuito de desconstituir a presunção que reveste o título extrajudicial) não é apresentada nos autos da execução, mas através de *ação incidental autônoma*, como tal dos embargos à execução, ou por meio de incidente processual, intitulado pela doutrina e pela jurisprudência *exceção de pré-executividade* (ver comentários articulados em passagem seguinte, incitando o leitor a refletir sobre a *sobrevivência* dessa espécie de defesa após a aprovação da Lei nº 11.382/2006), sem descuidar da possibilidade de apresentação da *impugnação*, no panorama da execução apoiada em sentença condenatória impositiva da obrigação de pagar soma em dinheiro.

Outra corrente doutrinária afirma que a aplicação do princípio estaria garantida, bastando destacar a prerrogativa processual conferida ao devedor de tomar conhecimento da ação contra si proposta,[18] de se manifestar nos autos após o recebimento do mandado de citação, podendo pagar, além de lhe ser conferido o direito de acompanhar o processo em todas as suas etapas, manifestando-se sobre laudos de avaliação, sobre documentos atados aos autos pelo credor após a postulação etc.

Temos entendimento intermediário sobre o assunto. Na nossa compreensão, há garantia da aplicação do princípio do contraditório e da ampla defesa na execução, mas de forma mitigada, referindo-se a aspectos meramente formais e à ciência da existência da ação judicial, não abrangendo o mérito propriamente dito, que é a

---

[18] O direito em referência anima o mestre DINAMARCO a defender a plena aplicação do princípio do contraditório e da ampla defesa na ação de execução, como se colhe através da análise do seu ensinamento, sempre de muito fôlego: "Foi pensando neles, por certo, que a doutrina definiu o contraditório como a necessária ciência, por ambas as partes, do que se faz ou se pretende que seja feito no processo e possibilidade de cooperar e de contrariar. A *informação* é necessária; a reação, meramente possível" (DINAMARCO, Cândido Rangel. *Execução civil.* 8. ed. São Paulo: Malheiros, 2002. p. 180).

tentativa de afastamento e de desconstituição dos atributos de certeza, de liquidez e de exigibilidade edificados em favor do credor e materializados no título que porta.

A defesa de mérito, no sentido amplo de reação, é deslocada para os embargos à execução ou para o incidente de exceção de pré-executividade, inegavelmente não sendo apresentada na própria execução. O direito conferido ao devedor de se manifestar nos autos após o recebimento do mandado de citação não representa a sua manifestação principal, que é a tentativa de desconstituir os atributos de liquidez, de certeza e de exigibilidade que *forram* o título executivo, limitando-se a comportamentos formais, de índole meramente processual.

A mesma sistemática é vista em todas as etapas posteriores da execução. O direito que é conferido ao executado de se manifestar sobre documentos presentes nos autos não se refere ao mérito do título executivo, à existência ou não da obrigação por ele representada, incidindo por respeito ao *princípio da bilateralidade da audiência*, evitando o prestígio a uma prova sem que ao opositor seja conferida a prerrogativa de sobre ela se manifestar (art. 398).

O posicionamento que assumimos é restrito, limitando-se ao modelo da ação de execução apoiada em título extrajudicial. Em face da edição da Lei nº 11.232, de 22 de dezembro de 2005, a sentença é simplesmente *cumprida*, sem reclamar a instauração da ação de execução, como procedimento autônomo.

Em decorrência da lei em estudo, os embargos à execução não mais são utilizados no modelo processual que envolve o cumprimento da sentença, sendo substituídos pela *impugnação*, apresentada nos próprios autos da demanda única, após a prolação do pronunciamento *maior* do magistrado. Essa nova defesa, repita-se, apresentada nos autos da própria demanda, com a natureza jurídica de mero incidente processual, permite a discussão de questões formais e de mérito, confirmando a prevalência do princípio do contraditório e da ampla defesa na jurisdição executiva, encartada na realidade da jurisdição de conhecimento, qualificando-se como prolongamento dessa.

Quando da análise dos aspectos próprios à defesa do executado, no capítulo seguinte deste volume, verificamos que a eventual perda do prazo para o oferecimento dos embargos (e da *impugnação*) não retira do devedor o direito de impugnar o título executivo, podendo ingressar com ação autônoma para denunciar a nulidade da execução em vista da própria nulidade do título executivo, sem desprezar a oposição da exceção de pré-executividade.

A diferença que há entre os embargos do devedor e a *ação declaratória de nulidade de ato jurídico* – como intitulada por grande parte da doutrina – é a de que a segunda espécie não garante a suspensão da execução (exceto se o magistrado deferir a antecipação dos efeitos da tutela ou se determinar a suspensão da execução através do deferimento de liminar em ação cautelar incidental, manejada com esse propósito), ao contrário do que pode ocorrer com a primeira (*pode*, pela circunstância de que a Lei nº 11.382/2006 modificou a sistemática de recebimento dos embargos, prevendo que em regra não são recepcionados no efeito suspensivo – art. 739-A),[19] desdobrando-se independentemente da existência e da tramitação da ação que lhe é prejudicial, já que o reconhecimento da nulidade do ato que apoia a execução reflete de forma direta na pretensão exercitada contra o devedor.

De qualquer modo, sem pretender antecipar nossas considerações neste instante, verificamos que a ação declaratória garante a aplicação do princípio do contraditório e da ampla defesa em favor do devedor, não no âmbito da execução, mas por meio de ação autônoma.

14.4 CONDIÇÕES DA EXECUÇÃO

Mais uma vez nos reportando ao volume 1 desta obra, que é uma espécie de *viga mestre* dos volumes que o sucedem, registramos que no mencionado compartimento *emprestamos* trato especial às *condições da ação* (no Capítulo 3) e aos *pressupostos de constituição e de desenvolvimento válido e regular do processo* (no Capítulo 4), para cá importando todas as considerações ali feitas, que se aplicam integralmente à execução.

Temos de lembrar que as matérias em exame representam *questões processuais de ordem pública* (§ 3º do art. 267 e § 4º do art. 301, ambos do CPC), de modo que devem ser examinadas pelo magistrado a qualquer tempo e grau de jurisdição,[20] exceto pela primeira vez em recurso especial e/ou em recurso extraordinário, em vista do requisito relativo ao *prequestionamento* da matéria (Súmula 282 do STF), embora essa posição não seja unânime na doutrina, parte minoritária dos autores admitindo a arguição das questões processuais de ordem pública pela primeira vez nos recursos extremos.[21]

---

[19] "Art. 739-A. Os embargos do executado não terão efeito suspensivo".

[20] "**As questões de ordem pública referentes às condições da ação e pressupostos processuais da execução podem e devem ser conhecidas de ofício pelos tribunais de segundo grau** (arts. 618 e incisos, 585, 586, c/c art. 267, IV a VI, todos do CPC)" (REsp 480315 – SC, 4ª Turma do STJ, rel. Min. ALDIR PASSARINHO JÚNIOR) (grifamos).

[21] Nesse sentido: "Não vemos, entretanto, qualquer motivo para que sejam excluídos os *recursos extraordinários* (especial e extraordinário) e, principalmente, os embargos de divergência, da incidência do CPC, art. 267, § 3º, isto porque não vislumbramos diferença entre a apelação e qualquer outro recurso, no que atine à aplicação do denominado *efeito translativo*, o que nos permite dizer que as questões de ordem pública, sobre as quais não existe preclusão, podem ser apreciadas pelo tribunal, desde que o recurso – qualquer recurso – seja conhecido, preenchendo todos os requisitos para a sua admissibilidade. Aliás, entendimento diverso pode gerar grave distorção, pois, não sendo possível a análise sobre a ausência de uma condição da ação em sede recursal extraordinária, mesmo que o entendimento do tribunal esteja pacificado a respeito da carência desta condição em situações análogas, a parte terá que aguardar o trânsito em julgado para promover uma ação rescisória, alegando violação literal ao

No âmbito da execução, a lei exige que as partes sejam legítimas, que o objeto seja lícito e que haja interesse de agir. No mesmo conduto de exposição, exige-se a apresentação de uma petição de abertura (pressuposto de constituição do processo), devidamente assinada por advogado que represente o credor (capacidade postulatória), perante autoridade investida da função jurisdicional (pressuposto de constituição do processo), operando-se a citação do réu (pressuposto de constituição do processo), não se justificando a renovação ampla do estudo da matéria, que foi exposta nos capítulos *Da ação* e *Do processo*, no volume 1 desta obra, o que seria providência de nenhuma serventia didática.

Contudo, com as atenções voltadas à dinâmica forense, é necessário tratarmos de tema específico, alusivo à falta de interesse de agir quando o credor solicita a intervenção jurisdicional executiva sem portar título judicial ou extrajudicial, com consequências expressivas em relação à sua pessoa, fulminando a ação com o reconhecimento da ausência do interesse de agir (carência de ação) em face da *inadequação da via eleita*.

14.4.1 Ausência do interesse de agir na execução

O interesse de agir está apoiado no binômio *necessidade* + *utilidade* do provimento jurisdicional, demonstrando o autor que exercita o direito de ação em face de o conflito de interesses ainda persistir, reclamando a formação do processo como única forma de eliminá-lo. No caso da execução, por exemplo, o fato de o credor exercitar o direito de ação para exigir o pagamento da quantia disposta em cheque já quitado anteriormente impede o curso do processo, devendo ser extinto de forma abreviada, escorando-se o magistrado na constatação da ausência do interesse de agir.

Além do binômio em referência, a doutrina exige que o autor demonstre a *adequação da via eleita*, ou seja, que a sua pretensão foi deslocada para demanda judicial que possa lhe atribuir o resultado perseguido. Em sentido contrário, mesmo diante de um conflito de interesses, se o autor promove ação judicial que não é hábil a lhe oferecer resposta jurisdicional condizente com as suas necessidades, falta-lhe interesse de agir, justificando que a demanda seja extinta sem a resolução do mérito.

Exemplo clássico refere-se à propositura de ação possessória quando a hipótese reclamava a reivindicatória, diante da constatação de que o autor nunca foi possuidor da coisa disputada, mas somente proprietário do bem. Em casos tais, sempre nos inclinamos para defender a aplicação do *princípio da instrumentalidade*

---

disposto no CPC, art. 267, VI" (FREIRE, Rodrigo da Cunha Lima. *Condições da ação enfoque sobre o interesse de agir*. 2. ed. São Paulo: Revista dos Tribunais, 2001. p. 89-90).

das formas, corolário da máxima *pas de nulité sans grief*, com apoio no art. 250,[22] para sustentar que a demanda equivocada (possessória) poderia ser fungibilizada no modelo correto (ação reivindicatória), o que é impossível diante da constatação de que a fungibilidade apenas é admitida entre as possessórias (manutenção de posse, reintegração de posse e interdito proibitório), dispostas em *numerus clausus* na Lei de Procedimentos.

Construídas as premissas, transpondo as colocações para o tema principal deste capítulo, cabe-nos verificar da real possibilidade da propositura da ação executiva, determinando se de fato é a ação a ser ajuizada pelo suposto credor, com a certeza de que a erronia do procedimento adotado e do modelo processual escolhido pode acarretar a extinção do processo sem a resolução do mérito, por falta de interesse de agir, onerando a parte autora com o pagamento das custas processuais e dos honorários advocatícios.

Observe que o autor – que é titular de crédito – vê-se diante da incômoda situação de ter de efetuar o pagamento dos consectários da sucumbência em favor do devedor. A definição do instrumento processual adequado importa a possibilidade – real – de materialização do crédito. A incorreta eleição do instrumento pode acarretar a extinção do processo sem a resolução do mérito (ingresso da ação de execução quando a situação reclamava a propositura da ação de cobrança, por exemplo).

A determinação da ação não decorre da *opção* do autor, mas da previsão da lei, sendo de caráter cogente, inafastável pela vontade das partes. Não se ingressa com ação de execução quando o correto seria a postulação via ação de cobrança de rito ordinário e vice-versa, porque na primeira espécie o autor tem de necessariamente portar título executivo, enquanto no segundo modelo a sua intenção é exatamente a de constituir o título, possibilitando a posterior manifestação da pretensão substitutiva, como ação própria ou como fase do processo de conhecimento ulterior à sentença judicial.

Se o credor portar um dos títulos executivos judiciais ou extrajudiciais referidos nos arts. 475-N e 585 do CPC, bem como em alguns textos de legislações esparsas, terá de necessariamente solicitar lhe seja prestada função jurisdicional executiva, não podendo utilizar a ação de conhecimento para pleitear o reconhecimento da obrigação (de pagar quantia certa, de dar coisa certa ou incerta, de fazer ou de não fazer). A pretensão será necessariamente executiva, como processo autônomo, quando se apoiar em título extrajudicial, ou de acordo com a técnica do cumprimento da sentença quando o título for judicial.

Isto porque a parte pretende obter sentença de mérito nas demais espécies (nas ações de conhecimento), possibilitando a instauração da execução. Pretende obter título executivo que conduza o reconhecimento da obrigação cujo adimplemento

---

22 "Art. 250. O erro de forma do processo acarreta unicamente a anulação dos atos que não possam ser aproveitados, devendo praticar-se os que forem necessários, a fim de se observarem, quanto possível, as prescrições legais."

será buscado posteriormente. Se já porta determinado título executivo, seja judicial ou extrajudicial, ao autor faltaria interesse para o ingresso da ação de conhecimento. Estaria pleiteando o que já possui (o título executivo).

Assim, é necessário que se proceda à verificação da existência de título judicial ou extrajudicial. Caso o credor – assim considerado por portar título executivo – ingresse com outra ação que não a de execução, o processo deve ser extinto sem a resolução do mérito, por falta de interesse processual,[23] sem que se admita a *conversão* da ação de conhecimento (ação imprópria) em ação de execução (ação própria), posto que nos encontramos diante de processos diferenciados, com pedidos e com causas de pedir completamente distintos.

Embora o processo civil moderno valorize a aplicação do *princípio da instrumentalidade das formas*, com o máximo aproveitamento dos atos processuais, só recomendando o seu desprezo quando a nulidade for absoluta, a erronia na espécie *contamina* a demanda, não podendo ocorrer a sua modificação em respeito às normas processuais que disciplinam a causa de pedir e o pedido, extremamente diferenciados nos dois modelos comparados.[24]

14.4.1.1 Perda superveniente do interesse de agir na execução

Outro ponto a ser comentado como desdobramento do anterior diz respeito à situação processual do credor que, após ter proposto demanda executiva com base em título executivo extrajudicial, depara com a alteração do entendimento da doutrina e da jurisprudência sobre o enquadramento do documento como espécie de título, não mais se vislumbrando a preexistência dos atributos imanentes aos títulos judiciais e extrajudiciais (certeza, liquidez e exigibilidade).

---

[23] Nesse sentido: "O cheque é título executivo extrajudicial (CPC 585 I). O portador do cheque com eficácia executiva, não tem interesse processual em ajuizar ação de conhecimento, condenatória, visando obter título executivo judicial (CPC 584 I) que já possui. Caso o faça, o processo deve ser extinto sem julgamento do mérito (CPC 267 VI). Deverá juntar o cheque à petição inicial da execução, no original" (NERY JUNIOR, Nelson. *Código de Processo Civil comentado.* 4. ed., rev. e atual., São Paulo: Revista dos Tribunais, 1999. p. 1.125).

[24] O ensinamento da doutrina especializada apoia a tese desenvolvida: "Entre a ação ordinária e a execução forçada, a diferença não é apenas de rito ou procedimento, mas de processo. E, como ensina J. J. CALMON DE PASSOS, 'inexiste possibilidade de conversão de um processo (impróprio) em outro (próprio), na mesma espécie de processo (cognição, execução ou cautelar). Assim, pode adaptar-se o procedimento ordinário ao sumaríssimo, ou vice-versa, como se pode converter uma execução por quantia certa em outro tipo de procedimento executivo, mas não será viável, em nenhuma hipótese, converter-se um processo de cognição em processo de execução ou vice-versa, porquanto, na espécie, o próprio pedido é que estaria sendo modificado, o que não é admissível na sistemática do Código' (Comentários ao Cód. Pr. Civil, III, pág. 222). No mesmo sentido é o ensinamento do ilustre processualista MONIZ DE ARAGÃO, conforme se vê às fls. 316 e 317 dos seus 'Comentários ao Cód. de Proc. Civil', II" (THEODORO JÚNIOR, Humberto. *Processo de execução.* 20. ed., rev. e atual., São Paulo: LEUD, 2000. p. 139).

Reconhecia-se a existência do interesse de agir no momento da postulação, a certeza de que o documento atado à execução era classificado e considerado título executivo extrajudicial, o que determinou a eleição da (naquele instante) via processual correta para exigir o adimplemento forçado da obrigação por parte do devedor. O credor não tinha outra alternativa, sendo exigido o ingresso da execução, já que o aforamento da ação de conhecimento acarretaria a sua extinção sem a resolução do mérito, conforme anotações alinhadas anteriormente.

Contudo, após o ingresso da ação de execução, o credor constata que o documento que apoiou a postulação já não mais é considerado título executivo extrajudicial, por abrupta alteração do entendimento jurisprudencial. Indaga-se, nesta hipótese: a demanda deve ser extinta sem a resolução do mérito, com fundamento no art. 618,[25] que textualiza ser nula a execução apoiada em título que não revela os atributos de liquidez, de certeza e de exigibilidade?

Embora todo e qualquer processo judicial represente *risco* relativo ao seu resultado, respondendo o autor pela eventual *temeridade do processo*, estaríamos diante de hipótese completamente diversa, na qual a mudança jurisprudencial não contou com qualquer manifestação de vontade do postulante. Ele estaria sendo punido por modificação doutrinária e pretoriana completamente inesperada.

Em respeito ao *princípio da finalidade/instrumentalidade das formas*, parte da jurisprudência entende que a hipótese justifica não a extinção do processo sem a resolução do mérito, mas a conversão da demanda executiva em outro modelo processual, notadamente ação monitória, desde que ocorra logo após a postulação e antes da citação do devedor.[26] Se este já foi citado, a conversão não é mais admitida, segundo entendemos, exceto se houver consentimento da outra parte, em face da redação do art. 264,[27] que garante a *estabilização* da demanda após a citação do réu (higidez dos elementos objetivos e subjetivos).

Caso tenham sido apresentados embargos à execução, já não mais se poderia falar na possibilidade da conversão, considerando que a postulação pelo devedor através dos embargos deu ensejo à formação de um novo processo, embora de forma incidental.

É sabido que a conversão ou a fungibilidade de ações reclama a identidade entre os procedimentos (que ambas tramitem pelo mesmo rito), além da fixação da com-

---

25 "Art. 618. É nula a execução: I – se o título executivo extrajudicial não corresponder a obrigação certa, líquida e exigível (art. 586); *omissis*."

26 "**Antes da citação, ao autor é permitido requerer a conversão da execução por quantia certa em ação monitória**. Não é peremptório o prazo previsto no art. 284 do CPC, podendo o magistrado prorrogá-lo a seu critério. Precedentes. Recurso especial não conhecido" (REsp 258207 – DF, 4ª Turma do STJ, rel. Min. BARROS MONTEIRO) (grifamos).

27 "Art. 264. Feita a citação, é defeso ao autor modificar o pedido ou a causa de pedir, sem o consentimento do réu, mantendo-se as mesmas partes, salvo as substituições permitidas por lei."

petência em favor do mesmo juízo. A ação de execução não tramita de acordo com o mesmo rito procedimental da ação ordinária, nem da ação monitória ou de rito sumário. É por isto que a conversão – se admitida – deve ocorrer antes da realização da citação no processo de execução, possibilitando ao autor modificar o pedido e a causa de pedir, evitando a extinção do processo sem a resolução do mérito.

14.5 COMPETÊNCIA PARA A EXECUÇÃO

À ação de execução não se aplicam necessariamente as regras processuais alusivas à fixação da competência da ação de conhecimento, tendo o *Codex Instrumental* fixado regras próprias e específicas para a demanda em análise, previstas nos arts. 475-P[28] e 576.[29]

A primeira norma disciplina a competência quando a execução se escora em título executivo judicial, prevendo como competente o juízo do qual emanou a decisão que se pretende executar. O juízo do processo de conhecimento é o mesmo juízo para a execução (competência *funcional*). O juízo de formação do título pode ser um *Tribunal Superior* (STF, STJ, por exemplo), com competências alinhadas em maior volume no inciso I do art. 102 e no inciso I do art. 105 da CF, ou um *tribunal local* (TJRS, TJSP, TJSC, por exemplo), com competência originária para processar e julgar a ação rescisória e o mandado de segurança, a depender da natureza da autoridade coatora que toma assento no processo.

A única regra que afasta a competência do tribunal para executar o título por ele formado diz respeito à sentença homologatória do pronunciamento originado de autoridade estrangeira, de competência do STJ, segundo a alínea *i* do inciso I do art. 105 da CF, que é executada perante a Justiça Federal de 1ª Instância (não pelo STJ), conforme a previsão do inciso X do art. 109 da Carta Magna e do art. 12 da Resolução 9, de 4.5.2005, editada pelo STJ.[30]

Pelo fato de os tribunais não estarem equipados para praticar os atos *materiais* da execução (como a penhora, a avaliação dos bens penhorados etc.), anotamos que esses atos são comumente praticados pelos juízos do 1º Grau de Jurisdição, por meio

---

[28] "Art. 475-P. O cumprimento da sentença efetuar-se-á perante: I – os tribunais, nas causas de sua competência originária; II – o juízo que processou a causa no primeiro grau de jurisdição; III – o juízo cível competente, quando se tratar de sentença penal condenatória, de sentença arbitral ou de sentença estrangeira. Parágrafo único. No caso do inciso II do **caput** deste artigo, o exequente poderá optar pelo juízo do local onde se encontram bens sujeitos à expropriação ou pelo do atual domicílio do executado, casos em que a remessa dos autos do processo será solicitada ao juízo de origem."

[29] "Art. 576. A execução, fundada em título extrajudicial, será processada perante o juízo competente, na conformidade do disposto no Livro I, Título IV, Capítulos II e III."

[30] "Art. 12. A sentença estrangeira homologada será executada por carta de sentença, no Juízo Federal competente".

da expedição de *carta de ordem* (ver considerações sobre as cartas, com seu conceito, no volume 1 desta obra, especificamente no Capítulo *Dos atos processuais*).

A regra da identidade da competência no que se refere ao juízo do processo de conhecimento e da execução também é repetida quando o título for formado perante o juízo do 1º Grau de Jurisdição, pouco importando eventuais modificações de fato ocorridas depois da citação aperfeiçoada nos processos a ele submetidos. O art. 87 textualiza a regra da *perpetuatio jurisdictionis* ou da *perpetuação da competência*, estabelecendo:

> *"Determina-se a competência no momento em que a ação é proposta. São irrelevantes as modificações do estado de fato ou de direito ocorridas posteriormente, salvo quando suprimirem o órgão judiciário ou alterarem a competência em razão da matéria ou da hierarquia."*

A competência é de natureza absoluta, pelo critério funcional,[31] ou seja, apenas o juízo que formou o título que apoia a execução na técnica do cumprimento da sentença pode processar a pretensão em destaque (ver considerações em passagem seguinte, sobre as modificações impostas pela Lei nº 11.232/2005), por conhecer todos os contornos e as nuanças da discussão judicial perante ele travada anteriormente.[32] Não sendo a execução instaurada perante o *juízo de formação do título*, haverá *incompetência absoluta*, matéria que pode ser suscitada a qualquer tempo e grau de jurisdição, enquanto não esgotada a chamada *instância ordinária* (1º e 2º Graus de Jurisdição), conforme prevê o § 4º do art. 301.

Se o devedor receber mandado de citação expedido por determinação de juízo absolutamente incompetente, pode apresentar simples petição nos autos, independentemente da oposição da *impugnação* (apenas admitida após a *segurança do juízo*), solicitando a remessa do processo ao juízo competente, segundo a regra do § 2º do art. 113.[33]

Quando afirmamos que o juízo da execução coincide com o do processo de conhecimento não pretendemos indicar que a execução deve ser conhecida e processada

---

31 Nesse sentido: "**É absoluta a competência funcional estabelecida no art. 575, II do Código de Processo Civil, devendo a execução ser processada no juízo em que decidida a causa no primeiro grau de jurisdição**" (REsp 538227 – MT, 4ª Turma do STJ, rel. Min. FERNANDO GONÇALVES) (grifamos).

32 Nesse sentido reproduzimos a lição da doutrina pátria: "Havendo incompetência por desrespeito à norma ora examinada, não há necessidade de a incompetência ser arguida por exceção nem por embargos do devedor, mas por simples petição, porque é matéria de ordem pública, que deve ser conhecida de ofício pelo juiz, sendo insuscetível de preclusão" (NERY JUNIOR, Nelson. *Código de Processo Civil comentado e legislação processual extravagante em vigor.* 4. ed., rev. e atual., São Paulo: Revista dos Tribunais, 1999. p. 1088).

33 "Art. 113. A incompetência absoluta deve ser declarada de ofício e pode ser alegada, em qualquer tempo e grau de jurisdição, independentemente de exceção. *Omissis.* § 2º Declarada a incompetência absoluta, somente os atos decisórios serão nulos, remetendo-se os autos ao juiz competente."

pelo mesmo *juiz* (sim pelo mesmo *juízo*) que *criou* o título executivo, considerando que a execução não reclama a *identidade física do julgador*, não se lhe aplicando a regra do art. 132, própria do processo de cognição.[34]

Cabe-nos anotar que a Lei nº 11.232, de 22 de dezembro de 2005, impôs contundente modificação na matéria examinada, permitindo que a pretensão do cumprimento da obrigação de pagar quantia certa, manifestada no âmbito do próprio processo de conhecimento (passando a ser a execução mera fase da ação de conhecimento, não mais ação autônoma), seja externada perante juízo diferente do que formou o título, afastando a regra da *perpetuatio jurisdictionis*, estudada em passagem anterior.

Em evidente *importação* do modelo italiano, a ação de conhecimento pode ser proposta perante determinada Vara Cível da Comarca do Rio de Janeiro, por exemplo, com sentença proferida pela referida autoridade judicial, tratando o credor de executar o pronunciamento perante juízo que integra a Comarca de São Paulo, para o qual os autos do processo de conhecimento serão remetidos.[35] O juiz da Vara Cível por distribuição da Comarca de São Paulo não se limita a praticar atos *materiais* da execução, em atendimento à carta precatória que lhe tenha sido enviada, como se fosse mero *juízo deprecado*.

O juízo em análise é o *juízo da execução*, embora não tenha formado o título que apoia a pretensão executiva, sendo-lhe atribuída competência para determinar a expedição do mandado de penhora e de avaliação (não mais de citação e penhora); para analisar e desatar a *impugnação* que o devedor apresente; para designar dia e hora para a realização da hasta pública; para conhecer dos incidentes da fase de execução; para determinar a entrega do produto da arrematação ao credor etc.

---

34 Precioso o ensinamento de DINAMARCO: "Além disso, ainda estamos no campo da competência dos órgãos jurisdicionais, não chegando o art. 575 a exigir a identidade física da pessoa do julgador. O art. 132, que cuida dessa exigência, é de direito estrito e só se aplica às hipóteses que expressamente prevê, ou seja, aos processos de conhecimento não ultimados: encerrando o processo de conhecimento, desvincula-se o juiz" (DINAMARCO, Cândido Rangel. *Execução civil*. 8. ed. São Paulo: Malheiros, 2002. p. 215).

35 O modelo adotado era reclamado pela doutrina, como se colhe da análise do seguinte ensinamento: "É bem verdade que a vinculação da execução ao juízo do processo de conhecimento é escolha criticável, que muitas vezes desemboca na necessidade de processar-se a execução por carta, eis que os atos executivos devem ser praticados em juízo diverso daquele perante o qual se processa a demanda, ocupando mais de um magistrado para desatar os problemas e incidentes de uma única causa. *De lege ferenda*, poderia ser diferente, adotando o legislador o mesmo critério preconizado pelos italianos, no sentido de dar competência para executar a sentença ao magistrado do lugar em que os bens se encontram, por exemplo, sem qualquer vinculação entre os juízos da demanda de conhecimento e da demanda executiva subsequente" (CARMONA, Carlos Alberto. In: MARCATO, Antônio Carlos (coordenador). *Código de processo civil interpretado*. São Paulo: Atlas, 2004. p. 1694).

Para tanto, basta que o credor opte pelo juízo do local onde se encontram localizados bens sujeitos à expropriação, ou pelo do atual domicílio do executado (parágrafo único do art. 475-P,[36] integralmente reproduzido no desfecho deste capítulo).

Duas situações podem ainda surgir da aplicação do art. 475-P, referindo-se a títulos que não foram formados pelo juízo cível, representando a execução de *sentença penal*, formada perante o juízo criminal, e da execução da *sentença arbitral*, constituída sem anterior participação de representante do Estado (do juiz), mas por um *árbitro*, nomeado ou aceito pelas partes interessadas.

Na primeira das situações, perceba que a sentença é originária do juízo criminal, não podendo este executar o título no âmbito cível, sendo tarefa a ser desdobrada segundo as normas processuais. Nessa hipótese, não sendo caso de competência da Justiça Federal (quando a infração penal houver sido praticada em detrimento de bens, serviços ou interesses da União ou de suas entidades autárquicas ou empresas públicas), é necessário que se observe o art. 94, sendo a execução proposta perante o foro de domicílio do réu.

A regra geral, como já assentado em passagem anterior, não retira do credor a prerrogativa de propor a ação perante outro foro que lhe seja mais favorável em termos de acesso, quase sempre o do seu próprio domicílio. Aplica-se a regra quando a situação se encontrar prevista em letras no art. 100. Assim, se a demanda penal se originou de atropelamento havido na via pública, por exemplo, tendo sido reconhecida a culpa do réu no âmbito criminal, resultando a condenação pela ocorrência do resultado *morte*, é possível a aplicação do parágrafo único do dispositivo legal informado, que prevê o foro de "domicílio do autor ou do local do fato" como competente para a propositura das demandas judiciais.

O foro é de *opção*, podendo o autor aplicar seu comando – instaurando a execução perante o foro do seu domicílio ou de ocorrência do acidente – ou, segundo a regra geral do art. 94, perante o foro do domicílio do réu, o que lhe for mais favorável em termos de acesso e de conveniência.

Se o título que se pretende executar for *sentença arbitral*, proferida por árbitro ou por tribunal arbitral (arts. 23 ss da Lei nº 9.307, de 23 de setembro de 1996), competente para a execução do pronunciamento é o foro da Justiça Comum que seria competente para solucionar o conflito de interesses se as partes não tivessem estipulado a *cláusula compromissória*. Embora tenhamos anteriormente afirmado que a competência em referência seria fixada no âmbito do próprio juízo arbitral, influenciados por doutrina qualificada[37] e pelo anseio de *dinamizar* a solução do

---

36 "Art. 475-P. *Omissis*. Parágrafo único. No caso do inciso II do *caput* deste artigo, o exequente poderá optar pelo juízo do local onde se encontram bens sujeitos à expropriação ou pelo do atual domicílio do executado, casos em que a remessa dos autos do processo será solicitada ao juízo de origem."

37 Nesse sentido, preciso o ensinamento doutrinário: "A sentença arbitral já não está mais sujeita à homologação pelo Poder Judiciário. Como constitui título executivo judicial, a competência para executá-la será do foro em que se processou a arbitragem, com distribuição a um dos seus juízes, se já

conflito de interesses, reformulamos a conclusão diante da constatação de que os órgãos da arbitragem não estão equipados para praticar todos os atos da execução.

Nos dois últimos casos – execução de título originário do juízo criminal e de sentença arbitral –, encontramo-nos diante de *competência relativa*, que não é do interesse do Estado, mas apenas das partes, de modo que a instauração da execução perante juízo diverso do que se apresenta mais bem posicionado para a solução do conflito de interesses não confere ao magistrado a prerrogativa de conhecer da incompetência de ofício (Súmula 33 do STJ),[38] devendo aguardar a provocação do interessado.

Se a ação de execução arrima-se em título executivo extrajudicial, o juízo competente é o do *foro de eleição*, quando identificado no documento que apoia a propositura da demanda, característica quase sempre presente nos contratos assinados pelas partes e por duas testemunhas. Quando inexistente a previsão específica, que seria respeitada em face da regra do art. 111,[39] competente é o foro do *local de cumprimento da obrigação* (*local de pagamento*), estando previsto no título extrajudicial. Em todos os demais títulos alinhados no art. 585, excluindo a situação que envolve o *contrato assinado pelas partes e por duas testemunhas*, deixamos registrado que legislações esparsas preveem os locais de cumprimento da obrigação, qualificados como *lugar de pagamento*.[40] Não estando o *lugar de pagamento* indicado no título, o credor pode ingressar com a ação perante o foro de domicílio do devedor, aplicando

---

não houver prevenção, como ocorre, por exemplo, nas hipóteses dos arts. 6º, § ún., 13 § 2º, 22 §§ 2º e 4º, e 25 da Lei 9.307/96" (NEGRÃO, Theotonio. *Código de Processo Civil e legislação processual em vigor.* 32. ed. São Paulo: Saraiva, 2001. p. 653-654).

38 **Súmula 33 do STJ:** "A incompetência relativa não pode ser conhecida de ofício." A fundamentação que impôs a edição da Súmula é bem detalhada na lição da doutrina especializada: "Logo, se a parte aceita a competência (relativa) diversa daquela citada pela lei, não cabe ao juiz dispor diversamente, dando-se por incompetente sem provocação da parte (de ofício), que é quem deve arguir a incompetência pela exceção de incompetência" (ROSAS, Roberto. *Direito sumular*. 12. ed. São Paulo: Malheiros, 2004. p. 353).

39 "Art. 111. A competência em razão da matéria e da hierarquia é inderrogável por convenção das partes; mas estas podem modificar a competência em razão do valor e do território, elegendo foro onde serão propostas as ações oriundas de direitos e obrigações."

40 Apenas para exemplificar, perceba o teor do art. 20 do Dec. 2.044, de 31 de dezembro de 1908, regulando os aspectos próprios da LETRA DE CÂMBIO, com a seguinte redação: "A letra deve ser apresentada ao sacado ou ao aceitante para o pagamento, no lugar designado e no dia do vencimento, ou, sendo este feriado por lei, no primeiro dia útil imediato, sob pena de perder o portador o direito de regresso contra o sacador, endossadores e avalistas. § 1º Será pagável à vista a letra que não indicar a época do vencimento. Será pagável, no lugar mencionado ao pé do nome do sacado, a letra que não indicar o lugar do pagamento. É facultada a indicação alternativa de lugares de pagamento, tendo o portador direito de opção. A letra pode ser sacada sobre uma pessoa, para ser paga no domicílio de outra, indicada pelo sacador ou pelo aceitante." No que se refere ao cheque, reproduzimos a norma inserta no art. 1º, inciso IV, da Lei nº 7.357, de 2 de setembro de 1985: "O cheque contém: *omissis*; a indicação do lugar de pagamento." Em complemento a esta norma, assim dispõe o art. 2º, inciso II, da mesma legislação: "O título a que falte qualquer dos requisitos enumerados no artigo precedente

o art. 94, sem afastar a hipótese de propositura da demanda perante o *foro de opção*, previsto no art. 100.[41]

Em qualquer das situações estamos diante de regra de competência relativa, de interesse exclusivo das partes do processo, de modo que a propositura de ação executiva em juízo diverso do previsto no título como sendo o *foro de eleição*, o *lugar de pagamento* ou o *domicílio do réu* não acarreta qualquer nulidade à relação jurídico-processual, não podendo, por conseguinte, ser a incompetência do juízo reconhecida de ofício pelo magistrado, dependendo da provocação da parte interessada, através da apresentação do incidente de *incompetência relativa*, no prazo dos embargos à execução.

14.6 LEGITIMIDADE PARA A EXECUÇÃO

É sabido que as regras dos arts. 3º e 6º são aplicadas a todo o tipo de demanda judicial, seja de conhecimento, cautelar ou de execução, o primeiro dispositivo informando que *para propor ou contestar ação é necessário ter interesse e legitimidade*, e o segundo textualizando que *ninguém poderá pleitear, em nome próprio, direito alheio, salvo quando autorizado por lei*.

É sabido, ainda, que a propositura de demanda judicial por ou contra parte ilegítima acarreta a extinção do processo sem a resolução do mérito, em face da ausência de uma das condições da ação, representando a *carência de ação*, sendo matéria que não é acobertada pela preclusão processual, podendo ser conhecida a qualquer tempo e grau de jurisdição, enquanto não esgotada a intitulada *instância ordinária*,[42] autorizando o pronunciamento judicial de ofício, conforme normas contidas no § 3º do art. 267 e no § 4º do art. 301, por seguidas vezes mencionadas e já reproduzidas no curso deste capítulo.

Sendo matéria de ordem pública, com as atenções voltadas para a ação de execução, anotamos que o reconhecimento da ilegitimidade do credor ou do devedor pode ocorrer no âmbito dos embargos do executado, da impugnação ou da exceção de pré-executividade, no último caso quando a ausência de uma das condições da

---

não vale como cheque, salvo nos casos determinados a seguir: II – não indicado o lugar de emissão, considera-se emitido o cheque no lugar indicado junto ao nome do emitente."

41 Nesse sentido: "Para a execução fundada em título extrajudicial, a preferência para fixação do foro competente observa a seguinte ordem: a) foro de eleição; b) lugar do pagamento; e c) domicílio do réu" (CC 4.404 – 1 – PR, 2ª Seção do STJ, rel. Min. SÁLVIO DE FIGUEIREDO TEIXEIRA).

42 Nesse sentido: "Interesse e legitimidade são condições da ação e devem ser apreciadas *ex officio* pelo juiz. Como as matérias de ordem pública são de interesse público, sobre elas não incide o princípio dispositivo, de modo que qualquer das partes, bem como o Ministério Público pode alegá-las, a qualquer tempo e grau de jurisdição" (NERY JUNIOR, Nelson. *Código de Processo Civil comentado e legislação processual extravagante em vigor.* 4. ed., rev. e atual., São Paulo: Revista dos Tribunais, 1999. p. 376-377).

ação puder ser constatada de forma cabal, sem a necessidade de dilação probatória, própria da ação de embargos como processo de cognição, de investigação de fatos para a certificação do direito.

Em qualquer das hipóteses, extinta a execução por carência de ação, lembramos que a sentença só produz *coisa julgada formal*, não impedindo o ingresso de nova ação, desta feita com a eliminação do obstáculo processual que impôs a abreviada extinção do primeiro processo.

A legitimação (ativa e passiva) para a execução pode ser *originária* ou *derivada*. Na primeira, o credor ou o devedor vincula-se de forma direta ao título que apoia a ação, confundindo-se as partes da execução com os protagonistas do processo de conhecimento (autor e réu) ou com os que tomaram parte no negócio jurídico que gerou a *criação* do título extrajudicial (contratantes de uma avença particular, por exemplo). O vencedor de uma ação de conhecimento na qual foi proferida sentença condenatória é legitimado originário para a execução.

Ao contrário, considerando a possibilidade de o vencedor da demanda de conhecimento ter falecido após o trânsito em julgado da sentença condenatória que lhe foi favorável, verificamos que a execução pode ser instaurada pelo seu espólio, herdeiros e sucessores, situação que nos coloca diante da *legitimação derivada*. O protagonista da execução não é o mesmo da ação de conhecimento, não se apresentando como credor anteriormente, assumindo essa condição por ato entre vivos ou *causa mortis*.

Além de *originária* ou *derivada*, pode ser *ordinária* ou *extraordinária*. Na primeira, o credor pleiteia em nome próprio o reconhecimento de direito próprio; na segunda, o credor pleiteia em nome próprio o reconhecimento de direito alheio, como pode ocorrer na clássica hipótese que envolve o Ministério Público, posicionando-se como *substituto processual* na defesa de interesse difuso, coletivo ou individual homogêneo.

Assim, em arremedo de conclusão, com a atenção voltada para o polo ativo da execução, podemos afirmar que o credor pode ser **originário** (por ser o próprio vencedor do processo de conhecimento, por exemplo) e **ordinário** (por estar pleiteando em nome próprio o reconhecimento de direito próprio), ou **originário** e **extraordinário** (por estar pleiteando em nome próprio o reconhecimento de direito alheio), em construção lógica que se propõe ser meramente didática e ilustrativa, sem esgotamento do tema.

14.6.1 Legitimidade ativa para a execução

Ocupamo-nos neste momento do estudo das pessoas que podem instaurar a execução, seja fundada em título judicial ou em título extrajudicial, evitando que a postulação seja exercitada por pessoa que não se encontrava identificada no título como credora da obrigação ali contemplada. A legitimação ativa nem sempre estará afirmada através da só análise do título, reclamando-se em algumas situações a contemplação de outro documento que se ata ao título executivo para justificar o exercício da pretensão executiva por quem se afirma credor.

Examinemos todas as hipóteses de legitimação executiva ativa, previstas na lei processual, tratando dos seus contornos jurisprudenciais, em algumas situações estabelecendo *elo de ligação* em relação ao CC e a legislações esparsas, que, na matéria específica, textualizam normas complementares ao CPC.

14.6.1.1 Legitimidade ativa do credor, a quem a lei confere título executivo

Na primeira hipótese e em princípio, não há dificuldade para definirmos o credor autorizado ao manejo da execução, por estar identificado no título executivo, seja como vencedor de uma demanda judicial, como portador de um cheque ou contemplado no título como *pessoa nomeada* (art. 17 da Lei nº 7.357, de 2 de setembro de 1985), ou como portador de uma letra de câmbio ou qualquer outro sujeito que porte o título ou que apareça identificado de forma expressa como o titular dos direitos de crédito que dele emanam.

O art. 267 do CC textualiza que, diante da pluralidade de credores, qualquer deles *tem direito a exigir do devedor o cumprimento da prestação por inteiro*.[43] Nessa situação, deparando com credores solidários, o devedor não pode opor a um deles as exceções pessoais oponíveis aos demais, para tentar se furtar ao pagamento do débito, em respeito aos atributos da *abstração* e da *autonomia*, próprios dos títulos de crédito.

De qualquer modo, perceba que a simples apresentação do título pelo credor (portador) ou a sua identificação expressa no título como o credor da obrigação dispensa maior alongamento da exegese doutrinária, robustecendo-se o credor como *originário*, confundindo-se o protagonista da execução com o vencedor da demanda condenatória que formou o título judicial ou com o credor do título executivo extrajudicial.

14.6.1.2 Legitimidade ativa do Ministério Público

O Ministério Público pode dar início à execução quando figurou como parte na ação de conhecimento anteriormente ajuizada, recebendo sentença judicial com comando condenatório como resposta à sua pretensão. No Capítulo 9 do volume 1

---

43 Nesse sentido, colhemos o ensinamento da doutrina especializada: "Eis aqui a essência da solidariedade ativa: o direito que cada credor tem de exigir de cada devedor a totalidade da dívida e não poder o devedor ou os devedores negarem-se a fazer o pagamento da totalidade da dívida, ao argumento de que existiriam outros credores" (RÉGIS, Mário Luiz Delgado. In: FIUZA, Ricardo (coordenador). *Novo Código Civil comentado*. São Paulo: Saraiva, 2002. p. 255).

desta obra, listamos várias situações que conferem legitimação ativa ao Ministério Público para a propositura da ação judicial, atuando não na condição de fiscal da lei (*custos legis*), tomando o assento de promovente da demanda, à instituição sendo conferidas várias prerrogativas (contagem dos prazos em dobro para a prática de atos processuais, intimação pessoal nos processos etc.).

Nessas hipóteses, o Ministério Público atuou como *substituto processual*, pleiteando em nome próprio o reconhecimento de direito alheio, aforando a demanda que se fundamenta em *interesse difuso, direito coletivo* ou em *direito individual homogêneo*, sendo legitimado ativo extraordinário para a execução.

Sobre a questão, é necessário relembrarmos algumas hipóteses em que o Ministério Público apresenta legitimidade para o ingresso da ação de conhecimento visando à obtenção do título (da sentença judicial condenatória), legitimando a instituição ao ajuizamento da execução posteriormente, devendo ser registrado que a legitimação para a ação de conhecimento é extraordinária, apoiada no art. 6º. De modo não exaustivo, citamos as seguintes situações:

a) Na defesa dos interesses dos portadores de deficiência física, como contemplado no art. 3º[44] da Lei nº 7.853, de 24 de outubro de 1989.
b) Na ação de investigação de paternidade, conforme disposto no § 4º do art. 2º da LIP (Lei nº 8.560, de 29 de dezembro de 1992). Como na ação em análise o magistrado está autorizado a fixar alimentos na sentença em favor do filho, independentemente de requerimento da parte, sendo hipótese de *pedido implícito*, o Ministério Público pode promover a execução após a prolação da sentença, compelindo o réu ao cumprimento da obrigação de pagar quantia certa em favor do credor.
c) No Código de Proteção e Defesa do Consumidor, segundo estatuído no inciso I do art. 82 da Lei nº 8.078, de 11 de setembro de 1990.
d) Na realidade de qualquer ação civil pública que seja proposta com o intuito de obter a reparação por danos causados ao meio ambiente, ao patrimônio artístico, histórico ou paisagístico etc., sem prejuízo do pleito relativo à imposição conjunta da obrigação de fazer (art. 3º da Lei nº 7.347, de 24 de julho de 1985).

Nas situações examinadas, percebemos que o Ministério Público propõe a demanda judicial em nome próprio, na defesa de direito alheio, assumindo a condição de *substituto processual*, o que nos leva a concluir que a legitimidade da instituição para a execução é *extraordinária*. Estas não são as únicas situações que conferem

---

[44] Com a seguinte redação: "As ações civis públicas destinadas à proteção de interesses coletivos ou difusos das pessoas portadoras de deficiência poderão ser propostas pelo Ministério Público, pela União, Estados, Municípios e Distrito Federal; por associação constituída há mais de 01 (um) ano, nos termos da lei civil, autarquia, empresa pública, fundação ou sociedade de economia mista que inclua, entre suas finalidades institucionais, a proteção das pessoas portadoras de deficiência."

legitimidade ao Ministério Público para a instauração da execução, sobressaindo de igual modo a condição mesmo quando não tenha atuado na ação de conhecimento que ensejou a formação do título judicial.

Em algumas outras situações, o Ministério Público não atuou como parte da ação de conhecimento, não tendo tomado assento como autor da demanda judicial. Não obstante o fato, confere-se legitimidade à instituição para a instauração da execução, se o autor permanecer inerte após o trânsito em julgado da sentença condenatória que lhe foi favorável, deixando de instaurar a execução. O pronunciamento judicial (sentença proferida no 1º Grau de Jurisdição), nestes casos, produz efeitos *erga omnes*, para beneficiar pessoa diferente do autor, sem excluí-lo.

As situações de maior importância estão nos arts. 16 da LAP[45] (Lei nº 4.717, de 29 de junho de 1965) e 15 da LACP[46] (Lei nº 7.347, de 24 de julho de 1985). Verificamos que o Ministério Público não tomou assento no processo de conhecimento, sendo hipótese de legitimidade ativa extraordinária. Devemos, ainda, destacar o art. 68 do CPP, dispondo:

> *"Quando o titular do direito à reparação do dano for pobre (art. 32, §§ 1º e 2º), a execução da sentença condenatória (art. 63) ou a ação civil (art. 64) será promovida, a seu requerimento, pelo Ministério Público."*

Lembramos que o conceito de pobreza refere-se à impossibilidade do pagamento das custas do processo sem prejuízo do sustento da parte demandante, sem considerar a eventual propriedade que detenha sobre bens móveis ou imóveis, segundo pacífico entendimento pretoriano aplicável à matéria.[47]

Encontramo-nos mais uma vez diante de hipótese de *substituição processual*, autorizada por lei, enquadrando-se na parte final do art. 6º da Lei de Ritos. Parte da doutrina sustenta que o dispositivo do CPP estaria revogado (ou derrogado) em face da CF de 1988,[48] que teria transferido a legitimidade para a defesa dos necessitados à Defensoria Pública, com o que não concordamos. Conforme anotações articuladas no Capítulo 9, no volume 1 desta obra, entendemos que a Carta Magna apenas ampliou a legitimação na situação que envolve a propositura da ação *ex delicto*, mantendo no

---

[45] "Art. 16. Caso decorridos 60 (sessenta) dias da publicação da sentença condenatória de segunda instância, sem que o autor promova a respectiva execução, o representante do Ministério Público a promoverá nos 30 (trinta) dias seguintes, sob pena de falta grave."

[46] "Art. 15. Decorridos 60 (sessenta) dias do trânsito em julgado da sentença condenatória, sem que a associação autora lhe promova a execução, deverá fazê-lo o Ministério Público, facultada igual iniciativa aos demais legitimados."

[47] Nesse sentido: "O fato de ser a queixosa proprietária de um carro, imóveis e até telefone não fere o conceito de pobreza legal e nem significa estar ela em condições de arcar com as despesas do processo sem privar-se dos recursos indispensáveis à manutenção própria ou da família" (*RT* 586/378-379).

[48] Por todos, CÂMARA, Alexandre Freitas. *Lições de direito processual civil*. 7. ed. Rio de Janeiro: Lumen Juris, 2004. v. 2, p. 166.

dever do Ministério Público a tutela dos interesses sociais, incluindo a pretensão à reparação civil por parte do *pobre na forma da lei*.

A legitimidade ativa para a execução não é conferida ao Ministério Público quando atuou no processo de conhecimento na condição de fiscal da lei (*custos legis*), nas situações previstas no art. 82 da Lei de Procedimentos.

14.6.1.3 Legitimidade do espólio, dos herdeiros ou dos sucessores do credor, sempre que, por morte deste, lhes for transmitido o direito resultante do título executivo

Sempre foi regra em nosso ordenamento jurídico a previsão de que, aberta a sucessão, a posse e a propriedade dos bens são transmitidas desde logo aos herdeiros e aos sucessores do *de cujus* (*princípio da saisine*), conforme dispõe o art. 1.784 do CC.[49] A transferência referida na norma é provisória, reclamando o ingresso do processo de inventário para, através da *partilha,* proceder-se com a transferência definitiva, pondo fim ao condomínio estabelecido entre os herdeiros do autor da herança.

Importante destacarmos que a transferência da posse e da propriedade dos bens abrange não apenas bens em seu sentido material, mas também direitos relacionados ao *de cujus*, incluindo créditos passíveis de cobrança através da execução.[50] Tendo o autor da herança falecido sem receber o crédito de que era titular, a pretensão executiva pode ser exercitada pelo seu espólio, herdeiros e sucessores, devendo o legitimado aportar à inicial comprovante da relação de parentesco que lhe atribui a legitimidade ativa *ad causam*.

Assim, além do título executivo, o credor deve apresentar cópia da certidão de nascimento, comprovando que o *de cujus* era seu ascendente ou descendente, ou certidão de óbito, que apresenta relação de herdeiros em sua parte final. Se a execução é instaurada pelo espólio, a inicial deve ser acompanhada da cópia do *termo de compromisso de inventariante*, demonstrando que a pessoa que outorgou poderes ao advogado que subscreve a inicial recebeu autorização judicial para assim se comportar, adequando-se à previsão do art. 12, que disciplina a representação de certas pessoas e universalidades em juízo.

---

49 "Art. 1.784. Aberta a sucessão, a herança transmite-se, desde logo, aos herdeiros legítimos e testamentários."

50 Esclarecedora é a lição de ZENO VELOSO: "A herança não é constituída apenas de bens materiais (o terreno, o automóvel, o apartamento), mas representa uma universalidade de direito (art. 91), o complexo de relações jurídicas dotadas de valor econômico. Compreende o ativo e o passivo. É um somatório, em que se incluem os bens e as dívidas, os créditos e os débitos, os direitos e as obrigações, as pretensões e ações de que era titular o falecido, e as que contra ele foram propostas, desde que transmissíveis" (VELOSO, Zeno. In: FIUZA, Ricardo (coordenador). *Novo Código Civil comentado*. São Paulo: Saraiva, 2002.

Os credores em análise não figuravam nesta condição quando constituída a obrigação que deu origem ao surgimento do título, razão pela qual são *legitimados ativos ordinários* (porque pleiteiam em nome próprio direito próprio) *derivados* (por terem recebido o crédito através de transferência *causa mortis*). Não *nasceram* credores; tornaram-se credores em decorrência da morte do legitimado originário.

Aberto o processo de inventário dos bens deixados com o falecimento do *de cujus*, enquanto a sucessão não for concluída, a lei confere legitimidade ativa ao espólio ou aos herdeiros, em conjunto (litisconsórcio ativo) ou isoladamente. O § 2º do art. 12 textualiza: "quando o inventariante for dativo, todos os herdeiros e sucessores do falecido serão autores ou réus nas ações em que o espólio for parte". Realizada a partilha, e cessado o estado condominial que atava os herdeiros, a lei confere legitimidade ativa ao sucessor que tenha sido agraciado na divisão pelo direito relacionado ao objeto da execução.

A legitimidade de qualquer das pessoas citadas no inciso I do art. 567 pode ser exercitada através da instauração da execução – por parte delas, em nome próprio – ou por meio da *habilitação*, quando o autor da herança faleceu quando já proposta a execução, na forma do art. 1.055.[51]

Em algumas situações, determinadas pessoas não podem requerer a instauração da execução fundada em documento de anterior titularidade do *de cujus,* mesmo que sejam herdeiros. As pessoas em referência não assumem a natural condição de credoras por se encontrarem afastadas da própria sucessão. Estamos diante das hipóteses de *indignidade*, marcadas pelo fato de o herdeiro ter praticado ato de extrema gravidade contra o autor da herança. Além de ilegal, seria injusto e imoral que as pessoas em princípio legitimadas (porque herdeiros) participassem da sucessão do *de cujus*, incluindo a legitimação para a instauração da execução na condição de credores ordinários derivados.

A penalidade civil, consistente na exclusão da sucessão, está prevista no art. 1.814 do CC. Referimo-nos às pessoas enquadradas nas seguintes situações:

a) Aos herdeiros "que houverem sido autores, coautores ou partícipes de homicídio doloso, ou tentativa deste, contra a pessoa de cuja sucessão se tratar, seu cônjuge, companheiro, ascendente ou descendente" (inciso I do art. 1.814 do CC).

b) Aos herdeiros "que houverem acusado caluniosamente em juízo o autor da herança ou incorrerem em crime contra a sua honra, ou de seu cônjuge ou companheiro" (inciso II do art. 1.814 do CC).

---

[51] "Art. 1.055. A habilitação tem lugar quando, por falecimento de qualquer das partes, os interessados houverem de suceder-lhe no processo."

c) Aos "que, por violência ou meios fraudulentos, inibirem ou obstarem o autor da herança de dispor livremente de seus bens por ato de última vontade" (inciso III do art. 1.814 do CC).

O afastamento do herdeiro da sucessão através da aplicação da pena civil de indignidade não é automática, dependendo da prolação de sentença que reconheça o fato, exigindo a lei a propositura da demanda adequada no prazo decadencial de quatro anos, contado da *abertura da sucessão*, como previsto no parágrafo único do art. 1.815 do CC.[52]

14.6.1.4 Legitimidade do cessionário, quando o direito resultante do título executivo lhe foi transferido por ato entre vivos

Ao mesmo tempo em que antecipamos que nos encontramos diante de hipótese de legitimidade ativa *ordinária* (o credor pleiteia em nome próprio direito próprio) *derivada* (o exequente se tornou credor em face de transferência entre vivos de crédito), ressaltamos que o art. 286 do CC textualiza:

> *"O credor pode ceder o seu crédito, se a isso não se opuser a natureza da obrigação, a lei, ou a convenção com o devedor; a cláusula proibitiva da cessão não poderá ser oposta ao cessionário de boa-fé, se não constar do instrumento da obrigação."*

Alguns títulos executivos extrajudiciais podem ser objeto de cessão do crédito neles representado, mediante simples *endosso*, legitimando o portador a receber a quantia ali consignada, independentemente de maiores formalidades. Em outros casos, como numa relação contratual, por exemplo, o crédito pode ser cedido mediante instrumento particular, sem assinatura de testemunhas, ou de instrumento público. De qualquer modo, como ponto mais importante do assunto, o art. 290 do CC, repetindo a regra disposta no art. 1.069 do Código revogado, expressa:

> *"A cessão do crédito não tem eficácia em relação ao devedor, senão quando a este notificada; mas por notificado se tem o devedor que, em escrito público ou particular, se declarou ciente da cessão feita."*

A notificação a que alude o dispositivo pode ser judicial, através de medida cautelar de notificação, ou extrajudicial, por meio do envio de comunicação através do cartório de títulos e documentos, sem prejuízo do envio de carta registrada ao devedor, dando-lhe conhecimento do fato. A exigência da formalização de notifi-

---

52 "Art. 1.815. *Omissis.* Parágrafo único. O direito de demandar a exclusão do herdeiro ou legatário extingue-se em quatro anos, contados da abertura da sucessão."

cação ao devedor, dando-lhe ciência da cessão realizada entre o credor originário e o credor derivado, justifica-se pela necessidade de sabermos a quem o devedor deve se apresentar para efetuar o adimplemento da obrigação. Não lhe sendo dada ciência do negócio, além da sua invalidação, a lei autoriza a propositura da ação de consignação em pagamento por parte do devedor, com fundamento no art. 895.[53]

Anotamos que a transferência do crédito guarda todas as características do negócio inicialmente entabulado entre o credor originário e o devedor, podendo este opor em relação ao credor as exceções que lhe competirem, assunto a ser *agitado* no âmbito dos embargos à execução, conforme deflui da clara interpretação do art. 294 do CC.[54] Sobre o tema, precisa a lição de MÁRIO LUIZ DELGADO RÉGIS:[55]

> *"O crédito é transferido com as mesmas características que possuía à época da cessão, não podendo o cedente, por óbvio, transferir mais direitos do que tenha. O cessionário passa a ter os mesmos direitos do cedente, incluindo bônus e ônus. Sendo assim, poderá o devedor opor contra o cessionário todas as formas de defesa de que dispunha contra o cedente, ao tempo em que teve conhecimento da cessão."*

Diante da inadimplência do devedor, pretendendo ingressar com ação de execução, o cessionário deve aportar o título executivo anteriormente emitido à inicial; o documento que comprova a sua legitimidade ativa, ou seja, o instrumento de cessão; e a notificação dirigida ao devedor ou escrito dele originado, que comprove sua inequívoca ciência em relação aos termos da cessão. Entendemos que os documentos listados são essenciais à propositura da ação de execução, razão pela qual a sua falta acarreta o indeferimento da inicial, depois de oportunizada ao exequente a possibilidade de *emendar a inicial*, conforme disposto no art. 284.

Na hipótese que envolve a alienação do direito litigioso no curso da ação de execução, o *caput* do art. 42 dispõe que esse ato não altera a legitimidade das partes, de modo que o cedente permanece no polo ativo da execução, na condição de substituto processual, defendendo direito alheio (do cessionário). Pela leitura do § 1º do art. 42,[56] percebemos que a substituição (leia-se: sucessão) de partes no curso da execução (com a retirada do cedente e o ingresso do cessionário) apenas seria permitida com o consentimento do executado.

---

[53] Com a seguinte redação: "Art. 895. Se ocorrer dúvida sobre quem deva legitimamente receber o pagamento, o autor requererá o depósito e a citação dos que o disputam para provarem o seu direito."

[54] Com o seguinte teor: "Art. 294. O devedor pode opor ao cessionário as exceções que lhe competirem, bem como as que, no momento em que veio a ter conhecimento da cessão, tinha contra o cedente."

[55] RÉGIS, Mário Luiz Delgado. In: FIUZA, Ricardo (coordenador). *Novo Código Civil comentado.* São Paulo: Saraiva, 2002. p. 276.

[56] "Art. 42. A alienação da coisa ou do direito litigioso, a título particular, por ato entre vivos, não altera a legitimidade das partes. § 1º O adquirente ou o cessionário não poderá ingressar em juízo, substituindo o alienante, ou o cedente, sem que o consinta a parte contrária."

Porém, por conta de reiterados julgados sobre o assunto, concluímos que o § 1º do art. 42 não se aplica à ação executiva, em face de o inciso II do art. 567 não ter repetido a exigência constante da norma geral, de modo que o cessionário pode ingressar na execução em curso mesmo sem contar com o consentimento do executado,[57] operando-se o fenômeno da *sucessão processual*, ocupando o cessionário o assento antes habitado pelo cedente.

14.6.1.5 Legitimidade do sub-rogado, nos casos de sub-rogação legal ou convencional

O sub-rogado é aquele que se investiu nos direitos do credor originário, por ter adimplido uma obrigação contraída por outrem, podendo se voltar contra o devedor através da execução para dele reaver a quantia desembolsada. Hipótese clássica diz respeito ao direito do fiador (do sub-rogado) de se direcionar contra o locatário através da execução para exigir o pagamento da quantia desembolsada em favor do locador, reação que decorre da inadimplência contratual do devedor principal (do locatário).

Na sub-rogação, o devedor, que tinha relação obrigacional com o credor originário, passa a estabelecer a relação com a pessoa que pagou dívida sua, com as mesmas características da obrigação que se extinguiu em relação ao credor primitivo.[58]

A sub-rogação é gênero, admitindo as espécies da *sub-rogação legal* e da *sub-rogação convencional*, como percebemos da análise dos arts. 346 e 347 do CC. O importante sobre o tema é verificar que o responsável pelo pagamento da dívida deve se voltar contra o devedor por meio da execução, jamais da ação de cobrança, de rito ordinário ou de rito sumário, em vista da falta de interesse processual, pela *inadequação da via eleita*. É que o parágrafo único do art. 595 deixa claro que "o fiador, que pagar a dívida, poderá executar o afiançado nos autos do mesmo processo". Confere-se benefício processual ao fiador por ter solvido débito de outrem, cobrando a quantia nos mesmos autos da ação originariamente proposta pelo locador.

Em todos os casos de sub-rogação, para que o sub-rogado tenha o direito de requerer o cumprimento da sentença, deve acostar aos autos o documento que com-

---

57 Nesse sentido: "**O art. 567, II, do CPC, merece ser aplicado sem seguimento da regra posta no art. 42, § 1º do CPC**. A aplicação subsidiária das regras do processo de conhecimento ao processo de execução só ocorre quando não há norma específica regulando o assunto. O art. 598, do CPC, exige que as regras do processo de conhecimento só sejam aplicadas quando não existir incompatibilidade com o rito do processo de execução" (REsp 284.190 – SP, 1ª Turma do STJ, rel. Min. JOSÉ AUGUSTO DELGADO, j. 24.4.2001, *DJ* 20.8.2001) (grifamos).

58 Sobre o tema, precisa a redação do art. 349 do CC: "A sub-rogação transfere ao novo credor todos os direitos, ações, privilégios e garantias do primitivo, em relação à dívida, contra o devedor principal e os fiadores."

prova a sua legitimidade, como um recibo de quitação firmado pelo locador, que, atado ao contrato anteriormente celebrado, garante o ingresso do feito executivo.

A sub-rogação denota a ocorrência da legitimidade ativa *ordinária* (o credor pleiteia em nome próprio direito próprio) *derivada* (a condição de credor, revelada pelo exequente, foi caracterizada pela transferência do crédito, sendo da primitiva titularidade de outro credor).

14.6.2 Legitimidade passiva para a execução

No que se refere à legitimação passiva, de igual modo como observamos em relação à ativa, temos diferentes categorias de devedores, com previsão expressa no art. 568,[59] que não os separou em dois grupos. Temos os devedores *originários*, ou seja, os que *nascem* devedores por terem se atado ao credor através de um processo judicial anterior, da emissão ou da assinatura de um título executivo extrajudicial, e os devedores *derivados*, que não *nasceram* devedores, tendo assumido essa condição em decorrência de ato entre vivos ou *causa mortis,* quando transmissível a obrigação.[60]

A primeira das hipóteses resume-se ao inciso I do artigo citado, dizendo respeito ao *devedor, reconhecido como tal no título executivo*, reservando-se os demais incisos do mesmo dispositivo para o disciplinamento das situações que envolvem os devedores derivados.

14.6.2.1 Legitimidade passiva do devedor

A situação que inaugura o art. 568 é a de estudo mais simples, se comparada com as hipóteses seguintes, dizendo respeito à instauração da execução contra o devedor, que está perfeitamente identificado no título que apoia a pretensão executiva, quando muito sendo reclamada a juntada aos autos de documentação complementar, que confirma a legitimidade em referência.

O devedor é o vencido em demanda condenatória, o emitente de um cheque, o obrigado ao pagamento de uma nota promissória, de uma duplicata, o que assumiu a obrigação de adimplir prestação em contrato firmado etc., não tendo transferido

---

[59] "Art. 568. São sujeitos passivos na execução: I – o devedor, reconhecido como tal no título executivo; II – o espólio, os herdeiros ou os sucessores do devedor; III – o novo devedor, que assumiu, com o consentimento do credor, a obrigação resultante do título executivo; IV – o fiador judicial; V – o responsável tributário, assim definido na legislação própria."

[60] Isso porque algumas são personalíssimas, como é a obrigação do advogado contratado por cliente para propor determinada medida judicial. Falecendo o patrono, a parte não pode obrigar a que o herdeiro daquele cumpra a obrigação (obrigação de fazer), por ser personalíssima, decorrendo das qualidades individuais da pessoa.

a obrigação de pagar, de dar coisa certa ou incerta, de fazer ou de não fazer através de ato entre vivos.

A pessoa que toma assento no polo passivo da execução é parte *legítima passiva originária* por figurar de forma direta no negócio ou na ação judicial que resultou na formação do título executivo que apoia a propositura da demanda ou a pretensão de cumprimento da sentença. Se o título apresentar vários devedores, estabelecendo uma solidariedade, o credor tem a faculdade de instaurar a execução contra apenas um ou alguns deles, como deflui da interpretação do art. 275 do CC.[61]

A postulação exercitada contra apenas um ou alguns dos devedores na fase inicial da ação de execução não impede o credor de promover nova demanda contra outro coobrigado que não tenha sido incluído na postulação anterior, regra que se origina da aplicação do parágrafo único do dispositivo legal citado em linhas anteriores. A decisão de inicialmente demandar contra apenas um dos coobrigados não representa *renúncia* ao direito de ação em relação aos demais, autorizando a propositura de nova demanda judicial, que não é idêntica à primeira, por não apresentar identidade de partes.

14.6.2.2 Legitimidade passiva do espólio, dos herdeiros ou dos sucessores do devedor

Da mesma forma que o espólio, herdeiros e sucessores do autor da herança legitimam-se para o recebimento de créditos deixados com o falecimento do *de cujus*, também respondem pelo pagamento das dívidas, observadas certas limitações previstas na lei. Se determinada pessoa faleceu como réu de demanda judicial ou depois de ter emitido título de crédito não quitado no seu vencimento (ou de ter se obrigado em qualquer outro título extrajudicial), os seus herdeiros podem ser convocados a adimplir a obrigação, sendo incluídos na execução específica.

O credor deve demonstrar a sua legitimidade para a postulação, visando atingir os devedores derivados, provando que o devedor originário faleceu, deixando como herdeiros pessoas que se encontram em vias de receber o patrimônio inventariado, o que se dá, por exemplo, através da acostada de certidão de óbito aos autos, além do próprio título executivo, seja judicial ou extrajudicial. Se a ação executiva for proposta antes do inventariante ser investido na função, o que se dará através da assinatura do *termo de compromisso*, a citação do espólio deve ser efetivada na pessoa do *administrador provisório*, nos termos do art. 1.797 do CC (cônjuge ou companheiro; herdeiro que se encontrar na posse e na administração dos bens etc.).

---

61 "Art. 275. O credor tem direito a exigir e receber de um ou de alguns dos devedores, parcial ou totalmente, a dívida comum; se o pagamento tiver sido parcial, todos os demais devedores continuam obrigados solidariamente pelo resto."

Depois da assinatura do termo, a citação é aperfeiçoada na pessoa do inventariante, respeitando o inciso V do art. 12.

Os legitimados passivos em exame só podem ser convocados para adimplir a obrigação até os *limites ou as forças da herança*, ou seja, apenas pode ser exigido, em termos de pagamento, valor correspondente ao quinhão hereditário recebido pelo herdeiro, conforme o art. 1.792 do CC.[62] Assim, se o devedor originário faleceu, deixando dívida no valor correspondente a 3x, e patrimônio no valor x, a execução só pode se referir ao valor do patrimônio inventariado, sob pena de ser sacrificado o patrimônio pessoal do próprio herdeiro pelo pagamento de dívidas do *de cujus*, o que não se pode admitir.

Valem para a hipótese em estudo todas as considerações feitas na seção 14.6.1.3, especificamente no que se refere à propositura da demanda executiva contra o espólio, enquanto não procedida a partilha; contra o espólio e os herdeiros, quando o inventariante for dativo; e contra os herdeiros ou sucessores, quando concluída a partilha.

Se o falecimento do devedor ocorrer depois de ter sido contra ele proposta a ação de execução, opera-se o ingresso do espólio, dos herdeiros ou dos sucessores por meio da *habilitação*, prevista no art. 1.055,[63] reclamando a suspensão do processo de execução, a teor do inciso I do art. 265.[64]

14.6.2.3 Legitimidade passiva do novo devedor, que assumiu, com o consentimento do credor, a obrigação resultante do título executivo

Ao lado da *novação* (arts. 360 ss do CC), o legislador de 2002 criou instituto que com ela se assemelha – a assunção de dívida –, embora sejam distintos os seus objetivos e as suas consequências. Na assunção da dívida também observamos a transferência da obrigação por ato entre vivos ou em virtude da lei, deslocando-se do devedor originário para um novo devedor, na *assunção liberatória*, considerando que na *assunção cumulativa* o novo devedor se ata ao devedor primitivo, estabelecendo uma coobrigação para o cumprimento do encargo, assemelhando-se à fiança.

É necessário destacarmos, para divisar os institutos – novação e assunção –, que no primeiro há extinção da obrigação originária, contraída pelo devedor primitivo,

---

62 "Art. 1.792. O herdeiro não responde por encargos superiores às forças da herança; incumbe-lhe, porém, a prova do excesso, salvo se houver inventário que o escuse, demonstrando o valor dos bens herdados."

63 "Art. 1.055. A habilitação tem lugar quando, por falecimento de qualquer das partes, os interessados houverem de suceder-lhe no processo."

64 "Art. 265. Suspende-se o processo: I – pela morte ou perda da capacidade de qualquer das partes, de seu representante legal ou de seu procurador; *omissis*."

em seu lugar surgindo nova obrigação com características diversas, envolvendo novo devedor. Alteram-se o devedor e a obrigação. Na assunção da dívida, ao contrário, embora também tenhamos um novo devedor, este assume a obrigação primitiva na sua totalidade, pondo-se apenas no lugar do devedor originário. Altera-se o devedor, mantendo-se a obrigação.[65]

O CC de 2002 disciplinou o instituto a partir do seu art. 299, dispondo:

> *"Art. 299. É facultado a terceiro assumir a obrigação do devedor, com o consentimento expresso do credor, ficando exonerado o devedor primitivo, salvo se aquele, ao tempo da assunção, era insolvente e o credor o ignorava."*

Embora o terceiro (que assume a obrigação em decorrência da assunção da dívida) não tenha sido previsto em letras como devedor derivado no CPC, entendemos que a nova *figura* encontra-se implicitamente incorporada ao texto da lei processual, podendo ser movida ação de execução contra a sua pessoa, devendo o credor exibir o documento que legitima o terceiro como executado na ação judicial.

A novação representa verdadeira transferência de débito, como, por exemplo, na hipótese de um contrato assinado pelas partes e por duas testemunhas, em determinado momento sendo o devedor substituído por um terceiro, que se põe diante do credor respeitando todas as previsões contratuais dispostas no pacto originário. O contrato permanece íntegro em termos de obrigações, havendo mera substituição do devedor.

Na matéria analisada, diferentemente do que observamos na hipótese que envolve a cessão de crédito, a mera cientificação feita ao credor não é suficiente, para que a transferência da obrigação seja reputada válida e eficaz. Exige-se a sua aquiescência, já que não está obrigado a aceitar novo devedor em substituição ao primitivo, sobretudo em face de a sua concordância depender de uma série de avaliações de natureza patrimonial e também da análise da idoneidade moral do novo devedor.

Não fosse assim, seria fácil para o devedor exonerar-se de obrigação vultosa, que compromete todo o seu patrimônio, pondo em seu lugar novo devedor sem qualquer suporte patrimonial. Temos de registrar que o não pagamento da dívida por parte do novo devedor não permite que a ação de execução seja proposta contra o devedor originário, dando-se a sua liberação com a formalização da novação, não mais podendo ser compelido à solvência da dívida.

Nesse caso, a execução deve ser exclusivamente proposta contra o novo devedor, sob pena de o credor deparar com a extinção do processo sem a resolução do mé-

---

[65] A colocação é reforçada pelo abalizado ensinamento da doutrina: "Concebe-se a assunção de dívida como o ato que, no plano negocial, dá causa à sucessão singular da obrigação no lado passivo, certo poder esta também derivar da lei e do ato judicial. Faz-se presente em sua noção a ideia de permanência da obrigação, com suas características, acessórios e garantias, em princípio, havendo mudanças apenas no que respeita ao sujeito passivo" (GOMES, Luiz Roldão de Freitas. Da assunção de dívida. *Revista da EMERJ*, v. 5. nº 20. Rio de Janeiro: EMERJ, 2002. p. 81).

rito, por carência de ação (ilegitimidade passiva), matéria que é de ordem pública, podendo (e devendo) ser conhecida a qualquer tempo e grau de jurisdição, e mesmo de ofício pelo magistrado (§ 3º do art. 267 c/c § 4º do art. 301 do CPC).

A situação analisada representa hipótese de legitimidade passiva *derivada*, já que o novo devedor não participou do negócio primitivo, pondo-se na condição de obrigado após a contratação.

14.6.2.4 Legitimidade passiva do fiador judicial

Ao falarmos sobre a fiança, de imediato associamos o tema (que se qualifica como *contrato acessório*, conforme previsão do art. 818 do CC)[66] a um contrato principal assinado por partes e garantido por um terceiro, pondo-se este na condição de coobrigado solidário, se houve renúncia ao *benefício de ordem* através de cláusula contratual específica, ou de obrigado subsidiário, no caso de não ter havido a renúncia (art. 827 do CC).[67] Essas considerações demonstram que a fiança contratual é instituto de direito material.

Conforme anotações feitas em passagem anterior, na época em que se aplicava a *execução pessoal* (e não *patrimonial*, como na atualidade), verificamos que o credor podia manter o devedor em cárcere pelo prazo de até 60 dias, conduzindo-o ao mercado para verificar se terceiro solvia a dívida, o que importava a liberação do devedor. O terceiro era intitulado *vindex*, aproximando-se do fiador judicial, estudado nesta seção específica do capítulo.

A fiança judicial produz efeitos no plano processual (não no âmbito do direito material, como observamos com a fiança contratual), quando um terceiro, que não é parte do processo, assumir obrigações em favor de uma delas, o que ocorre com razoável frequência na medida cautelar ou na ação de qualquer natureza que apresenta pedido de tutela antecipada. Nas duas hipóteses, o magistrado pode determinar que o autor preste caução – real ou fidejussória – como condição para o deferimento de *liminares* (§ 3º do art. 273 e art. 806, ambos do CPC), em sentido lato, para abranger liminares em cautelares e antecipações de tutela.

As situações alinhadas não representam os únicos dois casos de fiança judicial. Como exemplo adicional, percebemos que a conclusão de uma ação de indenização por perdas e danos pode impor ao vencido a obrigação de prestar caução real ou

---

[66] "Art. 818. Pelo contrato de fiança, uma pessoa garante satisfazer ao credor uma obrigação assumida pelo devedor, caso este não a cumpra."

[67] "Trata-se de um direito/privilégio instituído em favor do fiador, por demais lógico e razoável, de não ser ele compelido a pagar dívida afiançada, sem que primeiro sejam executados os bens do devedor principal, simplesmente porque a acessoriedade e a subsidiariedade são duas das características mais marcantes da fiança, que, desrespeitadas, desfigurariam-na por completo" (ALVES, Jones Figueirêdo. In: FIUZA, Ricardo (coordenador). *Novo Código Civil comentado.* São Paulo: Saraiva, 2002. p. 746).

fidejussória, para garantir o adimplemento da obrigação alimentar imposta contra a sua pessoa, se a sentença proferida nos autos o condenou ao pagamento de parcelas vincendas, pagamento que será repetido durante meses, e, provavelmente, por anos (art. 475-Q do CPC).[68] A prestação da caução fidejussória é espécie de fiança judicial, autorizando o credor a executar a obrigação assumida pelo terceiro em atenção ao devedor originário.

A caução fidejussória pode ser materializada através da juntada aos autos de *termo de fiança* ou de documento semelhante, assinado por um terceiro, que promete efetuar o pagamento de eventuais prejuízos que possam ser causados à parte contrária do favorecido pela declaração, em decorrência do cumprimento da liminar ou da providência antecipatória. Como forma de impedir a irreversibilidade da medida pleiteada, o juízo tenta afastar a possibilidade através da colocação de um terceiro no processo, que não se investe da condição de parte, mas de *fiador judicial*, marcando a *contracautela*.

Apenas para exemplificar, perceba a situação de usuário de plano de saúde que ingressa com ação ordinária com pedido de tutela antecipada, alegando que firmou contrato com empresa que explora o segmento em referência, e que necessita se submeter a uma intervenção cirúrgica, negada pela parte contrária sob a alegação de que o evento não estaria coberto pelo contrato firmado, solicitando o deferimento da antecipação de tutela, permissiva da realização do procedimento cirúrgico.

O juiz do processo defere a antecipação da tutela, convicto da prova inequívoca da verossimilhança da alegação e do *periculum in mora*, compelindo o plano de saúde a custear a intervenção, condicionando o seu cumprimento à prestação de caução, que é efetivada no processo sob a forma de garantia fidejussória. Depois do recebimento da defesa, e da conclusão da instrução, o magistrado decide julgar o processo pela improcedência do pedido, revogando a tutela antecipada anteriormente deferida.

Para reaver a quantia desembolsada com o procedimento coberto pela tutela antecipada, a ré pode instaurar a execução contra o fiador judicial (o terceiro que prestou caução fidejussória no processo). A responsabilidade assumida pelo terceiro é objetiva, equiparando-se à responsabilidade do próprio requerente da providência cautelar,[69] aplicando-se à espécie o art. 811.[70]

---

68 "Art. 475-Q. Quando a indenização por ato ilícito incluir prestação de alimentos, o juiz, quanto a esta parte, poderá ordenar ao devedor a constituição de capital, cuja renda assegure o pagamento do valor mensal da pensão."

69 "Responsabilidade objetiva. É essa a natureza da responsabilidade do requerente de medida cautelar pelos danos que a execução da medida tiver causado ao requerido" (*RT* 684/88).

70 "Art. 811. Sem prejuízo do disposto no art. 16, o requerente do procedimento cautelar responde ao requerido pelo prejuízo que lhe causar a execução da medida: I – se a sentença no processo principal lhe for desfavorável; II – se, obtida liminarmente a medida no caso do art. 804 deste Código, não promover a citação do requerido dentro em 5 (cinco) dias; III – se ocorrer a cessação da eficácia da medida, em

Caso o fiador solva a dívida, sub-roga-se nos direitos do credor originário, podendo executar o afiançado (parte que recebeu o garante na ação judicial), dele havendo a quantia desembolsada. À fiança judicial aplica-se a regra comum à fiança convencional, relativa ao *benefício de ordem*, de modo que a prestação da garantia pode vir acompanhada da declaração do fiador judicial de que assume a obrigação com a ressalva de que primeiramente devem ser excutidos bens do patrimônio do devedor principal, de forma subsidiária, e não solidária.

14.6.2.5 Legitimidade passiva do responsável tributário, assim definido na legislação própria

O art. 596 textualiza que o patrimônio dos sócios não responde pelos débitos da sociedade, salvo nos casos previstos em lei. A regra não é absoluta, sendo afastada em algumas situações, mostrando-se duas com maior repetição:

a) Na hipótese que envolve o *sócio gerente*, respondendo com o seu patrimônio por débito da sociedade da qual fez ou faz parte, independentemente da sua participação no capital social, mediante a demonstração de que houve excesso de poderes, infração à lei ou ao estatuto social, ou na situação que envolve a dissolução irregular da sociedade,[71] não bastando a simples demonstração de falta de pagamento e de inexistência de bens da empresa passíveis de penhora judicial.
b) Na hipótese prevista no art. 28 do CDC, representando a aplicação do instituto do *disregard of legal entity*, ou seja, da *desconsideração da personalidade jurídica*.

Nas situações examinadas, embora o débito não seja do sócio, mas da sociedade da qual este faz – ou fez – parte, a lei permite o ajuizamento da execução contra o sócio ou o redirecionamento à sua pessoa da execução anteriormente movida contra a pessoa jurídica, qualificando-se a pessoa física como *responsável*, a teor dos arts. 134 e 135 do CTN, além dela prevendo-se a responsabilidade solidária dos pais pelos tributos devidos pelos seus filhos menores, dos tutores e curadores pelos tributos devidos por seus tutelados ou curatelados etc.

Ao credor cabe produzir a prova do preenchimento dos requisitos que permitem o atingimento do patrimônio do responsável, deferido em face da divisão que

---

qualquer dos casos previstos no art. 808 deste Código; IV – se o juiz acolher, no procedimento cautelar, a alegação de decadência ou de prescrição do direito do autor (art. 810)."

71 "**O redirecionamento da execução fiscal, e seus consectários legais, para o sócio-gerente da empresa, somente é cabível, quando reste demonstrado que este agiu com excesso de poderes, infração à lei ou contra o estatuto, ou na hipótese de dissolução irregular da empresa**" (REsp 563219 – MG, 1ª Turma do STJ, rel. Min. LUIZ FUX, j. 1.6.2004, *DJ* 28.6.2004, em transcrição parcial) (grifamos).

se faz entre a obrigação (*Schuld*) e a responsabilidade (*Haftung*). Num outro modo de dizer, em princípio e como regra, o sócio não é obrigado pelo pagamento dos débitos da sociedade da qual faz (ou fez) parte, apenas sendo incluído na relação obrigacional quando o credor provar que a pessoa física enquadra-se na hipótese clássica da *responsabilidade*, ou seja, que é sócio gerente,[72] pouco importando a sua participação societária, e que houve extrapolação dos poderes que lhe foram conferidos, com infração à lei ou ao estatuto, ou a dissolução irregular da sociedade.

Não há uma regra absoluta para caracterizar a infração à lei ou ao estatuto, devendo cada caso ser analisado de forma diferenciada. Não obstante a conclusão, apresentamos, como exemplo meramente ilustrativo, o que envolve a ciência pelo sócio-gerente da falta de pagamento das obrigações tributárias, mesmo assim estimulando e se aproveitando da divisão de lucros,[73] sem guardar qualquer reserva para o pagamento dos tributos em geral.

A jurisprudência inclina-se para afirmar que o sócio não pode ser atingido pela penhora judicial em ação de execução se a pessoa jurídica se encontrar em funcionamento, tendo bens disponíveis e passíveis de constrição.[74] Questão interessante envolve a denominada *firma individual*, entendendo parte da jurisprudência que há autorização para que a postulação executiva seja dirigida contra o sócio da empresa, por se confundir com a própria pessoa jurídica,[75] o que endossamos.

---

72 "Responsabilidade de sócio pelas dívidas tributárias da pessoa jurídica. Não ocorrência. Sócio não gerente. O Código Tributário Nacional, no inciso III do art. 135, impõe responsabilidade, não ao sócio, mas ao gerente, diretor ou equivalente. Assim, sócio-gerente é responsável não por ser sócio, mas por haver exercido a gerência. Recursos – voluntário e oficial – improvidos" (AC 121.626 – 5/8-00, 7ª Câmara de Direito Público de Férias do TJSP, rel. Des. GUERRIERI REZENDE, j 12.8.2002, *DJ* 19.9.2002).

73 "É cabível o redirecionamento da execução fiscal para o sócio-gerente quando a sociedade tiver sido dissolvida de forma irregular. Precedentes da Corte. **A ciência, por parte do sócio-gerente do inadimplemento dos tributos e contribuições, mercê do recolhimento de lucros e *pro labore*, caracteriza, inequivocamente, ato ilícito, porquanto há conhecimento da lesão ao erário público**" (AGREsp 622736 – RS, 1ª Turma do STJ, rel. Min. LUIZ FUX, j. 1.6.2004, *DJ* 28.6.2004) (grifamos).

74 Nesse sentido: "Direito Tributário. Agravo de Instrumento. Execução fiscal. Ex-sócio quotista – Inclusão e penhora de bens – Ilegalidade. **Se a executada, de acordo com prova documental acostada aos autos, encontra-se, ainda, em plena atividade, sem solução de continuidade, desde a data da sua constituição, e há notícias da existência de bens em seu nome que podem ser penhorados, descabida é a inclusão de ex-sócio quotista no polo passivo da respectiva relação processual**. Inteligência do CTN, art. 134, *caput*. Decisão cassada. Recurso provido" (Agravo 288.071 – 5/00, 5ª Câmara de Direito Público do TJSP, rel. Des. XAVIER DE AQUINO, j. 31.10.2002) (grifamos).

75 Nesse sentido: "Redirecionamento da execução fiscal. Firma individual. **Tratando-se de firma individual, não há distinção entre o patrimônio da pessoa física ou natural e da empresa, respondendo aquele por todas as responsabilidades assumidas por esta**" (Agravo 2003.04.01.017572 – 7/RS, 2ª Turma do TRF da 4ª Região, rel. Desembargador Federal ALCIDES VETTORAZZI, j 17.6.2003, *DJ* 2.5.2003) (grifamos).

De qualquer modo, é importante observarmos que o sócio-gerente, para que seja incluído em demanda executiva fiscal, deve ser pessoalmente citado, não se admitindo a mera citação da pessoa jurídica, sob pena de nulidade do processo.[76]

No caso que envolve sócio de sociedade que manteve relações de consumo com particular, aplicável à espécie o art. 28 do CDC, peremptório em estabelecer que a desconsideração da personalidade jurídica depende da demonstração objetiva de que houve "abuso de direito, excesso de poder, infração da lei, fato ou ato ilícito ou violação dos estatutos ou contrato social", além de "falência, estado de insolvência, encerramento ou inatividade da pessoa jurídica provocados por má administração".

A simples insolvência da pessoa jurídica, sem a demonstração do preenchimento dos requisitos, não dá azo à propositura da ação de execução contra os sócios da devedora ou à penhora de seus bens, de modo que a execução contra eles instaurada deve ser extinta sem a resolução do mérito em face da carência de ação. Além da insolvência, é necessário que seja demonstrado o desvio de finalidade ou a confusão patrimonial, aplicando-se à espécie a *teoria subjetiva ou a teoria objetiva da desconsideração, desenhadas* pelo Direito do Consumidor.[77]

O comprometimento do patrimônio dos sócios de determinada sociedade deve ocorrer após a demonstração do fato que dá apoio ao pedido de desconsideração, não se admitindo o ingresso da execução diretamente contra os sócios, por deliberação unilateral do credor.[78] Quando falamos a respeito da *desconsideração da personalidade jurídica*, temos de perceber que a aplicação do instituto pode ocorrer *em cascata*, para atingir bens dos sócios de sociedades que integrem a pessoa jurídica contra a qual o instituto foi aplicado.

Assim, se a empresa A manteve relação jurídica com determinado consumidor, causando-lhe prejuízos, e desde que confirmadas as previsões do art. 28 do CDC, sendo a empresa integrada por duas outras sociedades, como sócias (B e C), com participação no capital social, entendemos que não apenas essas duas empresas

---

[76] "Execução fiscal. Sociedade por quotas de responsabilidade limitada. Penhora de bens dos sócios. **A citação dos sócios, sobre cujos bens incidiu a penhora, é imprescindível para constituição da relação processual. Não a supre a citação feita à firma executada por dívida tributária**" (RE 114.657 – 5 – SP, 2ª Turma do STF, rel. Min. CARLOS MADEIRA, j. 3.11.1987, *DJ* 20.11.1987) (grifamos).

[77] Nesse sentido: "A teoria maior da desconsideração, regra geral no sistema jurídico brasileiro, não pode ser aplicada com a mera demonstração de estar a pessoa jurídica insolvente para o cumprimento de suas obrigações. **Exige-se, aqui, para além da prova de insolvência, ou a demonstração de desvio de finalidade (teoria subjetiva da desconsideração), ou a demonstração de confusão patrimonial (teoria objetiva da desconsideração)**" (REsp 279273 – SP, 3ª Turma do STJ, rel. Min. ARI PARGENDLER, j. 4.12.2003, *DJ* 29.3.2004, em transcrição parcial) (grifamos).

[78] "**A despersonalização da pessoa jurídica é efeito da ação contra ela proposta; o credor não pode, previamente, despersonalizá-la, endereçando a ação contra os sócios.** Recurso especial não conhecido" (REsp 282266 – RJ, 3ª Turma do STJ, rel. Min. ARI PARGENDLER, j. 18.4.2002, *DJ* 5.8.2002) (grifamos).

podem ser atingidas em seu patrimônio para o adimplemento da obrigação, como também os sócios – pessoas físicas – que as integram.[79]

Em qualquer das situações, encontramo-nos diante da legitimidade passiva *extraordinária*, já que o executado (responsável) não contraiu o débito que dá ensejo à demanda contra ele proposta.

14.7 DOS REQUISITOS NECESSÁRIOS PARA REALIZAR QUALQUER EXECUÇÃO

Registramos em passagem anterior que à execução aplicam-se as regras relativas às condições da ação e aos pressupostos de constituição e de desenvolvimento válido e regular do processo, representando *requisitos mínimos*, que devem ser preenchidos pelo autor a fim de que – em ações de conhecimento – possa pleitear a prolação da sentença de mérito em seu favor.

Partindo da premissa de que o exercício do direito de ação não confere ao autor a prerrogativa de ver reconhecido o direito material conduzido pela postulação, em face da *teoria eclética* de LIEBMAN, adotada pelo nosso CPC (ver anotações no capítulo *Da ação*, no volume 1 desta obra), é evidente que não se pode negar que a jurisdição tenha sido prestada quando a parte ingressa com a ação em juízo, em ato contínuo, deparando com a extinção do processo sem a resolução do mérito, diante do reconhecimento da ausência de uma das condições da ação ou de pressuposto processual.

As regras alinhadas também são aplicadas à execução, de modo que o credor apenas terá direito à plena satisfação da obrigação, fim maior da execução, se demonstrar que é parte legítima, assim como o devedor; que há interesse de agir; possibilidade jurídica do pedido; e que todos os pressupostos processuais estão presentes. Não sendo a hipótese, sem ingressar na análise de o autor ser (ou não) credor da obrigação representada no título que porta, a execução será extinta, apresentando-se o tema como questão processual de ordem pública, do interesse do Estado, não se sujeitando à preclusão processual, podendo ser examinado a qualquer tempo e grau de jurisdição enquanto não esgotada a denominada *instância ordinária* (1º e 2º Graus de Jurisdição).

---

79 O entendimento é compartilhado por doutrina qualificada, nos seguintes termos: "De modo que, a nosso sentir, é possível a superação da pessoa jurídica principal, para inclusão no polo passivo não só de suas sócias (outras pessoas jurídicas do mesmo grupo), como dos sócios destas (pessoas físicas ou jurídicas)" (GAULIA, Cristina Tereza. A desconsideração da personalidade da pessoa jurídica no Código de Defesa do Consumidor: eficácia das decisões judiciais. *Revista da EMERJ*, nº 18. Rio de Janeiro: EMERJ, 2002. v. 5. p. 83).

Além das exigências formais e processuais vistas, verificamos que a execução (em qualquer das suas espécies) exige o preenchimento de dois requisitos adicionais, sem excluir a incidência dos gerais:

a) O inadimplemento do devedor.
b) O título executivo.

Sem a presença dos dois requisitos específicos, impõe-se a extinção da execução sem a resolução do mérito, por *carência de ação*, onerando o credor com o pagamento das custas processuais e dos honorários advocatícios em favor do seu adversário. O pronunciamento em referência apenas produz *coisa julgada formal* (efeito endoprocessual), de modo que a ação pode ser novamente proposta, desde que seja possível eliminar o vício processual que impôs a extinção anterior.

O inadimplemento do devedor é requisito que revela o interesse de agir do credor. Não se encontrando o devedor inadimplente com o cumprimento da obrigação de pagar, de dar coisa certa ou incerta, de fazer ou de não fazer, não há conflito de interesses a ser solucionado através da intervenção do representante do Poder Judiciário. O inadimplemento atrela-se à *exigibilidade* do título, configurando a *mora*, representando a inércia injustificada do devedor de adimplir a obrigação à qual está vinculado, tendo índole culposa (art. 580).[80]

Considerando que a jurisdição executiva é função substitutiva do Estado, que se desencadeia através da adoção de mecanismos processuais que possibilitam a transferência de parte do patrimônio do devedor ao credor insatisfeito pela postura adotada pelo seu adversário processual, percebemos que a providência substitutiva só é admitida quando caracterizada a inadimplência do devedor, antes disso não se justificando a aplicação de medidas coercitivas por parte do Estado. Do contrário, estar-se-ia punindo o devedor por um ato que não praticou.

A instauração da execução fundada em título cuja obrigação foi anteriormente adimplida no plano extrajudicial demonstra a ausência do interesse de agir do credor, dando ensejo não apenas à extinção do processo sem a resolução do mérito como também ao eventual ingresso da ação de indenização por perdas e danos, em face de a postulação executiva poder ser qualificada como *abuso de direito*, como *lide temerária*, assunto estudado em outras linhas deste capítulo, sempre reclamando a demonstração da ocorrência do dano, do ato do agente e do nexo de causalidade, como *pilares* da teoria da responsabilidade civil.

O adimplemento da obrigação pelo devedor pode ocorrer logo após a instauração da execução, independentemente da citação ou da intimação do executado, acarretando a extinção da execução pela satisfação da obrigação, nos termos do

---

80 "Art. 580. A execução pode ser instaurada caso o devedor não satisfaça a obrigação certa, líquida e exigível, consubstanciada em título executivo."

art. 581,[81] não afastando a obrigação do devedor de efetuar o pagamento das custas processuais e dos honorários advocatícios, por ter dado causa à postulação (princípio da causalidade), quando citado.

Se o adimplemento da obrigação estiver sujeito a *termo* ou a *condição*, como, por exemplo, com nota promissória ainda não vencida, o título ainda não é exigível, razão pela qual a postura açodada do credor de ingressar com a ação judicial revela a impossibilidade de sujeição dos bens do executado à penhora, que seria medida descabida, de modo que o recebimento da petição inicial da ação de execução deve passar pelo apurado crivo do magistrado, observando o preenchimento (ou não) dos requisitos gerais e específicos da postulação.

No Capítulo 13 deste volume, demonstramos que o despacho que ordena a citação do réu pode ser eventualmente (nem sempre) atacado através da interposição do recurso de agravo de instrumento, em nosso pensar qualificando-se em algumas situações como decisão interlocutória, o que destoa do entendimento majoritário da doutrina e da jurisprudência. Nas considerações feitas naquele compartimento, alinhamos a tese de que o magistrado sempre deve verificar se a petição inicial demonstra a presença (ou não) das condições da ação, não se justificando a citação do réu quando a circunstância não se confirmar.

A matéria é de ordem pública, do interesse do Estado, não nos sensibilizando a alegação de que o tema poderia ser posteriormente suscitado pelo devedor através da apresentação da exceção de pré-executividade ou da oposição dos embargos à execução, visto que a extinção abreviada do processo, antes de ordenada a citação do réu, é medida que se impõe em respeito ao *princípio da celeridade*, tão decantado pela doutrina moderna, evitando que o executado seja onerado com a contratação de advogado para a apresentação da defesa processual.

Assim é que o magistrado deve extinguir o processo executivo sem a resolução do mérito quando verificar que a obrigação representada no título aportado aos autos ainda não venceu, que se encontra sujeita à condição ou a termo etc., obstaculizando a tramitação de ação que não reúne as mínimas condições para prosperar, que não pode conferir ao credor o resultado útil por ele perseguido.

De qualquer modo, registramos que o ônus de demonstrar o adimplemento da obrigação é do devedor, não se exigindo do credor que aporte aos autos documentação demonstrando não ter sido a obrigação cumprida pelo devedor no seu vencimento, presumindo-se o inadimplemento através da só declaração do credor e da fluência da data de vencimento prevista no próprio título (data de pagamento de uma nota promissória, por exemplo).

---

81 "Art. 581. O credor não poderá iniciar a execução, ou nela prosseguir, se o devedor cumprir a obrigação; mas poderá recusar o cumprimento da prestação, estabelecida no título executivo, se ela não corresponder ao direito ou à obrigação; caso em que requererá ao juiz a execução, ressalvando ao devedor o direito de embargá-la."

Questão elegante refere-se à demonstração do inadimplemento na situação que envolve os *contratos bilaterais*, espécie na qual os contratantes assumem obrigações recíprocas, sendo credores e devedores ao mesmo tempo. O art. 476 do CC textualiza: "nos contratos bilaterais, nenhum dos contratantes, antes de cumprida a sua obrigação, pode exigir o implemento da do outro".

Em casos assim, tendo sido o contrato executado, o devedor pode alegar que inadimplemento não há, visto que o cumprimento da obrigação pela sua pessoa está condicionado ao cumprimento de outra obrigação pelo credor, não adimplida antes do ajuizamento da execução. A alegação do devedor é intitulada *exceptio non adimpleti contractus* (exceção de contrato não cumprido). Sendo a execução proposta nessas situações, o devedor pode:

a) Requerer a extinção da execução em face da carência de ação, visto que inadimplemento não há, dependendo o cumprimento da obrigação por ele assumida do adimplemento de obrigação assumida pelo credor no mesmo título e por ele não observada.
b) Requerer o cumprimento da obrigação em juízo (classicamente realizado através do pagamento de quantia em dinheiro, do depósito da coisa que lhe cabe entregar etc.), solicitando que o credor seja intimado para cumprir a sua obrigação, como condição para o levantamento da prestação oferecida pelo devedor (parágrafo único do art. 582).[82]

Se o credor não cumprir a obrigação que assumiu, declarar-se-á o devedor liberado da obrigação, podendo executar o credor (com a inversão dos polos da relação jurídico-processual), para que cumpra a obrigação não adimplida.

No que se refere ao título executivo, anotamos que a exigência de título para embasar a execução sempre se fez presente como maioria de entendimento em todas as legislações e em todos os tempos, de modo que a ausência do título acarreta a nulidade da execução, de acordo com a máxima *nulla executio sine titulo*, seguindo o sistema jurídico romano-germânico. O fato de o autor ingressar com ação executiva pretendendo que o devedor seja citado para pagar o débito (na execução por quantia certa apoiada em título extrajudicial), para entregar a coisa ou para adimplir a obrigação de fazer ou de não fazer, sem o título, demonstra a ausência do interesse de agir, pela inadequação da via eleita, impondo o decreto de extinção da demanda sem a resolução do mérito.

A razão da exigência em estudo origina-se da constatação de que a execução desencadeia a adoção de medidas enérgicas contra o devedor, que sacrificam o seu patrimônio na busca da ampla satisfação do credor, que se queixa do fato de

---

[82] "Art. 582. *Omissis*. Parágrafo único. O devedor poderá, entretanto, exonerar-se da obrigação, depositando em juízo a prestação ou a coisa; caso em que o juiz suspenderá a execução, não permitindo que o credor a receba, sem cumprir a contraprestação, que lhe tocar."

a obrigação não ter sido adimplida de forma voluntária pelo executado. Para que se autorize a invasão no patrimônio do devedor, operando sua *sujeição plena* ao processo, é necessário que a postulação ofereça uma quase certeza de que o credor é merecedor da providência jurisdicional requerida, materializada na apresentação de documento que seja idôneo na sua substância e na sua forma.

O não preenchimento dos requisitos legais específicos (inadimplemento do devedor e título executivo) pode ser denunciado nos embargos à execução (na execução fundada em título extrajudicial), na impugnação (na execução fundada em título judicial) ou na exceção de pré-executividade (nos dois modelos), desde que a demonstração seja cabal, independentemente de dilação probatória complementar, própria da ação incidental autônoma (ver anotações constantes do Capítulo 15, neste volume).

Os requisitos analisados não são alternativos, mas cumulativos, de modo que a execução deve apresentar título judicial ou extrajudicial **e** (não ou) demonstrar o inadimplemento do devedor.

14.8 TÍTULO EXECUTIVO

Antes de avançar na análise de cada um dos títulos alinhados em *numerus clausus* no art. 475-N, e de forma não exaustiva no art. 585, cabe-nos investigar o conceito de *título executivo* e a abrangência da sua interpretação, servindo de norte e de premissa para o estudo das espécies *de per se*. Sobre o assunto, anotamos a proliferação de teorias que tentam definir o título, sendo as de maior importância as *desenhadas* por CALAMANDREI (*teoria documental do título executivo*) e por LIEBMAN (*teoria do título executivo como ato jurídico*).

O primeiro autor peninsular valorizava de forma primordial o **aspecto documental do título**, afirmando que título executivo seria o documento apresentado pelo credor para dar suporte à execução, diminuindo a sua importância como ato ou fato jurídico. Em contraposição à teoria *desenhada* pelo festejado doutrinador, LIEBMAN assentou o entendimento de que o título diz respeito ao ato ou ao fato jurídico que o direito elegeu como de especial importância, sem supervalorizar o seu aspecto documental.

Entendemos que o conceito de título executivo representa um somatório das duas teorias, abrangendo um aspecto documental e a conotação de ato ou de fato de especial importância para a ciência jurídica, de modo que todo e qualquer título tem o seu aspecto substancial, atado ao acontecimento jurídico que deu ensejo à sua formação, e formal, dizendo respeito ao modo exterior da sua apresentação. O título será considerado executivo quando reunir a perfeição dos aspectos *substancial* e *formal*. O contrário representa documento que não é título executivo ou negócio que não revestiu a formalidade necessária a ser tratado de forma diferenciada pelo aplicador do Direito.

Os exemplos multiplicam-se, reclamando a apresentação de alguns, para ilustração do tema. O primeiro diz respeito a uma sentença judicial puramente declaratória ou constitutiva. Verificamos que é título do ponto de vista formal, deixando de ser título executivo em face de a substância do ato não impor qualquer condenação ao vencido da empreitada processual. A forma é válida, sem que tenhamos um ato ou um fato jurídico que revele a obrigação do Estado de intervir de forma substitutiva, invadindo a esfera patrimonial do devedor para satisfazer ao credor.[83]

Nos títulos extrajudiciais, verificamos a situação que envolve duplicata formalmente perfeita como documento, que não representa uma compra e venda ou uma prestação de serviços, tendo sido emitida para a cobrança de juros e de correção monetária, relacionados a outro título pago fora da data de vencimento. A duplicata é formalmente válida, suficiente como documento, mas se origina de um ato ou de um fato jurídico que não se qualifica o suficiente para receber o tratamento de título executivo.

No mesmo conduto de exposição, agora valorizando o aspecto formal, perceba a situação que envolve documento particular assinado pelas partes, sem apresentar a assinatura de testemunhas, por meio dele assumindo um dos contratantes a obrigação incondicional de satisfazer a uma prestação em favor do credor. O ato jurídico é relevante, sugerindo a autorização para o ajuizamento da execução se a promessa de cumprimento da obrigação não for observada pelo devedor, o que não se confirmará em vista da ausência de testemunhas presenciais, circunstância negativa que *contamina* o aspecto formal do título.

Temos, assim, que o título executivo – seja judicial ou extrajudicial – reclama uma solenidade documental para que seja qualificado como tal. Mas a sua apresentação, por si só, é insuficiente para atribuir-lhe a condição de título executivo. Para que isto ocorra, deve exprimir a ocorrência de um ato ou de um fato jurídico de relevância para o mundo do direito, enquadrando-se em uma das situações contempladas na lei como predeterminadas a autorizar a intervenção do Estado na definitiva solução do conflito de interesses gerado pela injustificada inadimplência do devedor.

O título executivo é o documento (mas não só o documento) que revela a ocorrência de um ato ou de um fato jurídico (mas não só o ato ou o fato jurídico) suficiente, por si só, para permitir a invasão da esfera patrimonial do devedor na

---

[83] Precisa a lição de LIEBMAN: "A sentença condenatória confere ao vencedor o poder de pedir a execução em seu favor: este é um dos seus efeitos, ou antes o seu efeito característico, porque a distingue dos outros tipos de sentenças, as declaratórias e as constitutivas. As sentenças destas últimas categorias preenchem sua função e esgotam a tutela jurídica, pedida pelo autor, com o simples fato de terem sido proferidas e de estarem revestidas da autoridade da coisa julgada; elas não são suscetíveis nem carecem de execução" (LIEBMAN, Enrico Tullio. *Estudos sobre o processo civil brasileiro.* São Paulo: Saraiva, 1947. p. 31).

busca da satisfação do credor, reunindo os atributos de certeza, de exigibilidade e de liquidez da obrigação de cumprimento injustamente negado pelo devedor, merecendo tratamento privilegiado do Estado.

O título executivo sempre apresenta a forma documental escrita, só sendo título se e quando se enquadrar em uma das hipóteses previstas nos arts. 475-N e 585 e em legislações esparsas (no caso dos títulos executivos extrajudiciais), de modo que não há título executivo por *criação* das partes, por terem de comum acordo atribuído a denominação de título executivo a um documento que elaboraram. Esse documento apenas é considerado como tal se a sua substância e a sua forma coincidirem com uma das espécies predispostas na lei (cheque; nota promissória; contrato particular assinado pelas partes e por duas testemunhas; instrumento de transação referendado pelo Ministério Público, pela Defensoria Pública ou pelo(s) advogado(s) dos transatores etc.).

O título executivo é gênero e se apresenta com as espécies de *títulos executivos judiciais* e de *títulos executivos extrajudiciais*, adotando o CPC o sistema da *unidade da execução*, de modo que havia equiparação de disciplina legal das sentenças e dos instrumentos públicos e particulares, por influência do direito francês (*lettres obligatoires par devant notaire ou passées sous Seel Royal*), o que não se observava no CPC de 1939, que previa duas vias diversas para o exercício da pretensão de satisfação da obrigação, a saber: *execução de sentença*, apoiada em sentença condenatória, e *ação executiva*, fundada em título extrajudicial.

Em arremedo de conclusão, podemos afirmar que os títulos executivos judiciais valiam tanto quanto os extrajudiciais, sem qualquer hierarquia entre as duas espécies, em ambas se exigindo a demonstração do preenchimento dos requisitos de liquidez, de certeza e de exigibilidade dos documentos juntados aos autos pelo que se afirma credor.

A diferença não era notada entre as espécies, mas no instrumento jurídico disponibilizado em favor do credor para exigir o cumprimento da obrigação disposta no título (a depender da sua natureza) e na defesa do devedor, ampliando-se a cognição no segundo modelo. O executivo judicial que impôs o adimplemento da obrigação de fazer, de não fazer ou de dar fundamento a prática de atos instrumentais no âmbito da própria ação de conhecimento, após a prolação da sentença, dispensando a formação de novo processo, vale dizer, do estabelecimento de nova relação jurídico-processual, reclamando a mera *efetivação* da obrigação, modelo que foi estendido para alcançar as sentenças condenatórias que determinam o pagamento de soma em dinheiro, conforme a Lei nº 11.232, de 22 de dezembro de 2005.

Ao contrário, se a obrigação consta de título executivo extrajudicial, a sua exigibilidade depende da propositura da ação de execução, reclamando a formação de demanda judicial, com o estabelecimento de relação jurídico-processual, servida por cognição *maior* do que a vista na técnica executiva fundada em título judicial.

A defesa do devedor é manifestada sob a forma de *ação incidental autônoma*, quando impugnar título executivo extrajudicial, objetivando desconstituir os atributos de certeza, de liquidez e de exigibilidade de que goza a obrigação representada no título ou como incidente processual, quando a pretensão executiva se apoiar em comando que determina o adimplemento da obrigação de pagar, de dar, de fazer ou de não fazer. Não obstante a conclusão, verificamos que a cognição da impugnação que ataca execução apoiada em título judicial é *sumária*, diante da constatação de que o título executivo origina-se de um processo de conhecimento, nele tendo sido amplamente discutidos os aspectos fáticos e jurídicos da controvérsia, devendo-se respeitar o instituto da *res iudicata*.

Quando o título é extrajudicial, em vista da não formação de um processo de conhecimento em regime de antecedência, é necessário que a cognição dos embargos seja ampliada, permitindo ao devedor alegar toda e qualquer matéria que seria suscitada no processo de conhecimento (inciso V do art. 745).

14.8.1 Requisitos do título executivo

O art. 586 dispõe que "a execução para cobrança de crédito fundar-se-á sempre em título de obrigação certa, líquida e exigível", revelando-se como requisitos *intrínsecos*, não afastando o preenchimento de requisitos *extrínsecos* ou formais de cada título, como a assinatura de duas testemunhas no documento particular. A não observância ao preceito em destaque acarreta a extinção do processo sem a resolução do mérito, em vista da sua nulidade, decorrente da nulidade do próprio título, a teor do inciso I do art. 618, carreando ao credor a responsabilidade pelo pagamento das custas processuais e dos honorários advocatícios em favor do devedor.

Além dos consectários da sucumbência (custas e honorários advocatícios), defendemos a tese de que o credor pode ser surpreendido com a propositura da ação de indenização, em vista dos danos suportados pelo indigitado devedor com a postulação indevida (penhora judicial, constrangimentos etc.), quando for reconhecido que a lide é *temerária*, o que mereceu comentários específicos no decorrer deste capítulo, representando *abuso do direito de ação*, nos termos do art. 187 do CC,[84] com repercussão no plano processual no art. 574.[85]

A *liquidez* da obrigação representa a identificação precisa do objeto da execução (a extensão da obrigação a ser adimplida), a constatação de que o valor da obrigação está definido no documento que apoia a pretensão executiva (na execução por quantia certa); a expressa indicação dos limites da obrigação de fazer ou de não fazer a ser adimplida pelo devedor; a coisa a ser entregue na execução da obrigação de dar, com

---

[84] "Art. 187. Também comete ato ilícito o titular de um direito que, ao exercê-lo, excede manifestamente os limites impostos pelo seu fim econômico ou social, pela boa-fé ou pelos bons costumes."

[85] "Art. 574. O credor ressarcirá ao devedor os danos que este sofreu, quando a sentença, passada em julgado, declarar inexistente, no todo ou em parte, a obrigação, que deu lugar à execução."

a ressalva de que, na execução para a entrega de coisa incerta, a liquidez é relativa, em face de o objeto ser apenas identificado pelo gênero e quantidade (art. 629).[86]

Não se encontrando perfeitamente delimitado no título o objeto da prestação de direito material a ser satisfeita pelo devedor, é necessária a liquidação da obrigação, situação específica dos títulos judiciais, para que o magistrado prolate decisão (de natureza interlocutória) que atribua ao título executivo o requisito faltante (liquidez), sendo *decisão complementar*, complementando os atributos de certeza e de exigibilidade.

Como exemplo, podemos citar o da sentença que condenou o réu ao pagamento de indenização por perdas e danos em favor do autor, originando-se de atropelamento na via pública, que impôs a realização de várias cirurgias na vítima, submetendo-se a tratamentos fisioterápicos e à ingestão de medicamentos durante toda a convalescença. Ao ingressar com a ação, o autor formulou pedido *genérico*, listando todas as parcelas que deveriam compor a condenação (pagamento das intervenções cirúrgicas; compra de medicamentos; sessões de fisioterapia etc.), deixando de apresentar o *quantum debeatur*, limitando-se a indicar o *an debeatur*, o que é permitido em face da redação do inciso II do art. 286.[87]

Ao acolher os requerimentos formulados pelo autor, o magistrado condena o réu ao pagamento de todas as verbas pleiteadas, *cujos valores serão informados na fase de liquidação de sentença*, que atribuirá o requisito faltante ao título, permitindo o aperfeiçoamento da penhora de bens do devedor. A sentença penal, embora seja título executivo judicial, como regra não apresenta condenação em dinheiro, reclamando a instauração da liquidação para o seu aperfeiçoamento, para que se torne exigível, com a ressalva de que a Lei 11.719, de 20 de junho de 2008 modificou o inciso IV do art. 387 do CPP, prevendo que o juiz, ao proferir a sentença condenatória, *fixará valor mínimo para reparação dos danos causados pela infração, considerando os prejuízos sofridos pelo ofendido*.

O documento nem sempre deixará de ser considerado título executivo pelo só fato de não exprimir de forma direta – no seu *corpo* – o valor da obrigação a ser adimplida. A jurisprudência afirma que não há necessidade de previsão numérica do valor da obrigação, sendo sua ausência relevada se o documento contiver todas as informações necessárias à apuração matemática do valor perseguido.[88]

---

86 "Art. 629. Quando a execução recair sobre coisas determinadas pelo gênero e quantidade, o devedor será citado para entregá-las individualizadas, se lhe couber a escolha; mas se essa couber ao credor, este a indicará na petição inicial."

87 "Art. 286. O pedido deve ser certo ou determinado. É lícito, porém, formular pedido genérico: *Omissis*; II – quando não for possível determinar, de modo definitivo, as consequências do ato ou do fato ilícito; *omissis*."

88 "Consoante precedentes jurisprudenciais desta Corte, **a simples necessidade de realização de cálculos matemáticos para se chegar ao montante real da dívida não possui o condão de retirar a**

Reconhecida que parte das verbas dispostas no documento é indevida, não se conclui pela completa iliquidez do título executivo, podendo a execução prosseguir para a exigibilidade do adimplemento das demais verbas, que se apresentam devidamente liquidadas.[89]

No que se refere à *exigibilidade*, a obrigação não pode ter o seu adimplemento sujeito à *condição* ou a *termo*, como observamos com a sentença cível condenatória que foi combatida pelo recurso de apelação dotado dos efeitos suspensivo e devolutivo (art. 520). Não se poderá exigir o adimplemento da obrigação disposta no pronunciamento judicial até que o tribunal aprecie o recurso de apelação, apenas a partir desse momento se autorizando a instauração da execução, de forma definitiva ou provisória, a depender de o devedor ter interposto (ou não) recurso especial e/ou recurso extraordinário para combater o acórdão do tribunal, espécies que são dotadas apenas do efeito devolutivo, não impedindo a pronta execução do julgado (§ 2º do art. 542).[90]

Na hipótese que envolve o título executivo extrajudicial, utilizando-nos de outro exemplo ilustrativo, perceba a situação de nota promissória que foi emitida para pagamento em data futura, não se admitindo o ingresso da ação de execução antes do vencimento da obrigação, o que representaria a ausência do interesse processual em face da inexistência de conflito de interesses a ser espancado, que apenas surgirá com a resistência do devedor de adimplir a obrigação de forma voluntária, justificando a intervenção do representante do Poder Judiciário para atuar de forma *substitutiva*.

O título passará a ser exigível a partir do vencimento da obrigação, não se exigindo por parte do credor a juntada de outro documento, além do título, presumindo-se o inadimplemento da obrigação pela só fluência da data de vencimento, cabendo ao devedor produzir prova em contrário.

O último dos requisitos, atinente à *certeza*, diz respeito à inexistência de dúvida a respeito da perfeição do ato jurídico que gerou a criação do documento e dos seus aspectos formais, aproximando-nos do denominado *contrato de abertura de crédito em conta corrente*, utilizado pelas instituições bancárias em passado recente para efetuar a cobrança de valores correspondentes a empréstimos bancários não solvidos no momento devido, havendo a jurisprudência dos tribunais chegado à conclusão de

---

liquidez do título" (REsp 487913 – MG, 1ª Turma do STJ, rel. Min. JOSÉ AUGUSTO DELGADO, j. 8.4.2003, *DJ* 9.6.2003, em transcrição parcial) (grifamos).

89 "**O título executivo não tem sua liquidez afetada pelo fato de parte das verbas cobradas serem consideradas indevidas**. Precedente. Agravo regimental improvido" (AGA 430329 – SP, 6ª Turma do STJ, rel. Min. FERNANDO GONÇALVES, j. 17.6.2002, *DJ* 5.8.2002) (grifamos).

90 "Art. 542. Recebida a petição pela secretaria do tribunal, será intimado o recorrente, abrindo-se-lhe vista, para apresentar contrarrazões. *Omissis.* § 2º Os recursos extraordinário e especial serão recebidos no efeito devolutivo. *Omissis.*"

que não poderia ser considerado título executivo extrajudicial, o que *amadureceu* a ponto de gerar a edição da Súmula 233 do STJ.[91]

O negócio em referência não foi confirmado como *certo* em face da dúvida *plantada* no que pertine à correção (ou não) da forma de apuração da extensão da obrigação, sujeita à incidência de juros, de comissões de permanência, de correção monetária e de vários outros fatores e de índices unilateralmente calculados pelas instituições financeiras, sem a participação dos devedores. O reconhecimento da incerteza do negócio não ingressa necessariamente no mérito da existência (ou não) da obrigação, a ponto de liberar o devedor do seu adimplemento.

A declaração judicial da incerteza do título limita-se à afirmação de que não há condições para o manejo da execução, sem retirar do credor a prerrogativa de perseguir a satisfação da obrigação através de outro instrumento processual diferente da execução, autorizando o ingresso da ação de rito ordinário, de rito sumário ou da ação monitória, todas com instruções mais amplas, necessárias para afirmar a certeza do negócio jurídico que deu ensejo à formação do documento que o autor pretendeu qualificar como título executivo extrajudicial.

A incerteza de que se reveste o documento evidencia a necessidade de melhor investigação do negócio jurídico que ensejou a sua formação, reclamando instrução probatória, não merecendo o tratamento privilegiado conferido aos títulos em lei como sendo executivos judiciais ou extrajudiciais, já que a necessidade de investigação dos contornos do negócio jurídico remete-nos ao processo de conhecimento, para a plena análise de fatos, afastando-nos da execução.

Os *contratos bilaterais*, marcados pela coexistência de obrigações entre as partes – cada uma sendo credora e devedora ao mesmo tempo –, representam de forma clássica a incerteza do título, já que a exigência do adimplemento da obrigação perseguida está na maioria das vezes condicionada à verificação do adimplemento da obrigação pela parte que se afirma credora, reclamando dilação probatória. Não estamos afirmando que todos os contratos bilaterais são incertos, e que sempre desautorizam o uso da ação de execução. Afirmamos que muitos desses contratos são marcados pela incerteza, já que não demonstram de forma direta (na maioria das vezes) a obrigação incondicional de pagar quantia certa, de dar coisa certa ou incerta, de fazer ou de não fazer, necessária ao ingresso da ação de execução forçada.

Como exemplo, observe a situação que envolve a cobrança de dívida originada de internação hospitalar, dizendo respeito ao pagamento da mão de obra médica, à aquisição de medicamentos e de produtos hospitalares e à utilização do espaço. O pagamento da obrigação está condicionado à demonstração da efetiva prestação dos serviços, à utilização dos medicamentos e de materiais hospitalares, o que *pode*

---

91 **Súmula 233 do STJ:** "O contrato de abertura de crédito, ainda que acompanhado de extrato da conta corrente, não é título executivo."

reclamar seja o assunto resolvido no curso do processo de conhecimento, a fim de que sejam produzidas provas necessárias à comprovação do pleno cumprimento das obrigações assumidas pelo hospital, a justificar a cobrança feita contra o devedor através de contrato de prestação de serviços,[92] que perderia a condição de título executivo extrajudicial.

Outro exemplo pode ser apoiado na prestação do serviço educacional. O aluno matriculado junto à instituição de ensino compromete-se a efetuar o pagamento de parcelas mensais, recebendo como contraprestação o serviço fim da instituição. A inadimplência do aluno não justifica a propositura da ação de execução contra a sua pessoa, escorada no contrato assinado pelas partes no momento da matrícula, visto que a exigibilidade do pagamento das parcelas depende da demonstração de que a instituição se desincumbiu da obrigação que lhe foi contratualmente imposta.[93]

De todo modo, registramos que o não preenchimento de qualquer dos requisitos acima alinhados acarreta a extinção da execução sem a resolução do mérito, em face do reconhecimento da carência de ação, concluindo-se pela ausência do interesse do credor em vista: a) da ausência de conflito de interesses a ser dirimido; ou b) da *inadequação da via eleita*.

14.8.2 Títulos executivos judiciais

Os títulos executivos judiciais na sua maior parte representam *criação* de representante do Poder Judiciário, com exceção da *sentença arbitral*, formada por um árbitro. Embora os títulos quase sempre derivem de um processo de conhecimento,

---

[92] Ilustrativo o julgado do STJ sobre o tema, que se amolda perfeitamente à situação em discussão: "Por expressa dicção legal, considera-se título executivo extrajudicial o contrato particular, subscrito por duas testemunhas. **Todavia, para tornar-se hábil a instruir o processo de execução, é necessário que ele represente obrigação líquida, certa e exigível, nos termos do art. 586 do Código de Processo Civil. Nos casos de contrato bilateral, incumbe ao credor provar o cumprimento de sua obrigação (art. 615, IV, do CPC), a fim de tornar o instrumento hábil a instruir o processo de execução como título executivo extrajudicial. Dependendo a apuração do valor da execução que sejam verificados fatos posteriores à emissão do contrato, como o tempo da internação, o material utilizado ou a natureza e a complexidade dos serviços médicos e de enfermagem, carece o documento do requisito da certeza, tornando adequada a via da monitória**" (REsp 252013 – RS, 4ª Turma do STJ, rel. Min. SÁLVIO DE FIGUEIREDO TEIXEIRA, j. 29.6.2000, *DJ* 4.9.2000) (grifamos).

[93] "Por expressa dicção legal, considera-se título executivo extrajudicial o contrato particular, subscrito por duas testemunhas. Todavia, para tornar-se hábil a instruir o processo de execução, é necessário que ele represente obrigação líquida, certa e exigível, nos termos do art. 586 do Código de Processo Civil. **Nos casos de contrato bilateral, incumbe ao credor provar o cumprimento de sua obrigação (art. 615, IV, CPC), a fim de tornar o instrumento hábil a instruir o processo de execução como título executivo extrajudicial**" (REsp 196967 – DF, 4ª Turma do STJ, rel. Min. SÁLVIO DE FIGUEIREDO TEIXEIRA, j. 2.12.1999, *DJ* 8.3.2000) (grifamos).

temos de registrar que podem dar ensejo à instauração de nova fase processual, quando impuserem o adimplemento da obrigação de pagar quantia certa.

Em razão da constatação, observe que a sentença proferida no processo de conhecimento impõe ao vencido a obrigação de efetuar o pagamento das custas processuais e dos honorários advocatícios, em respeito aos princípios da causalidade e da sucumbência (art. 20), verbas que serão cobradas juntamente com a prestação principal, pelo credor ou de forma autônoma pelo advogado (na situação que envolve os honorários advocatícios), conforme previsão do art. 23 do EOAB.

Parte da doutrina defendia que a execução fundada em título judicial resultaria o pagamento de novos honorários advocatícios, pelo devedor,[94] por ser processo autônomo, não se podendo atribuir qualquer culpa ao credor pelo fato de a obrigação não ter sido voluntariamente adimplida pelo seu adversário processual, sendo a postura omissiva a responsável pela instauração da execução. Pensávamos dessa forma antes da edição da Lei nº 11.232/2005, sob o argumento de que a não garantia do recebimento dos honorários castigava o credor por comportamento processual a que não deu causa, sendo certo que apenas recorreu ao Poder Judiciário em decorrência da atitude culposa do devedor.

Pelo fato de considerarmos que a execução não é mais processo autônomo, quando fundada em sentença judicial condenatória, mas mera fase de um processo único, divisado pela sentença, não mais defendemos a imposição da verba honorária na fase de execução, posição que foi superada por entendimento jurisprudencial, inicialmente de tribunais estaduais e de tribunais regionais federais,[95] evoluindo ao ponto de receber interpretação paradigmática do STJ, que defende a imposição da verba honorária na fase de cumprimento de sentença, independentemente de não ser processo, mas apenas etapa processual.

---

94 "Na conformidade com o que reza o art. 604 do CPC, com a redação da Lei 8.898, de 29.06.1994, o credor, tendo já obtido o título executivo no processo de conhecimento, promoverá diretamente a execução, instruindo o pedido com a memória do cálculo, sem passar por qualquer estágio intermediário. **Na execução por título judicial, é cabível a fixação de honorários advocatícios, ainda que não embargada.** Precedentes da Quarta Turma. Recurso especial não conhecido" (REsp 156745 – DF, 4ª Turma do STJ, rel. Min. BARROS MONTEIRO, j. 2.6.1998, *DJ* 21.9.1998) (grifamos).

95 "Possibilidade de arbitramento de honorários advocatícios na fase de cumprimento da sentença. Embora não conste expressamente a condenação dos honorários advocatícios no art. 475-J do CPC, deve-se interpretar a nova Lei de acordo com a intenção do legislador 'agilizar e simplificar o processo de execução'. Honorários advocatícios devem ser arbitrados pelo fato de que, não efetuado o pagamento da condenação pelo devedor, este deu causa ao prosseguimento dos atos visando execução de sentença, cabendo arcar com mais esta despesa" (AI 70019123967, 16ª Câmara Cível do TJRS, rel. Des. HELENA RUPPENTHAL CUNHA, j. 3.4.2007).

14.8.2.1 Sentença proferida no processo civil que reconheça a existência da obrigação de fazer, de não fazer, de entregar coisa ou de pagar quantia

A sentença cível pode ser executada de forma provisória ou definitiva, originando-se de uma ação declaratória, constitutiva ou condenatória,[96] não obstante os apontamentos de maior volume da doutrina e da jurisprudência, que apenas admitem a execução quando apoiada em sentença condenatória, não admitindo o seu manejo para a execução de sentenças constitutivas ou declaratórias.[97] Não há comando de condenação nessas espécies, exceto quando o autor cumula pedidos, formulando pretensão constitutiva ou declaratória em companhia do pleito condenatório. Como exemplo, perceba a pretensão do autor que ingressa com ação declaratória para que o magistrado reconheça a existência de união estável havida com determinada pessoa, cumulando o pedido principal com o pleito de partilha do patrimônio acumulado durante a constância da união, além da condenação do réu ao pagamento de alimentos.

A sentença tem inegável repercussão patrimonial – embora proferida na ação declaratória –, atinente à determinação de partilha do patrimônio e ao pagamento dos alimentos, podendo gerar execução posterior, não apenas para a satisfação das verbas como também para garantir o pagamento das custas e dos honorários advocatícios, o que nos faz concluir que a sentença declaratória pode fundamentar o requerimento de cumprimento de sentença, logicamente limitado à parte do pronunciamento de índole condenatória.

---

96 Nesse sentido, apresentamos a lição da doutrina sobre a matéria: "Por sentença cível condenatória deve ser entendido o comando emergente de toda e qualquer sentença proferida no processo civil, seja em ação declaratória, constitutiva ou condenatória, que contenha, ainda que parcialmente, preceito condenatório de uma das partes. Assim, por exemplo, a sentença de improcedência de ação declaratória que condenar o autor em honorários e despesas processuais, é condenatória nesta parte, caracterizando-se como título executivo judicial, ensejando a execução das despesas e honorários" (NERY JUNIOR, Nelson. *Código de Processo Civil comentado e legislação processual extravagante em vigor.* 4. ed., rev. e atual., São Paulo: Revista dos Tribunais, 1999. p. 1093).

97 "Na lição de Chiovenda, 'o nome de sentenças declaratórias (*jugements déclaratoires, Festsllungsurteils, declaratory judgements*) compreende *lato sensu* todos os casos em que à sentença do juiz não se pode seguir execução. Neste largo significado, inclui-se todo o acervo das sentenças que rejeitam a demanda do autor' (Instituições..., v. I, 3. ed., trad. por J. Guimarães Menegale, São Paulo: Saraiva, 1969, nº 59, pp. 210-211). A conversão da execução fundada em sentença declaratória em execução do contrato de compra e venda, na espécie, ensejaria absoluto desprestígio da forma. Se de um lado é necessário amainar o rigor na aplicação estrita da forma, de outro é de ter-se em conta que a noção instrumental do processo exige a adequação das pretensões a procedimentos preestabelecidos, os quais, afinal, resultam em garantia dos próprios demandantes, na linha do que recomenda o *due process os law*" (REsp 237383 – SC, 4ª Turma do STJ, rel. Min. SÁLVIO DE FIGUEIREDO TEIXEIRA, j. 15.6.2000, *DJ* 21.8.2000, em transcrição parcial).

Se a sentença for proferida em ação declaratória *pura*, ou seja, que apresenta apenas pedido declaratório, sem repercussão patrimonial, entendemos que o pronunciamento não enseja a instauração da execução, o que encontra apoio em entendimento jurisprudencial.[98] A sentença deve retratar um comando, um pronunciamento judicial que possa ser executado, o que não ocorre com a sentença proferida no processo cautelar, que não é satisfativa – nem pode ser –, o que impede a sua execução,[99] devendo a parte aguardar pela prolação da sentença no processo principal, esta sim servil à exigibilidade do adimplemento da obrigação por meio da execução, diante da recalcitrância do devedor em observar os seus termos de forma voluntária.

Se a sentença foi impugnada por recurso dotado apenas do efeito devolutivo, a execução provisória do pronunciamento é autorizada, seguindo a regra do art. 475-O.[100] O recurso é recebido apenas no efeito devolutivo nas hipóteses do art. 520 (e em outras situações previstas em legislações esparsas, como nas leis que disciplinam o mandado de segurança, a ação civil pública e as demandas inquilinárias), quando o *remédio* processual for interposto contra sentença do 1º Grau de Jurisdição, e sempre quando impugnar acórdão proferido pelo tribunal através do recurso especial e/ou do recurso extraordinário, conforme previsão do § 2º do art. 542.

Num outro modo de dizer, após a decisão proferida pelo juízo do 1º Grau de Jurisdição, a parte que se sente prejudicada pelos termos do pronunciamento pode impugná-lo através do recurso de apelação, que em regra é recebido em ambos os efeitos (devolutivo e suspensivo), impedindo que a parte vencedora instaure a execução, devendo aguardar o julgamento do recurso pelo tribunal.

Porém, como exceção, o Código lista hipóteses em que a parte vencedora pode de logo dar início à execução provisória da sentença que lhe foi favorável, independentemente da apresentação do recurso de apelação pela parte vencida, posto que o *remédio* processual é recebido apenas no efeito devolutivo, eliminando o efeito

---

98 "**O provimento declaratório não implica em condenação, apenas declara, acerta, elucida, esclarece um determinado direito e seu preciso limite, não comportando, por isso, execução do declarado**" (REsp 2.529 – 0 – SP, 1ª Turma do STJ, rel. Min. CESAR ROCHA, j. 30.11.1992, *DJ* 15.2.1993) (grifamos).

99 "**A sentença proferida em processo cautelar, porque destinada única e exclusivamente a assegurar a eficácia do processo principal, não é título executivo judicial, razão pela qual não pode dar supedâneo a execução forçada**. Recurso especial conhecido" (REsp 241547 – PI, 6ª Turma do STJ, rel. Min. FERNANDO GONÇALVES, j. 29.3.2000, *DJ* 2.5.2000) (grifamos).

100 "Art. 475-O. A execução provisória da sentença far-se-á, no que couber, do mesmo modo que a definitiva, observadas as seguintes normas: I – corre por iniciativa, conta e responsabilidade do exequente, que se obriga, se a sentença for reformada, a reparar os danos que o executado haja sofrido; II – fica sem efeito, sobrevindo acórdão que modifique ou anule a sentença objeto da execução, restituindo-se as partes ao estado anterior e liquidados eventuais prejuízos nos mesmos autos, por arbitramento; III – o levantamento de depósito em dinheiro e a prática de atos que importem alienação de propriedade ou dos quais possa resultar grave dano ao executado dependem de caução suficiente e idônea, arbitrada de plano pelo juiz e prestada nos próprios autos."

suspensivo. As hipóteses estão no art. 520, conforme anotações alinhadas no Capítulo 13 desta obra, alocado no presente volume.

A regra em análise é invertida no 2º Grau de Jurisdição. Julgado o recurso interposto contra a sentença, mesmo que a parte interponha novo recurso contra a decisão proferida pelo Tribunal (recurso especial e/ou recurso extraordinário), o vencedor está autorizado a dar início à execução do título executivo, de forma provisória, considerando a possibilidade de modificação (reforma ou invalidação) do pronunciamento pelos Tribunais Superiores, em acolhimento aos recursos extremos (recurso especial e/ou recurso extraordinário).

Para a instauração da execução provisória, o exequente deve instruir a petição com cópias autenticadas da sentença ou do acórdão exequendo, da certidão de interposição do recurso não dotado de efeito suspensivo, das procurações outorgadas pelas partes, da decisão de habilitação e de outras peças que considere necessárias.

O inciso III do art. 475-O dispõe que *o levantamento de depósito em dinheiro e a prática de atos que importem alienação de propriedade ou dos quais possa resultar grave dano ao executado dependem de caução suficiente e idônea, arbitrada de plano pelo juiz e prestada nos próprios autos*, regra complementada pelo § 1º do mesmo dispositivo, textualizando que a caução pode ser dispensada *quando, nos caso de crédito de natureza alimentar ou decorrente de ato ilícito, até o limite de sessenta vezes o valor do salário-mínimo, o exequente demonstrar situação de necessidade,* bem como *nos casos de execução provisória em que penda agravo de instrumento junto ao Supremo Tribunal Federal ou ao Superior Tribunal de Justiça (art. 544), salvo quando da dispensa possa manifestamente resultar risco de grave dano, de difícil ou incerta reparação.*

Mesmo quando a caução era exigida de forma irrestrita, os tribunais entendiam que não poderia ser *condição* para a instauração da execução, sendo a sua efetivação imposta posteriormente, após citação do devedor (quando a lei previa o aperfeiçoamento da citação do devedor), formalização e intimação da penhora, oposição dos embargos e avaliação do bem penhorado. Além do ensinamento doutrinário relativo ao tema,[101] o entendimento jurisprudencial também era pacífico,[102] afirmando que a prestação da caução só era exigida por ocasião do levantamento de dinheiro pelo credor ou para a prática de qualquer outro ato satisfativo.

Quando a sentença condena mais de um réu ao adimplemento da obrigação, seja de pagar, de fazer, de não fazer ou de entregar coisa certa ou incerta, estabelecendo obrigação solidária, anotamos que a execução pode ser proposta contra todos

---

[101] "Não há necessidade da prestação de caução para dar-se início à execução provisória. A caução só é exigível para o levantamento da importância depositada" (NERY JUNIOR, Nelson. *Código de Processo Civil comentado e legislação processual civil extravagante em vigor.* 4. ed. rev. e atual. São Paulo: Revista dos Tribunais, 1999. p. 1.108).

[102] "Não há necessidade de prestar-se caução para se dar início à execução provisória. **O processo de execução provisória pode iniciar-se e prosseguir sem caução, somente exigida quando do levantamento do dinheiro ou disponibilidade de bens**" (TJSP – *RT* 726/238) (grifamos).

os devedores ou apenas alguns deles, nos termos do art. 275 do CC. Decidindo o credor demandar contra apenas um dos devedores, esta deliberação não representa renúncia de direito em relação aos devedores inicialmente excluídos da execução, em decorrência do disposto no parágrafo único do artigo legal indicado.

Caso tenha instaurado a execução contra apenas um dos devedores, percebendo no curso da fase processual que o devedor escolhido não apresenta bens para responder pela execução forçada, o credor pode instaurar nova execução, desta feita contra os devedores excluídos da postulação inicial.

Questão interessante diz respeito à possibilidade de execução de outros pronunciamentos judiciais que não se enquadram com perfeição no inciso I do art. 475-N. Encontramo-nos diante de decisões interlocutórias que arbitram multas pelo não cumprimento de liminares e de antecipações de tutela, situação disciplinada pelo § 4º do art. 461, art. 461-A, ambos do CPC, e pelo § 4º do art. 84 do CDC.

Tem sido comum na dinâmica forense a imposição de multa diária contra os réus de demandas judiciais que perseguem o adimplemento das obrigações de fazer, de não fazer e de dar, para compeli-los a observar a determinação judicial, tendo a multa função de estimular o devedor ao cumprimento da obrigação,[103] pondo-o num *dilema*, a saber: cumprir a obrigação ou se submeter a uma sanção pecuniária. A intenção do magistrado, ao fixar a multa, não é a de que a prestação pecuniária seja recebida pelo autor, mas a de forçar o réu ao adimplemento da obrigação, fazendo, deixando de fazer ou entregando a coisa em disputa.

A discussão sobre o tema é relevante porque a multa pode ser fixada na sentença, e aí não haverá dificuldades para a sua execução, ou em decisão interlocutória, que não se enquadra na previsão do inciso I do art. 475-N (*sentença proferida no processo civil que reconheça a existência de obrigação de fazer, não fazer, entregar coisa ou pagar quantia*). A decisão interlocutória não é sentença, o que enseja a seguinte dúvida: seria admitida a instauração da execução apoiada nesse *título*? Entendemos que a decisão em análise pode ser executada, devendo o Código ser interpretado de forma sistemática, não meramente gramatical.

A decisão interlocutória é título executivo judicial topograficamente deslocado para outra parte do Código. O interessado deve requerer a instauração da execução da quantia referente à multa fixada, correspondendo à multiplicação dos dias de descumprimento pelo valor diário arbitrado. Havendo modificação do panorama processual em momento seguinte, opera-se a conversão da obrigação específica em perdas e danos, favorecendo ao que era anteriormente considerado devedor.

---

103 Nesse sentido: "Ao contrário do Código de 39, a lei vigente não estabelece limitação para o valor da multa cominada na sentença, que tem o objetivo de induzir ao cumprimento da obrigação e não o de ressarcir. Nem se justifica tolerância com o devedor recalcitrante que, podendo fazê-lo, se abstém de cumprir a sentença" (REsp 141.559 – RJ, 3ª Turma do STJ, rel. Min. EDUARDO RIBEIRO, j. 17.3.1998, *DJ* 17.8.1998).

Melhor explicando, perceba a situação de autor que ingressa em juízo com ação ordinária, afirmando que o réu, uma empresa que explora o segmento de plano de saúde, nega-se a cobrir os custos de intervenção cirúrgica, alegando que o evento não se encontraria coberto pelo contrato assinado pelas partes. O juiz defere a tutela antecipada, determinando ao réu que efetue a cobertura dos custos da intervenção (obrigação de fazer), sob pena de pagar multa desde logo fixada, incidindo por cada dia de descumprimento da ordem judicial.

Embora intimado dos termos do pronunciamento que deferiu a antecipação da tutela, o réu prefere descumpri-la durante dez dias, resultando o acúmulo de multa considerável. Entendemos que o autor *pode* (mera faculdade) de imediato executar a parcela. Caso a sentença reconheça que a tese a prevalecer é a sustentada pelo réu, contrariando a decisão concessiva da tutela antecipada, tendo havido o recebimento da multa pelo autor, este deve pagar a quantia ao réu.

Pensar em contrário seria o mesmo que desprestigiar a decisão que fixou a multa, dela retirando a sua principal característica, ou seja, de ser *coercitiva*, funcionando como fator de desestímulo à inobservância das ordens judiciais. O seu objetivo é tão apegado ao cumprimento da obrigação que a sua imposição pode – e deve –ocorrer de ofício,[104] independentemente de requerimento da parte interessada. O cumprimento de uma decisão judicial não é do mero interesse da parte, mas, sobretudo, do Estado, representando o prestígio às determinações emanadas dos seus agentes.

Também não são sentenças as decisões que fixam alimentos provisórios em favor do autor no início da ação de alimentos, de igual modo autorizando a propositura da ação de execução se a ordem judicial não for cumprida. O assunto mereceu o devido comentário no curso deste capítulo, devendo ser neste instante renovada a advertência de que o inciso I do art. 475-N não pode ser interpretado de forma meramente gramatical, a ponto de apenas autorizar a execução quando esta se apoiar em *sentença judicial*.

A leitura do inciso deve ser ordenada no sentido de autorizar a execução de todo e qualquer *pronunciamento* judicial (no gênero) que tenha imposto condenação (também em sentido amplo) contra o devedor, seja em decorrência da procedência de uma ação condenatória (hipótese mais comum), da imposição de multa pelo descumprimento de ordem judicial ou pelo não pagamento de obrigação alimentícia arbitrada em decisão com a natureza jurídica de antecipação de tutela.

O pronunciamento judicial cível deve ser executado perante o mesmo juízo que o *criou*, sendo hipótese de competência absoluta (de natureza funcional). A instauração da execução perante juízo diverso atrai a regra estampada no § 2º do art. 113, razão pela qual a incompetência absoluta pode ser suscitada a qualquer tempo pelo

---

[104] "**As 'astreintes' podem ser fixadas pelo juiz de ofício**, mesmo sendo contra pessoa jurídica de direito público, que ficará obrigada a suportá-las caso não cumpra a obrigação de fazer no prazo estipulado" (REsp 201.378 – SP, 6ª Turma do STJ, rel. Min. FERNANDO GONÇALVES, j. 1º.6.1999, *DJ* 21.6.1999) (grifamos).

devedor, por petição *avulsa* ou exceção de pré-executividade, independentemente da oposição da impugnação, e mesmo reconhecida de ofício pelo magistrado, por ser questão processual de ordem pública, do interesse do Estado, extrapolando o interesse privado das partes, sem descuidar da possibilidade de o cumprimento da sentença ser requerido perante o juízo do local onde se encontram bens sujeitos à expropriação ou no do atual domicílio do executado, conforme parágrafo único do art. 475-P.

14.8.2.2 Sentença penal condenatória transitada em julgado

A vítima de um ato ilícito pode ingressar com ação de indenização por perdas e danos como resposta à agressão sofrida, no prazo prescricional geral previsto no inciso V do § 3º do art. 206 da Lei Civil, reclamando a indenização correspondente, devendo fazer prova da ocorrência do dano, do ato do agente e do nexo de causalidade, como os *pilares* da teoria da responsabilidade civil.

Há casos, contudo, que envolvem fatos de repercussão no âmbito cível e no âmbito penal, como um atropelamento, podendo o responsável pelo ato responder na esfera cível, através da ação de indenização por perdas e danos, e/ou na esfera penal, pelo cometimento do crime de lesão corporal, na sua modalidade culposa (§ 6º do art. 129 do CP).

Sobre o tema, deve ser dito que há *independência entre as instâncias*, nos termos do art. 935 do CC,[105] de modo que a ação cível, regra geral, não é *invadida* pela conclusão que derivar da esfera penal, exceto quando nesta são reconhecidas a autoria e a materialidade do fato, que não mais podem ser questionadas na esfera cível (parte final do art. 935 do CC).

Um dos efeitos *genéricos* da condenação criminal é tornar certa a obrigação de indenizar, conforme verificamos pela análise do inciso I do art. 91 do CP, de modo que a vítima, diante da prática do ato ilícito que apresenta duplo desdobramento (na esfera cível e na esfera penal), pode permanecer inerte no que se refere à postulação no cível, deixando de ingressar com a ação de indenização por perdas e danos, aguardando o desfecho da ação penal para executar o título contra o causador do ato ilícito, se a sentença for condenatória.

A opção pode parecer ser a mais confortável para a vítima, já que não se envolveria com os percalços da ação de indenização por perdas e danos, considerando, sobretudo, que a demanda tem curso pelo rito ordinário, como regra, com todas as consequências daí advindas (demora de desate, ampla instrução probatória, admis-

---

105 Com a seguinte redação: "Art. 935. A responsabilidade civil é independente da criminal, não se podendo questionar mais sobre a existência do fato, ou sobre quem seja o seu autor, quando estas questões se acharem decididas no juízo criminal."

sibilidade da prática de todo e qualquer ato processual, admissibilidade de quase todos os recursos etc.).

Contudo, não nos parece a melhor opção, por que a vítima conviveria com ação igualmente complexa, na qual atua como mero assistente de acusação, ou seja, como *coadjuvante* do órgão Ministerial,[106] devendo ser registrada a possibilidade da sua atuação como sujeito do processo diante da inércia do membro do MP, instaurando a chamada *ação privada subsidiária* (art. 29 do CPP).[107]

Em relação ao processo criminal, é orientado pelo *princípio da presunção de inocência* ou *não culpabilidade*, forçando o Ministério Público a se empenhar na produção das provas, o que nem sempre é possível do ponto de vista estrutural, em decorrência do imenso volume de trabalho assumido pela instituição.

Quer nos parecer que o mais sensato é o ingresso da ação de indenização por parte da vítima, dos seus sucessores ou herdeiros, assumindo o autor a condição de *protagonista* do embate processual, possibilitando o *controle* do processo, principalmente no que se refere à instrução, que é a fase mais importante de qualquer demanda judicial, segundo entendemos.

De qualquer modo, se a decisão da vítima pendeu no sentido de aguardar o desfecho da ação penal para utilizar a sentença criminal como título hábil à instauração da execução cível, observamos que este título não se reveste do atributo relativo à *liquidez*, não trazendo em seu âmbito condenação em dinheiro (o *quantum debeatur*), a não ser pela fixação de uma multa associada ou não à condenação principal, sendo de sua característica maior a aplicação de uma pena restritiva de direito ou privativa de liberdade (art. 32 do CP). A condenação criminal estabelece o *an debeatur*, sem fixar o *quantum debeatur*.[108]

Sendo toda e qualquer execução fundada em título líquido, certo e exigível, o credor deve instaurar a *liquidação de sentença* antes da execução, para obter decisão interlocutória, que se integra ao título penal condenatório, atribuindo-lhe o requisito até aquele momento ausente, possibilitando o ingresso da execução. A liquidação

---

106 Não podendo arrolar testemunhas, diante da inexistência de previsão legal, mesmo porque a admissão na qualidade de assistente do Ministério Público está condicionada à existência de uma ação penal instaurada, e, portanto, com denúncia oferecida (e recebida), dela já constando a indicação do rol de testemunhas. Também não pode requerer a decretação da prisão preventiva.

107 "Art. 29. Será admitida a ação privada nos crimes de ação pública, se esta não for intentada no prazo legal, cabendo ao Ministério Público aditar a queixa, repudiá-la ou oferecer denúncia substitutiva, intervir em todos os termos do processo, fornecer elementos de prova, interpor recurso e, a todo tempo, no caso de negligência do querelante, retomar a ação como parte principal."

108 Nesse sentido preciso o ensinamento da doutrina: "A condenação criminal produz efeitos no juízo cível, tornando certa a obrigação de indenizar o dano. O que se irá apreciar no cível é o *quantum debeatur* da indenização (e não o *an debeatur*), já que o título executório fornecido pelo juízo penal nesse ponto é incompleto" (COSTA JÚNIOR, Paulo José da. *Comentários ao Código Penal*. São Paulo: Saraiva, 1986. v. 1. p. 439).

pode ser feita por *artigos* ou por *arbitramento*, devendo ser destacado, por exemplo, o caso de um pai de família que perdeu a vida em decorrência de acidente automobilístico, tendo sido proposta ação penal, com desfecho pela procedência do pedido, autorizando a utilização do título na esfera cível, desde que o pronunciamento *importado* do crime transite em julgado.

Os familiares da vítima terão de provar os ganhos mensais do falecido, auferidos antes do fato, e a própria relação de dependência, o que reclama a instauração da liquidação por artigos, possibilitando a produção da prova de *fato novo* (art. 475-E do CPC).

Não obstante as reflexões que constam em linhas anteriores, advertimos que a Lei 11.719, de 20 de junho de 2008, modificou o inciso IV do art. 387 do CPP, dentre outros, para prever que o magistrado, ao sentenciar, *fixará valor mínimo para reparação dos danos causados pela infração, considerando os prejuízos sofridos pelo ofendido*.

Não simpatizamos com a técnica legislativa, considerando que a instrução criminal investiga fatos de natureza penal, para confirmar (ou não) a autoria e a materialidade da prática criminosa, distanciando-se do exame de documentos, da ouvida das testemunhas, do depoimento da vítima e do acusado, da realização de perícia, com o intuito de comprovar o dano e a sua extensão, com o objetivo de formar o convencimento do magistrado, possibilitando a fixação da indenização, com fundamento no art. 944 do CC.

Além disso, ao prever que a sentença criminal deve fixar a indenização a ser paga pelo ofensor à vítima (ou aos seus familiares), é evidente que a lei tem a sua aplicação limitada aos danos materiais, já que a tarefa de fixar a indenização por dano moral é uma prerrogativa do juiz que atua no cível, em decorrência da jurisdição criminal, que não tem por função o arbitramento de indenizações pela ocorrência do dano moral.

Outro entrave que pode determinar o desprezo da sentença penal condenatória como título executivo judicial diz respeito à possibilidade do seu uso apenas contra o réu da ação penal,[109] não podendo ser utilizada para atingir pessoas que não tenham figurado na ação.[110]

---

109 "A sentença penal condenatória é título executivo judicial apenas em relação ao réu contra quem foi proferida. Eventual pretensão da vítima ou de seus sucessores contra outra pessoa que deva responder pela reparação civil, além do condenado criminal, precisa ser objeto de processo de conhecimento" (*RT* 789/264). No mesmo sentido: "**A sentença penal condenatória não constitui título executivo contra o responsável civil pelos danos decorrentes do ilícito, que não fez parte da relação jurídico-processual, podendo ser ajuizada contra ele ação, pelo processo de conhecimento**, tendente à obtenção do título a ser executado. Recurso especial conhecido" (REsp 343917 – MA, 3ª Turma do STJ, rel. Min. CASTRO FILHO, j. 16.10.2003, *DJ* 3.11.2003) (grifamos).

110 Sobre o assunto, reproduzimos o ensinamento da doutrina: "No concernente à legitimidade passiva, o horizonte legitimador se exaure por quem se encontra *condenado* na sentença penal. Legitimado passivo na demanda executória é apenas o 'devedor reconhecido como tal no título' (art. 568, I, do Cód. de Proc. Civil). Conseguintemente, todas as pessoas que respondem, civilmente, pelo delito penal, de

A constatação restringe demasiadamente a utilização da sentença penal condenatória como título executivo no âmbito cível, já que a ação indenizatória pode ser proposta não apenas contra o *agente*, ou seja, a pessoa responsável pela prática do ato que originou o dano, mas também contra um terceiro que tenha relação direta com aquele (pais, por atos praticados pelos filhos; empregadores, por atos praticados por empregados, por exemplo). A matéria está disciplinada pelo art. 932 do CC, apresentando o rol dos que se *ligam* à pretensão indenizatória pela vinculação com a pessoa diretamente responsável pela ocorrência do dano.

Extraímos do rol legal o *empregador*, que se responsabiliza por atos praticados por empregados, prepostos ou serviçais (inciso III do art. 932 do CC), pagando as indenizações decorrentes da atuação negligente do sujeito a ele vinculado. Apenas como ilustração, perceba a hipótese de empregador que delega a um funcionário o encargo de transportar mercadorias, utilizando de veículo automotor. No desenrolar da atividade, por descuido, o funcionário atropela uma pessoa, que falece em decorrência do impacto sofrido. O empregado responderá pela prática do homicídio culposo, tudo indicando que seja condenado, em face das circunstâncias do caso.

A família da vítima pode reclamar do agente (e/ou de seu empregador) o pagamento das perdas e danos, incluindo danos morais e materiais, até mesmo lucro cessante. Porém, se a ação penal foi proposta, resultando a prolação de sentença condenatória, o título só pode ser utilizado contra o funcionário, que foi o réu da ação criminal, sem que a vítima possa utilizar o título contra o empregador, já que não tomou assento na *querela penale*, não lhe tendo sido conferido o direito de defesa.

Se a vítima pretende receber indenização do empregador, pois se apresenta com maior possibilidade de adimplir a obrigação, é forçoso o desprezo da sentença penal condenatória, justificando o ingresso da ação de indenização por perdas e danos, submetendo o prejudicado a todo o trâmite do processo de conhecimento.

A sentença penal condenatória será utilizada no âmbito cível não como título executivo judicial, mas como meio de prova da existência do fato e da sua autoria, atando-se às demais provas que serão produzidas na ação de conhecimento. Perde a sua original condição de título executivo (porque não pode ser utilizado contra o empregador) para ganhar a *status* de prova judicial, podendo ser aproveitada ou não pelo juiz, a teor do art. 131, que dispõe sobre o *sistema do livre convencimento racional ou motivado do magistrado*.

De qualquer modo, se a sentença penal condenatória for útil para a parte (quando o réu for abastado, tendo condições de suportar a execução forçada), a ação de execução pode ser proposta pela vítima, seus herdeiros ou sucessores, como permitido pelo inciso I do art. 567, bem como pelo Ministério Público, na condição

---

modo objetivo ou com base na culpa, não se submetem à eficácia anexa. Contra elas, o lesado precisará obter título executivo civil (art. 584, I, do Cód. de Proc. Civil), ou seja, deverá propor ação reparatória civil" (ASSIS, Araken de. *Eficácia civil da sentença penal*. 2. ed. rev. atual. e ampl. São Paulo: Revista dos Tribunais, 2000. p. 96).

de *substituto processual*, sendo o credor pobre ou pobre e incapaz.[111] O assunto foi estudado no capítulo *Do Ministério Público*, no volume 1 desta obra.

A execução do pronunciamento penal reclama a extração da carta de sentença, por não ser promovida perante o juízo criminal, valendo como *instrumento formal do título executório*,[112] como o documento que conduz os atributos de certeza e de exigibilidade, fundamentando a instauração da fase de liquidação para apuração da extensão da obrigação a ser adimplida.

14.8.2.3 Sentença homologatória de transação e de conciliação

O processo pode findar através de composição havida entre as partes, representada por petição dirigida ao juiz do processo, com o requerimento de homologação das condições nela previstas. Eventual descumprimento aos termos do acordo pode gerar a instauração da execução, nos mesmos moldes da que seria instaurada com fundamento em sentença que pôs fim à demanda de forma *traumática*, ou seja, quando o pronunciamento é ato de *criação* exclusiva do magistrado.

O tema em análise não reclama maiores divagações doutrinárias, devendo ser apenas afirmado que a homologação em princípio deveria se cingir aos limites objetivos e subjetivos do processo, sem contemplar matéria estranha ao que foi discutido pelas partes. Assim, perceba a ação que persegue o pagamento de indenização pelos danos morais suportados pelo autor, e apenas dos danos morais. No curso do processo, as partes decidem pôr fim à controvérsia, solicitando que o magistrado homologue o acordo, que insere em seu texto não apenas a indenização pelos danos morais, mas também da parcela de danos materiais, incluindo lucros cessantes.

O acolhimento em análise em princípio não poderia ser realizado, em respeito ao *princípio da adstrição*, da *congruência* ou da *correlação*,[113] como limitador da fun-

---

111 "Se o credor for pobre, a execução pode ser promovida pelo representante do Ministério Público, se o interessado o requerer, nos termos do art. 68 do diploma processual penal. Se for pobre e incapaz, não há necessidade de requerimento" (SHIMIURA, Sérgio. *Título executivo.* São Paulo: Revista dos Tribunais, 1997. p. 165). Ainda sobre o tema, trazemos a lume o teor do art. 68 do CPP: "Quando o titular do direito à reparação for pobre (art. 32, §§ 1º e 2º), a execução da sentença condenatória (art. 63) ou a ação civil (art. 64) será promovida, a seu requerimento, pelo Ministério Público."

112 Nesse sentido precisa a lição da doutrina criminal: "Como a execução não se processa nos autos originais para efeito de satisfação do dano, não pode ser processada quer naqueles, quer nos suplementares, porquanto outro é o juízo, outra a jurisdição. Deverá, assim, a parte munir-se de carta de sentença. Esta, extraída do processo condenatório, será o instrumento formal do título executório e deverá conter: a) autuação; b) denúncia ou queixa; c) sentença condenatória; d) certidão de que passou em julgado a sentença condenatória; e) assinaturas do juiz e do escrivão" (TOURINHO FILHO, Fernando da Costa. *Manual de processo penal*. 3. ed. São Paulo: Saraiva, 2001. p. 187).

113 A matéria é bem tratada pela doutrina especializada: "Pelo princípio da ação, instaura-se o processo civil exclusivamente por iniciativa da parte, mas, a partir do ajuizamento da demanda, assume o Poder Judiciário o dever de zelar para que o processo prossiga (como, aliás, preceitua o art. 262 do

ção jurisdicional. Contudo, se foi homologado através de sentença que transitou em julgado, o acordo pode e deve ser posteriormente executado, respeitando os limites da coisa julgada.[114]

Embora entendamos que a homologação do acordo não pode transbordar os limites do que foi articulado pelo autor na petição inicial, registramos que o debate perdeu força após a edição das Leis n°s 10.358, de 27.12.2001 e 11.232, de 23.12.2005, catalogando como título executivo judicial *a sentença homologatória de conciliação ou de transação, ainda que verse matéria não posta em juízo*, ratificando o que já era defendido por parte da doutrina.[115]

De qualquer modo, da mesma forma como observamos em relação à sentença que impõe condenação à parte vencida, o pronunciamento meramente homologatório deve ser executado perante o mesmo juízo que formou o título, mais uma vez representando hipótese de competência absoluta (de natureza funcional).

Antevemos imensa dificuldade de defesa para o executado em oposição à penhora formalizada na execução, diante da constatação de que o magistrado (através do título) nada mais fez do que homologar o acordo firmado pelo próprio devedor, em conjunto com o credor, pelo qual aquele se obrigou a adimplir o encargo estabe-

---

CPC, manifestação do princípio do impulso oficial), segundo as normas processuais em vigor. Ao sentenciar, deverá o juiz observar a extensão do pedido formulado na inicial, princípio que corresponde aos brocardos latinos '*sententia debet esse conformis libello, nec ultra petita proferre valet*', '*ne eat iudex ultra petita partium*', '*iudex secundum allegata et probata decidere debet*' e '*tantum iudicatum quantum litigatum*', e que encontra fundamento no efeito da demanda judicial de delimitar a '*materia del contendere*' e também no âmbito dos poderes do juiz. Ou seja, na sentença de mérito, deve o juiz acolher ou rejeitar, total ou parcialmente, o pedido formulado pelo autor. Isto significa que a decisão somente pode ser proferida dentro dos limites da pretensão". E mais adiante: "Claro está que o princípio da adstrição não se aplica apenas à sentença, mas a todas as decisões proferidas pelo juiz em atendimento a pedidos formulados pelas partes no decorrer do processo" (NETO, José Cretella. *Fundamentos principiológicos do processo civil.* Rio de Janeiro: Forense, 2002. p. 148-149).

114 "Ainda que a transação verse sobre matéria alheia à ação pendente, se for homologada em juízo, constitui título executivo judicial, ensejando execução perante o mesmo juízo que a homologou" (NERY JUNIOR, Nelson. *Código de Processo Civil comentado e legislação processual extravagante em vigor.* 4. ed. rev. e atual. São Paulo: Revista dos Tribunais, 1999. p. 1.094).

115 Nesse sentido: "Mas quanto à questão da possibilidade de haver homologação judicial sobre questão não posta em juízo é dúvida que nos afigura pertinente. Com a Lei nº 9.307/96, houve a supressão da autorização legal que permitia a homologação de acordo, mesmo que extrapolasse os lindes do pedido (ex: transação em ação de despejo, em que se previa multa para a hipótese de não desocupação do imóvel no prazo fixado). No entanto, sem embargo da supressão havida, quer nos parecer que o legislador não pretendeu retroceder na evolução do direito processual civil, muito menos diminuir os canais de acesso à tutela executiva. Todo o movimento reformista tem sido no sentido de dar maior agilidade na formação do título executivo. E a simples omissão do atual inciso III do art. 584 não pode configurar exceção à regra. Em verdade, o legislador disse menos do que pretendia. Com isto, fica superado o entendimento segundo o qual a transação não poderia desbordar os limites contidos no pedido inicial, e a respectiva execução haveria de ser objeto de processo autônomo" (SHIMURA, Sérgio. *Título executivo.* São Paulo: Revista dos Tribunais, 1997. p. 254).

lecido em manifestação de vontade ratificada. Sua defesa fica praticamente limitada à arguição de um vício do ato de vontade, a saber: erro, dolo, fraude, coação ou simulação, apoiando-se nas regras dispostas nos arts. 138 ss do CC.

O título executivo judicial, na situação analisada, não é a petição apresentada pelas partes, com as condições do ajuste, mas a sentença que homologa o acordo, acarretando a extinção do processo com a resolução do mérito, com fundamento no inciso III do art. 269, de modo que, se o magistrado não homologar a composição, não cabe a execução do título (da petição), que não é *executivo*.

14.8.2.4 Sentença estrangeira homologada pelo Superior Tribunal de Justiça

No Capítulo 1 desta obra, deixamos registrado que a sentença condenatória proferida por autoridade estrangeira apenas surte efeitos em nosso território depois de homologada pelo STJ (conforme alínea *i* do inciso I do art. 105 da CF, modificada pela Emenda Constitucional nº 45/2004). Depois da homologação, é título executivo judicial, comportando execução forçada.

Para que o título seja homologado pelo STJ, é necessário que não ofenda a soberania nacional, a ordem pública e os bons costumes, provando o interessado ter sido proferida por juiz competente, terem sido as partes citadas ou haver-se legalmente verificado a revelia, ter passado em julgado e estar revestida das formalidades necessárias à execução no lugar em que o pronunciamento foi proferido, além de estar autenticada pelo cônsul brasileiro, acompanhada de tradução oficial. Os requisitos em estudo constam do art. 5º da Resolução nº 9, de 4.5.2005, editada pelo STJ para dispor, em caráter transitório, sobre competência acrescida à Corte pela Emenda Constitucional nº 45/2004.

Autuada a petição, não sendo caso de emenda, o requerido é citado para contestar o pedido no prazo de 15 dias, limitando-se a defesa a arguir a autenticidade dos documentos atados ao pedido, a inteligência da decisão e a observância dos requisitos alinhados na Resolução informada. Após o recebimento da defesa, abre-se vista dos autos ao requerente para a apresentação da réplica, seguindo os autos conclusos para parecer do Procurador-Geral, no prazo de dez dias, ultimando-se o procedimento com a prolação de decisão que acolha ou que rejeite a pretensão homologatória.

Confirmada a homologação, a execução da sentença deve ser instaurada perante a Justiça Federal, não se aplicando a regra geral de que o título deve ser executado pelo juízo que o *criou*, em atenção ao inciso X do art. 109 da Carta Magna,[116] sendo hipótese de competência absoluta, que não pode ser desprezada pelo credor, sob

---

[116] "Art. 109. Aos juízes federais compete processar e julgar: *Omissis*; X – os crimes de ingresso ou permanência irregular de estrangeiro, a execução de carta rogatória, após o 'exequatur', e de sentença

pena de deparar com o reconhecimento da incompetência, segundo previsão do § 2º do art. 113.

14.8.2.5 *O formal e a certidão de partilha, exclusivamente em relação ao inventariante, aos herdeiros e aos sucessores a título singular ou universal*

O formal de partilha é o documento recebido pelo herdeiro como resultado da conclusão do processo de inventário e da partilha dos bens inventariados (art. 1.027),[117] atribuindo ao legitimado a propriedade dos bens objeto da sucessão *causa mortis*. Com o documento, o beneficiário pode comparecer ao Cartório de Imóveis (se o bem que lhe foi destinado for dessa natureza), ao DETRAN (no caso de automóveis) etc., solicitando o registro, consumando a vontade da lei (na sucessão legítima) ou a do *de cujus* (na sucessão testamentária).

Embora a *abertura da sucessão* imponha a transferência da posse e da propriedade dos bens inventariados aos herdeiros, além de direitos e de obrigações, essa transferência é provisória, sendo apenas concluída com o desfecho do processo de inventário e com o encerramento da fase de partilha. Até que isso ocorra, os herdeiros permanecem em estado condominial, sendo indivisível o direito de cada um sobre os bens que compõem o acervo hereditário.

Com o recebimento do formal de partilha, o beneficiário pode se surpreender com a presença do inventariante ou de qualquer herdeiro na posse do bem, reclamando a adoção de providência judicial que imponha o afastamento da pessoa da coisa destinada ao herdeiro em face da conclusão da partilha. Na hipótese, considerando as pretensões do herdeiro/credor, é necessária a expedição do mandado de imissão na posse (para bens imóveis) ou de busca e apreensão (para os bens móveis), operando-se a entrega da coisa independentemente da instauração da execução, segundo as regras que integram os arts. 461 ss, sem afastar a eventual instauração da execução por quantia certa.

Apenas para exemplificar a última possibilidade, perceba a situação do inventariante que movimentava conta-corrente de titularidade do *de cujus*, sendo o numerário destinado a um herdeiro na partilha. Ao receber o formal de partilha, o herdeiro descobre que o valor foi sacado pelo inventariante, sem efetiva utilização em favor da universalidade. O prejudicado pode requerer a instauração da execução

---

estrangeira, após a homologação, as causas referentes à nacionalidade, inclusive a respectiva opção, e à naturalização; *omissis*."

117 "Art. 1.027. Passado em julgado a sentença mencionada no artigo antecedente, receberá o herdeiro os bens que lhe tocarem e um formal de partilha, do qual constarão as seguintes peças: I – termo de inventariante e título de herdeiros; II – avaliação dos bens que constituíram o quinhão do herdeiro; III – pagamento do quinhão hereditário; IV – quitação dos impostos; V – sentença."

por quantia certa contra a pessoa que exerceu a inventariança, compelindo o devedor a pagar-lhe o valor correspondente ao levantamento indevido.

É importante afirmarmos que o título em exame só pode ser utilizado contra os herdeiros e o inventariante do processo de inventário, não contra terceiros que não participaram da relação processual em análise. Isto decorre do respeito pelos *limites subjetivos da coisa julgada*, não podendo a sentença (de partilha) produzir efeitos em relação a terceiros que não tomaram assento no procedimento que culminou com a formação do título executivo (art. 472).[118]

Se o bem destinado ao herdeiro estiver na posse de um terceiro, a ação de execução não pode ser contra este proposta, reclamando a ação de conhecimento, objetivando a formação do título que determine o adimplemento da obrigação de entregar a coisa. Parte da doutrina apresenta interpretação mais flexível sobre o assunto, entendendo que, se o terceiro recebeu a coisa de outro herdeiro, a postulação contra a sua pessoa é admitida, como percebemos através da análise da lição de HUMBERTO THEODORO JÚNIOR:[119]

> *"Se o bem herdado se encontrar na posse de estranho, sem vínculo com o inventariante ou os demais sucessores do acervo partilhado, o titular do formal não poderá utilizar-se diretamente da execução forçada; terá de recorrer, primeiro, ao processo de conhecimento para obter a condenação do terceiro à entrega da coisa. Caso, porém, o referido bem tenha sido transferido pelo inventariante ou por algum herdeiro – a título singular ou universal (inclusive* causa mortis*) – o adquirente ficará, segundo o art. 584, parágrafo único, sujeito à força executiva do formal, pois terá, então, apenas ocupado o lugar do transmitente na sujeição ao título executivo."*

Se o bem transmitido ao herdeiro estiver na posse de um terceiro que não mantém qualquer relação com outro herdeiro ou com o inventariante, devemos definir a ação judicial a ser proposta visando à recuperação da coisa, considerando que a ação executiva está descartada nesse caso. Duas ações em tese poderiam ser ajuizadas pelo herdeiro: ação possessória e ação reivindicatória.

No primeiro caso, sendo admitida a propositura da ação possessória, advertimos que esta demanda exige do autor a demonstração de que exerceu posse sobre a coisa disputada anteriormente à turbação ou ao esbulho praticado pelo réu (art. 927). Embora parte da doutrina afirme que não haveria posse na espécie, posto que esta era exercitada pelo *de cujus* e não pelo herdeiro que o sucedeu, entendemos

---

118 "Art. 472. A sentença faz coisa julgada às partes entre as quais é dada, não beneficiando, nem prejudicando terceiros. Nas causas relativas ao estado de pessoa, se houverem sido citados no processo, em litisconsórcio necessário, todos os interessados, a sentença produz coisa julgada em relação a terceiros."

119 THEODORO JÚNIOR, Humberto. *Processo de execução*. 20. ed. São Paulo: Leud, 2000. p. 136.

que a redação do art. 1.784 do CC,[120] em combinação com o art. 1.199 do mesmo Diploma Legal,[121] dá azo à postulação através da ação possessória, visto que a posse do bem inventariado foi transferida ao herdeiro no momento do falecimento do autor da herança.

O herdeiro já estava desde então legitimado à propositura da demanda possessória contra o turbador ou o esbulhador, direito que nos parece muito mais consolidado quando a coisa sai do estado condominial, sendo transferida com exclusividade ao sucessor agraciado pela partilha. Contudo, na dúvida, o autor pode perseguir a entrega da coisa através da ação reivindicatória, prevista no art. 1.228 do CC, admitindo o deferimento da tutela antecipada, desde que o autor faça prova do preenchimento dos requisitos específicos (prova inequívoca da verossimilhança da alegação e *periculum in mora* ou prova inequívoca da verossimilhança da alegação e manifesto propósito protelatório do réu).

O formal de partilha extraído do processo de inventário, embora não fundamente a propositura da ação de execução contra o terceiro/possuidor, é imprescindível para ratificar a legitimidade ativa do sucessor, considerando que a ação reivindicatória é ação de domínio, reclamando a demonstração da condição de proprietário por parte do autor. Para tanto, o beneficiário deve providenciar o registro do formal de partilha no Cartório de Imóveis competente.

O CPC considera título executivo judicial não apenas o formal de partilha, como também a certidão. O último dos documentos é extraído de processo de inventário de pequeno valor, quando o quinhão hereditário é igual ou inferior a cinco salários-mínimos (parágrafo único do art. 1.027).[122] A certidão em referência reproduz a sentença de partilha transitada em julgado.

14.8.2.6 Sentença arbitral

Em decorrência da demora na entrega da prestação jurisdicional, o legislador positivou em nosso sistema jurídico o instituto da *arbitragem*, *importando* o que já era realidade em outros países, representando *forma alternativa de composição dos litígios* por pessoa que não integra, necessariamente, os quadros do Estado. Sua aplicação decorre da inclusão, em compartimento de contrato firmado entre partes, da intitulada *cláusula compromissória* (art. 4º da Lei nº 9.307, de 23 de setembro de

---

120 "Art. 1.784. Aberta a sucessão, a herança transmite-se, desde logo, aos herdeiros legítimos e testamentários."

121 "Art. 1.199. Se duas ou mais pessoas possuírem coisa indivisa, poderá cada uma exercer sobre ela atos possessórios, contanto que não excluam os dos outros compossuidores."

122 "Art. 1.027. *Omissis*. Parágrafo único. O formal de partilha poderá ser substituído por certidão do pagamento do quinhão hereditário, quando este não exceder cinco (5) vezes do salário-mínimo vigente na sede do juízo; caso em que se transcreverá nela a sentença de partilha transitada em julgado."

1996),[123] sendo facultativa a de *eleição de árbitro*, considerando que este pode ser escolhido pelas partes após a celebração do ajuste.

Pela *cláusula compromissória*, as partes afirmam que, se houver litígio decorrente do descumprimento do contrato, o problema será resolvido sem a intervenção de representante do Poder Judiciário, através de um árbitro eleito (ou não) no instante da contratação.

A estipulação substitui a denominada *cláusula de eleição de foro*, que por seu turno decorre da aplicação do art. 111 do CPC.[124] Confirmado o descumprimento de qualquer cláusula inserida no contrato, será instituída a arbitragem, resultando em conclusão apresentada pelo árbitro escolhido e/ou aceito pelos contratantes. A conclusão a que nos reportamos recebeu a denominação de *sentença arbitral*, possibilitando a instauração da execução para compelir o devedor a adimplir a obrigação definida no documento, seja de pagar quantia certa, de dar coisa certa ou incerta, de fazer ou de não fazer.[125]

O art. 26 da Lei de Arbitragem (Lei nº 9.307, de 23.9.1996) textualiza os requisitos essenciais da *sentença arbitral*, que se aproximam dos requisitos da sentença judicial, contemplados no art. 458 do CPC. Embora se constituam requisitos da sentença arbitral, entende a jurisprudência que a eventual irregularidade formal de determinado requisito não acarreta a nulidade da sentença, desde que a decisão tenha atingido a sua finalidade.[126]

Ainda sobre o tema, se a convenção de arbitragem foi pactuada em contrato, obrigando-se as partes a submeter o encargo de solucionar o conflito de interesses a um árbitro, em princípio a estipulação deve ser cumprida, afastando a possibilidade de a questão ser levada ao conhecimento do Poder Judiciário. *Em princípio* por que na eventualidade de uma das partes descumprir o prévio acordo de vontades, levando o caso ao conhecimento do Poder Judiciário (ao invés de submetê-lo a um árbitro), e desde que haja silêncio da outra parte no prazo da defesa, há *preclusão* do tema, com prorrogação da competência.

---

123 "Art. 4º A cláusula compromissória é a convenção através da qual as partes em um contrato comprometem-se a submeter-se à arbitragem os litígios que possam vir a surgir, relativamente a tal contrato."

124 Com a seguinte redação: "Art. 111. A competência em razão da matéria e da hierarquia é inderrogável por convenção das partes; mas estas podem modificar a competência em razão do valor e do território, elegendo foro onde serão propostas as ações oriundas de direitos e obrigações."

125 O art. 31 da Lei de Arbitragem apresenta a seguinte redação: "Art. 31. A sentença arbitral produz, entre as partes e seus sucessores, os mesmos efeitos da sentença proferida pelos órgãos do Poder Judiciário e, sendo condenatória, constitui título judicial."

126 "**A exemplo do que se dá em relação ao processo jurisdicionalizado, não se deve declarar a invalidade do juízo arbitral quando ele alcança o seu objetivo, não obstante a ocorrência de irregularidades formais**" (*RSTJ* 29/544) (grifamos).

O juízo que em princípio não tinha competência para julgar o processo torna-se competente em decorrência da inércia do réu, por não ter denunciado a impossibilidade de a questão ser julgada pelo órgão do Estado (Poder Judiciário) no momento da apresentação da contestação. A matéria deve ser suscitada como preliminar da contestação, segundo o inciso IX do art. 301, sendo a única preliminar desse dispositivo que exige arguição exclusivamente no momento da apresentação da defesa, não admitindo conhecimento posterior.

Isto ocorre porque a matéria não é de ordem pública, a merecer apreciação de ofício pelo magistrado. Se o réu da demanda não se opôs ao afastamento da competência do árbitro, ao Judiciário não cabe interferir na decisão, por ser de índole meramente privada.

14.8.2.7 Acordo extrajudicial, de qualquer natureza, homologado judicialmente

O art. 57 da Lei nº 9.099/95 já previa a possibilidade de os Juizados Especiais Cíveis homologarem acordo extrajudicial, entendido como a disposição assinada pelas partes, através da qual assumem obrigações unilaterais ou bilaterais, cujo não cumprimento comporta a instauração da execução forçada, após a homologação da vontade manifestada pelas partes por iniciativa da autoridade jurisdicional competente.

14.8.3 Títulos executivos extrajudiciais

Como visto em outras passagens desta obra, não vislumbrávamos diferença entre os títulos executivos judiciais e os extrajudiciais, em face de o CPC de 1973 ser adepto do *sistema unitário*, realidade também vista no direito processual civil italiano, no português, no austríaco etc., contrapondo-se ao *sistema dualista*, como é a realidade na Espanha, por exemplo.

A diferença refere-se à *defesa* do devedor, que na primeira hipótese é limitada (art. 475-L),[127] sendo ampla na segunda (art. 745),[128] diante da constatação de não

---

[127] "Art. 475-L. A impugnação somente poderá versar sobre: I – falta ou nulidade da citação, se o processo correu à revelia; II – inexigibilidade do título; III – penhora incorreta ou avaliação errônea; IV – ilegitimidade das partes; V – excesso de execução; VI – qualquer causa impeditiva, modificativa ou extintiva da obrigação, como pagamento, novação, compensação, transação ou prescrição, desde que superveniente à sentença."

[128] "Art. 745. Nos embargos, poderá o executado alegar: I – nulidade da execução, por não ser executivo o título apresentado; II – penhora incorreta ou avaliação errônea; III – excesso de execução ou cumulação indevida de execuções; IV – retenção por benfeitorias necessárias ou úteis, nos casos de

ter sido instaurado processo de conhecimento antes da formação do título. Assim, em respeito ao *princípio do contraditório e da ampla defesa*, é necessário conferir instrumento jurídico-processual de maior amplitude quando a postulação apoiar-se em título executivo extrajudicial.

O título reveste-se dos mesmos atributos do judicial (certeza, liquidez e exigibilidade). Contudo, para a desconstituição desses atributos, a lei admite que o devedor impugne o documento sem restrições, fazendo alusão a todas às matérias, como se estivesse diante de um processo de conhecimento.

Os títulos executivos extrajudiciais estão relacionados no art. 585 e em legislações esparsas, com a ressalva de que prevalecem quando em confronto com a lei geral, em atenção ao *princípio da especialidade*. Assim, apenas para exemplificar, o inciso VIII do § 3º do art. 206 do CC prevê o prazo de três anos para o exercício da "pretensão para haver pagamento de título de crédito, a contar do vencimento", complementando a sua redação com a ressalva de que as disposições de lei especial são respeitadas.

Tecemos considerações em linhas seguintes não só para destacar as características de cada título extrajudicial, como também para a análise das situações *desenhadas* nas leis específicas, que afastam ou completam previsões da norma geral.

14.8.3.1 Letra de câmbio, nota promissória, duplicata, debênture e o cheque – considerações gerais

As espécies alinhadas no inciso I do art. 585 pertencem ao gênero *título de crédito*, sendo marcadas pelos seus princípios informativos, a saber:

a) literalidade;
b) autonomia;
c) abstração.

A *literalidade* limita e determina a extensão das declarações e das manifestações contidas em cada título de crédito, mediante a constatação de que o título vale pelo que se encontra e somente pelo que se encontra nele escrito. Se determinada pessoa obrigou-se de forma verbal a efetuar o pagamento de quantia definida em duplicata, mas não a assinou na condição de avalista, não pode ser instada a efetuar o adimplemento da obrigação. No mesmo conduto de exposição, se o emitente de uma nota promissória a preenche com a declaração de que promete pagar determinada soma em dinheiro no vencimento, não se pode exigir do devedor o pagamento de soma

---

título para entrega de coisa certa (art. 621); V – qualquer matéria que lhe seria lícito deduzir como defesa em processo de conhecimento. *Omissis*".

maior em dinheiro, mesmo que a promessa tenha sido feita verbalmente à pessoa que recebeu o título para cobrança futura.

O título vale pelo que se encontra nele escrito, desde que a declaração se coadune com os permissivos da lei, sob pena de a manifestação ser considerada não escrita. O art. 890 do CC dispõe:

> *"Art. 890. Consideram-se não escritas no título a cláusula de juros, a proibitiva de endosso, a excludente de responsabilidade pelo pagamento ou por despesas, a que dispense a observância de termos e formalidades prescritas, e a que, além dos limites fixados em lei, exclua ou restrinja direitos e obrigações."*

A *autonomia* do título diz respeito ao seu desapego em relação a outras obrigações que tenham sido assumidas pelo próprio emitente ou por um terceiro. A assinatura lançada por uma pessoa no título, seja ele obrigado principal ou subsidiário, impõe responsabilidade direta pelo cumprimento da obrigação, não podendo o responsável alegar fatos relativos às obrigações assumidas por outras pessoas que tenham assinado o título anteriormente. O portador do título pode exigir o cumprimento da obrigação por qualquer dos coobrigados, mostrando-se a autonomia com relevante importância para garantir a circulação dos títulos, textualizando que as diversas obrigações assumidas num mesmo título são independentes umas das outras.

No que diz respeito à *abstração*, perceba que o título vale por si só, não se podendo em regra indagar a respeito da sua *causa de emissão*. O título desapega-se do negócio jurídico que justificou a sua emissão, o que não é absoluto, sabido, por exemplo, que a duplicata deve representar uma compra e venda ou uma prestação de serviços, sendo *título causal*, de modo que o reconhecimento de que o negócio que gerou a sua emissão é diferente de um dos indicados (cobrança de juros e de correção monetária, referentes ao pagamento de outro título com atraso, *e. g.*) impõe o reconhecimento da sua desqualificação como espécie de título de crédito, desautorizando o manejo da ação de execução, reclamando o ingresso da ação de conhecimento para amplo debate dos fatos relacionados ao negócio que deu origem à emissão do título.

Na hipótese clássica do cheque, imagine a ocorrência de um acidente envolvendo dois veículos, sendo o condutor de um deles o responsável pelo infortúnio, por ter colidido na traseira do outro, fato que justifica o reconhecimento da culpa pelo apontado condutor, gerando a emissão de cheque para pagamento do valor dos prejuízos. Sendo o título devolvido pela instituição bancária sem a provisão de fundos suficientes para o seu pagamento, o credor não necessita justificar na petição inicial da execução que o cheque proveio de um acidente, produzindo prova (ou comprometendo-se a produzi-la) de que o devedor seria o culpado pela colisão.

O fato que gera a emissão do título é irrelevante para o encerramento da ação de execução, bastando ao credor demonstrar que porta o cheque e que o pagamento não foi realizado, o que é provado pelo carimbo aposto em seu verso, com a inclusão da alínea relativa à devolução pela não provisão de fundos suficientes.

Além dos princípios em referência, anotamos que a lei exige uma apresentação formal do título, que este se revista de uma formalidade, que pode (ou não) ser considerada *essencial*. Quando a formalidade for essencial, a sua ausência acarreta a invalidação do título, de modo que não poderá apoiar a propositura da ação de execução. Em outros casos, se a lei considerou a relevância de determinado requisito formal sem qualificá-lo como *essencial*, o título pode manter-se válido mesmo com a ausência do requisito, que é suprida pelo preenchimento de outra exigência de forma.[129] O assunto mereceu estudo complementar por ocasião do enfrentamento das espécies *de per se*.

14.8.3.1.1 Letra de câmbio

O traço que marca a diferença maior entre a letra de câmbio e a nota promissória, ambas cambiais, refere-se à quantidade de pessoas e ao envolvimento que cada uma delas mantém com os dois títulos examinados. Na nota promissória, temos apenas dois protagonistas: o devedor ou emitente do título, que o coloca em circulação, e o seu credor ou portador, pessoa que exigirá do primeiro o cumprimento da obrigação na data de vencimento contemplada no título, somente a partir deste instante se podendo defender a sua exigibilidade como espécie de título executivo extrajudicial.

Na letra de câmbio, temos uma ampliação dos protagonistas do título, a saber: o *tomador*, que se beneficiará do pagamento, o sacador, que ordena o pagamento, e o sacado, pessoa à qual a ordem de pagamento é dirigida. O disciplinamento jurídico da letra de câmbio consta dos Decretos n°s 56.595/66 e 57.663/66, que recepcionaram a Lei Uniforme de Genebra.

A letra de câmbio experimenta os mesmos dissabores da nota promissória, no sentido de se fragilizar (ou não) com a invalidação do negócio jurídico que gerou a sua emissão, não obstante os atributos da *autonomia* e da *abstração*, comuns a todos os títulos de crédito, em grau de maior ou de menor intensidade.

---

129 Precisa a lição da doutrina qualificada: "Cada espécie de título possui, assim, uma forma própria. Isso se obtém através do cumprimento de *requisitos*, expressamente enumerados na lei. Devem, desse modo, tais requisitos constar obrigatoriamente dos títulos, e do modo preconizado na lei. Porque, assumindo as pessoas, nos títulos de crédito, obrigações mediante o lançamento de suas assinaturas nos documentos, a simples posição dessas assinaturas no documento pode acarretar diversidade no cumprimento da obrigação assumida. Os requisitos que devem figurar nos títulos são enumerados de acordo com as espécies dos mesmos; em regra, se faltar no documento ao menos um daqueles requisitos considerados *essenciais*, o escrito não terá o valor de título de crédito, não se beneficiando, assim, do direito especial que ampara esses títulos" (MARTINS, Fran. *Títulos de crédito*. 9. ed. Rio de Janeiro: Forense, 1994. v. 1. p. 15-16).

14.8.3.1.2 Nota promissória

A nota promissória representa *promessa de pagamento* em favor de um beneficiário ou à sua ordem, sendo título formal. A espécie apresenta dois protagonistas: o devedor ou emitente e o credor ou aceitante da nota promissória. Para sua validade como título executivo extrajudicial, o documento deve preencher requisitos, enumerados pela doutrina de forma rígida:[130]

a) a denominação *nota promissória*;
b) a promessa pura e simples de pagar quantia determinada;
c) a identificação da pessoa em favor de quem ou à ordem de quem deve ser paga;
d) a identificação da data da sua emissão;
e) a assinatura do emitente;
f) a data e o lugar do pagamento.

Flexibilizando as exigências da doutrina, embora seja firme no sentido de repelir o pagamento de nota promissória que apresente rasuras,[131] a jurisprudência admite que o título seja emitido em branco, para posterior preenchimento por parte do beneficiário, desde que não seja demonstrada a sua má-fé.[132]

---

[130] Idem. Ibidem. p. 382-387. Apenas como ilustração, para ratificar a rigidez anteriormente referida, reproduzimos o seguinte julgado: "**A ausência da data e do local da emissão na nota promissória constitui irregularidade formal no título, a impedir a cobrança do valor respectivo pela via executiva**" (REsp 137.185 – GO, 4ª Turma do STJ, rel. Min. ALDIR PASSARINHO JR., j. 10.10.2000, *DJ* 12.2.2001) (grifamos).

[131] "Processo de execução. Promissória com valor em algarismo 'modificado'. Extinção fundada no art. 267, IV, do CPC. Comprovada pericialmente a 'modificação' do valor original em algarismo da promissória, perceptível a olho nu, atestando os peritos que dois algarismos (8 e 8) apresentam incompatibilidade com outros algarismos do mesmo tipo exarados na peça questionada, mantém-se a sentença que extinguiu o processo de execução fundado na promissória de R$ 8.800,00, que as executadas dizem ser originariamente de R$ 2.500,00. Cuidando-se de modificação, sem saber se foi adulteração ou correção do valor original numérico e não de divergência entre este e o por extenso, não é o caso de prevalecer este e não se pode afastar a possibilidade de preenchimento posterior abusivo do extenso, incidindo o art. 10 da Lei Uniforme, que ressalva os casos de má-fé ou falta grave. Embargos infringentes rejeitados" (EIAC 51.223/2000, 1ª Câmara Cível do TJDF, rel. Des. MÁRIO MACHADO, j. 26.9.2001, *DJU* 21.11.2001).

[132] "Civil. Processo Civil. Impenhorabilidade. Telefone. Título cambial. Aval. Nota promissória assinada em branco. Art. 242, CC. Descabe a impenhorabilidade de telefone residencial, face a sua fácil aquisição diante da atual situação das empresas de telecomunicações, em decorrência da privatização dos serviços, afastando a essencialidade do bem para a autora, idosa e cardíaca. O aval, instituto de direito cambial, independe da condição de sócia da embargada na empresa executada, desimportando sua saída da sociedade comercial. **O fato de ter a autora assinado título cambial em branco, salvo má-fé comprovada do agente financeiro, em nada torna nulo o título**. A orientação do ESTF é neste sentido, conforme Súmula nº 387 que dita: 'A cambial emitida ou aceita com omissões ou em branco

Bastante comum é a emissão da nota promissória vinculada a contrato, como na hipótese que envolve a compra e venda de imóvel, sendo o pagamento feito em prestações mensais, cada uma representada por nota promissória regularmente preenchida e assinada pelo devedor. Pode ocorrer que o contrato firmado apresente um vício, como a falta de assinatura de testemunhas, sendo desnaturado como título executivo extrajudicial, perquirindo-se como consequência se as notas promissórias também perderiam a força executiva em decorrência da inexigibilidade do contrato.

Lembramos que o título de crédito é *abstrato*, em regra não se prendendo à causa de emissão, razão pela qual entendemos que o fato de ser declarada a inexigibilidade do contrato não resulta a impossibilidade de execução da nota promissória ou da continuação da ação já ajuizada, se esta houver se apoiado nos dois títulos, o que é possível a teor da Súmula 27 do STJ.[133]

Contudo, se o contrato firmado – que deu origem à emissão da nota promissória – é declarado ilíquido, é forçoso concluir que a nota promissória não pode servir como suporte à propositura da ação de execução, posto que se prende a um negócio que não está aperfeiçoado do ponto de vista da exigibilidade das suas obrigações, reclamando a propositura da ação de conhecimento, servida por ampla dilação probatória para apuração do *quantum* efetivamente devido.[134]

A matéria gera inúmeras divergências, vezes para admitir a exigibilidade da nota promissória independentemente da validade do negócio subjacente, vezes para declará-la imprestável para fundamentar a ação de execução,[135] remetendo o credor para a ação de conhecimento, de tramitação sabidamente lenta em face da complexidade dos atos que são praticados no seu curso, independentemente do rito processual.

14.8.3.1.3 Duplicata

Ao contrário do cheque, que em princípio não se prende à causa de emissão, a duplicata é extremamente *burocratizada* nesse particular, visto que prende-se ao

---

pode ser completada pelo credor de boa-fé antes da cobrança ou do protesto'. ...'' (AC 98.04.05745 – 0/RS, 4ª Turma do TRF da 4ª Região, rel. Juiz MARCOS ROBERTO ARAÚJO DOS SANTOS, j. 28.11.2000, *DJU* 14.2.2001) (grifamos).

133 **Súmula 27 do STJ:** "Pode a execução fundar-se em mais de um título extrajudicial relativos ao mesmo negócio."

134 Nesse sentido, reproduzimos a **Súmula 258 do STJ:** "A nota promissória vinculada a contrato de abertura de crédito não goza de autonomia em razão da iliquidez do título que a originou."

135 "**Havendo o vínculo da nota promissória ao contrato de mútuo bancário, perde aquela sua autonomia.** Reconhecida a inexistência de título executivo extrajudicial, já que o contrato ao qual está vinculada a promissória não preencheu os requisitos do artigo 585, II, do Código de Processo Civil, ausente assinatura de duas testemunhas. Agravo regimental desprovido" (AGA 504459 – RJ, 3ª Turma do STJ, rel. Min. CARLOS ALBERTO MENEZES DIREITO, j. 29.10.2003, *DJ* 16.2.2004) (grifamos).

negócio que a originou, exigindo a lei que represente uma compra e venda ou uma prestação de serviços (Lei nº 5.474, de 18.7.1968).

Assim, se viciado o negócio em causa, pelo fato de a mercadoria apresentar avaria; por não ter sido recebida; por não ter sido expedida; por apresentar vícios, defeitos e diferenças na qualidade ou na quantidade; pela divergência nos prazos ou nos preços ajustados (incisos do art. 8º da LDu), há ensejo para a oposição dos embargos do devedor, demonstrando a inexigibilidade do título, pondo fim à ação de execução, aplicando-se à espécie o inciso I do art. 618.

Não pretendemos com isso afirmar que o valor previsto no documento não deva ser pago. O *quantum* pode ser exigido, mas não através da execução, reclamando a propositura da ação de conhecimento, de ampla cognição e investigação dos fatos, como forma de demonstrar a regularidade do negócio subjacente. Por essa razão, a jurisprudência denomina a duplicata *título causal*, que se prende à causa de emissão, dela retirando o atributo imanente à *abstração*, próprio dos títulos em geral. A duplicata sem aceite, desacompanhada do documento que revele a efetiva prestação dos serviços ou da venda da mercadoria, é em princípio imprestável para fundamentar a ação de execução, reconhecendo a jurisprudência a sua nulidade como título executivo extrajudicial.[136]

A duplicata deve ser atada à petição inicial da ação de execução juntamente com a nota fiscal de compra e venda da mercadoria ou da prestação de serviços, e, não tendo sido aceita, com o *instrumento de protesto*, para suprir a ausência da assinatura do devedor no título, atestando que será pago em determinada data. A duplicata sem aceite, não tendo sido providenciado o protesto para suprir a sua ausência, não dá embasamento à propositura da ação de execução.[137]

A emissão da duplicata sem lastro em negócio que a embase – devendo ser este necessariamente uma compra e venda ou uma prestação de serviços – constitui crime,

---

[136] "Título de crédito. Duplicata de prestação de serviços. Nulidade. Aceite. Ônus da prova. Autonomia. **É nula a duplicata de prestação de serviços sem aceite em que não esteja comprovada a efetiva prestação dos serviços e o contrato que justificou o saque. A produção de tal prova é ônus do sacador, não do sacado.** Recebida, por endosso, duplicata sem aceite, o endossatário assume o risco de a duplicata ser nula por inexistir negócio jurídico que a embase, resguardado seu direito de regresso contra o endossante/sacador. Apelo improvido" (AC 2000.04.01.145592 – 5/RS, 4ª Turma do TRF da 4ª Região, rel. Juiz JOÃO PEDRO GEBRAN NETO, j 4.4.2002, *DJU* 5.6.2002) (grifamos).

[137] Nesse sentido: "Nulidade de duplicata. Alegação de emissão sem causa. Duplicata sem aceite. Ausência de pressuposto de validade. Recurso parcialmente provido. **A falta de qualquer dos requisitos cumulativos, enumerados no art. 15 da Lei nº 4.774, descaracteriza a duplicata sem aceite como título executivo extrajudicial, seja pela falta de protesto, seja pela não comprovação da entrega das mercadorias, ou da prova da prestação dos serviços e o vínculo contratual que a autorizou**" (AC 00.018555 – 8, 4ª Câmara Cível do TJ SC, rel. Des. PEDRO MANOEL ABREU, j. 14.11.2002, *DJ* SC 16.12.2002) (grifamos).

previsto no art. 172 do CP,[138] sem prejuízo da propositura da ação de indenização por perdas e danos quando demonstrado o protesto indevido do título, podendo a ação ser aforada inclusive contra o banco que recebeu o título por endosso.[139]

A lei de regência do título específico prevê o cabimento da ação de execução para a cobrança da duplicata não paga no seu vencimento, exigindo o título aceito, o título não aceito, mas protestado, com documento hábil de comprovação da entrega da mercadoria ou da prestação do serviço (art. 15 da lei em referência). A execução em análise deve ser ajuizada contra o sacado e avalistas em três anos, a contar do vencimento do título, ou em um ano contra o endossante e seus avalistas, a contar da data do protesto.

A duplicata em regra reclama a prévia formalização do protesto para comprovar a falta de pagamento ou para suprir a ausência do aceite, devendo ser apresentada no processo executivo acompanhada do *instrumento de protesto* e do comprovante de entrega da mercadoria ou da prestação dos serviços, estando assinado pelo devedor ou por pessoa que o representa. Não conseguindo o credor municiar-se da documentação, e, portanto, não tendo título executivo, pode exigir o adimplemento da obrigação através da ação de cobrança de rito sumário (sendo o crédito igual ou inferior a 60 salários-mínimos) ou ordinário (de forma residual). Em qualquer das hipóteses, deve provar a causa de emissão do título, ou seja, a regularidade do negócio que deu origem ao documento.

Afiançamos o entendimento de não é cabível a propositura da ação monitória como resultado da impossibilidade de ingresso da ação de execução, já que a monitória se fundamenta em documento que pressupõe a existência de um crédito, o que não se é observado no título que não foi aceito pelo devedor, ali não se encontrando qualquer promessa de sua parte no que se refere ao cumprimento futuro da

---

138 "Art. 172. Emitir fatura, duplicata ou nota de venda que não corresponda à mercadoria vendida, em quantidade ou qualidade, ou ao serviço prestado. Pena – detenção, de 2 (dois) a 4 (quatro) anos, e multa."

139 "Comercial. Duplicata inexistente por não corresponder a efetiva prestação de serviço. Duplicata sem aceite. **Inexistente é em tal circunstância a duplicata e por isso o Banco que recebe esse título por endosso, em operação de desconto, tanto mais que notificado da não realização da prestação de serviço, responde por danos causados em face da efetivação do protesto, embora lhe fique ressalvado direito contra o endossante**. Embora de boa-fé não pertine ao endossatário valer-se dos princípios do endosso para fugir à responsabilidade por indevido protesto de título falso, porque embora de boa-fé foi ele que efetuou negócio com o emitente do título falso e portanto sujeita-se ao risco que é inerente a seu negócio e que não pode transferir para quem nenhuma participação teve nesses fatos. Devida é então indenização pelo dano que decorreu da mácula ao bom nome da empresa que teve assim seu conceito diminuído. Indenização que, todavia, foi fixada em moldes excessivos e que por isso se adequa ao valor correspondente a 200 salários-mínimos, no total de R$ 40.000,00 a ser reajustado doravante pelos índices oficiais. Sentença que se confirma reformando-se em menor parte tão somente quanto ao valor indenizatório. Mantida fica a condenação do apelante nos ônus sucumbenciais, visto ter a parte contrária sucumbido em pequena parcela" (Ac un da 1ª C Civ do TJ RJ, rel. Desa. MARIA AUGUSTA VAZ MONTEIRO DE FIGUEIREDO, j. 2.4.2002, *DJ* RJ 8.8.2002) (grifamos).

obrigação,[140] reclamando a propositura de ação de cognição ampla, que permita a discussão do negócio como um todo.

14.8.3.1.4 Debênture

A *debênture* está disciplinada na Lei nº 6.404/76, que trata das sociedades anônimas. Como forma de estimular a criação de capital de giro, necessário ao incremento das atividades das referidas sociedades, a lei permitiu a emissão de títulos, denominados *debêntures*, destinando-se à aquisição pelo público em geral.

É uma forma de financiamento da atividade da sociedade, caracterizando-se como verdadeiro financiamento contraído junto ao público, com a promessa de pagamento das importâncias acrescidas de juros e de correção monetária, sem afastar a possibilidade de a debênture prever a participação do adquirente nos lucros da sociedade, como forma de estimular a sua aquisição pelos investidores.

A emissão da debênture é ato privativo da Assembleia Geral da sociedade, que fixa o valor da emissão, o quantitativo e o valor nominal da debênture, as garantias reais ou flutuantes, se existentes, o momento e as condições de pagamento dos juros, da participação nos lucros etc., sempre representando forma de arrecadação de dinheiro em favor da sociedade anônima, podendo gerar a propositura da ação de execução quando o seu pagamento não for honrado no momento aprazado, obrigando o credor a aportar à inicial da execução o intitulado *certificado da debênture*, como o instrumento comprobatório da certeza, da exigibilidade e da liquidez do crédito representado pelo título executivo extrajudicial.

14.8.3.1.5 Cheque

O cheque é a espécie de título de crédito que mais dificulta a defesa do devedor no âmbito dos embargos à execução, em face de em princípio não se prender à causa que determinou sua emissão. Em outras palavras, a defesa do devedor é limitada quando enfrenta ação executiva apoiada em cheque, restringindo-se à demonstração

---

140 Nesse sentido: "Ação monitória. Prestação definida e reconhecida pelo devedor. Duplicata sem aceite. Rejeição. Documento hábil a autorizar a ação monitória, é aquele que, sem força executiva, impõe uma prestação definida com a presença das características objetivas da obrigação: a quem pagar, o objeto do pagamento, o tempo e o lugar onde seria realizado. Contém a obrigação por inteiro e formalmente perfeita, admitida pelo devedor, carente tão só de força executiva. **A duplicata sem aceite não concentra direito material sem questionamento que possa receber força executiva; e se não comporta (e tem reconhecida) uma obrigação explícita de pagamento, não tem como receber força executiva, devendo o credor valer-se da ação de cobrança e fazer boa prova. Na ação monitória já se pressupõe a existência de um crédito, cujo título carece apenas de executividade**" (AC 2001.01.1.001265 – 5, 1ª Turma do TJ DF, rel. Des. ANTONINHO LOPES, j. 23.9.2002, *DJU* 12.2.2003) (grifamos).

do vício do ato de emissão (erro, dolo, fraude, coação, simulação etc.), de prescrição ou de adulteração física do documento.

A jurisprudência considera o cheque válido ainda que não apresente preenchimento completo, como na hipótese relativa à não indicação do local de emissão,[141] que não é requisito formal essencial, a ponto de retirar a exigibilidade da obrigação disposta no título. Essa posição, que sempre foi observada na jurisprudência, vem sendo flexibilizada por entendimentos recentes, que permitem a investigação da causa de emissão do cheque, ou seja, do negócio subjacente que gerou a sua emissão, desde que sejam demonstrados indícios de que o ato – a emissão – prende-se a uma causa ilícita.[142]

O cheque representa **ordem de pagamento a vista**, não perdendo a característica por ter sido emitido para depósito em data posterior (cheque *pós-datado*, conhecido como *pré-datado*). Assim, se o devedor efetuou a compra de um produto, emitindo cheque para o pagamento, que seria depositado 15 dias após a emissão, não pode negar o pagamento se o título for depositado antes da data aprazada.

A Lei do Cheque textualiza em seu art. 32: "o cheque é pagável a vista. Considera-se não escrita qualquer menção em contrário". A situação não retira do devedor a possibilidade de propor ação de indenização por perdas e danos contra o apresentante/credor que não respeitou o acordo relativo à data de apresentação do cheque, desde que a apresentação precipitada tenha acarretado prejuízos ao emitente, consistentes na retirada de numerário de sua conta corrente, o que determinou a devolução de outros cheques, não prevendo o emitente o desfalque da importância do saldo anteriormente existente.

Ocorrido o depósito precipitado do cheque, com o descumprimento do acordo, sem que isto tenha acarretado a devolução de outros cheques posteriormente emitidos, entendemos que não cabe a propositura da ação de indenização, posto que não há dano a ser reparado. O ato do agente – depósito do título –, por si só, não

---

141 "Embargos do devedor. Cheque. Ausência de indicação do lugar da sua emissão. Requisito não essencial. Regularidade formal do título. Pagamento parcial da dívida não demonstrado. Recurso conhecido e desprovido. A indicação do lugar inserta ao lado do nome do emitente do cheque supre a falta a que alude o art. 1º, V, da Lei 7.357/85, haja vista se tratar de requisito não essencial. O pagamento parcial do cheque deve ser acompanhado de prova documental e inequívoca da quitação a teor do disposto no art. 939 do Código Civil" (AC 98.012190 – 6, 1ª C Civ do TJSC, rel. Des. ORLI RODRIGUES, j. 29.8.2000, *DJ* SC 29.9.2000).

142 "Processual Civil. Recurso Especial. Ação Monitória. Cheque. *Causa Debendi*. Violação Legal. Inexistência. Dissídio jurisprudencial não comprovado. **Esta Corte vem admitindo, até mesmo em sede de execução, a discussão da relação jurídica subjacente à emissão do cheque, quando haja indícios de que a cártula advém de prática ilícita, de obrigação ilegalmente contraída ou, ainda, se configurada a má-fé do portador**. Tendo o egrégio colegiado de origem considerado que, apesar de os documentos trazidos com a exordial serem suficientes para afastar a preliminar de inépcia da inicial, o autor não logrou comprovar seu direito ao crédito reclamado, ausente a similitude fática entre os acórdãos paradigma e o paragonado. Recurso especial a que se nega provimento" (REsp 331.060 – PR, 3ª Turma do STJ, rel. Min. CASTRO FILHO, j. 20.5.2003, *DJU* 4.8.2003) (grifamos).

enseja a reparação, dependendo a ação indenizatória da demonstração do preenchimento dos seus dois outros requisitos, a saber: o dano e o nexo de causalidade, estabelecendo uma relação de *causa* e *efeito* entre o comportamento (ou omissão) do agente e o prejuízo suportado pela vítima.

Se o cheque é emitido contra conta corrente que apresenta dois titulares, tendo sido assinado por apenas um deles, descabe a propositura da ação de execução contra o cotitular que não firmou a sua assinatura no título,[143] em respeito ao atributo da *literalidade*, estudado em passagem anterior.

No que se refere à necessidade (ou não) de o cheque ser previamente protestado como condição para o ingresso da ação de execução, destacamos que a providência em princípio não é exigida, advertência que é afastada, gerando a necessidade do protesto, quando o credor pretende ingressar com a execução contra endossantes e/ ou seus avalistas.[144] É que o protesto visa caracterizar a *mora* do devedor, ou seja, o não pagamento da quantia objeto da obrigação na data fixada, o que é dispensado quando o título for um cheque, visto que o não pagamento é atestado por meio da devolução pela *compensação*, com a anotação aposta no seu verso, no sentido de estar sendo devolvido por insuficiência de fundos.

No que toca ao prazo prescricional para a propositura da ação de execução apoiada em cheque, se o título foi emitido para pagamento na mesma praça, os arts. 33 e 59 da Lei do Cheque (Lei nº 7.357/85) preveem o prazo de sete meses, a contar da emissão,[145] ou de seis meses, a contar da apresentação, se apresentado foi antes

---

143 "Embargos. Cheque. **Interposição contra correntista, um dos titulares de conta corrente conjunta, que não emitiu o cheque – Inadmissibilidade, pois a existência desse tipo de conta, por si só, não conduz à solidariedade no pagamento da cártula emitida pelo outro titular** – Matéria de ordem pública, podendo a Corte dela tomar conhecimento de ofício – Inexistência de nulidade para ser declarada – Excesso de execução inexistente – Pagamento não demonstrado – De ofício exclui-se da execução Ademir A. Vicentim e nega-se provimento ao recurso" (AC 819.532 – 2, 12ª C do 1º TACSP, rel. Juiz ARTUR CÉSAR BERETTA DA SILVEIRA, j. 8.5.2001, *DJ* SP 24.5.2001) (grifamos).

144 Nesse sentido precisa a lição da doutrina: "No caso de a ação ser movida em face do emitente e/ou seus avalistas, não haverá necessidade de os títulos serem levados a protesto, pois estarão plenamente aptos a embasar a demanda. Essa questão merece especial atenção, pois a remessa desnecessária do cheque ao Cartório de Protesto possibilitará ao devedor o ajuizamento de Medida Cautelar Inominada, cujo objeto é a sustação do protesto do título e na qual se pleiteia a concessão de liminar. Cumpre chamarmos a atenção para a única situação em que será obrigatória a remessa do cheque ao Cartório de Protesto para a propositura de ação de execução. Como visto no capítulo atinente à 'apresentação', se os integrantes do polo passivo da ação executiva forem os endossantes e/ou seus avalistas, a ação deverá ser instruída com o instrumento de protesto, demonstrando, assim, a recusa do pagamento" (TOLEDO, Helena Damiani Vergueiro. Cheque: mundo jurídico × realidade contemporânea. *Repertório IOB de Jurisprudência*, nº 14/2001, caderno 3, p. 278).

145 "Cheque. Execução. Prazo prescricional. Termo inicial. Artigos 59 e 33 da Lei 7.357/85. **A ação do portador contra os endossantes, sacador ou demais coobrigados, em se tratando de cheque a ser pago na mesma praça em que foi emitido, prescreve em sete meses contados da data de emissão, eis que se considera os trinta dias do período em que é possível a apresentação do título e, a partir daí,**

da fluência do prazo de 30 dias, a partir da emissão. Assim, se o cheque foi emitido no dia 1º de março de determinado ano, esgota-se o seu prazo de apresentação no dia 1º de abril do mesmo ano, dali sendo contado o prazo de seis meses para a propositura da ação de execução. Se, contudo, foi apresentado no dia 10 de março, o prazo prescricional é contado a partir de então, não do dia 1º de abril, quando teria fim o prazo de apresentação.

O fato de o cheque não ter sido apresentado dentro do prazo de 30 dias, a contar da emissão, não retira do credor o direito de propor a ação de execução, conforme entendimento da jurisprudência,[146] contando-se o prazo prescricional a partir da expiração do prazo de apresentação, tendo sido ou não o título exibido para pagamento.

Se o cheque não foi executado dentro do prazo legal, normal tem se mostrado a propositura de ação monitória, também se admitindo a de cobrança de rito sumário (se de valor igual ou inferior a 60 salários-mínimos) ou ordinário (de forma residual). Entendemos que, em qualquer das hipóteses, o credor terá de se referir à causa de emissão do título, demonstrando a regularidade do negócio subjacente que o originou.

A jurisprudência entende que a cobrança de cheques prescritos submete-se a regime jurídico diverso no que atine à correção monetária, apenas incidindo o fator de correção a partir do ajuizamento da ação, não da emissão do título.[147] O entendimento não é pacífico, como decorrência da interpretação da Súmula 43 do STJ.[148]

---

computam-se os seis meses a que se refere o art. 59 da Lei 7.357/85" (3ª Câmara Cível do TAMG, 7.2.2001, *DJ* MG 29.6.2001) (grifamos).

146 "Execução. Cheque. Prazo de apresentação. Art. 47, § 3º, da Lei 7.357/85. Precedentes da Corte. **Não perde a força executiva quanto ao emitente o cheque apresentado posteriormente quanto à data fixada para a apresentação, salvo se provado que o emitente tinha fundos no período 'e os deixou de ter, em razão de fato de que não lhe seja imputável'**. Recurso especial não conhecido" (REsp 258.808/PR, 3ª Turma do STJ, rel. Min. CARLOS ALBERTO MENEZES DIREITO, j. 17.5.2001, *DJ* 13.8.2001) (grifamos).

147 Nesse sentido: "Processual Civil. Comercial. Ação monitória para cobrança de cheques prescritos. Termo inicial da correção monetária. Data do ajuizamento da ação. Peculiaridades do caso concreto. **Apresentado o cheque quando já prescrito, não se mostra admissível a fixação do termo inicial da correção monetária como a data da emissão da cártula, sob pena de premiar-se a desídia do credor**. Recurso não provido" (REsp 237.626/GO, 1ª Turma do STJ, rel. Min. MILTON LUIZ PEREIRA, j. 6.12.2001, *DJU* 15.4.2002) (grifamos).

148 "A ação ordinária de cobrança é via hábil para exigir-se dívida representada por cheque, não recebida pelo credor, por insuficiente provisão de fundos, quando o título encontra-se prescrito para o aforamento da ação executiva. **Tal fato constitui ato ilícito, razão suficiente para que a correção monetária incida a partir da data da emissão do cheque, que representa ordem de pagamento à vista. Incidência do enunciado da Súmula nº 43, do STJ**" (*RSTJ* 71/354) (grifamos).

14.8.3.2 *Escritura pública ou outro documento público, contrato particular e instrumento de transação*

No capítulo *Das provas*, no volume 1 desta obra, demonstramos que o *documento público* é o escrito elaborado por ou perante agente público,[149] gozando da *fé de ofício*, ou seja, da presunção de veracidade das informações externadas pelos agentes nos escritos em referência, fazendo prova não apenas da sua regularidade formal como também do seu conteúdo, atestando como verdadeiros os fatos ocorridos na presença do representante do Estado. O documento particular representa o escrito elaborado e assinado por pessoas que não integram os quadros do Estado (particulares), ou, mesmo integrando, que estão distanciados do seu ofício no momento da confecção do documento, como desdobramento da sua vida privada.

Para que o documento particular seja admitido como espécie de título executivo extrajudicial, deve estar assinado pelas partes e por duas testemunhas, de modo que a ausência das assinaturas das últimas retira do documento o requisito formal catalogado como *essencial*, que não pode ser suprido pelo preenchimento de qualquer outro requisito. Igual situação não se repete quando o título estiver assinado por testemunhas, embora as assinaturas estejam ilegíveis, conforme entendimento majoritário da jurisprudência.[150]

Os documentos em destaque, sem qualquer distinção processual pelo fato de serem públicos ou particulares, apenas são reconhecidos como títulos executivos extrajudiciais nas seguintes situações:

a) Quando se referirem a uma obrigação unilateral de cumprimento por parte do devedor (contrato de cumprimento unilateral, embora seja bilateral em termos de formação),[151] o que em regra ocorre com os denominados *instrumentos de confissão de dívida,* que, na forma pública, são títulos executivos extrajudiciais mesmo não estando assinados por duas

---

149 "A melhor interpretação para a expressão documento público é no sentido de que tal documento é aquele produzido por autoridade, ou em sua presença, com a respectiva chancela, desde que tenha competência para tanto. Destarte, o contrato de prestação de serviço firmado com a administração pública é documento público, hábil a embasar a competente ação de execução" (REsp 487913 – MG, 1ª Turma do STJ, rel. Min. JOSÉ AUGUSTO DELGADO, j. 8.4.2003, *DJ* 9.6.2003, em transcrição parcial).

150 "**A confissão de dívida não fica invalidada como título executivo pelo fato de não se apresentarem legíveis as assinaturas das duas testemunhas**, o que somente tem relevância se suscitada a falsidade do próprio título, hipótese não ocorrente na espécie" (REsp 225071 – SP, 4ª Turma do STJ, rel. Min. FERNANDO GONÇALVES, j. 1.4.2004, *DJ* 19.4.2004, em transcrição parcial) (grifamos).

151 Preciso o ensinamento da doutrina qualificada: "Unilaterais são os contratos em que apenas uma das partes se obriga em face da outra. Não que o contrato deixa de ser bilateral, pois sempre o é em sua formação, eis que depende do acordo de duas ou mais vontades" (RIZZARDO, Arnaldo. *Contratos*. 2. ed. Rio de Janeiro: Forense, 2001. p. 50).

testemunhas,[152] raciocínio que não se repete quando o negócio assumiu a forma particular.[153]

b) Quando se referirem a uma obrigação bilateral de cumprimento, provando o credor que adimpliu as obrigações assumidas,[154] sob pena de deparar com a arguição da *exceptio non adimpleti contractus* (exceção de contrato não cumprido), que, se acolhida for, impõe a extinção do processo sem o julgamento do mérito, por falta de interesse processual, em face da inadequação da via eleita, necessitando o credor da propositura de ação de conhecimento para afirmar a existência do negócio, o cumprimento de obrigações por ele assumidas e a inadimplência do devedor.

Fazemos a última das ressalvas com a certeza de que o contrato bilateral – não apenas na formação, mas também no cumprimento – em princípio deve ser visto com cautelas em termos do seu enquadramento como título executivo extrajudicial, sobretudo quando referir a obrigações que dependam – para sua execução – do cumprimento de obrigações assumidas pela parte que se apresenta como *credora*.[155]

Se o contrato for do tipo *complexo* em termos de prova do cumprimento de obrigações pela parte que entende ter crédito a exigir da outra, da investigação e do esclarecimento de fatos demasiadamente contraditórios, o pacto deve ser discutido em ação de cognição ampla,[156] na qual os seus contornos serão avaliados, atestando através de prova cabal se as obrigações foram (ou não) cumpridas por aquele que se autointitula *credor*.

---

152 "**Mesmo antes do advento da Lei nº 8.953/94, a exigência de subscrição por duas testemunhas, para o fim de conferir-se eficácia executiva ao título, aplica-se exclusivamente ao documento particular.** Recurso especial conhecido e provido" (REsp 195591 – SC, 4ª Turma do STJ, rel. Min. BARROS MONTEIRO, j. 13.4.2004, *DJ* 1.07.2004) (grifamos).

153 "**A jurisprudência da Corte está assentada no sentido de que a ausência da assinatura das testemunhas descaracteriza o contrato como título executivo, a teor do que dispõe o art. 585, II, do Código de Processo Civil.** Recurso especial não conhecido" (REsp 332926 – RO, 3ª Turma do STJ, rel. Min. CARLOS ALBERTO MENEZES DIREITO, j. 28.5.2002, *DJ* 26.8.2002) (grifamos).

154 "O contrato bilateral pode servir de título executivo de obrigação de pagar quantia certa, desde que definida a liquidez e certeza da prestação do devedor, comprovando o credor o cumprimento integral da sua obrigação" (*RSTJ* 85/278).

155 Nesse particular, reproduzimos o art. 476 do CC: "Art. 476. Nos contratos bilaterais, nenhum dos contratantes, antes de cumprida a sua obrigação, pode exigir o implemento da do outro."

156 "Não constitui título executivo o documento em que se consigna a obrigação, cuja existência está condicionada a fatos dependentes de prova. É o que ocorre quando consinta em contrato em que o surgimento da obrigação de uma das partes vincule-se a determinada prestação da outra. Necessidade, para instaurar-se o processo de execução, de que o exequente apresente título do qual, por si só, deflua a obrigação de pagar. Impossibilidade de a matéria ser remetida para apuração em eventuais embargos, que estes se destinam a desconstituir o título anteriormente apresentado e não a propiciar sua formação" (*RSTJ* 47/287, maioria).

A existência de fatos controvertidos, a necessidade de investigação do cumprimento de obrigações por parte do credor e outras circunstâncias semelhantes demonstram que o título não se reveste do atributo da *certeza*, tornando nula a execução, a teor do inciso I do art. 618, devendo ser lembrado que o título executivo reclama um aspecto substancial e uma regularidade formal, segundo entendimento que expressamos em passagem anterior, com a aplicação de pensamentos *desenhados* por LIEBMAN e por CARNELUTTI.

Se a execução do contrato estiver condicionada à realização de cálculos, para quantificar o valor a ser efetivamente exigido do devedor, entendemos que o documento não pode apoiar a ação de execução. Por conta desse argumento (e de outros de menor importância), a jurisprudência convergiu no sentido de não vislumbrar no contrato de abertura de crédito em conta corrente as necessárias virtudes para considerá-lo título executivo extrajudicial, embora apresente as assinaturas das partes e de duas testemunhas, com plena regularidade formal.

O raciocínio em referência modificou o panorama das ações de execução principalmente movidas por instituições bancárias, impondo a extinção dos processos sem a resolução do mérito por ausência do interesse de agir, sem prejuízo do pagamento das custas processuais e dos honorários advocatícios pela pessoa que se apresentou como credora no início do processo. Em face desse entendimento, as instituições passaram a utilizar a ação monitória ou mesmo a ação de cobrança (de rito sumário ou ordinário, a depender do valor do crédito), sem submeter o devedor à sujeição da penhora judicial e aos desconfortos do processo de execução.

Sendo o contrato unilateral em termos de cumprimento das obrigações (confissão de dívida, por exemplo), ou bilateral, com a demonstração do credor de que adimpliu a obrigação a que estava vinculado, admite-se a sua validade como espécie de título executivo extrajudicial, desde que apresente a assinatura de duas testemunhas, afirmando a jurisprudência que não se exige a presença delas ao ato,[157] devendo apenas ter conhecimento do negócio, atestando que não houve qualquer vício na sua formação (erro, dolo, fraude, coação, simulação etc.).

O art. 24 do EOAB estabelece que o contrato de honorários é título executivo extrajudicial, afastando a regra da alínea *f* do inciso II do art. 275 do CPC, que prevê a cobrança dos honorários dos profissionais liberais através da ação de rito sumário. Assim, portando, em contrato escrito de honorários advocatícios, o profissional deve ingressar com ação de execução – não com a de cobrança –, não se exigindo sequer constem no contrato as assinaturas das testemunhas, já que o artigo de lei faz apenas referência à assinatura das partes, sem aludir à necessidade da presença e/ou da

---

[157] "Exigindo a lei processual, tanto quanto a lei substantiva, apenas que o documento seja 'subscrito' pelas testemunhas, não são reclamadas suas presenças ao ato" (*RSTJ* 7/433).

assinatura de testemunhas,[158] devendo ser dispensada a exigência em respeito ao *princípio da especialidade* (lei especial afastando a incidência da lei geral).

Se o advogado ingressar com ação de cobrança de rito sumário para promover a cobrança do seu crédito, ao invés da ação de execução, o magistrado deve extinguir o processo sem a resolução do mérito, pela *inadequação da via eleita*, concluindo pela carência de ação. É que o advogado estaria pleiteando resultado processual que já possui título executivo. Se a contratação foi verbal, a ação adequada é a de cobrança, com a instauração do processo de cognição ampla.

No que se refere à prescrição, o inciso I do § 5º do art. 206 do CC fixa o prazo de cinco anos para a cobrança de *dívidas líquidas constantes de instrumento público ou particular*, o que se repete na realidade da execução aparelhada em contrato de honorários, em decorrência da interpretação gramatical do inciso II do mesmo dispositivo legal (*a pretensão dos profissionais liberais em geral, procuradores judiciais, curadores e professores pelos seus honorários, contado o prazo da conclusão dos serviços, da cessação dos respectivos contratos ou mandato*).

Se a espécie contratual estiver prevista em legislação esparsa, com fixação de prazo prescricional diferenciado, afastamos a incidência do *Codex Civil*, em respeito ao *princípio da especialidade*. Lembramos que o reconhecimento da prescrição pode (e deve) ocorrer de ofício, em face da redação do § 5º do art. 219 do CPC.

Cabe-nos ainda examinar a situação que envolve a transação firmada pelos sujeitos da lide, com o *referendo* do Ministério Público, da Defensoria Pública ou de advogado. Temos de interpretar o dispositivo parte no aspecto gramatical e parte no aspecto sistemático. Em primeiro lugar, cumpre esclarecer que as partes de um negócio jurídico ou os protagonistas de um fato jurídico podem solucionar o conflito de interesses que os envolva mediante concessões mútuas, que são transpostas para documento escrito.

O documento é título, mas para que seja considerado executivo, é necessário que seja *referendado* pelo agente do Ministério Público, da Defensoria Pública ou por advogado(s) que represente(m) as partes do ajuste, estipulando que uma delas deve cumprir obrigação de fazer, de não fazer, de dar ou de pagar quantia certa. *Referendar* não significa *homologar*, visto que esse ato é privativo dos representantes do Poder Judiciário no exercício da função jurisdicional, conforme anotações articuladas no volume 1 desta obra, especificamente no capítulo *Jurisdição e competência.*

Ainda através da leitura do inciso II do art. 585, percebemos que o dispositivo, ao se referir ao *advogado*, utilizou o substantivo no plural, sugerindo que o instrumento de transação deve ser referendado por advogados, cada um representando partes em

---

158 **"O art. 24 da Lei nº 8.906/94 não exige a assinatura de duas testemunhas para que o contrato de honorários seja considerado título executivo"** (REsp 226.998 – DF, 3ª Turma do STJ, rel. Min. MENEZES DIREITO, j. 3.12.1999, *DJU* 7.2.2000) (grifamos).

posições antagônicas. Nesse particular, entendemos que o dispositivo deve ser interpretado de forma sistemática, abandonando a sua aplicação meramente gramatical.

Onde se lê *advogados* – no plural –, devemos ler *advogado ou advogados* – com a conjunção alternativa *ou* –, permitindo que o instrumento de transação assinado pelas partes possa ser referendado por apenas um advogado, que represente ambos os protagonistas do ajuste. É que o EOAB não textualiza qualquer exigência em sentido contrário, que dê margem à exigência de referendo do ajuste por advogados diversos, cada um na representação de uma das partes do instrumento de transação.

14.8.3.3 Contratos garantidos por hipoteca, penhor, anticrese e caução, bem como os de seguro de vida

Todas as espécies contratuais alinhadas no inciso III do art. 585 estão conceituadas no CC, nos seguintes artigos:

a) contrato de hipoteca (arts. 1.473[159] ss);
b) contrato de penhor (arts. 1.431[160] ss);
c) contrato de anticrese (arts. 1.506[161] ss);
d) contrato de caução (arts. 1.491[162] ss);
e) contrato de seguro (arts. 757[163] ss).

Conceituamos cada uma das espécies em notas de rodapé que acompanham a transcrição dos artigos legais, quando a lei não apresentou a conceituação esperada.

---

[159] A hipoteca pode ser definida como sendo o direito real que incide sobre imóveis, as estradas de ferro, os recursos naturais, os navios e as aeronaves, permanecendo na posse do devedor ou do terceiro que prestou a garantia, assegurando ao credor preferência na ação de execução, através do recebimento privilegiado do produto da arrematação judicial, se o devedor não saldar o débito na data do seu vencimento.

[160] "Art. 1.431. Constitui-se o penhor pela transferência efetiva da posse que, em garantia do débito ao credor ou a quem o represente, faz o devedor, ou alguém por ele, de uma coisa móvel, suscetível de alienação."

[161] A anticrese consiste na fruição de bem imóvel pertencente a outrem, por certo tempo, a fim de que seja quitado o débito contraído e já vencido, qualificando-se como espécie menor do que a hipoteca, em face de retirar o bem da posse do devedor ou de terceiro por determinado lapso de tempo, sem impor a transferência imobiliária em definitivo.

[162] A caução é gênero com as espécies da *caução real* e da *caução fidejussória*. Em ambas, é oferecida uma garantia que tutele a ocorrência de danos em face de atos já praticados ou que venham a se consumar. Como exemplo, podemos anotar a caução prestada por uma das partes no âmbito de ação judicial para deferimento de liminares, o que sobressai em termos de repetição nas medidas cautelares.

[163] "Art. 757. Pelo contrato de seguro, o segurador se obriga, mediante o pagamento do prêmio, a garantir interesse legítimo do segurado, relativo a pessoa ou a coisa, contra riscos predeterminados."

A anticrese, o penhor e a hipoteca são espécies do gênero *direitos reais*, podendo fundamentar a propositura da ação de execução se o devedor não efetuar o pagamento da dívida que impôs a celebração dos ajustes.

A execução hipotecária originária de financiamentos decorrentes do Sistema Financeiro da Habitação apresenta disciplinamento processual próprio, que deve ser observado em respeito ao *princípio da especialidade*, num primeiro momento afastando as previsões do CPC, exceto se a execução for proposta por motivo diverso do não pagamento das prestações do financiamento contraído (art. 10 da Lei nº 5.741, de 1º.12.1971).[164]

O volume maior de ações executivas que se originam do dispositivo analisado diz respeito às hipóteses que envolvem o contrato de seguro, devendo ser destacado que duas vias são abertas em favor do credor para exigir o adimplemento da obrigação por parte da seguradora:

a) ação de execução;
b) ação de cobrança pelo rito sumário, assunto que mereceu os devidos comentários no capítulo *Do processo e procedimento*, no volume 1 desta obra.

A alínea *e* do inciso II do art. 275 prevê a ação de cobrança de rito sumário como o instrumento jurídico adequado para a cobrança de parcelas de seguro decorrentes de danos causados em acidente de veículo. A escolha entre a ação de execução e a de cobrança de rito sumário depende do *resultado*, sabido que um acidente de veículos pode originar a morte da pessoa segurada por apólice.

Assim, se em decorrência da colisão foram suportados apenas danos materiais pelo credor que havia contratado seguro com determinada empresa, negando-se esta a efetuar o pagamento da cobertura, cabível será a ação de cobrança de rito sumário. Ao contrário, se o resultado foi morte do segurado, cabível a propositura da ação de execução por parte dos beneficiários ou, não tendo sido expressamente identificados pelo segurado, por parte dos herdeiros e sucessores do *de cujus*.

O resultado *morte* também pode ser verificado como decorrência de outro evento, não necessariamente de acidente de veículos (por disparo de arma de fogo, acidente no ambiente doméstico etc.), de igual modo dando ensejo à propositura da ação de execução.

A propositura da ação de cobrança quando era a hipótese da de execução (em face do resultado morte) justifica a extinção do processo sem a resolução do mérito, por ausência de interesse processual (*inadequação da via eleita*), perseguindo o credor o que já possui (o título). Não havia razão para buscar uma sentença atributiva

---

164 "Art. 10. A ação executiva, fundada em outra causa que não a falta de pagamento pelo executado das prestações vencidas, será processada na forma do Código de Processo Civil, que se aplicará, subsidiariamente, à ação executiva de que trata esta lei."

da responsabilidade de pagar, estando o credor de posse de contrato de seguro de vida, com a mesma força executiva.

Se o beneficiário não dispõe da apólice de seguro, encontrando-se apenas com outros documentos relativos ao contrato firmado (missivas enviadas pela seguradora, documentos bancários quitados etc.), entendemos ser cabível a propositura da ação de execução,[165] em face do art. 758 do CC, com a seguinte redação:

> *"Art. 758. O contrato de seguro prova-se com a exibição da apólice ou do bilhete do seguro, e, na falta deles, por documento comprobatório do pagamento do respectivo prêmio."*

Sobre o dispositivo em referência, o ilustre magistrado JONES FIGUEIRÊDO ALVES nos fornece as seguintes lições:[166]

> *"O NCC racionaliza a prova do seguro prevendo eficiente documento comprobatório do pagamento do prêmio como instrumento de prova da existência do contrato, na falta da apólice ou do bilhete do seguro. Assim, a apólice, reconhecida pelos doutrinadores como o documento que manifesta o contrato de seguro, não é o único instrumento hábil para atestar a efetiva realização do negócio e, por conseguinte, não mais depende de o segurador remetê-la ao segurado para somente então ter-se por perfeito tal contrato, como dispunha o art. 1.433 do CC de 1916, que a considerava como instrumento substancial do referido contrato."*

Questão frequente na dinâmica forense diz respeito à negativa da seguradora em efetuar o pagamento da cobertura prevista na apólice sob a alegação de que o segurado teria deixado de efetuar o pagamento de parcela(s) do prêmio vencida(s) antes do falecimento, fato que é judicialmente comprovado com a só-constatação da não exibição, pelo beneficiário, do comprovante de pagamento da parcela contratual inadimplida.

A jurisprudência diverge sobre o tema, parte dos tribunais afirmando que a propositura da ação de execução seria descabida, em face da rescisão anterior (ou da suspensão) automática do contrato, que se operou *ope lege*, em vista da inadim-

---

[165] Reproduzimos os seguintes julgados sobre a matéria, como apoio de nossas colocações: "Já decidiu a Corte que, não havendo dúvida sobre a existência do contrato de seguro, é de ser permitida a execução, e a matéria de defesa da seguradora deve ser examinada na ação de embargos" (REsp 242.329 – PR, 3ª Turma do STJ, rel. Min. CARLOS ALBERTO MENEZES DIREITO, *DJ* 5.3.2001). E mais: "**O processo de execução de prêmio de seguro em grupo pode ser promovido com a apresentação da apólice, condições gerais, cópia das faturas e demonstrativo geral da dívida. A lei não exige a apresentação do contrato**, dispensável no caso em que são juntados os documentos mencionados, sem que seja negada a existência de relação contratual, comprovada mediante ofício expedido pela estipulante" (REsp 434831 – RS, 4ª Turma do STJ, rel. Min. RUY ROSADO DE AGUIAR, j. 17.9.2002, *DJ* 11.11.2002) (grifamos).

[166] ALVES, Jones Figueirêdo. In: FIUZA, Ricardo (coordenador). *Novo Código Civil comentado.* São Paulo: Saraiva, 2002. p. 758.

plência do segurado,[167] enquanto outra parte sustenta o cabimento, corrente à qual nos filiamos, afirmando que a seguradora não pode se furtar ao adimplemento da obrigação, devendo demonstrar que a rescisão do contrato foi pleiteada antes da ocorrência do infortúnio, não se admitindo que a rescisão do pacto ocorra de forma automática.[168]

A matéria recebeu novo *fôlego* com o advento do CC de 2002, textualizando o seu art. 763: "não terá direito a indenização o segurado que estiver em mora no pagamento do prêmio, se ocorrer o sinistro antes de sua purgação". Não obstante a redação do artigo reproduzido, a doutrina vem defendendo a obrigação de pagamento da indenização quando a mora do segurado referir-se a uma parte insignificante do prêmio, não se podendo permitir que o cumprimento quase que total do pacto prejudicasse o segurado. A matéria é regida pela doutrina do *adimplemento substancial*,[169] ou seja, do adimplemento quase total da obrigação.

Outra questão que despertou interesse da jurisprudência refere-se à exigibilidade (ou não) do pagamento da indenização na hipótese do suicídio do segurado, sustentando as executadas que o pagamento não poderia ser feito nesse caso. A matéria encontra-se praticamente pacificada, em decorrência da Súmula 61 do STJ, verberando: "o seguro de vida cobre o suicídio não premeditado". Sobre o vocábulo *premeditado*, remetemos o leitor à análise de comentários da nossa autoria, alinhados em obra anteriormente publicada:[170]

> *"E a premeditação não se dá em relação ao ato, já que todo o suicídio parece ser planejado, mas sim ao momento da contratação. Apresenta-se como exemplo a situação daquele segurado que, sabendo ser portador de doença incurável, contrata seguro para beneficiar seus filhos. Houve, no caso retratado, má-fé do segurado, a determinar o afastamento da cobertura contratada."*

---

167 "**Em consonância com o que dispõe o artigo 12 do Decreto-lei nº 73/66, a seguradora não fica obrigada a pagar a indenização se, na data do óbito, o segurado estava em atraso quanto ao pagamento do prêmio, razão pela qual encontrava-se suspenso o contrato.** Recurso especial não conhecido" (REsp 302500 – MG, 3ª Turma do STJ, rel. Min. CASTRO FILHO, j. 21.10.2003, *DJ* 9.12.2003) (grifamos).

168 "**Seguro. Cláusula de cancelamento automático do contrato em caso de atraso no pagamento do prêmio. Insubsistência em face do Código Civil e do Código de Defesa do Consumidor. Não subsiste a cláusula de cancelamento automático da apólice, seja porque a resolução da avença é de ser requerida previamente em juízo, seja porque reputada nula em face do Código de Defesa do Consumidor (art. 51, incisos IV e XI)**. Recurso conhecido, em parte, e provido" (REsp 323.186/SP, 4ª Turma do STJ, rel. Min. BARROS MONTEIRO, j 6.9.2001, *DJU* 4.2.2002) (grifamos).

169 Conf. ALVES, Jones Figueirêdo. In: FIUZA, Ricardo (Coord.). *Novo Código Civil comentado.* São Paulo: Saraiva, 2002. p. 688.

170 MONTENEGRO FILHO, Misael. *Processo de conhecimento na prática.* São Paulo: Atlas, 2004. p. 103.

Deixamos registrado o entendimento de que a Súmula 61 do STJ deve ser interpretada em consonância com o art. 798 do CC, com a seguinte redação:

> *"Art. 798. O beneficiário não tem direito ao capital estipulado quando o segurado se suicida nos primeiros dois anos de vigência inicial do contrato, ou da sua recondução depois de suspenso, observado o disposto no parágrafo único do artigo antecedente."*

No tema relativo à prescrição, o CC fixa o prazo de um ano, a contar *do fato gerador da pretensão*, para a propositura de ações que envolvam segurado e segurador (alínea *b* do inciso II do § 1º do art. 206). O CDC prevê norma semelhante em seu art. 27, dispondo ser de cinco anos o prazo para a propositura de demandas originadas de relação de consumo, logicamente incluindo a *relação securitária*, podendo o intérprete sustentar que a regra em foco deveria prevalecer frente à norma do CC, em respeito ao *princípio da especialidade*.

O argumento não procede necessariamente, visto que o prazo prescricional do art. 27 do CDC somente se aplica à postulação de indenização por danos causados por *fato do serviço*, não às hipóteses de cumprimento do contrato firmado, que permanecem sob a égide do CC.[171] Em arremedo de conclusão e em vista de uma série de polêmicas levantadas nesta seção, podemos pacificar as discussões afirmando:

a) A apólice, que instrumentaliza o contrato de seguro, ou outro documento idôneo, é título executivo extrajudicial quando demonstrada a ocorrência do resultado *morte* do segurado (no seguro de pessoa).

b) É necessário que o credor aporte documentação à inicial da ação de execução que comprove o fato que fundamenta a demanda, como atestado ou certidão de óbito, não sendo suficiente a mera apresentação da apólice, posto que a exigibilidade da obrigação depende de fato que deve ser provado.

c) É cabível a propositura da ação de cobrança pelo procedimento sumário se o risco que gerou a celebração do contrato impingiu resultado diverso da morte do segurado.

---

[171] Nesse sentido: "Daí se infere que o prazo quinquënal, assinalado no art. 27 do Código de Defesa do Consumidor, só se aplicará quando o segurado pretender indenização de danos causados por fato do serviço, e não o simples adimplemento do contrato. Assim, por exemplo, se o veículo segurado estiver sendo transportado para oficina, pela seguradora, que a isto se obrigou no contrato, e vier a sofrer um dano maior, em virtude de um defeito na lança do reboque, a pretensão indenizatória prescreverá em 5 anos, e não apenas em um" (SOUZA, Sylvio Capanema de. *A prescrição no contrato de seguro e o novo Código Civil*. Rio de Janeiro: REVISTA DA EMERJ. v. 1, nº 1, 1998. p. 25-26).

14.8.3.4 Crédito decorrente de foro e laudêmio, bem assim o crédito, documentalmente comprovado, decorrente de aluguel de imóvel, encargos acessórios, tais como taxas e despesas de condomínio

Iniciando pela análise das situações que envolvem o *foro* e o *laudêmio*, observe que o CC de 1916 disciplinava a *enfiteuse* no seu art. 678, textualizando:

> *"Art. 678. Dá-se a enfiteuse, aforamento ou emprazamento, quando por ato entre vivos, ou de última vontade, o proprietário atribui a outrem o domínio útil do imóvel, pagando a pessoa, que o adquire, e assim se constitui enfiteuta, ao senhorio direto uma pensão, ou foro anual, certo e invariável."*

Embora o CC de 2002 tenha proibido a constituição de novas enfiteuses (art. 2.038),[172] respeitou as constituídas até o início de vigência da lei em referência, mantendo a ação executiva como instrumento adequado para a cobrança de foros e de laudêmios não adimplidos, ambos os institutos decorrendo da enfiteuse.

O *foro* é a retribuição anual paga pelo enfiteuta ao senhorio direto pela utilização da coisa objeto do contrato. O *laudêmio* é pago a cada transferência da coisa a um terceiro (através de compra e venda, doação, permuta etc.), que se investe da condição de enfiteuta pelo fato de o senhorio direto não ter exercitado a faculdade de retomar a coisa em seus termos plenos através da aquisição do intitulado *domínio útil*.

Os imóveis situados na profundidade de 33 metros[173] medidos na linha horizonte em direção a terra a partir da posição da preamar médio de 1831 são considerados *terrenos de marinha*, de propriedade da União Federal, como prevê o inciso VII do art. 20 da CF, o que se deu a partir do Aviso Imperial de 12.7.1833, conceituando como *terrenos de marinha*:

> "Todos os que, banhados pelas águas do mar ou dos rios navegáveis, em sua foz, vão até a distância de 33 metros para a parte das terras, contados desde o ponto em que chega o preamar médio."

---

172 "Art. 2.038. Fica proibida a constituição de novas enfiteuses e subenfiteuses, subordinando-se as existentes, até sua extinção, às disposições do Código Civil anterior, Lei nº 3.071, de 1º de janeiro de 1916, e leis posteriores."

173 "A razão histórica para a fixação desses 33 metros está na necessidade – que havia então – de se estabelecer uma zona de defesa da orla marítima, que seria a primeira linha, em caso de ataques vindos do mar. A mesma causa fixou o mar territorial em 3 milhas, pois era o alcance máximo dos canhões carregáveis pela boca. Para que se tenha uma ideia da inutilidade de tudo isso, os encouraçados da classe Iowa, que datam da 2ª Guerra Mundial, embora ainda em atividade, atiravam com seus principais canhões, a aproximadamente 30 quilômetros" (CARVALHO, Rubens Miranda de. *Terrenos de marinha, taxa de ocupação, foro e laudêmio*. Disponível em: <www.mirandadecarvalho. com.br>. Acesso em: 3.8.2004).

O não pagamento do foro anual ou do laudêmio autoriza o senhorio a propor ação de execução contra o enfiteuta ou contra o adquirente do bem, na hipótese que envolve o laudêmio, apoiada no contrato de enfiteuse e no documento que demonstra a efetivação da transferência imobiliária, mais uma vez para o laudêmio, em face de o fato gerador da incidência coincidir com a alienação do domínio útil sem o recolhimento da taxa devida ao senhorio direto.

Na situação que envolve a cobrança de aluguéis através da ação de execução, devemos partir da premissa de que o CPC autoriza tão somente o ajuizamento da ação executiva que objetive compelir o devedor a efetuar o pagamento de aluguéis não adimplidos, juntamente com multas de mora, despesas com água, luz e tributos,[174] desautorizando a postulação através da ação em referência para a cobrança de parcelas controvertidas, dependentes da produção de provas relativas à veracidade do fato que dá suporte à cobrança,[175] como multas pela alteração física do bem sem o consentimento do locador,[176] reparos com a deterioração da coisa etc.

Assim, apenas para exemplificar, não é autorizado o ingresso da ação executiva para a cobrança de multa relativa à cláusula inserida no contrato que prevê a sua incidência quando houver alteração da destinação da locação. No contrato, o locatário prometeu que a locação seria destinada ao seu uso residencial, usando o imóvel para fim profissional (não residencial) após a assinatura do instrumento.

O fato que dá suporte à pretensão do recebimento da multa deve ser examinado no curso da ação de conhecimento, de rito ordinário ou sumário, a depender do valor do crédito perseguido, visando a obtenção de sentença judicial que imponha ao réu o dever de efetuar o pagamento da multa por ter ficado demonstrado, no curso da dilação probatória, a veracidade do fato sustentado na peça inicial.

A ação de execução é *opcional* para o locador que depara com a inadimplência do devedor/inquilino. Na hipótese, pode propor ação de execução para exigir o pagamento dos locativos não quitados, ou ação de despejo, para a cobrança dos

---

174 "Nos termos do art. 585, IV, do CPC, constitui título executivo judicial o contrato de locação escrito, devidamente assinado pelos contratantes. **As obrigações acessórias ao contrato de locação, tais como despesa com água, luz, multas e tributos, expressamente previstas no contrato, também estão compreendidas no art. 585, IV, do CPC, legitimando a execução juntamente com o débito principal relativo aos aluguéis propriamente ditos**. Precedentes. Recurso não conhecido" (REsp 440171 – SP, 5ª Turma do STJ, rel. Min. FELIX FISCHER, j. 18.2.2003, *DJ* 31.3.2003) (grifamos).

175 "**A multa que se permite incluir com força de título extrajudicial, a legitimar a execução, é aquela relacionada ao aluguel em débito, e não a resultante de infração contratual, pois esta deve ser objeto de cobrança pela via ordinária**, em que se verificará o seu cabimento ou não, bem como o seu exato valor" (Lex – *JTA* 152/372) (grifamos).

176 "**A multa que se pode admitir como inserta no artigo 585 do Código de Processo Civil será apenas a referente ao aluguel do imóvel, assim mesmo, se devida e certa, à luz do contrato**. Recurso conhecido e provido" (REsp 302486 – RJ, 6ª Turma do STJ, rel. Min. HAMILTON CARVALHIDO, j. 18.12.2002, *DJ* 4.8.2003).

aluguéis e a rescisão do contrato de locação, com o despejo do réu da posse do bem, mediante a demonstração da infração de cláusula contratual.

O CC de 2002 reduziu o prazo prescricional disposto na legislação revogada (que era de cinco anos), prevendo no inciso I do § 3º do seu art. 206 o prazo de três anos para o exercício da pretensão relativa a aluguéis de prédios urbanos ou rústicos.

Na locação não escrita, se o locatário não efetuar o pagamento de aluguéis e dos encargos da locação, o manejo da ação de execução está desautorizado, devendo o credor utilizar a ação de conhecimento (de rito ordinário ou sumário, a depender do valor do crédito), em face de a ação de execução sempre se apoiar na existência de documento escrito que evidencie a presença dos atributos de liquidez, de certeza e de exigibilidade da obrigação nele disposta.

No que diz respeito à cobrança de taxas condominiais, o assunto foi estudado no capítulo *Do processo*, no volume 1 desta obra. Naquele compartimento, registramos que o não adimplemento dessa obrigação pode gerar a propositura de uma dentre duas ações judiciais: a) ação de cobrança pelo rito sumário; ou b) ação de execução, tema que nos ocupa neste momento.

A ação de conhecimento que tem curso pelo procedimento sumário envolve o condomínio de um lado, representado em juízo pelo síndico, e o condômino do lado oposto, referindo-se diretamente ao proprietário ou ao promissário comprador da coisa, embora afirmemos que, no nosso entendimento, a expressão deve ser interpretada em sentido amplo, para incluir na previsão da lei toda pessoa que, por qualquer razão, esteja ocupando o bem imóvel.

A ação de execução é restrita à cobrança de encargos condominiais exigidos pelo locador em face do locatário, por ter o executado descumprido a obrigação contratual que impunha o pagamento da obrigação em favor do condomínio. Esse entendimento não é pacífico na doutrina, anotando-se posições que admitem o uso da ação de execução também por parte do condomínio em face do condômino, caracterizando como título executivo não o contrato, mas as atas de assembleias condominiais que aprovaram o valor da cota, além da convenção do condomínio, que é *lei* no universo analisado.

14.8.3.5 Crédito de serventuário de justiça, de perito, de intérprete ou de tradutor, quando as custas, emolumentos ou honorários forem aprovados por decisão judicial

No capítulo *Atos processuais*, no volume 1 desta obra, demonstramos que a expressão *atos processuais* é gênero, desdobrando-se nas espécies *atos das partes*, *atos do juiz* e *atos dos auxiliares da justiça*, cada um deles colaborando para o desfecho do processo, fim maior da função jurisdicional, que apenas neste instante libera-se do dever de pacificar o conflito de interesses.

No que se refere aos auxiliares da justiça, temos de voltar especial atenção aos auxiliares *externos*, ou seja, às pessoas que, ao contrário dos serventuários, não mantêm vínculo direto com o Poder Judiciário, como o perito, o intérprete e o tradutor, que raras vezes são vistos como integrantes da estrutura judiciária. A colaboração deles ocorre de forma pontual, como é o exemplo do perito, apenas convocado na fase da instrução probatória para subsidiar o magistrado de informações relativas a questões técnicas do seu domínio.

As pessoas em exame prestam o labor jurisdicional mediante o pagamento de honorários fixados por decisões interlocutórias proferidas no curso do processo, dispondo o § 2º do art. 19: "compete ao autor adiantar as despesas relativas a atos, cuja realização o juiz determinar de ofício ou a requerimento do Ministério Público". No mesmo conduto de exposição, dispõe o art. 33:

> *"Art. 33. Cada parte pagará a remuneração do assistente técnico que houver indicado; a do perito será paga pela parte que houver requerido o exame, ou pelo autor, quando requerido por ambas as partes ou determinado de ofício pelo juiz.*
> *Parágrafo único. O juiz poderá determinar que a parte responsável pelo pagamento dos honorários do perito deposite em juízo o valor correspondente a essa remuneração. O numerário, recolhido em depósito bancário à ordem do juízo e com correção monetária, será entregue ao perito após a apresentação do laudo, facultada a sua liberação parcial, quando necessária."*

Os honorários do perito são geralmente fixados na conclusão da *audiência preliminar*, nada obstando que isso ocorra em outro momento processual, transferindo à pessoa que requereu a produção da prova (ou ao autor, quando a realização ocorrer por determinação do magistrado ou por requerimento do Ministério Público) a responsabilidade pelo depósito da importância correspondente, de modo que a diligência em princípio não tem início sem a prévia certificação de que o depósito foi realizado.

Essa é a regra geral, que pode sofrer mitigações em face do procedimento adotado por cada magistrado e pelas circunstâncias dos processos específicos. Além disso, é comum depararmos na dinâmica forense com requerimentos apresentados por peritos no curso ou após a conclusão da diligência que lhes foi confiada, solicitando a complementação da verba honorária mediante a demonstração da insuficiência da remuneração em cotejo com a complexidade do trabalho desenvolvido.

Nessas hipóteses, assim como naquelas em que não houve antecipação dos honorários antes do início da diligência, percebemos que o perito é credor de uma das partes do processo (geralmente do autor, responsável pela antecipação das custas, das despesas processuais e dos honorários dos auxiliares da justiça), reclamando a previsão de instrumento jurídico-processual que oportunize a cobrança da quantia correspondente, através do ingresso da ação de execução apoiada em título extrajudicial.

Poder-se-ia indagar se a decisão interlocutória que fixou os honorários no curso do processo deve ser considerada título executivo, considerando que a sentença (e somente a sentença, pela leitura do inciso I do art. 475-N) é o pronunciamento judicial que ordinariamente se reveste dos atributos de certeza, de liquidez e de exigibilidade, não se confundindo com a decisão interlocutória, que resolve questão pendente no processo sem lhe por termo. O raciocínio deve ser desenvolvido com as atenções voltadas para a redação do inciso VI do art. 585, norma particularizada, qualificando a *decisão judicial* que aprova os honorários como espécie de título executivo extrajudicial, no gênero, sem fazer referência à espécie *sentença*.

Dessa forma, não há qualquer dúvida de que o adimplemento da obrigação pode ser perseguido pelo auxiliar do juízo via ação de execução, mesmo quando arbitrado e aprovado por pronunciamento judicial diferente da sentença, como é a decisão interlocutória. O título executivo é extrajudicial (embora constituído por decisão judicial) pelo fato de ser formado em favor de pessoa que não integra a relação jurídico-processual na condição de *parte* (o que pede e em face de quem a prestação jurisdicional é requerida), embora alguns autores entendam que melhor seria que a situação fosse topograficamente deslocada para o art. 475-N, que relaciona os títulos executivos judiciais.[177]

14.8.3.6 Certidão de dívida ativa da Fazenda Pública da União, dos Estados, do Distrito Federal, dos Territórios e dos Municípios, correspondente aos créditos inscritos na forma da lei

O assunto que diz respeito à certidão da dívida ativa como título executivo extrajudicial foi estudado em linhas seguintes, quando nos ocupamos da análise das *execuções especiais*, abrangendo a de alimentos e as movidas por e contra a Fazenda Pública, razão pela qual remetemos o leitor às seções correspondentes, evitando a repetição de ideias, de nenhuma serventia didática. O CPC é apenas aplicado de forma subsidiária, dando-se preferência à aplicação das normas que integram a Lei nº 6.830/80, mais uma vez em atenção ao *princípio da especialidade*.

---

[177] Nesse sentido e por todos: "Rigorosamente, os títulos de que trata o inciso V do art. 585 do CPC são judiciais, não extrajudiciais. Executa-se a decisão do magistrado que reconhece o crédito (quando os valores são tabelados) ou a decisão interlocutória que fixa verba honorária a favor dos auxiliares do juízo, de sorte que seria mais técnico incluir esses títulos no art. 584" (CARMONA, Carlos Alberto. In: MARCATO, Antônio Carlos (Coord.). *Código de Processo Civil interpretado*. São Paulo: Atlas, 2004. p. 1733).

14.8.3.7 Demais títulos a que, por disposição expressa, a lei atribuir força executiva

Diferentemente do art. 475-N, que alinha em *numerus clausus* os títulos executivos judiciais, registramos que o rol do art. 585 está *desenhado* em previsão aberta, não excluindo outros títulos previstos em legislação esparsa. Isso ocorre em respeito às peculiaridades dos negócios estabelecidos e disciplinados por lei específica, merecendo uma adaptação da normatização geral do CPC.

Como exemplos meramente ilustrativos de títulos executivos extrajudiciais que vêm sendo referendados como tais pela doutrina e pela jurisprudência, podemos citar o contrato de honorários advocatícios, o contrato de renegociação de dívida, a cédula de crédito comercial e a cédula de crédito bancário. Em qualquer situação, e desde que sejam preenchidos requisitos formais e substanciais, encontramo-nos diante de títulos revestidos dos atributos de liquidez, de certeza e de exigibilidade.

14.9 Propositura da ação de desconstituição do título e sua prejudicialidade em face da execução

O § 1º do art. 585 textualiza que "a propositura de qualquer ação relativa ao débito constante do título executivo não inibe o credor de promover-lhe a execução". Partindo da leitura do dispositivo, e para compreensão da sua intenção e dos seus limites, devemos construir uma situação hipotética para em torno dela nos aproximarmos da *mens legislatoris*.

Imagine a situação de devedor que emitiu várias duplicatas para desconto bancário, recebendo da instituição os valores em regime de antecipação, ato contínuo deixando de efetuar os pagamentos. O débito efetivamente existe. Porém, o devedor afirma que o *quantum* que está lhe sendo cobrado na via administrativa não retrata o real valor da dívida, tendo sido o principal excessivamente acrescido de juros e de correção monetária.

Em vista do argumento, ingressa com ação declaratória para discutir o valor do débito, que tem por finalidade declarar a inexistência de relação jurídica que o obrigue a pagar ao credor o valor que entende não ser devido. Poder-se-ia concluir que o credor não deveria ingressar com a ação de execução enquanto não for resolvida a pendência do primeiro processo, já que a decisão a ser proferida pode ser prejudicial em relação à execução, o que sugere um comportamento omissivo do credor, não exercitando o direito de ação.

A situação pode ser agravada (para o credor) se o devedor persegue o deferimento da antecipação de tutela (ou de liminar em cautelar incidental), pleiteando o deferimento da providência em regime de urgência, proibindo o credor de propor a ação de execução até que se conclua a tramitação da ação declaratória. Esse pedido é *juridicamente impossível*, por infringir o direito de ação, elevado à condição de *direito e de garantia fundamental* em vista da sua posição topográfica no art. 5º da CF.

Em nossa opinião, a ação de execução pode (e deve) ser proposta pelo credor, inclusive para evitar a prescrição, aconselhando-se que os processos sejam reunidos (a ação de execução e a ação movida pelo devedor) para julgamento simultâneo, evitando a possibilidade de contrariedade entre os julgados. A conclusão deriva da interpretação ampla do CPC, já que a conexão entre os processos reclama a identidade das causas de pedir ou dos objetos das demandas (art. 103), em princípio não se vislumbrando identidade entre os elementos dos dois processos examinados.

Outra alternativa seria determinar a suspensão da ação de execução até que seja decidida a demanda movida pelo devedor, com fundamento na alínea *a* do inciso IV do art. 265. A adoção da providência também apresenta restrições, já que o artigo do Código que autoriza a suspensão do processo em vista da *prejudicialidade externa* textualiza que a medida pode ser adotada quando a sentença de mérito *depender do julgamento de outra causa, ou da declaração da existência ou inexistência da relação jurídica, que constitua o objeto principal de outro processo pendente.* Na ação de execução, não temos sentença de mérito, a justificar a sua suspensão em virtude da coexistência de causa que lhe seja prejudicial.

Podemos concluir que a ação de execução não pode ter o seu ingresso obstado em decorrência de demanda que seja proposta pelo devedor na tentativa de desconstituir o título executivo, em respeito ao direito de ação, posto em plano constitucional. Não obstante a constatação, o magistrado que conduz a execução não pode ignorar a existência da causa prejudicial, o que reclama interpretação sistemática das normas do CPC, para permitir a suspensão da execução ou a reunião dos processos na tentativa de evitar julgados contraditórios na ação proposta pelo devedor e na ação de execução iniciada por manifestação do credor.

14.10 RESPONSABILIDADE PATRIMONIAL – CONSIDERAÇÕES GERAIS

Quando falamos a respeito do *credor* e do *devedor*, sempre pensamos que o primeiro protagonista da relação obrigacional ocupa posição de supremacia em face do segundo sujeito da lide, a ponto de tudo poder realizar, obrigando o devedor a suportar todas as ações e as manifestações que se originem do seu adversário processual. Na mesma linha de raciocínio, é sugerida a mais completa indisponibilidade do patrimônio do devedor, que deve permanecer resguardado para o cumprimento da obrigação disposta em título executivo judicial ou extrajudicial.

O modo de pensar conduz a uma imperfeição de conclusão. É que o patrimônio do devedor não fica fora do seu poder de disponibilidade, não se podendo afirmar que a só propositura da ação judicial contra ele já retiraria da sua pessoa a prerrogativa de transferir o seu patrimônio a um terceiro, de forma gratuita ou onerosa. A situação repete-se quando há apenas expectativa de direito em favor do lesado por um comportamento assumido pela pessoa que num futuro próximo irá ocupar o assento de réu em determinada ação judicial.

Apoiando-nos em exemplos para ilustrar as colocações, perceba de início a situação de pessoa que foi vítima de atropelamento na via pública e que procura pelo responsável pelo ato após a sua convalescença com a ameaça de que irá propor ação judicial para retirar do patrimônio do agente o valor necessário ao ressarcimento dos danos suportados. Mesmo com a possível culpa do agente, não se retira dele a prerrogativa de movimentar o seu patrimônio, como na situação em que necessita de liquidez (com a consequente alienação de bens para obtê-la) para custear tratamento médico em favor de filho menor.

Quando já proposta a ação judicial, igual manifestação pode se originar do réu, sendo em princípio autorizada a alienação de bens do seu patrimônio para solver obrigações de urgência, para a manutenção da sua família etc., o que nos faz concluir que a citação efetivada no processo de conhecimento não acarreta a proibição de alienação do patrimônio do demandado como um dos seus efeitos (art. 219,[178] que não inclui a inalienabilidade dos bens do réu como um dos efeitos da citação válida), demandado este que ainda não foi declarado *devedor* por força do pronunciamento judicial final.

Feitas essas considerações introdutórias, cabe-nos ressaltar que a medida da regularidade da transferência patrimonial de bens do devedor reside num ponto de equilíbrio entre a sua disponibilidade patrimonial e o valor do débito que está sendo exigido em relação à sua pessoa, demonstrando que *tem bens para atender a todas as suas dívidas*.[179] A alienação ou a transferência gratuita de bens do devedor não pode reduzi-lo à *insolvência*, como estado jurídico próximo da *falência comercial*, chegando-se à conclusão de que as dívidas da pessoa executada são superiores ao seu patrimônio disponível, não tendo como honrar os pagamentos em favor de todos os credores.

Se o executado acumular patrimônio no valor correspondente a $10x$, devendo x a pessoa reconhecida como vencedora em determinada ação judicial, em princípio não há qualquer obstáculo para que disponha do seu patrimônio até o limite de $9x$. Qualquer alienação procedida após esse limite pode configurar fraude, quando provada a coexistência de dois requisitos, um de natureza objetiva e outro de natureza subjetiva, assunto que é objeto de comentários seguintes.

---

178 "Art. 219. A citação válida torna prevento o juízo, induz litispendência e faz litigiosa a coisa; e, ainda quando ordenada por juiz incompetente, constitui em mora o devedor e interrompe a prescrição."

179 MIRANDA. Pontes de. *Comentários ao Código de Processo Civil*. Rio de Janeiro: Forense, 1976. t. X, p. 3.

O comportamento adotado pelo devedor pode caracterizar *fraude*, entendida como *embuste*, tentativa de se locupletar de forma indevida, como meio *ardil, malicioso*, evitando que o seu patrimônio seja desfalcado para o cumprimento de obrigações assumidas anteriormente. A palavra *fraude* origina-se do latim *fraus*, sendo lexicalmente definida como *dolo*, *burla*, *engano*.

A existência de uma obrigação a ser adimplida, seja de pagar, de fazer, de não fazer ou de entregar coisa, impõe ao devedor um estado de *sujeição*, de tolerância em relação aos requerimentos executivos apresentados pelo credor e aos atos praticados pelo magistrado dentro do processo, através dos quais se pretende conferir ao credor o mesmo nível de satisfação que seria observado se a obrigação houvesse sido adimplida de modo voluntário. A sujeição de que tratamos não significa subserviência em relação ao credor e ao próprio processo por ele proposto.

O devedor pode repelir os atos executivos, admitindo-se a oposição dos embargos do devedor, a manifestação contrária a laudos de avaliação elaborados pelo *expert* nomeado pelo juízo, a interposição de recursos contra decisões que lhe sejam desfavoráveis etc., em respeito ao princípio do contraditório e da ampla defesa, estudado na abertura deste capítulo. A sujeição refere-se à permissão da lei de invasão do patrimônio do devedor mesmo contra a sua vontade, para plena satisfação do credor, considerando que a função assumida pelo Estado na jurisdição executiva é de caráter substitutivo.

Em vista do comentado estado de sujeição, o devedor responde com todos os seus bens presentes e futuros para com o cumprimento da obrigação, salvo as restrições previstas em lei, como observamos com os *bens relativa* e *absolutamente impenhoráveis* (art. 591),[180] sendo autorizada a transferência patrimonial em favor de terceiro quando o valor do patrimônio for superior ao do débito, respeitando-se a equação que sempre pende em favor da manutenção de um saldo patrimonial que impeça a insolvência do devedor.

Quando falamos a respeito de *bens*, não pretendemos limitar a sujeição às coisas corpóreas, aos bens imóveis e bens móveis no sentido estrito, podendo a constrição judicial efetivada no processo de execução incidir em cotas sociais do devedor em determinada sociedade comercial, qualificando-se como *bens móveis propriamente ditos*.[181] Nessa hipótese, percebemos que há um desconforto para a pessoa jurídica, acarretado pela possibilidade de as cotas serem arrematadas em hasta pública ou mesmo adjudicadas pelo credor, assistindo a sociedade ao ingresso de pessoa nos quadros sociais contra a vontade dos demais sócios, comprometendo a *afectio societatis*.

---

180 "Art. 591. O devedor responde, para o cumprimento de suas obrigações, com todos os seus bens, presentes e futuros, salvo as restrições estabelecidas em lei."

181 Conforme lição da doutrina especializada: "*Bens móveis propriamente ditos*: As coisas inanimadas suscetíveis de remoção por força alheia constituem os bens móveis propriamente ditos, p. ex., mercadorias, moedas, objetos de uso, títulos de dívida pública, ações de companhia etc." (DINIZ, Maria Helena. In: FIUZA, Ricardo (Coord.). *Novo Código Civil comentado*. São Paulo: Saraiva, 2002. p. 94).

Caso o contrato social preveja que a alienação de cotas por parte de um sócio a terceiro apenas é admitida se antes for conferido aos demais sócios o direito de preferência na aquisição delas, estes podem remir o bem penhorado através do depósito em juízo do valor correspondente, como forma de liberar as cotas sociais da execução, impedindo a entrada de estranhos nos quadros societários.[182]

14.10.1 Responsabilidade patrimonial e a impenhorabilidade de bens

Além da possibilidade de deslocamento patrimonial ao terceiro quando a equação é positiva em favor do credor (patrimônio maior do que o valor da dívida), a sujeição do patrimônio do devedor é afastada ou prejudicada quando estivermos diante de *favor debitoris* concedido ao executado, protegendo bens que integram o seu patrimônio independentemente de ser inferior ou superior ao valor da dívida.

O assunto é disciplinado pelo CPC e por legislação esparsa, principalmente a Lei nº 8.009/90, que disciplina o instituto do *bem de família*, servindo de *palco* para inúmeros debates jurisprudenciais, sem consenso relativo aos bens móveis do interior da residência do executado que estariam livres da constrição judicial na execução.

Iniciando pelo CPC, percebemos que o art. 649[183] apresenta rol de bens considerados *absolutamente impenhoráveis* em atenção ao *princípio da menor onerosidade*

---

[182] Nesse sentido: "A penhorabilidade das cotas pertencentes ao sócio de sociedade de responsabilidade limitada, por dívida particular deste, porque não vedada em lei, é de ser reconhecida, com sustentação, inclusive, no art. 591 do CPC, segundo o qual 'o devedor responde, para o cumprimento de suas obrigações, com todos os seus bens presentes e futuros, salvo as restrições estabelecidas em lei'. Os efeitos da penhora incidente sobre as cotas sociais hão de ser determinados em atenção aos princípios societários. Assim, havendo restrição ao ingresso do credor como sócio, deve ser facultado à sociedade, na qualidade de terceira interessada, remir a execução, remir o bem ou conceder-se a ela e aos demais sócios a preferência na aquisição das cotas, a tanto por tanto (CPC, arts. 1.117, 1.118 e 1.119), assegurado ao credor, não ocorrendo solução satisfatória, o direito de requerer a dissolução total ou parcial da sociedade" (REsp 147546 – RS, 4ª Turma do STJ, rel. Min. SÁLVIO DE FIGUEIREDO TEIXEIRA, j. 6.4.2000, *DJ* 7.8.2000).

[183] "Art. 649. São absolutamente impenhoráveis: I – os bens inalienáveis e os declarados, por ato voluntário, não sujeitos à execução; II – os móveis, pertences e utilidades domésticas que guarnecerem a residência do executado, salvo os de elevado valor ou que ultrapassem as necessidades comuns correspondentes a um médio padrão de vida; III – os vestuários, bem como os pertences de uso pessoal do executado, salvo se de elevado valor; IV – os vencimentos, subsídios, soldos, salários remunerações, proventos de aposentadoria, pensões, pecúlios e montepios; as quantias recebidas por liberalidade de terceiro e destinadas ao sustento do devedor e sua família, os ganhos de trabalhador autônomo e os honorários de profissional liberal, observado o disposto no § 3º deste artigo; V – os livros, as máquinas, as ferramentas, os utensílios, os instrumentos ou outros bens móveis necessários ou úteis ao exercício de qualquer profissão; VI – o seguro de vida; VII – os materiais necessários para obras em andamento, salvo se essas forem penhoradas; VIII – a pequena propriedade rural, desde que trabalhada pela família; IX – os recursos públicos recebidos por instituições privadas para aplicação compulsória em

para o devedor, protegendo da penhora os vestuários, bem como os pertences de uso pessoal do executado e os valores e bens necessários à sua subsistência (*vencimentos, subsídios, soldos, salários, remunerações, proventos de aposentadoria, pensões, pecúlios e montepios, os livros, as máquinas, as ferramentas, os utensílios, os instrumentos ou outros bens móveis necessários ou úteis ao exercício de qualquer profissão*), impedindo que a execução cause a ruína financeira do devedor.

A leitura do artigo sugere que o benefício instituído referir-se-ia exclusivamente ao devedor pessoa física, não podendo a pessoa jurídica valer-se dos favores da lei por não receber vencimentos, salários, soldos etc. Não obstante a constatação lógica, a jurisprudência flexibiliza a norma para permitir que a pessoa jurídica suscite a impenhorabilidade dos bens que sejam fundamentais e indispensáveis ao seu regular funcionamento.[184]

Embora o art. 649 proteja o devedor contra a penhora judicial em face de os bens elencados na norma serem considerados *absolutamente impenhoráveis*, entende-se que o devedor pode renunciar ao favor que a lei edificou em seu benefício,[185] oferecendo à penhora bem incluído na previsão legal. Essa conclusão não se mantém quando o bem for *inalienável*, por não estar sujeito à execução (art. 648),[186] encontrando-se fora do comércio, ou quando o devedor oferece à penhora o *bem de família*.

Nessas hipóteses, invalida-se a nomeação feita pelo devedor em vista de o *favor debitoris* decorrer de comando de ordem pública, de incidência inafastável pela vontade das partes,[187] sobressaindo o interesse público que justificou a edificação do

---

educação, saúde ou assistência social; X – até o limite de 40 (quarenta) salários-mínimos, a quantia depositada em caderneta de poupança; § 1º A impenhorabilidade não é oponível à cobrança do crédito concedido para aquisição do próprio bem. § 2º O disposto no inciso IV do *caput* deste artigo não se aplica no caso de penhora para pagamento de prestação alimentícia.§ 3º VETADO."

184 "**Os bens da pessoa jurídica são penhoráveis, admitindo-se, em hipóteses excepcionais, a aplicação do inciso IV do artigo 649 do CPC, quando se tratar de pessoa jurídica de pequeno porte ou microempresa ou, ainda, firma individual, e os bens penhorados forem indispensáveis e imprescindíveis à sobrevivência da empresa.** A exceção à penhora de bens de pessoa jurídica deve ser aplicada com cautela, a fim de se evitar que as empresas fiquem imunes à constrição de seus bens e, consequentemente, não tenham como ser coagidas ao pagamento de seus débitos" (REsp 512555 – SC, 1ª Turma do STJ, rel. Min. FRANCISCO FALCÃO, j. 14.10.2003, *DJ* 24.5.2003) (grifamos).

185 "A nomeação à penhora pelo devedor de bem absolutamente impenhorável por força do art. 649 do CPC importa renúncia do direito à impenhorabilidade. Precedente da Terceira Turma" (REsp 470935 – RS, 2ª Seção do STJ, rel. Min. NANCY ANDRIGUI, j. 10.12.2003, *DJ* 1.3.2004).

186 "Art. 648. Não estão sujeitos à execução os bens que a lei considera impenhoráveis ou inalienáveis."

187 Nesse sentido, ratificando o entendimento de vários outros julgados originários do STJ: "**Os bens inalienáveis são absolutamente impenhoráveis e não podem ser nomeados à penhora pelo devedor, pelo fato de se encontrarem fora do comércio e, portanto, serem indisponíveis. Nas demais hipóteses do artigo 649 do Código de Processo Civil, o devedor perde o benefício se nomeou o bem à penhora ou deixou de alegar a impenhorabilidade na primeira oportunidade que teve para falar nos autos, ou**

instituto em favor não apenas do devedor, mas da *entidade familiar*, que não pode ser punida pelas irresponsabilidades praticadas pelo devedor.

O imóvel considerado *bem de família* deve apresentar construções, benfeitorias, não se admitindo o favor da lei em relação a terreno de propriedade do devedor que não sirva à moradia própria e/ou e da sua família.[188]

A lei citada prevê que não são protegidos pelo favor da impenhorabilidade os veículos de transporte, obras de arte e adornos suntuosos, de igual modo não podendo o devedor requerer a proteção legal quando o crédito é de titularidade:

a) de trabalhadores da própria residência do executado;
b) da pessoa jurídica de direito público responsável pela cobrança das contribuições previdenciárias;
c) do financiador que destinou recursos à construção ou à aquisição do imóvel;
d) do credor de pensão alimentícia;
e) da pessoa de direito público que se apresenta como *sujeito ativo* do imposto predial ou territorial, taxas e contribuições devidas em função do imóvel familiar;
f) do credor da hipoteca incidente sobre o imóvel residencial oferecido como garantia real pelo casal ou pela entidade familiar.

O favor também não é garantido quando o imóvel residencial foi adquirido com produto de crime, quando seja destinado à execução de sentença penal condenatória a ressarcimento, indenização ou perdimento de bens, e na hipótese de fiança concedida em contrato de locação.

Várias interpretações emanam da expressão *bem de família*, que sugere a proteção em favor da entidade familiar formada pelo(a) devedor(a), sua(eu) esposa(o) e filhos, partindo da premissa de que o bem é fisicamente ocupado pelo ente, o que cede diante da análise da jurisprudência de tribunais de referência, inclinando-se para

---

nos embargos à execução, em razão do poder de dispor de seu patrimônio. A exegese, todavia, não se aplica ao caso de penhora de bem de família (artigo 70 do Código Civil anterior e 1.715 do atual, e Lei nº 8.009/90), pois, na hipótese, a proteção legal não tem por alvo o devedor, mas a entidade familiar, que goza de amparo especial da Carta Magna" (REsp 351932 – SP, 3ª Turma do STJ, rel. Min. NANCY ANDRIGUI, j. 14.10.2003, *DJ* 9.12.2003, em transcrição parcial) (grifamos).

188 "Só deve ser considerado como bem de família o único imóvel residencial pertencente ao casal (art. 5º da Lei 8.009/90, vigente na época dos fatos). **Terreno sem qualquer benfeitoria, embora único bem do casal, não apresenta características exigidas para ser tido como bem de família**" (REsp 619722 – RS, 1ª Turma do STJ, rel. Min. JOSÉ AUGUSTO DELGADO, j. 27.4.2004, *DJ* 31.5.2004) (grifamos).

proteger o bem de família que se encontra locado, servindo a renda dele originada para a manutenção do devedor e da sua família.[189]

Também se entende que a proteção da lei incide mesmo quando o devedor residir isoladamente no bem, sem companhia do cônjuge e de filhos,[190] conferindo-se uma interpretação teleológica às disposições da Lei nº 8.009/90, distanciando-se da sua interpretação meramente gramatical. Os legisladores responsáveis pela edição da Lei nº 11.382, de 6 de dezembro de 2006, previram, no § 3º do art. 649, que, *na hipótese do inciso IV do caput deste artigo, será considerado penhorável até 40% (quarenta por cento) do total recebido mensalmente acima de 20 (vinte) salários-mínimos, calculados após efetuados os descontos de imposto de renda retido na fonte, contribuição previdenciária oficial e outros descontos compulsórios*.

Com o mesmo propósito de ampliar a possibilidade de penhora, o parágrafo único da norma em estudo previa que *também pode ser penhorado o imóvel considerado bem de família, se de valor superior a 1.000 (mil) salários-mínimos, caso em que, apurado o valor em dinheiro, a quantia até aquele limite será entregue ao executado, sob cláusula de impenhorabilidade*.

Com o encaminhamento do texto ao representante máximo do Poder Executivo Federal, para a devida sanção, a autoridade em estudo vetou as normas que pretendiam ampliar a penhora, sob a alegação de que *a tradição jurídica brasileira é no sentido da impenhorabilidade, absoluta e ilimitada, de remuneração*, e de que *a proposta quebra a tradição surgida com a Lei nº 8.009, de 1990, que 'dispõe sobre a impenhorabilidade do bem de família'*.

14.10.2 Responsabilidade secundária

A responsabilidade pelo pagamento do débito pode atingir bens de terceiros ou que se encontrem em poder destes, como disposto no art. 592, referindo-se:

---

189 "Contendo a Lei 8.009/90 comando normativo que restringe princípio geral do direito das obrigações, segundo o qual o patrimônio do devedor responde pelas suas dívidas, sua interpretação deve ser sempre pautada pela finalidade que a norteia, a levar em consideração as circunstâncias concretas de cada caso. **Consoante anotado em precedente da Turma, e em interpretação teleológica e valorativa, faz jus aos benefícios da Lei 8.009/90 o devedor que, mesmo não residindo no único imóvel que lhe pertence, utiliza o valor obtido com a locação desse bem como complemento da renda familiar, considerando que o objetivo da norma é o de garantir a moradia familiar ou a subsistência da família**" (REsp 315979 – RJ, 2ª Seção do STJ, rel. Min. SÁLVIO DE FIGUEIREDO TEIXEIRA, j. 20.3.2003, *DJ* 15.3.2004) (grifamos).

190 "Segundo entendimento firmado pela Corte Especial do STJ (EREsp n. 182.223 – SP, Rel. p/ acórdão Min. HUMBERTO GOMES DE BARROS, *DJU* de 7.4.2003), considera-se como 'entidade familiar', para efeito de impenhorabilidade de imóvel baseada na Lei n. 8.009/90, **a ocupação do mesmo ainda que exclusivamente pelo próprio executado**" (REsp 466945 – RO, 4ª Turma do STJ, rel. Min. ALDIR PASSARINHO JÚNIOR, j. 16.7.2003, *DJ* 24.11.2003, em transcrição parcial) (grifamos).

a) aos bens do sucessor a título singular, tratando-se de execução fundada em direito real ou obrigação reipersecutória;
b) aos bens do sócio da empresa devedora;
c) aos bens do cônjuge do devedor;
d) aos bens alienados ou gravados com ônus real em fraude de execução;
e) aos bens que pertencem ao próprio devedor, embora em poder de terceiros.

A situação pode aparentar ser ilegal na medida em que permite o sacrifício de bens de terceiros que não tomaram assento na ação de conhecimento, e que por esta razão não poderiam ser atingidos pelos efeitos da coisa julgada (art. 472),[191] respeitando-se os *limites subjetivos da res iudicata*. O raciocínio resta prejudicado diante da constatação de que a responsabilidade patrimonial em nosso sistema origina-se da distinção entre débito (*Schuld*) e responsabilidade (*Haftung*), autorizando que a execução incida em bens de responsável que não seja o próprio devedor, a ele se atando por questões societárias, matrimoniais ou jurídicas de modo geral.

Em todas as situações, percebemos que os bens atingidos pela execução não pertencem ao devedor, ou, pertencendo, não se encontram na sua posse. Esmiuçando a questão e inaugurando nossas anotações a partir do inciso I do art. 592 (bens do sucessor a título singular), observe que algumas ações versam sobre *direito real*, no gênero, com as espécies da propriedade, do direito de superfície, das servidões, do usufruto, do uso, da habitação, do direito do promitente comprador do imóvel, do penhor, da hipoteca e da anticrese (art. 1.225 do CC).

Se a demanda refere-se a um desses direitos, proferida sentença condenatória contra o réu, com o seu falecimento posterior e a transferência do bem disputado a um *sucessor singular*, a lei permite que o bem seja alcançado pela execução, através do cumprimento do mandado de imissão na posse (se for bem imóvel) ou de busca e apreensão (sendo bem móvel), encontre-se na posse de quem se encontrar, conferindo-se legitimidade ao sucessor singular para se opor à constrição através da apresentação dos embargos de terceiro.

A situação que contempla a penhora de bens do sócio remete-nos à previsão geral do art. 596, textualizando:

> *"Art. 596. Os bens particulares dos sócios não respondem pelas dívidas da sociedade senão nos casos previstos em lei: o sócio demandado pelo pagamento da dívida, tem direito a exigir que sejam primeiro excutidos os bens da sociedade.* Omissis*."*

---

[191] "Art. 472. A sentença faz coisa julgada às partes entre as quais é dada, não beneficiando, nem prejudicando terceiros. Nas causas relativas ao estado de pessoa, se houverem sido citados no processo, em litisconsórcio necessário, todos os interessados, a sentença produz coisa julgada em relação aos terceiros."

A norma foi estudada em linhas anteriores, no momento em que nos ocupamos da *legitimidade passiva para a execução*, bastando reforçar o entendimento de que os bens dos sócios só respondem por débitos da sociedade quando o sócio é gerente ou administrador da pessoa jurídica, tendo exorbitado os poderes sociais que lhe foram conferidos, descumprido o estatuto da empresa, quando infringir a lei ou quando a sociedade encerrar as suas atividades de forma irregular,[192] o que ocorre com maior repetição na ação de execução fiscal originada do não pagamento de dívidas tributárias, sem afastar o cabimento da ação executiva contra o sócio em todas as hipóteses em que for possível aplicar a *disregard doctrine*, como no sistema do CDC, por exemplo.

A responsabilidade patrimonial secundária do sócio na execução diz respeito às hipóteses em que o modelo societário da devedora impõe a responsabilidade solidária dos sócios por débitos assumidos pela pessoa jurídica. Para o alcance dos bens dos sócios de sociedade que não apresenta o modelo anteriormente citado, é necessário que a desconsideração da personalidade jurídica da devedora seja reconhecida através de decisão específica, fora do processo de execução.[193]

De qualquer modo, deparando o sócio com a invasão do seu patrimônio para o pagamento de dívidas da sociedade, pode exigir que primeiramente sejam excutidos bens da pessoa jurídica, como percebemos através da leitura da parte final do art. 596, cabendo-lhe *nomear bens da sociedade, sitos na mesma comarca, livres e desembargados, quantos bastem para pagar o débito* (§ 1º do art. 596).

Se o devedor sofrer desfalque patrimonial por débitos da sociedade que integra ou que integrou, pode utilizar o próprio processo de execução anteriormente movido

---

192 "**Os bens do sócio de uma pessoa jurídica comercial não respondem, em caráter solidário, por dívidas assumidas pela sociedade. A responsabilidade tributária imposta por sócio-gerente, administrador, diretor ou equivalente só se caracteriza quando há dissolução irregular da sociedade ou se comprova infração à lei praticada pelo dirigente. Não é responsável por dívida tributária, no contexto do art. 135, III, CTN, o sócio que se afasta regularmente da sociedade comercial, transferindo suas quotas a terceiro, sem ocorrer extinção ilegal da empresa**. Empresa que continuou em atividade após a retirada do sócio. Dívida fiscal, embora contraída no período em que o sócio participava, de modo comum com os demais sócios, da administração da empresa, porém, só apurada e cobrada três anos depois do aditivo contratual que alterou a composição societária. Inexistência de responsabilidade tributária do ex-sócio. Recurso especial provido" (REsp 215349 – MG, 1ª Turma do STJ, rel. Min. JOSÉ AUGUSTO DELGADO, j. 31.8.1999, *DJ* 11.10.1999) (grifamos).

193 Preciso o ensinamento da doutrina especializada: "Há que se distinguir entre a solidariedade que decorre puramente da lei por força da natureza da sociedade, e a que decorre por força da lei, mas da prática de certos atos anormais do sócio ou administrador. No caso de sócios naturalmente solidários é que se dá a responsabilidade executiva secundária, na forma do art. 592, nº II. A responsabilidade extraordinária, como a promovente de abuso de gestão, violação do contrato, dolo etc., depende de prévio procedimento de cognição e só pode dar lugar à execução quando apoiada em sentença condenatória contra o sócio faltoso" (THEODORO JÚNIOR, Humberto. *Processo de execução.* 20. ed. São Paulo: Malheiros, 2000. p. 189).

pelo credor para receber a quantia desembolsada, sub-rogando-se nos direitos do credor originário (parágrafo único do art. 595 c/c § 2º do art. 596).

Igual prerrogativa é conferida ao fiador na hipótese de lhe ser cobrada a responsabilidade patrimonial por dívida assumida pelo afiançado, conferindo-se a ele o direito de indicar bens livres e desembargados do devedor principal, passíveis de penhora, apenas se autorizando a sua sujeição patrimonial se os bens daquele não forem localizados. A regra em exame não se aplica quando o fiador renunciou ao *benefício de ordem*, colocando-se em plano de solidariedade em relação aos débitos contraídos pelo devedor principal.

Seguindo a ordem do art. 592, deparamos com a situação que envolve os bens do devedor que se encontram na posse de terceiro (imóvel que foi locado pelo devedor; bem que tenha sido objeto de contrato de comodato, por exemplo), que pode impugnar o ato de constrição através da oposição dos *embargos de terceiro*, com fundamento nos arts. 1.046 ss, como ação judicial de rito sumário, não como mera defesa apresentada no curso da execução movida contra o devedor, reclamando a elaboração da petição inicial, o aperfeiçoamento da citação da parte contrária, o pagamento das custas do processo etc., sendo ultimada através de sentença que pode ser combatida pelo recurso de apelação.

O afastamento inesperado do terceiro da posse do bem objeto da constrição em face de penhora judicial e do posterior desapossamento pode originar a propositura da ação de indenização por perdas e danos contra o devedor, desde que seja demonstrada a ocorrência do dano, do ato do agente e do nexo de causalidade, como *pilares* da teoria da responsabilidade civil. Além disso, na hipótese de imóvel locado ao terceiro, admite-se, em tese, a propositura da ação de consignação em pagamento contra o credor e o devedor, em face da dúvida relacionada a quem deva legitimamente receber a obrigação mensal e as despesas da locação (art. 895).[194]

De qualquer modo, ainda na situação que envolve o bem locado ao terceiro, anotamos que a locação não é desfeita pela penhora judicial, devendo ser respeitada pelo arrematante que adquire o bem em hasta pública no término da ação de execução, assumindo daí por diante a condição de locador.[195]

Os bens pertencentes ao cônjuge do devedor também podem ser atingidos por atos de constrição originados da execução movida pelo credor, devendo ser definido o instrumento jurídico a ser utilizado pelo cônjuge para tentar desfazer a penhora,

---

194 "Art. 895. Se ocorrer dúvida sobre quem deva legitimamente receber o pagamento, o autor requererá o depósito e a citação dos que o disputam para provarem o seu direito."

195 Preciso o ensinamento da doutrina especializada: "Naturalmente, se o terceiro desfruta uma posse contratual legítima, como é o caso da locação com eficácia perante o adquirente (Cód. Civil art. 1.197), a execução contra o locador que atingir o bem arrendado, não excluirá a continuidade do exercício dos direitos do locatário até o final do contrato. O arrematante, adquirindo a propriedade do bem, ficará sub-rogado na posição do devedor, isto é, de locador" (THEODORO JÚNIOR, Humberto. *Processo de execução*. 20. ed. São Paulo: Leud, 2000. p. 190).

em tese admitindo-se a oposição dos embargos à execução, da impugnação ou dos embargos de terceiro. A definição do instrumento processual adequado passa por uma avaliação da pessoa que foi beneficiada pelo negócio que gerou a dívida que é executada. Se o débito foi contraído no interesse exclusivo do devedor, sem o beneficiamento da família, o cônjuge pode fazer uso dos embargos de terceiro, atacando a penhora formalizada em bens que compõem a sua meação.

Se a dívida contraída pelo devedor acarretou beneficiamento à sua família, o cônjuge que sofrer a penhora da sua meação pode reagir à constrição através da oposição dos embargos à execução, ou da impugnação, combatendo o título como um todo e os aspectos processuais da execução, considerando a possibilidade de a sua meação ser absorvida no procedimento que se desdobra em atenção ao credor, cabendo a este provar (e não apenas alegar) que a dívida beneficiou a família, conforme a Súmula 251 do STJ,[196] para garantir a comunicação da dívida ao cônjuge do devedor.

Em face da rotineira dificuldade de se definir na dinâmica forense o instrumento processual que deve ser utilizado pelo cônjuge do devedor para defender a sua meação, entendemos que todos os *remédios* processuais (embargos de terceiro, embargos à execução e impugnação) devem ser admitidos como válidos, em respeito aos princípios da *fungibilidade* e da *instrumentalidade das formas* (art. 250), autorizando-se o recebimento de um mesmo quando o outro se mostrava mais adequado no caso concreto.

O processo civil moderno deve ser visto como *meio* e não como *fim*, permitindo a eliminação do conflito de interesses em menor espaço de tempo possível, conflito que permaneceria latente se o magistrado deixar de enfrentar o *meritum causae* em face da conclusão de que o cônjuge do devedor teria utilizado instrumento jurídico inadequado para combater a constrição sofrida em bens que integram a sua meação.

A situação que envolve a sujeição de bens alienados ou gravados com ônus real em fraude à execução merece tratamento destacado na seção seguinte, destinada ao estudo amplo da fraude, principalmente das espécies da *fraude à execução* e da *fraude contra credores*.

Em quase todos os casos anteriormente destacados, percebemos um incômodo processual causado ao terceiro, que é sobressaltado com a invasão do seu patrimônio ou com o molestamento da posse que exercita sobre o bem do devedor, em face de um débito que não foi contraído pelo responsável secundário. Em razão dessa constatação e em respeito ao princípio do contraditório e da ampla defesa, entendemos que o terceiro deve ser citado na ação executiva quando apoiada em título extrajudicial, para que tome conhecimento do processo, tendo condições de reagir,

---

196 **Súmula 251 do STJ:** "A meação só responde pelo ato ilícito quando o credor, na execução fiscal, provar que o enriquecimento dele resultante aproveitou ao casal."

seja através da oposição dos embargos de terceiro, dos embargos à execução ou da propositura de ação de indenização por perdas e danos contra o devedor.

14.10.3 Fraude contra credores e fraude à execução – considerações gerais

A fraude não é instituto exclusivo do direito processual civil, ramificando-se no âmbito penal (com o cometimento dos crimes de fraude à execução – art. 179 do CP; de fraude em arrematação judicial – art. 358 do CP; de estelionato – art. 171 do CP etc.), no âmbito civil (no cometimento da fraude contra credores, por exemplo), no processo de falência, no direito administrativo (no campo da licitação) etc. Em todas as situações, temos uma conduta ardil assumida pelo agente, que objetiva um benefício processual, a facilitação para o cometimento de um crime e várias outras implicações jurídicas semelhantes, sempre em prejuízo de um terceiro inocente.

No campo estrito do processo civil, a fraude não é vista apenas na realidade do processo de execução, de natureza repressiva, podendo, além disso, justificar a imposição de multa pela litigância de má-fé ou embasar a propositura da medida cautelar de arresto (art. 813),[197] de forma preventiva, quando se revelam indícios do comportamento desqualificado assumido pelo réu da medida judicial.

CARNELUTTI já nos advertia que *o bacilo da fraude se encontra, mais ou menos, em todo processo*.[198] Não obstante a ramificação de diversas demonstrações de fraude no âmbito do processo civil, a sua maior incidência é observada no curso do processo de execução, marcando o comportamento do executado no sentido de tentar transferir bens que integram o seu patrimônio, para *esvaziar* a ação, considerando que a satisfação do credor só é possível através da apreensão do patrimônio do devedor e da alienação judicial, para que o produto reverta em favor do credor.

A fraude não prejudica apenas a parte contrária (credor), mas, sobretudo, o Estado, que não consegue se desincumbir do dever de prestar a função jurisdicional em face da impossibilidade de formalização da penhora em bens do devedor, não se encontrando patrimônio que permita a constrição. Desse modo, sempre que a

---

197 "Art. 813. O arresto tem lugar: I – quando o devedor sem domicílio certo intenta ausentar-se ou alienar os bens que possui, ou deixa de pagar a obrigação no prazo estipulado; II – quando o devedor, quem tem domicílio: a) se ausenta ou tenta ausentar-se furtivamente; b) caindo em insolvência, aliena ou tenta alienar bens que possui; contrai ou tentar contrair dívidas extraordinárias; põe ou tentar pôr os seus bens em nome de terceiros; ou comete outro qualquer artifício fraudulento, a fim de frustrar a execução, ou lesar credores; III – quando o devedor, que possui bens de raiz, intenta aliená-los, hipotecá-los ou dá-los em anticrese, sem ficar com algum ou alguns, livres e desembargados, equivalentes às dívidas; IV – nos demais casos expressos em lei."

198 CARNELUTTI, Francesco. *Derecho y proceso.* Trad. Santiago Sentis Melendo. Buenos Aires: Ediciones Jurídicas Europa-América, 1971. p. 125.

fraude for arguida no curso do processo, o magistrado deve determinar a extração de peças, encaminhando-as ao representante do Ministério Público, em atenção ao art. 40 do CPP,[199] logicamente quando depara com indícios do cometimento do crime capitulado no art. 179 do CP.[200]

No momento presente, debruçamo-nos na análise de duas espécies de fraude com repercussão processual civil, que fazem parte da rotina das ações de execução, com o propósito comum de proteger o patrimônio do devedor através de transferências ilegais, realizadas no afã de prejudicar a satisfação do credor e a prestação da função jurisdicional. As espécies da *fraude à execução* e da *fraude contra credores* apresentam elementos em comum, distanciando-se no que se refere ao momento em que a transferência do patrimônio do devedor ao terceiro é consumada, à forma processual como a fraude é suscitada e à consequência do acolhimento da arguição originada do credor.

14.10.3.1 Fraude contra credores

A fraude contra credores consiste na transferência do patrimônio do devedor ao terceiro antes do aperfeiçoamento da citação no processo de conhecimento ou no processo de execução (para os títulos executivos extrajudiciais), antevendo o devedor que o patrimônio pode ser atingido no curso da ação de execução a ser instaurada. Exemplificativamente, perceba a situação de devedor que emitiu cheque sem provisão de fundos, encontrando-se cônscio de que o credor irá propor ação de execução fundada em título extrajudicial. Para evitar que o seu patrimônio seja atingido pela penhora, trata de transferi-lo a um terceiro, que participa do processo fraudulento com a ciência do que está ocorrendo, da real intenção do devedor.

Em vista das considerações, chegamos à conclusão de que a fraude contra credores exige o preenchimento de dois requisitos, um de natureza objetiva e outro de natureza subjetiva:

a) *eventus damni* (prejuízo para o credor);
b) *consilium fraudis* (ciência de que o ato de transferência está sendo realizado com o intuito de prejudicar o credor).

No que se refere ao primeiro requisito, perceba que a transferência patrimonial deve acarretar o estado de insolvência do devedor, de modo que não se pode falar em fraude contra credor quando a alienação de parte do patrimônio do devedor

---

199 "Art. 40. Quando, em autos ou papéis de que conhecerem, os juízes ou tribunais verificarem a existência de crime de ação pública, remeterão ao Ministério Público as cópias e os documentos necessários ao oferecimento da denúncia."

200 "Art. 179. Fraudar execução, alienando, desviando, destruindo ou danificando bens, ou simulando dívidas."

não compromete o pagamento do débito. A transferência de parte do patrimônio do devedor, sem que isto comprometa a solvência do débito, demonstra a falta de interesse na exteriorização de qualquer reação processual em tese cabível, devendo a *ação pauliana* (instrumento processual adequado para combater a fraude contra credores) ser extinta sem a resolução do mérito, com fundamento no inciso IV do art. 267, se for proposta.

O segundo requisito, de natureza subjetiva, deve ser estudado em seus contornos precisos. Parte da doutrina afirma que o *consilium fraudis* refere-se à ciência do adquirente de que a transferência patrimonial está sendo feita para prejudicar o credor, conluiando-se o devedor e o terceiro para o alcance desse propósito ardil. Em nossa concepção, o *consilium fraudis* deve ser visto como o comportamento do devedor (e apenas do devedor) no sentido de pretender prejudicar o credor através da transferência patrimonial, o que não encontra eco na doutrina, sendo entendimento minoritário.

Pensamos que a ciência do terceiro atrai outro instituto, dizendo respeito a *scientia fraudis,* que não é requisito para apoiar a manifestação do credor no sentido de impugnar o ato fraudulento contra ele praticado. O fato de o terceiro ter adquirido o bem de boa-fé não retira a possibilidade de o credor reagir contra a transferência patrimonial efetivada por obra fraudulenta do devedor, apenas se conferindo ao terceiro o direito de haver o valor desembolsado com os seus acréscimos naturais (juros e correção monetária), além das perdas e danos.

Se a transferência patrimonial ocorreu antes da efetivação da citação no processo de conhecimento ou na ação de execução, o credor deve propor a intitulada *ação pauliana*, com apoio no art. 158 do CC,[201] de rito ordinário, para obtenção de sentença declaratória, demandando contra o devedor e o terceiro,[202] sendo hipótese de litisconsórcio necessário, de modo que a sua não formação acarreta a extinção do processo sem a resolução do mérito (parágrafo único do art. 47).[203]

A transferência patrimonial feita em favor do terceiro é válida e eficaz em relação ao credor até o momento em que for proferida sentença pela procedência do pedido formulado na petição inicial da ação declaratória. Com a procedência, não há decla-

---

201 "Art. 158. Os negócios de transmissão gratuita de bens ou remissão de dívidas, se os praticar o devedor já insolvente, ou por eles reduzido à insolvência, ainda quando o ignore, poderão ser anulados pelos credores quirografários, como lesivos dos seus direitos."

202 Nesse sentido precisa a lição da doutrina: "A ação não pode destarte ser ajuizada exclusivamente contra o devedor insolvente, mesmo porque a eventual execução de sentença terá de ser dirigida contra o adquirente, detentor da coisa. Assim, sob pena de nulidade *ab initio*, deve ela ser promovida não só contra o devedor, como também contra a pessoa que com ele celebrou a estipulação considerada fraudulenta" (MONTEIRO, Washington de Barros. *Curso de direito civil*. 16. ed. São Paulo: Saraiva, 1997. p. 221).

203 "Art. 47. *Omissis*. Parágrafo único. O juiz ordenará ao autor que promova a citação de todos os litisconsortes necessários, dentro do prazo que assinar, sob pena de declarar extinto o processo."

ração da nulidade ou da anulação do ato jurídico (da transferência patrimonial), mas apenas o reconhecimento da sua *ineficácia* em relação ao credor, que pode pleitear a efetivação da penhora do bem atingido pelo ato de alienação como se estivesse em nome do devedor, ignorando o fato de se encontrar sob a titularidade do terceiro.

A procedência da *ação pauliana* não impõe a modificação das anotações registrais mantidas no Cartório de Imóveis da localidade do bem objeto do processo (se for efetivamente bem imóvel), visto que o negócio jurídico realizado entre o alienante e o adquirente não se altera, apenas não produzindo efeitos em relação ao credor, que simplesmente o ignora.

14.10.3.2 Fraude à execução

A fraude à execução apresenta requisitos também vistos na fraude contra credores (*eventus damni* e *consilium fraudis*),[204] diferenciando-se no que se refere ao *momento* da ocorrência do deslocamento gratuito ou oneroso do patrimônio do devedor ao terceiro. Além disso, o reconhecimento da fraude à execução não exige a *burocracia* vista na fraude contra credores, dispensando a propositura da *ação pauliana* para a declaração de que o ato é atentatório à dignidade da Justiça (inciso I do art. 600).

A espécie examinada revela um comportamento mais agressivo do devedor, em vista da existência de ação judicial que pode reduzi-lo à insolvência, com o comprometimento do seu patrimônio. A transferência ou a oneração realizada pelo devedor ocorre depois do aperfeiçoamento da citação válida no processo de conhecimento ou no processo de execução, o que se dá, por exemplo, na hipótese em que o réu é instado para apresentar defesa nos autos de ação de indenização por perdas e danos, antevendo a real possibilidade de ser condenado a efetuar o pagamento da indenização em favor do autor. Após a citação, transfere o seu patrimônio a um terceiro, que com o réu se une na ciência de que o ato praticado acarreta prejuízo ao autor do processo.

---

204 Peremptória a conclusão de HUMBERTO THEODORO JÚNIOR: "A fraude contra credores e a fraude de execução não são institutos completamente diversos, nem se regem por princípios essencialmente distintos. O que as separa são aspectos secundários como o fato de uma ocorrer antes da existência de demanda contra o alienante e outra pressupor a litispendência. Dessa circunstância – a preexistência de lide pendente – decorre a dispensa de Ação Pauliana para declaração da fraude de execução, cuja verificação se dá incidentalmente no bojo da causa em andamento. No mais, ambas as modalidades de fraude, se oneroso o ato de disposição praticado pelo devedor, reclamam os mesmos elementos essenciais, quais sejam: o *eventus damni* (prejuízo para o credor, representado pela insolvência ou devedor ou pelo desvio do bem disputado em virtude de direito real) e *consilium fraudis*, correspondente à participação do terceiro adquirente de forma consciente de estar prejudicando os credores do alienante" (Fraude contra credores. *Revista Síntese de direito civil e processual civil*. nº 11. maio/jun. 2001. Porto Alegre: Síntese, 2001. p. 159).

Embora a transferência patrimonial tenha ocorrido durante o processo de conhecimento, o reconhecimento da fraude à execução só ocorre na fase de execução, sem que a discussão seja antecipada para a fase de conhecimento, já que a insolvência do devedor será debatida após o não cumprimento voluntário da obrigação disposta na sentença proferida no processo de cognição ampla.

Não obstante o comportamento adotado pelo devedor ter uma gravidade maior do que a observada na fraude contra credores,[205] em vista do momento da transferência patrimonial gratuita ou onerosa, representando verdadeira afronta ao Poder Judiciário, devemos renovar o argumento de que a citação do réu não produz o efeito de tornar o seu patrimônio inalienável (art. 219), admitindo-se a transferência gratuita ou onerosa de bens mesmo após esse instante processual, desde que o devedor não seja reduzido à insolvência, mostrando-se o seu patrimônio remanescente suficiente para garantir o cumprimento da obrigação em favor do credor, cabendo a este provar o estado de insolvência, sob pena do não acolhimento da tese de fraude à execução.[206]

Questão não superada completamente pela doutrina diz respeito à possibilidade (ou não) de reconhecimento da fraude à execução quando a transferência patrimonial ocorrer após a propositura da ação judicial, mas antes do aperfeiçoamento da citação válida. Num outro modo de dizer, embora o alienante tivesse ciência da propositura da ação, praticou o ato fraudulento antes da angularização da relação jurídico-processual.

Segundo pensamos, a arguição da fraude à execução nessa situação é possível, devendo o credor demonstrar que o devedor tinha ciência da ação, embora não tivesse sido ainda citado para apresentar defesa nos autos. Em casos práticos, observamos que o ingresso da ação por vezes é antecedido de ampla discussão entre os sujeitos da lide, tentando eliminar o conflito de interesses independentemente de processo, mediante transação elaborada e subscrita pelas partes interessadas, que pode assumir a condição de título executivo se o instrumento for referendado pelo

---

205 "A fraude toma aspectos mais graves quando praticada depois de iniciado o processo condenatório ou executório contra o devedor. É que então não é só mais patente que nunca o intuito de lesar os credores, como também a alienação dos bens do devedor vem constituir verdadeiro atentado contra o eficaz desenvolvimento da função jurisdicional já em curso, porque lhe subtrai o objeto sobre o qual a execução deverá recair" (LIEBMAN, Enrico Tullio. *Processo de execução*. 5. ed. São Paulo: Saraiva, 1986. p. 108).

206 "**A Corte admite a decretação da fraude de execução, se alienado o bem após a citação válida em processo de conhecimento, mesmo ainda não instaurada a execução**. Todavia, se o Acórdão recorrido afirma que 'não consta tenha sido o devedor reduzido em estado de insolvência ou que não tenha ele bens para garantir a execução e o adimplemento do débito como declarado na decisão hostilizada', não estão presentes os requisitos essenciais para o reconhecimento da fraude. Recurso especial não conhecido" (REsp 440665 – SP, 3ª Turma do STJ, rel. Min. CARLOS ALBERTO MENEZES DIREITO, j. 25.2.2003, *DJ* 31.3.2003) (grifamos).

Ministério Público, pela Defensoria Pública ou por advogado regularmente inscrito nos quadros da OAB (inciso II do art. 585).

A tentativa de transação pode deixar registros escritos, como missivas trocadas pelas partes, recibadas através de protocolo, revelando a ciência da litigiosidade contida, da potencialidade de disputa judicial. Sendo frustrada a perspectiva de transação e partindo o credor para o ingresso da ação, entendemos que a transferência do patrimônio do devedor a um terceiro após a distribuição do processo, mas antes do aperfeiçoamento da citação, pode fundamentar a arguição de fraude à execução, provando o credor através da exibição de missivas que o devedor tinha conhecimento de que a ação seria proposta contra a sua pessoa. O modo de pensar amplia a interpretação da Lei de Procedimentos, não encontrando eco unânime na doutrina.

De qualquer modo, cabe-nos anotar que o instituto da fraude à execução está disciplinado pelo art. 593, assim assentado:

> *"Art. 593. Considera-se em fraude de execução a alienação ou oneração de bens: I – quando sobre eles pender ação sobre direito real; II – quando, ao tempo da alienação ou oneração, corria contra o devedor demanda capaz de reduzi-lo à insolvência; III – nos demais casos expressos em lei."*

Na hipótese do inciso I da norma em análise, podemos alinhar nossas considerações através da construção de uma situação hipotética, que serve de ilustração às conclusões externadas em linhas seguintes. O autor *A* ingressou com ação reivindicatória contra *B* e *C*, alegando ser proprietário da coisa em disputa, que teria sido alienada a *C* através da falsificação de documentos públicos, possibilitando a lavratura da escritura que beneficiou ao demandado, posteriormente registrada no Cartório de Imóveis.

Após ter ciência da propositura da ação, *C* aliena o bem a *D*, na tentativa de *esvaziar* a execução da sentença que vier a ser proferida na demanda, frustrando os interesses do credor e da própria Justiça, que assumiu o encargo de prestar a função jurisdicional, estágio apenas alcançado após a definitiva pacificação do conflito de interesses. Discute-se na dinâmica forense se seria necessário o registro da ação judicial (ou da penhora do bem, já alcançada a fase da execução da sentença condenatória) junto ao Cartório de Imóveis para ratificar a fraude à execução, provando-se por essa via que o adquirente tinha ciência da existência de demanda que se punha como obstáculo para o ato de transferência que o beneficiou.

Entendemos que o registro faz prova absoluta da ciência do adquirente em relação à existência da demanda, mas não pode ser visto como *condição* para a arguição da fraude à execução, já que o adquirente deve-se munir de informações necessárias à garantia de que o negócio não está marcado por qualquer irregularidade. Por esta razão, o adquirente deve obter certidões junto aos distribuidores do fórum local, atestando que não há demanda fundada em direito real que envolva o bem como objeto de disputa judicial travada entre o credor e o devedor.[207]

A não efetivação do registro da citação aperfeiçoada na ação judicial, da penhora ou de qualquer ato de constrição junto ao Cartório de Imóveis não é causa plena para que o adquirente alegue que não tinha conhecimento da existência da demanda, afastando a possibilidade de reconhecimento da fraude à execução.[208] A sua ciência é presumida (presunção relativa) em face das exigências legais impostas a todo e qualquer adquirente de bem imóvel, no sentido de obter certidões negativas dos Cartórios, revelando a inexistência de ações judiciais que possam comprometer a transferência patrimonial.

Com a efetivação do registro, dando conhecimento a todos da existência da ação fundada em direito real (publicidade *erga omnes*), firma-se a presunção absoluta de que o adquirente tinha ciência da pendência da demanda judicial que se apresenta como obstáculo para a regular transferência patrimonial, em evidente prejuízo para o credor. Não obstante as considerações, a maioria da jurisprudência entende que a fraude à execução só é caracterizada diante da coexistência dos seguintes requisitos:

a) que exista ação judicial pendente;
b) que o adquirente saiba da existência da ação judicial, seja pelo registro no Cartório de Imóveis (presunção absoluta – *juris et de jure*), seja pela demonstração inequívoca do credor nesse sentido;[209]
c) que a ação judicial tenha o condão de reduzir o devedor à insolvência.

---

[207] Nesse sentido, colhemos os ensinamentos da doutrina especializada: "Em segundo lugar, também entendemos que a mera existência da ação, mesmo sem o registro do ato citatório, já oferece a publicidade necessária para que terceiros possam aquilatar a situação dos envolvidos, cumprindo a todos tomar a indispensável cautela, na consecução de qualquer negócio, de obter certidões negativas de distribuição de ações em nome dos partícipes do ato, já que a possibilidade de se acoimar um ato de alienação como fraudulento, tornando-o ineficaz, inserida na previsão legal, serve de alerta geral a todos que pretendem contrair negócios" (DIAS, Ronaldo Brêtas C. *Fraude no processo civil.* Belo Horizonte: Del Rey, 1998. p. 105-106).

[208] O raciocínio esposado decorre da adesão à doutrina *desenhada* por AMILCAR DE CASTRO: "O fato, porém, de não ter sido registrada, ou inscrita, a penhora, ou o arresto, o sequestro, ou a citação, não impede a alegação de fraude contra a execução, e, sim, somente, tem a significação de ficar o exequente no ônus de provar que o adquirente tinha conhecimento, ou de que sobre os bens estava sendo movido litígio fundado em direito real, ou de que pendia contra o alienante demanda capaz de lhe alterar o patrimônio, de tal sorte que ficaria reduzido à insolvência. Feita a inscrição, as alienações posteriores peremptoriamente presumem-se feitas em fraude de execução, independentemente de qualquer outra prova" (CASTRO, Amilcar de. *Comentários ao Código de Processo Civil.* 3. ed. São Paulo: Revista dos Tribunais, 1983. p. 87).

[209] "**Ainda que relativamente a casos anteriores à Lei nº 8.953/94, hipótese dos autos, não basta à configuração da fraude à execução a existência, anteriormente à venda de imóvel, de execução movida contra o alienante, somente se admitindo tal situação se já tivesse, antes a inscrição da penhora no cartório competente, salvo se inequívoco o conhecimento dos adquirentes sobre a pendência judicial, prova que incumbe ao credor fazer**. Recurso especial conhecido e provido, para cancelar a constri-

O movimento doutrinário deve ser modificado após a edição da Lei 11.382/2006, com repercussão no modelo da execução fundada em título extrajudicial, com destaque para o art. 615-A, merecendo reprodução:

> *"Art. 615-A. O exequente poderá, no ato da distribuição, obter certidão comprobatória do ajuizamento da execução, com identificação das partes e valor da causa, para fins de averbação no registro de imóveis, registro de veículos ou registro de outros bens sujeitos à penhora ou arresto. § 1º O exequente deverá comunicar ao juízo as averbações efetivadas, no prazo de 10 (dez) dias de sua concretização. § 2º Formalizada penhora sobre bens suficientes para cobrir o valor da dívida, será determinado o cancelamento das averbações de que trata este artigo relativas àqueles que não tenham sido penhorados. § 3º Presume-se em fraude à execução a alienação ou oneração de bens efetuada após a averbação (art. 593). § 4º O exequente que promover averbação manifestamente indevida indenizará a parte contrária, nos termos do § 2º do art. 18 desta Lei, processando--se o incidente em autos apartados. § 5º Os tribunais poderão expedir instruções sobre o cumprimento deste artigo."*

A averbação da existência do processo (realizada antes do aperfeiçoamento da citação do devedor, que sequer tem ciência da existência do processo) não torna o patrimônio do executado inalienável. Contudo, se o bem atingido pela averbação for alienado pelo devedor, essa transferência patrimonial é considerada fraudulenta, já que o comprador não pode alegar o desconhecimento da existência da ação judicial movida contra o alienante.

O dispositivo em exame **antecipa o momento da caracterização da fraude à execução**, ou seja: para a consumação da fraude, a lei não mais exige o aperfeiçoamento da citação do devedor, sendo suficiente a averbação da existência do processo, que produz efeitos *erga omnes*, não para impedir a transferência patrimonial, mas para evidenciar a ciência do adquirente da existência do processo executivo.

Na situação do inciso II do artigo em exame, entendemos que o legislador foi infeliz na utilização da expressão *corria contra o devedor*, que semeia dúvidas. Não temos a certeza se a fraude à execução é caracterizada quando a transferência patrimonial ocorrer após a propositura da ação, mas antes da citação, ou se somente após o aperfeiçoamento do referido ato, neste instante sendo angularizada a relação jurídico-processual, já que a citação é *pressuposto de constituição do processo*.

Já anotamos em passagem anterior que, no nosso entendimento, a fraude à execução pode ser caracterizada quando o devedor transfere bens do seu patrimônio após a distribuição da petição inicial da ação que o reduziria à insolvência, seja de conhecimento ou de execução, cabendo ao credor, entretanto, demonstrar que o

---

ção" (REsp 442583 – MS, 2ª Seção do STJ, rel. Min. CARLOS ALBERTO MENEZES DIREITO, j. 27.11.2002, *DJ* 16.2.2004) (grifamos).

devedor tinha ciência da existência do processo no momento em que a transferência foi efetivada. Com o aperfeiçoamento da citação, há presunção absoluta de que o devedor tinha conhecimento da ação.

O entendimento majoritário da jurisprudência é de afirmar que a fraude à execução só ocorre após a citação válida, aperfeiçoada no processo de conhecimento ou na execução,[210] com o que não concordamos diante da consideração de que a fraude deve ser severamente punida pelo representante do Poder Judiciário, não se admitindo que o credor seja penalizado com a exigência da propositura da *ação pauliana* (ao invés do reconhecimento incidental da fraude) apenas porque a alienação ocorreu antes da citação, ação sabidamente demorada em termos de tramitação processual.

De qualquer modo, a fraude à execução pode ser alegada pelo credor através de simples petição apresentada incidentalmente nos autos da ação de execução, não reclamando a propositura de qualquer demanda específica, sendo o tema enfrentado pelo magistrado através de decisão interlocutória, que reconhece ou não a fraude, dando cabimento à interposição do recurso de agravo, por parte do credor ou do devedor. Se a fraude for reconhecida, é declarada a ineficácia da transferência ou da oneração em relação ao credor, que ignora o ato, penhorando o bem esteja em nome de quem estiver.

O reconhecimento da fraude não acarreta a declaração de nulidade ou da invalidação da transferência patrimonial, apenas afirmando que é *ineficaz* em relação ao credor, como se nunca tivesse ocorrido em relação à sua pessoa, sujeitando o patrimônio do devedor aos atos instrutórios (penhora, avaliação etc.) e definitivos da execução (alienação em hasta pública, entrega do produto da venda ao credor, adjudicação etc.). O bem não retorna ao patrimônio do devedor; apenas se sujeita aos atos da execução forçada.[211]

---

210 "Em consonância com o entendimento esposado no presente voto, as Turmas que compõem a egrégia Primeira Seção deste Sodalício têm decidido que **a alienação de bens após o ajuizamento de ação fiscal não configura fraude à execução enquanto o devedor não tenha sido citado**. Paradigmático, nesse sentido, v. acórdão da lavra do Min. MILTON LUIS PEREIRA, no qual se lê que 'os precedentes desta Corte não consideram fraude de execução a alienação ocorrida antes da citação do executado alienante' (1ª Seção, EREsp 31.321/SP, *DJ* 3.11.1998). Agravo interno a que se nega provimento" (AGA 493916 – MS, 2ª Turma do STJ, rel. Min. FRANCIULLI NETO, j. 16.3.2004, *DJ* 28.6.2004) (grifamos).

211 "**A decisão que declara a fraude à execução sujeita à penhora o imóvel alienado, sem atingir a transmissão da propriedade, cujo negócio jurídico é, tão só, ineficaz em relação ao credor; o meio de impedir que o imóvel volte a ser alienado, enquanto a execução não for aparelhada, é o registro da penhora, e não o cancelamento do registro da propriedade no Ofício Imobiliário.** Recurso especial conhecido e provido" (REsp 383369 – SP, 3ª Turma do STJ, rel. Min. ARI PARGENDLER, j. 24.5.1999, *DJ* 28.6.1999) (grifamos).

14.10.3.3 Atos atentatórios à dignidade da Justiça

A fraude à execução é espécie de **ato atentatório à dignidade da Justiça** que não exclui outras espécies catalogadas no art. 600 (*oposição maliciosa à execução com o emprego de meios ardis e artificiosos*; *resistência injustificada ao cumprimento de ordens judiciais*; *não indicação, após intimação e no prazo de cinco dias, quais são e onde se encontram os bens sujeitos à penhora e seus respectivos valores*).

No volume 1 desta obra, anotamos que a lei exige das partes, dos seus advogados e dos auxiliares da justiça que se comportem com lealdade e boa-fé, impondo sanção processual quando essa regra for descumprida, consistente na aplicação de multa em percentual que consideramos simbólico, correspondente a até 1% (um por cento) do valor atribuído à causa, o que na dinâmica forense acaba estimulando a prática dos atos recriminados, sabendo a parte que a punição não é proporcional ao dano que causou ao seu adversário e à própria Justiça.

O assunto repete-se em linhas gerais na realidade da execução, embora a punição seja mais contundente, referindo-se à aplicação de multa no percentual de até 20% (vinte por cento) do valor do débito, podendo o devedor se liberar da punição quando se comprometer *a não mais praticar qualquer dos atos definidos no artigo antecedente e der fiador idôneo, que responda ao credor pela dívida principal, juros, despesas e honorários advocatícios* (parágrafo único do art. 601).

A decisão judicial que impõe o pagamento da multa deve ser fundamentada em elementos objetivos e subjetivos, que revelem o comportamento abusivo assumido pelo devedor, em respeito ao inciso IX do art. 93 da CF, sob pena de reconhecimento da nulidade do pronunciamento, independentemente de arguição da parte interessada.

A situação de maior contundência, que revela a eventual litigância de má-fé na ação de execução, refere-se ao fato de o devedor não indicar ao juiz onde se encontram os bens sujeitos à execução, assunto que merece comentários adicionais, a fim de que a norma processual seja corretamente interpretada.

Em linhas anteriores, estudamos que o devedor se põe em estado de *sujeição* em relação à ação de execução, mas não de subserviência, de completa passividade, o que é ratificado com a verificação de que pode se opor à execução através da apresentação dos embargos à execução, admitindo-se o manejo da exceção de pré-executividade, a manifestação acerca de laudos de avaliação etc. O rol não exaustivo demonstra que o devedor pode praticar vários atos na execução para tentar evitar a satisfação do credor.

A resistência processual e de mérito, porém, não pode ser desmedida, comprometendo o fim da execução, que é o do Estado atuar de forma *substitutiva*, dando ao credor o mesmo nível de satisfação que seria alcançado se o devedor tivesse adimplido voluntariamente a obrigação.

Pela interpretação meramente gramatical do inciso IV do art. 600, poder-se-ia concluir que o devedor é *obrigado* a indicar bens do seu patrimônio passíveis de penhora, observando a regra do art. 655. Em edições anteriores desta obra, sustentamos que a interpretação feita desse modo não se coaduna com o espírito da lei, já que nenhum réu ou devedor está obrigado a produzir prova ou praticar atos contra o seu próprio interesse.

Por analogia, observe a dúvida relativa à obrigatoriedade (ou não) de o réu se submeter ao teste de DNA na ação de investigação de paternidade, de produção requerida pela parte autora. A jurisprudência de nossos tribunais é firme em sustentar que não há qualquer obrigatoriedade do réu de assim se comportar, embora inúmeros julgados concluam pelo reconhecimento da paternidade em face da presunção de veracidade das alegações do autor (sobretudo por conta da edição da Súmula 301 do STJ), edificada em vista da negativa do promovido de colaborar para o esclarecimento dos fatos, com o que não concordamos, segundo raciocínio externado no capítulo *Das provas*, no volume 1 desta obra.

Mutatis mutandis, podemos *importar* o entendimento para a realidade da ação de execução, para apoiar a conclusão de que o executado não é obrigado a indicar bens do seu patrimônio passíveis de constrição, de modo que a sua omissão apenas e tão somente desloca para o credor o ônus processual de assim agir,[212] sob pena de a execução ser suspensa, com fundamento no inciso III do art. 791.

Assim é que sempre entendemos que a penalidade processual é prevista para a situação que envolve a execução da obrigação de entregar coisa, impondo a multa contra o executado que não entregue a coisa disputada após ter sido regularmente citado, não sendo de rotineira aplicação na execução por quantia certa, sem, contudo, afastá-la em termos absolutos. A penalidade pode ser imposta, por exemplo, quando o devedor, ciente da determinação que impõe a penhora em dinheiro depositado em sua conta corrente, efetua o saque do numerário depositado, evitando a prática do ato processual.

---

212 Preciso sobre o tema o voto proferido pelo Exmo. Sr. Ministro RUY ROSADO DE AGUIAR no REsp 152737 – MG: "A regra do art. 600, inciso IV do CPC, deve ser interpretada e aplicada nos limites dos seus termos: isto é, os bens sujeitos à execução, seja porque dados em garantia, seja porque penhorados ou de outro modo constritos, devem ter sua localização indicada ao juiz pelo devedor. **Do só fato da existência da execução não surge para o devedor a obrigação de relacionar seu patrimônio penhorável, a fim de que o credor indique o bem de sua preferência para a penhora (art. 652 CPC), direito que poderá não exercer, hipótese em que a escolha do bem passa a ser do oficial de justiça (art. 659 CPC). Para a efetivação da penhora, nesse caso, o credor pode colaborar, assim como o devedor, mas a simples omissão deste não constitui ato atentatório à dignidade da justiça, nem resultará necessariamente na aplicação da multa prevista no art. 601 do CPC.** Do devedor, diante do processo de execução, exige-se passividade, para sofrer os atos forçados, e se proíbe conduta maliciosa ou fraudulenta. A simples omissão do devedor somente será punível processualmente quando a lei lhe impuser o dever de evitar o resultado danoso, como acontece com a obrigação de apresentar os bens dados em garantia, ou de preservar os que estão sob sua guarda" (grifamos).

Ao que parece, nosso entendimento não vai prevalecer, posto que o dispositivo em exame foi reformado pela Lei nº 11.382/2006, acentuando a regra de que o devedor deve indicar bens passíveis de penhora, precisando a localização e os seus valores, sob pena de se sujeitar ao pagamento da multa, como espécie de penalidade civil. Na nossa concepção, uma coisa é falsear com a verdade; outra é permitir a omissão do devedor, que não está obrigado a contribuir para a consumação de situação processual desconfortável para a sua pessoa.

Na situação que envolve a alienação ou a oneração do bem penhorado, a transferência patrimonial é *ineficaz* em relação ao credor, mantendo-se a penhora encontre-se em nome de quem se encontrar o bem atingido pelo deslocamento procedido pelo depositário.

14.11 DESISTÊNCIA DA EXECUÇÃO E SUAS CONSEQUÊNCIAS JURÍDICAS

No volume 1 desta obra, demonstramos que a desistência das ações depende da concordância do réu, na hipótese de já ter sido citado, o que decorre da aplicação do art. 264. A razão de ser da regra fundamenta-se na constatação de que a citação do réu impõe o estado de litigiosidade, reclamando a contratação de profissional para apresentação da defesa, com todos os encargos decorrentes.

Além disso, verificamos que a desistência da ação acarreta a extinção do processo sem a resolução do mérito, através de sentença que produz coisa julgada formal (efeito endoprocessual), mantendo o autor com a prerrogativa de propor nova demanda assentada nos mesmos elementos (partes, causa de pedir e pedido), representando manifesta instabilidade para o réu, que convive com a ameaça de nova postulação. Esse estado indesejado pode ser eliminado através da resolução do mérito da ação, por meio da improcedência dos pedidos formulados na petição inicial.

Num exemplo ilustrativo, perceba a demanda proposta pelo autor com fundamento na alegação de que o réu teria efetuado a inclusão do seu nome em cadastro pejorativo, causando prejuízo moral, representado pelo abalo de crédito e pela impossibilidade de contrair dívidas. Após a citação do réu, o autor percebe que não conseguiu reunir as provas documentais necessárias para garantir a procedência da ação, o que motiva o seu requerimento de desistência do processo, sugerindo a extinção sem a resolução do mérito.

No exemplo analisado, percebemos que a desistência da ação causa prejuízo ao réu, na medida em que pode garantir a improcedência da ação por não ter o autor se desincumbido do ônus probatório, eliminando a possibilidade de ingresso de outra ação judicial fundada nos mesmos elementos, desta feita acompanhada dos documentos que dariam subsídio à pretensão indenizatória. Isso demonstra a razão de se exigir a concordância do réu para a homologação do pedido de desistência da ação, podendo o magistrado homologar a desistência sem a concordância quando a oposição do réu for infundada.

Além dos comentários alinhados, perceba que a desistência da ação não retira do autor a obrigação de efetuar o pagamento das custas processuais e dos honorários advocatícios, por ter dado causa à postulação sem qualquer participação do réu, que não poderia ser obrigado a suportar o ônus sem qualquer justificativa. Pensar em contrário seria o mesmo que estimular a propositura de demandas judiciais infundadas, sabendo o autor que pode a qualquer tempo desistir do processo, sendo-lhe garantida a isenção do pagamento das custas e dos honorários advocatícios.

Grande parte dos comentários feitos em linhas anteriores não se aplica à ação de execução, conforme nos informa o art. 569 e seu parágrafo único, com a seguinte redação:

> *"Art. 569. O credor tem a faculdade de desistir de toda a execução ou de apenas algumas medidas executivas.*
>
> *Parágrafo único. Na desistência da execução, observar-se-á o seguinte:*
>
> *a) serão extintos os embargos que versarem apenas sobre questões processuais, pagando o credor as custas e os honorários advocatícios;*
>
> *b) nos demais casos, a extinção depende da concordância do embargante."*

A dispensa da concordância do devedor em relação à desistência manifestada pelo credor decorre da constatação de que a ação de execução é movida no exclusivo interesse do credor, não se conferindo ao devedor a prerrogativa de apresentar defesa processual nos autos (defesa endoprocessual), na execução fundada em título extrajudicial, encontrando-se em estado de *sujeição* em relação aos atos que emanam do magistrado, em resposta aos requerimentos apresentados pelo credor.

Contudo, quando opostos embargos à execução pelo devedor, encontramo-nos diante de ação judicial, não de mera defesa apresentada nos autos da ação de execução, de modo que a desistência de uma das ações (da executiva) não poderia impor a automática desistência da outra demanda (dos embargos), pelo fato de os autores serem diversos. Do contrário, estar-se-ia garantindo ao credor a prerrogativa de desistir de uma ação contra ele ajuizada, não obstante os embargos sejam prejudiciais em relação à execução.

Se os embargos opostos pelo devedor versarem matéria exclusivamente processual (nulidade da penhora, por ter incidido em bem absolutamente impenhorável, por exemplo), a lei dispensa a anuência do devedor/embargante para a homologação do pedido de desistência da execução, que imporá a extinção dos embargos sem a apreciação do mérito, com a condenação do credor ao pagamento das custas processuais e dos honorários advocatícios, garantindo-se ao credor a prerrogativa de renovar o debate judicial no âmbito de outro processo, considerando que a sentença de extinção produziu apenas coisa julgada formal (efeito endoprocessual), não prejudicando o direito material de titularidade do credor.

Entretanto, se os embargos impugnarem o título, com o propósito de tentar desconstituir os atributos de certeza, de liquidez e de exigibilidade da obrigação representada no documento, não se admite a homologação da desistência manifestada na ação de execução sem a anuência do devedor/embargante, visto que a eventual procedência dos embargos por ele opostos extingue o processo com a resolução do mérito, atingindo o direito material conduzido pelo exercício do direito de ação, de modo que o credor não mais poderá renovar a discussão em outra demanda judicial, em respeito a *res iudicata*.

Se a desistência for manifestada após a citação do devedor, mas antes da oposição dos embargos, o requerimento do credor pode ser homologado sem a anuência da parte contrária, em face de a ação incidental autônoma apenas existir em termos jurídicos após a sua regular distribuição,[213] a partir desse momento podendo ser sustentada a tese de que o processo foi *formado* (art. 263).[214]

Cabe-nos anotar que em qualquer das hipóteses de homologação do pedido de desistência (com ou sem a anuência do devedor), o credor deve efetuar o pagamento das custas processuais e dos honorários advocatícios, na forma do § 4º do art. 20,[215] em respeito ao *princípio da causalidade,* exceto se a manifestação do credor ocorrer antes do aperfeiçoamento da citação do devedor, já que, neste caso, não há sequer relação processual instaurada, considerando que a citação é *pressuposto de constituição do processo*.[216]

14.12 LIQUIDAÇÃO – CONSIDERAÇÕES GERAIS

Partindo da premissa de que a obrigação representada no título executivo deve ser líquida, certa e exigível, concluímos que a instauração da execução sem o

---

213 "**Se a desistência ocorrer antes do oferecimento dos embargos, desnecessária é a anuência do devedor**. Precedentes do STJ. Agravo regimental a que se nega provimento" (AGA 538284 – RS, 1ª Turma do STJ, rel. Min. JOSÉ AUGUSTO DELGADO, j. 27.4.2004, *DJ* 7.6.2004) (grifamos).

214 "Art. 263. Considera-se proposta a ação, tanto que a petição inicial seja despachada pelo juiz, ou simplesmente distribuída, onde houver mais de uma vara. A propositura da ação, todavia, só produz, quanto ao réu, os efeitos mencionados no art. 219 depois que for validamente citado."

215 "Art. 20. A sentença condenará o vencido a pagar ao vencedor as despesas que antecipou e os honorários advocatícios. Essa verba honorária será devida, também, nos casos em que o advogado funcionar em causa própria. *Omissis.* § 4º Nas causas de pequeno valor, nas de valor inestimável, naquelas em que não houver condenação ou for vencida a Fazenda Pública, e nas execuções, embargadas ou não, os honorários serão fixados consoante apreciação equitativa do juiz, atendidas as normas das alíneas *a, b* e *c* do parágrafo anterior."

216 "**São indevidos os honorários de sucumbência, quando o exequente desiste da execução, antes da citação, vale dizer, antes que se instaure a relação processual**, vez que, segundo a jurisprudência do STJ, o exequente é senhor da ação 'jurissatisfativa' e dela pode desistir contanto que o faça antes da instauração da relação processual (citação). Recurso não conhecido" (REsp 125289 – SP, 3ª Turma do STJ, rel. Min. WALDEMAR ZVEITER, j. 24.3.1998, *DJ* 11.5.1998) (grifamos).

preenchimento desses requisitos impõe a sua extinção sem a resolução do mérito, por falta de interesse de agir, caracterizando a carência de ação. O pronunciamento em exame produz coisa julgada formal (efeito endoprocessual), não impedindo a renovação da pretensão executiva, desde que o vício que impôs a extinção seja eliminado.

Não obstante as considerações, percebemos que nem sempre a obrigação disposta no título se mostra desde logo *líquida*, a ponto de permitir o imediato manejo da execução, reclamando a instauração de procedimento para a apuração da *extensão* da obrigação declarada por pronunciamento judicial. Encontramo-nos diante da *fase de liquidação da sentença*, que objetiva aperfeiçoar o título executivo judicial, atribuindo-lhe o requisito faltante, evitando que a execução seja extinta sem a resolução do mérito.

Se o credor der início à execução, apoiada em título executivo que represente obrigação ilíquida, o magistrado deve reconhecer a *inadequação da via eleita* em face de o credor ter solicitado providência jurisdicional imprópria, não se encontrando autorizado ao manejo da execução. A matéria é de ordem pública e deve ser reconhecida pelo magistrado mesmo de ofício, conferindo-se ao devedor a prerrogativa de suscitá-la através da exceção de pré-executividade, sem a burocracia dos embargos à execução, ou da impugnação.

A liquidação situa-se no meio-termo entre a sentença condenatória proferida na demanda de conhecimento e a execução, sendo fase ou incidente processual, reclamando a intimação da parte contrária, em respeito ao *princípio do contraditório e da ampla defesa*, sob pena de o pronunciamento judicial que desatar a fase ser marcado pela nulidade, autorizando o pedido de invalidação pela parte prejudicada.

A liquidação de sentença só é admitida para aperfeiçoar título executivo judicial, já que a espécie extrajudicial deve reunir todos os requisitos essenciais, sob pena de extinção da execução sem a resolução do mérito. O ideal é que o magistrado profira sentença líquida, evitando os percalços da fase de liquidação, que retarda a entrega da prestação jurisdicional, não permitindo que o credor de logo instaure a fase de execução.

Isso nem sempre é possível, o que observamos com repetição nas *ações universais* e nas indenizatórias, não tendo o autor, no momento da postulação, condições de expressar o *quantum debeatur* (o quanto quer), apenas apresentando o *an debeatur* (o que quer), afirmando que a extensão da obrigação será apurada através da liquidação de sentença, como fase do processo de conhecimento ulterior à sentença condenatória.

Nessas hipóteses (ou seja, quando o autor formula pedido ilíquido), o magistrado não pode condenar o réu ao pagamento de determinada soma em dinheiro (parágrafo único do art. 459),[217] em respeito ao *princípio da adstrição* (da *congruência*

---

217 "Art. 459. *Omissis*. Parágrafo único. Quando o autor tiver formulado pedido certo, é vedado ao juiz proferir sentença ilíquida."

ou da *correlação*), estudado no capítulo *Da sentença e da coisa julgada*, no volume 1 desta obra.

Ilustrando o tema, perceba a hipótese da ação de indenização por perdas e danos proposta em decorrência de atropelamento, em razão do qual a vítima fraturou os membros inferiores, necessitando se submeter a intervenções cirúrgicas, além da compra de medicamentos e da realização de sessões de fisioterapia, o que justifica a formulação de pedido genérico, indicando o autor que o valor de cada uma das verbas será apurado na fase de liquidação, não tendo condições de quantificá-las no momento do ingresso da demanda de conhecimento em razão de o efeito da lesão não ter ainda cessado.

Percebemos que o autor indicou o *an debeatur* (detalhamento das verbas, a saber: despesas médico-hospitalares, pagamento de sessões fisioterápicas, custeio de intervenções cirúrgicas), sem expressar o *quantum debeatur*, ou seja, o valor de cada uma das parcelas. O magistrado acolhe a pretensão, para condenar o réu ao pagamento da indenização, cujo valor será apurado no curso da liquidação.

A situação também se repete com frequência quando o título executivo judicial é sentença penal condenatória, que não retrata soma em dinheiro, mas tão somente a imposição de multa, de pena privativa de liberdade ou restritiva de direitos, com as ressalvas de que a Lei 11.719, de 20 de junho de 2008, alterou o inciso IV do art. 389 do CPP, dentre outros, para prever que o juiz, ao proferir sentença condenatória, *fixará valor mínimo para reparação dos danos causados pela infração, considerando os prejuízos sofridos pelo ofendido*. Pretendendo o credor utilizar a sentença em referência no âmbito cível, como lhe faculta o inciso I do art. 91 do CP e o inciso I do art. 475-N do CPC, eliminando a demanda de conhecimento que poderia ser proposta, terá de instaurar a liquidação antes da execução, para precisar a extensão do objeto da condenação.

Mais uma vez exemplificando, com as atenções voltadas para o caso do atropelamento referido em linhas anteriores, perceba que o réu foi condenado em face da morte da vítima, pai de família que sustentava dois filhos menores, com 10 e 11 anos de idade, além da sua esposa, que não exerce atividade laborativa. Considerando que a sentença penal condenatória não expressa soma em dinheiro (ver ressalva articulada em passagem anterior), é necessário que os credores solicitem a instauração da liquidação para apuração do *quantum debeatur*, definindo o valor do pensionamento a ser exigido do devedor pela prática do ato ilícito.

O ponto nodal da questão diz respeito à compreensão de que a liquidação é **fase** do processo, **não sendo mais ação judicial que se situava na faixa intermediária entre o desfecho do processo de conhecimento e a execução**, servindo ao aperfeiçoamento do título executivo judicial, possibilitando o pedido de intimação da parte contrária para satisfazer à obrigação no prazo legal.

14.12.1 Natureza jurídica do pronunciamento que põe fim à liquidação

A razão de definirmos a natureza jurídica da liquidação (como processo ou como fase da demanda posterior à sentença condenatória) se assenta na necessidade de identificação do pronunciamento judicial que lhe põe termo, e, consequentemente, do *remédio* processual que pode ser utilizado pelo prejudicado para combatê-lo. Sendo apenas fase do processo, ulterior à sentença, o pronunciamento que o encerra é decisão interlocutória, contra a qual é cabível a interposição do recurso de agravo de instrumento.

Por força da Lei nº 11.232/2005, como a liquidação passou a ser fase, não ensejando a formação de nova relação jurídico-processual, a decisão que encerra o procedimento é **decisão interlocutória**, contra a qual é cabível a interposição do **recurso de agravo de instrumento**, com a pretensão de reforma ou invalidação da decisão combatida.

No curso da execução, o magistrado pode voltar a tratar do assunto relacionado ao valor da obrigação a ser adimplida pelo devedor, determinando a atualização do *quantum* da liquidação anteriormente procedida, antes da tentativa de venda do bem penhorado em hasta pública, considerando que entre a instauração da execução e a fase processual indicada medeia razoável espaço de tempo, o que naturalmente impõe a defasagem dos cálculos.

Perceba que o processo é encaminhado ao contador para a simples atualização dos cálculos, importando a sua posterior homologação através de decisão interlocutória, que gera a interposição do recurso de agravo, não da apelação.

De qualquer modo, partindo da premissa de que o recurso adequado para impugnar a decisão proferida na liquidação é o de agravo de instrumento, cabe-nos investigar se seria possível o recebimento de eventual recurso de apelação que seja equivocadamente interposto pelo vencido, em respeito ao *princípio da fungibilidade*, plenamente aplicado no panorama dos recursos em geral. Para tanto, devemos verificar se estão presentes os requisitos que autorizam a aplicação do comentado princípio, a saber:

a) *dúvida objetiva*;
b) a interposição do recurso equivocado no prazo da espécie correta.

Independentemente do prazo, quer nos parecer que a situação é resolvida apenas com a análise do primeiro dos requisitos, concluindo-se pela impossibilidade de o princípio da fungibilidade ser aplicado na situação hipotética examinada, em vista do erro grosseiro cometido pela parte. Recordamos que a *dúvida objetiva* representa a existência de discussão doutrinária e jurisprudencial a respeito do recurso adequado para impugnar determinada decisão judicial, não tendo a lei predefinido o *remédio* processual para combater determinado pronunciamento da lavra do magistrado.

Na hipótese examinada, pela simples leitura do art. 475-H, percebemos que a própria lei qualifica como decisão interlocutória o pronunciamento que encerra a liquidação, o que indica o cabimento do recurso de agravo de instrumento para o seu combate, não havendo dúvida objetiva a justificar o recebimento do recurso de apelação ao invés do agravo.

14.12.2 Respeito à coisa julgada na liquidação

A decisão que julga a liquidação é de natureza declaratória, não obstante alguns entendimentos doutrinários em contrário, que qualificam o pronunciamento algumas vezes como condenatório outras como constitutivo. O pronunciamento final da liquidação, sendo a pretensão acolhida, deve atribuir à parte tão somente a parcela do direito pleiteada pelo autor, referindo-se à declaração do *quantum debeatur*, autorizando a instauração da fase de execução, não se permitindo seja extrapolado o âmbito restrito da fase processual, em respeito ao *princípio da adstrição*, da *congruência* ou da *correlação*, assentado nos arts. 128 e 460.

Queremos firmar o entendimento de que o único pedido possível da liquidação é a declaração da *extensão* do objeto atribuído à parte na fase de conhecimento anteriormente instaurada, que foi encerrada através de sentença que define a obrigação certa e exigível (desde que tenha transitado em julgado ou que tenha sido atacada por recurso dotado apenas do efeito devolutivo), *despida*, contudo, do atributo da liquidez. A parte não pode renovar temas da fase de conhecimento, desprezando a sentença que acobertou as questões discutidas e decididas, em respeito a *res iudicata*, aos limites objetivos e subjetivos da coisa julgada.

Ainda com as atenções voltadas para o caso do atropelamento por seguidas vezes tratado nesta seção, e se o autor sucumbiu em parte, não lhe tendo sido conferida a totalidade do seu pedido, não se admite que utilize a liquidação para solicitar ao juiz que condene o réu ao pagamento de verba não prevista na sentença anteriormente proferida. A regra está materializada no art. 475-G, com a seguinte redação: "é defeso, na liquidação, discutir de novo a lide, ou modificar a sentença, que a julgou".

Esmiuçando a questão, verificamos no volume 1 desta obra que o magistrado pode deferir ao autor os denominados *pedidos implícitos* (juros, correção monetária, custas processuais, honorários advocatícios etc.), mesmo não tendo o autor requerido a condenação do réu ao pagamento dessas verbas. Não obstante a colocação, anotamos a dificuldade de o juiz deferir as parcelas na fase de liquidação, em respeito à coisa julgada material. Isso nos faz concluir que os pedidos implícitos podem ser deferidos ao autor na sentença que encerra a fase de conhecimento. Não tendo o magistrado assim se posicionado, não se admite a inclusão das parcelas na decisão interlocutória proferida na liquidação, já que essa fase tem como único propósito declarar o *an debeatur*, não tendo natureza condenatória.

No mesmo conduto de exposição, não se confere ao magistrado a prerrogativa de alterar critérios de reajustamento do valor da condenação na liquidação, com adoção de índice não previsto na sentença acobertada pelo manto da coisa julgada, o que representaria uma extrapolação das finalidades da fase intermediária.[218]

Pelo fato de a liquidação não ser processo judicial, o vencido não pode ser condenado a efetuar o pagamento dos honorários advocatícios em favor do advogado da parte contrária.

A posição que assumimos não é pacífica, parte da jurisprudência afirmando que seria injusto liberar o vencido da liquidação do pagamento dos honorários advocatícios, diante da necessidade de contratação de advogado para defender o seu opositor na fase em análise.[219]

Nossa divergência em relação aos que assim entendem assenta-se na constatação de que a liquidação apenas foi instaurada por o credor não ter quantificado a obrigação na fase de conhecimento que a antecedeu, não havendo qualquer culpa do devedor em relação a este fato.

14.12.3 Espécies de liquidação

A liquidação é gênero que se desdobra nas espécies de *liquidação por artigos* e *liquidação por arbitramento*. Ao lado delas, há a liquidação por cálculo da parte, que substituiu a intitulada *liquidação por cálculo do contador*, realizada nos próprios autos da execução (em companhia da petição que requer a sua abertura), sem reclamar a formação de nova relação processual, o que mereceu os devidos comentários em passagem seguinte.

No momento presente, devemos antecipar que a liquidação por cálculo da parte foi idealizada para eliminar a burocracia com a formação de novo processo, após o esgotamento da fase de conhecimento, permitindo que o próprio credor elabore a conta de liquidação em companhia da execução, sob a forma de *memória discriminada e atualizada de cálculo* (art. 475-B),[220] sem reclamar a intimação do devedor para

---

218 "**Transitada em julgado a sentença exequenda com expressa indicação de qual critério de correção monetária a ser utilizado, é impossível, em novo processo de conhecimento a aplicação dos expurgos inflacionários, sob pena de violação à coisa julgada.** Recurso conhecido em parte (letra *a*)" (REsp 440637 – CE, 6ª Turma do STJ, rel. Min. FERNANDO GONÇALVES, j. 8.10.2002, *DJ* 28.10.2002) (grifamos).

219 "**Assumindo a liquidação por artigos cunho de contenciosidade, evidenciada pela clara resistência oposta pelo réu, são devidos os honorários de advogados.** Embargos conhecidos, mas rejeitados" (EREsp 179355 – SP, Corte Especial do STJ, rel. Min. BARROS MONTEIRO, j. 17.10.2001, *DJ* 11.3.2002) (grifamos).

220 "Art. 475-B. Quando a determinação do valor da condenação depender apenas de cálculo aritmético, o credor requererá o cumprimento da sentença, na forma do art. 475-J desta Lei, instruindo o pedido com a memória discriminada e atualizada do cálculo."

se manifestar especificamente sobre a conta, observando-se a sua convocação tão somente para pagar a dívida, satisfazendo à obrigação, ou submetendo-se à penhora, com o propósito de opor impugnação.

Analisando as demais espécies, iniciamos pela *liquidação por arbitramento*, indicando que é cabível nas situações previstas no art. 475-C, a saber:

a) quando a modalidade de liquidação foi determinada pela sentença ou por convenção das partes;
b) quando o exigir o objeto da liquidação.

A maior utilização da espécie na dinâmica forense refere-se à liquidação das obrigações definidas nas sentenças proferidas na ação de indenização por perdas e danos, quando for necessária a intervenção de profissional com conhecimento técnico específico, para quantificar o valor dos prejuízos suportados pelo credor, que se encontram identificados no pronunciamento condenatório.

Exemplificando, observe a situação de autor que ingressou com ação de indenização por perdas e danos alegando que foi vítima de erro médico por atuação desastrosa do réu, solicitando a condenação do profissional ao pagamento de quantia necessária à reabilitação, a ser definida na fase de liquidação. O juiz reconhece a presença dos elementos da teoria da responsabilidade civil (dano, ato do agente e nexo de causalidade), confirmando a condenação do réu ao pagamento das despesas relacionadas à intervenção reparadora.

Na liquidação, proceder-se-á à nomeação de perito com formação na área médica, para que examine a vítima e defina o custo do procedimento cuja realização foi determinada pela sentença acobertada pela coisa julgada. A espécie sempre reclama a nomeação de profissional na condição de perito, a depender do objeto da condenação (engenheiro, médico, arquiteto etc.).

Em termos de dinâmica, aplicam-se à liquidação por arbitramento as regras processuais relacionadas à prova pericial, que consiste em **exame**, para a análise de coisas móveis, nada obstando que incida em pessoas, em **vistoria**, que incide em relação a bens imóveis, e em **avaliação**, para a quantificação de determinado bem ou serviço.

A inicial da liquidação deve ser apresentada ao mesmo juízo que formou o título executivo judicial, sendo hipótese de competência funcional, de natureza absoluta, de modo que a não observância da regra processual pode originar a declaração *ex officio* do magistrado, segundo a regra do § 2º do art. 113. A petição em referência deve apresentar os quesitos de perícia e a indicação (facultativa) de assistente técnico, com o requerimento de intimação da outra parte na pessoa do seu advogado,[221] coincidindo com o profissional que a representou na fase de conhecimento.

---

[221] A Lei nº 11.232, de 22 de dezembro de 2005, prevê que a convocação do devedor ocorre por meio de intimação, não mais de citação, sendo aperfeiçoada na pessoa do seu advogado (§ 1º do art. 475-A).

A intimação é aperfeiçoada através da imprensa oficial, como forma de se emprestar dinamismo à liquidação. Poder-se-ia sustentar que a não apresentação da resposta pela parte contrária acarretaria a revelia com a consequente produção dos seus efeitos, a saber:

a) presunção de veracidade dos fatos afirmados pelo autor;
b) autorização para julgamento antecipado da lide;
c) fluência de prazos independentemente de intimações cartorárias, tema que ocupou as nossas reflexões no volume 1 desta obra, voltado ao estudo da *Teoria Geral do Processo* e do *Processo de Conhecimento*.

Discordamos desse entendimento, em vista da constatação de que o objetivo da liquidação é o de aperfeiçoar o título que ainda é imprestável para apoiar a execução, partindo-se da premissa de que a sua instauração sem a liquidação acarretaria a extinção do processo sem a resolução do mérito, em face da carência de ação.

A questão é de ordem pública, do interesse do Estado, não apenas das partes, o que *forra* a alegação de que a ausência de resposta não representa revelia processual, acompanhada dos seus efeitos indesejados. Como reforço das colocações, percebemos que a liquidação – ao contrário da demanda de conhecimento – não se debruça na análise de fatos para a declaração do direito, posto que este consta da sentença que pôs fim à fase de conhecimento.

De qualquer modo, devemos indicar que o devedor é intimado em respeito ao princípio do contraditório e da ampla defesa, podendo formular quesitos de perícia e indicar assistente técnico, da mesma forma que observamos em relação ao autor, o que denota a aplicação do princípio da isonomia processual.

O juiz procede com a nomeação de perito dotado de conhecimentos técnicos coincidentes com o objeto da obrigação a ser adimplida, ensejando às partes a prerrogativa de suscitar o impedimento ou a suspeição do profissional, com o propósito de obter a sua substituição forçada, segundo as regras dos arts. 134 e 135. Não sendo a hipótese, o perito deve entregar o laudo no prazo fixado pelo magistrado no despacho de nomeação do profissional, seguindo-se à abertura de vista às partes para que se pronunciem sobre o documento através dos assistentes técnicos no prazo comum de dez dias, em respeito aos *princípios do contraditório e da ampla defesa* e da *bilateralidade da audiência*.

Em ato contínuo, o magistrado pode julgar a liquidação (situação de maior repetição na dinâmica forense) ou designar audiência de instrução e julgamento (situação excepcional), para que o perito e os assistentes prestem esclarecimentos ao juiz, conforme facultam o inciso I do art. 452 e o parágrafo único do 475-D.

O magistrado não está adstrito às conclusões a que chegou o perito, podendo julgar a liquidação desprezando-as, conforme previsão do art. 436.[222] Contudo, é necessário que o magistrado fundamente a decisão (inciso IX do art. 93 da CF), em respeito ao *sistema do livre convencimento racional ou motivado*, aplicado à realidade do nosso processo civil em vista da redação do art. 131 da Lei de Procedimentos.[223]

Afastando-nos do estudo da liquidação por arbitramento e voltando as atenções para a liquidação por artigos, de logo destacamos que a espécie é utilizada quando houver necessidade de ser demonstrada a ocorrência de *fato novo*, o que merece o devido comentário, para delimitar o alcance da expressão que se encontra no art. 475-E.[224] O dispositivo em referência deve ser interpretado em sintonia com o art. 475-G, que, como visto em passagem anterior, impede que a decisão da fase de liquidação modifique o pronunciamento que pôs fim à fase de conhecimento, em respeito à coisa julgada material.

Assim é que o fato novo não se refere à questão que se constitua como ponto nodal da controvérsia estabelecida entre as partes (questões de mérito), devendo ter relação com os fatos que se apresentam como o fundamento jurídico da demanda de conhecimento. Num exemplo ilustrativo, perceba a situação de homicídio que acometeu chefe de família, tendo o magistrado que integra a justiça criminal concluído pela autoria e pela materialidade do fato, gerando a prolação de sentença penal condenatória.

O falecimento da vítima prejudicou os seus herdeiros, todos menores de idade, que ficaram sem o sustento paterno. A liquidação não confere ao réu a prerrogativa de rediscutir os aspectos relacionados à autoria e à materialidade do fato, apenas discutindo questões secundárias, não tratadas na fase de conhecimento, mas essenciais para a individuação do objeto da condenação. No caso versado, admite-se a discussão do valor do salário auferido pela vítima antes do homicídio, as despesas do seu sepultamento e do luto, o valor de um bem que se encontrava em seu poder no momento do infortúnio, que sofreu deterioração, como um veículo (na hipótese de homicídio culposo havido em colisão de automóveis).

No que se refere à dinâmica do procedimento, o art. 475-F prevê que a liquidação por artigos tramita de acordo com as regras do procedimento comum ordinário ou do sumário, a depender de a causa se enquadrar (ou não) em uma das hipóteses do art. 275 da Lei de Procedimentos.

---

[222] "Art. 436. O juiz não está adstrito ao laudo pericial, podendo formar a sua convicção com outros elementos ou fatos provados nos autos."

[223] "Art. 131. O juiz apreciará livremente a prova, atendendo aos fatos e circunstâncias constantes dos autos, ainda que não alegados pelas partes; mas deverá indicar, na sentença, os motivos que lhe formaram o convencimento."

[224] "Art. 475-E. Far-se-á a liquidação por artigos, quando, para determinar o valor da condenação, houver necessidade de alegar e provar fato novo."

Se o procedimento for o comum ordinário, o demandado é intimado para apresentar a defesa no prazo de 15 dias, seguindo-se da réplica do autor, designação da audiência preliminar (se for a hipótese) e da realização da audiência de instrução e julgamento, para a produção das provas necessárias ao esclarecimento do fato novo que é o fundamento da liquidação. Adotadas as providências, abre-se vista dos autos para razões finais, manifestação que é seguida da prolação de decisão interlocutória, que atribui ao título o requisito faltante, de preferência no prazo de dez dias, conforme previsão do inciso II do art. 189, sem qualquer consequência processual originada do fato de não ser respeitado, por ser *prazo impróprio*, não gerando a preclusão *pro iudicato*.

Se o procedimento for o sumário, é designada audiência de tentativa de conciliação, na qual o demandado deve apresentar a sua defesa – sendo inexitosa a proposta de conciliação –, seguindo-se à réplica e à designação da audiência de instrução e julgamento, após a qual são colhidas as razões finais e encerrada a fase através de decisão interlocutória, comportando a interposição do recurso de agravo de instrumento.

No que se refere à liquidação por cálculo da parte, reiteramos a advertência de que a espécie se diferencia das anteriores em vista de a liquidação ser realizada sem a necessidade da instauração de relação jurídico-processual intermediária (entre a fase de conhecimento e a de execução), materializando-se pelo próprio credor através de cálculos atados à inicial da execução, referindo-se à *memória discriminada e atualizada* dos cálculos. O documento deve ser visto como *essencial* à instauração da fase, de modo que a sua ausência justifica a intimação do credor para emendar a inicial no prazo de dez dias (art. 284), sob pena de extinção da pretensão sem a resolução do mérito, pronunciamento que produz coisa julgada formal (efeito endoprocessual).

A sistemática em análise substituiu o *cálculo do contador*, que retardava a entrega da prestação jurisdicional. Para o uso da espécie, é necessário que o *quantum debeatur* possa ser apurado através de simples cálculos aritméticos, de contas matemáticas que dispensam a intervenção de *expert* (cálculo de juros, atualização do principal com aplicação de correção monetária, cálculo dos honorários advocatícios, estando todos os elementos e os critérios definidos na sentença proferida na fase de conhecimento).

O juiz não homologa os cálculos apresentados pelo credor (o que geraria a interposição do recurso de agravo de instrumento), não ordena a intimação do devedor para especificamente sobre eles se manifestar, apenas se limitando a determinar que o réu seja intimado para satisfazer à obrigação no prazo da lei, sob pena de serem penhorados tantos bens quantos sejam necessários à garantia da execução. Isto não significa que os cálculos apresentados pelo credor são admitidos de forma plena e inquestionável pelo magistrado. Ao contrário, apenas percebemos que há uma presunção de que os cálculos foram elaborados pelo credor com a perfeição esperada (presunção meramente relativa), cabendo ao devedor impugnar a conta, através da oposição da impugnação ou mesmo pela via da exceção de pré-executividade, conforme anotações que integram o Capítulo 15 deste volume.

É que o excesso de execução (representada pelo fato de o credor pleitear quantia superior a que o título permite) acarreta um gravame descabido em relação ao devedor, que terá de comprometer o seu patrimônio com penhora incidente em bens que não seriam atingidos se os cálculos tivessem sido elaborados com perfeição.

De qualquer modo, o § 3º do art. 475-B permite ao magistrado remeter os autos ao contador, para que proceda à análise da conta apresentada pelo credor, quando constatar que a memória de cálculos aparentemente excede os limites da decisão exequenda, faculdade que deveria ser utilizada em escala pelos magistrados no exato momento em que mantém o primeiro contato com a petição oferecida pelo credor, evitando que a pretensão executiva seja *contaminada* pelo vício comentado.

14.12.4 Resultado zero na liquidação

Questão que tem ocupado as reflexões dos doutrinadores diz respeito à possibilidade de a decisão da liquidação declarar *resultado zero*, ou seja, que não há o que se executar, não obstante a sentença condenatória do processo de conhecimento tenha fixado o *an debeatur*.

Embora respeitemos todas as opiniões em sentido contrário, entendemos que a situação é perfeitamente possível, raciocínio que é apresentado com apoio em ilustração exemplificativa. Imagine que uma empresa tenha ingressado em juízo com ação de indenização por perdas e danos, alegando ter sofrido dano material por notícia inverídica estampada em jornal de grande circulação, o que mereceu o acolhimento do pedido, transferindo para a liquidação a apuração do valor dos prejuízos alegados, o que será feito através da análise da contabilidade da empresa, comparando-se os meses subsequentes à publicação com períodos anteriores, para demonstrar o decréscimo do faturamento.

Instaurada a liquidação e através de perícia contábil, de realização determinada pelo juízo, constata-se que após a veiculação da comentada notícia houve aumento de faturamento, ao invés de redução, não se confirmando a ocorrência do prejuízo noticiado na sentença proferida no processo de conhecimento. O título não serve à execução em face da inexistência de obrigação a ser satisfeita, o que autoriza a declaração judicial de *resultado zero*.

O raciocínio que nos faz concluir pela possibilidade de a liquidação apresentar resultado zero apoia-se na *teoria eclética desenhada* por LIEBMAN, textualizando que o direito de ação não obriga necessariamente ao reconhecimento do direito material disputado pelas partes. Transpondo a lição para a liquidação de sentença, percebemos que não há obrigação de que o resultado da fase processual seja favorável ao autor, não se podendo negar que o direito de ação foi exercitado nos casos em que isto não ocorre. Numa outra perspectiva, é evidente que o resultado insatisfatório da liquidação (para o credor) apenas decorreu de culpa sua, não havendo qualquer obrigação jurisdicional de que o resultado lhe seja satisfatório.

14.13 DAS VÁRIAS ESPÉCIES DE EXECUÇÃO

A execução é gênero que se desdobra nas espécies da execução por quantia certa (contra devedor solvente e contra devedor insolvente), execução para entrega de coisa (certa e incerta), execução das obrigações de fazer e de não fazer. Na espécie da execução por quantia certa, temos as subespécies da *execução de prestação alimentícia*, da *execução contra a Fazenda Pública* e da *execução fiscal*.

A diferença que há entre as espécies está centrada no **objeto** da execução, definindo a prestação a ser adimplida pelo devedor (pagar, entregar coisa, fazer ou não fazer). Nas subespécies, temos regras específicas, regidas pela preocupação de tutela dos interesses de uma das partes do processo, diante da necessidade de uma prestação jurisdicional mais célere e efetiva (como na situação que envolve a execução de prestação alimentícia), do interesse público revelado na lide (na execução fiscal) ou da impossibilidade de aperfeiçoamento da penhora em bens da parte devedora (na execução contra a Fazenda Pública).

Em todas as situações, a lei exige que o credor aporte o título executivo à petição inicial, exceto se for judicial, posto que a execução tem curso nos próprios autos da ação primitiva, não exigindo a juntada do título pela lógica razão de constar dos autos.[225] No Capítulo *Das provas*, no volume 1 desta obra, registramos que o autor pode acostar cópias de documentos (públicos ou particulares) aos autos, devidamente autenticados em cartório, regra que não se repete no âmbito da ação de execução.

Nessa ação, o credor deve atar o original do título à petição inicial, sob pena de indeferimento da petição inicial, antes sendo conferida ao credor a prerrogativa de aditá-la, nos termos dos arts. 284 e 616, o último com regra específica, de aplicação segmentada à matéria de execução. A prerrogativa de aditar a petição inicial representa direito subjetivo do credor, de modo que a não observância da regra processual impõe o reconhecimento da invalidação da sentença que extingue o processo sem a resolução do mérito.

Com a propositura da ação de execução, a prescrição é interrompida, sendo providência provisória, devendo o credor diligenciar para que o devedor seja citado

[225] **"O art. 614, inc. I, do CPC, é de clareza solar ao afirmar que, em se tratando de execução definitiva fundada em título judicial, exatamente pelo fato de correr junto aos autos principais (art. 589, do CPC), é desnecessária a juntada da sentença exequenda"** (REsp 245004 – RS, 1ª Turma do STJ, rel. Min. FRANCISCO FALCÃO, j. 27.4.2004, *DJ* 24.5.2004, em transcrição parcial) (grifamos).

nos dez dias seguintes ao despacho que a ordenar (§ 2º do art. 219),[226] admitindo-se a prorrogação pelo prazo máximo de 90 dias (§ 3º do art. 219).[227] Se a citação for aperfeiçoada no lapso temporal indicado, retroage à data da propositura da ação judicial.

Não se verificando o evento (aperfeiçoamento da citação), o § 4º do art. 219[228] textualiza que a prescrição haver-se-á por não interrompida. Num exemplo ilustrativo, percebemos que o credor deve promover a execução de um cheque no prazo máximo de seis meses, a contar da expiração da data da apresentação, se foi emitido para pagamento na mesma praça, o que é observado pelo credor, que ingressa com a demanda executiva no penúltimo dia do prazo em referência.

A só propositura da ação não garante o afastamento da alegação de prescrição, considerando que a interrupção resultante da propositura da demanda é meramente provisória, cabendo ao credor diligenciar para que a citação seja efetivada no prazo máximo previsto nos diversos parágrafos do art. 219. Se a citação for aperfeiçoada após o prazo em exame, assistiremos à prescrição da ação, de nada importando que a execução tenha sido ajuizada dentro do prazo previsto em lei como de exercício do direito de ação.

Não obstante a aparente rigidez da norma, a Súmula 106 do STJ textualiza:

> *"Proposta a ação no prazo fixado para o seu exercício, a demora na citação, por motivos inerentes ao mecanismo da Justiça, não justifica o acolhimento da arguição de prescrição ou decadência."*

Assim, se o credor ingressou com a ação no prazo previsto em lei, diligenciando para que o magistrado ordenasse a citação do devedor, para que o mandado fosse extraído e entregue ao oficial de justiça, que não o cumpriu no prazo esperado, o exequente não pode ser punido pelo funcionamento irregular do serviço judiciário, não se admitindo a arguição de prescrição na espécie.

Ainda sobre o tema, observe que essa matéria mereceu comentários no volume 1 desta obra, em cujo compartimento demonstramos que o inciso I do art. 202 do CC prevê norma em conflito com o procedimento previsto no CPC, textualizando que a interrupção da prescrição não ocorre com a só distribuição da petição inicial, mas tão somente com o despacho do magistrado que ordena a citação, que é logicamente posterior ao comentado ato processual, causando prejuízo ao credor, que teria de

---

226 "Art. 219. *Omissis*. § 2º Incumbe à parte promover a citação do réu nos 10 (dez) dias subsequentes ao despacho que a ordenar, não ficando prejudicada pela demora imputável exclusivamente ao serviço judiciário. *Omissis*."

227 "Art. 219. *Omissis*. § 3º Não sendo citado o réu, o juiz prorrogará o prazo até o máximo de 90 (noventa) dias. *Omissis*".

228 "Art. 219. *Omissis*. § 4º Não se efetuando a citação nos prazos mencionados nos parágrafos antecedentes, haver-se-á por não interrompida a prescrição. *Omissis*".

propor a ação vários dias antes do término do prazo prescricional, garantindo a *sobra* de tempo para que a petição inicial fosse despachada até o último dia da contagem do prazo em referência.

Demonstramos em passagem anterior que a solução do problema parte da aplicação da norma do CPC e do desprezo da regra que emana do CC, não tendo observado o legislador da mencionada Codificação que a lei processual está edificada em sentido contrário, por alteração legislativa consumada há mais de dez anos (por força da Lei nº 8.952/94).

Feitas as ressalvas de introdução, passamos à análise das espécies *de per se*, incluindo conceito, finalidade, objeto e dinâmica.

14.13.1 Execução para entrega de coisa certa

Em comentário introdutório, devemos anotar que a entrega de coisa certa determinada por sentença não reclama o ajuizamento da ação de execução como processo autônomo, sendo a satisfação do credor garantida nos autos do próprio processo primitivo, após a prolação da decisão judicial e desde que o devedor não tenha adimplido voluntariamente a obrigação.

O comentário é importante para definir que a execução para entrega de coisa certa, como ação judicial, ficou reservada para a exigibilidade do adimplemento de obrigação definida em título executivo extrajudicial. Quando o título for judicial (sentença condenatória), a satisfação do credor é garantida através da prática de atos instrumentais no curso do próprio processo primitivo (e único), em fase ulterior à da sentença, sendo a decisão judicial tão somente *efetivada*, mediante a utilização das *medidas de apoio*, como observamos em passagem seguinte.

Debruçados na análise das ações de despejo e de reintegração de posse, marcadas pelo fato de gerarem sentenças executivas *lato sensu*, percebemos que o objetivo das duas demandas é o de que o réu seja obrigado a entregar a coisa disputada ao autor, o que só será possível através da prolação de sentença que determine a entrega da coisa em litígio, no prazo que fixado no pronunciamento judicial.

Se o pronunciamento for favorável ao autor, desde que transite em julgado ou de que o recurso interposto pelo vencido seja dotado apenas do efeito devolutivo, percebemos que o *cumprimento* do comando sentencial é efetivado sem a necessidade do aperfeiçoamento de nova citação do réu, da concessão de prazo para entregar a coisa ou para depositá-la em juízo, objetivando a oposição dos embargos etc.

Nesses casos, o magistrado determina que o réu seja intimado para cumprir voluntariamente a decisão, o que, não sendo observado, gera a determinação de expedição do mandado de imissão na posse (quando a coisa for bem imóvel) ou de busca e apreensão (quando a coisa for bem móvel).

Diante das colocações, podemos concluir de forma introdutória que a execução para entrega de coisa certa, como ação judicial autônoma, é reservada para as situações processuais apoiadas em título executivo extrajudicial. Nesse modelo, observamos o ingresso de uma ação judicial, cuja petição inicial reclama o pagamento das custas e o preenchimento de alguns requisitos do art. 282, além de exigir a juntada do título executivo, procedimento seguido da citação do executado e das demais delongas da ação de execução.

Se o credor pretende que o réu seja compelido a entregar coisa certa em face de pronunciamento judicial, não se exige a apresentação de uma petição inicial, o pagamento das custas, a citação do réu etc. O adimplemento da obrigação é perseguido através da prática de atos de efetivação. Na primeira hipótese, a execução tem apoio nos arts. 621 ss. Na segunda, o cumprimento da obrigação tem fundamento nos arts. 461 ss.

Ocupando-nos da execução fundada em título executivo judicial, referindo-se à coisa certa, perceba que a determinação do magistrado dirigida ao vencido, para que entregue a coisa ao credor, pode ser acompanhada da fixação de multa, para hipótese de descumprimento da ordem judicial, o que gera algumas polêmicas doutrinárias e jurisprudenciais.

Antes de enfrentá-las em compartimento específico, devemos anotar que ao proferir a sentença que determina a entrega de coisa certa, o magistrado, desde logo, fixa a data da entrega esperada. Ultimando-se o lapso temporal, ou sendo o recurso interposto pela parte contrária recebido apenas no efeito devolutivo, anotamos que a penalidade pecuniária de logo começa a incidir em desfavor da pessoa que teima em descumprir a ordem judicial.

14.13.1.1 Multa pelo não cumprimento da obrigação e suas controvérsias principais

O instituto processual que examinamos neste momento tem a natureza jurídica de *sanção*, importada do direito francês, intitulada *astreinte* naquele sistema, não objetivando enriquecer o credor, mas colocar o devedor num *dilema,* segundo os ensinamentos do mestre DINAMARCO.[229] As observações feitas no âmbito desta seção se aplicam de igual modo à execução para entrega de coisa e à execução das obrigações de fazer e de não fazer, sem descuidar da possibilidade de a multa de igual modo incidir como consequência do não adimplemento da obrigação de pa-

---

229 "As multas diárias, ao lado de outras medidas de pressão psicológica para que o obrigado cumpra, constituem a execução indireta de que se falou no item precedente. Essas medidas todas, dispostas abstratamente, visam a agravar a pressão psicológica incidente sobre a vontade do sujeito, mostrando-lhe o dilema entre cumprir voluntariamente o comando contido no direito e sofrer os males que elas representam" (DINAMARCO, Cândido Rangel. *Execução e processo executivo.* 8. ed. São Paulo: Malheiros, 2002. p. 110).

gar soma em dinheiro (art. 475-J), assunto que ocupa nossas reflexões em outras passagens desta obra.

A imposição da multa, na hipótese que envolve a entrega de coisa, está garantida pelo § 3º do art. 461-A, que determina sejam aplicadas à situação prevista no comentado artigo as normas dos §§ 1º a 6º do art. 461, sobressaindo os §§ 4º e 6º, reproduzidos a seguir:

> *"§ 4º O juiz poderá, na hipótese do parágrafo anterior ou na sentença, impor multa diária ao réu, independentemente de pedido do autor, se for suficiente ou compatível com a obrigação, fixando-lhe prazo razoável para o cumprimento do preceito."*
>
> *"§ 6º O juiz poderá, de ofício, modificar o valor ou a periodicidade da multa, caso verifique que se tornou insuficiente ou excessiva."*

A multa pelo não cumprimento da obrigação de dar não exclui a condenação do vencido recalcitrante ao pagamento de indenização por perdas e danos, considerando que as penalidades apresentam naturezas distintas, sendo a primeira revestida da natureza de *sanção*, enquanto a segunda assume índole *reparatória*. A sanção tem incidência diária, acumulando-se até o momento em que a obrigação for adimplida pelo devedor, ou que o credor preferir transformar a execução específica (de dar, de fazer ou de não fazer) em perdas e danos, não se autorizando seja o seu valor desproporcional, o que não significa dizer que não possa ser superior ao valor da obrigação.

Analisamos as considerações com as atenções voltadas para exemplo ilustrativo, assentado em caso que envolve ação possessória, tendo o magistrado determinado que o vencido entregue o imóvel objeto da contenda ao autor no prazo de até 15 dias, de logo sendo anotado que o bem em referência apresenta valor de mercado de 10*x*.

Além da determinação de entrega de coisa em disputa, o magistrado fixou multa diária para a hipótese de descumprimento da obrigação, no correspondente a *x* por cada dia de recalcitrância. O fato de o vencido permanecer em estado de inação durante dez dias não significa que daí por diante (quando a multa já alcança o valor correspondente a 10*x*) a penalidade deixará de incidir, visto que pensar dessa forma seria o mesmo que prestigiar o comportamento adotado pelo devedor.

Outra consideração que deve ser destacada diz respeito ao fato de que a imposição da multa é do interesse não apenas do vencedor, como também do Estado, na figura do representante do Poder Judiciário, que vem tendo as suas ordens descumpridas pelo vencido. A multa reverte em favor do vencedor, não do Estado, mesmo quando imposta *ex officio* pelo magistrado.[230] Embora este seja prejudicado

---

230 "Quando a multa é pedida na petição inicial, nos termos do art. 287 c/c § 2º do art. 461 pertence ela indiscutivelmente ao autor, como conclui Sérgio Bermudes; porém ainda que o autor não a peça, vindo a ser decretada *ex officio* pelo juiz, penso que a melhor solução é revertê-la também ao autor,

pela recalcitrância do devedor, já que não consegue pôr fim ao conflito de interesses que gerou o exercício do direito de ação, é evidente que maior prejuízo é suportado pelo credor, que não consegue conviver com a satisfação da obrigação pela postura omissiva do devedor.

Questão também importante diz respeito à possibilidade de o magistrado alterar o valor da multa depois de tê-lo fixado, chegando à conclusão de que o *quantum* anteriormente estabelecido não surtiu os seus efeitos, a saber: de funcionar como fator de desestímulo, para que o devedor sinta-se forçado ao adimplemento da obrigação principal (dar, fazer ou não fazer). Por conta da situação, o magistrado pode fixar o valor *x* na sentença da ação que persegue o adimplemento da obrigação de entregar coisa ao credor e elevar o valor da multa para 2*x* na fase do cumprimento do pronunciamento judicial, sempre com a devida fundamentação, em respeito ao princípio que repousa no inciso IX do art. 93 da CF (*princípio da motivação*).

A questão é importante diante da constatação de que o magistrado estaria alterando parte da decisão judicial acobertada pelo manto da coisa julgada ao elevar o valor da multa. A jurisprudência e a doutrina desprezam a consideração, conferindo ao magistrado a prerrogativa para se comportar dessa forma.

Partindo da premissa de que o adimplemento da obrigação definida em decisão judicial (que foi *criada* para ser observada, não para ser desprezada pelo vencido) também é do interesse do Estado, observamos que a multa pode ser fixada de ofício, independentemente de requerimento expresso do credor.

Com as atenções voltadas para o novo CPC, percebemos a inclusão de norma em seu texto, versando sobre a multa estudada nesta seção, com o seguinte teor:

> *"A multa independe de requerimento da parte e poderá ser concedida na fase de conhecimento, em tutela antecipada ou na sentença, ou na execução, desde que seja suficiente e compatível com a obrigação e que se determine prazo razoável para cumprimento do preceito. § 1º O juiz poderá, de ofício ou a requerimento, modificar o valor ou a periodicidade da multa vincenda ou excluí-la, sem eficácia retroativa, caso verifique que: I – se tornou insuficiente ou excessiva; II – o obrigado demonstrou cumprimento parcial superveniente da obrigação ou justa causa para o descumprimento. § 2º O valor da multa será devido ao exequente. § 3º O cumprimento definitivo da multa depende do trânsito em julgado da sentença favorável à parte; a multa será devida desde o dia em que se houver configurado o descumprimento da decisão e incidirá enquanto não for cumprida a decisão que a tiver cominado. Permite-se, entretanto, o cumprimento provisó-*

---

afinal o maior prejudicado pelo descumprimento da decisão ou sentença. Em favor dessa exegese pesa não só a corrente jurisprudencial que considere irrelevante não conste na inicial a cominação da pena pecuniária, cabendo ao juiz fixá-la, se julgar a ação procedente, como, sobretudo, a inusitada situação de vir o Estado a ser, ao mesmo tempo, obrigado e beneficiário da sanção, quando seja ele o descumpridor do preceito" (ALVIM, J. E. Carreira. *Ação monitória e temas polêmicos da reforma processual*. 4. ed. Rio de Janeiro: Forense, 2004. p. 215-216).

rio da decisão que fixar a multa, quando for o caso. § 4º A execução da multa periódica abrange o valor relativo ao período de descumprimento já verificado até o momento do seu requerimento, bem como o do período superveniente, até e enquanto não for cumprida pelo executado a decisão que a cominou. § 5º O disposto neste artigo aplica-se, no que couber, ao cumprimento de sentença que reconheça deveres de fazer e de não fazer de natureza não obrigacional."

Aplaudimos a adoção da técnica de que a modificação do valor da multa não produz efeitos *ex tunc* (efeito retroativo), pois entendemos que o valor acumulado até a decisão que o modifica só alcança cifras consideráveis (em quase todas as situações) por culpa da parte que decidiu descumprir a ordem judicial. Reduzir o valor com efeito retroativo seria o mesmo que estimular a recalcitrância, o desrespeito às decisões judiciais.

14.13.1.2 Indenização por benfeitorias realizadas como precondição para o cumprimento do pronunciamento que impõe a entrega de coisa certa

Com as atenções voltadas para a lei material, percebemos que a legislação em referência textualiza que as benfeitorias representam os melhoramentos feitos na coisa pela pessoa que a detém, podendo ser *voluptuárias*, *úteis* ou *necessárias*, assim definidas pelo art. 96 do CC:

"Art. 96. As benfeitorias podem ser voluptuárias, úteis ou necessárias.

§ 1º São voluptuárias as de mero deleite ou recreio, que não aumentam o uso habitual do bem, ainda que o tornem mais agradável ou sejam de elevado valor.

§ 2º São úteis as que aumentam ou facilitam o uso do bem.

§ 3º São necessárias as que têm por fim conservar o bem ou evitar que se deteriore."

A pretensão ao recebimento de indenização por benfeitorias é questão recorrente nas ações possessórias, afirmando o réu que teria realizado melhoramentos na coisa objeto do litígio, pretendendo retê-la até que seja plenamente indenizado. Lembramos que o direito não é conferido ao possuidor de má-fé, conforme normas explicitadas nos arts. 1.219[231] e 1.220 do CC.[232]

---

[231] "Art. 1.219. O possuidor de boa-fé tem direito à indenização das benfeitorias necessárias e úteis, bem como, quanto às voluptuárias, se não lhe forem pagas, a levantá-las, quando o puder sem detrimento da coisa, e poderá exercer o direito de retenção pelo valor das benfeitorias necessárias e úteis."

[232] "Art. 1.220. Ao possuidor de má-fé serão ressarcidas somente as benfeitorias necessárias; não lhe assiste o direito de retenção pelas importâncias destas, nem o de levantar as voluptuárias."

Antes de algumas reformas realizadas na lei de procedimentos, garantia-se ao devedor a prerrogativa de se opor à execução para entrega de coisa certa através da oposição dos intitulados *embargos de retenção*, que obstavam o curso da execução, causando prejuízo para o credor.

Após a aprovação da Lei nº 10.444, de 7.5.2002, a defesa processual referida em linhas anteriores ficou com a sua utilização reservada para a hipótese que envolvia a execução fundada em título executivo extrajudicial (até a edição da Lei nº 11.382/2006), não se admitindo a sua oposição quando a obrigação de entregar a coisa decorresse de sentença judicial. Na execução para entrega de coisa certa fundada em título judicial, o credor deve efetuar o depósito do valor correspondente às benfeitorias antes de requerer o cumprimento da determinação judicial que o favorece.

Para tanto, o réu deve ter suscitado a matéria na defesa apresentada no processo de conhecimento, especificando as benfeitorias necessárias, úteis ou voluptuárias; o estado anterior e atual da coisa; o custo das benfeitorias e o seu valor atual e a valorização da coisa, decorrente das benfeitorias.

Num outro modo de dizer, observe que as alegações relativas à realização das benfeitorias (e ao próprio direito do devedor de ser indenizado) não podem representar *matéria nova*, alegada pela primeira vez na fase de cumprimento da decisão judicial que definiu a obrigação de entrega da coisa em favor do credor. Se o réu não suscitou a matéria na fase de conhecimento, ocorre a *preclusão processual*, não lhe assistindo o direito de reter a coisa até que seja indenizado pelos desembolsos feitos em prol do melhoramento do bem disputado pelas partes.

Cabe-nos ainda anotar que se o magistrado reconheceu na sentença o direito do devedor de ser indenizado pelas benfeitorias, garantindo-lhe a retenção enquanto isso não ocorra, o credor deve primeiramente liquidar a obrigação antes de requerer o cumprimento da decisão judicial, conforme textualiza o art. 628. Estamos trabalhando com a hipótese de o direito à indenização ter sido reconhecido pelo pronunciamento judicial, embora sem definir a extensão da indenização,[233] intitulada *contracrédito*.

14.13.1.3 Dinâmica da execução para entrega de coisa certa apoiada em título extrajudicial

As anotações feitas nesta seção se referem exclusivamente à execução para entrega de coisa certa fundada em título executivo extrajudicial. Em primeiro lugar, observamos que, como ação, e em respeito ao *princípio da inércia,* depende de uma manifestação do credor no sentido de revelar a pretensão de que o Estado solucione o conflito de interesses gerado pela postura da parte contrária de não entregar ao

---

233 "**A liquidação prévia a que faz referência o art. 628 do CPC pressupõe o reconhecimento, no título executivo, das benfeitorias a serem indenizadas**. Agravo improvido" (AGA 405987 – SP, 4ª Turma do STJ, rel. Min. BARROS MONTEIRO, j. 18.3.2003, *DJ* 2.6.2003) (grifamos).

exequente o bem constante do título. Por conta disso, é necessária a apresentação de uma petição em juízo (art. 2º), sem que o processo possa ser instaurado por iniciativa do magistrado.

A petição inicial é *pressuposto de constituição do processo*, conforme anotado em várias passagens desta obra, sem o qual é impossível defender a sua existência. A *manifestatione* do credor deve preencher alguns requisitos do art. 282, especificamente a autoridade à qual é dirigida; os nomes e a qualificação das partes; o pedido de citação do réu; o valor da causa e o pedido com as suas especificações, não se exigindo o preenchimento dos requisitos remanescentes (fatos e fundamentos jurídicos do pedido e protesto pela produção de provas), devendo vir acompanhada do título, que é documento indispensável à propositura da ação (art. 283).

Ao receber a petição inicial, o magistrado deve examiná-la, a fim de constatar se os requisitos específicos foram preenchidos, além das condições da ação e dos pressupostos de constituição do processo, exame que pode gerar o indeferimento da petição inicial; a determinação da sua emenda ou da citação do executado para que entregue a coisa no prazo de dez dias ou, seguro o juízo, apresente embargos.

A primeira hipótese tem fundamento no art. 295, sendo observada quando não for possível espancar o vício conduzido pela petição inicial (diante da ausência do interesse de agir, da ilegitimidade de uma das partes etc.), acarretando a extinção do processo sem a resolução do mérito, através de sentença que produz coisa julgada formal (efeito endoprocessual), permitindo a interposição do recurso de apelação pelo exequente, inclusive com pedido de que o magistrado exercite o *juízo de retratação,* conforme lhe faculta o art. 296.

Na segunda hipótese, encontramo-nos diante de vício processual que pode ser eliminado através de manifestação complementar do credor, conferindo-lhe a prerrogativa de apresentar nova petição em juízo no prazo máximo de dez dias, aperfeiçoando a petição inicial da ação de execução. A última das hipóteses representa a via procedimental típica da execução, já que *caminha* para a plena satisfação do credor, não se esperando que a ação intentada sofra percalços de tramitação.

A citação do devedor abre em seu favor a prerrogativa de praticar um dentre três atos:

a) **Entregar a coisa**, o que acarreta a sua transferência ao credor e a extinção da execução com fundamento no inciso I do art. 794, através de sentença (art. 795);

b) **Depositar a coisa no prazo de dez dias**, com o propósito de embargar a execução, opondo-se à pretensão do credor através da ação incidental autônoma, que pode versar sobre qualquer matéria que seria admitida no processo de conhecimento, com destaque para a previsão do inciso IV do art. 745 ("retenção por benfeitorias necessárias ou úteis...");

c) **Quedar silente**, deixando de satisfazer à obrigação ou de depositar a coisa como condição para a apresentação dos embargos.

Debruçando-nos na análise do ato indicado na letra *b*, observamos que, após o depósito da coisa, é formalizado o termo de depósito nos autos, somente desse momento fluindo o prazo para o oferecimento dos embargos. A coisa fica à disposição do juízo, sem ser transferida ao credor em caráter definitivo, em face da dúvida relacionada a quem deve ser entregue.

Com a prolação da sentença na ação de embargos, se rejeitar ou extinguir a pretensão do devedor sem a apreciação do mérito, a ação de execução volta a ter curso, já que o recurso de apelação que seja interposto pelo vencido é recebido apenas no efeito devolutivo, conforme a redação do inciso V do art. 520. Assim, mesmo com a interposição da apelação (que sugeriria a suspensão do processo de execução), a coisa é entregue ao credor, como dispõe o art. 623, com a seguinte redação: "depositada a coisa, o exequente não poderá levantá-la antes do julgamento dos embargos".

Na hipótese de procedência dos embargos, o executado não pode levantar a coisa de imediato se o exequente interpuser o recurso de apelação, neste caso recebido em ambos os efeitos.

Analisando a situação prevista na letra *c* (omissão do executado em efetuar a entrega da coisa ou de depositá-la em juízo), embora não possamos considerar o devedor *revel,* o magistrado deve nomear curador em seu favor, já que a regra do art. 9º é extensiva ao processo de execução.

Na situação analisada, se a coisa estiver em poder do devedor, é expedido mandado de imissão na posse (se for bem imóvel) ou de busca e apreensão (se for coisa móvel), providência seguida da lavratura de termo nos autos e da concessão de prazo para a oposição dos embargos. A coisa é depositada como condição de admissibilidade para oposição dos embargos, confirmando a *segurança do juízo,* já que o objetivo inicial da espécie de execução examinada centra-se na preocupação de o devedor ser de logo desapossado da coisa em litígio, não obstante o art. 736 preveja a possibilidade de os embargos serem opostos independentemente de penhora, de depósito ou de caução, técnica com a qual não simpatizamos, tratando-se de execução para entrega de coisa certa.

Se a coisa estiver em poder de um terceiro, em face dele é expedido mandado de imissão na posse (para bem imóvel) ou de busca e apreensão (para bem móvel), conferindo-lhe a prerrogativa de se opor ao ato, principalmente através dos embargos de terceiro, para provar sua condição de possuidor de boa-fé, sem desprezar a possibilidade de serem opostos embargos à execução.[234]

Se houver concordância do credor em que a coisa fique no poder do terceiro, percebendo, por exemplo, que foi alienada em seu favor sem qualquer má-fé, pode

---

234 "A manifestação de terceiro, que 'será ouvido', pode ser feita pela via de embargos (art. 736), se ele pretender oferecer resistência à própria pretensão executiva. No momento em que ingressa no processo deixa de ser terceiro, passando a ser parte" (LUCON, Paulo Henrique. In: MARCATO, Antônio Carlos (Coord.). *Código de processo civil interpretado*. São Paulo: Atlas, 2004. p. 1862).

modificar a sua pretensão inicial (de que fosse satisfeita a obrigação de entregar coisa certa), contentando-se com a conversão da obrigação em pecúnia, seguindo daí por diante a execução na modalidade da *execução por quantia certa contra devedor solvente*, o que reclama a incidental apuração do valor do bem, sem excluir o cálculo de eventuais perdas e danos. A apuração é realizada na ação de execução, sem impor a instauração da liquidação, com todos os desdobramentos decorrentes.

Pelos comentários feitos, percebemos que a execução é transmudada a partir de determinado instante processual. Teve início pelo modelo da execução para entrega de coisa certa. A partir de certo momento, em face da aplicação da regra do § 1º do art. 461, é transformada em *execução por quantia certa contra devedor solvente*.

14.13.2 Execução para entrega de coisa incerta

Dispõe o art. 629 do CPC:

> *"Art. 629. Quando a execução recair sobre coisas determinadas pelo gênero e quantidade, o devedor será citado para entregá-las individualizadas se lhe couber a escolha; mas, se essa couber ao credor, este a indicará na petição inicial."*

A coisa incerta é definida pelo *gênero* e *quantidade*, reclamando individualização, através de procedimento simplificado, a depender de a escolha ser conferida ao credor ou recair na pessoa do devedor, o que representa a regra geral. Sobre o tema, é necessário examinarmos o art. 244 do CC, com a seguinte redação:

> *"Art. 244. Nas coisas determinadas pelo gênero e pela quantidade, a escolha pertence ao devedor, se o contrário não resultar do título da obrigação; mas não poderá dar a coisa pior, nem será obrigado a prestar a melhor."*

Apresentando exemplo que retrata situação envolvendo a obrigação do devedor de entregar coisa incerta ao credor, voltamos as atenções para realidade muito frequente na criação de gado destinado ao abate. Determinada pessoa dispõe de valor para compra de bovinos sem ser proprietário de terras, o que a faz procurar por outra pessoa proprietária da coisa indispensável à criação dos animais, possibilitando a engorda para posterior abate, auferindo lucros com a diferença entre o peso do animal no momento da compra e o verificado no instante da venda.

As partes firmam contrato pelo qual o proprietário das terras, mediante o recebimento de importância paga pela outra parte, obriga-se a entregar 100 (quantidade) bovinos (gênero) no prazo de um ano, possibilitando a venda e o alcance do lucro esperado. Percebemos que o credor não adquiriu tal ou qual bovino, mas animais identificados no gênero e na quantidade.

Expirado o prazo previsto em contrato e não sendo os animais entregues ao credor, este pode propor a demanda executiva contra o devedor, intitulada *execução para entrega de coisa incerta*. Temos de verificar se o contrato previu a quem cabia a escolha, ou se foi omisso neste sentido. Sendo conferida ao credor, deve ser manifestada na própria petição inicial que dá início à ação executiva, sendo requisito específico da primeira peça, segundo entendemos, embora a maioria da doutrina afirme que a omissão do credor apenas impõe o deslocamento da indicação ao devedor,[235] sem determinar a extinção do processo sem a apreciação do *meritum causae*.

De qualquer modo, tendo sido a individualização procedida pelo credor na petição inicial, observa-se daí por diante o procedimento da execução para entrega de coisa certa, conforme a disposição do art. 631, conferindo-se ao devedor o direito de impugnar a escolha no prazo de 48 (quarenta e oito) horas após o aperfeiçoamento da sua citação. Isto ocorrendo, o magistrado pode decidir o incidente de imediato ou se valer de perito para desatá-lo, sempre através de decisão interlocutória (que resolve questão pendente no processo sem lhe pôr termo), abrindo ensejo para a interposição do recurso de agravo pela parte que se sentir prejudicada pelo pronunciamento.

A individualização feita pelo credor na petição inicial não acarreta a subserviência plena do devedor, a ponto de determinar a entrega da coisa ou o seu depósito para fins da oposição dos embargos. Tão logo receba o mandado de citação que abre ensejo para a adoção de uma dessas providências principais, o devedor pode instaurar incidente processual que tem curso nos próprios autos da ação de execução, sem entregar a coisa ou depositá-la em juízo, pela lógica razão de não concordar com a individualização procedida pelo autor. A sua manifestação incidental suspende (e não interrompe) o prazo para entrega da coisa ou para o seu depósito, em resposta ao mandado de citação recebido no início do processo.

O fato de entregar a coisa individualizada pelo credor ou de depositá-la em juízo para se opor à execução através da apresentação dos embargos, representa *aceitação tácita* aos termos da individualização realizada pelo credor, operando-se o fenômeno da *preclusão* em face de não ter sido instaurado o incidente a que se refere o art. 630, que deve ser manifestado no prazo de 48 (quarenta e oito) horas após o recebimento do mandado de citação.

Se a escolha couber ao devedor (como regra cabe ao devedor), este é citado para entregar a coisa devidamente individualizada no prazo de dez dias, conferindo-se ao credor a mesma prerrogativa de suscitar o incidente que objetiva impugnar a escolha procedida pelo seu opositor.

---

[235] Por todos, LUIZ RODRIGUEZ WAMBIER, nos seguintes termos: "Se compete ao credor a individualização e ele não a faz na inicial preclue-lhe o direito de escolha, transferindo-se-o para o executado" (*Processo de execução*. 5. ed. São Paulo: Revista dos Tribunais, 2002. v. 2. p. 310).

14.13.3 Execução das obrigações de fazer e de não fazer – considerações gerais

Em face de todas as anotações externadas no curso deste capítulo, percebemos que o fim maior da execução é o de conferir ao credor o mesmo nível de satisfação que seria alcançado se o devedor tivesse adimplido espontaneamente a obrigação predisposta em título executivo judicial ou extrajudicial, de natureza *específica* (dar, fazer ou não fazer).

Assim, se a sentença condenou o réu ao pagamento de determinada soma em dinheiro, sendo o pronunciamento inobservado pelo devedor, a execução serve para – retirando bens do patrimônio do devedor – oferecer ao credor a mesma soma em dinheiro que consta do título. Se a obrigação assumida ou imposta é de dar coisa, objetiva-se através da execução conferir ao credor a coisa identificada no título executivo judicial ou extrajudicial, no mínimo no seu gênero e quantidade. Por fim, se o título determinou que o devedor cumpra obrigação de fazer (construir uma casa em favor do credor, por exemplo) ou de não fazer (não criar animais em ambiente doméstico, por exemplo), a execução persegue – como medida ideal – o cumprimento forçado da obrigação positiva ou negativa.

Em determinadas situações, contudo, o alcance da finalidade anteriormente *desenhada* é impossível, ou seja, o cumprimento forçado da obrigação da mesma forma que se daria se o devedor tivesse adimplido a obrigação de modo voluntário. Queremos sustentar que nem sempre é possível o adimplemento da obrigação específica. Nesses casos, embora a obrigação específica não possa ser adimplida, é evidente que o credor não poderia ficar desprotegido, o que impõe a adoção de medidas coercitivas e/ou da apuração do valor da obrigação específica, sendo convertida em perdas e danos.

Com as atenções voltadas para exemplo ilustrativo, perceba a situação de devedor que se comprometeu em contrato a construir um prédio de apartamentos em favor do credor, o que não se confirma. Proposta a ação de execução apoiada em título executivo extrajudicial, mostrando-se o devedor recalcitrante no que se refere ao adimplemento da obrigação específica, não há como, *manu militare,* forçar e obrigar o devedor a adimplir a prestação, o que reclama a sua quantificação, para que a execução (que era específica) seja transmudada para o modelo da *execução por quantia certa contra devedor solvente*.

O credor convive com certa frustração, já que esperava o próprio cumprimento da obrigação, considerando que o contrato foi firmado para que, através dele, o credor alcançasse a sua finalidade primordial (a de que o prédio de apartamento fosse construído, no exemplo apresentado). Não obstante esse fato, é evidente que o credor não pode ser castigado pelo inadimplemento do devedor, determinando que a obrigação específica seja convertida em obrigação de pagar.[236]

As execuções das obrigações de fazer (positiva) e de não fazer (negativa) podem-se apoiar em título judicial ou extrajudicial. Contudo, quando a obrigação constar de sentença, o seu não cumprimento não dá ensejo à formação de nova relação jurídico-processual, apenas reclamando a prática de atos instrumentais para plena satisfação do credor, independentemente do aperfeiçoamento de nova citação, da apresentação de uma petição inicial e da prática dos demais atos que integram a execução como ação autônoma.

Assim é que a execução representa o mero *cumprimento* da obrigação, nos próprios autos da ação de conhecimento anteriormente encerrada através de sentença, apresentando-se a demanda de conhecimento com duas fases interligadas: uma primeira fase voltada à *certificação* do direito, esgotada após ampla investigação dos fatos do processo; e uma segunda fase, posterior à sentença, que objetiva tão somente a efetivação do comando disposto no título executivo judicial.

A ausência de nova relação jurídico-processual não garante ao credor maior facilidade para o adimplemento da obrigação, visto que, após a sentença, e aperfeiçoada a intimação do devedor (para adimplir a obrigação), este pode se manter inerte, deixando de observar o comando sentencial contra ele dirigido.

O fato de o magistrado ter determinado na sentença que o réu deve construir uma casa em favor do credor no prazo fixado, não garante ao vencedor que a decisão seja cumprida de modo espontâneo. Por esta razão é que o CPC alinhou *medidas de apoio,* para que o devedor seja coagido a observar o pronunciamento judicial (imposição de multa, busca e apreensão, remoção de pessoas e de coisas, desfazimento de obras, impedimento de atividade nociva, se necessário com requisição de força policial etc.), sobressaindo a fixação da multa diária pelo descumprimento da ordem judicial, matéria estudada em linhas anteriores, que vem atuando como fator de desestímulo em desfavor do devedor recalcitrante.

Mesmo com a previsão e a aplicação das *medidas de apoio*, o réu pode permanecer inerte, forçando o credor a ter de requerer que a obrigação específica (de dar coisa, de fazer ou de não fazer) seja convertida em perdas e danos, daí por diante observando-se as normas da execução por quantia certa contra devedor solvente,

---

236 Nesse sentido: "Em respeito à categoria dos bens jurídicos passíveis de mensuração econômica, como dito acima, o processo executivo pode cumprir seu mister de restituição plena do direito litigioso do titular, voltando o bem à sua esfera jurídica ou recebendo indenização pelo valor do bem, podendo-se dizer que o processo serviu ao que se destinava. Contudo, há outros bens os quais, consumada a lesão, nada pode ser feito para a sua recomposição ao estado anterior, restando ao ordenamento jurídico acenar, segundo a expressão de BARBOSA MOREIRA, como um 'prêmio de consolação', qual seja, o ressarcimento por perdas e danos, reconhecendo sua impotência, fomentando 'um pedido de desculpas pela incapacidade de fazer funcionar a contento, o instrumental da tutela'" (ACIOLI, José Adelmy da Silva. *A crise do processo civil: uma visão crítica*. Disponível em: <http://oas.trt19.gov.br:8022/doutrina/003.asp>. Acesso em: 17.8.2004).

incluindo-se o valor da multa até o instante em que a conversão foi requerida. A transformação ocorre nos autos da própria demanda anteriormente instaurada, mediante procedimento de liquidação incidental, obrigando o credor a requerer a citação do réu para que efetue o pagamento do débito no prazo fixado por lei (valor correspondente à obrigação específica, juros, correção monetária, custas processuais, honorários advocatícios e o valor da multa), sob pena de serem penhorados tantos bens quantos sejam necessários à garantia do juízo.

Na execução das obrigações de fazer e de não fazer apoiada em título extrajudicial, temos relação jurídica processual autônoma, observando-se o *princípio da inércia* (art. 2º), o que reclama a citação do réu, a observância dos requisitos gerais do art. 282 e de outros específicos, a juntada do título à inicial e a prática de todos os demais atos da ação de execução, com início, meio e fim, coincidindo este instante com a satisfação plena do credor.

Apenas para que sejam oferecidos exemplos de obrigações de fazer e de não fazer, apresentamos rol não exaustivo:

a) imposição voltada ao réu para que realize intervenção cirúrgica objeto de contrato assinado entre credor e devedor;
b) imposição voltada ao réu para que realize a construção prometida em contrato assinado pelas partes;
c) imposição voltada ao réu para que se abstenha de criar animal em ambiente doméstico;
d) imposição voltada ao hospital para que realize tratamento acústico de gerador instalado em suas dependências, com o propósito de eliminar o ruído em excesso, nocivo à vizinhança residente no entorno;
e) imposição voltada a determinada igreja para que realize tratamento acústico em sua estrutura, objetivando reduzir a poluição sonora gerada pela realização de cultos;
f) imposição voltada ao advogado para que ingresse com ação judicial em favor de constituinte, cuja obrigação foi assumida em contrato;
g) imposição voltada a artista para que realize espetáculo agendado para data certa;
h) imposição voltada ao devedor para que efetue a demolição de muro divisório construído em desacordo com as leis de postura municipais.

14.13.3.1 Dinâmica da execução da obrigação de fazer

Compreendido que **a execução da obrigação de fazer disposta em título judicial não reclama a instauração de nova relação jurídico-processual**, resolvendo-se de acordo com as normas que integram o art. 461, com a utilização das *medidas de apoio*, cabe-nos estudar os aspectos da execução da obrigação de fazer contemplada em título executivo extrajudicial, que se descortina conforme os arts. 632 ss. O modelo em exame reclama a apresentação de uma petição inicial, com observância dos requisitos dos arts. 282 ss, o pagamento das custas, a citação do devedor e a prática de vários outros atos processuais.

Em respeito ao princípio da inércia, a lei não admite que a relação jurídico-processual seja instaurada *ex officio*, reclamando requerimento expresso do credor, através da elaboração de uma petição inicial, como *pressuposto de constituição do processo*.

A manifestação do autor deve vir acompanhada do original do título que apoia a pretensão executiva, com expresso requerimento de citação do devedor. A não observância dos requisitos essenciais da primeira peça impede o magistrado de determinar o aperfeiçoamento da citação do réu, o que é substituído pela intimação do credor para que emende a peça no prazo de dez dias (art. 284), sob pena do seu indeferimento, não afastando a possibilidade de o magistrado indeferir a petição inicial de imediato, nas hipóteses previstas no art. 295 (manifesta ilegitimidade de parte, ausência de interesse de agir etc.).

Trilhando pela via normal, observamos que, após o recebimento da inicial, o magistrado determina que o devedor seja citado para satisfazer à obrigação no prazo assinado, se outro não estiver determinado no título executivo. O prazo em referência depende da natureza da obrigação a ser adimplida, reclamando razoabilidade por parte do magistrado. Não se admite, por exemplo, em face da impossibilidade física, que o magistrado determine a citação do réu para que construa prédio de apartamentos no prazo exíguo de dez dias.

Se o devedor comparecer aos autos para satisfazer à obrigação, o processo é extinto por sentença (em face da extinção da própria obrigação), aplicando-se à espécie as regras que emanam do inciso I do art. 794 e do art. 795. Ainda como prerrogativa conferida ao devedor, observamos que pode opor-se à execução através da apresentação dos embargos, sem necessária *segurança do juízo.* Com a rejeição liminar dos embargos ou com o reconhecimento final da improcedência da pretensão liberatória manifestada pelo devedor, mantendo-se os atributos de liquidez, de certeza e de exigibilidade de que goza a obrigação representada pelo título, proceder-se-á conforme as disposições analisadas nas linhas seguintes.

Não se observando a satisfação voluntária da obrigação (situação mais comum na dinâmica forense), ou a oposição dos embargos, ou, tendo sido apresentados, com a sua rejeição ou improcedência, o credor pode adotar uma dentre duas posições processuais:

a) Insistir na satisfação da obrigação específica, desta feita por terceiro e às custas do devedor, quando estiver diante de *prestação fungível*, representando a prestação que pode ser cumprida por qualquer pessoa.

b) Requerer que o valor correspondente à obrigação não adimplida seja convertido em pecúnia, transmudando a execução específica (obrigação de fazer) em execução genérica, sob a forma da *execução por quantia certa contra devedor solvente*.

A primeira das opções desdobrava uma burocracia sem precedentes, praticamente igualando o processo de execução a uma ação de conhecimento, com a multiplicação de atos processuais, levando (obrigando) os credores a seguirem pela via remanescente, circunstância que o legislador responsável pela edificação da Lei nº 11.382/2006 pretendeu espancar, através da revogação dos §§ do art. 634, estimulando o adimplemento da obrigação específica. A pretensão do credor de que a obrigação seja executada às custas do devedor refere-se a *obrigações fungíveis*, que podem ser cumpridas por qualquer pessoa, não sendo *intuitu personae*. Para adoção desse modelo, é necessário que o magistrado se apóie em requerimento formulado pelo credor, gerando a apresentação de proposta, submetida à análise e à manifestação das partes (parágrafo único do art. 634), com decisão judicial (de natureza interlocutória), aprovando ou não a proposta.

Na primeira hipótese, o exequente adianta as quantias previstas na proposta, viabilizando a execução das obras e trabalhos necessários à prestação do fato, remanescendo os atos de cobrança dos valores em detrimento do devedor.

Ao credor é lícito exercer a preferência, para executar ou mandar executar as obras e trabalhos, em igualdade de condições com a oferta apresentada pelo terceiro, o que exige manifestação do credor, no prazo de cinco dias, contados na forma prevista no parágrafo único do art. 637.

De acordo com a segunda prerrogativa conferida pela lei ao credor, admite-se a conversão da obrigação específica (obrigação de fazer) em perdas e danos, com o cunho de indenização, observando-se as regras da execução por quantia certa daí por diante. Essa prerrogativa é conferida de igual modo ao credor quando o devedor quedar silente, depois de ter sido citado para adimplir *obrigação personalíssima*, de *natureza infungível*, qualificando-se como obrigação que só pode ser cumprida pelo contratado em face das suas qualificações pessoais. Como exemplos, podemos citar:

a) a hipótese de cantor renomado, que é contratado para realizar determinado *show*;
b) a hipótese de pintor que é contratado para produzir obra de adorno na fachada de prédio particular.

Nessas situações, sem prejuízo da tentativa do credor de forçar o adimplemento da obrigação através das *medidas de apoio*, insistindo na imposição da multa para pressionar o devedor, aquele pode requerer a conversão da obrigação em perdas e danos, observando as normas da execução por quantia certa desse momento em diante.

14.13.3.2 Dinâmica da execução da obrigação de não fazer

O art. 642 do CPC textualiza:

> *"Art. 642. Se o devedor praticou o ato, a cuja abstenção estava obrigado pela lei ou pelo contrato, o credor requererá ao juiz que lhe assine prazo para desfazê-lo."*

Pela leitura do artigo, percebemos que a lei ou o contrato impunha ao devedor um dever de abstenção (exemplos: não proferir uma palestra jurídica; não realizar *show* em determinado evento artístico; não construir parede divisória sem observar distância mínima em relação ao prédio vizinho). As imposições de abstenção examinadas podem ter sido acompanhadas de medidas inibitórias e/ou de sanções incidentes na hipótese de descumprimento da regra voltada ao devedor.

Contudo, casos há em que o devedor descumpre a obrigação, praticando o ato que não deveria ter praticado, gerando a propositura da execução intitulada *execução da obrigação de não fazer*. Na verdade, em nossa opinião, não estamos diante de uma pretensão judicial inibitória ou impeditiva de que o devedor se abstenha de praticar ato em face de determinação contratual ou legal. O ato já foi praticado pelo devedor, o que nos faz concluir que a execução, nessa hipótese, na verdade não assume a forma da *execução da obrigação de não fazer* (porque o que não deveria ter sido feito já o foi), mas da *obrigação de fazer* (de desfazer o ato que não deveria ter sido praticado).

Essa constatação emerge da interpretação gramatical do art. 642, textualizando que o devedor é citado para desfazer o ato, o que representa na verdade um fazer. De qualquer modo, em termos de dinâmica, a citação em referência pode originar algumas manifestações processuais por parte do devedor:

a) **pode desfazer o ato**, o que representa a satisfação da obrigação, justificando a extinção da execução conforme as regras do inciso I do art. 794 e do art. 795, sem desobrigar o devedor a efetuar o pagamento das custas processuais e dos honorários advocatícios. Após a liquidação das verbas, proceder-se-á a citação do devedor para efetuar o pagamento da quantia no prazo previsto em lei, observando-se, daí por diante, as regras da execução por quantia certa contra devedor solvente;

b) **pode opor embargos à execução no prazo de quinze dias**, contados da juntada do mandado de citação aos autos, sem necessidade de prévia segurança do juízo, sem impor a suspensão da execução até o julgamento da ação incidental autônoma;

c) **pode quedar silente**, não satisfazendo à obrigação nem se opondo à execução através da oposição dos embargos, o que não representa revelia processual, conforme anotações articuladas em outras passagens deste capítulo.

O comportamento assumido pelo devedor na letra *c* pode originar duas manifestações por parte do credor:

a) **pode requerer que o ato seja desfeito à sua custa**, observando as regras dispostas no art. 634;

b) **pode requerer a conversão da obrigação específica em obrigação genérica**, mediante a estipulação das perdas e danos, observando daí por diante as normas da execução por quantia certa, após prévia liquidação do *quantum debeatur*.

14.13.3.2.1 Execução imprópria em face da não conclusão de contrato

Dispõem os arts. 466-B, 466-C e 466-A:

"Art. 466-B. Se aquele que se comprometeu a concluir um contrato não cumprir a obrigação, a outra parte, sendo isso possível e não excluído pelo título, poderá obter uma sentença que produza o mesmo efeito do contrato a ser firmado."

"Art. 466-C. Tratando-se de contrato, que tenha por objeto a transferência da propriedade de coisa determinada, ou de outro direito, a ação não será acolhida se a parte, que a intentou, não cumprir a sua prestação, nem a oferecer, nos casos e formas legais, salvo se ainda não exigível."

"Art. 466-A. Condenado o devedor a emitir declaração de vontade, a sentença, uma vez transitada em julgado, produzirá todos os efeitos da declaração não emitida."

Os artigos agrupados nesta seção voltam-se com maior repetição para tutelar a situação que envolve os denominados *contratos preliminares*, que reclamam uma manifestação de vontade das partes em momento posterior (no contrato principal), permitindo a consumação dos seus efeitos. Na lei material, pela leitura do art. 463 do CC, percebemos que:

"Art. 463. Concluído o contrato preliminar, com observância do disposto do artigo antecedente, e desde que dele não conste cláusula de arrependimento, qualquer das partes terá o direito de exigir a celebração do definitivo, assinando o prazo à outra para que o efetive."

No mesmo conduto de exposição, destacamos a regra do art. 464 da mesma Codificação, peremptório no sentido de afirmar:

> *"Art. 464. Esgotado o prazo, poderá o juiz, a pedido do interessado, suprir a vontade da parte inadimplente, conferindo caráter definitivo ao contrato preliminar, salvo se a isto se opuser a natureza da obrigação."*

A maior repetição dinâmica da aplicação das regras examinadas, sejam as de direito material, sejam as de direito processual, diz respeito ao denominado *compromisso de compra e venda,* representando o contrato pelo qual as partes firmam a intenção de que a propriedade de bem imóvel seja transferida de forma definitiva ao promissário comprador em momento posterior, desde que todas as obrigações dispostas no contrato firmado entre as partes sejam satisfeitas.

Isto ocorre com imensa repetição no mercado imobiliário, diante da impossibilidade de o comprador efetuar o pagamento do preço do imóvel a vista, reclamando desembolso de parcelas mensais, o que às vezes se prolonga por anos. Finalizado o pagamento do preço, o promissário comprador pretende obter escritura pública de compra e venda, aperfeiçoando o ato em todos os seus termos, o que se dará através do registro do instrumento translativo junto ao Cartório de Imóveis (art. 1.245 do CC).[237]

No entanto, se o vendedor se negar a outorgar a escritura, o prejudicado pode ingressar com demanda intitulada *ação de adjudicação compulsória*, apoiada no Decreto-lei nº 58/37, para obter sentença judicial que substitua a declaração de vontade não manifestada pelo vendedor. Nesses casos, a sentença produz os mesmos efeitos da declaração não emitida.[238]

Para a propositura da *actio* em referência, a lei não exige que o contrato de promessa de compra e venda esteja inscrito no registro de imóveis, conforme prevê a Súmula 239[239] do STJ, cabendo-nos anotar, em complemento, que nos encontramos diante de *obrigações infugíveis*, de modo que não podem ser adimplidas por terceiros às custas do devedor, o que reclama a intervenção judicial para que o pronunciamento

---

237 "Art. 1.245. Transfere-se entre vivos a propriedade mediante o registro do título translativo no Registro de Imóveis."

238 "**Se o devedor não cumpre a obrigação, e procedente que é o motivo embasador de sua recusa à outorga da escritura definitiva, ao credor é lícito obter a condenação daquele a emitir a manifestação de vontade a que se obrigou, sob pena de, não o fazendo, produzir a sentença o mesmo efeito da declaração não emitida**. Precedentes do STJ. Recurso especial interposto pelos réu/reconvintes não conhecido. Recurso dos autores reconvindos conhecido, em parte, e providos" (REsp 306012 – RJ, 4ª Turma do STJ, rel. Min. BARROS MONTEIRO, j. 10.9.2002, *DJ* 17.3.2003) (grifamos).

239 **Súmula 239 do STJ:** "O direito à adjudicação compulsória não se condiciona ao registro de compra e venda no cartório de imóveis." A doutrina especializada esposa o seguinte comentário a respeito da súmula em comento: "O decreto-lei nº 58 de 1937, que rege os imóveis loteados e também os não loteáveis, para este admite a adjudicação compulsória, desde que inscrito o contrato, para atribuir-lhe direito real oponível a terceiros (art. 22). Já o art. 639 do CPC admite a forma compulsória de cumprimento do contrato. Nesta situação, a exigência é de direito pessoal e, portanto, prescindindo do registro do contrato para o cumprimento da obrigação de fazer (CC art. 1418)" (ROSAS, Roberto. *Direito sumular.* 12. ed. São Paulo: Malheiros, 2004. p. 424).

perseguido possa surtir os mesmos efeitos da manifestação não emitida pelo devedor, embora o fim seja alcançado através do uso de instrumento jurídico diferente.

Em outras edições desta obra, demonstramos que os arts. 639 a 641, revogados pela Lei nº 11.232/2005, estavam em posição topográfica imprópria, sugerindo que o provimento perseguido seria de natureza executiva. Para requerer a manifestação judicial que produza os mesmos efeitos da manifestação não externada pela parte, o autor ingressa com ação de conhecimento, não com ação de execução. Obtida a sentença favorável, procede-se à sua inscrição junto ao Cartório de Imóveis competente, sem reclamar a instauração da execução.

Por fim, não obstante a discussão doutrinária relativa à qualificação do pronunciamento judicial solicitado, alguns afirmando que seria sentença condenatória em face da literalidade do art. 466-C, entendemos que o pronunciamento em referência é de natureza constitutiva, criando uma situação jurídica não observada antes do ingresso da ação judicial, posição que é defendida pela doutrina e pela jurisprudência no seu maior volume.

A ação de adjudicação compulsória é de rito sumário, em face das disposições que emanam dos arts. 16 e 22 do Decreto-lei nº 58/37, respeitadas em atenção ao *princípio da especialidade* (lei especial afastando a incidência da lei geral).

14.13.4 Execução por quantia certa contra devedor solvente – considerações gerais

A espécie que reclama nossas atenções neste momento é aplicada às situações que envolvem o inadimplemento da obrigação de pagar disposta em título executivo extrajudicial. O pedido do credor não é o de que o devedor seja condenado a pagar soma em dinheiro (pretensão própria da fase de conhecimento), mas de que sejam praticados atos instrumentais que permitam a satisfação do credor através do procedimento *expropriatório*.

Em outro dizer, o credor requer que o Estado sujeite o patrimônio do devedor à penhora judicial, para posterior alienação em hasta pública, com a entrega do produto ao credor, anotando-se que a satisfação também pode ocorrer pela *adjudicação de bens* ou pelo *usufruto de imóvel ou de empresa* (art. 708), situação que é inegavelmente menos gravosa para o devedor, por não ter de conviver com a perda de bens em caráter definitivo, respeitando-se o *princípio da menor onerosidade para o devedor* (art. 620).

A execução por quantia certa contra devedor solvente é movida em atenção ao credor, partindo da premissa de que o patrimônio do devedor é maior ou igual ao valor do débito. Não se confirmando a equação, evidenciada a impossibilidade de aperfeiçoamento da penhora em bens do devedor em face da sua *insolvência civil* (que apresenta semelhanças em relação à *falência comercial*), estamos diante da *execução por quantia certa contra devedor insolvente*, instaurando a *execução universal*, conforme anotações articuladas em linhas seguintes.

A execução nem sempre tem início sob a forma da execução por quantia certa contra devedor solvente. Em algumas situações, percebemos que a espécie é substitutiva de outra que se mostrava específica, o que tem fundamento no § 1º do art. 461. Nesses casos, a execução teve início pelo procedimento da execução das obrigações de fazer, de não fazer ou de dar coisa, sendo posteriormente convertida em execução por quantia certa contra devedor solvente, desse instante em diante procedendo-se à penhora de bens do devedor suficientes ao pagamento da importância reclamada.

Encontramo-nos diante das situações que denotam ser impossível o adimplemento da obrigação específica, ou que credor prefere obter a sua satisfação através do cumprimento da obrigação em pecúnia, liberando o devedor da execução da obrigação de dar, de fazer ou de não fazer. Em exemplo que se propõe ser ilustrativo, perceba a situação de execução para entrega de coisa certa movida contra o devedor, constatando o credor que o bem perseguido sofreu deterioração, não mais servindo aos fins desejados.

Em face da constatação, a obrigação específica é convertida em perdas e danos, para apuração do valor do bem, providenciando-se a citação do devedor para pagar a dívida no prazo fixado em lei, ato seguido da formalização da penhora e da avaliação, do recebimento e do julgamento dos embargos originados do devedor, da designação de dia e hora para a realização da hasta pública, da venda judicial do bem e da entrega do produto da arrematação ao credor, não se confirmando a adjudicação ou o usufruto de imóvel ou de empresa.

A execução por quantia certa contra devedor solvente qualifica-se como ação judicial exceto quando tem curso nos próprios autos da ação primitiva, como a ação de indenização por perdas e danos (que se mostra como instrumento único, no panorama da execução de sentença, conforme as previsões dos arts. 475-J ss), exigindo o preenchimento de alguns dos requisitos do art. 282 (aplicáveis às ações de modo geral) e de requisitos específicos, como a juntada do título executivo (na situação que envolve a execução apoiada em título extrajudicial). A afirmação de que devem ser preenchidos apenas alguns dos requisitos do art. 282 apoia-se na conclusão de que a ação de execução não tem por objetivo *certificar* o direito em favor de uma das partes do processo judicial, o que acarreta o quase desprezo dos fatos e dos fundamentos jurídicos da demanda.

Em exemplo já comentado de modo superficial, percebemos que o cheque, como título de crédito, exibe os atributos da literalidade, da autonomia e da abstração, não se prendendo à causa de emissão, raramente se admitindo a discussão do negócio que deu ensejo à criação e à circulação do título. Assim é que a petição inicial da ação de execução não reclama o alongamento da exposição fática e jurídica corriqueiramente vista nas ações de conhecimento, bastando ao credor apresentar o título e pleitear a citação do réu para pagar o débito no prazo legal, sob pena de penhora.

Se a ação de execução não for proposta no prazo prescricional igualmente contemplado em lei, perceba que o autor da ação de conhecimento terá de fazer referência ao negócio que gerou a emissão do cheque, discutindo todos os seus contornos, pedindo a citação do réu para contestar a ação, e que o pedido seja ao final acolhido, para que o réu seja condenado ao pagamento de soma em dinheiro, servindo o cheque não mais como título executivo, mas apenas como *meio de prova* da existência da obrigação, somando-se a todas as demais espécies probatórias previstas na Lei de Ritos.

A execução por quantia certa contra devedor solvente apresenta um *início* (petição inicial e citação do réu para pagar a dívida no prazo de três dias – art. 652), um *meio* (oposição dos embargos e abreviada instrução probatória) e um *fim* (designação de dia e hora para a realização da hasta pública, alienação judicial, até mesmo por meio da rede mundial de computadores etc.), o que nos faz concluir que o processo é orientado por *atos instrumentais*, não por atos de cognição, reclamando a análise individualizada de todo o *iter* procedimental.

As considerações alinhadas em seções seguintes referem-se exclusivamente à execução por quantia certa contra devedor solvente, não se aplicando necessariamente às subespécies, ou seja, à execução de prestação alimentícia, à execução contra a Fazenda Pública e à execução fiscal. Nas seções correspondentes a cada uma das subespécies, realizamos anotações de adaptação, sem repetir a exposição geral, em face da pouca serventia que este procedimento teria em termos didáticos.

A Lei nº 11.232, de 22 de dezembro de 2005, que vigora desde o mês de junho de 2006, impôs severa modificação no panorama da execução por quantia certa. Quando se apoiar em sentença judicial impositiva da obrigação de pagar, anotamos que o credor não se submete ao convívio com um novo processo (de execução), garantindo o recebimento do seu crédito por meio do simples *cumprimento* do pronunciamento judicial, a ser realizado através da prática de atos instrumentais.

O que pretendemos afirmar é que o processo de conhecimento se torna *bifásico*, apresentando uma fase de conhecimento, para certificação do direito em favor do autor ou do réu, e uma fase posterior à sentença que resolve o mérito, para simples cumprimento da sentença, diante da recalcitrância do devedor de adimplir a obrigação de forma voluntária.

O novo modelo dispensa a citação do devedor na fase inicial de cumprimento da decisão, operando-se a penhora de bens que integram o seu patrimônio, sem lhe ser conferida a prerrogativa de indicar bens a serem abatidos pela constrição judicial.

Como ação, a execução fica reservada para os títulos executivos extrajudiciais. Nas linhas que se seguem, realizamos apontamentos sobre a ação de execução, como processo judicial autônomo (repita-se, formado em decorrência da existência de título executivo extrajudicial). Os apontamentos relacionados à técnica executiva dos títulos judiciais se encontram posicionados na seção 14.20 desta obra, na qual constatamos que a sentença condenatória que impõe o pagamento de soma em dinheiro é tão somente cumprida, sem reclamar a instauração de processo judicial autônomo (de execução).

14.13.4.1 Citação do devedor

No processo civil italiano, percebemos que a execução não é iniciada através de imediata intervenção de representante do Poder Judiciário, tratando o credor de remeter ao devedor uma espécie de notificação (intitulada *precetto*), para que o destinatário cumpra a obrigação a que está sujeito, sob pena de serem desencadeados os atos instrumentais necessários à satisfação em referência (*Codice di Procedura Civile*, arts. 479 e 480).[240] O *precetto* não se qualifica como citação judicial em face de se originar diretamente do credor, sem qualquer intervenção inicial do magistrado.

No processo civil brasileiro, a ação de execução é iniciada através da distribuição da petição inicial, seguida do encaminhamento dos autos ao magistrado para que ordene a citação do devedor. Embora esta seja a dinâmica mais comum na realidade das ações de execução, apenas se observando uma avaliação detida dos autos por parte do magistrado em momento posterior, defendemos a tese de que o juiz só pode ordenar a citação do réu após atestar a presença das condições da ação, dizendo respeito à legitimidade das partes, ao interesse de agir e à possibilidade jurídica do pedido.

Além disso, o magistrado deve verificar se o título que apoia a pretensão do credor enquadra-se em uma das situações do art. 585 (ou em outra previsão contemplada em legislação esparsa), *podando* a tramitação de ações que se encontram fadadas à extinção em face de um defeito processual de grande vulto. Utilizamos o verbo *deve* na abertura deste parágrafo para ratificar a tese de que as condições

---

240 "Art. 479. *Notificazione del titolo esecutivo e del precetto. Se la legge non dispone altrimenti, l'esecuzione forzata deve essere preceduta dalla notificazione del titolo in forma esecutiva e del precetto. La notificazione del titolo esecutivo deve essere fatta dalla parte personalmente a norma degli articoli 137 e seguenti; ma, se esso é constituito da una sentenza, la notificazione, entro l'anno dalla pubblicazione, puo essere fatta a norma dell'articolo 170. Il precetto puo essere redatto di seguito al titolo esecutivo ed essere notificato insiene com questo, purché la notificazione sia fatta alla parte personalmente.*"

"Art. 480. *Forma del precetto. Il precetto consiste nell'intimazione di adempiere l'obbligo risultante dal titolo esecutivo entro un termine non minore di dieci giorni, salva l'autorizzazione di cui all'articolo 482, con l'avvertimento che, in mancanza, si procederà a esecuzione forzata. Il precetto deve contenere a pena di nullità l'indicazione delle parti, della data di notificazione del titolo esecutivo, se questa é falta separatamente, o la trascrizione integrale del titolo stesso, quando e' richiesta dalla legge. In quest'ultimo caso l'ufficiale giudiziario, prima della relazione di notificazione, deve certificare di avere riscontrato che la transcrizione corrisponde esattamente al titolo originale. Il precetto deve inoltre contenere la dichiarazione di residenza o l'elezione di domicilio della parte istante nel comune in cui ha sede il giudice competente per l'esecuzione. In mancanza le opposizioni al precetto si propongono davanti al giudice del luogo in cui e' stato notificato, e le notificazioni alla parte istante si fanno presso la cancellaria del giudice stesso. Il precetto deve essere sottoscritto a norma dell'articolo 125 e notificado alla parte personalmente a norma degli articoli 137 e seguenti.*"

gerais e específicas da ação são *questões processuais de ordem pública*, que impõem a apreciação pelo magistrado mesmo de ofício, independentemente de solicitação da parte interessada, como nos informa o § 4º do art. 301.

As considerações são apoiadas em reflexões que articulamos no Capítulo *Dos recursos*, no âmbito deste volume, no sentido de admitirmos a interposição do recurso de agravo de instrumento contra a determinação do magistrado que ordena a citação do promovido quando a ação não apresentar as condições mínimas, não tendo como ser processada. O fato de o processo ir adiante, nessas circunstâncias, acarreta sacrifício desnecessário ao réu, que tem de contratar profissional para representá-lo nos autos, providência que poderia ser evitada através do indeferimento da inicial.

De qualquer modo, cabe-nos anotar que a citação, no processo de execução, não é aperfeiçoada com o propósito de conferir ao devedor a oportunidade de se opor à pretensão do credor através da apresentação da defesa, no gênero, com as espécies da *contestação*, da *reconvenção*, da *exceção de incompetência relativa* e da *impugnação ao valor da causa*, como na realidade do processo de conhecimento, marcado por ampla cognição na busca da verdade – preferencialmente da *real* –, contentando-se a doutrina e a jurisprudência, contudo, com a *verdade formal*, obtida por juízo de aproximação.

Não obstante a diferença do objetivo do ato que é praticado nas jurisdições de conhecimento e de execução, percebemos que a citação em ambas as hipóteses é *pressuposto de constituição do processo*, permitindo a angularização da relação jurídica que antes apenas atava o autor ao magistrado, em posição soberana na relação processual. A inexistência ou a nulidade da citação é matéria de ordem pública, que não é afetada pelo instituto da *preclusão*, de forma que pode ser suscitada a qualquer tempo e grau de jurisdição, enquanto não esgotada a intitulada *instância ordinária* (1º e 2º Graus de Jurisdição).

O devedor, uma vez regularmente citado, só pode adotar uma dentre quatro providências no panorama da ação de execução por quantia certa contra devedor solvente:

a) **Efetuar o pagamento do débito no prazo de três dias, acrescido do valor da verba honorária pela metade (Parágrafo único do art. 652-A,[241] acrescido ao Código de Ritos por força da Lei nº 11.382/2006)**, satisfazendo à obrigação, autorizando a extinção da execução de acordo com a norma do inciso I do art. 794, sendo o fim almejado de toda e qualquer ação dessa natureza, revelando a eliminação do conflito de interesses que gerou o exercício do direito de ação.

---

241 "Art. 652-A. Ao despachar a inicial, o juiz fixará, de plano, os honorários de advogado a serem pagos pelo executado (art. 20, § 4º). Parágrafo único. No caso de integral pagamento no prazo de 3 (três) dias, a verba honorária será reduzida pela metade".

b) **Requerer a substituição da penhora**, ato contínuo à sua formalização, de acordo com a regra prevista no art. 656, com a redação conferida pela Lei nº 11.382/2006, desde que comprove cabalmente que a substituição não trará prejuízo algum ao exequente e será menos gravosa para ele devedor.

c) **Opor-se à execução através da apresentação dos embargos à execução, sem necessidade de prévia segurança do juízo (art. 736,[242] com a redação que lhe foi conferida pela lei informada em linhas anteriores).**

d) **Quedar silente**, não praticando qualquer dos atos previstos nos itens *a* e *c*, sujeitando-se a sofrer penhora judicial em bens que sejam indicados pelo credor ou localizados por diligência empreendida pelo oficial de justiça.

O art. 222 textualiza que a citação na realidade do processo civil é como regra aperfeiçoada pela via postal (através dos correios), como forma de garantir o dinamismo na tramitação ações judiciais (em respeito ao *princípio da celeridade*), prevendo como exceções as hipóteses listadas nos incisos da norma, dentre as quais deparamos com a situação que envolve a ação de execução, que reclama a citação através do oficial de justiça[243] em face de o mandado não ser apenas de citação, mas de citação, de penhora e de avaliação, com a observância de que a Lei nº 11.382/2006 concentrou os atos de penhora e de avaliação, possibilitando o desfecho do processo no menor espaço de tempo possível (§ 1º do art. 652).

O auxiliar da justiça, verificando no cartório que o devedor efetuou o pagamento da dívida no prazo de três dias a que se refere o art. 652, deve recolher o mandado aos autos, que se configura na hipótese apenas como mandado de citação (sem incluir a penhora e a avaliação). Porém, percebendo que o devedor não efetuou o pagamento, munido da segunda via do mandado, o oficial deve proceder à penhora de imediato, avaliando os bens, de acordo com diligência que realizou ou seguindo a indicação feita pelo credor na inicial da execução, como lhe faculta no § 2º do art. 652. Nessa situação, o mandado é de citação, de penhora e de avaliação, diligências (penhora e avaliação) que não podem ser delegadas a funcionários dos correios, reclamando a intervenção de representante do Poder Judiciário.

O prazo de três dias para efetuar o pagamento do débito é contado a partir da efetivação da citação, não da juntada do mandado aos autos,[244] e, se a ação apresenta

---

242 "Art. 736. O executado, independentemente de penhora, depósito ou caução, poderá opor-se à execução por meio de embargos".

243 Com exceção da citação realizada na ação de execução fiscal, como se percebe através da leitura do inciso I do art. 8º da Lei nº 6.830/80.

244 Nesse sentido: "O prazo de 24 horas é para pagar ou nomear bens à penhora e **será contado da data da citação do devedor e não da juntada do mandado aos autos**" (REsp 416.861 – DF, 6ª Turma do STJ, rel. Min. VICENTE LEAL, j. 16.5.2002, *DJU* 17.6.2002) (grifamos).

mais de um devedor, parte da jurisprudência afirmava que o prazo em referência só teria início a partir da última citação aperfeiçoada no processo,[245] o que não recebe eco unânime na doutrina,[246] tema que nos parece pacificado por força do art. § 1º do art. 738, acrescido ao CPC pela Lei nº 11.382/2006, prevendo que o prazo para embargar, quando houver mais de um executado, começa a fluir da juntada de cada mandado citatório, com a clara intenção de permitir o desfecho do processo no menor espaço de tempo devido.

Entendemos que o devedor não conta mais com a prerrogativa de nomear bens à penhora (em atenção ao *princípio da menor onerosidade para o devedor*, como se observava antes da vigência da Lei nº 11.382/2006), ao contrário, sujeitando-se à penhora que for realizada por iniciativa do oficial de justiça ou segundo a indicação procedida pelo credor na inicial da execução, inclusive com a possibilidade de ser intimado para indicar a localização de bens passíveis de constrição, com correspondente valor, sob pena de a inação representar ato atentatório à dignidade da justiça (inciso IV do art. 600).

14.13.4.2 Arresto

Se o devedor não for localizado no endereço fornecido pelo exequente, é cabível a formalização do *arresto*, seguido do aperfeiçoamento da citação por meio da publicação de edital, o que deve ser requerido pelo credor nos dez dias seguintes à intimação do arresto (art. 654).[247] Essa citação, segundo parte da jurisprudência com a qual não concordamos, abrangeria *citação* e *intimação*, conferindo oportunidade ao devedor para a apresentação dos embargos à execução.

Melhor explicando, perceba que, não sendo o devedor encontrado, o credor pode requerer o aperfeiçoamento da citação do executado através da publicação de edital. Contudo, após a adoção da providência em exame, o arresto é convertido em penhora (se o devedor não pagar), reclamando a intimação do devedor a respeito do último ato (penhora), inaugurando o prazo para o oferecimento dos embargos à execução.

---

245 "É majoritária a opinião de que o prazo de 24 horas só tem início após a citação de todos os devedores, pois a cada um deve ser dada oportunidade para embargar a execução ou para pagar" (*RTFR* 85/5, *JTA* 102/235).

246 "Havendo vários devedores, o prazo flui independentemente para cada um deles. Não se aplica aqui a regra do art. 241, III, segundo a qual o prazo para contestar, no processo de conhecimento, só começa a correr, para todos os réus, depois que o último for citado" (WAMBIER, Luiz Rodrigues. *Curso avançado de processo civil*. 5. ed. São Paulo: Revista dos Tribunais, 2002. v. 2. p. 166).

247 "Art. 654. Compete ao credor, dentro de 10 (dez) dias, contados da data em que foi intimado do arresto a que se refere o parágrafo único do artigo anterior, requerer a citação por edital do devedor. Findo o prazo do edital, terá o devedor o prazo a que se refere o art. 652, convertendo-se o arresto em penhora em caso de não pagamento."

Isso exige a publicação de novo edital (desta feita para deixar o devedor intimado da penhora), com o consequente desembolso de importância pecuniária. Parte da jurisprudência sustenta que a publicação do edital de citação já poderia fazer referência ao fato de que o devedor será considerado intimado da penhora caso não providencie o pagamento do débito no prazo legal posterior à citação aperfeiçoada através da publicação do edital. O edital serviria para citar o réu e para deixá-lo ciente da abertura de prazo, após a formalização da penhora (mediante a *conversão* do arresto em penhora), para o oferecimento dos embargos à execução, dispensando a publicação de novo edital. A justificativa para a referida dispensa apoia-se no *princípio da economia processual*.

Não concordamos com a política, posto que o devedor não pode ser intimado de algo que ainda não ocorreu, como tal a penhora. Reclama-se a publicação de dois editais, um para citar o devedor dos termos da execução, possibilitando-lhe pagar o débito; outro, para intimá-lo da penhora, abrindo prazo para o oferecimento dos embargos à execução,[248] na hipótese de não ser adotada a postura esperada (pagamento).

O não comparecimento do devedor ao processo demanda a nomeação de curador em seu favor, segundo prevê o inciso II do art. 9º, nos termos da Súmula 196 do STF, assim assentada: "ao executado que, citado por edital ou por hora certa, permanece revel, será nomeado curador especial, com legitimidade para a apresentação de embargos".

Ousamos discordar da posição assumida pelo STF, com todas as vênias devidas, em face da constatação de que a citação no processo de execução não tem o condão de caracterizar a revelia do réu, já que não o convoca para a apresentação de defesa, na sua forma clássica, como anotado em linhas anteriores, apenas inaugurando a prerrogativa de satisfazer à obrigação ou de apresentar embargos à execução independentemente da segurança do juízo (arts. 652 e 736).

De qualquer modo, anotamos que o arresto realizado no curso da ação de execução não se confunde com a *medida cautelar de arresto*, prevista nos arts. 813 ss, que reclama a coexistência do *fumus boni juris* e do *periculum in mora* para o deferimento da providência em favor do autor. O arresto a que nos referimos neste instante consiste numa *pré-penhora*, sendo medida de iniciativa do oficial de justiça, autorizada por lei, formalizada quando o devedor não for localizado no início do processo em referência.

---

[248] Nesse sentido reproduzimos o seguinte julgado: "Recurso Especial. Processual Civil. Conversão em penhora. Intimação. Citação por edital. Conversão em penhora. Intimação. Embargos do devedor. Arts. 654 e 669 do Código de Processo Civil. Recurso conhecido e provido. **Citados os executados por edital e convertido o arresto em penhora, há necessidade de intimá-los para o oferecimento de embargos do devedor**. Precedentes da Corte. Recurso conhecido e provido para afastar a intempestividade dos embargos do devedor" (REsp 79.437 – SP, 6ª Turma do STJ, rel. Min. HAMILTON CARVALHO, j. 18.9.2001, *DJU* 4.2.2002) (grifamos).

Após a providência adotada pelo auxiliar do juízo, ato contínuo, deve comparecer ao endereço do devedor em três ocasiões distintas, dentro do prazo de dez dias, com o intuito de realizar a citação pessoal, como espécie de citação direta e real (parágrafo único do art. 653),[249] evitando que a diligência seja aperfeiçoada através da publicação de edital (citação indireta ou ficta), que burocratiza o processo em face da sua demora, e que onera o credor, responsável pela antecipação das despesas processuais.

Se o devedor for localizado pelo oficial de justiça, a sua citação é efetivada, com a abertura do prazo de três dias para pagar, o que, sendo confirmado, acarreta a extinção da execução pela satisfação da obrigação, ficando o devedor liberado do pagamento da metade do valor dos honorários arbitrados, como forma de estimular o adimplemento da obrigação, fim perseguido em toda e qualquer execução.

14.13.4.3 Pagamento do principal com os acréscimos legais e suas consequências jurídicas

O pagamento é forma de extinção da obrigação que ensejou a formação da relação jurídico-processual, conforme dispõe o art. 304 do CC,[250] resultando a extinção do feito executivo (inciso I do art. 794), desde que seja efetuado de forma integral, abrangendo o principal, juros, correção monetária, os honorários advocatícios e as custas processuais. O pagamento da dívida pode ser realizado pelo devedor (e mesmo por um terceiro – arts. 304 ss do CC) a qualquer tempo no curso da ação de execução, desde que não tenha sido consumada a arrematação ou a adjudicação dos bens penhorados.

O instituto, no âmbito da ação de execução, é intitulado *remição da execução*, com previsão no art. 651, sendo ato praticado em maior volume pelo próprio devedor, sem afastar a possibilidade de que outra pessoa efetue o pagamento do débito, sub-rogando-se nos direitos do credor originário, exceto na hipótese de ser qualificado como *terceiro não interessado* (art. 305 do CC),[251] garantindo-se a ele, neste caso, o reembolso do que pagou.

Como a ação de execução se encontra na sua fase inicial de tramitação, o magistrado deve agir com moderação na fixação dos honorários advocatícios, evitando que o devedor seja sobremaneira onerado com a imposição, o que poderia acarretar a infração ao *princípio da menor onerosidade para o devedor*, disposto no art. 620. O

---

[249] "Art. 653. *Omissis*. Parágrafo único. Nos 10 (dez) dias seguintes à efetivação do arresto, o oficial de justiça procurará o devedor três vezes em dias distintos; não o encontrando, certificará o ocorrido."

[250] Com a seguinte redação: "Art. 304. Qualquer interessado na extinção da dívida pode pagá-la, usando, se o credor se opuser, dos meios conducentes à exoneração do devedor."

[251] "Art. 305. O terceiro não interessado, que paga a dívida em seu próprio nome, tem direito a reembolsar-se do que pagar; mas não se sub-roga nos direitos do credor."

art. 652-A prevê que o magistrado, ao despachar a inicial, fixa de plano os honorários a serem pagos pelo executado, deixando claro que os honorários são devidos na execução, embargada ou não.

Para a efetivação do pagamento, é necessário que o devedor se dirija ao cartório do juízo pelo qual a execução tramita, solicitando a expedição de guia de depósito bancário, efetivando o depósito esperado. Após a efetivação, o credor é intimado para tomar conhecimento da providência, devendo ser expedido alvará para levantamento do crédito, seguida – a expedição – da extinção do processo, através da prolação de sentença, como textualizado pelo art. 795.

Entendemos que a fase pode ser desdobrada se o credor pleiteou na inicial valor superior ao permitido pelo título que embasou a demanda, fazendo incidir fatores sobre o principal, relativos à atualização do *quantum debeatur*, em contrariedade com os índices aplicáveis, ou cobrando taxa de juros diferente da prevista na lei ou no contrato que deu origem à emissão do título extrajudicial.

Na hipótese, embora o devedor pretenda pôr fim à execução através do pagamento, não pode ser obrigado a quitar a dívida com o desembolso de valor que não represente o *quantum* efetivamente devido. Pensamos que a matéria deve ser suscitada pelo devedor nos três dias seguintes à citação, com a manifestação de vontade de pagar, solicitando a remessa dos autos ao contador para que o valor real da execução seja apurado, protestando pelo pagamento da dívida após intimação judicial.

Devemos, sempre que possível, aplicar o *princípio da finalidade* em todos os atos do processo civil, que, associado ao *princípio da instrumentalidade das formas*, permite o aproveitamento máximo (quando possível) dos atos processuais, desde que à parte contrária não seja causado prejuízo, como textualiza a doutrina do *pas de nullitè sans grief*.

Não nos parece lógico impedir o pagamento em favor do credor, alcançando o fim maior da execução (satisfação do exequente), tão somente por não ter sido realizado no prazo inicialmente conferido ao devedor para pagar, sobretudo diante da constatação de que pode *remir a execução* posteriormente, de acordo com o art. 651, o que merece comentários em compartimento destacado.

14.13.4.4 Nomeação de bens à penhora

A nomeação de bens consistia em manifestação privativa do executado (na fase inicial da execução), através de petição apresentada nas 24 (vinte e quatro) horas após a citação judicial (prazo que era observado antes da edição da Lei nº 11.382/2006), acompanhada:

a) da indicação das transcrições aquisitivas, do detalhamento da coisa, suas divisas e confrontações, na hipótese de bem imóvel;

b) da particularização do estado e do lugar em que se encontra, na hipótese de bem móvel;

c) da especificação, da indicação do número de cabeças e do imóvel em que se acham, na hipótese dos semoventes;

d) da identificação do devedor e sua qualificação, com a descrição da origem da dívida, do título que a representa e da data do vencimento, na hipótese dos créditos.

Além das providências em destaque, o executado era obrigado a atribuir valor aos bens indicados à penhora, sendo que a nomeação era considerada *ineficaz* (inciso VI do art. 656, na redação antiga), diante do descumprimento de qualquer das regras processuais, transferindo ao credor o direito de indicar bens do devedor livres e desembargados suficientes à garantia do juízo.

A ineficácia também era reconhecida:

a) *se a nomeação do devedor não observasse a ordem de gradação estampada no art. 655 do CPC (na sua redação original), oferecendo à penhora bens de difícil alienação, embora possuísse outros mais bem situados na ordem legal*;[252]

b) *se não versasse sobre os bens designados em lei, contrato ou ato judicial para pagamento*;

c) *se, havendo bens no foro da execução, outros fossem nomeados*; d) *se os bens nomeados fossem insuficientes para garantir a execução*.

O ato praticado pelo executado tinha por objetivo *garantir o juízo*, possibilitando ao devedor oferecer sua irresignação de contrariedade através da oposição dos embargos à execução, apenas admitidos após a formalização da penhora judicial, no regime vigente antes da edição da Lei nº 11.382/2006. A nomeação de bens à penhora era ato formal, que devia oferecer condições ao magistrado e ao exequente de auferir se o bem nomeado era capaz de garantir a ação de execução na sua plenitude.[253]

---

252 Nesse particular, anotamos que as edições anteriores desta obra afirmaram a necessidade de reforma do art. 655, o que acabou ocorrendo através da Lei nº 11.382/2006. Apenas como exemplo, destacávamos que os títulos da dívida pública ocupavam posição privilegiada na ordem de nomeação, quando se sabe que comportam várias discussões judiciais acerca da sua idoneidade como garantia das execuções, em vista da falsificação de vários dos papéis, da ausência de liquidez e do fato de não apresentarem cotação em bolsa.

253 "Execução. Contrato de locação de imóvel. Indeferimento da nomeação de bem do fiador à penhora, ante recusa do credor. Bem ofertado situado em comarca distante e sem comprovação do seu real valor de mercado para verificação da suficiência à garantia da dívida. Decisão mantida. Agravo improvido" (Agravo 736.636-00 – 6, 10ª Câmara do 2º TAC SP, rel. Juíza CRISTINA ZUCCHI, j. 12.6.2002, *DJSP* 10.7.2002).

A faculdade conferida ao devedor denotava a preocupação de que a ação de execução não podia sobremaneira onerá-lo, não se observando o favor da lei na hipótese que envolvia a execução de crédito pignoratício, anticrético ou hipotecário. Nessas situações, a penhora incidia sobre o bem objeto do contrato anteriormente formalizado, o que foi mantido pela Lei nº 11.382/2006, como se observa através da simples leitura do § 1º do art. 655 (ver § 2º do mesmo dispositivo, na sua versão original), com a ressalva de que a regra pode ser afastada, para a formalização da penhora em bem diverso, quando o gravado pelo contrato se mostrar deteriorado ou insuficiente para a garantia integral do juízo, sobretudo em face dos acréscimos que incidem sobre o principal (juros, correção monetária, custas processuais e honorários advocatícios).

Em decorrência da nova ordem processual, **o devedor não conta mais com a prerrogativa de nomear bens à penhora (mas apenas de requerer a substituição da penhora**), na abertura da execução. A constrição é formalizada após buscas procedidas pelo oficial de justiça ou seguindo a nomeação procedida pelo exequente (provando que a execução passa a ter curso no interesse deste), que, preferencialmente, deve observar a ordem alinhada no art. 655, que foi reformatado, estimulando que a penhora incida sobre bens de fácil alienação, permitindo o desfecho do processo em menor espaço de tempo possível.

A ordem de penhora *desenhada* no art. 655 não é rígida, podendo ser invertida em casos específicos, em atenção ao *princípio da menor onerosidade para o devedor*, atendendo-se a circunstâncias peculiares do caso concreto, garantindo que a execução seja conduzida da forma menos traumática em relação ao devedor. Assim, se o executado possui bem que se situa em escala inferior a de outro melhor posicionado na ordem, ambos de sua propriedade, provando que a penhora do bem de escala inferior lhe causaria menor desconforto, a jurisprudência já admitia a flexibilização da regra, para aceitar a nomeação (quando a lei permitia que se originasse do devedor),[254] desde que o credor não fosse prejudicado pela deliberação, sendo ele o protagonista da ação de execução.

O entendimento jurisprudencial a que nos reportamos evoluiu e foi positivado, para permitir que o executado solicite a substituição da penhora, na forma disposta nos arts. 656 ss, provando que não obedeceu à ordem legal, além de outros fundamentos alinhados no dispositivo em referência.

Na *execução fiscal* e na *execução hipotecária*, espécies que não foram modificadas pela Lei nº 11.382/2006, o prazo para nomeação de bens à penhora é de cinco

[254] Nesse sentido: "Processual Civil. Execução. Nomeação de bens à penhora. Impugnação pelo credor por desobediência à ordem de gradação legal. Arts. 620, 655 e 656, I, CPC. Recurso desacolhido. **A ordem legal estabelecida para a nomeação de bens à penhora não tem caráter rígido, devendo sua aplicação atender às circunstâncias do caso concreto, à potencialidade de satisfazer o crédito e à forma menos onerosa para o devedor**" (REsp 232.124 – RJ, 4ª Turma do STJ, rel. Min. SÁLVIO DE FIGUEIREDO TEIXEIRA, j. 9.11.1999, *DJU* 17.12.1999, em transcrição parcial) (grifamos).

dias, prevalecendo as regras diferenciadas em atenção ao *princípio da especialidade*, qualificando-se como prazo *próprio*, de modo que a sua não observância acarreta a *preclusão processual*, retirando do executado o direito de proceder com a nomeação (art. 183). Quando a nomeação for admitida, qualificando-se a penhora como condição para a oposição dos embargos (fora do regime do CPC), o devedor não pode se precipitar após a nomeação, de logo oferecendo embargos à execução, distribuindo-os por dependência à ação de execução, considerando que o prazo para a oposição dos embargos só começar a fluir a partir da juntada aos autos do mandado ou do termo de penhora (repita-se, fora do modelo do CPC, já que a execução de título extrajudicial não mais prevê a formalização da penhora como condição processual para a oposição dos embargos, na forma disposta no art. 736 da Lei de Ritos), com a prova da intimação regular do devedor, somente neste momento sendo inaugurada a prerrogativa conferida ao devedor de propor a ação incidental autônoma, com o objetivo de tentar desconstituir os atributos de liquidez, de certeza e de exigibilidade que acompanham o título. O comportamento precipitado do devedor acarreta a rejeição liminar dos embargos, posto que a admissibilidade destes está condicionada à *segurança do juízo* (nos modelos que se situam fora do CPC, previstos em legislação esparsa), estágio não alcançado com o simples oferecimento dos bens à penhora.

A nomeação, por si só, não torna o juízo *seguro*, dependendo, a aceitação da oferta, da concordância expressa ou tácita do credor, após regular intimação judicial, e da posterior ratificação do ato através da formalização da penhora e da intimação, fluindo, desse momento, o prazo para a oposição dos embargos à execução.

No âmbito jurisprudencial, discute-se se a nomeação feita pelo devedor de bens tidos como *impenhoráveis* é válida, como o único imóvel que serve à residência da família e os bens móveis que o guarnecem, o que mereceu nossos comentários em passagem anterior. Perceba que a pretensão de penhora em relação aos bens origina-se de uma nomeação feita pelo próprio devedor, presumindo-se que teria renunciado ao benefício conferido pela Lei nº 8.009/90, que qualifica os referidos bens como *impenhoráveis*.

Entendemos, na esteira da lição jurisprudencial firmada em sua maioria, que o fato de o devedor nomear bem de família à penhora (no curso da ação de execução fiscal, não afeta ao regime do CPC) não representa renúncia ao benefício que lhe foi conferido por norma de ordem pública, de caráter cogente,[255] edificada não apenas em favor do devedor, mas de toda a sua família. O fato de o devedor ter nomeado bem de família à penhora é determinado por questões de ordem puramente processual, para permitir a oposição dos embargos à execução (um dos efeitos da penhora), impugnando o título que deu suporte à ação, admitindo-se que o execu-

---

[255] Nesse sentido: "Bem de família. Execução. Nomeação à penhora. Renúncia. **O simples fato de nomear o bem à penhora não significa renúncia ao direito garantido pela Lei nº 8.009/90.** Desnecessidade de nova avaliação. Recurso conhecido em parte e provido" (REsp 208.963 – PR, 4ª Turma do STJ, rel. Min. RUY ROSADO DE AGUIAR, j 4.11.1999, *DJU* 7.2.2000) (grifamos).

tado/embargante suscite a nulidade da penhora como matéria preliminar da ação incidental autônoma, não sendo robusto o argumento de que haveria renúncia ao direito de impugnar a penhora efetivada.

14.13.4.5 Não localização de bens do devedor passíveis de penhora e consequências processuais

Quando o oficial de justiça não localiza bens do devedor passíveis de penhora, o exequente enfrentava dificuldades para dinamizar a execução, circunstância que impunha a obstaculização da marcha processual, ato seguido da solicitação originada do exequente, para que o magistrado expedisse ofícios ao BANCO CENTRAL (com o propósito de que a instituição informasse a eventual existência de contas em nome do devedor), à Receita Federal (com a solicitação da remessa das últimas declarações de imposto de renda em nome do executado), aos cartórios de imóveis, ao DETRAN etc., impondo o transcurso de razoável espaço de tempo, frustrando os interesses do credor e do próprio Estado, que não conseguia se liberar do dever de prestar a função jurisdicional, pelo menos não de forma qualitativa.

A pretensão de expedição de ofícios a instituições públicas e privadas encontrou resistência jurisprudencial de fôlego, em atenção aos sigilos fiscal e bancário, sem descuidar da alegação de que ao exequente cabia suportar os ônus do processo, sendo de sua responsabilidade proceder com diligências na busca do patrimônio do devedor.

A situação só era flexibilizada quando o credor demonstrava que esgotara toda e qualquer possibilidade de localizar bens do devedor,[256] confirmando-se, por exemplo, através da juntada aos autos de certidões negativas de Cartórios de Imóveis, informando que o devedor não possuía patrimônio imobiliário, fato exaustivamente diligenciado pelo credor.

Em atenção à parte que vem sofrendo com a recalcitrância do devedor de adimplir a obrigação, a Lei nº 11.382/2006 inovou no tema, ampliando a possibilidade de realização da penhora no início do processo, com a positivação da intitulada *penhora on-line*, que já se mostrava como realidade na dinâmica forense, segundo entendimento que avançava na jurisprudência. Por conta da reforma, a Lei de Ritos recebeu o acréscimo do art. 655-A, com a seguinte redação:

> *"Art. 655-A. Para possibilitar a penhora de dinheiro em depósito ou aplicação financeira, o juiz, a requerimento do exequente, requisitará à autoridade supervisora do estabelecimento bancário, preferencialmente por meio eletrônico,*

---

256 Nesse sentido: "Processual Civil. Execução. Quebra de sigilo bancário. Devedor citado. Não oferecimento de bens à penhora. Bens não localizados. **Citado o executado por edital e esgotados todos os meios para a localização de bens, admissível a quebra do sigilo bancário e fiscal**. Precedentes. Agravo provido" (Ag 2001.01.00.039280 – 2/MG, 4ª Turma do TRF da 1ª Região, rel. Des. Fed. CARLOS OLAVO, j. 1.10.2002, *DJU* 12.11.2002) (grifamos).

informações sobre a existência de ativos em nome do executado, podendo no mesmo ato determinar sua indisponibilidade, até o valor indicado na execução."

Embora o avanço da execução não mais dependa da formalização da penhora (pelo fato de a providência não mais se qualificar como pré-condição para a oposição dos embargos – art. 736), é evidente que a constrição oferece *conforto processual* ao credor, ampliando a possibilidade de satisfação da obrigação, embora o processo ainda venha a apresentar alguns desdobramentos de dinâmica, justificando a necessidade de adoção de técnicas que permitam a formalização da constrição, no início do processo.

As quantias existentes em conta-corrente de titularidade do executado são automaticamente penhoradas, até o valor da execução, cabendo-lhe demonstrar que a constrição recaiu em numerário protegido pela impenhorabilidade (§ 2º do art. 655-A),[257] pelo fato de ter atingido vencimentos, subsídios, soldos, remunerações, proventos de aposentadoria, pensões, pecúlios e montepios, quantias recebidas por liberalidade de terceiro e destinadas ao sustento do devedor e sua família, ganhos de trabalhador autônomo, honorários de profissional liberal etc. (ver rol completo no art. 649).

Além da prerrogativa em exame, o exequente pode a qualquer tempo solicitar ao magistrado (que, de igual modo, pode desdobrar a técnica por iniciativa de ofício) que promova a intimação do executado, através do seu advogado, para que indique bens passíveis de penhora (§ 3º do art. 652), sob pena de a inação ser qualificada como ato atentatório à dignidade da justiça (inciso IV do art. 600), submetendo o devedor ao pagamento de multa pela litigância de má-fé.

14.13.4.6 Obtenção de certidão comprobatória do ajuizamento da execução

Em técnica inovadora, dispõe o art. 615-A, em companhia dos seus parágrafos:

"Art. 615-A. O exequente poderá, no ato da distribuição, obter certidão comprobatória do ajuizamento da execução, com identificação das partes e valor da causa, para fins de averbação no registro de imóveis, registro de veículos ou registro de outros bens sujeitos à penhora ou arresto.

§ 1º O exequente deverá comunicar ao juiz as averbações efetivadas, no prazo de 10 (dez) dias de sua concretização.

§ 2º Formalizada a penhora sobre bens suficientes para cobrir o valor da dívida, será determinado o cancelamento das averbações de que trata este artigo relativas àqueles que não tenham sido penhorados.

---

257 "Art. 655-A. *Omissis*. § 2º Compete ao executado comprovar que as quantias depositadas em conta corrente referem-se à hipótese do inciso IV do *caput* do art. 649 desta Lei ou que estão revestidas de outra forma de impenhorabilidade; *omissis*".

§ 3º Presume-se em fraude à execução a alienação ou oneração de bens efetuada após a averbação (art. 593).

§ 4º O exequente que promover averbação manifestamente indevida indenizará a parte contrária, nos termos do § 2º do art. 18 desta Lei, processando-se o incidente em autos apartados.

§ 5º Os tribunais poderão expedir instruções sobre o cumprimento deste artigo."

Com as atenções voltadas para a norma, percebemos que a prerrogativa conferida ao exequente não significa que os bens do devedor se tornam inalienáveis com a só distribuição da demanda executiva, mas que, pelas averbações, amplia-se a possibilidade de a existência da ação chegar ao conhecimento de terceiros, evitando que aperfeiçoem negócios jurídicos com o devedor, passíveis de reconhecimento de ineficácia em momento posterior, por declaração de fraude à execução. Assim, mesmo com a averbação, o devedor pode alienar bens integrados ao seu patrimônio, desde que remanesça com parcela patrimonial suficiente à garantia da execução, possibilitando a formalização da penhora judicial.

Se por um lado a norma previne as alienações a que nos referimos, sendo medida de interesse não apenas do credor, como do próprio Estado, é evidente que a averbação procedida na totalidade dos bens do devedor, quando a dívida é de valor menor do que o do patrimônio, pode acarretar prejuízos para o executado, ensejando a aplicação da pena pela litigância de má-fé, bem assim o ingresso da ação de indenização por perdas e danos, dependendo da demonstração da coexistência dos *pilares* da teoria da responsabilidade civil (dano, ato do agente e nexo de causalidade), como condição de êxito da ação em exame.

14.13.4.7 **Penhora – conceito**

A penhora é instituto que pertence ao direito processual, tendo por objetivo efetuar a apreensão de bens do patrimônio do devedor e/ou do *responsável*, com vista a permitir a posterior satisfação do credor, considerando que a execução por quantia certa contra devedor solvente é marcada pelo fato de ser *expropriatória* (art. 646),[258] atuando o Estado de forma *substitutiva*, mediante atos de sujeição impostos ao devedor, com a autorização para que o seu patrimônio seja invadido mesmo contra a sua vontade.

O ato em estudo não impõe a perda imediata da propriedade do bem atingido pela constrição em desfavor do devedor ou do responsável, o que apenas ocorrerá no desfecho da ação executiva, através do *pagamento ao credor*, no gênero, com as

---

258 "Art. 646. A execução por quantia certa tem por objeto expropriar bens do devedor, a fim de satisfazer o direito do credor (art. 591)."

espécies da *entrega do dinheiro*, da *adjudicação dos bens penhorados* e do *usufruto do bem imóvel ou de empresa* (art. 708).

A medida processual em destaque, embora seja inegavelmente agressiva em vista dos efeitos que gera, é necessária para que dela sejam desencadeados vários efeitos, objetivando o alcance maior da execução, a saber: a plena satisfação do credor. O ato não reclama o preenchimento dos requisitos do *fumus boni juris* e do *periculum in mora*, próprios dos atos de apreensão efetivados nas medidas cautelares (arresto, sequestro, busca e apreensão etc.).

Queremos demonstrar que, no âmbito da medida cautelar, não se autoriza a invasão no patrimônio do devedor sem a coexistência dos requisitos em destaque. No que se refere à penhora, não é necessariamente vista como ato acautelatório, que teria por escopo assegurar o resultado útil de uma ação principal (como ocorre com a medida cautelar), sendo, ao contrário, providência formalizada nos autos da própria ação de execução, preparando-a para o seu desfecho, na hipótese de o devedor assistir à rejeição ou à improcedência dos embargos que opuser.

14.13.4.7.1 Efeitos da penhora

De forma não exaustiva, destacamos os principais efeitos da penhora, sobressaindo o de permitir a oposição da impugnação (arts. 475-J ss), como espécie de incidente processual que busca desconstituir os atributos da certeza, da liquidez e da exigibilidade que acompanham a obrigação representada pelo título. Na hipótese, restrita à execução aparelhada em título judicial (o que não se repete no modelo da execução apoiada em título extrajudicial, que permite a oposição dos embargos sem a formalização da constrição – art. 736), a penhora é *conditio sine qua non* para a apresentação da defesa do devedor, autorizando-nos a concluir que a penhora representa verdadeiro pressuposto para o recebimento da manifestação em exame. A ausência da penhora revela a própria inexistência do interesse de agir, no que se refere à oposição da impugnação, em vista de não ser necessária a irresignação do devedor, por não ter assistido à invasão do seu patrimônio por atos de sujeição.

O segundo efeito da penhora consiste em fazer com que a coisa por ela abrangida fique em estado de *fragilidade* no que se refere à sua disposição pelo devedor, sabido que a alienação ou a oneração do bem após a constrição judicial representa *fraude à execução*, tornando o ato *ineficaz* em relação ao credor, que ignora a venda por completo, deixando de surtir efeitos em relação a ele, conforme anotações articuladas em compartimento próprio deste capítulo.

Em complemento, observamos que a penhora mantém o depositário – que pode ser o próprio devedor, instituição bancária, depositário judicial ou mesmo depositário particular (art. 666)[259] – na obrigação de zelar pela coisa, garantindo

[259] "Art. 666. Os bens penhorados serão preferencialmente depositados: I – no Banco do Brasil, na Caixa Econômica Federal ou em um banco, de que o Estado-Membro da União possua mais de metade

a sua conservação, como forma de permitir seja depois alienada em hasta pública, por iniciativa particular ou em pregão eletrônico, adjudicada pelo próprio credor ou posta no regime do usufruto.

O depositário é auxiliar da justiça que pode ser submetido à prisão quando se concluir que se afastou do dever que lhe foi imposto pela lei, conforme disposição contida no inciso LXVII do art. 5º da CF. A jurisprudência não faz qualquer distinção entre o *depositário público* e o *depositário particular*, para fins da incidência da comentada penalidade, indicando que, na primeira espécie, há *depósito necessário*, decorrente de obrigação legal.[260] No mesmo conduto de exposição, faculta-se ao depositário efetuar o depósito em dinheiro do valor equivalente ao bem, na hipótese de tê-lo alienado ou de ter falhado na responsabilidade de guarda que lhe foi imposta, para evitar a incidência da pena prisional, por ser considerado *infiel*.[261]

Por último, anotamos que a penhora garante ao credor a preferência na alienação do bem por ela atingido, na situação que envolve a *execução singular*, não se repetindo a regra na *execução universal*, instaurada em face da insolvência civil do devedor. A formalização da penhora não impede que outros credores solicitem o aperfeiçoamento de novas penhoras incidentes sobre o mesmo bem. No entanto, observar-se-á a regra de *antecedência da penhora*, de modo que o credor que secundariamente formalizou a penhora em bem anteriormente atingido por constrição já formalizada, apenas receberá seu crédito se, com o produto da venda, houver saldo remanescente.

A anterioridade da penhora, originada da máxima *prior tempore, potior iure*,[262] está *desenhada* no art. 612, não se aplicando às situações que envolvem o concurso

---

do capital social integralizado; ou, em falta de tais estabelecimentos de crédito, ou agências suas no lugar, em qualquer estabelecimento de crédito, designado pelo juiz, as quantias em dinheiro, as pedras e os metais preciosos, bem como os papéis de crédito; II – em poder do depositário judicial, os móveis e os imóveis urbanos; III – em mãos de depositário particular, os demais bens."

260 "A prisão civil do depositário judicial encontra amparo legal no artigo 1282, inciso I, do Código Civil, por se tratar de depósito necessário, decorrente de obrigação legal e, não havendo a restituição, será 'compelido a fazê-lo mediante prisão não excedente a um ano, e a ressarcir os prejuízos' artigo 1287" (REsp 276817 – SP, 2ª Turma do STJ, rel. Min. FRANCIULLI NETTO, j. 23.4.2002, *DJ* 7.6.2004).

261 "O depositário de bem penhorado, em processo de execução, age como auxiliar do juízo e assume responsabilidade *ex vi legis*. **Descumprida a obrigação de guarda do bem, o qual deve ser apresentado pelo depositário quando intimado para tal, resta-lhe a alternativa de fazer o depósito no valor equivalente, sob pena de ser declarado infiel, e, como tal, sancionado com a prisão civil**. Se o depositário descumpre a obrigação de conservar o bem, não há como imputar-lhe a qualificação de infiel. Sendo apenas desidioso, a sanção que se impõe é a indenização por perdas e danos. Inteligência dos artigos 148 e 904 do CPC. Recurso especial não conhecido" (REsp 133600 – SP, 2ª Turma do STJ, rel. Min. ELIANA CALMON, j. 7.11.2000, *DJ* 4.12.2000) (grifamos).

262 "O código de Processo Civil vigente, inovando em relação ao anterior, que acolhia o princípio *par condicio creditorum*, adotou (arts. 612 e 711), o princípio da prioridade da penhora anterior sobre a posterior (*prior tempore, potiur iure*). **Havendo duas penhoras sucessivas sobre o mesmo imóvel, não tem o credor que penhorou em segundo lugar direito líquido e certo de manter a penhora que promo-**

universal de credores e a falência do executado. A ordem de anterioridade leva em conta o momento da efetivação da penhora, dispondo o art. 664: "considerar-se-á feita a penhora mediante apreensão e o depósito dos bens, lavrando-se um só auto se as diligências forem concluídas no mesmo dia".

14.13.4.7.2 Penhora efetivada por carta

No volume 1 desta obra, no momento em que nos ocupamos da análise dos *Atos processuais,* registramos que o magistrado nem sempre consegue executar as ordens que prolata através de funcionários que sejam a ele vinculados do ponto de vista hierárquico, reclamando que se estabeleça *regime de cooperação* entre juízos que integram comarcas distintas.

O regime em referência autoriza a expedição de carta precatória a outro juízo, a fim de que pratique alguns atos originados da ação executiva, sobressaindo a expedição de carta precatória para formalização da penhora em bens localizados em comarca diferente da que o juízo tem a sua sede. Como exemplo: a expedição de carta precatória pelo juízo da 5ª Vara Cível da Comarca do Rio de Janeiro, com a solicitação dirigida ao juízo por distribuição da Comarca de São Paulo, para que providencie a formalização da penhora de bens do devedor localizados na referida cidade.

Em situações tais, conforme anotações expostas no Capítulo 15 deste volume, o devedor pode opor-se à execução perante o *juízo deprecado*, se a ação incidental versar questões do ato constritivo (vícios ou defeitos da penhora – art. 747), deslocando-se a competência para conhecer dos embargos na situação em que o devedor ataca o mérito da execução, defendendo a sua nulidade em face da nulidade do próprio título que a forrou, conforme a Súmula 46 do STJ.[263]

14.13.4.7.3 Penhora de bens imóveis

Dispõe o § 4º do art. 659:

> *"A penhora de bens imóveis realizar-se-á mediante auto ou termo de penhora, cabendo ao exequente, sem prejuízo da imediata intimação do executado (art. 652, § 4º), providenciar, para presunção absoluta de conhecimento por terceiros,*

---

veu na execução movida contra o anterior proprietário, não lhe garantindo a lei mais do que recolher, do valor apurado com a alienação forçada, se algo sobejar após a satisfação do crédito do primeiro penhorante, a importância do seu crédito, ou parte dela. A penhora não constitui, por si, direito real. Caso concreto em que o valor da praça não foi suficiente para suprir sequer o crédito do primeiro penhorante" (ROMS – RS, 4ª Turma do STJ, rel. Min. SÁLVIO DE FIGUEIREDO TEIXEIRA, j. 18.5.2000, *DJ* 7.8.2000) (grifamos).

263 **Súmula 46 do STJ:** "Na execução por carta, os embargos do devedor serão decididos no juízo deprecante, salvo se versarem unicamente vícios ou defeitos da penhora, avaliação ou alienação."

a respectiva averbação no ofício imobiliário, mediante a apresentação de certidão de inteiro teor do ato, independentemente de mandado judicial."

Da interpretação da norma, podemos concluir que a penhora de bem imóvel de propriedade do devedor vale em relação a este e ao credor no momento em que formalizada (com a assinatura do auto de penhora), não reclamando a averbação no ofício imobiliário, apenas exigida como condição para que a penhora também surta efeitos em relação a terceiros (*erga omnes*), de modo que a providência da averbação garante ao credor que qualquer venda ou oneração do bem será tida por *ineficaz*, em vista da ciência, por parte do terceiro, do obstáculo existente para a consumação regular do ato formalizado com o devedor.

A lei atribuiu ao exequente a responsabilidade pela providência contida no parágrafo em destaque, que se aperfeiçoará independentemente de mandado judicial, bastando ao credor apresentar a certidão de inteiro teor da penhora junto ao ofício imobiliário, sendo de sua responsabilidade antecipar as custas correspondentes (despesas junto ao Cartório de Imóveis), trazendo à ação de execução a prova do desembolso, configurando-se a parcela como *despesa processual*, a ser acrescida no valor do débito.[264]

14.13.4.7.4 Dinâmica da penhora

Partindo da premissa de que o mandado expedido no início da ação de execução não é apenas de citação, mas também de penhora e de avaliação (se o pagamento não for realizado), observamos que a constrição não depende de nova determinação do magistrado, podendo (e devendo) ser realizada pelo oficial de justiça após a constatação de que o devedor não efetuou o pagamento do débito no prazo de três dias após o recebimento do mandado de citação, no modelo da execução fundada em título extrajudicial.

O auxiliar do juízo pode penhorar os bens onde quer que se encontrem (art. 659), ainda que em repartição pública, nesta hipótese, através de requisição do juiz dirigida ao respectivo chefe, sendo autorizado ao oficial de justiça proceder com o arrombamento de portas, antecedido de solicitação dirigida ao magistrado e do deferimento, sem afastar o uso da força policial (arts. 660, 661 e 662).

Se o oficial de justiça constatar que o devedor não apresenta patrimônio em volume, sendo apenas suficiente para o pagamento das custas do processo (sem garantir o pagamento do principal, dos juros, da correção monetária e dos honorários advocatícios), deve abster-se de formalizar a penhora, em respeito ao *princípio da*

---

264 "**As despesas realizadas pelo credor para efetivar a inscrição da penhora, na forma do art. 659, § 4º, do CPC, devem ser consideradas despesas processuais e, portanto, reembolsadas pelo devedor**" (STJ – 3ª Turma, REsp 300.044 – SP, rel. Min. CARLOS ALBERTO MENEZES DIREITO, j. 26.11.2001, *DJU* 25.2.2002) (grifamos).

menor onerosidade para o devedor, seguidas vezes destacado neste capítulo, merecendo seção específica na sua abertura.

Embora o oficial de justiça se encontre investido da fé-pública, presumindo-se como verdadeiras as informações que expresse em certidões elaboradas, subscritas e atadas aos autos, recomenda-se que narre de forma pormenorizada os bens que foram encontrados, e que o conduziram a concluir que o produto da venda desses bens não garantiria o pagamento de outras verbas, a não ser das custas processuais.

A diligência confiada ao auxiliar da justiça também é de igual modo prejudicada quando não encontrar bens penhoráveis, o que reclama a apresentação de relação dos bens que guarnecem a residência do executado, como forma de ensejar ao credor a prerrogativa de requerer a penhora dos que não sejam protegidos pela Lei nº 8.009/90, embora localizados no interior da residência do executado (obras de arte e adornos suntuosos, objeto em repetição etc.).

Em ato derradeiro, na hipótese de a penhora ter sido efetivada com êxito, o oficial de justiça deve providenciar a intimação do devedor, não se exigindo a sua assinatura, em vista da fé pública que acompanha a declaração elaborada pelo oficial de justiça.

Na hipótese de a penhora ter incidido em bem imóvel, é necessário que se proceda à intimação do cônjuge do executado (§ 2º do art. 655),[265] abrindo-lhe a oportunidade para a oposição dos embargos à execução ou dos embargos de terceiro, a depender de a dívida ter sido contraída (ou não) em benefícios da família. A não observância da regra processual impõe a nulidade da penhora, respeitando-se princípios de segurança jurídica.[266]

Além da intimação do cônjuge do executado, para os fins referidos no comentário anterior, é necessária a intimação de credores privilegiados do devedor, quando a penhora incidir em bem aforado ou gravado por penhor, hipoteca, anticrese ou usufruto, conforme a regra do art. 619. A intimação objetiva conferir ao credor (terceiro) a prerrogativa de ingressar na execução a fim de que se respeite a garantia própria do contrato firmado entre ele e o devedor, que lhe atribui direito real. Além disso, e na específica hipótese do credor do usufruto, confere-se a ele a faculdade de adquirir a nua propriedade do bem, tornando-se proprietário em regime de exclusividade.

Por último, anotamos que a intimação do devedor é aperfeiçoada através do cumprimento do mandado judicial, da assinatura do auto de penhora (quando for-

---

265 "Art. 655. *Omissis*. § 2º Recaindo a penhora em bens imóveis, será intimado também o cônjuge do executado."

266 "Penhora sobre bem imóvel. Intimação do cônjuge. Art. 669, parágrafo único, do Código de Processo Civil. Precedentes da Corte. **Na linha de precedentes da Corte, tratando-se de penhora sobre bem imóvel, a intimação do cônjuge é imprescindível, gerando nulidade a sua** ausência. Recurso especial conhecido e provido" (REsp 470878 – RS, 3ª Turma do STJ, rel. Min. CARLOS ALBERTO MENEZES DIREITO, j. 6.6.2003, *DJ* 1.9.2003) (grifamos).

malizada em cartório, na presença do escrivão), ou da publicação de edital, quando o devedor não for encontrado.

Em qualquer hipótese, o prazo para a oposição dos embargos à execução começa a fluir da data da juntada aos autos do mandado de citação (art. 736).

Defendemos a tese de que o executado deve sempre que possível permanecer como depositário dos bens penhorados, em respeito ao princípio que repousa no art. 620, já reproduzido no curso deste capítulo. Essa preferência, conferida ao devedor, apenas não se justifica quando há receio de que a permanência do bem em seu poder pode acarretar a própria deterioração da coisa penhorada, por uso indevido ou pela natureza do objeto.

O § 1º do art. 666 prevê que a manutenção do bem na posse do devedor depende do consentimento do credor. Em discordando, deveriam os bens permanecer em poder das pessoas listadas nos incisos do dispositivo em referência. A regra, em nosso sentir, não pode ser interpretada de forma isolada, devendo guardar relação com a norma do art. 620, que é mais qualificada, por retratar verdadeiro princípio processual.[267]

14.13.4.7.5 Pronunciamento judicial que resolve a questão da penhora

Caso a penhora tenha sido formalizada por diligências empreendidas pelo oficial de justiça ou a partir de indicação feita pelo credor, ato seguido da apresentação de requerimento pelo devedor, com a pretensão de substituição do bem atingido pela constrição, sem a concordância do credor, a questão é decidida através de pronunciamento judicial, de natureza interlocutória, abrindo ensejo para a interposição do recurso de agravo de instrumento, espécie de uso garantido, pelo fato de a decisão apresentar o condão de causar à parte lesão grave e de difícil reparação, atraindo a previsão do art. 522.

14.13.4.7.6 Desfazimento da penhora incidente em bens de terceiro não responsável

Originando-se a penhora do cumprimento do mandado de citação, penhora e avaliação recebido pelo oficial de justiça no início do processo, sem qualquer indicação prévia do credor, não é raro observarmos a formalização da penhora em bens que não integram o patrimônio do executado, sendo de titularidade de um terceiro. O oficial de justiça pensava que estava formalizando a penhora em bens

---

267 Nesse sentido: "**A regra do art. 666 do CPC não é absoluta, ficando ao prudente arbítrio do magistrado, como presidente do processo, decidir quem deverá ficar na posse do bem penhorado**" (*RT* 726/402).

que integram o patrimônio do devedor, estando, em verdade, atingindo a esfera patrimonial de um terceiro.

A realidade é traumática não apenas para o terceiro, como também para a própria ação de execução, já que a oposição dos embargos de terceiro suspende o andamento da execução, até que se decida, através de sentença, se a penhora deve ou não ser mantida do modo como foi formalizada. Diante dessa constatação, em respeito a vários princípios processuais, destacando-se o da *finalidade*, da *economia processual* e da *instrumentalidade das formas*, defendemos que o desfazimento da penhora, nessas situações, pode (e deve) ocorrer através do acolhimento de argumentos alinhados em simples petição, apresentada pelo terceiro nos próprios autos da ação de execução, sem a necessidade de apresentação dos embargos de terceiro.

Se o prejudicado consegue demonstrar a sua condição de *terceiro*, de forma cabal e inquestionável, e que a penhora judicial atingiu bem que integra o seu patrimônio, não se observando qualquer indício de fraude à execução ou de fraude contra credores, afiançamos o entendimento de que a questão pode ser desatada no âmbito da própria execução, tornando a penhora sem efeito.

Pior solução seria impulsionar a ação executiva, com a condução de um vício dessa natureza, obstando o seu seguimento a partir da oposição dos embargos de terceiro, que forçosamente serão apresentados em momento processual específico, forçando a declaração de nulidade de vários atos até ali praticados, retroagindo-se à penhora judicial em face da redação do art. 248,[268] com a evidente contaminação dos atos subsequentes ao que se encontra marcado pela nulidade, em respeito à *teoria do fruto da árvore envenenada*.

14.13.4.7.7 Renovação da penhora

A penhora realizada no início do processo não é necessariamente definitiva, a ponto de sugerir a impossibilidade da sua renovação em instante posterior. A simples leitura do art. 667 demonstra que a penhora poderá ser renovada quando a primeira for anulada; se o produto da alienação não bastar para o pagamento do credor, depois de os bens inicialmente penhorados terem sido arrematados em hasta pública; se o credor desistir da primeira penhora, pelo fato de os bens atingidos serem *litigiosos*, por estarem penhorados em outra demanda judicial, por estarem arrestados ou onerados.

Seguindo a ordem do artigo, e iniciando nossas considerações pela análise da situação que envolve a *anulação da primeira penhora*, observamos que várias circunstâncias podem originar esse resultado indesejado, como o fato de a penhora ter incidido sobre bem absolutamente impenhorável (bem de família, por exemplo),

---

268 "Art. 248. Anulado o ato, reputam-se de nenhum efeito todos os subsequentes, que dele dependam; todavia, a nulidade de uma parte do ato não prejudicará as outras, que dela sejam independentes."

pelo fato de ter atingido bens de terceiro não qualificado como *responsável*, a teor do art. 592, pelo fato de o cônjuge do devedor não ter sido intimado etc.

O ato anteriormente praticado é tido como *inexistente*, por vício substancial e/ou por preterição de formalidade, mostrando-se o juízo *não seguro*, reclamando o aperfeiçoamento de nova penhora, desta feita válida, a fim de que dela se desencadeiem os seus efeitos (permitir a oposição da impugnação, no modelo da execução fundada em título judicial, enquadrar o bem em situação litigiosa etc.).

Na segunda situação – na qual os bens do devedor se mostram insuficientes para o pagamento do credor –, perceba que o desequilíbrio entre o valor do patrimônio penhorado e o da dívida poderia ter sido detectado no *nascedouro* da relação processual. Na hipótese, a execução terá percorrido quase todo o seu *iter* procedimental, não podendo ser declarada extinta em face de a obrigação não ter sido totalmente adimplida. A situação reclama a formalização de nova penhora judicial, que em tese ensejaria a abertura de prazo para a oposição de nova impugnação pelo executado (no modelo da execução fundada em título judicial), retardando a entrega da prestação jurisdicional. No Capítulo 15 deste volume, deixamos registrado que não simpatizamos com essa permissibilidade, que é minoritária na doutrina e na jurisprudência, em respeito à preclusão que imunizou os efeitos da decisão proferida na impugnação oposta pelo devedor. Não fosse assim, este poderia rediscutir todas as questões objeto da impugnação já enfrentada, o que não é de se admitir.

Dessa forma, a admissão de nova impugnação é restrita ao ataque de questões meramente formais, relacionadas ao *reforço de penhora*, o que não afasta a possibilidade dessas questões serem levadas ao conhecimento do magistrado por simples petição (o que deve ser estimulado em respeito aos princípios da economia processual e da celeridade).

Concluindo a seção em destaque através da análise da situação alinhada no inciso III do art. 667, percebemos que o processo de execução é orientado pela preocupação de ser servil ao credor, de modo que a jurisdição deve ser prestada no menor espaço de tempo possível, sem descuidar das garantias processuais e constitucionais conferidas ao devedor. Para o alcance da finalidade que se mostra de forma ideal, o credor pode desistir da penhora formalizada em bens marcados por alguma pendência jurídica, por serem litigiosos; por terem sido anteriormente penhorados, situando-se o credor em posição desprivilegiada na ordem de anterioridade da penhora; pelo fato de terem sido arrestados ou onerados.

Em todas as hipóteses, percebemos que as providências dependem de requerimento do credor, sem que o magistrado possa praticar o ato de ofício, em respeito ao *princípio dispositivo*.[269]

---

269 "É consectário do princípio dispositivo que no Processo Civil as atividades que o juiz pode engendrar *ex officio* não inibem a iniciativa da parte, de requerê-la não sendo verdadeira a recíproca. Em consequência, por influxo do princípio dispositivo, nas atividades que exigem a iniciativa da parte, o juiz não pode agir sem provocação. **Consectariamente, é defeso ao juiz determinar de ofício o reforço**

14.13.4.7.8 Penhoras especiais

Algumas situações se afastam da rotina normal da ação de execução, que é a da penhora recair sobre bens móveis e/ou imóveis que se encontram na posse do próprio devedor ou do responsável, reclamando pequenas anotações a fim de que se observem formalidades e comportamentos necessários à efetivação da penhora nesses casos especiais. De forma abreviada, fazemos referência às seguintes hipóteses:

a) **À penhora em crédito do devedor**, que reclama a prática de ato preparatório, consistente na intimação dirigida ao terceiro devedor, para que não pague ao seu credor, que é o devedor da ação executiva. A preocupação da lei decorre da necessidade de se advertir ao terceiro que não pague a importância ao credor (devedor da ação de execução), considerando que a importância reverterá como penhora nos autos da ação executiva (art. 671).

b) **À penhora de crédito**, representado por título de crédito (letra de câmbio, nota promissória, duplicata, cheque etc.), o que reclama a apreensão do documento que representa a obrigação de forma literal, esteja ou não em poder do devedor. Não estando o título na posse do devedor ou de terceiro, mas se este confessar a dívida, é havido como depositário da importância (art. 672).

c) ***À penhora no rosto dos autos***. Para exemplificar a hipótese, observe o caso do devedor da execução que ingressa com outra demanda que não guarda qualquer relação com a ação executiva, como a ação de indenização por perdas e danos, pelo fato de o devedor ter sido atropelado na via pública, suportando vários prejuízos. Perceba que o devedor tem apenas expectativa de direito em relação a um terceiro. Não obstante, a lei autoriza que o credor da ação de execução solicite ao juízo pelo qual tramita a ação proposta pelo devedor que efetive a denominada *penhora no rosto dos autos*. Consolidado o crédito em favor do devedor, a penhora incidente sobre a importância que seria destinada ao devedor como pagamento e satisfação da obrigação pleiteada em face do terceiro é ratificada (art. 674).

d) **À penhora de estabelecimento comercial, industrial ou agrícola, bem como de semoventes, plantações ou edifício em construção**, reclamando do juiz a nomeação de um depositário, que receberá a incumbência de apresentar a forma de administração, em dez dias, sem afastar a possibilidade de as próprias partes a ajustarem, inclusive com a escolha do

---

da penhora, realizada validamente no executivo fiscal, a teor dos artigos 15, II, da LEF e 667 e 685 do CPC. Recurso improvido" (REsp 475693 – RS, 1ª Turma do STJ, rel. Min. LUIZ FUX, j. 25.2.2003, *DJ* 24.3.2003) (grifamos).

depositário, tudo ratificado por homologação judicial. A penhora em referência demonstra a preocupação de que a execução *corra* pela forma menos gravosa para o devedor, evitando que bens penhoráveis percam seu valor por não serem administrados, o que prejudicará a própria expropriação final, já que não alcançarão o mesmo valor que seria obtido na hipótese de o patrimônio ter sido gerido pelo depositário, que acumula as funções de *depositário* e de *administrador*.

e) **À penhora de empresa que funcione mediante concessão ou autorização.** Nesta hipótese, a penhora é formalizada sobre a renda, sobre determinados bens ou sobre todo o patrimônio da empresa, preocupando-se o magistrado em nomear como depositário, preferencialmente, um dos diretores da própria pessoa jurídica devedora, que conhece o seu *modus operandi*, em medida de evidente preocupação com o interesse público. Embora se admita que a penhora possa recair sobre o faturamento da empresa, é necessário observar que a medida de constrição não pode inviabilizar o seu funcionamento, como na hipótese de a fixação ser feita em percentual exorbitante, não se conseguindo com a sobra gerir os negócios da pessoa jurídica atingida pelo ato processual.

f) **À penhora sobre navio ou aeronave**. Neste caso, a penhora não impede que o bem continue sendo destinado à sua finalidade primordial, que é a de garantir o transporte de coisas e/ou de pessoas. Contudo, em vista do razoável valor desses bens, como forma de evitar que a coisa deteriore total ou parcialmente na atividade do transporte, a lei exige que o executado comprove ter realizado seguro contra riscos, como *conditio sine qua non* para que se permita a saída do navio ou da aeronave do porto ou do aeroporto.

14.13.4.8 Oposição dos embargos e eventual suspensão do curso da execução

Embora o assunto tenha sido estudado à exaustão no Capítulo 15 deste volume, é importante reafirmarmos que os embargos se qualificam como *ação incidental autônoma*, tendo por finalidade desconstituir os atributos de certeza, de liquidez e de exigibilidade que acompanham a obrigação predisposta no título executivo que deu suporte à execução. É, portanto, ação judicial, não mero incidente ou defesa que possa ser apresentada nos autos da ação de execução.

A apresentação dos embargos no curso da própria ação de execução (como se contestação fosse), sem formar nova relação jurídico-processual, impede o magistrado de conhecer das razões alinhadas pelo embargante, não se admitindo a sua apreciação nem em respeito ao *princípio da instrumentalidade das formas*, agasalhado no art. 250, em vista do manifesto erro grosseiro que se vê na espécie.

Um dos principais efeitos dos embargos é o de possibilitar a suspensão da execução, **de modo excepcional** (*excepcional*, pelo fato de o art. 739-A prever que a manifestação em exame como regra não suspende a execução, exceto quando, sendo relevantes seus fundamentos, o prosseguimento da execução manifestamente possa causar ao executado grave dano de difícil ou incerta reparação, e desde que a execução já esteja garantida por penhora, depósito ou caução suficientes).

A leitura da norma permite a conclusão de que, quando o devedor apresenta os embargos após a citação, sem se submeter à penhora judicial (pelo fato de o credor não ter indicado bens passíveis de penhora na inicial e de o oficial de justiça não ter localizado bens do executado no *nascedouro* da relação jurídico-processual), os embargos serão sempre recebidos sem determinar a suspensão da execução, posto que a obstaculização da marcha processual apenas beneficiaria ao devedor, que está litigando sem sacrificar o seu patrimônio.

A eventual suspensão da execução em decorrência da oposição dos embargos pode perdurar por prazo determinado, independentemente do julgamento da manifestação originada do devedor, como percebemos através da simples leitura do § 2º do art. 739, cessando as circunstâncias que justificaram o recebimento dos embargos no efeito suspensivo, como pode ocorrer durante a instrução do processo, com a produção da prova, revelando ao magistrado que o fundamento não é relevante, como imaginava, sendo mais provável a rejeição dos embargos, mantendo-se intocados os atributos de liquidez, de certeza e de exigibilidade que acompanham a obrigação disposta no título.

Mesmo com a suspensão (quando confirmada), a oposição dos embargos não evita a formalização da penhora e a avaliação dos bens (§ 6º do art. 739), mas apenas a alienação do patrimônio em hasta pública, por iniciativa particular ou por pregão eletrônico, como também a adjudicação do bem atingido pelo ato de constrição.

Com a reforma realizada pela Lei nº 11.382/2006, percebemos que os embargos passaram a assumir forma e conteúdo parecidos com o da contestação, circunstância provada através da verificação de que como regra não são recebidos no efeito suspensivo, de que são articulados no prazo de quinze dias, após a juntada do mandado de citação aos autos, e de que admitem a discussão de toda a matéria que seria suscitada no processo de conhecimento, embora diferenças também sejam notadas, como o fato de atacarem os atributos de certeza, de liquidez e de exigibilidade da obrigação (não existente na contestação) e de se qualificarem como verdadeira ação autônoma.

14.13.4.9 Avaliação – considerações gerais

A avaliação consiste na atribuição de valor à coisa atingida pela penhora judicial, a fim de que o sacrifício patrimonial suportado pelo devedor (com a perda definitiva da propriedade do bem) guarde relação com o valor do débito (evitando o enriquecimento ilícito, pois sem causa, do credor, e o empobrecimento injustificado do devedor), qualificando-se como fase do processo de execução, sofrendo modificações pela Lei nº 11.382/2006.

Antes da reforma, a avaliação era realizada no encerramento do processo executivo, após o julgamento dos embargos, preparando a demanda para o avanço à fase final, dizendo respeito à alienação forçada do bem com a entrega do produto da arrematação ao credor. O procedimento já havia sido modificado pela Lei nº 11.232/2005 (que alterou a sistemática da execução apoiada em título judicial), com a adoção da técnica da *concentração de atos*, prevendo que a penhora e a avaliação são realizadas a um só tempo (no início do processo, como se observa pela simples leitura do art. 475-J), contribuindo para a aplicação prática do princípio da razoável duração do processo, elevado ao plano constitucional (inciso LXXVIII do art. 5º da CF).

A mesma técnica foi estendida para o modelo da execução fundada em título extrajudicial, prevendo a lei de regência (Lei nº 11.382/2006) que a diligência empreendida pelo oficial de justiça no início do processo não se limita à formalização da penhora, devendo compreender a avaliação do bem atingido pelo ato de constrição, circunstância que apenas não é confirmada *casos sejam necessários conhecimentos especializados*, dos quais o oficial de justiça não seja provido (art. 680).

A nomeação do avaliador deve levar em consideração a característica do bem penhorado e a sintonia do *expert* em relação ao conhecimento de mercado do bem. Caso exista *avaliador* dentro da estrutura da Comarca, como serventuário da Justiça, sobre ele recai a responsabilidade de proceder com a avaliação, podendo (em tese) responder em demanda indenizatória por perdas e danos causados a uma das partes, sem prejuízo da responsabilização profissional. Em sentido contrário, se o quadro da justiça não contemplar o avaliador na sua estrutura, o magistrado deve nomear avaliador *ad hoc*, representando pessoa de sua confiança, que fica encarregada do cumprimento da diligência.

Em qualquer das situações, cabe-nos anotar que as partes podem objetar a nomeação do avaliador através da arguição do impedimento ou da suspeição do auxiliar do juízo, através de petição fundamentada e devidamente instruída, a ser articulada na primeira oportunidade em que couber à parte falar nos autos. As hipóteses de impedimento e de suspeição estão *desenhadas* nos arts. 134 e 135, com extensão garantida ao avaliador em face das disposições do art. 138.

A avaliação é etapa extremamente importante do processo de execução, visto que suas conclusões podem subsidiar pedidos de manutenção, de redução ou de ampliação da penhora (reforço), seguintes à entrega do laudo em cartório.

14.13.4.9.1 Dispensa da avaliação

A avaliação é dispensada quando a providência tenha sido realizada pelo oficial de justiça; quando o credor aceitou a estimativa feita pelo executado na manifestação processual que solicitou a substituição do bem penhorado (art. 668), bem assim quando se tratar de títulos ou de mercadorias que tenham cotação em bolsa, comprovada por certidão ou publicação oficial (art. 684). A dispensa também se confirmava quando os bens penhorados fossem de pequeno valor, não mais prevalecendo após a edição da Lei nº 11.382/2006, que revogou o inciso III do art. 684, no qual a hipótese se encontrava alocada.

14.13.4.9.2 Dinâmica da avaliação

Em companhia da nomeação do avaliador, o magistrado fixa prazo para a entrega do laudo em cartório, a ser submetido à apreciação das partes, em respeito aos princípios da bilateralidade da audiência, do contraditório e da ampla defesa. O prazo fixado depende da natureza do bem e do grau de dificuldade da diligência, não podendo exceder 10 (dez) dias, exceto se a quantificação da coisa demandar perícia, *elastecendo* a diligência. Após a entrega do laudo em cartório, o magistrado determina que as partes sejam intimadas para se manifestar sobre o documento, gerando concordância – expressa ou tácita – ou impugnação.

O laudo reclama uma solenidade de forma, devendo conter a descrição dos bens, com os seus característicos, e a indicação do estado em que se encontram, além da quantificação estimada pelo auxiliar do juízo.

Se uma ou ambas as partes impugnar (em) as conclusões do perito, deve(m) a(s) manifestação(ões) ser devidamente fundamentada(s), não podendo a parte impugnar as conclusões do laudo apenas fazendo referência ao seu distanciamento da realidade fática, com considerações subjetivas. Ao contrário, deve demonstrar, através de documentos, que o perito se equivocou na avaliação procedida, o que ocorre, por exemplo, por meio da juntada de recortes jornalísticos, anunciando o oferecimento de bens semelhantes ao avaliado por preço superior ou inferior ao quantificado pelo perito; da juntada de laudos particulares; de certidões da municipalidade ou de cópia do carnê de IPTU (demonstrando que o *valor venal* do bem imóvel penhorado é inferior ou superior ao valor apontado pelo perito).

Com a impugnação procedida, a parte requer seja refeita a avaliação, pelo mesmo avaliador, com base nos elementos trazidos aos autos, ou a substituição do auxiliar da justiça, sobretudo na hipótese prevista no inciso I do art. 683, ou seja, se for provado erro ou dolo do avaliador, sem afastar a possibilidade de repetição da avaliação quando posteriormente a ela se constatar que houve diminuição do valor dos bens ou que há dúvida fundada do valor que lhe foi atribuído. Todas as hipóteses reclamam a produção da prova do fato que apoia a reclamação da parte, sobretudo porque o auxiliar da justiça goza de fé pública.

Importante destacar que a impugnação suscitada por uma das partes dá ensejo à prolação de decisão interlocutória, abrindo oportunidade para a interposição do recurso de agravo, preferencialmente na espécie do agravo de instrumento, pelo fato de o pronunciamento ter o condão de causar à parte lesão grave e de difícil reparação.

É comum, nessa fase do processo, que se chegue à conclusão de que o bem penhorado vale mais ou menos do que o crédito exequendo. Esta conclusão fundamenta pedidos de redução ou de ampliação da penhora, o primeiro apresentado pelo devedor, e o segundo pelo credor. As decisões de (in)deferimento desses pedidos são de natureza interlocutória, mais uma vez autorizando a interposição do recurso de agravo de instrumento, admitido pelo critério da lesividade imediata.

14.13.4.10 Formas de satisfação do credor

Partindo da premissa de que a ação de execução (como qualquer outra demanda judicial) apresenta início, meio e fim, cabe-nos anotar que, sendo de índole expropriatória, é necessária a transferência de parcela do patrimônio do devedor ao credor, objetivando a satisfação da obrigação, possibilitando a extinção da execução, na forma prevista no inciso I do art. 794. A expropriação não se resume à alienação judicial do bem a um terceiro (arrematação), podendo ainda ocorrer através da adjudicação de bens pelo credor (principal modalidade de pagamento, de uso incentivado pela Lei nº 11.382/2006) ou pelo usufruto de imóvel ou de empresa, espécies que não se mostram em repetição na dinâmica forense, sendo mais comum observarmos a satisfação do credor através do recebimento do produto da arrematação.

A traumática e onerosa etapa em referência pode ser eliminada se a penhora recaiu em dinheiro, depositado junto à instituição financeira por ordem do juízo, recebendo as devidas correções monetárias como forma de evitar a sua desvalorização, o que prejudicaria tanto ao credor quanto ao devedor, este diante da possibilidade de assistir ao *reforço de penhora*, já que o valor atualizado do débito já não mais é coberto em termos de garantia pela importância em dinheiro, que sofreu a defasagem natural por força do decurso do tempo.

Com a rejeição liminar dos embargos ou o julgamento pela sua improcedência, o credor pode proceder com o levantamento da importância atingida pela penhora judicial anteriormente formalizada, através da expedição de alvará e da lavratura de termo correspondente, gerando, como consequência, a extinção da ação executiva em face da satisfação plena do credor, logicamente não se observando saldo remanescente a justificar a formalização de nova penhora em bens do devedor, reabrindo várias etapas da execução.

Para que o credor possa requerer a expedição do alvará judicial, é necessária a prestação de caução, na forma disposta no inciso III do art. 475-O, se o devedor atacou a decisão que julgou os embargos através da interposição da apelação, dotada do efeito suspensivo, de forma excepcional. A caução pode ser real ou fidejussória, devendo se igualar ao valor depositado em juízo, gerando a necessidade de prolação de decisão de natureza interlocutória que delibere sobre a idoneidade e a suficiência da garantia, dando ensejo à interposição do recurso de agravo de instrumento, de uso garantido, pelo aspecto da lesividade do pronunciamento.

A *arrematação* (venda judicial do bem efetivada mesmo contra a vontade do devedor, por ato de império do Estado), espécie que se mostra mais comum, é antecedida de atos preparatórios (publicação do edital, intimação do devedor, intimação dos credores com garantia real etc.), reclamando uma solenidade durante a sua realização, como observamos em linhas seguintes. Neste instante de introdução, temos de relembrar que o procedimento representa o desencadeamento de atos interdependentes, em face da origem da palavra (*procedere*), de modo que a nulidade de um ato pode ensejar a invalidação de todos os que lhe sejam subsequentes, o que justifica o fato de a arrematação poder ser eventualmente invalidada em face de o edital de convocação não ter preenchido requisito essencial.

Nas duas outras espécies, observamos que a satisfação do credor ocorre sem a alienação do bem penhorado em favor de terceiro. No caso da *adjudicação*, o próprio credor se investe na condição de proprietário (através de procedimento de desapropriação) da coisa, em pagamento do débito. Na situação que envolve o usufruto de imóvel ou de empresa, não observamos a perda da propriedade do bem atingido pela constrição judicial, mas tão somente a satisfação do credor através do recebimento dos rendimentos da coisa pertencente ao devedor.

A incidência de uma ou de outra espécie dependerá das circunstâncias do processo, principalmente:

a) do valor do débito;
b) da natureza do bem penhorado;
c) da frustração das tentativas de alienação judicial da coisa pertencente ao devedor ou ao responsável;
d) da intenção do credor de se tornar proprietário do bem penhorado.

14.13.4.11 Pagamento ao credor em dinheiro como resultado da arrematação – considerações gerais

Iniciando nossas observações pela espécie de maior repetição na dinâmica forense, temos de compreender que o pagamento feito em dinheiro ao credor apenas é possível após a ultimação da fase de arrematação, que não se apresenta como ato isolado do processo, envolvendo uma série de outros atos de fundamental importância no panorama da execução. A arrematação consiste na **alienação judicial do bem atingido pela penhora** anteriormente formalizada, sobressaindo as seguintes peculiaridades do ato em estudo:

a) Ocorre **contra a vontade do devedor**, que assiste à alienação do bem sem que seja manifestada sua concordância com o ato de transferência (assinatura de escritura pública de compra e venda, tratando-se de bens imóveis; assinatura do documento de transferência de veículo, por exemplo).

b) Revela **ato de império do Estado**, representado pelo magistrado que conduz a ação de execução, em face de a função jurisdicional ser *substitutiva* na execução, autorizando a invasão na esfera patrimonial do devedor.

c) Qualifica-se como **negócio jurídico em relação ao arrematante**, que manifesta a sua vontade de adquirir a coisa judicialmente ofertada ao público.

A natureza jurídica da arrematação tem repercussão na matéria da evicção, como forma de definir quem será responsabilizado se a coisa adquirida em hasta pública não pertencer ao devedor ou ao responsável, impedindo o arrematante de aperfeiçoar o ato posteriormente, pelo registro da carta de arrematação junto ao Cartório de Imóveis competente, à repartição pública (DETRAN, por exemplo) ou outra entidade de direito público ou de direito privado, assunto estudado em passagem específica deste capítulo.

Partindo da premissa de que a arrematação representa o momento final da execução (embora o seu desfecho oficial apenas ocorra posteriormente, através da prolação da sentença, conforme disposição do art. 795), cabe-nos analisar os atos preparatórios da alienação judicial forçada do bem penhorado, de logo antecipando que a arrematação representa o resultado de uma hasta pública concluída com êxito, ou seja, com a aquisição do bem penhorado por pessoa que concorreu em igualdade de condições com outros interessados.

A hasta pública representa uma *concorrência judicial*, que tem por finalidade garantir a venda dos bens penhorados, a quem mais der. Sua dinâmica apoia-se nas premissas da *isonomia* (igualdade entre os concorrentes), da *publicidade de atos* (garantida pela publicação do edital e do acesso aos autos do processo) e da menor onerosidade para o devedor, o que se observa pela análise do *caput* do art. 692 e do seu parágrafo único, textualizando que não se permite a arrematação do bem por preço *vil*, e que o ato será desde logo suspenso no instante em que o produto da alienação dos bens bastar para o pagamento do credor.

Embora tenhamos afirmado que a arrematação por hasta pública se qualifica como modalidade de pagamento mais frequente na dinâmica forense, anotamos que a situação em exame pode ser modificada por força da Lei nº 11.382/2006, que estimula a adjudicação do bem pelo credor, prevendo o cabimento da arrematação de forma *residual*. Além disso, o procedimento tradicional de tentativa de alienação do bem está sendo reduzido em termos de preferência, com o estímulo à adoção da técnica da **alienação por iniciativa particular** (art. 685-C)[270] ou da **alienação rea-**

---

270 "Art. 685-C. Não realizada a adjudicação dos bens penhorados, o exequente poderá requerer sejam eles alienados por sua própria iniciativa ou por intermédio de corretor credenciado perante a autoridade judiciária. § 1º O juiz fixará o prazo em que a alienação deve ser efetivada, a forma de

lizada por meio da rede mundial de computadores, com o uso de *páginas virtuais* criadas pelos Tribunais ou por entidades públicas ou privadas em convênio com eles firmado (art. 689-A).[271]

No primeiro caso, o credor *pode* (mera faculdade) solicitar ao magistrado que a alienação ocorra por sua própria iniciativa ou de corretor credenciado perante a autoridade judiciária, iniciativa que resulta a fixação de prazo pelo magistrado, acompanhada da deliberação sobre a forma de publicidade, o preço mínimo, as condições de pagamento e as garantias, assim como a comissão a ser paga ao corretor (sendo a hipótese).

Após a formalização da alienação (consumada por termo nos autos), o adquirente do bem recebe carta de alienação do imóvel ou mandado de entrega, a depender de se tratar de bem imóvel ou móvel, respectivamente. O dispositivo em exame é autoaplicável, não dependendo de qualquer regulamentação administrativa, conclusão a que chegamos através da leitura do § 3º do art. 685-C, textualizando que os Tribunais *poderão*, em sentido facultativo, não representando um ônus.

No segundo caso (alienação pela rede mundial de computadores), observamos que o legislador percebeu que o Século XXI reclama a adoção de instrumentos eletrônicos não apenas para a aproximação de pessoas, para a consumação de vendas à distância, como também para a dinamização do processo, com a redução dos custos que envolvem a prática dos atos e a ampliação da possibilidade de o edital chegar ao conhecimento de terceiros.

Contudo, em face da redação do parágrafo único do art. 689-A, entendemos que o dispositivo depende de regulamentação, através de portarias ou de resoluções que sejam editadas pelo Conselho da Justiça Federal e pelos Tribunais de Justiça, permitindo que a norma *saia do papel*.

---

publicidade, o preço mínimo (art. 680), as condições de pagamento e as garantias, bem como, se for o caso, a comissão de corretagem. § 2º A alienação será formalizada por termo nos autos, assinado pelo juiz, pelo exequente, pelo adquirente, e, se for presente, pelo executado, expedindo-se carta de alienação do imóvel para o devido registro imobiliário, ou, se bem móvel, mandado de entrega ao adquirente. § 3º Os Tribunais poderão expedir provimento detalhando o procedimento da alienação prevista neste artigo, inclusive com o concurso de meios eletrônicos, e dispondo sobre o credenciamento dos corretores, os quais deverão estar em exercício profissional por não menos de 5 (cinco) anos".

[271] "Art. 689-A. O procedimento previsto nos arts. 686 e 689 poderá ser substituído, a requerimento do exequente, por alienação realizada por meio da rede mundial de computadores, com uso de páginas virtuais criadas pelos Tribunais ou por entidades públicas ou privadas em convênio com eles firmado. Parágrafo único. O Conselho de Justiça Federal e os Tribunais de Justiça, no âmbito das suas respectivas competências, regulamentarão esta modalidade de alienação, atendendo aos requisitos de ampla publicidade, autenticidade e segurança, com observância das regras estabelecidas na legislação sobre certificação digital".

14.13.4.11.1 Atos preparatórios da hasta pública

Resolvido o incidente da avaliação (com ou sem a impugnação do laudo apresentado pelo auxiliar do juízo), são designadas datas para a realização da hasta pública, qualificando-se como a fase de tentativa de venda judicial do bem penhorado, sempre tendo como centro da atenção o fato de que a execução é uma *ação expropriatória*, ou seja, de materialização do crédito através do sacrifício do patrimônio do devedor, da transformação dos seus bens em dinheiro, para o correspondente pagamento, permitindo o fim da execução, conforme a regra do inciso I do art. 794, a depender de sentença judicial (art. 795).

Hasta pública é gênero, apresentando a *praça* (destinada à venda de bens imóveis) e o *leilão* (para a venda de bens móveis) como espécies. A primeira é realizada no *átrio* do edifício do fórum, enquanto a segunda no local onde estiverem os bens, ou no lugar designado pelo juiz. A tentativa de venda dos bens penhorados é fracionada, devendo ser antecedida de três atos processuais de extrema importância jurídica:

a) da publicação do edital;
b) da intimação do devedor, possibilitando-lhe *remir a execução*, efetuando o pagamento do débito, incluindo o principal, juros, correção monetária, honorários advocatícios e todos os encargos processuais;
c) da intimação do credor com garantia real (arts. 619 e 698),[272] objetivando oferecer-lhe a prerrogativa de adjudicar o bem que se encontra atado ao contrato que lhe confere a garantia, com a ressalva de que a ausência da intimação acarreta a *ineficácia* da alienação em relação à sua pessoa, permanecendo o gravame (hipoteca, por exemplo) em companhia do bem arrematado pelo terceiro.

A publicação do edital tem por objetivo tornar pública a tentativa judicial de venda do patrimônio penhorado, *angariando* público para a compra do bem atingido pela constrição. A regra é a de que um único edital seja publicado, sobretudo por conta dos altos custos da veiculação, que são antecipados pelo credor, somando-se ao cálculo da execução.

O edital deve ser publicado em *jornal de grande circulação*, não se qualificando desta forma o *Diário da Justiça*, segundo entendimento jurisprudencial que endossamos,[273] em face da constatação de que o periódico não é costumeiramente lido pela população em geral, não sendo eficaz para garantir a ampla publicidade

---

272 "Art. 698. Não se efetuará a adjudicação ou alienação de bens do executado sem que da execução seja cientificado, por qualquer modo idôneo e com pelo menos 10 (dez) dias de antecedência, o senhorio direto, o credor com garantia real ou com penhora anteriormente averbada, que não seja de qualquer modo parte na execução".

273 "*Diário do Judiciário*. O Diário não é o jornal de ampla circulação local a que se refere o *caput* do art. 687 do CPC. Caracterizado o prejuízo, com a venda do bem por preço abaixo da avaliação, a

esperada com a convocação. No caso dos bens imóveis, os editais serão preferencialmente veiculados nos *classificados*, consistindo no local reservado à publicidade de negócios da natureza estudada, pela lógica razão de que o público que procura pela seção em destaque tem interesse na aquisição de bens de modo geral.

A publicação pode ser realizada no *Diário da Justiça*, se o credor for beneficiário da assistência judiciária, sendo dispensada quando os bens não excederem 60 (sessenta) vezes o valor do salário-mínimo na data da avaliação (§ 3º do art. 686).[274] Em decorrência da natureza do bem penhorado (bem de valor extremamente elevado, por exemplo, de difícil liquidez), o magistrado pode determinar o acréscimo na quantidade de veiculações, devendo o credor fazer prova nos autos de que a publicação se deu com a regularidade exigida pela lei, em termos de quantidade e da sua forma.

De acordo com as circunstâncias específicas, bem como as características da localidade em que o juízo da execução está situado, o magistrado pode modificar a forma e a frequência da publicidade na imprensa, admitindo-se a veiculação das informações essenciais do edital através de *meios eletrônicos de divulgação* (§ 2º do art. 687), de rádio, de emissoras locais etc., sempre com o propósito de que a convocação para a arrematação alcance o maior número possível de pessoas. Apenas para exemplificar, não é razoável a publicação do edital em jornal que circula em pequena cidade do interior de determinado Estado da federação, diante da constatação de que a população acompanha os noticiários através do rádio, sem o costume da aquisição diária de jornais.

De qualquer modo, anotamos que o edital deve ser afixado no local do costume (quadro de avisos ou outra estrutura instalada na entrada do fórum que se destine à afixação de documentos judiciais em geral), e publicado no mínimo cinco dias antes da praça ou do leilão, exigindo uma perfeição formal, preenchendo os requisitos alinhados no art. 686:

a) a descrição do bem penhorado, com suas características e, tratando-se de imóvel, a situação e as divisas, com remissão à matrícula e aos registros (inciso I);
b) o valor do bem (inciso II);
c) o lugar onde estiverem os móveis, veículos e semoventes; e, sendo direito e ação, os autos do processo, em que foram penhorados (inciso III);
d) o dia e hora da realização da praça, se bem imóvel, ou o local, dia e hora da realização do leilão, se bem móvel (inciso IV);

---

arrematação deve ser renovada" (REsp 57.094 – 8 – MG, 4ª Turma do STJ, rel. Min. RUY ROSADO, j. 9.5.1995, *DJU* 18.3.1996).

274 "Art. 686. *Omissis*. § 3º Quando o valor dos bens penhorados não exceder 60 (sessenta) vezes o valor do salário-mínimo vigente na data da avaliação, será dispensada a publicação de editais; nesse caso, o preço da arrematação não será inferior ao da avaliação".

e) menção da existência de ônus, recurso ou causa pendente sobre os bens a serem arrematados (inciso V);

f) a comunicação de que, se o bem não alcançar lanço superior à importância da avaliação, seguir-se-á, em dia e hora que forem desde logo designados entre os 10 (dez) e os 20 (vinte) seguintes, a sua alienação pelo maior lanço (inciso VI).

Os requisitos estudados são *essenciais*, de modo que a ausência de qualquer deles *pode* acarretar a invalidação da praça ou do leilão, assunto que em tese *alimenta* a oposição dos embargos à arrematação ou à adjudicação, geralmente pelo devedor, com evidente frustração para o credor e também para o Estado, que não consegue se liberar do dever de prestar a função jurisdicional.

A afirmação merece comentário complementar. A ausência de um requisito constante do artigo da lei analisado não acarreta o imediato e automático reconhecimento da nulidade do ato, devendo ser observado se a finalidade foi alcançada, na premissa de que o processo moderno tem apoio no *princípio da instrumentalidade das formas*, valorizando o *fim* em detrimento do *meio*, logicamente desde que sejam observados primados básicos de segurança jurídica.

Desse modo, mesmo sendo incompleta a descrição do bem penhorado, por exemplo, não tendo o fato se mostrado como obstáculo ou impedimento para a arrematação do patrimônio em hasta pública, sem qualquer prejuízo para o arrematante e para as partes do litígio, a irregularidade é desprezada, não tendo qualquer influência no seguimento da demanda.

No que se refere à intimação do devedor, devemos inicialmente recordar que as intimações cartorárias são em regra realizadas na pessoa do advogado que representa a parte em juízo (arts. 236 e 237), para garantir a celeridade do processo, excepcionando a regra em raras situações, como na intimação dirigida à parte para prestar depoimento pessoal, em face de o ato ser *personalíssimo*.

Em edições anteriores desta obra, demonstramos que a lei previa a necessidade do aperfeiçoamento da intimação pessoal do devedor, antes da realização da praça ou do leilão, não sendo suficiente a intimação do seu advogado. O objetivo da previsão de intimação do devedor é o de garantir-lhe o direito de *remir a execução*, efetuando o pagamento do principal e de todos os encargos relativos ao crédito perseguido pelo credor, aplicando-se à espécie o art. 651, com a seguinte redação:

> *"Art. 651. Antes de adjudicados ou alienados os bens, pode o executado, a todo tempo, remir a execução, pagando ou consignando a importância da dívida, mais juros, custas e honorários advocatícios."*

Embora a lei se refira à possibilidade de remição da execução a qualquer tempo, desde que os autos de arrematação e/ou de adjudicação não tenham sido ainda assinados, percebemos que nos encontramos no desfecho da ação executiva, em fase preparatória da realização da hasta pública. Em outras palavras, é necessário que o devedor seja advertido de que o direito que lhe foi conferido se encontra em vias de perecer, pelo desfecho natural da ação de execução.

Estão sendo praticados os últimos atos processuais, de modo que a omissão do devedor em remir a execução afasta a possibilidade de pagamento da dívida, como forma de garantir a extinção da execução, livrando da penhora os bens anteriormente atingidos pela constrição.

Em face da dificuldade de aperfeiçoamento da intimação pessoal do devedor, conflitando com a necessidade de a comunicação ser aperfeiçoada, além da possibilidade de o devedor se ocultar de forma deliberada, a jurisprudência flexibilizava a regra processual (então vigente), para admitir a intimação através de edital,[275] com publicação no mínimo 24 (vinte e quatro) horas antes da realização da primeira praça ou do primeiro leilão.

A liberalidade de que cuidamos era admitida de forma *residual*, com a necessidade de primeiramente ser expedido mandado de intimação, apenas sendo possível a realização da intimação através da publicação de edital mediante a análise da certidão do oficial de justiça encarregado do cumprimento direto da diligência, atestando que a intimação não pôde ser aperfeiçoada pelo fato de o devedor não ter sido encontrado no endereço constante dos autos.

A sistemática de que cuidamos foi modificada pela Lei nº 11.382/2006. Mais uma vez provando que o legislador passou a se preocupar com o credor (mitigando o *princípio da menor onerosidade para o devedor*), o § 5º do art. 687 dispõe que *o executado terá ciência do dia, hora e local da alienação judicial por intermédio de seu advogado ou, se não tiver procurador constituído nos autos, por meio de mandado, carta registrada, edital ou outro meio idôneo*. É evidente que não se exige a outorga de poderes especiais para o recebimento do mandado de intimação em exame, posto que a diligência não importa atos de disposição de direito material ou processual, a justificar a inclusão da comunicação em qualquer das situações alinhadas no art. 38.

14.13.4.11.2 Tentativas de venda do bem penhorado

Como afirmamos em passagem anterior, a hasta pública é fracionada em duas tentativas de venda do bem penhorado, realizando-se a segunda apenas no caso de frustração da primeira (o que ocorre com muita frequência na dinâmica forense), observando-se a regra disposta no inciso VI do art. 686, ou seja, a segunda praça ou leilão deve ser realizado *entre os dez (10) e os vinte (20) dias seguintes* à efetivação da primeira tentativa de venda.

---

275 Nesse sentido: "**A intimação por edital também é meio idôneo, e obrigatório, desde que não seja possível fazê-la pessoalmente ou por via postal**" (REsp 234.389 – GO, 3ª Turma do STJ, rel. Min. ARI PARGENDLER, j. 15.8.2000, *DJU* 9.10.2000) (grifamos).

O edital publicado serve para promover a convocação das duas praças ou dos dois leilões, sem necessidade de que se proceda à nova publicação editalícia, evitando gastos desnecessários.

Na primeira praça ou leilão, só se admite a arrematação do bem penhorado por preço igual ou superior ao da avaliação, sob pena de seu desfazimento. Podem participar do ato todas as pessoas interessadas na aquisição do bem, até mesmo o credor,[276] por não se encontrar inserido nos incisos I, II e III do art. 690-A, com a seguinte redação:

> *"Art. 690-A. É admitido a lançar todo aquele que estiver na livre administração de seus bens, com exceção:*
>
> *I – dos tutores, curadores, testamenteiros, administradores, síndicos, ou liquidantes, quanto aos bens confiados a sua guarda e responsabilidade;*
>
> *II – dos mandatários, quanto aos bens de cuja administração ou alienação estejam encarregados;*
>
> *III – do juiz, membro do Ministério Público e da Defensoria Pública, escrivão e demais servidores e auxiliares da Justiça."*

Se o arrematante for o próprio credor, e não existirem outros credores comuns, não está obrigado a realizar qualquer desembolso para adquirir o bem penhorado, exceto se o valor do bem exceder ao seu crédito,[277] hipótese que reclama o depósito da diferença no prazo de 3 (três) dias, sob pena de ser tornada sem efeito a arrematação e, neste caso, os bens serão levados a nova praça ou leilão à custa do exequente (Parágrafo único do art. 690-A).

Dada a regra impositiva que veda a aquisição do bem penhorado por valor inferior ao da avaliação, observamos a reiterada frustração da primeira praça ou leilão, preferindo o interessado deixar para adquirir o bem apenas em segunda praça ou leilão, quando poderá fazê-lo por qualquer preço, desde que não seja simbólico (art. 692). Na segunda tentativa de venda do bem penhorado, este pode ser adquirido por qualquer preço, ainda que inferior ao valor da avaliação, desde que não seja *vil*, ou seja, insignificante, simbólico, conforme ensinamento enciclopédico, evitando que o patrimônio do devedor seja sacrificado demasiadamente,[278] o que representaria infração ao *princípio da menor onerosidade para o devedor*, que *habita* o art. 620.

---

[276] "É lícito ao credor participar do leilão, como qualquer outra pessoa que não esteja arrolada entre as exceções previstas no § 1º do art. 690" (*RSTJ* 128/247).

[277] "O exequente-arrematante acha-se desobrigado de exibir o preço da arrematação tão somente na hipótese de ser a execução promovida no seu exclusivo interesse" (*RSTJ* 15/430).

[278] "É firme o entendimento no âmbito deste Superior Tribunal de Justiça no sentido de que o exequente pode arrematar, em segundo leilão, o bem penhorado, desde que não o faça por preço vil, assim considerado aquele muito aquém da avaliação atualizada do bem, nos termos preconizados pelo artigo 692 do Código de Processo Civil. Precedentes. **A execução deve desenvolver-se pelo modo**

A Lei de Ritos, embora se refira ao *preço vil* no seu art. 692, não conceitua a expressão em termos processuais, reclamando a análise da jurisprudência para determinar os seus contornos de interpretação. Mesmo assim, encontramos julgados em vários sentidos, sem pacificação do assunto. Em primeiro lugar, é necessário afirmar que a insignificância do preço não é atestada através da comparação do lanço com o valor da dívida. Este valor – o da dívida – é irrelevante para a definição da questão.[279]

O ponto nodal da matéria se refere à insignificância do preço em confronto com a avaliação do bem penhorado, que corresponde ao seu valor de mercado,[280] não se permitindo o seu sacrifício de qualquer modo, apenas para que o crédito do exequente seja satisfeito. Como exemplo: bem avaliado por 10*x*, sendo arrematado por *x*.

Em segundo lugar, observe que a alegação de que o bem foi arrematado por preço *vil* pode ser suscitada no curso da própria ação de execução, através de simples petição, dispensando a oposição dos embargos à arrematação, por ser questão processual de ordem pública, extrapolando o interesse individualizado das partes, neste particular se respeitando o *princípio da celeridade*, evitando que a execução tenha seu seguimento obstado em face da oposição dos embargos, retardando a entrega da prestação jurisdicional.

O próprio magistrado pode – e deve – reconhecer a insignificância do preço da aquisição do bem anteriormente atingido pela penhora,[281] independentemente da provocação da parte interessada, declarando, por consequência, a nulidade da arrematação e de todos os atos subsequentes, mais uma vez se aplicando a *teoria do fruto da árvore envenenada*, importada do sistema jurídico norte-americano.

Entendemos que preço vil é, em média, o inferior a 50% (cinquenta por cento) do valor da avaliação. Contudo, observamos que o critério não é absoluto, podendo sofrer variações, caso a caso, a depender das circunstâncias peculiares do processo. Assim, entendemos ser possível e válida a alienação judicial do bem por preço inferior ao percentual indicado, quando o bem for de difícil circulação no mercado,

---

menos gravoso ao devedor, não se podendo admitir o enriquecimento sem causa, ao arrematar o bem por preço bastante inferior ao seu valor, mesmo na hipótese de sucessivas praças negativas. Recurso especial não conhecido" (REsp 205911 – SP, 6ª Turma do STJ, rel. Min. VICENTE LEAL, j. 21.2.2002, *DJ* 18.3.2002) (grifamos).

[279] "**A circunstância de o preço ser vil há de aferir-se tendo em vista o valor do bem e não o montante da dívida**" (REsp 109.753 – SP, 3ª Turma do STJ, rel. Min. EDUARDO RIBEIRO, j. 10.3.1997, *DJU* 22.4.1997) (grifamos).

[280] "O conceito de preço vil resulta da comparação entre o valor de mercado do bem penhorado e aquele da arrematação. **Em se tratando de arrematação de imóveis, presume-se vil o lance inferior a 50% do valor da avaliação atualizado. O respeito aos arts. 620 e 692 do CPC exige a atualização dos valores dos bens que irão para a hasta pública**. Recurso provido" (REsp 448575 – MA, 1ª Turma do STJ, rel. Min. HUMBERTO GOMES DE BARROS, j. 26.8.2003, *DJ* 22.9.2003) (grifamos).

[281] "**Alienação a preço vil. A nulidade da arrematação pode ser declarada de ofício pelo juízo ou a requerimento do interessado, por simples petição, nos próprios autos da execução, dispensada a oposição dos embargos à arrematação**" (STJ – RJ – 260/64) (grifamos).

em face das suas características; quando se encontra em desuso (equipamento de informática, por exemplo, que foi superado pela entrada de outro equipamento de configuração mais moderna no mercado) ou parcialmente danificado.

14.13.4.11.3 Dinâmica da arrematação

Como praticamente todos os atos processuais, os que envolvem a arrematação reclamam uma forma, uma solenidade, para que possam ser considerados válidos, afastando qualquer alegação de nulidade pela preterição de formalidade que era essencial, sem descuidar dos comentários articulados em várias passagens deste capítulo, no sentido de que eventual irregularidade que tenha sido sanada através do atingimento da finalidade do ato deve ser relevada em respeito ao *princípio da instrumentalidade das formas*.

A arrematação representa *ato complexo*, sendo a tentativa de venda conduzida pelo porteiro ou pelo leiloeiro, no dia e hora previstos no edital publicado, devendo o auxiliar do juízo efetuar o *pregão* a fim de observar a presença de pessoas interessadas na aquisição dos bens objeto da constrição, colhendo a melhor oferta, dando preferência ao lançador que se propõe a adquirir englobadamente os bens, quando a praça ou o leilão se referir a mais de uma coisa móvel ou imóvel (art. 691).

Ainda nesta hipótese, é importante anotar que os bens devem ser oferecidos um a um, suspendendo a arrematação no exato momento em que o valor obtido pela alienação judicial se igualar com o da execução, evitando o *sacrifício* de bens do devedor de forma desnecessária, confirmando a aplicação prática do *princípio da menor onerosidade para o devedor*.

Se a praça ou o leilão não se realizar por motivo justo (a ser avaliado caso a caso), o magistrado determina a publicação de (simples) *aviso de transferência* na imprensa local e no órgão oficial. Se o ato não for realizado por culpa do leiloeiro, do porteiro ou do escrivão, o auxiliar arcará com as despesas da transferência, além de poder ser punido com a pena de suspensão de 5 (cinco) a 30 (trinta) dias. Outra hipótese extraordinária diz respeito ao fato de a arrematação não ser concluída no mesmo dia da praça ou do leilão, diante do número excessivo de lançadores e/ou de bens envolvidos na diligência, situação que determina a continuação dos trabalhos no dia útil imediato, sem reclamar a publicação de novo edital ou a intimação do devedor, que, pela intimação anterior, fica advertido da necessidade de acompanhar os acontecimentos processuais.

O arrematante deve efetuar o pagamento do preço da arrematação a vista, com tolerância máxima de 15 (quinze) dias, desde que preste caução idônea, nos termos do art. 690, no gênero, admitindo as espécies da caução real e da caução fidejussória. Se o arrematante e/ou o seu fiador não realizar o pagamento do preço no prazo de tolerância que lhe foi conferido pela lei, o magistrado impõe o perdimento da caução em favor do exequente (prejudicado direto pela inação do arrematante), voltando os bens a nova praça ou leilão, impedindo essas pessoas de lançar na nova tentativa de venda judicial, pelo fato de serem consideradas *remissas*.

Em técnica inovadora, o § 1º do art. 690 prevê que, *tratando-se de bem imóvel, quem estiver interessado em adquiri-lo em prestações poderá apresentar por escrito sua proposta, nunca inferior à avaliação, com oferta de pelo menos 30% (trinta por cento) à vista, sendo o restante garantido por hipoteca sobre o próprio imóvel*. As propostas juntadas aos autos devem indicar o prazo, a modalidade e as condições de pagamento do saldo, devendo ser submetidas à análise das partes, em respeito ao princípio do contraditório e da ampla defesa (inciso LV do art. 5º da CF).

Com a técnica em exame, o legislador pretende ampliar a possibilidade de alienação do bem penhorado, sobretudo considerando a dificuldade de aquisição de imóveis com pagamento a vista, não havendo prejuízo para as partes, sobretudo pela circunstância de o imóvel permanecer hipotecado até a conclusão do pagamento, exigindo a expedição de ofício ao cartório de imóveis competente, a fim de que o gravame seja averbado junto à matrícula do bem, estabelecendo direito real (inciso IX do art. 1.225 do CC).

14.13.4.11.4 Finalização da arrematação

A pessoa que arremata o bem penhorado não se torna proprietária pelo só fato de ter comparecido à hasta pública, no citado ato realizando lanço vencedor. Em complemento, recebe documento do juiz que lhe assegura os seus direitos, materializando-se na *ordem de entrega do bem móvel* ou na *carta de arrematação* (tratando de bem imóvel), depois da observância de certas formalidades essenciais.

A primeira consiste na lavratura do *auto de arrematação*, que deve ser assinado pelo juiz, pelo serventuário da justiça ou leiloeiro e pelo arrematante imediatamente após a realização da praça ou do leilão. A adoção da providência torna a arrematação perfeita, acabada e irretratável, ainda que venham a ser julgados procedentes os embargos do executado, apenas podendo ser desfeita:

a) por vício de nulidade (exemplos: ausência de intimação do devedor do dia e hora da realização da hasta pública; ausência de requisitos essenciais no edital de convocação; arrematação feita em favor de quem não é admitido a lançar, como o tutor, o curador, os testamenteiros, o juiz, os mandatários etc.);
b) se o preço não for pago ou se não for prestada caução, na hipótese de o pagamento não ter sido realizado a vista;
c) quando o arrematante fizer prova, nos 5 (cinco) dias seguintes à arrematação, da existência de ônus real não mencionado no edital (hipoteca, penhor, anticrese etc.);
d) a requerimento do arrematante, na hipótese de embargos à arrematação;

e) quando realizada por preço vil;

f) quando a lei exigir a intimação do credor com garantia real, para exercer o *direito de preferência* na aquisição do bem atingido pela arrematação (art. 698), mediante o pagamento do mesmo preço oferecido pelo arrematante vencedor.

A assinatura do auto de arrematação acarreta consequências processuais relevantes na dinâmica da ação de execução, sobressaindo a impossibilidade de o devedor remir a execução, conforme lhe faculta o art. 651. A assinatura do auto é seguida da extração da *ordem de entrega do bem móvel* ou da *carta de arrematação*, qualificando-se como documentos judiciais, entregues ao arrematante, viabilizando o seu comparecimento ao órgão competente (DETRAN, sem o bem arrematado foi um veículo, Cartório de Imóveis, se foi bem imóvel, companhia telefônica, se foi telefone etc.), permitindo o seu registro, com a consequente transferência da titularidade da coisa alienada ao arrematante.

A carta de arrematação é acompanhada da descrição do imóvel, se a alienação apresentou esta coisa como objeto, da prova da quitação dos impostos, do auto de arrematação e do título executivo.

O arrematante pode deparar com a presença do devedor na posse do bem arrematado, reclamando determinação judicial no sentido de que a coisa seja entregue ao adquirente. A jurisprudência entende que a imissão do arrematante na posse do bem é garantida mediante a simples expedição de mandado judicial, nos autos da própria ação de execução, sem reclamar a propositura da ação judicial específica.[282]

Porém, se um terceiro se encontrar na posse do bem arrematado, o arrematante terá de propor ação judicial autônoma, que entendemos ser ação de imissão de posse, considerando que o terceiro, por não ter tomado assento na ação de execução, não pode ser atingido pelos efeitos da sentença judicial proferida na demanda, em respeito à norma do art. 472, tratando dos *limites objetivos e subjetivos da coisa julgada*.

A ação de imissão de posse, embora possa sugerir que seria espécie de ação possessória em face da sua nomenclatura, é demanda petitória, de rito ordinário, não sendo possessória pelo simples fato de não objetivar a recuperação da posse como resultado de uma turbação ou de um esbulho, mas o exercício da primeira posse. Desde que preenchidos os requisitos específicos, admite-se o deferimento da tutela antecipada, sendo o autor imitido na posse do bem no início do processo, sem ter

---

[282] "O adquirente, em hasta pública, de bem que se encontra em poder do executado, como depositário, será imitido na respectiva posse mediante simples mandado, nos próprios autos da execução, desnecessária a propositura de outra ação. O possuidor do bem penhorado passa a depositário, atuando como auxiliar do juízo, e cujas determinações haverá de obedecer incontinenti" (*RSTJ* 73/407). No mesmo sentido: "**Quem arremata o imóvel em execução promovida por terceiro imite-se na respectiva posse por meio de simples mandado judicial**; a carta de arrematação não é título para a propositura de execução para entrega de coisa certa. Recurso especial conhecido, mas não provido" (REsp 192139 – SP, 3ª Turma do STJ, rel. Min. ARI PARGENDLER, j. 27.8.2002, *DJ* 2.12.2002) (grifamos).

de suportar o *dano marginal do processo*, no dizer do mestre ITALO ANDOLINA, como se o processo estivesse servindo ao *réu que não tem razão*.[283]

14.13.4.11.5 Frustração da hasta pública e suas consequências processuais

Não tendo sido exitosas as tentativas de alienação judicial do bem penhorado, o credor pode praticar um dentre dois atos:

a) insistir na tentativa de venda do bem;
b) requerer a adjudicação do bem, investindo-se na condição de proprietário da coisa, operando-se a sua satisfação por modalidade diversa do pagamento em dinheiro.

Na primeira hipótese, o credor deve solicitar a designação de dia e hora para a realização da nova hasta pública, providenciando a intimação do devedor (dando-lhe ciência da data designada, possibilitando a remição da execução) e a publicação do edital. Essa opção, embora seja possível, nem sempre é adotada na dinâmica forense, considerando que importa em novo desembolso de valores, sacrificando o credor, já que é da sua responsabilidade antecipar as custas e as despesas processuais.

A segunda hipótese reclama a apresentação de petição pelo exequente, solicitando ao juiz que o bem seja adjudicado em seu favor, pondo fim à execução após a assinatura do termo de adjudicação e da expedição da carta. Entendemos que, na hipótese de ter sido constatado, antes da hasta pública e como desfecho da fase de avaliação, que o bem penhorado apresenta valor inferior ao do crédito reclamado, remanesce para o credor o direito de penhorar outros bens do devedor, para satisfação integral do crédito de que é titular.

Assim, apenas para exemplificar, imagine que a avaliação tenha demonstrado que o bem penhorado apresenta valor de mercado correspondente a 80% (oitenta por cento) do crédito. Embora a execução tenha prosseguido, quando seria possível o *reforço de penhora* já naquele instante processual, o credor pode, após a arrematação ou mesmo a adjudicação do bem, reclamar o pagamento da diferença, providenciando a penhora em outro bem pertencente ao devedor ou ao responsável.

---

283 "A demora processual, por si só, infringe no autor um manancial danoso denominado por ITALO ANDOLINA de dano marginal em sentido estrito ou dano marginal por indução processual. Dessa forma, se o autor for obrigado a esperar a coisa julgada material acerca de um direito, de logo provado (seja pela apresentação de provas irrefutáveis, seja pela incontrovérsia ou pelo reconhecimento do pedido, ainda que parcialmente), para requerer a execução, a ele terá sido imposto um dano marginal, com o processo servindo ao réu que não tem razão" (ACIOLI, José Adelmy da Silva. *A crise do processo civil*: uma visão crítica. Disponível em: <http://oas.trt19. gov.br:8022/doutrina/003.asp>. Acesso em: 13.8.2004).

Nesta hipótese, devem ser praticados todos os atos da execução a partir da penhora (avaliação, se não foi realizada pelo oficial de justiça, ouvida das partes, manutenção, reforço ou redução da penhora, designação de dia e hora para a realização da hasta pública, tentativas de alienação judicial do bem, assinatura de autos negativos ou positivos, eventual adjudicação etc.). Muitas vezes, o exequente não providencia o aperfeiçoamento de nova penhora, após a avaliação, preferindo de logo receber parte do crédito, evitando a *burocratização* do processo antes do recebimento de qualquer importância.

14.13.4.12 Satisfação do credor através da adjudicação de bens

A lei confere ao credor a prerrogativa de requerer a adjudicação dos bens penhorados, representando a espécie de pagamento contemplada no inciso II do art. 708, prevendo a Lei nº 11.382/2006 que a espécie em exame prefere à tentativa de alienação do bem em hasta pública, possibilitando a imediata satisfação do credor e a eliminação do conflito de interesses (art. 685-A).[284] O requerimento em análise é formulado pelo credor nos próprios autos da ação de execução, sem reclamar a formação de novo processo ou de incidente processual derivado da execução.

A adjudicação consiste em *desapropriação* de bens do devedor ou do responsável, mesmo contra a sua vontade, para transferência forçada em favor de credor, mais uma vez em decorrência do poder de império do Estado, que se incumbiu do dever de eliminar o conflito de interesses que deu origem ao exercício do direito de ação. Esse estágio – de pacificação do conflito – apenas é alcançado no momento em que o credor é satisfeito no seu crédito, o que autoriza a extinção da execução, conforme normas dispostas no inciso I do art. 794 e no art. 795.

A adjudicação reclamava *hasta negativa*, ou seja, frustração na realização da praça ou do leilão. Nesse particular, cabe-nos anotar que, embora o art. 714 (revogado pela Lei nº 11.382/2006) apenas fizesse referência à espécie da *praça*, sugerindo que a adjudicação só poderia recair em bens imóveis, já era majoritário o entendimento de que a pretensão do credor também pode recair em bens móveis.[285] Além da *hasta negativa*, exigia-se que a adjudicação fosse procedida por preço igual ao da avaliação, evitando a adjudicação por preço *vil*, da mesma forma como se rejeita a arrematação que guarde idêntica característica.

---

[284] "Art. 685-A. É lícito ao exequente, oferecendo preço não inferior ao da avaliação, requerer lhe sejam adjudicados os bens penhorados".

[285] "**Possível é a adjudicação de coisa móvel. O art. 708, II, do CPC, não faz nenhuma distinção entre bens móveis e imóveis**. Precedentes. Observado o princípio de que a execução se deve fazer pelo modo menos gravoso para o devedor e evidenciada a inexistência de qualquer prejuízo para o mesmo, admissível o pedido de adjudicação, ainda que não tenha sido formulado imediatamente após o término do leilão sem licitantes. Recurso especial não conhecido" (REsp 57587 – SP, 4ª Turma do STJ, rel. Min. BARROS MONTEIRO, j. 2.6.1998, *DJ* 21.9.1998) (grifamos).

Como antecipado em linhas anteriores, a adjudicação passou a ser **modalidade preferencial de pagamento**, sempre dependendo da iniciativa do credor, que pode *abrir mão* da prerrogativa processual, preferindo promover a tentativa de alienação dos bens penhorados, com toda a burocracia e os acréscimos originados da decisão (publicação de edital, intimação do devedor etc.).

O exequente que tem interesse na adjudicação do bem penhorado não necessita *exibir o preço* (depositando a importância em juízo), exceto se houver diferença entre o valor da avaliação e o montante da dívida (o primeiro maior do que o segundo), o que reclama o depósito imediato da diferença (§ 1º do art. 685-A). Se o valor da avaliação for inferior ao da dívida, o exequente é autorizado a prosseguir na execução para o recebimento do saldo remanescente, procedendo-se à penhora judicial de outros bens de propriedade do executado ou do responsável, observando-se todos os desdobramentos decorrentes (avaliação, designação de dia e hora para a realização da hasta pública, publicação de edital de convocação, intimação pessoal do devedor e de credores com garantia real etc.).

O procedimento para a formalização da adjudicação, a partir do seu requerimento, é idêntico ao da arrematação, ou seja, lavratura do *auto de adjudicação*, expedição da carta e entrega ao credor, possibilitando a transferência do patrimônio identificado no documento judicial. O credor arca com os custos da adjudicação e com o pagamento da taxa de registro, se a adjudicação incidir sobre bem imóvel, apresentando-se a sua quitação como condição para que a transferência imobiliária seja operada.

A legitimidade para a adjudicação é conferida ao credor da própria execução, aos credores *privilegiados* (com garantia real, como a hipoteca, por exemplo, os pignoratícios, os credores trabalhistas etc.), ao cônjuge (ou companheiro, segundo entendemos), ao descendente, ao ascendente e aos credores concorrentes, ou seja, os que igualmente ingressaram com execuções individuais contra o mesmo devedor, tendo promovido a penhora do bem em momento posterior ao da formalização da constrição operada nos autos da ação de execução de que se trata.

Se vários credores demonstram interesse na adjudicação do bem, é estabelecida concorrência entre eles, dando-se preferência a quem mais der. Havendo *empate* na disputa, em face da constatação de que nenhum dos credores ofereceu quantia maior, confere-se preferência ao credor privilegiado, em detrimento do exequente e dos credores concorrentes, segundo entendemos, e, sucessivamente, ao cônjuge (ou companheiro), ao ascendente e ao descendente, nessa ordem.

A *licitação* estabelecida entre os credores (vários formulando a pretensão de adjudicação) dá ensejo à prolação de decisão de natureza interlocutória, que pode ser desafiada através da interposição do recurso de agravo, por parte do credor que se sinta prejudicado pelos termos do pronunciamento judicial estudado. O posicionamento que assumimos não é pacífico, pelo fato de o § 5º do art. 685-A (mantendo a confusão gerada pelo § 2º do art. 715, que fazia referência à *sentença de adjudicação*) dispor que o magistrado *decide eventuais questões*, sem especificar a natureza jurídica do pronunciamento.

De qualquer modo, considerando o acirramento doutrinário e jurisprudencial sobre o assunto, defendemos a aplicação do *princípio da fungibilidade*, permitindo o recebimento do recurso de agravo ou de apelação, em face da *dúvida objetiva*, sem que se possa alegar a existência de *erro grosseiro* (ver considerações específicas sobre o princípio em exame no Capítulo 13 deste volume).

14.13.4.13 Satisfação do credor através do usufruto de bem móvel ou imóvel

Dentre as modalidades de pagamento, o usufruto de bem móvel ou imóvel é (em tese) a mais *confortável* para o devedor, por não impor a perda do patrimônio, mas apenas a indisponibilidade dos seus frutos por certo período de tempo, até que o exequente possa satisfazer o seu crédito através dos rendimentos gerados pela exploração da coisa de propriedade do devedor, o que deve ser estimulado em respeito ao *princípio da menor onerosidade para o devedor*, inúmeras vezes suscitado no curso deste capítulo, sem descuidar da preocupação de que o usufruto seja *eficiente* para o pagamento da dívida.

No que se refere ao último comentário, não podemos perder de vista que a execução é conduzida na intenção de que o credor seja plenamente satisfeito no recebimento do seu crédito, num sistema de *balanceamento de direitos*, a saber: é necessário que ao credor seja conferido o mesmo nível de satisfação que seria alcançado se a obrigação tivesse sido adimplida voluntariamente pelo devedor, sem comprometê-lo de forma exacerbada, evitando que o adimplemento ocorra de qualquer modo, causando a *ruína* do executado.

No aspecto da atenção ao credor, não é razoável garantir a satisfação do crédito através do recebimento dos rendimentos de imóvel de péssima condição física, abatido por abandono procedido pelo devedor, o que forçaria o credor a ter de aguardar por longos anos para que fosse plenamente satisfeito. De qualquer modo, deixamos registrado que a espécie não é comumente utilizada na dinâmica forense, preferindo os credores receber o pagamento em dinheiro, mediante a alienação forçada dos bens pertencentes ao devedor ou ao *responsável*, assim definido no art. 592.

O *usufruto* a que a norma processual se refere (arts. 716 ss) não se confunde com o instituto de mesma nomenclatura do direito material, apenas se referindo à forma de pagamento ao credor através do recebimento dos frutos da exploração de bem móvel ou imóvel durante certo lapso de tempo, permitindo o seu retorno à gestão do devedor no exato instante em que o valor dos frutos se igualar ao débito representado em título executivo judicial ou extrajudicial, acrescido das custas processuais, dos juros, da correção monetária e dos honorários advocatícios.

14.13.4.13.1 Efeito do usufruto

O principal efeito do usufruto é o de retirar do devedor, durante certo espaço de tempo, a prerrogativa de colher os frutos e os rendimentos da coisa de sua titularidade, limitando o direito de propriedade durante esse lapso temporal, já que o art. 1.228 do CC textualiza que "o proprietário tem a faculdade de usar, gozar e dispor da coisa, e o direito de reavê-la do poder de quem quer que injustamente a possua ou detenha". O devedor fica inibido da faculdade de gozar da coisa, sem que a providência judicial seja definitiva.

14.13.4.13.2 Legitimidade para requerer o usufruto

A legitimidade para requerer o usufruto é privativa do credor, não estando o magistrado autorizado a determinar a providência de ofício, em respeito a vários princípios processuais e constitucionais, sobressaindo os *do devido processo legal* e da *demanda*. A *ratio* de se conferir legitimidade privativa ao credor decorre da constatação de que a execução se desenvolve para a sua plena satisfação, podendo deliberar acerca da modalidade de pagamento que lhe seja mais satisfatória, dentre as possíveis, previamente contempladas na lei (art. 708).

O requerimento do credor é manifestado no curso da própria ação de execução, sem gerar a formação de nova relação jurídico-processual ou de incidente processual, qualificando-se como *ato da execução*, que reclama resposta judicial, na forma alinhada nas passagens seguintes.

14.13.4.13.3 Momento da concessão do usufruto

O requerimento originado do credor deve ser apresentado exclusivamente antes da realização da praça ou do leilão, sendo prazo *próprio*, de modo que a sua fluência sem a manifestação do credor importa a *preclusão processual* (art. 183), na sua espécie temporal, retirando do credor a prerrogativa de solicitar a satisfação através da modalidade de pagamento em estudo, convivendo com as demais espécies (arrematação ou adjudicação de bens).

A lei processual não é precisa a respeito de qual das praças encerra a possibilidade de o credor pleitear a satisfação da obrigação através do usufruto, não se podendo precisar se a intenção da lei foi a de permitir que o requerimento seja apresentado somente antes da primeira praça ou se, ao contrário, a permissão seria estendida a segunda praça, depois de a primeira ter se mostrado sem êxito. Exemplificativamente, perceba a hipótese de edital de convocação que de logo estipula as datas para a realização das duas tentativas de venda judicial do bem imóvel penhorado em determinado processo de execução, a primeira no dia 1.3, e a segunda, frustrada a tentativa anterior, no dia 16.3.

É de se indagar se o pedido concernente ao usufruto só pode ser formulado antes do dia 1.3 ou se, em interpretação extensiva, admite-se a manifestação do credor até o dia 16.3, data da realização da segunda tentativa de alienação forçada do bem penhorado. Entendemos que a melhor interpretação da lei se inclina para a adoção da segunda opção, sempre se permitindo ao credor manifestar a pretensão de usufruto do bem (móvel ou imóvel) até a data da realização da segunda praça ou do segundo leilão.

14.13.4.13.4 Dinâmica do usufruto de imóvel

Uma vez apresentado o pedido específico pelo credor, o magistrado deve abrir vista dos autos ao devedor, a fim de que se manifeste sobre a pretensão do exequente, no prazo de cinco dias, em respeito ao *princípio do contraditório e da ampla defesa*, evitando que o processo seja *contaminado* por mácula processual.

Com a manifestação do devedor (ou sem ela, pelo escoamento do prazo sem comportamento ativo), o magistrado nomeia perito da sua confiança, com conhecimento do mercado imobiliário, atribuindo-lhe a responsabilidade de elaborar laudo pericial, a fim de calcular: (a) os frutos e os rendimentos do imóvel; (b) o tempo necessário para a liquidação da dívida.

Concluída essa fase, é necessária a abertura de vista dos autos às partes, a fim de que, no prazo comum de dez dias (por *importação* da norma prevista no parágrafo único do art. 433) se manifestem sobre as conclusões do auxiliar da justiça, ato seguido da prolação de decisão, que o § 1º do art. 722 (revogado pela Lei nº 11.382/2006) equivocadamente intitulava *sentença*, quando é evidente que era *decisão interlocutória*, já que não punha fim ao processo, podendo ser atacada através da interposição do recurso de agravo, no prazo de dez dias, contados da intimação, com a aplicação da norma do art. 184 (exclusão do dia de início e inclusão do dia do término do prazo).

A questão poderia ter sido pacificada pelo legislador infraconstitucional, responsável pela reforma operada através da Lei nº 11.382/2006, definindo a natureza jurídica do pronunciamento que delibera a respeito do usufruto, prevendo o § 1º do art. 722 que o magistrado profere *decisão*, expressão imprópria, parecendo-nos mais adequada a definição da espécie de pronunciamento, seguindo a didática do art. 162 (sentença, decisão interlocutória ou despacho).

Essa decisão judicial deve fazer alusão à presença dos dois requisitos necessários a que o usufruto seja deferido, objeto de nossos comentários em linhas anteriores, a saber: constatação de menor onerosidade para devedor e eficácia da modalidade de pagamento. De qualquer modo, diante do deferimento do usufruto, é extraída *carta de constituição de usufruto*, que deve ser acompanhada da decisão judicial, do cálculo dos frutos e rendimentos e das peças indicadas no art. 703.

A carta é entregue ao credor, para que providencie a sua inscrição no respectivo registro, produzindo efeitos *erga omnes*. Essa inscrição não impede a alienação judicial do imóvel, podendo ser atingido por arrematação procedida nos autos de outra demanda executiva, ou mesmo ser a coisa alienada pelo devedor. Em qualquer das hipóteses, ressalva-se ao credor o direito de continuar na posse do imóvel durante o prazo do usufruto.

Se o imóvel estiver locado, o vínculo contratual estabelecido entre o devedor e o inquilino não é desfeito, apenas se retirando do primeiro a prerrogativa de receber aluguéis até que o credor seja satisfeito no seu crédito (art. 723).

Sendo a locação rescindida por qualquer motivo (término do prazo contratual sem pretensão de renovação amigável, infração de cláusulas contratuais etc.), autoriza-se a formalização de nova locação, desde que haja concordância do devedor com todas as suas cláusulas. Em não se confirmando a anuência do devedor, proceder-se-á à oferta da locação através de *hasta pública*, com concorrência estabelecida entre o público em geral, formalizando-se o pacto com o pretendente que melhor preço oferecer.

O usufruto é acompanhado pelo *administrador*, como auxiliar da justiça, sujeitando-se à observância das regras dispostas nos arts. 148 a 150, cabendo-lhe a guarda e a conservação do bem atingido pela medida, com direito ao recebimento de remuneração. A nomeação do administrador pode recair nas pessoas do credor ou do devedor, com a anuência da parte contrária.

14.14 REMIÇÃO DA EXECUÇÃO, REMIÇÃO DE BENS E REMISSÃO DA DÍVIDA – DIFERENÇAS PRINCIPAIS

Em face da constatação de que os institutos alinhados nesta seção se aproximam em termos de grafia, é necessário estabelecer e fixar as diferenças existentes em cada espécie, não obstante o assunto tenha sido estudado em várias passagens deste capítulo. Nossa preocupação é a de estabelecer um breve estudo comparativo entre os institutos, eliminando qualquer dificuldade de compreensão dos seus contornos.

Iniciando pela **remição da execução**, antecipamos que a matéria está disciplinada pelo art. 651, com a seguinte redação:

> *"Art. 651. Antes de adjudicados ou alienados os bens, pode o executado, a todo tempo, remir a execução, pagando ou consignando a importância atualizada da dívida, mais juros, custas e honorários advocatícios."*

A espécie em exame representa a satisfação da obrigação através do pagamento em dinheiro feito pelo devedor ao credor no processo de execução, podendo ocorrer a qualquer tempo, desde que o auto de adjudicação ou de arrematação não tenha sido ainda assinado.

A **remição de bens**, instituto completamente distinto do primeiro, correspondia ao ato manifestado por pessoas próximas ao devedor, com a evidente preocupação de proteger o patrimônio da entidade familiar. A remição a que nos referimos neste instante importava a liberação de bens anteriormente penhorados, sem revelar o propósito de efetuar o pagamento da dívida. A legitimidade para a remição era conferida ao cônjuge, ao descendente ou ao ascendente do devedor, admitindo-se a remição total ou parcial dos bens penhorados. Não obstante o art. 787 apenas se referisse às pessoas mencionadas, em edições anteriores expressamos o entendimento de que a manifestação também podia partir do companheiro ou da companheira do devedor, que a este se ata através da união estável, em face da norma que emana do § 3º do art. 226 da CF.

De qualquer modo, cabe indicar que a remição de bens ocorria nas 24 (vinte e quatro) horas que mediavam entre a arrematação dos bens em praça ou em leilão e a assinatura do auto, ou entre o pedido de adjudicação e a assinatura do auto ou a publicação da sentença, a depender da existência de um ou de vários pretendentes (incisos I e II do art. 788, antes da revogação procedida pela Lei nº 11.382/2006).

Sendo o prazo fixado em horas, era contado minuto a minuto, de acordo com o § 4º do art. 132 do CC. A manifestação do legitimado devia ser dirigida ao juiz do processo no prazo anteriormente indicado, sendo preclusivo. Não obstante a rigidez da norma, entendíamos que não se exigia a *efetivação* do depósito no prazo destacado, podendo ocorrer posteriormente, desde que o requerimento fosse apresentado tempestivamente.

A Lei referida em linhas anteriores **suprimiu a possibilidade do exercício da remição de bens** pelas pessoas que contavam com a prerrogativa em exame, substituindo o instituto pela possibilidade de adjudicação de bens pelo cônjuge (e companheiro, segundo pensamos), pelos descendentes ou ascendentes, nessa ordem (arts. 685-A), com a pretensão de tornar o processo mais célere, prestigiando o credor.

Por último, no que se refere à **remissão da dívida**, observamos que o instituto é *importado* do direito material, representando perdão manifestado unilateralmente pelo credor, acarretando a extinção da própria obrigação que fundamentou a ação executiva. O art. 385 do CC textualiza: "a remissão da dívida, aceita pelo devedor, extingue a obrigação, mas sem prejuízo de terceiro".

O instituto não é visto com frequência na dinâmica forense, não sendo comum a manifestação do credor no sentido de perdoar a dívida que o ata ao devedor. A remissão em exame impede o credor de propor nova ação executiva fundada no título que deu suporte ao processo no qual a manifestação foi externada, por atingir o próprio direito material.[286]

---

[286] "É inegável que a remissão encetada no primeiro processo o extinguiu com análise do mérito, porquanto a remissão significa 'dar como pago', **atingindo a própria pretensão de direito material**, extinguindo o crédito tributário (art. 156, IV, do CTN)" (REsp 529726 – GO, 1ª Turma do STJ, rel. Min. LUIZ FUX, j. 14.10.2003, *DJ* 17.11.2003, em transcrição parcial) (grifamos).

14.15 EXECUÇÕES ESPECIAIS – CONSIDERAÇÕES GERAIS

Ao lado das execuções gerais alinhadas no CPC (execução por quantia certa, execução das obrigações de fazer e de não fazer e execução para entrega de coisa), temos execuções especiais previstas no próprio CPC e em legislação esparsa, como na Lei nº 6.830/80, que disciplina a execução proposta pela Fazenda Pública, sem garantir a aplicação de todos os dispositivos ordinários da Lei de Ritos, em atenção ao *princípio da especialidade*, na busca da celeridade processual.

Não obstante a colocação, registramos que as execuções especiais nem sempre afastam a observância das regras das execuções gerais, apenas fixando normas diferenciadas no que atine à dinâmica dos atos processuais, considerando as características e as finalidades de cada uma das espécies. Na ausência de previsão específica para regular a prática de determinado ato, poderemos (ou não) recorrer à Lei de Ritos, para garantir a incidência de normas gerais, *desenhadas* para as execuções não especiais.

14.15.1 Execução de alimentos – considerações gerais

O dever de prestar alimentos em favor de determinada pessoa pode se originar de vários atos ou fatos jurídicos, sobressaindo como de maior importância as seguintes situações:

a) alimentos decorrentes de relação *jus sanguinis*;
b) alimentos decorrentes de relação matrimonial desfeita;
c) alimentos decorrentes de união estável desfeita;
d) alimentos decorrentes da prática de ato ilícito;
e) alimentos decorrentes do descumprimento de regra contratual.

Na matéria de família, não se verificando o cumprimento da obrigação alimentar (de pais em favor de filhos e de cônjuge ou de companheiro em favor do outro, e vice-versa), a lei autoriza a propositura da ação de alimentos, disciplinada pela Lei nº 5.474/68, que é demanda de rito especial, reclamando prova pré-constituída da relação de parentesco ou da obrigação que justifica o exercício do direito de ação.

Na dinâmica da ação em referência, ato contínuo à apresentação da petição inicial, assistimos ao arbitramento de alimentos provisórios, exceto se o autor declarar de forma expressa na inicial que deles não necessita (art. 4º da lei em comento). Os *alimentos provisórios* não se confundem com os *alimentos provisionais*, contemplados no art. 852 do CPC como espécie de medida cautelar, embora ambas as situações obriguem o devedor a pagamento imediato.

Temos, assim, no mínimo três situações que geram a obrigação do devedor de efetuar o pagamento da parcela de alimentos, como decorrência de determinação judicial:

a) como resultado do deferimento de liminar nos autos de medida cautelar de alimentos provisionais;
b) como resultado do pronunciamento judicial que arbitra os alimentos provisórios no início da ação de alimentos, de natureza antecipatória da pretensão de mérito;
c) como resultado da sentença final proferida na ação em exame.

Nas duas primeiras situações, encontramo-nos diante de *decisões interlocutórias*, enquanto na terceira hipótese o pronunciamento apresenta a natureza de sentença judicial. O não atendimento a qualquer das três situações pode gerar a propositura da ação de execução, não nos autos da medida cautelar ou da ação de alimentos, ensejando a formação de autos em apenso, com a formação de nova relação jurídico-processual.

Queremos assentar o entendimento de que o não pagamento da obrigação alimentar, seja imposta por decisão interlocutória ou por sentença, autoriza a instauração de fase autônoma (de execução), submetendo o credor ao pagamento das custas processuais, ao procedimento de registro etc.

Sempre que falamos a respeito da execução de alimentos, como modalidade especial de execução por quantia certa, pensamos na possibilidade de o devedor ser submetido à prisão, na hipótese de citado não atender à determinação judicial que o colocou na posição processual desconfortável. Em linhas seguintes, verificamos que a execução de alimentos é gênero, apresentando as espécies dos arts. 475-J (e, por extensão, do art. 732) e 733, a primeira sendo fase do processo de conhecimento, ulterior à sentença ou à decisão interlocutória que arbitrou os alimentos, somente a segunda podendo impor a pena de restrição da liberdade se o devedor não se comportar da forma esperada, deixando de efetuar o pagamento da obrigação após o aperfeiçoamento da citação judicial.

14.15.1.1 Espécies de execuções de alimentos

Se o credor preferir apenas – e tão somente – a satisfação da obrigação em pecúnia, através da penhora de bens do patrimônio do devedor e da efetivação da hasta pública, encontramo-nos diante da execução na técnica do cumprimento da sentença, sendo regida pelas regras próprias a essa espécie de execução, na sua forma geral, assunto estudado em outras passagens desta obra.

O devedor é intimado para satisfazer a obrigação no prazo de quinze dias (segundo pensamos, embora grande parte da doutrina dispense a intimação de que cuidamos), seguindo a execução nos seus termos seguintes, com a penhora e a avaliação de bens do devedor (se o pagamento não for realizado), a oposição da *impugnação* etc., de acordo com as previsões dos arts. 475-J ss. Nessa espécie de execução, não assistimos à possibilidade de consumação da prisão do devedor, pelo não pagamento da verba alimentar, sob pena de o pronunciamento judicial ser qualificado como *constrangimento ilegal*, dando ensejo à impetração do *habeas corpus*.[287]

Aperfeiçoada a intimação do devedor, não quitando a dívida em ato contínuo, apenas é possível o aperfeiçoamento da penhora judicial, sendo ilegal a postura do magistrado de ordenar a prisão do executado, considerando que o credor optou pela espécie de execução menos gravosa para o devedor. Para tanto, basta que na petição inicial conste apenas o requerimento de intimação do devedor, para efetuar o pagamento do débito no prazo de quinze dias, com a adoção da técnica do cumprimento da sentença (arts. 475-J ss), sem pretensão da imposição da prisão se o executado não adotar a citada postura.

Essa espécie de execução é comum à situação que envolve a cobrança de **parcelas vencidas há longos meses**, não incluindo a pretensão de pagamento das últimas três mensalidades não adimplidas. A cobrança das comentadas parcelas, que caracterizam *necessidade imediata*, ocorre através da propositura da ação de execução apoiada no art. 733,[288] permissiva da decretação da prisão do devedor se o pagamento da dívida não for realizado no prazo previsto em lei, sem que o executado apresente justificativa fundamentada e plausível que acoberte a sua omissão.

Estando o devedor sem pagar os alimentos há 12 meses, por exemplo, pretendendo o credor utilizar a execução do art. 733 (com a possibilidade de prisão), deve instaurar duas pretensões executivas, a primeira apoiada nos arts. 475-J ss, em cujos autos pleiteará a intimação do devedor para efetuar o pagamento da dívida no prazo de quinze dias, sob pena de incidência da multa de 10% (dez por cento), penhora etc., abrangendo a sua pretensão as mensalidades vencidas do primeiro ao nono mês, em ordem cronológica do mês mais remoto para o mais recente.

A segunda pretensão, que prevê a possibilidade de decretação da prisão do devedor, abrange a cobrança dos últimos três meses não quitados, dizendo respeito a **parcelas recentemente vencidas**, evidenciando a necessidade do credor (Súmula

---

[287] "**A pena de prisão por dívida alimentar tem como pressuposto a atualidade do débito, de sorte que determinada a constrição como meio de coagir à quitação de prestações pretéritas inadimplidas, anteriores ao pagamento das três últimas parcelas vencidas, cabível é a concessão da ordem**. Ordem concedida" (HC 18295 – SP, 4ª Turma do STJ, rel. Min. ALDIR PASSARINHO JÚNIOR, j. 16.10.2001, *DJ* 18.2.2002) (grifamos).

[288] "Pelo *habeas corpus*, a prisão limita-se à legalidade da decretação da prisão, não se mostrando via hábil para análise de questão fática, dependente de dilação probatória, como a verificação sobre capacidade financeira do alimentante. **Comportável a execução de prestação alimentícia com o procedimento indicado pelo artigo 733 do Código de Processo Civil, porém concernente apenas aos três meses anteriores à propositura da ação, devendo o débito remanescente ser pleiteado pela forma prevista no artigo 732 do mesmo estatuto processual**. Ordem parcialmente concedida" (HC 29023 – SP, 3ª Turma do STJ, rel. Min. CASTRO FILHO, j. 25.11.2003, *DJ* 10.2.2004) (grifamos).

309 do STJ). Para que a prisão seja decretada, é necessário pedido expresso do credor na petição inicial, fazendo referência à utilização da execução fundamentada no art. 733, em respeito ao *princípio da adstrição* ou da *congruência*, não podendo o magistrado deferir à parte pretensão diversa da que foi pleiteada na inicial, regra que não é exclusiva do processo de conhecimento, sendo extensiva ao âmbito da jurisdição executiva.

Com as colocações articuladas, não pretendemos afirmar que o credor sempre terá de requerer a prisão do devedor quando estiver cobrando as mensalidades vencidas nos últimos três meses, em antecedência à propositura da ação, já que a utilização de uma ou de outra espécie (ou das duas ao mesmo tempo, como observamos no exemplo apresentado) é opção do credor,[289] conferindo-se a ele a prerrogativa de se sujeitar à execução do art. 732, mesmo quando a lei lhe autorizava a utilizar a espécie do art. 733.

14.15.1.2 Dinâmica da execução de alimentos com cominação de prisão

Eliminada a espécie do art. 732, a qual tramita de acordo com as regras da execução por quantia certa, cabe-nos realizar anotações próprias à modalidade especial, que é inaugurada através da citação do devedor, para pagar o débito no prazo de três dias, para provar que o fez em momento anterior ou para justificar a impossibilidade de efetuá-lo. A demonstração de que o pagamento foi realizado antes da propositura da ação revela a ausência do interesse de agir, em vista da ausência de conflito de interesses a ser eliminado, o que reclama a extinção do processo sem a resolução do mérito, por carência de ação (ausência de uma das condições da ação).

O pagamento realizado no prazo de três dias acarreta a extinção da ação de execução, por adimplemento da prestação, na forma prevista no inciso I do art. 794, o que necessariamente ocorre através de sentença (art. 735). Nas duas situações, teremos uma extinção abreviada da execução, sem que o devedor conviva com a ameaça de prisão, que se constitui o ponto central da modalidade especial em exame.

Apenas comparecendo em juízo para justificar a impossibilidade provisória (e não permanente) de efetuar o pagamento da verba de alimentos, o devedor se arrisca a deparar com a pena prisional, que não valoriza a prisão em si, tendo por objetivo forçar o adimplemento da obrigação, considerando que o pagamento realizado após a decretação da prisão resulta na imediata suspensão do cumprimento da ordem judicial (§ 3º do art. 733).

---

289 "A norma contida no art. 733 do Código de Processo Civil se aplica tanto aos alimentos definitivos como aos provisionais. **Cabe ao credor a opção pela via executiva da cobrança de alimentos. Assim, pode optar pela cobrança com penhora de bens ou ajuizar desde logo a execução pelo procedimento previsto no art. 733, CPC, desde que se trate de dívida atual**" (REsp 345627 – SP, 4ª Turma do STJ, rel. Min. SÁLVIO DE FIGUEIREDO TEIXEIRA, j. 2.5.2002, *DJ* 2.9.2002, em transcrição parcial) (grifamos).

A justificativa que apoia a tese da impossibilidade do pagamento voluntário deve ser cabal, entendendo a jurisprudência que o fato de o executado se encontrar desempregado não é causa suficiente para justificar o inadimplemento da obrigação,[290] o que em nosso pensar deve ser visto com reservas, não se podendo *construir* a regra de forma absoluta. A demonstração de que o réu está desempregado por circunstâncias do mercado, não obstante esteja apresentando o seu currículo em várias empresas, parece-nos que se qualifica como *causa impeditiva* para o cumprimento da obrigação, não se justificando a aplicação da pena prisional, que deveria ser reservada às situações que envolvem os maus pagadores.

De qualquer modo, a justificativa apresentada pelo devedor é seguida da abertura de vista dos autos ao representante do Ministério Público, que atua no processo na condição de *custos legis*, opinando pelo acolhimento da justificativa apresentada pelo executado ou, em sentido contrário, pela decretação da prisão, quando verificar que a justificativa não se apoia em elemento objetivo que seja convincente.

Com o recebimento do parecer em exame, a lei confere ao magistrado a prerrogativa de decretar a prisão do executado, pelo prazo de um a três meses (segundo a norma do CPC, a receber comentários em linhas seguintes), o que deve vir acompanhado de decisão fundamentada, em respeito ao princípio que emana do inciso IX do art. 93 da Carta Magna, sob pena do reconhecimento da sua nulidade, por envolver matéria de ordem pública, e pelo fato de a consequência processual já se encontrar *desenhada* na própria norma que impõe a exigência em relação a todas as decisões originadas dos representantes do Poder Judiciário.

Ordenada a prisão do devedor, esta pode ser suspensão no exato momento em que a prestação for adimplida, já que a medida tem por objetivo coagir o executado à satisfação da obrigação, não tendo índole punitiva, como se sanção fosse. Permanecendo o devedor em estado de inércia, sem efetuar o adimplemento da obrigação, necessariamente será suspensa a ordem de prisão quando ultimado o período da restrição de liberdade. Nesta hipótese, embora o devedor seja posto em liberdade, não é exonerado do pagamento das prestações vencidas e vincendas, devendo o processo prosseguir na modalidade da execução por quantia certa, observando as regras gerais, com destaque para a procura de bens do devedor passíveis de penhora.

Questão elegante diz respeito ao *remédio* processual utilizado pelo devedor para o combate da decisão que ordena a sua prisão. Em primeiro lugar, observe que o pronunciamento em estudo é de natureza interlocutória, o que permite a interposição do recurso de agravo de instrumento, no prazo de dez dias, contados da intimação da decisão, com a ressalva do art. 184 (exclusão do dia de início e inclusão do dia

---

[290] "**A simples alegação de desemprego não é o bastante para eximir o devedor do pagamento das prestações acordadas. Não demonstração, de modo cabal, da impossibilidade de cumprir a obrigação.** Em sede de *habeas corpus* não se examinam fatos complexos e controvertidos, dependentes de prova" (HC 22489 – RJ, 4ª Turma do STJ, rel. Min. BARROS MONTEIRO, j. 17.9.2002, *DJ* 2.12.2002, em transcrição parcial) (grifamos).

do término do prazo processual). O agravante pode requerer ao relator que atribua efeito suspensivo ao recurso, demonstrando o *periculum in mora* e a relevância da fundamentação da espécie recursal.

Contudo, além do recurso de agravo de instrumento, a jurisprudência vem admitindo a impetração do *habeas corpus cível*, desde que o executado demonstre que está sofrendo constrangimento ilegal, o que nos remete para a leitura do art. 647 do CPP, com a seguinte redação:

> *"Art. 647. Dar-se-á* habeas corpus *sempre que alguém sofrer ou se achar na iminência de sofrer violência ou coação ilegal na sua liberdade de ir e vir, salvo nos casos de punição disciplinar."*

Entendemos que um instrumento jurídico não exclui a possibilidade de utilização do instrumento remanescente. Em primeiro lugar, não cabe alegar a impossibilidade de utilização conjunta dos *remédios* em vista da aplicação do *princípio da singularidade* ou da *unicidade recursal*, considerando que o *habeas corpus* não apresenta a natureza jurídica de recurso, embora grande parte da doutrina tenha opinião em sentido contrário. Segundo entendemos, é ação judicial,[291] com requisitos alinhados na Carta Magna.

Por evidente, não poderia o executado renovar no âmbito do *habeas corpus* os mesmos argumentos utilizados para embasar a peça de interposição do recurso de agravo de instrumento, sobretudo porque a ação de *habeas corpus* não comporta ampla instrução probatória, em face do seu rito sumário.[292] Entendemos que a utilização da ação judicial deve ficar restrita às situações em que for possível demonstrar a ilegalidade praticada pela autoridade que ordenou a prisão, servindo de forma clássica à arguição de irregularidades de grande estatura, como a imposição da pena prisional desacompanhada de fundamentação, ou com fundamentação insuficiente.

---

291 Precisa a lição da doutrina: "É uma garantia individual, ou seja, um remédio jurídico destinado a tutelar a liberdade física do indivíduo, a liberdade de ir, ficar e vir, tendo por finalidade evitar ou fazer cessar a violência ou a coação à liberdade de locomoção, decorrente de ilegalidade ou de abuso de poder. Previsto na lei como recurso, é tido como recurso ordinário, recurso extraordinário, recurso de caráter especial ou misto, instituição *sui generis*, mas a opinião doutrinária mais aceitável é de que se trata de verdadeira ação penal popular constitucional, embora por vezes possa servir de recurso" (MIRABETE, Julio Fabbrini. *Código de processo penal interpretado*. 8. ed. São Paulo: Atlas, 2001. p. 1406).

292 "A prisão civil de devedor de pensão alimentícia é cabível quando a cobrança se refere às três últimas parcelas em atraso, anteriores à citação, e as que lhes são subsequentes. Não comprovado o pagamento destas, não se apresenta ilegal o decreto prisional. **A alegação de impossibilidade financeira para pagamento da verba alimentar não se coaduna com a via estreita do *habeas corpus*, por exigir necessariamente exame da matéria fático-probatória**. Requerida pelo Ministério Público Estadual a prisão civil do devedor, não se há de falar em prisão de ofício. A ação revisional de alimentos não obsta o decreto de prisão civil. Precedente da Turma (RHC nº 13.598 – SP). Recurso ordinário desprovido" (RHC 14813 – MA, 3ª Turma do STJ, rel. Min. ANTÔNIO DE PÁDUA RIBEIRO, j. 16.12.2003, *DJ* 25.2.2004) (grifamos).

De qualquer modo, a Lei de Ritos prevê que o pagamento da obrigação de alimentos pode ser realizado através do desconto de valores na folha de pagamento de funcionário público, militar, diretor ou gerente de empresa, bem como funcionário sujeito à legislação trabalhista, matéria que se encontra prevista no art. 734, afastando a regra geral do art. 649, que protege os salários do devedor na *redoma* da impenhorabilidade. A efetivação da medida far-se-á através da expedição de comunicado à empresa ou ao empregador, com a determinação de que proceda com o desconto da importância, fixando-se o tempo da sua duração.

Por último, cabe-nos anotar o conflito que há entre a norma disposta no § 1º do art. 733 e o art. 19 da Lei nº 5.478, de 25 de julho de 1968. No primeiro dos dispositivos, percebemos que a prisão do devedor que não efetua o pagamento dos alimentos perdura por um período variável entre um a três meses. Em conduto inverso, pelo que extraímos da Lei de Alimentos, quando a sentença que condena o devedor ao pagamento de alimentos não for observada, o executado (depois de proposta a ação de execução) pode permanecer preso por um período de até 60 (sessenta) dias.

Encontrando-nos diante de um conflito legislativo, cabe-nos investigar qual das duas normas deve prevalecer. Em primeiro lugar, poder-se-ia sustentar a prevalência do dispositivo previsto na Lei de Alimentos, com fundamento no *princípio da especialidade* (lei especial afastando a aplicação da lei geral). Num contra-argumento, poder-se-ia alegar que a disposição prevista no § 1º do art. 733 do CPC foi edificada em momento posterior, tendo derrogado ou revogado (implicitamente) a norma prevista na lei especial.

No nosso entendimento, a norma que prevalece é a do art. 19 da Lei de Alimentos, para estabelecer que o devedor só pode ser encarcerado por até 60 dias, não se admitindo a manutenção prisional por prazo superior a este. Como apoio da conclusão, constatamos que o art. 620 abriga princípio que se sobrepõe à aplicação de normas escritas, o que nos faz recordar da afirmação de que o princípio representa *norma jurídica qualificada*, mesmo não estando escrito no texto da lei.

É peremptória a redação do artigo em referência, alinhando a ideia de que a execução deve ter curso pelo modo menos gravoso para o devedor, sendo indiscutível que a norma prevista na Lei de Alimentos é mais favorável ao devedor. O argumento de que o CPC deveria prevalecer, por ser legislação mais recente, se comparada à Lei de Alimentos (e que, por esta razão, a teria derrogado) não nos impressiona, já que a Lei nº 6.014/73 reafirmou a redação do art. 19, sendo posterior à edição do Código de Processo Civil.[293]

---

[293] O entendimento é compartilhado pela doutrina qualitativa: "Parece-nos fora de dúvida que está em vigor o art. 19 da Lei de Alimentos, revogado (ainda que tacitamente) o § 1º do art. 733 do CPC. É certo que o Código de Processo Civil é posterior à Lei de Alimentos (que, repita-se, é de 1968). Ocorre, porém, que o art. 19 deste diploma legal foi mantido em vigor por lei posterior ao Código, qual seja, a Lei nº 6.014/73. Esta foi uma lei responsável por adaptar ao sistema do CPC uma série de leis extravagantes, como, por exemplo, a Lei de Alimentos e a Lei do Mandado de Segurança. A

14.15.2 Execução contra a Fazenda Pública

Partindo da premissa *desenhada* no inciso I do art. 649, que estipula ser impenhorável o bem que é inalienável, e verificando que o bem público em regra está inserido nessa hipótese (quando for *afetado* ao uso público), por força do art. 100 do CC,[294] emerge como consequência a constatação de que à execução movida contra a Fazenda Pública não se aplicam grande parte (quase todas) as regras procedimentais atinentes à execução movida contra particulares, regulando-se por normas próprias, não tendo início através da intimação do devedor para adimplir a dívida no prazo de quinze dias (arts. 475-J ss).

O conceito de *Fazenda Pública* é amplo, nele se inserindo a União Federal, os Estados, os Municípios, o Distrito Federal, os Territórios, as autarquias e as fundações instituídas e mantidas pelo Poder Público, sem incluir as empresas públicas e as sociedades de economia mista, que se submetem ao regime geral, atinente à execução por quantia certa contra devedor solvente, autorizando a penhora de bens para posterior arrematação e pagamento em favor do credor, embora observemos alguns julgados em sentido contrário, prestigiando as pessoas de direito privado com a execução de que tratamos quando prestarem serviço público, com o que não concordamos.

A execução contra a Fazenda Pública pode ter fundamento em título judicial ou extrajudicial (Súmula 279 do STJ),[295] exigindo-se que, na hipótese do título judicial, haja trânsito em julgado da sentença,[296] apresentando-se, em termos procedimentais, com a seguinte dinâmica:

a) recebida a petição inicial, exigida em face do *princípio da inércia* (art. 2º), como a lei não admite a penhora de bem público afetado, é determinada a citação da Fazenda Pública para opor embargos à execução,[297] no prazo

---

referida Lei nº 6.014/73 manteve íntegro o art. 19 da Lei de Alimentos, e não se poderia admitir que a lei adaptadora fosse revogada pela própria lei a cujo sistema ela pretende adaptar as outras. Assim sendo, parece-nos fora de dúvida que a prisão civil do devedor de alimentos jamais poderá exceder de sessenta dias, pouco importando se os alimentos devidos são provisionais ou definitivos" (CÂMARA, Alexandre Freitas. *Lições de direito processual civil.* 7. ed. Rio de Janeiro: Lumen Juris, 2004. v. 2. p. 348).

294 "Art. 100. Os bens públicos de uso comum do povo e os de uso especial são inalienáveis, enquanto conservarem a sua qualificação, na forma que a lei determinar."

295 **Súmula 279 do STJ:** "É cabível execução por título extrajudicial contra a Fazenda Pública."

296 "**A EC 30/00, ao inserir no § 1º do art. 100 da CF/88 a obrigação de só ser inserido no orçamento o pagamento de débitos oriundos de sentenças transitadas em julgado, extinguiu a possibilidade de execução provisória**. Releitura dos arts. 730 e 731 do CPC, para não se admitir, contra a Fazenda Pública, execução provisória. Recurso especial conhecido e provido" (REsp 447406 – SP, 2ª Turma do STJ, rel. Min. ELIANA CALMON, j. 20.2.2003, *DJ* 12.5.2003) (grifamos).

297 A Lei nº 11.232, de 22 de dezembro de 2005, que vigora desde o mês de junho de 2006, alterou a redação do art. 741 do CPC, nos seguintes termos: "Art. 741. Na execução contra a Fazenda Pública,

de trinta dias, por força da Lei nº 9.494/97, inclusive se a execução for movida contra o INSS, que tem prerrogativa para oposição dos embargos no mesmo prazo, por força de lei específica,[298] não se podendo defender o argumento de que o prazo para a oposição dos embargos deve ser contado em dobro ou em quádruplo, com fundamento no art. 188, já que a manifestação da Fazenda Pública se qualifica como ação judicial autônoma, não sendo nem defesa nem recurso;

b) não sendo apresentados os embargos, o pagamento do crédito é requisitado ao presidente do tribunal competente, através do magistrado, por meio de *precatório judicial*, respeitando-se a ordem de apresentação, dando-se preferência ao pagamento de créditos alimentares,[299] procedendo-se com a inclusão da verba em orçamento para satisfação até o último dia do ano subsequente, se o crédito foi inscrito até o dia 1º de julho do ano anterior;

c) considerando que o pagamento não é realizado na data da inscrição do crédito em precatório, mas meses depois, permite-se a inscrição de *precatório complementar*, para cobrança de juros e de correção monetária,[300] sem excluir a possibilidade de cobrança da diferença pelo pagamento a menor, não se exigindo, neste caso, seja novamente providenciada a citação da pessoa jurídica de direito público, devendo ser tão somente intimada para se pronunciar sobre os cálculos apresentados pelo exequente;[301]

---

os embargos só poderão versar sobre: I – falta ou nulidade da citação, se o processo correu à revelia; V – excesso de execução; VI – qualquer causa impeditiva, modificativa ou extintiva da obrigação, como pagamento, novação, compensação, transação ou prescrição, desde que superveniente à sentença."

298 De acordo com o art. 130 da Lei nº 8.213/91.

299 Nesse sentido, **Súmula 144 do STJ**, com a seguinte redação: "Os créditos de natureza alimentícia gozam de preferência, desvinculados os precatórios da ordem cronológica dos créditos de natureza diversa."

300 "Comprovada a demora entre as datas de expedição e pagamento do precatório, legítima se torna a expedição de precatório suplementar" (REsp 15037 – RJ, 1ª Turma do STJ, rel. Min. GARCIA VIEIRA, j. 4.12.1991, *DJU* 24.2.1992).

301 "**A Corte Especial deste Superior Tribunal de Justiça decidiu que nos precatórios complementares é desnecessária a citação da Fazenda Pública (artigo 730 do Código de Processo Civil) para opor os embargos à execução a cada utilização do cálculo, sendo suficiente a intimação da mesma para se manifestar sobre a conta de atualização.** O Pleno do Supremo Tribunal Federal firmou entendimento no sentido de que não são devidos juros moratórios no período compreendido entre a data de expedição do precatório judicial e a do seu efetivo pagamento no prazo estabelecido na Constituição Federal, por não se caracterizar inadimplemento por partes do Poder Público (cf. RE nº 298.616/SP, Relator Ministro Gilmar Mendes, *in DJ* 3/10/2003). A contrário *sensu*, se não houver o pagamento do valor consignado no precatório até o mês de dezembro do ano seguinte ao da sua apresentação, é de se reconhecer a incidência dos juros de mora a partir de 1º de janeiro subsequente até a data do efetivo pagamento da obrigação (cf. EREsp nº 449.848/MG, Relator Ministro Teori Albino Zavascki, in *DJ* 19/12/2003). Recurso parcialmente provido" (REsp 246520 – SC, 6ª Turma do STJ, rel. Min. HAMILTON CARVALHIDO, j. 6.4.2004, *DJ* 21.6.2004) (grifamos).

d) sendo descumprida a ordem cronológica de pagamento, o credor pode requerer o sequestro da quantia necessária para satisfazer o débito, após a ouvida do representante do Ministério Público (art. 731), que atua no procedimento na condição de *custos legis*.

Como visto nas breves considerações alinhadas, pelo fato de o bem público ser em regra impenhorável, assistimos à suspensão da execução no exato instante em que a Fazenda Pública opõe os embargos, persistindo a situação jurídica mesmo depois da prolação da sentença judicial que põe fim à ação incidental autônoma, por força das regras do *duplo grau de jurisdição*, contempladas no art. 475, raciocínio que não é unânime, entendendo parte da doutrina que o dispositivo em referência apenas se aplicaria ao processo de conhecimento, não sendo os seus comandos estendidos ao processo de execução.

Num outro dizer, sendo a sentença dos embargos desfavorável à Fazenda Pública, esse pronunciamento não surte efeitos até que seja confirmado pelo tribunal. Confirmado o pronunciamento em exame, ou não tendo sido opostos os embargos pelo representante da Fazenda Pública, o crédito é inscrito em precatório, que tem por objetivo garantir o pagamento em dinheiro em favor do credor, o que demonstra que a espécie de execução estudada apenas se aplica à obrigação de pagar quantia certa, mantendo-se as regras gerais do CPC nas situações que envolvem as demais espécies de execuções movidas contra pessoa jurídica de direito público (concernentes às obrigações de dar, de fazer e de não fazer).

O precatório é exigido mesmo diante da prestação de natureza alimentar,[302] compreendendo os créditos provenientes de salários, vencimentos, proventos, pensões e suas complementações, benefícios previdenciários e indenizações por morte ou invalidez, fundadas na responsabilidade civil (§ 1º-A do art. 100 da CF, acrescentado pela Emenda Constitucional nº 30, de 13.9.2000). Não obstante a exigência, convivemos com a existência de dois tipos de precatórios, um de natureza alimentar e outro que envolve os créditos em geral, apenas solvidos após a quitação dos precatórios privilegiados.

A regra da inscrição do crédito em precatório é afastada diante das *obrigações de pequeno valor*, ou seja, de até 60 salários-mínimos, no caso da União Federal, de 30 salários-mínimos, em se tratando de Municípios, e de 40 salários-mínimos, na

---

302 "O Supremo Tribunal Federal, quando do julgamento de Ação Direta de Inconstitucionalidade nº 1.252-5, de 28 de maio de 1997, declarou a inconstitucionalidade da expressão 'e liquidadas imediatamente não se aplicando o artigo 730 e 731 do Código de Processo Civil', contida no artigo 128 da Lei 8.213/91. **Os créditos de natureza alimentar sujeitam-se à expedição de precatório, mas sem a observância da ordem cronológica de apresentação em relação às dívidas de natureza diversa**. Súmula 144 do STJ. Em se tratando de recurso especial visando à distinção do limite estabelecido no artigo 128 da Lei 8.213/91, que se refere ao valor da causa ou ao valor da condenação, para fins de expedição de precatório, tem-se que o aludido recurso perdeu o objeto. Embargos acolhidos. Recurso especial julgado prejudicado" (EDREsp 83081 – SP, 6ª Turma do STJ, rel. Min. HAMILTON CARVALHIDO, j. 23.11.1999, *DJ* 26.3.2001).

situação que envolve os Estados, por força da Emenda Constitucional nº 37, de 12 de junho de 2002. Nessa hipótese, não há expedição de precatório para pagamento até o término do ano subsequente, mas **pagamento direto**, no prazo fixado pelo magistrado após o trânsito em julgado da sentença que rejeita os embargos ou que os julga improcedentes, sob pena de sequestro.

Além das normas processuais atinentes à matéria (arts. 730 e 731), temos de volver as atenções para o art. 100 da CF, peremptório no sentido de afirmar:

> *"Art. 100. À exceção dos créditos de natureza alimentícia, os pagamentos devidos pela Fazenda Federal, Estadual ou Municipal, em virtude de sentença judiciária, far-se-ão exclusivamente na ordem cronológica de apresentação dos precatórios e à conta dos créditos respectivos, proibida a designação de casos ou de pessoas nas dotações orçamentárias e nos créditos adicionais abertos para este fim."*

Não sendo a ordem de inscrição observada, com prejuízo causado à pessoa que se encontrava mais bem posicionada na *lista de pagamento*, se comparada à outra que foi beneficiada pelo pagamento em momento anterior, enseja-se a adoção do *sequestro*, incidente sobre dinheiro, não se confundindo com a medida cautelar de mesma nomenclatura, que se encontra prevista nos arts. 822 ss, de natureza evidentemente *acautelatória*. A providência sobre a qual nos debruçamos tem natureza *satisfativa*, objetivando garantir o pagamento de crédito que foi preterido de forma injustificada, dando-se preferência ao adimplemento de obrigação que se encontra posicionada em ordem posterior de inscrição.

O pedido de sequestro é apresentado ao presidente do tribunal que expediu a ordem, seguido da ouvida do representante do Ministério Público e da decisão correspondente. A materialização da apreensão do numerário e sua transferência ao credor mais bem posicionado são feitas em detrimento da pessoa que foi beneficiada pelo pagamento anterior,[303] tendo sido privilegiada de forma injustificada.

O raciocínio não é unânime, parte da doutrina entendendo que o sequestro deve incidir sobre numerário de titularidade da Fazenda Pública, com o que não concordamos, em face da *impenhorabilidade do bem público*, expressão que deve ser vista de forma ampla, abrangendo todos os atos que possam impor a transferência provisória ou definitiva dos bens públicos a terceiros, mesmo credores.

---

303 Nesse sentido: "Esse sequestro visa à manutenção da ordem de pagamento e tem caráter satisfativo, realizando-se *no patrimônio daquele jurisdicionado que recebeu com infração da preferência*, isto é, o sequestro é da importância recebida indevidamente, e não do dinheiro público, uma vez que os bens, *a fortiori*, a verba do erário, não são passíveis de constrição" (FUX, Luiz. *Curso de direito processual civil*. Rio de Janeiro: Forense, 2001. p. 1160).

14.15.3 Execução fiscal

A execução fiscal é o instrumento jurídico-processual predisposto a permitir a cobrança *da dívida ativa* da União, dos Estados, do Distrito Federal, dos Municípios e das respectivas autarquias, não se admitindo a propositura da ação por parte de empresa pública ou de sociedade de economia mista, em face da interpretação gramatical das normas que emanam da Lei nº 6.830/80, respeitadas em atenção ao *princípio da especialidade*,[304] sem afastar a aplicação subsidiária do CPC.

O art. 2º da Lei nº 6.830, de 22.9.1980 prevê como *dívida ativa da Fazenda Pública* a definida como tributária ou não tributária, referindo-se a qualquer valor devido aos entes públicos, seja pelo não pagamento de tributos (impostos, taxas e contribuições de melhoria), por estipulação contratual ou por qualquer outro fato de relevância jurídica e econômica. Em complemento às disposições da lei especial, dispõe o art. 201 do CTN:

> *"Art. 201. Constitui dívida ativa tributária a proveniente de crédito dessa natureza, regularmente inscrita na repartição administrativa competente, depois de esgotado o prazo fixado, para pagamento, pela lei ou por decisão final proferida em processo regular."*

Em face da constatação de que toda e qualquer ação de execução necessariamente se apoia em título executivo judicial ou extrajudicial, temos de anotar que o título que dá suporte à ação de execução fiscal é a *inscrição da dívida no termo correspondente*, fato representado pela *certidão*, que confere a conotação documental do crédito, reproduzindo o que consta no termo. Porém, com as atenções voltadas para as colocações anteriormente feitas, no sentido de que o título executivo representa a soma de um fato ou de um ato jurídico de relevância qualificada a um aspecto documental que preenche requisitos essenciais, temos de anotar que a só inscrição da dívida no termo não é suficiente, reclamando-se uma perfeição substancial, alinhada no § 5º do art. 2º da Lei nº 6.830/80, devendo apresentar:

a) o nome do devedor, dos co-responsáveis e, sempre que conhecido, o domicílio ou residência de um e de outro;

b) o valor originário da dívida, bem como o termo inicial e a forma de calcular os juros de mora e demais encargos previstos em lei ou contrato;

c) a origem, a natureza e o fundamento legal ou contratual da dívida;

d) a indicação, se for o caso, de estar a dívida sujeita à atualização monetária, bem como o respectivo momento legal e o termo inicial para o cálculo;

e) a data e o número da inscrição, no Registro de Dívida Ativa;

---

304 "As empresas públicas não podem cobrar seus créditos através de execução fiscal" (STF – *JTAERGS* 73/151).

f) o número do processo administrativo ou do auto de infração, se neles estiver apurado o valor da dívida.

Por analogia, para facilitar a compreensão da afirmação, poderíamos comparar a situação em exame a um contrato particular que ata duas partes, com a assinatura de uma só testemunha, apresentando-se no instrumento contratual a promessa incondicional de um dos contratantes de pagar certa quantia em dinheiro ao outro, sendo o contrato unilateral em termos do cumprimento de obrigações.

Embora o fato jurídico conduzido pelo pacto seja juridicamente relevante (promessa incondicional de pagamento de soma em dinheiro, que corresponde a uma *confissão de dívida*), não pode fundamentar a ação de execução em face de uma irregularidade substancial (por se encontrar assinado por apenas uma testemunha, quando a lei exige a assinatura de duas testemunhas instrumentárias para validar o documento como espécie de título executivo extrajudicial).

O só-fato de a Fazenda Pública ter inscrito a dívida no termo correspondente não impõe a sua qualificação como título executivo em caráter definitivo. Para que o fato assuma tamanho significado jurídico, é necessário que o termo exiba uma regularidade substancial, preenchendo os requisitos dispostos em lei como *essenciais*.[305] Num exemplo ilustrativo, percebemos que a inscrição da dívida no termo, sem que conste o valor originário da obrigação que não teria sido adimplida pelo devedor, bem como o termo inicial e a forma de calcular os juros de mora, evidencia, ao mesmo tempo, a iliquidez e a incerteza da obrigação, dando azo à oposição dos embargos à execução pelo devedor, e mesmo da exceção de pré-executividade, desde que o executado consiga demonstrar a irregularidade substancial de forma cabal, sem necessidade de investigação ampla de fatos, a reclamar o ingresso da ação incidental autônoma.

No mesmo conduto de exposição, se não há a identificação do devedor no termo de inscrição, é evidente que nem ele e nem o documento que o reproduz – a certidão – podem ser qualificados como título executivo extrajudicial, o que nos faz concluir que a certidão apresentada pela Fazenda Pública, em companhia da petição inicial, não é o título propriamente dito. Este representa a inscrição da dívida ativa no termo, realizada junto à repartição pública.

---

[305] "A CDA, enquanto título que instrumentaliza a execução fiscal, deve estar revestida de tamanha força executiva que legitime a afetação do patrimônio do devedor, mas à luz do Princípio do Devido Processo Legal, proporcionando o enaltecimento do exercício da ampla defesa quando apoiado na estrita legalidade. **Os requisitos legais para a validade da CDA não possuem cunho formal, mas essencial, visando permitir a correta identificação, por parte do devedor, do exato objeto da execução, com todas as suas partes constitutivas (principal e acessórias), com os respectivos fundamentos legais, de modo que possa garantir, amplamente, a via de defesa. É inadmissível o excesso de tolerância por parte do juízo com relação à ilegalidade do título executivo, eis que o exequente já goza de tantos privilégios para a execução de seus créditos, que não pode descumprir os requisitos legais para a sua cobrança.** Recurso especial não conhecido" (REsp 599813 – RJ, 1ª Turma do STJ, rel. Min. JOSÉ AUGUSTO DELGADO, j. 4.3.2004, *DJ* 10.5.2004) (grifamos).

A certidão representa o título de forma documental, demonstrando os aspectos substanciais, necessários para que o documento seja tratado de forma privilegiada, subsidiando o requerimento de execução, que autoriza o Estado a agir de forma substitutiva, submetendo o devedor ao estado de sujeição. A partir da inscrição da dívida no termo (procedimento aperfeiçoado na via administrativa), observamos a suspensão da prescrição pelo prazo de 180 dias ou até a propositura da ação executiva, se isto ocorrer antes do transcurso do citado prazo.

No panorama normal de uma demanda que envolve particulares, nenhum deles gozando de privilégios legais, verificamos que a citação do réu impede o autor de modificar o pedido e a causa de pedir, por força do art. 264, agasalhando o *princípio da estabilização da lide*. Na ação de execução fiscal, observamos que a norma em estudo é flexibilizada, podendo a Fazenda Pública *emendar* ou *substituir* a certidão de dívida ativa até o julgamento dos embargos à execução opostos pelo devedor, desde que a este se confira a prerrogativa de opor novos embargos, no prazo de 30 dias, contados da intimação da decisão que deferir a modificação da *causa petendi*.[306]

As providências referidas devem objetivar simples correção material ou formal da certidão, não podendo se estender o favor da lei para permitir à Fazenda Pública substituir a certidão em face da alteração do próprio lançamento tributário que deu origem à inscrição da dívida no termo.[307]

Em termos procedimentais, anotamos que a execução fiscal, como qualquer ação de execução, exige a apresentação de uma petição inicial, com o preenchimento de requisitos, a saber: nomes e qualificação das partes; autoridade a que é dirigida; pedido de citação do réu; pedido próprio da execução; valor da causa, que deve coincidir com o *quantum* atualizado do crédito de titularidade do exequente. O título executivo extrajudicial deve acompanhar a petição inicial, exibindo os atributos de certeza, de liquidez e de exigibilidade da obrigação.

A ação de execução pode ser proposta contra o devedor, o fiador, o espólio, a massa, o sucessor, e o *responsável*, como tal o sócio da devedora que exerceu a função de gerente, tendo infringido a lei ou o estatuto social, exigindo-se a sua citação, sob pena de caracterização do cerceamento do direito de defesa, conforme anotações

---

306 "A Certidão da Dívida Ativa pode ser substituída até a decisão de primeira instância, ou seja, desde que a petição inicial da execução é submetida ao despacho inicial do juiz até a prolação da sentença que decidir os embargos à execução fiscal eventualmente opostos. **A Fazenda Pública tem a prerrogativa de alterar a *causa petendi* no curso da ação executiva. Indispensável, no entanto, a intimação do executado após a emenda do título para oposição de novos embargos, assinalado o prazo de 30 dias**, na forma do artigo 2º, § 8º, da Lei de Execuções Fiscais" (REsp 504168 – SE, 2ª Turma do STJ, rel. Min. FRANCIULLI NETO, j. 19.8.2003, *DJ* 28.10.2003) (grifamos).

307 "A substituição de título executivo só é permitida até a decisão de primeira instância. **Impossibilidade de substituição de Título Executivo quando não se tratar de mera correção de erro material ou formal, e, sim, de modificação do próprio lançamento, o que não possui tutela na Lei 6.830/80 e no CTN**" (REsp 327663 – SC, 1ª Turma do STJ, rel. Min. JOSÉ AUGUSTO DELGADO, j. 2.10.2001, *DJ* 4.3.2002) (grifamos).

lançadas em várias passagens deste capítulo. Também se admite que a ação seja posteriormente redirecionada ao responsável, com a mesma exigência de que seja citado, em respeito ao princípio do contraditório e da ampla defesa.

De qualquer modo, cabe-nos anotar que não é exigido que os nomes dos responsáveis constem da certidão da dívida ativa, para efeitos de responsabilização ao pagamento da importância cobrada na ação judicial. Porém, não estando estas pessoas previamente identificadas no título, a Fazenda Pública deve produzir prova da responsabilidade tributária, atando-as ao fato gerador da obrigação tributária objeto da demanda judicial, provando, no caso do sócio, por exemplo, que agiu com dolo ou com excesso de poderes.

A execução é proposta, como regra, perante o foro de domicílio do executado, representando favor que demonstra a aplicação prática do *princípio da menor onerosidade para o devedor*, *importado* do art. 620 da Lei de Ritos, não afastando a possibilidade de a ação ser ajuizada perante o foro em que ocorreu o ato ou fato que origina a demanda, sendo a regra competencial meramente relativa, podendo ser modificada pelo devedor através da oposição da exceção, no interior dos embargos à execução, sendo tratada como matéria preliminar.

Recebida a petição inicial, constatada a sua regularidade, o magistrado ordena o aperfeiçoamento da citação do devedor, pelos correios, objetivando garantir o dinamismo processual, afastando a aplicação do art. 222 do CPC (que prevê a citação por oficial de justiça nas demais espécies de execução), facultando-se à Fazenda Pública requerer que a citação seja aperfeiçoada através do auxiliar da justiça, *abrindo mão* do favor que foi edificado em sua atenção.

O primeiro despacho do magistrado no processo não apenas ordena a citação do devedor, mas também autoriza o aperfeiçoamento da **penhora** (logicamente não se observando o pagamento ou a garantia da execução, no prazo legal), o **arresto**, se o devedor não tiver domicílio ou dele se ocultar, o **registro da penhora ou do arresto** e a **avaliação dos bens penhorados ou arrestados**. O procedimento em exame tem por objetivo dinamizar o trâmite da execução fiscal, servindo como referência para o legislador responsável pela edição das Leis 11.232/2005 (impondo a adoção da técnica do cumprimento da sentença) e 11.382/2006 (modificando a sistemática da execução fundada em título extrajudicial).

Quando a citação for realizada pelo correio, considera-se feita na data da entrega da carta no endereço do executado, ou, se o aviso de recepção não indicar a data, dez dias após a entrega da comunicação processual à agência postal. Quando o aviso de recepção não retornar no prazo máximo de 15 dias – contados da entrega da carta à agência postal –, a citação será aperfeiçoada através do oficial de justiça, ou pela publicação de edital no órgão oficial, de forma gratuita, na última situação com a observância do prazo de 30 dias (exceto se o executado se encontrar ausente do país, circunstância que alonga o prazo para 60 dias), somente após o interregno iniciando-se a contagem do prazo de cinco dias para que o devedor efetue o pagamento da obrigação ou nomeie bens à penhora, objetivando o oferecimento dos embargos à execução em ato contínuo.

Entendemos que a citação por edital deve representar o último recurso utilizado para a angularização da relação processual, em vista da incerteza sempre presente de que o devedor teria sido efetivamente cientificado da existência da demanda proposta contra a sua pessoa. Desse modo, é necessário que primeiramente seja tentada a citação pelos correios, depois pelo oficial de justiça, e somente por último através da publicação do edital.[308]

Sendo o devedor efetivamente citado, pode adotar uma dentre duas condutas:

a) **Efetuar o pagamento do débito no prazo de cinco dias**, e não de três, como observamos na execução por quantia certa regulada pelas disposições do CPC, apoiada em título extrajudicial (art. 652). O pagamento acarreta a extinção da execução em face da satisfação da obrigação que justificou a formação do processo judicial.

b) **Proceder com a nomeação de bens à penhora**, no mesmo prazo, como condição para a oposição dos embargos à execução, facultando a lei a possibilidade de o executado efetuar o depósito em dinheiro, à ordem do juízo em estabelecimento oficial de crédito, de oferecer fiança bancária ou de indicar à penhora bens oferecidos por terceiros e aceitos pela Fazenda Pública.

Quando a penhora incidir sobre bem imóvel de propriedade do devedor ou de terceiro por ele indicado, é necessário o aperfeiçoamento da intimação do cônjuge, permitindo que compareça ao processo para se opor à constrição através do oferecimento dos embargos à execução ou dos embargos de terceiro, a depender de o débito ter sido (ou não) contraído em favor da família, assunto de que nos ocupamos por ocasião do estudo da penhora, no panorama da execução por quantia certa contra devedor solvente, evitando a repetição das ideias, de nenhuma serventia didática.

Embora o § 3º do art. 11 da Lei nº 6.830/80 preveja a possibilidade de o bem penhorado ser removido para depósito judicial, quando houver requerimento da Fazenda Pública neste sentido, não simpatizamos com a regra, em face da hegemonia do *princípio da menor onerosidade para o devedor*, que *habita* o art. 620 do CPC, não se recomendando a adoção da providência quando se revelar que o próprio devedor pode permanecer como depositário dos bens, sem qualquer prejuízo causado à Fazenda Pública e ao processo de modo geral.

---

308 A jurisprudência do STJ está afinada com esse modo de pensar, como se colhe através da análise do seguinte julgado: "**Na execução fiscal a citação do devedor por edital só é possível após o esgotamento de todos os meios possíveis à sua localização**. A citação por oficial de justiça deve preceder a citação por edital, a teor do que dispõe o art. 224 do CPC, de aplicação subsidiária à Lei de Execução Fiscal" (AGREsp 597981 – PR, 1ª Turma do STJ, rel. Min. LUIZ FUX, j. 1.6.2004, *DJ* 28.6.2004, em transcrição parcial) (grifamos).

Após a penhora, o executado é intimado, para apresentar os embargos no prazo de 30 dias, contados da publicação no órgão oficial. Entendemos que essa intimação é dispensada na hipótese de o devedor ter sido pessoalmente cientificado da penhora por ocasião do cumprimento do mandado de penhora ou da formalização do termo de penhora, sendo medida desnecessária, que apenas retarda a entrega da prestação jurisdicional, o que encontra eco na jurisprudência dos tribunais de referência.[309] Para tanto, é necessário que a intimação pessoal do devedor tenha incluído a advertência de que a partir daquele instante começou a fluir o prazo para a oposição dos embargos à execução.

Quando não localizados bens do devedor passíveis de penhora, ou quando o devedor não for encontrado para aperfeiçoamento da citação, a execução é suspensa, não correndo o prazo de prescrição, conforme o art. 40 da Lei nº 6.830/80, regra que não merece a nossa simpatia, já havendo sido defendida a tese de que a prescrição deve ser reconhecida pelo magistrado por provocação do interessado (devedor ou curador, na hipótese de o executado ter sido citado por edital), e mesmo de ofício, sobretudo após a revogação do art. 194 do CC e da modificação do § 5º do art. 219 da Lei de Ritos.

Assim é que, fluído o período da suspensão, entendemos que a Fazenda Pública dispõe do prazo de cinco anos para promover a citação do devedor e/ou para localizar bens passíveis de penhora, após o qual o magistrado pode (deve) reconhecer a prescrição, por provocação do interessado ou de ofício.

Voltando ao *caminhar* normal da execução (partindo da premissa de que foram localizados bens do devedor passíveis de penhora, com a sua formalização), anotamos que a apresentação da reconvenção não é admitida na execução fiscal nem a alegação de compensação; e as exceções (de incompetência, de impedimento ou de suspeição) devem ser formuladas no interior da peça de embargos, como matéria preliminar, evitando a burocratização do processo com a proliferação de incidentes.

Depois do oferecimento dos embargos à execução, o magistrado faculta à Fazenda Pública a apresentação de impugnação, no prazo de trinta dias, em respeito ao *princípio do contraditório e da ampla defesa*, seguindo-se à designação de audiência de instrução e julgamento ou do desate antecipado da demanda, situação que é mais comum na dinâmica forense, não sendo observada em repetição a necessidade da produção de prova oral para o julgamento do processo.

De qualquer modo, recomendamos que o magistrado anuncie o propósito de julgar a lide de forma antecipada, através de decisão interlocutória, o que deve ser estimulado em respeito ao *princípio do contraditório e da ampla defesa*, permitindo à parte que tem interesse na produção da prova oral interpor o recurso de agravo, nos

---

[309] "**Consoante jurisprudência sumulada do extinto Tribunal Federal de Recursos e segundo precedentes jurisprudenciais deste STJ, intimado o executado, pessoalmente, da penhora, é dispensável a publicação de que trata o artigo 12 da Lei 6.830/8. Precedentes jurisprudenciais**. Recurso improvido" (REsp 372519 – RS, 1ª Turma do STJ, rel. Min. GARCIA VIEIRA, j. 7.2.2002, *DJ* 25.3.2002) (grifamos).

dez dias seguintes à intimação, na hipótese de a espécie ser utilizada pelo executado, ou nos 20 dias subsequentes, sendo o recurso manejado pela Fazenda Pública, em vista da aplicação da regra do art. 188 do CPC (que garante a contagem de prazo em dobro em favor da Fazenda Pública para interpor todos os recursos).

Não sendo caso que reclame a produção da prova oral (por versar apenas questão de direito, ou, sendo de direito e de fato, a última parte já se mostrar devidamente esclarecida por documentos), o magistrado deve proferir sentença no prazo de 30 dias, sendo dilação *imprópria*, não se submetendo à preclusão temporal, de modo que a não observância do prazo não acarreta qualquer consequência processual, podendo a decisão ser proferida depois do trintídio em referência, como geralmente se observa em face do acúmulo dos serviços forenses.

Com a rejeição liminar dos embargos ou a sua improcedência, mesmo tendo sido o pronunciamento judicial atacado através da interposição do recurso de apelação (recebido apenas no efeito devolutivo, conforme a previsão do inciso V do art. 520 do CPC), não assistiremos à avaliação do bem penhorado, em face de a providência ter sido adotada no momento da lavratura do auto ou do termo de penhora, sendo apenas nomeado avaliador em fase seguinte (após o julgamento dos embargos) quando impugnada a estimativa feita por ocasião da lavratura de um dos citados documentos judiciais.

Se o julgamento dos embargos for desfavorável à Fazenda Pública, haverá novo sobrestamento do feito, independentemente de a vencida (exequente) interpor o recurso de apelação, em respeito ao duplo grau obrigatório de jurisdição, matéria disposta no inciso II do art. 475 da Lei de Ritos, não surtindo a sentença seus efeitos jurídicos (o principal deles é o de pôr fim à execução em razão da conclusão de que a obrigação representada pelo título não seria certa, líquida e exigível) até que seja reapreciada pela instância superior.

O julgamento dos embargos (sendo rejeitados ou julgados improcedentes) autoriza a Fazenda Pública a requerer a designação de dia e hora para a realização da praça ou do leilão, a fim de proceder com a alienação forçada do bem penhorado, observando-se o mesmo modo procedimental que rege a dinâmica da execução por quantia certa contra devedor solvente disciplinada pelo CPC, com as seguintes adaptações:

a) A publicação do edital de convocação da praça ou do leilão é sempre gratuita, ao contrário do que observamos no panorama da execução por quantia certa regida pelo CPC, exigindo que a publicação seja custeada pelo credor em regime de antecipação de despesas.
b) A publicação é realizada no órgão oficial, não em *jornal de grande circulação*, como no panorama da ação de execução por quantia certa que tem curso segundo as previsões do CPC.
c) O prazo entre as datas de publicação do edital e do leilão ou da praça não pode ser superior a trinta, nem inferior a dez dias, diferentemente

do que observamos no panorama da execução disciplinada pelo CPC, já que naquele ambiente processual convivemos com um prazo mínimo de cinco dias entre a publicação do edital e a realização da praça ou do leilão.

d) O representante legal da Fazenda Pública deve ser pessoalmente intimado do dia e hora da realização da hasta pública, diferentemente do panorama da execução regida pelo CPC, que autoriza a intimação do credor através da imprensa oficial, formalizada na pessoa que o representa em juízo.

De qualquer modo, além das providências acima alinhadas, o devedor deve ser pessoalmente intimado do dia e hora da realização da hasta pública (embora a lei seja silente),[310] em respeito ao *princípio da isonomia* (já que o representante judicial da Fazenda Pública é pessoalmente intimado), não se admitindo que a alienação do bem penhorado seja efetivada por *preço vil*, aplicando-se por *empréstimo* o art. 692 da Lei de Ritos, não obstante a legislação que rege a execução fiscal não tenha tratado do tema de forma expressa, o que não serve de argumento para o afastamento da garantia, em respeito ao *princípio da menor onerosidade para o devedor*.[311]

Não havendo licitante interessado em qualquer das praças ou leilões na arrematação do bem penhorado, a Fazenda Pública pode requerer a sua adjudicação, pelo valor da avaliação, sem necessidade de exibir o preço. A adjudicação também pode ser requerida mesmo com a existência de lanço, dando-se preferência à Fazenda Pública, que adjudica o bem pelo valor da melhor oferta, sem afastar a possibilidade de a adjudicação ser deferida antes da praça ou do leilão, desde que não tenham sido opostos embargos à execução pelo devedor.

Por último, não é cabível a interposição da apelação contra a sentença proferida nos embargos à execução, em processos de valor igual ou inferior a 50 ORTN's, e sim embargos infringentes, que são decididos pelo próprio magistrado do 1º Grau de Jurisdição, sem afastar o cabimento do recurso de embargos de declaração, desde que presentes os seus requisitos gerais e específicos, notadamente a omissão, a obscuridade ou a contradição do pronunciamento judicial (ver apontamentos es-

310 "**Mesmo na execução fiscal, o devedor deve ser intimado da data, hora e local aprazados para a praça ou leilão. Aplicação subsidiária do artigo 687, § 5º, do CPC. Enaltecimento do Princípio da Igualdade das Partes**. O leilão/praça é severo ato de afetação patrimonial, sendo imprescindível a ciência adequada do devedor para que possa prevenir-se" (REsp 590678 – MS, 1ª Turma do STJ, rel. Min. JOSÉ AUGUSTO DELGADO, j. 19.2.2004, *DJ* 19.4.2004, em transcrição parcial) (grifamos).

311 Nesse sentido: "Aplicam-se subsidiariamente à execução fiscal as normas do Código de Processo Civil. Nos termos do artigo 686, VI, CPC, o edital de leilão deve designar duas licitações. Na primeira, observar-se-á o lance mínimo equivalente ao valor da avaliação dos bens penhorados. Na segunda, só ocorrente se frustrada a primeira, será efetuada a venda a quem mais der. É nula a arrematação por preço vil, assim considerado quando insuficiente para pagar parte considerável do débito. Recurso provido" (REsp 41359 – SP, 1ª Turma do STJ, rel. Min. CESAR ASFOR ROCHA, j. 9.2.1994, *DJ* 7.3.1994).

pecíficos alinhados no Capítulo 13 deste volume, destinado ao estudo das espécies recursais *de per se*).

O recurso de embargos infringentes, embora tenha recebido essa nomenclatura pela legislação esparsa, não se confunde com a espécie recursal *desenhada* no art. 530 do CPC, destinado ao combate de acórdão que julgue a apelação ou a ação rescisória por maioria de votos, exigindo a coexistência de vários requisitos de admissibilidade, além dos gerais (legitimidade, interesse, tempestividade, regularidade formal etc.). Na situação analisada, observamos que o recurso de embargos infringentes mais se parece com uma apelação (pois combate sentença judicial), embora não seja conhecido pelo tribunal situado acima do magistrado *a quo*, mas pelo próprio juiz que prolatou a sentença combatida.

Grande parte da doutrina afirma que não haveria devolutividade na espécie, já que o recurso é apreciado e julgado pelo próprio magistrado, sem deslocá-lo à apreciação de órgão jurisdicional de maior hierarquia. Não concordamos com a colocação, por entendermos que o só fato de a parte recorrer do pronunciamento judicial que lhe foi desfavorável demonstra a devolutividade, pouco importando que o recurso seja julgado pelo mesmo ou por outro representante do Poder Judiciário.

De qualquer modo, pelo fato de a decisão dos embargos infringentes não se originar de um tribunal, mas do próprio magistrado, não cabe recurso especial contra o pronunciamento, em face de o inciso III do art. 105 da CF exigir que a decisão que dá ensejo à interposição do recurso especial se origine de um tribunal, assim alinhado no art. 92 da CF, o que não se vislumbra quando a decisão se originar da instância monocrática, que, por lógico, não apresenta essa condição estrutural.

14.16 EXECUÇÃO POR QUANTIA CERTA CONTRA DEVEDOR INSOLVENTE – CONSIDERAÇÕES GERAIS

A insolvência civil, no plano processual, corresponde à constatação real e objetiva (na maioria das vezes) de que o patrimônio do devedor é insuficiente para garantir o pagamento de todos os seus débitos, com desequilíbrio patrimonial que prejudica não a um credor isoladamente, mas a uma universalidade de credores.

A insolvência a que nos referimos pode dar ensejo à propositura de ação de execução específica, intitulada pelo Código *execução por quantia certa contra devedor insolvente*, disciplinada a partir do art. 748. A execução em estudo muito se parece com a falência do comerciante, embora várias diferenças afastem os institutos, bastando destacar que a falência atinge ao devedor comerciante, enquanto a insolvência civil recaia sobre devedor não comerciante. Além disso, observamos que o reconhecimento da falência do comerciante pode originar o ingresso de ações criminais contra a sua pessoa, o que não se repete no panorama da insolvência civil.

Não obstante as diferenças, a insolvência civil e a falência se assentam em bases fáticas próximas, a saber: a **impontualidade** (na falência comercial) e a **insolvência do devedor** (na *falência civil*), que não são vistas, qualificadas e conceituadas da mesma forma. No caso da falência comercial, o reconhecimento da quebra do comerciante se fundamenta na circunstância de não ter efetuado o pagamento de quantia líquida, certa e exigível na data do vencimento da obrigação, convivendo o credor com a mora do devedor,[312] o que denota o estado de *insolvência presumida*.[313]

No que se refere à insolvência civil, que abate o devedor não comerciante, observamos que o estado de fato exige uma demonstração de que as dívidas excedem a importância dos bens do devedor, não se contentando a lei com o só fato de este não ter adimplido dívida líquida, certa e exigível na data do seu vencimento. Este é um requisito próprio da execução por quantia certa contra devedor insolvente, a demonstração de que o patrimônio do devedor não é suficiente para honrar o pagamento de todos os seus débitos, atando-se aos requisitos de toda e qualquer execução, a saber: título executivo e inadimplemento do devedor, com a sujeição de todos os bens presentes e futuros.

No que se refere ao segundo dos requisitos gerais, observe que na execução por quantia certa contra devedor solvente também convivemos com o inadimplemento do devedor. Contudo, não obstante em mora, tem condições de efetuar o pagamento do débito por dispor de patrimônio livre e desembaraçado. Na execução por quantia certa contra devedor insolvente, além de este se encontrar em mora, sem adimplir obrigação líquida, certa e exigível no momento esperado, verificamos que o seu **patrimônio é insuficiente para garantir o pagamento em favor de todos os credores**, embora possa ser suficiente para o pagamento de alguns dos credores em isolado.

A execução por quantia certa contra devedor solvente é *singular*, ao passo que a execução por quantia certa contra devedor insolvente é *universal*, objetivando a que um número maior de credores seja satisfeito com o pagamento dos créditos de que são titulares.[314]

---

312 Nesse sentido, art. 1º do Decreto-lei nº 7.661, de 21 de junho de 1945, com a seguinte redação: "Art. 1º Considera-se falido o comerciante que, sem relevante razão de direito, não paga no vencimento obrigação líquida, constante de título que legitime a ação executiva."

313 "Daí termos caracterizado como pressuposto essencial a insolvência presumida e não propriamente a insolvência. Não importa a situação do ativo, esclarece BOLAFFIO, pois pode o ativo ser maior que o passivo e o devedor não queira ou não possa pagar as dívidas, ocasionando a falência. Nem sempre o comerciante não quer ou não pode pagar com o intuito de fraudar os credores. Muitas vezes é levado a faltar com suas obrigações por motivos outros. Não raro, acrescenta BOLAFFIO, a falência ocorre sem insolvência porque o comerciante não sabe combinar com precisão necessária as entradas de dinheiro com os vencimentos de suas obrigações" (LACERDA, J. C. Sampaio de. *Manual de direito falimentar.* 13. ed. Rio de Janeiro: Freitas Bastos, 1996. p. 54).

314 "Inspira-se essa modalidade de execução, segundo Prieto-Castro, num princípio de justiça distributiva que exigiu do legislador a criação de um processo que fosse apto a evitar que credores mais diligentes ou espertos viessem a agir arbitrariamente, antecipando-se em execuções singulares ruinosas

Num exemplo ilustrativo, partindo da premissa de que o patrimônio do devedor corresponde a $8x$, que um dos credores é titular de crédito no valor de $2x$ e que todos os devedores reunidos são titulares de um crédito de $10x$, verificamos que o credor antes citado poderia ser satisfeito no recebimento do seu crédito de $2x$, sendo o patrimônio do devedor suficiente, em relação à sua pessoa, para adimplir a obrigação que o ata ao seu opositor. Contudo, é mais razoável que a universalidade de credores participe do rateio do produto da alienação dos bens do devedor, que um maior número de credores venha a ser satisfeito, embora cada um deles, isoladamente, não receba seu crédito na integralidade.

Antes do reconhecimento judicial da insolvência, o credor pode optar pela propositura da ação de execução singular ou pela execução por quantia certa contra devedor insolvente, desde que não seja titular de garantia real, situação que o força a desistir da garantia, pondo-se na execução universal em igualdade de condições com os demais credores.

Com as atenções voltadas ao art. 612, aplicável à execução por quantia certa contra devedor solvente, percebemos que o dispositivo prevê que o credor adquire, pela penhora, o direito de preferência sobre os bens penhorados, representando a aplicação do princípio *prior tempore, potior iure*, diferentemente do que ocorre na execução por quantia certa contra devedor insolvente, que se rege pelo princípio *par condicio creditorum*, estabelecendo uma arrecadação dos bens do devedor para satisfazer a um maior número de credores, tratados pela lei de forma igualitária, não merecendo privilégio pelo fato de primeiramente ter providenciado a penhora de bem do devedor.

Por último, nas notas introdutórias, observe que a execução por quantia certa contra devedor insolvente reclama a instauração de uma fase prévia, que se qualifica como de conhecimento, para certificar se o devedor é (ou não) insolvente (se o seu patrimônio é insuficiente para o pagamento de todos os seus débitos). Esta fase é ultimada através da *declaração judicial de insolvência*, a partir desse instante autorizando-se o desencadeamento de atos, com o objetivo de que vários credores sejam satisfeitos, através da arrecadação dos bens do falido, da sua alienação e do rateio posterior.

A situação que merece os nossos comentários neste momento muito se parece com a observada no processo de falência, considerando que os atos que objetivam a arrecadação do patrimônio do devedor falido (comerciante), a sua alienação para posterior rateio, são antecedidos do reconhecimento do estado falencial, mediante a prolação de decisão judicial específica. No panorama da ação de falência, observamos que, quando requerida por um credor, é ordenada a citação do devedor para apresentar defesa, estágio processual seguido da prolação de decisão que confirma (ou não) a situação de falência, com conteúdo declaratório. Esta mesma decisão

---

e prejudiciais à comunidade dos credores comum" (THEODORO JÚNIOR, Humberto. *Curso de direito processual civil*. 31. ed. Rio de Janeiro: Forense, 2001. v. 2, p. 274).

nomeia o administrador judicial, prosseguindo-se o processo através da prática de atos que têm por objetivo a satisfação de um maior número possível de credores.

No âmbito da execução por quantia certa contra devedor insolvente, percebemos que os atos próprios da execução, da arrecadação do patrimônio do insolvente, da delegação de gestão a um administrador etc. apenas são desencadeados após ter sido instaurada uma etapa cognitiva prévia, por requerimento do próprio devedor, pelo inventariante do seu espólio ou por qualquer credor quirografário.

Essa fase inicial não impõe atos de sujeição em relação ao devedor, mas certificação da insolvência civil, necessária a que se percorra a etapa seguinte, de índole executiva. A primeira fase é encerrada através de sentença, de natureza constitutiva, segundo opinião doutrinária de maior fôlego, quando o pronunciamento reconhecer o estado de insolvência.

Em passagens anteriores, vimos que a insolvência, como regra, decorre de uma constatação real e objetiva, a saber: de que **as dívidas excedem a importância dos bens do devedor**. Contudo, há casos em que a insolvência é presumida, o que se encontra *desenhado* no art. 750 da Lei de Ritos, com a seguinte redação:

> *"Art. 750. Presume-se a insolvência quando: I – O devedor não possuir outros bens livres e desembaraçados para nomear à penhora; II – Forem arrestados bens do devedor com fundamento no art. 813, I, II e III."*

Nos casos em exame, encontramo-nos diante de uma presunção meramente relativa, que pode ser afastada pelo devedor na etapa de conhecimento anterior à execução por quantia certa contra devedor insolvente. Queremos com isto afirmar que o legitimado à instauração do processo pode *forrar* a sua pretensão (de declaração judicial da insolvência):

a) Mediante a demonstração de que as dívidas excedem a importância dos bens do devedor.
b) Mediante a demonstração de que o devedor não possui outros bens livres e desembaraçados para nomear à penhora, pelo fato de todos os seus bens já terem sido penhorados em outras execuções singulares ou por efetivamente não dispor de patrimônio.
c) Mediante a demonstração de que foram arrestados bens do devedor, em face de não ter domicílio certo, intentando ausentar-se ou alienar os bens que possui ou deixando de adimplir a obrigação no prazo estipulado.
d) Mediante a demonstração de que, tendo domicílio certo, ausenta-se ou tenta se ausentar furtivamente ou quando, possuindo bens de raiz, intenta aliená-los, hipotecá-los ou dá-los em anticrese, sem ficar com algum ou alguns, livres e desembargados, equivalentes às dívidas.

14.16.1 Declaração de insolvência

O pedido de declaração judicial de insolvência reclama a instauração de processo judicial, por iniciativa do credor, do devedor ou do inventariante do seu espólio. Como processo, apresenta um início (*formação*, através da distribuição e da citação da parte contrária), um meio (através da investigação dos fatos sobre os quais se baseia o requerimento) e um fim, marcado pela prolação de uma sentença que acolha ou que rejeite a pretensão do autor.

Em linhas seguintes, estudamos a dinâmica dos processos em referência, fazendo as devidas adaptações, a depender da pessoa legitimada que exercita o direito de ação, cabendo-nos anotar neste instante que o pronunciamento final é de natureza *constitutiva*, quando reconhecer o estado de insolvência, criando uma situação jurídica nova (principalmente) para o devedor e para todos os seus credores, bastando ressaltar que, no caso do primeiro, perde a disponibilidade dos seus bens, assistindo à delegação de atribuições ao administrador, e que, no caso dos credores, perdem o direito de preferência em relação a penhoras anteriormente formalizadas, pondo-se em situação de igualdade dentro do processo concursal.

Como sentença, pode ser atacada através do recurso de apelação, ordinariamente recebido tão somente no efeito devolutivo (inciso V do art. 520), sem afastar a possibilidade de o relator atribuir efeito suspensivo excepcional ao *remédio* processual, desde que se convença da coexistência do *periculum in mora* e da relevância da fundamentação apresentada pelo apelante.

Os atos executivos propriamente ditos (sempre recordando que a execução objetiva à satisfação do credor) são observados após a prolação da sentença, que se qualifica como *conditio sine qua non* para o início do processo de execução. Embora a declaração judicial de insolvência seja externada através de sentença, quer nos parecer que melhor seria afirmar que a execução por quantia certa contra devedor insolvente se revela como processo *bifásico*. Numa fase inicial, busca-se a confirmação de uma situação que autoriza o início da fase posterior, esta marcada por atos típicos da execução. Não sendo reconhecido o estado de insolvência do devedor, não se justifica a prática dos atos de execução. Isto não significa que o devedor está liberado do pagamento da dívida que o ata aos seus credores.

Ao contrário, queremos afirmar que a via processual adequada para perseguir a satisfação dos credores se materializará através de execuções singulares, não se admitindo o uso da execução coletiva. Em vista de todas as considerações feitas, percebemos que o magistrado deve fundamentar a decisão que reconhece (ou não) a insolvência judicial do devedor, não apenas em atenção e respeito ao inciso IX do art. 93 da CF (que exige a fundamentação de todos os pronunciamentos judiciais), mas pela constatação de que a execução universal coloca o devedor em situação jurídica extremamente desconfortável, tendo de conviver com a indisponibilidade de todo o seu patrimônio e com a prática de atos bastante agressivos.

14.16.1.1 Efeitos da declaração de insolvência

Como antecipado em linhas anteriores, a sentença que declara a insolvência do devedor surte vários efeitos jurídicos, morais e econômicos, não se limitando às partes do processo, que foi exclusivamente instaurado para o reconhecimento desse estado fático (da insolvência do devedor), abrangendo pessoas que não tomaram assento na relação jurídico-processual, produzindo efeitos *erga omnes*. No que se refere ao devedor, emerge como principal efeito o de perder o direito de administrar e de dispor dos seus bens, conforme textualiza o art. 752.

A *ratio* é lógica, diante da constatação de que a sentença que reconhece o estado de insolvência nomeia um *administrador*, como *auxiliar da justiça*, conduzindo a massa patrimonial até que se ultime a arrecadação dos bens, a classificação dos créditos, a alienação judicial e o rateio entre os credores.

Especificamente no que se refere à disposição dos bens, observamos que o credor perde a *capacidade processual*, sendo as ações que envolvem o patrimônio que lhe pertence propostas através do administrador, que se incumbe legalmente da contratação de advogado para se liberar do encargo, cobrando dívidas de titularidade do devedor, propondo ações de busca e apreensão, de imissão na posse etc. Situação semelhante ocorre na falência comercial, retirando-se do devedor falido a prerrogativa de propor ações em nome próprio, sendo estas ingressadas pela *massa falida*, representada pelo administrador judicial.

Além desse efeito, que consideramos o principal, observe que a declaração de insolvência determina o vencimento antecipado das dívidas do devedor, em face da necessidade de que seja organizada a lista de credores, pondo todos em igualdade, segundo o princípio da *par conditio creditorum*. No mesmo conduto de exposição, deixamos registrado que haverá a arrecadação de todos os bens do devedor suscetíveis de penhora.

14.16.2 Legitimidade para o requerimento de insolvência

É sabido que a legitimidade representa uma das condições da ação, de modo que o autor do processo só terá direito de conviver com os efeitos da sentença de mérito (favorável ou desfavorável às suas pretensões) se demonstrar ao magistrado que ajuíza a ação com o propósito de requerer em nome próprio o reconhecimento de direito próprio ou de requerer em nome próprio o reconhecimento de direito alheio (*substituição processual*), nesta hipótese desde que autorizado por lei, conforme a regra que deflui do art. 6º.

O reconhecimento da ilegitimidade de qualquer das partes é *questão processual de ordem pública*, que deve ser enfrentada pelo magistrado em qualquer tempo e grau de jurisdição, mesmo sem provocação do interessado, acarretando a extinção do processo sem a resolução do mérito, sem desobrigar o autor do pagamento das custas processuais e dos honorários advocatícios.

As considerações alinhadas se aplicam integralmente à hipótese estudada nesta seção específica, de logo sendo antecipado que o art. 753 confere legitimidade para o requerimento da declaração de insolvência:

a) a qualquer credor quirografário (sem garantia ou privilégio);
b) ao devedor; e
c) ao espólio, representado pelo seu inventariante.

No caso do primeiro legitimado, o credor deve apresentar título executivo judicial ou extrajudicial. Quando a declaração de insolvência for requerida pelo devedor ou pelo seu espólio, encontramo-nos diante da *autoinsolvência*, que impõe a instauração de procedimento de jurisdição voluntária. Quando requerida pelo credor, estaremos diante de processo judicial, com ampla litigiosidade.

A questão da legitimidade influi no procedimento a ser adotado em cada uma das espécies. De forma didática, alinhamos a tramitação do processo quando instaurado a requerimento do credor:

a) É apresentada a petição inicial, em respeito ao *princípio da inércia*, *desenhado* no art. 2º, reclamando do magistrado a análise dos seus termos, verificando se estão presentes os requisitos mínimos de procedibilidade. A não confirmação do preenchimento dos requisitos mínimos impõe a abertura de prazo ao autor, para que emende a inicial (art. 284), sob pena do seu indeferimento, através de sentença judicial, que produz coisa julgada formal (efeito endoprocessual), não impedindo o ingresso de nova ação assentada nos mesmos elementos (partes, causa de pedir e pedido), desde que seja eliminado o vício que determinou a extinção anterior.
b) Sendo positivo o exame tácita ou expressamente efetuado pelo magistrado, ordena que se efetive a citação pessoal do devedor, para que apresente defesa no processo, intitulada *embargos*, embora tenha evidente natureza jurídica de contestação.
c) A defesa em exame deve se apoiar na alegação de que o ativo do devedor é superior ao seu passivo e/ou de que o não adimplemento da obrigação se deu em face de uma das razões alinhadas nos arts. 475-L, 742 e 745.
d) A defesa do devedor poderá ser acompanhada do *depósito elisivo* (depósito do principal, juros, correção monetária e custas processuais), o que demonstra o estado de solvabilidade do devedor, impedindo a decretação da insolvência, permanecendo o processo em tramitação para a discussão a respeito da ilegitimidade do crédito.
e) Quando o magistrado acolher o argumento do devedor, como o reconhecimento da ilegitimidade do crédito autoriza o devedor a proceder com o

levantamento do valor depositado, sem desobrigar o autor do pagamento das custas e dos honorários advocatícios.

f) Quando o magistrado acolher parcialmente os embargos (desconstituindo fração do crédito), autoriza o credor a promover o levantamento da quantia que lhe é destinada, remanescendo o saldo em favor do devedor.

g) De qualquer modo, a defesa do devedor deve ser apresentada no prazo preclusivo de dez dias, sob pena de caracterização da revelia, que pode vir acompanhada dos seus efeitos indesejados (fluência de prazos independentemente de intimações cartorárias, autorização para o julgamento antecipado da lide e presunção de veracidade dos fatos afirmados pelo autor).

h) Não obstante a possibilidade de incidência dos efeitos da revelia, anotamos que o principal deles (presunção de veracidade dos fatos afirmados pelo autor) deve ser extremamente bem sopesado pelo magistrado, não se recomendando que a declaração de insolvência seja externada pela só-razão de o devedor não ter apresentado defesa no processo, devendo o magistrado investigar objetivamente se estão presentes nos autos provas que ratifiquem a tese da insolvência.

i) Após o oferecimento da defesa, o magistrado pode designar audiência de instrução e julgamento, para colher as provas necessárias à prolação da sentença, o que é mais uma vez recomendado, em face dos efeitos agressivos da execução por quantia certa contra devedor insolvente, a reclamar uma ampla análise dos fatos, a fim de que se confirme (ou não) o estado de insolvência.

j) De qualquer modo, com ou sem a instrução, o magistrado deve proferir sentença nos dez dias seguintes à oposição dos embargos ou ao término da instrução, prazo que é *impróprio*, de modo que a sua não observância não acarreta qualquer consequência processual.

Como antecipado em linhas anteriores, se o requerimento da insolvência se originar do devedor ou do seu espólio, observamos que esta providência não é cogente, obrigatória, de modo que o fato de o devedor ou seu espólio não apresentar o requerimento em exame não lhes impõe qualquer consequência jurídica. O instituto se aproxima da *autofalência*, que envolve o devedor comerciante.

O procedimento sequer reclama a existência de título executivo vencido, devendo o devedor ou o seu espólio demonstrar a situação de insolvência, evitando sejam propostas múltiplas ações executivas individuais contra o devedor, desdobrando os procedimentos sem data certa de conclusão. A autoinsolvência é ditada pela preocupação do legitimado de que a dívida seja solvida a um só tempo, permitindo a declaração de extinção das obrigações que atam o devedor aos seus credores.

De qualquer modo, cabe-nos anotar que o pedido do legitimado deve ser dirigido ao juiz da comarca em que o devedor tem o seu domicílio (competência absoluta), com apresentação:

a) da relação nominal de todos os credores, acompanhada da indicação do domicílio de cada um, bem como da importância e da natureza dos respectivos créditos;
b) da individuação de todos os bens, com a estimativa do valor de cada um;
c) do relatório do estado patrimonial, com a exposição das causas que determinaram a insolvência.

Os requisitos indicados são específicos, não afastando a observância dos gerais, previstos no art. 282. Pelo fato de o requerimento apresentado pelo legitimado conduzir à confissão do estado de insolvência, é necessário que o advogado que subscreve a primeira peça esteja munido de poderes especiais.

O procedimento é encerrado através de sentença, que apresenta uma característica peculiar, a saber: a de não se submeter à coisa julgada material, de modo que pode ser revista posteriormente, desde que sejam alteradas as circunstâncias objetivas que serviram de base e de fundamentação para a propositura do processo anterior (art. 1.111).

14.16.3 Atribuições do administrador

Partindo da premissa de que a sentença que declara a insolvência do devedor traz em seu conduto a nomeação de um administrador, escolhido dentre os maiores credores, já que o devedor perde a administração e a disponibilidade do seu patrimônio, cabe-nos examinar as funções assumidas pela pessoa em referência, que se qualifica como auxiliar da justiça, devendo prestar contas da sua gestão, não apenas ao Estado, como também a todos os credores que concorrem à execução universal.

A verificação em estudo nos remete à leitura dos arts. 148 a 150, assim assentados:

> *"Art. 148. A guarda e conservação de bens penhorados, arrestados, sequestrados ou arrecadados serão confiadas a depositário ou a administrador, não dispondo a lei de outro modo."*
>
> *"Art. 149. O depositário ou administrador perceberá, por seu trabalho, remuneração que o juiz fixará, atendendo à situação dos bens, ao tempo do serviço e às dificuldades de sua execução. Parágrafo único. O juiz poderá nomear, por indicação do depositário ou do administrador, um ou mais prepostos."*

"Art. 150. O depositário ou o administrador responde pelos prejuízos que, por dolo ou culpa, causar à parte, perdendo a remuneração que lhe foi arbitrada; mas tem o direito a haver o que legitimamente despendeu no exercício do encargo."

O administrador, após a assinatura do *termo de compromisso* a que se refere o art. 764, a ocorrer no prazo de 24 horas após a intimação correspondente, assume função de extrema importância no panorama da execução por quantia certa contra devedor insolvente, o que não se confunde com o direito de *sponte sua* ordenar a prática de atos, como a alienação de bens, por exemplo.

Sua função é a de auxiliar ao magistrado na preparação do processo para a fase final da execução, passando pela arrecadação dos bens do devedor, sendo autorizado a propor ações judiciais que objetivem esse intento (busca e apreensão, imissão na posse etc.). Neste particular, cabe anotar que a massa é representada ativa e passivamente pelo administrador, logicamente através da contratação de advogado legalmente habilitado. Após a arrecadação do patrimônio do devedor e da organização da lista de credores, o administrador deve auxiliar ao magistrado na alienação dos bens encontrados, possibilitando posterior pagamento aos credores devidamente habilitados.

Observe, pelos comentários feitos, que a alienação não é realizada por determinação do administrador, mas após prévia autorização judicial. Sua função não é apenas passiva, no sentido de conviver com as dívidas do devedor, determinando a lei que deve praticar todos os atos conservatórios de direitos e de ações, bem como promover as cobranças das dívidas ativas.

Em face das múltiplas funções assumidas, o administrador faz jus a uma remuneração, que deve ser fixada pelo magistrado de acordo com dados objetivos do processo, levando em conta a sua diligência, o trabalho desenvolvido, o volume de credores, o volume de bens administrados, o valor de créditos e de débitos etc.

14.16.4 Verificação e classificação dos créditos

A sentença que declara a insolvência determina seja expedido edital, que serve à convocação dos credores para que apresentem a declaração do crédito no prazo de 20 dias, acompanhada do título, como forma de verificar a legitimidade de cada um dos credores. O edital em referência deve ser publicado pelo menos uma vez no órgão oficial e duas em jornal local, de grande circulação. O administrador, no momento em que assume o encargo, deve apresentar a sua declaração, igualmente acompanhada do título, admitindo-se que a providência seja adotada no mesmo prazo conferido aos demais credores, quando o administrador não tiver o título em seu poder logo após a assinatura do termo.

Ultrapassado o prazo de 20 dias, contado da primeira publicação do edital, o escrivão ordena todas as declarações, autuando cada uma com seu título respectivo, o que dá ensejo à proliferação de autos em apartado, cada um contendo a declaração dos credores em isolado; o requerimento de habilitação do crédito; o título e a procuração conferida ao patrono do credor.

A fase em destaque é seguida da publicação de novo edital, desta feita para que, no prazo de 20 dias, contados da primeira publicação, os credores aleguem suas preferências, bem como a nulidade, simulação, fraude ou falsidade de dívidas e contratos. Os comportamentos em referência, originados de credores ou do próprio devedor, objetivam o afastamento de credores, permitindo sobra maior de valores, que permitirá um rateio mais benéfico aos credores que não tenham sofrido impugnação, ou que tenham sido mantidos como credores mesmo depois das impugnações apresentadas pelos seus concorrentes.

Para proceder com o julgamento dos incidentes analisados, o magistrado pode determinar a produção de provas, inclusive designando dia e hora para a realização da audiência de instrução e julgamento, com o objetivo de permitir a produção da prova oral (ouvida das partes e/ou de testemunhas).

Cada uma das impugnações é resolvida através de sentença, contra a qual é cabível a interposição do recurso de apelação, pelo credor excluído ou pelo credor que assistiu ao inacolhimento da impugnação por ele apresentada. Quando não se verificarem impugnações, ou quando as apresentadas forem resolvidas, o escrivão procede com a remessa dos autos ao contador, para que organize o *quadro geral dos credores*, alinhando a classificação dos créditos e dos títulos legais de preferência. Se concorrerem à execução apenas credores quirografários (sem garantia), o quadro é organizado em ordem alfabética.

O quadro a que nos referimos apresenta a relação completa de credores mantidos na execução, definindo o valor total do passivo. Após a confecção do quadro, todos os interessados são ouvidos no prazo de dez dias, em respeito ao *princípio do contraditório e da ampla defesa*, permitindo a apresentação de impugnação por qualquer credor que tenha sido preterido na ordem de classificação.

Com ou sem a impugnação, o Código dispõe que os autos seguem ao magistrado, para que prolate sentença. Entendemos que a decisão em referência não pode ser qualificada como tal, já que não põe fim à ação de execução coletiva, tendo natureza interlocutória, permitindo a interposição do recurso de agravo. De qualquer modo, em vista da *dúvida objetiva*, defendemos a possibilidade de interposição do recurso de apelação ou do agravo, sendo qualquer das espécies admitidas, em respeito ao *princípio da fungibilidade*.

Na hipótese de o credor não ter habilitado o seu crédito no prazo de 20 dias após a publicação do primeiro edital, é considerado *retardatário*, não mais se admitindo a sua habilitação incidental, devendo propor ação judicial em paralelo, antes do rateio final, reclamando que o seu crédito seja inscrito no quadro por seguidas vezes aludido no curso desta seção.

A ação deve ser proposta contra todos os credores e também contra o devedor, sendo hipótese de *litisconsórcio necessário*. Se o credor retardatário obtiver sentença favorável à sua pretensão, é providenciada a sua inclusão no quadro, recebendo os valores ainda não rateados na proporção do seu crédito.

14.16.5 Saldo devedor

Entendemos que o melhor momento para que se proceda com a alienação dos bens arrecadados é na fase posterior à organização do quadro de credores, já se tendo neste instante a definição do passivo da massa e dos credores que foram mantidos na ação através de habilitações prestigiadas pelo fato de não terem sido impugnadas ou de a impugnação apresentada ter sido rejeitada.

Não obstante a colocação, observe que a alienação pode ser ordenada pelo magistrado em qualquer fase do processo de execução. Após a organização do quadro geral e da prolação da sentença que encerra a fase de investigação do rol dos credores e de suas posições do quadro geral, o juiz determina a alienação dos bens em praça (bens imóveis) ou em leilão (bens móveis), destinando-se o produto ao pagamento dos credores, respeitando-se a ordem, em primeiro lugar se posicionando as despesas do processo, as dívidas fiscais e trabalhistas, a remuneração do administrador e a quitação dos demais credores, devendo ser anotado que a ordem em apreço não é de aplicação unânime, pelo entendimento de que o administrador deve ser pago antes da quitação de qualquer credor.

A tentativa de venda dos bens arrecadados pode ser repetida tantas e quantas vezes forem necessárias a que se obtenha o produto da praça ou do leilão. Quando o produto da venda não é suficiente ao pagamento de todos os credores, a obrigação não é extinta, já que o adimplemento não foi total, registrando-se saldo em favor dos credores que não tenham sido agraciados pelas vendas anteriormente realizadas.

Partindo da premissa de que o devedor responde diante da execução para com todos os seus bens presentes e futuros, é evidente que nova aquisição patrimonial feita pelo devedor confere aos credores ainda não satisfeitos na sua integralidade o direito de requerer a arrecadação do novo acervo, apenas se observando a extinção da execução relativamente aos credores já satisfeitos (art. 775).[315]

---

[315] "Art. 775. Pelo pagamento dos saldos respondem os bens penhoráveis que o devedor adquirir, até que lhe declare a extinção das obrigações."

14.16.6 Extinção da obrigação

O devedor não está obrigado a conviver indefinidamente com a execução universal, prevendo a lei a extinção das obrigações em determinado momento. O requerimento de extinção das obrigações pode ser dirigido pelo devedor ao magistrado após o decurso do prazo de cinco anos, contados do trânsito em julgado da sentença que encerrar o processo de insolvência.

Após o recebimento do requerimento, o magistrado determina a publicação de edital, com o prazo de 30 dias, dentro do qual o credor não satisfeito na integralidade do crédito de que é titular pode apresentar impugnação, limitada à alegação de que não se teria observado o decurso do prazo de cinco anos ou de que o devedor teria adquirido bens sujeitos à arrecadação. Depois de recebida a impugnação, abre-se vista dos autos ao devedor, para replicar os argumentos alinhados pelo credor, seguindo-se à prolação de sentença, que pode rejeitar a pretensão de extinção ou acolhê-la, o que libera o devedor para a prática de todos os atos da vida civil.

14.17 SUSPENSÃO DA EXECUÇÃO – CONSIDERAÇÕES GERAIS

No Capítulo 4 do volume 1 desta obra, registramos que a suspensão representa *crise provisória* do processo, impondo obstáculo à marcha processual, sem lhe pôr fim. Todas as considerações ali alinhadas são aproveitadas ao tema de que nos ocupamos no momento presente, em termos de considerações gerais, sobressaindo as hipóteses *desenhadas* nos incisos I a III do art. 265.

O processo de execução é formado através da distribuição da petição inicial em juízo, passando por atos instrutórios, culminando com a extinção do processo, preferencialmente através da satisfação do credor, fim maior da função jurisdicional executiva. Partindo das premissas construídas, podemos verificar que o processo de execução apresenta *início*, *meio* e *fim*, como toda e qualquer outra demanda judicial, expressão posta em sentido amplo, para abranger os processos de jurisdição contenciosa e os procedimentos de jurisdição voluntária.

Durante o *iter* procedimental da execução, notamos que obstáculos podem surgir, determinando a paralisação momentânea da marcha processual, apenas sendo admitida a continuação da tramitação quando afastada a causa que impôs a paralisação em referência. Não obstante as colocações, temos de anotar que a paralisação não pode ser indefinida, sob pena de comprometer a função assumida pelo Estado, no sentido de pacificar os conflitos de interesses, razão pela qual a lei prevê prazos máximos de paralisação do processo em situações específicas.

Os casos de suspensão da ação de execução que estão alinhados no art. 791 não estão postos em *numerus clausus*, bastando seja referida a hipótese relativa à oposição dos embargos de terceiro, que impõe a suspensão do processo se a ação em referência versar sobre todos os bens penhorados na demanda de execução.

Durante o prazo de suspensão, é proibida a prática de atos processuais, exceto os *atos de urgência*, com fundamento no art. 793. O dispositivo faz referência a *providências cautelares urgentes*, no gênero, admitindo várias espécies, todas marcadas pela possibilidade de perecimento do próprio direito material envolvido no litígio, o que não é de se admitir, apenas e tão somente por obstáculos processuais.

De qualquer modo, para que seja admitida a prática dos atos no regime extraordinário, o magistrado deve fundamentar a decisão judicial que ordena as providências em exame, demonstrando o seu enquadramento objetivo, em respeito ao *princípio da fundamentação* ou da *motivação* de todo e qualquer pronunciamento judicial.

14.17.1 Suspensão da execução pelo recebimento dos embargos do devedor

A suspensão da ação de execução na hipótese estudada vinha merecendo repulsa da doutrina nacional, que clama pelo desfecho do processo no menor espaço de tempo possível, justificando a aprovação da Lei nº 11.382/2006, com a previsão de que **os embargos à execução como regra não suspendem a execução**, exceto quando o magistrado, a requerimento do embargante, atribuir o comentado efeito à manifestação processual em estudo, desde que, sendo relevantes seus fundamentos, o prosseguimento da execução manifestamente possa causar ao executado grave dano de difícil ou incerta reparação, e desde que a execução já esteja garantida por penhora, depósito ou caução suficientes (§ 1º do art. 739-A).

A leitura do dispositivo referido em linhas anteriores autoriza a conclusão:

a) De que os embargos como regra não impõem a suspensão da execução.
b) De que a suspensão excepcional da execução reclama decisão interlocutória devidamente fundamentada, fazendo referência ao preenchimento dos requisitos alinhados na norma processual.
c) De que a suspensão da execução em face da oposição dos embargos depende da segurança do juízo.

Não obstante as considerações, temos de verificar que os embargos à execução podem tratar de temas ligados à própria existência da ação de execução, o que torna temerário o desfecho do processo antes que se resolva a questão tratada na ação incidental autônoma. A suspensão deferida em proveito de um dos devedores não se estende aos demais, que não tenham se oposto à execução através da apresentação dos embargos, quando o fundamento disser respeito exclusivamente ao embargante (§ 4º do art. 739-A).

Em vista da colocação, percebemos que haverá prosseguimento da execução sem que os embargos tenham força para suspendê-la de modo parcial nas hipóteses:

a) Em que os embargos forem parciais em termos objetivos, por terem impugnado apenas parte das matérias e/ou dos pedidos formulados pelo autor, mostrando-se a parte remanescente como *incontroversa*, o que ocorre, por exemplo, na situação em que o executado embarga a execução para impugnar a cobrança de juros e de correção monetária que se soma ao principal, não impugnando qualquer aspecto da dívida propriamente dita.
b) Em que os embargos forem oferecidos por apenas um dos devedores, prosseguindo a execução em relação aos demais, desde que as matérias de defesa sejam dissociadas, como ocorre, por exemplo, na situação em que o fiador embarga a execução, suscitando a nulidade da garantia por ele prestada, não debatendo os aspectos da dívida, matéria que deveria ter sido arguida pelo coobrigado que deixou de utilizar a ação incidental autônoma.

A Lei nº 11.232, de 22 de dezembro de 2005, que vigora desde o mês de junho de 2006, prevê que, na execução fundada em sentença judicial impositiva da obrigação de pagar, a defesa do devedor é representada pela *impugnação*, que não suspende o curso da execução, exceto através de decisão fundamentada, desde que relevantes os fundamentos da defesa e o prosseguimento da execução seja manifestamente suscetível de causar ao executado grave dano de difícil ou incerta reparação (art. 475-M).

De qualquer modo, a suspensão do processo de execução em face da oposição dos embargos à execução apenas persiste até o momento em que a ação incidental autônoma for julgada, através de sentença, já que o recurso de apelação que ataca o pronunciamento em referência é recebido no seu efeito meramente devolutivo, conforme regra disposta no inciso V do art. 520, hipótese devidamente estudada no Capítulo 13 deste volume. Mesmo assim, a suspensão não impede a efetivação da penhora e a avaliação dos bens.

14.17.2 Suspensão da execução em face de o devedor não possuir bens penhorados

Conforme visto em várias passagens deste capítulo, o fim máximo da execução é a plena satisfação do credor, alcançada através do exercício da atividade *substitutiva* do Estado, autorizando a invasão no patrimônio do executado ou de responsável para que determinados bens sejam levados à hasta pública, convertendo-se o produto da alienação forçada em favor do credor (na execução por quantia certa contra devedor solvente).

Com as colocações, percebemos que a satisfação do credor é ordinariamente consumada através da *invasão* patrimonial, pressupondo a localização dos bens do devedor, por diligência do oficial de justiça ou por indicação procedida pelo credor. Na eventualidade de o patrimônio do devedor não ser identificado, impossível que se garanta a regular marcha do processo, já que (quase todos) os atos só são praticados após a formalização da penhora, como providência prejudicial à prática dos atos ulteriores, de modo que a não localização de bens do devedor acarreta a suspensão do processo, resultando o arquivamento provisório dos autos, no aguardo de que os bens sejam localizados posteriormente.

As considerações se aplicam de modo mais acentuado à execução fundada em título judicial (na técnica do *cumprimento da sentença* – ver arts. 475-J ss), considerando que a oposição dos embargos à execução não depende da prévia segurança do juízo, no modelo da execução fundada em título executivo extrajudicial (art. 736). Mesmo assim, a suspensão não está totalmente descartada no último modelo, sabido que, se a execução não foi garantida pela penhora, com a rejeição dos embargos, ao credor cabe localizar bens do devedor passíveis de constrição, sob pena de a execução não prosperar.

Temos de advertir que a suspensão não é garantida por prazo indeterminado, inclinando-se a jurisprudência para reconhecer a *prescrição intercorrente* em algumas situações específicas. Este posicionamento não encontra eco unânime em nossos tribunais,[316] tendendo a se modificar em face da remodelação do § 5º do art. 219 e da revogação do art. 194 do CC, permitindo que a prescrição seja reconhecida de ofício pelo magistrado.

Na dinâmica das execuções fiscais, dispõe o art. 40 da Lei nº 6.830, de 22.9.1980:

> *"Art. 40. O juiz suspenderá o curso da execução, enquanto não for localizado o devedor ou encontrados bens, sobre os quais possa recair a penhora, e, nesses casos, não correrá o prazo de prescrição."*

Entendemos que a norma transcrita tem redação antipática, por privilegiar em demasia a Fazenda Pública. Embora se possa defender a tese de que o dispositivo transcrito deva prevalecer em respeito ao princípio da especialidade, com o que não concordamos, entendemos que a paralisação da ação executiva por lapso temporal igual ou superior a 5 (cinco) anos, em face de não terem sido localizados bens do devedor passíveis de penhora, permite a arguição da prescrição pelo executado ou mesmo pelo curador que o representa, quando citado por edital.[317]

---

316 **"Na linha de entendimento da Corte, estando suspensa a execução, em razão da ausência de bens penhoráveis, não corre o prazo prescricional, ainda que se trate de prescrição intercorrente"** (REsp 280873-PR, 4ª Turma do STJ, Rel. Min. SÁLVIO DE FIGUEIREDO TEIXEIRA, j. 22.3.2001, *DJ* 28.5.2001) (grifamos).

317 **"Paralisado o processo por mais de 05 (cinco) anos impõe-se o reconhecimento da prescrição, desde que arguida pelo curador, se o executado não foi citado, por isso, não tem oportunidade de sus-**

Constatamos que a norma examinada tem aplicação restrita ao âmbito das relações jurídico-processuais que se desdobram segundo as regras do CPC, sendo afastada em alguns casos específicos, em respeito ao *princípio da especialidade*, inúmeras vezes citado no decorrer desta obra.

Como exemplo, analisamos a sistemática imposta pelo § 4º do art. 53 da Lei nº 9.099, de 26.9.1995, aplicável aos processos regidos pelo rito sumaríssimo, de incidência junto aos Juizados Especiais Cíveis. Neste sentido, reproduzimos o dispositivo em referência: "Não encontrando o devedor ou inexistindo bens penhoráveis, o processo será imediatamente extinto, devolvendo-se os documentos ao autor."

14.17.3 Suspensão convencional da execução

Nas situações anteriormente estudadas, verificamos que suspensão ocorre por comando ou *vontade* da lei, não tendo as partes (credor e devedor) participação ou decisão deliberatória sobre o assunto. No caso agora estudado, a suspensão é determinada por vontade das partes, mediante a apresentação de petição dirigida ao juiz do processo.

A declaração de vontade em referência permanece em *condição suspensiva* até que o devedor satisfaça a obrigação de titularidade do credor, não se admitindo que o magistrado de logo homologue a manifestação para pôr fim ao processo, posto que ainda não há acordo definitivo nos autos, mas apenas uma perspectiva de que o processo seja encerrado de forma amigável.[318]

Observamos que as partes não apresentam de logo o requerimento de extinção do processo em vista do cabal cumprimento da obrigação, mas, ao contrário, dirigem requerimento *intermediário* ao magistrado, solicitando que defira a suspensão até que o devedor satisfaça a obrigação, o que ocorrerá dentro do prazo de logo fixado, findo o qual duas perspectivas são possíveis:

---

citar a questão prescricional. Isto porque, a regra do art. 219, § 5º, do CPC pressupõe a convocação do demandado que, apesar de presente à ação pode pretender adimplir à obrigação natural. Ressalva do ponto de vista do Relator, no sentido de que após o decurso de determinado tempo, sem promoção da parte interessada, deve-se estabilizar o conflito, pela via da prescrição, impondo segurança jurídica aos litigantes, uma vez que afronta os princípios informadores do sistema tributário a prescrição indefinida" (AGA 568522-MG, 1ª Turma do STJ, Rel. Min. LUIZ FUX, j. 1º.6.2004, *DJ* 28.6.2004, em transcrição parcial) (grifamos).

318 **"No processo executivo, a convenção das partes, quanto ao pagamento do débito, não tem o condão de extinguir o feito, mas de suspendê-lo até o adimplemento da obrigação. Findo o prazo sem o cumprimento, o processo retomará seu curso normal (art. 792, CPC)**. Precedentes desta Corte. Recurso Especial conhecido e provido" (REsp 158302-MG, 3ª Turma do STJ, rel. Min. WALDEMAR ZVEITER, j. 16.2.2001, *DJ* 9.4.2001) (grifamos).

a) O juiz extingue a execução quando comprovar que o devedor adimpliu a obrigação da forma pactuada pelas partes.
b) O juiz ordena o prosseguimento normal do processo, em face de o devedor ter descumprido a promessa feita.

Anotamos que as partes podem pleitear a extinção da relação processual mediante concessões mútuas, pactuando obrigações diferentes da que motivou o exercício do direito de ação, cabendo ao judiciário ratificar o acordo de vontades em sua inteireza, mesmo se o objeto nele consignado for menor, maior ou diferente do contemplado na petição inicial da demanda executiva.

Requerida a homologação do acordo de vontades em face do adimplemento parcial da obrigação, e na hipótese de posterior descumprimento das condições restantes, não se confere ao credor a prerrogativa de executar o título anteriormente constituído em seu favor, cabendo-lhe executar a sentença que homologou a transação, que substituiu a exigibilidade do título anterior.[319]

14.18 EXTINÇÃO DA EXECUÇÃO – CONSIDERAÇÕES GERAIS

A extinção da ação de execução é tratada de forma acanhada no art. 794, que sugere a sua materialização quando:

a) O devedor satisfaz a obrigação.
b) O devedor obtém a remissão total da dívida por transação ou por qualquer outro meio.
c) O credor renuncia ao crédito.

A previsão da lei está formatada de modo aberto, não em *numerus clausus*, existindo várias outras hipóteses nas quais a ação de execução é igualmente extinta, a saber:

a) **Quando a exceção de pré-executividade oferecida pelo devedor for acolhida** (na execução fundada em título judicial, em face da resistência imposta ao oferecimento da exceção de pré-executividade na execução fundada em título extrajudicial, na consideração de que a Lei nº 11.382/2006 não mais exige a garantia do juízo como condição para a oposição dos embargos

---

[319] "**Homologada transação, com a extinção do processo com julgamento do mérito, na forma do art. 269, III, do CPC, tem-se outro título, não sendo dado prosseguir, no caso de inadimplemento posterior, na execução de título originário como se de suspensão, de execução se trata-se.** Recurso especial conhecido e provido" (REsp 146532-PR, 3ª Turma do STJ, Rel. Min. COSTA LEITE, j. 20.10.1998, *DJ* 7.12.1998) (grifamos).

do devedor), para o combate de execuções nulas, sendo o vício detectado sem a necessidade de ampla investigação probatória.

b) **Diante da procedência dos embargos à execução, opostos pelo devedor**, ou da impugnação, quando a execução se apoiar em título judicial.

c) Quando o juiz reconhecer a **prescrição**.

d) Quando houver o **reconhecimento da ilegitimidade de uma das partes da execução**.

e) Quando se verificar a **ausência do interesse de agir**, pelo fato de a obrigação não ser (ainda) exigível.

f) Quando houver **desistência da ação de execução** etc.

Examinando as hipóteses previstas em lei, com as atenções voltadas para o inciso I do art. 794 (*o devedor satisfaz a obrigação*), verificamos que o objetivo maior da ação de execução é o de permitir a satisfação do credor, através da entrega da coisa disputada, do cumprimento da obrigação de fazer ou de não fazer, da entrega de soma em dinheiro ao credor, da adjudicação de bens ou do usufruto de imóvel ou empresa. Nesses casos, o conflito de interesses que determinou o exercício do direito de ação é eliminado, liberando o Estado do dever de atuar de forma *substitutiva*.

Seguindo a ordem da norma e debruçados na situação do inciso II (*o devedor obtém, por transação ou qualquer outro meio, a remissão total da dívida*), cabe-nos anotar que a remissão é instituto de direito material, disciplinado pelos arts. 385 a 388 do CC.

A remissão da dívida acarreta a extinção da obrigação, representando manifestação unilateral do credor, nos autos da demanda executiva, de modo que o devedor fica liberado não apenas da ação contra ele proposta, como também de qualquer outra demanda que por ventura tratasse da mesma obrigação. Num outro dizer, a remissão da dívida atinge o direito material que se revela como fundamento e como o motivo da existência da ação de execução, acarretando a extinção da relação obrigacional. O instituto tem o mesmo significado de perdão.[320]

Por último, observamos que o inciso III da norma em exame trata da *renúncia ao crédito*, que, de igual sorte, como visto na situação anterior, atinge o direito material, de modo que o credor fica impedido de reclamar a satisfação e o cumprimento da obrigação no âmbito de qualquer demanda judicial que se mostrasse cabível.

Em todas as situações, verificamos que a extinção só produz efeitos quando declarada por sentença (art. 795). O pronunciamento judicial é de índole declaratória. A doutrina e a jurisprudência discutem se a sentença que põe fim à ação de execução acarreta (ou não) a extinção do processo com a resolução do mérito. Em

---

320 "Remissão é o mesmo que perdão e tem como causa o espírito de liberalidade do credor, pouco comum, nos dias atuais" (RÉGIS, Mário Luiz Delgado. In: FIUZA, Ricardo (Coord.). *Novo código civil comentado*. São Paulo: Saraiva, 2003. p. 345).

nosso entendimento, há extinção com resolução do mérito relativamente à sentença proferida nos embargos à execução, na hipótese de o pronunciamento referir-se ao mérito, suplantando questões meramente processuais (legitimidade das partes, interesse de agir etc.).

Nas demais hipóteses, deparamos com sentença de reconhecimento do exaurimento da relação processual. O tema é relevante em vista da necessidade de se garantir (ou não) o cabimento da ação rescisória para o ataque da decisão judicial. Qualificando-se a sentença da ação executiva como de mérito, com o que não concordamos, a propositura da ação rescisória estaria autorizada, o que encontra eco na jurisprudência.[321]

14.19 ANTECIPAÇÃO DE TUTELA NO PROCESSO DE EXECUÇÃO

O assunto estudado nesta seção não costuma *habitar* os manuais de processo civil e os trabalhos dirigidos à graduação de modo geral, o que não nos impede de tratar do tema em face da sua importância na dinâmica do processo civil, modernamente visto como *processo de resultado*, de modo que o fim deve ser valorizado no cotejo com o meio, logicamente sem descuidar dos primados constitucionais que se voltam ao processo civil, sobressaindo os princípios do contraditório e da ampla defesa, do devido processo legal, do duplo grau de jurisdição, da isonomia processual, da motivação das decisões judiciais etc.

Com a breve introdução feita, queremos assentar o entendimento de que não tencionamos pregar um processo que se distancie dos princípios de segurança jurídica, apenas e tão somente pelo açodamento de que o conflito de interesses seja dirimido em curto espaço de tempo. Se a demora do processo for exigida como única forma de se obter a *verdade formal*, teremos de nos contentar com a situação incômoda, já que prestar a função jurisdicional não significa atribuir o direito a quem não tem razão, mas conferir à parte a titularidade do direito material que lhe pertence, por uma questão de Justiça.

O volume 3 desta obra, destinado ao estudo das medidas de urgência e dos procedimentos especiais, é inaugurado através do cotejo entre a antecipação da tutela e a medida cautelar, como forma de divisar a aplicação dinâmica de cada instituto, já que se aproximam em dados momentos em face da semelhança que há entre alguns dos seus requisitos. Além disso, conferem a prerrogativa de a parte obter resposta

---

321 "À luz da exegese do artigo 467, do CPC, somente as sentenças definitivas que extinguem o processo com julgamento do mérito, desafiam o cabimento da ação rescisória, por formarem coisa julgada material. **A sentença que extingue o processo de execução em razão do cumprimento da obrigação, por alcançar o conteúdo material do direito assegurado e no processo de conhecimento pode ser desconstituída por via da rescisória**. Recurso especial conhecido e provido" (REsp 147735-SP, 6ª Turma do STJ, Rel. Min. VICENTE LEAL, j. 23.5.2000, *DJ* 12.6.2000) (grifamos).

jurisdicional em regime de antecedência, seja satisfativa ou meramente acautelatória, sem o aguardo da sentença de mérito, que por vezes muito demora a ser prolatada, em face do acúmulo dos serviços forenses.

Cabe-nos neste instante revisar algumas considerações relacionadas à tutela antecipada, para aplicar os seus conceitos à realidade do processo de execução, objetivando, ao fim, defender a possibilidade de a tutela antecipada ser deferida no âmbito da ação em específico, garantindo ao credor receber em regime de antecipação parte ou a totalidade da prestação jurisdicional que apenas lhe seria concedida em momento processual seguinte. O assunto não é de trato fácil, em vista de alguns percalços de interpretação que devem ser superados.

Em primeiro lugar, observe que a tutela antecipada representa prestação satisfativa, possibilitando ao autor (e somente ao autor) obter resposta judicial antes da prolação da sentença, desde que preencha os seus requisitos:

a) Prova inequívoca da verossimilhança da alegação.
b) *Periculum in mora*; ou
c) Manifesto propósito protelatório do réu (art. 273 do CPC, lembrando que a hipótese prevista no *caput* deve estar sempre associada a uma das situações contempladas nos incisos I e II da norma processual).

Dois exemplos são *desenhados*, para ilustrar as considerações até aqui articuladas. No primeiro, observe a situação de vítima de atropelamento ocorrido na via pública, que formula pedido indenizatório para que o réu seja obrigado a custear o seu tratamento médico, englobando despesas hospitalares, custo de intervenções cirúrgicas e compra de medicamentos, provando a culpa do réu de forma peremptória, além da necessidade de receber parte da indenização no momento da postulação, sob pena de não ser possível realizar as intervenções cirúrgicas posteriormente, importando perda da capacidade laborativa.

Presentes, no caso em análise, os requisitos da tutela antecipada (prova inequívoca da verossimilhança da alegação e *periculum in mora*), o que justifica o deferimento da providência jurisdicional em favor do autor, a fim de que o réu seja compelido a efetuar o pagamento de parte do valor da indenização, independentemente da sentença de mérito, que apenas será proferida após o esgotamento da instrução probatória, sabidamente lenta em vista da complexidade dos fatos debatidos, *ricos* na matéria fática.

Com as atenções voltadas para o mesmo caso, independentemente da necessidade extrema do autor de ser agraciado no início do processo com a prestação jurisdicional que apenas seria externada no término do processo de conhecimento, perceba a postura do réu que apresenta incidentes processuais manifestamente procrastinatórios (incidente de falsidade, exceção de incompetência relativa etc.), com o único propósito de impedir a marcha regular do processo, além disso, requerendo reiteradas vistas dos autos, permanecendo com o processo fora do cartório por longos meses, quando o prazo de devolução seria de apenas cinco dias para cada retirada.

O comportamento adotado pelo réu denota o manifesto propósito protelatório, que, somado à prova inequívoca da verossimilhança da alegação, autoriza o deferimento da tutela antecipada em favor do autor da empreitada processual, para que o réu seja compelido a custear as intervenções cirúrgicas e o tratamento do autor como um todo, em regime de abreviação, se comparado ao momento em que é proferida a sentença judicial, só após o esgotamento de toda a fase de conhecimento, sabidamente lenta na realidade das ações que têm curso pelo rito comum, seja ordinário ou sumário.

Em vista dessas considerações, percebemos que a tutela antecipada permite seja atribuída à parte parcela do direito que apenas lhe seria concedida na sentença de mérito, com caráter visivelmente satisfativo. Isso revela o primeiro obstáculo edificado pelos que entendem não ser cabível o deferimento da tutela antecipada no processo de execução, em face de a sentença que põe fim à demanda não ser pacificamente classificada como *de mérito*, o que mereceu nossos comentários em passagem anterior.

Independentemente do fato de a sentença da execução ser ou não de mérito, é evidente que o escopo maior do processo em exame é o de permitir a satisfação do credor, justificando a extinção da execução todas as vezes que esse resultado for verificado. Em razão disso, não há conclusão que sustente a impossibilidade de a satisfação ser deferida em regime de antecipação, através de pronunciamento que, por lógico, estará conferindo ao credor parcela ou a totalidade do que lhe seria apenas atribuído por ocasião do pronunciamento final do processo de execução.

Outro argumento edificado para a defesa da tese de não cabimento da antecipação da tutela diz respeito ao fato de o instituto se encontrar topograficamente alocado na parte do CPC que rege o processo de conhecimento, o que também não nos impressiona. É que o art. 598 dispõe: "aplicam-se subsidiariamente à execução as disposições que regem o processo de conhecimento".

Para que seja garantida a aplicação subsidiária das normas do processo de conhecimento à ação de execução, é necessário o preenchimento de dois requisitos cumulativos: (a) que haja lacuna no processo de execução acerca da prática de um ato processual específico; (b) que a aplicação das regras *importadas* de outro compartimento do Código não infrinja, não agrida os princípios que regem o processo de execução.

Na situação em exame (a pretensão de *importar* o instituto da tutela antecipada para o processo de execução), percebemos que há lacuna no Livro II a respeito da previsão do instituto de contornos satisfativos, e que o aproveitamento das regras da antecipação da tutela não infringe os princípios que regem o processo de execução; muito pelo contrário, garantindo-lhes aplicação prática. Para reforçar o entendimento, temos de partir da análise do adágio que assevera que *quem pode mais pode menos*. Não nos parece lógico garantir ao autor de uma ação de conhecimento a prerrogativa de obter a tutela antecipada, quando não há definição de quem será agraciado pelos termos da sentença judicial a ser prolatada, e negar o mesmo direito ao credor que porta título executivo que representa obrigação que goza dos atributos da certeza, da liquidez e da exigibilidade, sendo evidente que a verossimilhança da alegação na segunda situação é muito mais contundente do que na primeira.[322]

14.20 SÍNTESE CONCLUSIVA

14.20.1 A jurisdição executiva se diferencia da jurisdição de conhecimento, dentre outras razões, pelo fato de que a pacificação do conflito de interesses na espécie examinada tem por maior escopo a satisfação do credor, não se confundindo com a tarefa de *certificação* do direito, própria da jurisdição de conhecimento.

14.20.2 A execução é o instrumento processual posto à disposição do credor para exigir o adimplemento forçado da obrigação, através da retirada de bens do patrimônio do devedor ou do responsável, suficientes para a plena satisfação do exequente.

14.20.3 Na jurisdição em apreço, percebemos que o Estado atua de forma *substitutiva*, com o intuito de conceder ao credor o mesmo nível de satisfação que seria visto se o devedor tivesse cumprido espontaneamente a obrigação disposta em título executivo judicial ou extrajudicial.

14.20.4 À execução se aplicam os princípios constitucionais alinhados no volume I desta obra (princípio do contraditório e da ampla defesa, princípio da fundamentação ou da motivação, princípio da isonomia processual etc.).

14.20.5 Ao lado dos princípios gerais, sobressai na execução a aplicação dos princípios da *menor onerosidade para o devedor* e do *contraditório e da ampla defesa*.

14.20.6 Em respeito ao *princípio da menor onerosidade para o devedor*, temos de compreender que a execução não pode sacrificá-lo em excesso, impondo a sua

---

322 O entendimento é compartilhado pela doutrina, como se percebe da análise da seguinte lição doutrinária: "Cumpre advertir, ainda, que negar a aplicabilidade da antecipação de tutela no processo executivo conduziria a um resultado bizarro e paradoxal, a saber, o titular de um direito meramente afirmado poderia obter uma tutela jurisdicional mais 'forte', mais imediata do que o titular de um direito consagrado em título executivo. Realmente, não parece razoável que alguém apenas afirmando-se titular de um direito (e desde que demonstre o *fumus boni iuris* e o *periculum in mora*) possa obter uma satisfação imediata desse direito, ainda que apenas de fato e provisória, enquanto a mesma possibilidade não estaria disponível a alguém titular de um direito já merecedor de satisfação definitiva, ou seja, de um direito consagrado em título executivo. Uma tal interpretação conduz a um flagrante absurdo, o que viola um dos mais tradicionais princípios hermenêuticos" (GUERRA, Marcelo Lima. Antecipação de tutela no processo executivo. Revista de Processo, São Paulo: Revista dos Tribunais, p. 31, ano 22, 1997).

ruína, o que justifica a preocupação de que sejam protegidos certos bens de sua titularidade, de que a arrematação não seja realizada por preço vil etc.

14.20.7 No que se refere ao princípio do contraditório e da ampla defesa no âmbito da execução, cabe-nos anotar que o contraditório é *restrito*, limitado às questões processuais, deslocando-se para os embargos à execução, para a impugnação e para a exceção de pré-executividade a discussão de mérito, que não pode ser manifestada na própria execução.

14.20.8 A execução submete-se à observância das condições de toda e qualquer demanda judicial (legitimidade das partes, interesse de agir e possibilidade jurídica do pedido), além dos pressupostos de constituição e de desenvolvimento válido e regular do processo. A ausência desses requisitos mínimos acarreta a extinção do processo sem a resolução do mérito.

14.20.9 No campo específico do interesse de agir, ao credor é imposta a obrigação de apoiar a sua pretensão em título executivo judicial ou extrajudicial, sob pena de deparar com a extinção do processo sem a resolução do mérito, em face da *inadequação da via eleita*.

14.20.10 Igual realidade é verificada diante da perda superveniente do interesse de agir, pelo fato de a doutrina e/ou a jurisprudência concluírem em momento seguinte ao da postulação que o título presente nos autos já não é mais qualificado como executivo.

14.20.11 No que se refere à competência para a execução, em se tratando de título executivo judicial, mostra-se em regra como competente o mesmo juízo que *criou* o título na fase de conhecimento, sendo exemplo de *competência absoluta*, pelo critério funcional.

14.20.12 Em se tratando de título executivo extrajudicial, a ação pode ser proposta perante o *foro do domicílio do devedor*, o *foro do lugar do pagamento* ou perante o *foro de eleição*, representando competência meramente relativa, de modo que a arguição da incompetência deve ser manifestada pelo executado, sob pena de preclusão, não se admitindo o seu reconhecimento de ofício.

14.20.13 No aspecto da legitimidade para a execução, verificamos que a matéria está disciplinada a partir do art. 566, cabendo registro de que a legitimidade pode ser *originária* ou *derivada* e *ordinária* ou *extraordinária*.

14.20.14 A execução exige do credor a apresentação de título executivo e a inadimplência do devedor, como requisitos necessários para realizar qualquer execução.

14.20.15 A inadimplência do devedor é requisito que revela o interesse de agir do credor, de modo que, não se encontrando o devedor na situação referida, a ação deve ser extinta sem a resolução do mérito.

14.20.16 No aspecto do título, pensamos que este se qualifica como um ato ou fato jurídico de especial importância, exigindo a lei que apresente uma forma mínima, representando a junção das teorias *desenhadas* por CALAMANDREI e por LIEBMAN.

14.20.17 O título executivo deve ser líquido (com a extensão da obrigação de pagar, de dar coisa, de fazer ou de não fazer), certo e exigível, não se sujeitando à condição ou termo. Se o título executivo judicial não se apresentar líquido, o credor deve instaurar a fase de liquidação, antes da execução.

14.20.18 A Lei nº 11.232, de 22 de dezembro de 2005, modificou a liquidação, que foi transmudada em incidente processual, não mais apresentando a natureza jurídica de processo.

14.20.19 Os títulos executivos judiciais estão previstos em *numerus clausus* no art. 475-N, não se admitindo a criação de outros títulos por disposição exclusiva dos protagonistas da execução.

14.20.20 Os títulos executivos extrajudiciais se encontram em seu maior número posicionados no art. 585, sem afastar a possibilidade de que outros títulos sejam previstos em legislação esparsa.

14.20.21 A execução pode atingir bens de outras pessoas, diferentes do devedor, qualificadas como *responsáveis* pelo adimplemento da obrigação em face de um *vínculo* jurídico que as ata ao executado, devendo o terceiro ser citado, sob pena de caracterização do cerceamento do direito de defesa.

14.20.22 Alguns bens do devedor são protegidos pela *redoma* da impenhorabilidade (relativa ou absoluta), que pode assumir contornos extremos, como observamos com a proteção legal ao *bem de família*, que sequer pode ser objeto de renúncia pelo devedor, em vista da preocupação com a entidade familiar.

14.20.23 O devedor pode alienar ou onerar os seus bens mesmo depois de atado à obrigação estabelecida em favor do credor, não se admitindo, contudo, que o ato por ele praticado o coloque em estado de *insolvência*, marcada pelo desequilíbrio na equação *disponibilidade patrimonial × valor dos seus débitos*.

14.20.24 Se a equação for negativa, o ato de disposição, originado do devedor, pode caracterizar a *fraude contra credores* ou a *fraude à execução*.

14.20.25 Na fraude contra credores verificamos que a alienação ou a oneração do patrimônio que serviria à satisfação da obrigação ocorre **antes** do aperfeiçoamento da citação do devedor no processo de conhecimento ou na ação de execução, reclamando a propositura de demanda judicial intitulada *ação pauliana*, para que a alienação ou a oneração seja considerada *ineficaz* em relação ao credor.

14.20.26 Na fraude à execução percebemos que a alienação ou a oneração fraudulenta ocorre **depois** da citação aperfeiçoada no processo de conhecimento ou no processo de execução, sendo o fato denunciado nos próprios autos da demanda executiva, sem reclamar a propositura de ação específica. O reconhecimento da fraude permite que o bem seja penhorado esteja em nome de quem estiver, sendo o ato praticado pelo devedor *ineficaz* em relação ao credor.

14.20.27 Diferentemente do que ocorre nas ações judiciais de modo geral, o credor pode desistir da execução, sem a necessidade da concordância do executado. Porém, se a execução foi embargada, referindo-se a ação incidental autônoma a questões de mérito (e não puramente processuais), exige-se a concordância do embargante (devedor), que pode ser afastada pelo magistrado quando a oposição não for fundamentada.

14.20.28 A liquidação da obrigação constante de título executivo judicial (objetivando conferir liquidez) é gênero, com as espécies da *liquidação por artigos* e da *liquidação por arbitramento*, sem afastar a possibilidade de a liquidação ser realizada pela própria parte, quando depender de simples cálculos aritméticos.

14.20.29 A liquidação sempre foi considerada processo judicial posicionado entre a sentença do processo de conhecimento e a ação de execução, encerrada por sentença, contra a qual era cabível o recurso de apelação, recebido no efeito tão somente devolutivo.

14.20.30 A Lei nº 11.232, de 22 de dezembro de 2005, alterou o panorama estudado, atribuindo à liquidação a natureza jurídica de mero incidente processual, encerrado através de decisão interlocutória, contra a qual é cabível a interposição do recurso de agravo.

14.20.31 A liquidação deve respeitar a coisa julgada que imutabilizou os efeitos da sentença proferida na fase de conhecimento.

14.20.32 A execução é gênero, com as espécies da *execução por quantia certa* (contra devedor solvente e devedor insolvente), da *execução da obrigação de dar* (coisa certa e incerta) e das *obrigações de fazer e não fazer*, a depender da natureza da obrigação a ser adimplida pelo devedor.

14.20.33 A execução por quantia certa contra devedor solvente é a espécie mais vista na dinâmica forense, desdobrando-se num rito procedimental que tem início através da citação do devedor, para que pague a dívida no prazo de três dias, quando fundada em título extrajudicial, e fim típico marcado pelo pagamento ao credor, nas modalidades do *pagamento em dinheiro*, da *adjudicação de bens* ou do *usufruto de imóvel ou de empresa*.

14.20.34 Durante o seu curso, após a citação, assistiremos à possibilidade de pagamento do débito (acarretando a extinção da execução através de sentença), cuja frustração é seguida da formalização da penhora e da avaliação (de modo *concentrado*, em respeito aos princípios da celeridade e da razoável duração do processo), da oposição dos embargos à execução, do seu julgamento, da avaliação do patrimônio penhorado (quando não realizada no *nascedouro* da relação jurídico-processual), da publicação de edital, da intimação do devedor (como regra, através do seu advogado) e dos credores com preferência, da realização da praça ou do leilão.

14.20.35 No que se refere às execuções das obrigações de dar, de fazer ou de não fazer, como assunto de maior importância, cabe-nos anotar que, se o título for judicial, não se instaura nova relação jurídico-processual, sendo a obrigação apenas efetivada, autorizando a lei que o magistrado utilize as *medidas de apoio*, como forma de coagir o devedor a observar o comando que lhe é dirigido.

14.20.36 A remição da execução consiste no pagamento feito pelo devedor do principal, das custas do processo, dos juros, da correção monetária e dos honorários advocatícios, pondo fim à execução em face da satisfação da obrigação que gerou a formação do processo.

14.20.37 A remição de bens correspondia ao ato praticado por pessoas próximas ao devedor, importando a liberação de bens anteriormente penhorados, sem revelar o propósito de que fosse efetuado o pagamento da dívida. O instituto não mais subsiste após a edição da Lei nº 11.382/2006, sendo substituído pela prerrogativa conferida ao cônjuge (e companheiro, segundo entendemos), ao descendente e ao ascendente, de adjudicar o bem.

14.20.38 A remissão da dívida é instituto de direito material, representando o *perdão* manifestado pelo credor, extinguindo a obrigação que deu suporte ao ingresso da execução.

14.20.39 Nas execuções especiais (execução de alimentos, execução fiscal e execução contra a Fazenda Pública), observamos que as espécies também representam obrigação de pagar quantia certa, sofrendo adaptações no seu modelo procedimental em face da natureza da obrigação ou da pessoa que toma assento no processo.

14.20.40 A execução de alimentos pode impor pena prisional contra o devedor, se não adimplir as três últimas prestações vencidas e se houver requerimento expresso do credor neste sentido, optando pelo modelo em exame, ao invés da execução que se processaria no rito procedimental geral.

14.20.41 A execução contra a Fazenda Pública é marcada pela impossibilidade de efetivação da penhora do bem público, o que elimina a citação do réu para pagar, sendo a providência substituída pela mera citação para a oposição dos embargos.

14.20.42 A execução contra a Fazenda Pública é ultimada (com a improcedência dos embargos, a sua não apresentação ou rejeição) através da inscrição do crédito em precatório (exceto diante das *obrigações de pequeno valor*), permitindo a satisfação dos credores na ordem de inscrição.

14.20.43 A ação de execução fiscal é instrumento jurídico-processual predisposto a permitir a cobrança da dívida ativa da União, dos Estados, do Distrito Federal, dos Municípios e das respectivas autarquias, seguindo o modelo procedimental da Lei nº 6.830/80, sem afastar a aplicação subsidiária do CPC.

14.20.44 A ação pode ser proposta contra o devedor, o fiador, o responsável e outras pessoas indicadas na lei, devendo ser citadas, sob pena de caracterização do cerceamento do direito de defesa.

14.20.45 Como regras procedimentais específicas, anotamos que a publicação do edital de convocação da praça ou do leilão é sempre gratuita, sendo realizada no órgão oficial; que o representante legal da Fazenda Pública deve ser pessoalmente intimado de todos os atos legais e que a Fazenda Pública pode adjudicar o bem penhorado em igualdade de condições com o arrematante vencedor.

14.20.46 A execução por quantia certa contra devedor insolvente parte da premissa de que há um desequilíbrio entre o patrimônio e o volume das suas dívidas, sendo determinada com apoio num plano de distribuição equitativa, permitindo que um número maior de credores possa ser satisfeito nos seus créditos, afastando a regra da anterioridade da penhora, que é aplicada na execução por quantia certa contra devedor solvente.

14.20.47 Num primeiro momento, assistimos à instauração de um processo de conhecimento que tem por objetivo confirmar o estado de insolvência do devedor, sendo ultimado por sentença, contra a qual é cabível a interposição do recurso de apelação.

14.20.48 Declarada a insolvência, ingressamos na fase executiva propriamente dita, através da nomeação de um administrador, que se torna responsável pela arrecadação de bens do devedor, pela elaboração do quadro de credores e pela alienação judicial dos bens arrecadados, sempre por determinação do magistrado, seguindo-se ao pagamento dos credores na ordem predisposta no quadro antes citado.

14.20.49 Defendemos a possibilidade de deferimento da tutela antecipada na ação de execução, não vislumbrando qualquer incompatibilidade do instituto com os princípios que regem a jurisdição executiva.

14.21 PRINCIPAIS SÚMULAS APLICÁVEIS AOS ASSUNTOS TRATADOS

- Do STF:

Súmula 150: "Prescreve a execução no mesmo prazo de prescrição da ação."

Súmula 228: "Não é provisória a execução na pendência de recurso extraordinário, ou de agravo destinado a fazê-lo admitir."

Súmula 276: "Não cabe recurso de revista em ação executiva fiscal."

Súmula 277: "São cabíveis embargos, em favor da Fazenda Pública, em ação executiva fiscal, não sendo unânime a decisão."

Súmula 278: "São cabíveis embargos em ação executiva fiscal contra decisão reformatória da de primeira instância, ainda que unânime."

Súmula 387: "A cambial emitida ou aceita com omissões, ou em branco, pode ser completada pelo credor de boa-fé antes da cobrança ou do protesto."

Súmula 507: "A ampliação dos prazos a que se refere o artigo 32 do Código de Processo Civil aplica-se aos executivos fiscais."

Súmula 519: "Aplica-se aos executivos fiscais o princípio da sucumbência a que se refere o art. 64 do Código de Processo Civil."

Súmula 600: "Cabe ação executiva contra o emitente e seus avalistas, ainda que não apresentado o cheque ao sacado no prazo legal, desde que não prescrita a ação cambiária."

Súmula 620: "A sentença proferida contra autarquias não está sujeita a reexame necessário, salvo quando sucumbente em execução de dívida ativa."

- Do STJ:

Súmula 10: "Instalada a junta de conciliação e julgamento, cessa a competência do juiz de direito em matéria trabalhista, inclusive para a execução das sentenças por ele proferidas."

Súmula 26: "O avalista do título de crédito vinculado a contrato de mútuo também responde pelas obrigações pactuadas, quando no contrato figurar como devedor solidário."

Súmula 27: "Pode a execução fundar-se em mais de um título extrajudicial relativos ao mesmo negócio."

Súmula 46: "Na execução por carta, os embargos do devedor serão decididos no juízo deprecante, salvo se versarem unicamente vícios ou defeitos da penhora, avaliação ou alienação dos bens."

Súmula 58: "Proposta a execução fiscal, a posterior mudança de domicílio do executado não desloca a competência já fixada."

Súmula 66: "Compete à Justiça Federal processar e julgar execução fiscal promovida por Conselho de fiscalização profissional."

Súmula 106: "Proposta a ação no prazo fixado para o seu exercício, a demora na citação, por motivos inerentes ao mecanismo da Justiça, não justifica o acolhimento da arguição de prescrição e decadência."

Súmula 121: "Na execução fiscal, o devedor deverá ser intimado, pessoalmente, do dia e hora da realização do leilão."

Súmula 128: "Na execução fiscal, haverá segundo leilão, se no primeiro não houver lanço superior à avaliação."

Súmula 134: "Embora intimado da penhora em imóvel do casal, o cônjuge da executada pode opor embargos de terceiro para defesa de sua meação."

Súmula 153: "A desistência da execução fiscal, após o oferecimento dos embargos, não exime o exequente dos encargos da sucumbência."

Súmula 189: "É desnecessária a intervenção do Ministério Público nas execuções fiscais."

Súmula 190: "Na execução fiscal, processada perante a Justiça Estadual, cumpre à Fazenda Pública antecipar o numerário destinado ao custeio das despesas com o transporte dos oficiais de justiça."

Súmula 196: "Ao executado que, citado por edital ou por hora certa, permanecer revel, será nomeado curador especial, com legitimidade para apresentação de embargos."

Súmula 199: "Na execução hipotecária de crédito vinculado ao Sistema Financeiro da Habitação, nos termos da Lei nº 5.741/71, a petição inicial deve ser instruída com, pelo menos, 2 (dois) avisos de cobrança."

Súmula 233: "O contrato de abertura de crédito, ainda que acompanhado de extrato da conta-corrente, não é título executivo."

Súmula 247: "O contrato de abertura de crédito em conta-corrente, acompanhado do demonstrativo de débito, constitui documento hábil para o ajuizamento de ação monitória."

Súmula 248: "Comprovada a prestação dos serviços, a duplicata não aceita, mas protestada, é título hábil para instruir pedido de falência."

Súmula 251: "A meação só responde pelo ato ilícito quando o credor, na execução fiscal, provar que o enriquecimento dele resultante aproveitou ao casal."

Súmula 258: "A nota promissória vinculada a contrato de abertura de crédito não goza de autonomia em razão da iliquidez do título que a originou."

Súmula 268: "O fiador que não integrou a relação processual na ação de despejo não responde pela execução do julgado."

Súmula 270: "O protesto pela preferência de crédito, apresentado por ente federal em execução que tramita na Justiça Estadual, não desloca a competência para a Justiça Federal."

Súmula 279: "É cabível execução por título extrajudicial contra a Fazenda Pública."

Súmula 286: "A renegociação de contrato bancário ou a confissão da dívida não impede a possibilidade de discussão sobre eventuais ilegalidades dos contratos anteriores."

- De outros tribunais:

Súmula 01 do TJ-RJ: "Se o crédito não exceder a metade do valor do bem comum ou se executando-a o credor não demonstrar a existência de outros bens comuns, será penhorado o bem todo e ressalvada a metade do valor apurado, a não ser que se trate de bem de fácil divisão, caso em que será penhorada apenas a metade ideal de seu valor. Se, entretanto, excedendo o crédito a metade do valor do bem, o credor demonstrar a existência de outros bens comuns, a execução absorverá o valor do bem até onde for necessário para a satisfação do crédito, dentro dos limites da meação do cônjuge que se obrigou, computados os bens comuns restantes."

Súmula 49 do TJ-RJ: "Não constituem títulos extrajudiciais os contratos bancários de abertura de crédito ou de crédito rotativo (Súmula 233 do STJ)."

Súmula 51 do TJ-RJ: "Não constitui garantia hábil, para interposição de embargos de devedor, o oferecimento de títulos da dívida pública antigos, de difícil liquidez."

Súmula 63 do TJ-RJ: "Cabe a incidência de penhora sobre imóvel único do fiador de contrato de locação, Lei nº 8.009/90 (art. 3º, VII) e Lei nº 8.245/91."

Súmula 74 do TJ-RJ: "A condenação nas custas, mesmo para o réu considerado juridicamente pobre, deriva da sucumbência, e, portanto, competente para sua cobrança, ou não, é o Juízo da Execução."

Súmula 4 do TJ-PR: "As execuções propostas pelo BRDE são descaracterizadas como 'relativas à matéria fiscal', ficando, assim afastada a competência recursal do Tribunal de Justiça."

Súmula 5 do TJ-PR: "As execuções fiscais propostas pelo BRDE, por tratarem de matéria não tributária, são da competência recursal do Tribunal de Alçada, explicitada a Súmula nº 04 deste Primeiro Grupo Cível."

Súmula 19 do TJ-PR: "Descabe ao juiz extinguir de ofício execução fiscal ajuizada com certidão de dívida ativa."

15

Defesa do Devedor

15.1 Defesa do devedor – considerações gerais; 15.2 A repercussão da Lei nº 11.232/2005 na matéria dos embargos à execução; 15.3 Condições da ação de embargos à execução, condições e pressupostos específicos; 15.4 Embargos à execução sem exigência da garantia do juízo; 15.5 Prazo para a oposição dos embargos na hipótese de a citação ser efetivada através de carta precatória; 15.6 Prazo para a oposição dos embargos na hipótese de a execução ter sido proposta contra mais de um executado; 15.7 Reforço de penhora e oposição de novos embargos; 15.8 Legitimidade do responsável para oposição dos embargos à execução; 15.9 Perda do prazo para a oposição dos embargos e suas consequências jurídicas; 15.10 Embargos à execução e impugnação – hipóteses de cabimento; 15.10.1 Falta ou nulidade de citação no processo de conhecimento; 15.10.2 Inexigibilidade do título; 15.10.3 Ilegitimidade das partes; 15.10.4 Penhora incorreta ou avaliação errônea; 15.10.5 Excesso de execução; 15.10.6 Demonstração da ocorrência de causa impeditiva, modificativa ou extintiva da obrigação; 15.11 Dinâmica dos embargos à execução; 15.12 Pleito de condenação em perdas e danos no âmbito dos embargos à execução; 15.13 Novidades originadas da Lei nº 11.382/2006 no campo da reação do executado; 15.14 Exceção de pré-executividade – considerações gerais; 15.14.1 Exceção de pré-executividade – natureza jurídica; 15.14.2 Exceção de pré-executividade – fundamentação jurídica; 15.14.3 Não oferecimento dos embargos e possibilidade de apresentação da exceção de pré-executividade; 15.14.4 Exceção de pré-executividade – hipóteses clássicas de cabimento; 15.14.5 Julgamento da exceção e suas consequências jurídicas; 15.14.6 Dinâmica da exceção de pré-executividade; 15.15 Embargos à arrematação e à adjudicação; 15.15.1 Embargos à arrematação e à adjudicação – hipóteses de cabimento; 15.15.2 Dinâmica dos embargos à arrematação e à adjudicação; 15.16 Lei nº 11.232/2005 – artigos relacionados à defesa do executado; 15.17 Síntese conclusiva; 15.18 Principais súmulas relacionadas aos assuntos tratados.

15.1 DEFESA DO DEVEDOR – CONSIDERAÇÕES GERAIS

Relembrando aspectos da defesa do réu em ações de conhecimento, cabe-nos anotar que a principal finalidade da contestação é evitar a revelia – inicialmente interpretada como sinônimo de *rebeldia, de insurgência*,[1] hoje compreendida como um *ônus* processual, não como um *dever*, segundo a *teoria da inatividade* –, eliminando a possibilidade de o réu ser surpreendido pelos seus efeitos, todos indesejáveis em relação à sua pessoa, dizendo respeito:

a) à autorização para o julgamento antecipado da lide;
b) à presunção (meramente relativa) de veracidade dos fatos afirmados pelo autor; e
c) à fluência de prazos processuais independentemente de intimações cartorárias.

As considerações de maior importância sobre o assunto estão alinhadas no volume 1 desta obra, no qual reservamos o Capítulo 8 para a análise da *Defesa do réu,* que se apresenta como gênero, fracionando-se nas espécies da *contestação*, das *exceções processuais*, da *impugnação ao valor da causa* e da *reconvenção*, não sendo esta admitida nas *ações dúplices*, já que o mesmo resultado processual que seria perseguido pelo comentado instrumento pode ser alcançado com a própria contestação, que nesses casos se apresenta ao mesmo tempo como peça de defesa e de ataque.

Centrando nossas atenções na contestação (única espécie que pode produzir os efeitos da revelia quando não apresentada), percebemos que a defesa do réu é articulada no curso do processo que foi contra ele instaurado, sendo manifestação *endoprocessual*. Num outro modo de dizer, percebemos que o réu não ingressa com qualquer ação judicial para rebater os argumentos alinhados pelo autor na petição inicial, oferecendo a sua resposta no interior da ação ajuizada por iniciativa do promovente, sequer gerando a formação de autos apartados, de incidente processual.

Na dinâmica da execução apoiada em título executivo extrajudicial, em linha inversa de pensamento, anotamos que ao executado é conferido o direito de defesa, mas

---

1 Segundo a *doutrina penal da contumácia*, comentada da seguinte forma pela doutrina especializada: "Teorias da revelia desenvolveram-se com o passar do tempo. A primeira delas – a doutrina penal da contumácia – está ligada à época em que a presença do réu era essencial para a formação do processo. Em face disso, o não comparecimento é entendido como um ato de rebeldia, um ato ilícito que frustra o exercício da função do juiz e que, por isso, deve ser punido. Aliás, no vernáculo, revel é sinônimo de rebelde, de insurgente" (MEDEIROS, Maria Lúcia de. *A revelia sob o aspecto da instrumentalidade*. São Paulo: Revista dos Tribunais, 2003. p. 44).

não na ação executiva, sim através da formação de nova relação jurídico-processual, consubstanciada nos embargos à execução, também intitulados pela doutrina de *embargos do devedor* ou *embargos do executado*, expressões que são indistintamente utilizadas no decorrer deste capítulo.

A razão de eliminar a possibilidade de o devedor oferecer resistência à pretensão do credor no interior da própria execução, seguindo o modelo italiano, centra-se na conclusão de que são apenas praticados *atos instrumentais* na execução, objetivando conferir ao credor o mesmo nível de satisfação que seria alcançado com o cumprimento voluntário e espontâneo da obrigação por parte do devedor. A execução não é ação ou fase de cognição, de declaração ou de certificação de direito.[2]

Pelo fato de os embargos do executado serem ação de cognição, objetivando a análise de fatos para o acertamento de relação jurídica (que confirmará – ou não – a plena eficácia do título que apoiou a demanda que os originou, a eventual incompetência absoluta do juízo, o excesso de execução etc.), temos de concluir que há incompatibilidade de convivência dos atos de execução com os de cognição num só ambiente processual, justificando o deslocamento topográfico da defesa do executado para os autos de ação autônoma, a saber: dos embargos à execução, repita-se, quando a pretensão executiva se apoiar em título extrajudicial.[3]

O contraditório é garantido ao devedor, mas deslocado para outro processo, sendo autônomo em relação à execução, embora incidental a ela, por se qualificar como *causa prejudicial* em vista da possibilidade de lhe pôr fim, se a pretensão do devedor for acolhida, que em nossa concepção é de índole declaratória (por declarar – ou não – a plena eficácia do título que escora a execução), raciocínio que não merece acolhida unânime na doutrina, alguns autores classificando a sentença dos embargos como constitutiva.[4]

---

2 Estabelecendo a diferenciação entre o processo de conhecimento e a ação de execução, a doutrina especializada nos fornece a seguinte lição: "*Si lo que se pide del órgano procesal es una declaración de voluntad, la cual exige un conocimiento a fondo del asunto, la pretensión procesal, en base precisamente a esta característica, recibe el nombre de pretensión de cognición. Si lo que se pide del órgano procesal es una conducta física, que no exige conocimiento de fondo del asunto, porque el pretendiente está asistido de un título que le dispensa del mismo (v.gr., precisamente una declaración judicial previa), la pretensión, que aparece así exteriormente como la realización de un mandato anterior, recibe el nombre de pretensión de ejecución*" (GUASP, Jaime. *Derecho procesal civil*. Madri: Civitas, 1998. 4. ed. p. 32).

3 A colocação é ratificada por lição doutrinária, merecendo reprodução: "Há inequívoca incompatibilidade funcional na convivência de atos executivos com atos de índole diversa, simultaneamente, na mesma estrutura (processo). Esta é a ideia fundamental posta à base dos embargos do executado" (ASSIS, Araken de. *Manual do processo de execução*. 8. ed. São Paulo: Revista dos Tribunais, 2002a. p. 1182).

4 Por todos, ALEXANDRE FREITAS CÂMARA, com o seguinte ensinamento: "A sentença de procedência dos embargos declarará a inexistência do direito de crédito do embargado (quando este for o fundamento dos embargos, obviamente), mas não se limitará a essa declaração. Daí por que não a considerarmos, em qualquer hipótese, sentença meramente declaratória" (*Lições de direito processual civil*. 7. ed. Rio de Janeiro: Lumen Juris, 2004. v. 2, p. 400).

A pretensão maior do executado nos embargos opostos é a de que o magistrado declare a ineficácia do documento que apoiou a execução como título executivo judicial ou extrajudicial, de forma total (em face do pagamento anterior, por exemplo) ou limitada à pessoa do devedor (em face da sua ilegitimidade, *e. g.*), ou de que reconheça que o credor pleiteia quantia superior ao permitido pelo título (excesso de execução), determinando a redução da exigência dirigida contra o executado.

A declaração produz efeitos nos embargos à execução e fundamentalmente na ação proposta contra o executado, acarretando a sua extinção (quando reconhecer a ineficácia do documento em relação ao devedor) ou a redução do seu valor, liberando da penhora bens indevidamente atingidos, em respeito ao *princípio da menor onerosidade para o devedor*, estudado nas linhas introdutórias do Capítulo 14, no curso deste volume.

Podemos perceber que a defesa do executado é diferenciada se comparada à defesa apresentada nos processos de conhecimento de modo geral, centrando-se no ataque ao título, como forma de desconstituir a presunção de certeza, de liquidez e de exigibilidade da obrigação disposta no documento, que é meramente relativa. A defesa tem por fundamento o ataque ao título, para demonstrar que é formalmente inválido; inexigível em relação ao devedor; que falta interesse processual ao credor, diante da *inadequação da via eleita* (embora o crédito quantificado no documento possa ser eventualmente exigido através de outra ação judicial, como da monitória ou da ação de cobrança, de rito sumário ou sumaríssimo), ou que a cobrança realizada contra o devedor deve ser reduzida, diante do excesso de execução.

Em complemento, registramos que a doutrina vem admitindo a apresentação da intitulada *exceção de pré-executividade* no âmbito da própria demanda principal (execução), com idêntica finalidade, qual seja: de impugnar o título, com a afirmação de que a obrigação por ele transportada não seria líquida, certa e exigível, diferenciando-se dos embargos pela matéria suscitada no incidente, que deve ser de ordem pública, do interesse do Estado, não apenas das partes que tomam assento na empreitada processual (ausência das condições da ação e/ou dos pressupostos de constituição do processo).

Para que a manifestação em análise seja admitida, muitas vezes eliminando a oposição dos embargos, é necessário que o devedor suscite a nulidade da execução (inciso I do art. 618), pela manifesta incerteza, inexigibilidade e/ou iliquidez da obrigação representada no título, como pressuposto de constituição da execução.

A demonstração da veracidade da alegação, ou seja, da ausência do pressuposto de constituição da execução, deve ser cabal, visível, dispensando dilação probatória mais profunda,[5] própria dos embargos à execução, como ação de cognição sumária.

---

5 "Vê-se, assim, que o problema do campo de incidência da exceção de pré-executividade não está propriamente na elaboração do rol das matérias passíveis de arguição, mas na questão referente à prova das alegações. É esta a razão que impede, a nosso ver, a alegação de matérias que dependem de instrução dilatada para serem demonstradas. Na nossa opinião, não há impedimento de alegação de

A apresentação da exceção de pré-executividade justifica-se pela preocupação de isentar o devedor do ônus de ter de garantir o juízo para oposição da impugnação, no panorama da execução apoiada em título judicial, segundo a técnica do *cumprimento da sentença*, considerando que a execução fundada em título extrajudicial não mais reclama a segurança do juízo como condição para a oposição dos embargos, conforme disposto no art. 736, com a redação que lhe foi conferida pela Lei nº 11.382/2006, o que representa medida processual que sacrifica descabidamente o executado na hipótese que envolve a nulidade do título que apoia a ação executiva, seja de forma total ou limitada ao executado, havendo outros coobrigados em litisconsórcio passivo, exigindo-se deles a apresentação da forma clássica de defesa, representada pela impugnação.

Em arremedo de conclusão, podemos conceituar os embargos à execução como manifestação extraprocessual do executado, como ação autônoma com pretensão declaratória, sendo prejudicial em relação à execução, já que as suas conclusões podem resultar o reconhecimento da nulidade da execução – em vista da nulidade do próprio título; da sua inexigibilidade em relação ao embargante; da incompetência absoluta do juízo da execução; do excesso de execução etc., a depender da matéria que fundamenta a ação incidental (ver art. 745, de aplicação garantida à execução fundada em título extrajudicial).

15.2 A REPERCUSSÃO DA LEI Nº 11.232/2005 NA MATÉRIA DOS EMBARGOS À EXECUÇÃO

Debruçados na análise da Lei nº 11.232/2005, que alterou radicalmente a dinâmica da execução por quantia certa, transformando-a em fase do processo de conhecimento posterior à sentença de mérito, não mais como ação autônoma, quando apoiada em sentença que condena o vencido ao pagamento de soma em dinheiro, percebemos que a alteração é estendida para os embargos à execução, que não são mais ação incidental autônoma, mas defesa endoprocessual, intitulada *impugnação*.

A leitura de artigos da lei permite-nos concluir da forma destacada, *in verbis*:

> *"Art. 475-J. Caso o devedor, condenado ao pagamento de quantia certa ou já fixada em liquidação, não o efetue no prazo de quinze dias, o montante da condenação será acrescido de multa no percentual de dez por cento e, a requerimento do credor e observado o disposto no art. 614, inciso II, desta lei, expedir-se-á mandado de penhora e avaliação.*

---

qualquer matéria, e, sim, inviabilização da alegação daquelas que necessitam da produção de provas no curso do processo" (BATISTA JÚNIOR, Geraldo da Silva. Exceção de pré-executividade: alcance e limites. *Revista da EMERJ*, Rio de Janeiro: EMERJ, v. 5, nº 19, 1998, p. 150-151).

§ 1º Do auto de penhora e de avaliação será de imediato intimado o executado, na pessoa de seu advogado (arts. 236 e 237), ou, na falta deste, o seu representante legal, ou pessoalmente, por mandado ou pelo correio, podendo oferecer impugnação, querendo, no prazo de quinze dias.

Art. 475-M. A impugnação não terá efeito suspensivo, podendo o juiz atribuir-lhe tal efeito desde que relevantes seus fundamentos e o prosseguimento da execução seja manifestamente suscetível de causar ao executado grave dano de difícil ou incerta reparação."

De logo indicando que o assunto é tratado de forma abreviada no desfecho deste capítulo, através do cotejo da sistemática do CPC de 1973 com o regime imposto pela nova legislação, que vigora desde o mês de junho de 2006, deixamos registrado que a reforma objetiva garantir a *efetividade* da execução, totalmente obsoleta segundo as disposições do CPC, na sua forma original (antes da reforma), comprometendo a pretendida celeridade da execução a partir do momento em que o devedor ingressava com a ação de embargos, acarretando a automática suspensão da causa principal, situação que não mais se verifica, em face da aprovação da Lei nº 11.382/2006, prevendo que os embargos não são (como regra) dotados do efeito suspensivo, bem assim da Lei nº 11.232/2005, com regime semelhante, textualizando que a impugnação como regra não suspende o curso da execução apoiada em título judicial.

A *impugnação* referida no texto da lei aproxima-se dos *embargos* opostos pelo réu na ação monitória (§ 2º do art. 1.102-C),[6] processando-se nos autos da demanda principal, qualificando-se como manifestação endoprocessual. A matéria passível de impugnação pelo executado não se diferencia de forma contundente das admitidas pelo CPC de 1973, alinhadas em seu art. 741.[7] A grande diferença que há entre os dois sistemas é a de que a defesa do executado perde a sua característica principal – de ação –, para se revelar como uma espécie de contestação *lato senso*, pois apresentada no âmbito da ação principal (comparação que se limita ao aspecto do destino das manifestações, ambas externadas nos autos da demanda proposta pela parte contrária, sem determinar a formação de autos apartados).

---

6 "Art. 1.102-C. No prazo previsto no art. 1.102-B, poderá o réu oferecer embargos, que suspenderão a eficácia do mandado inicial. Se os embargos não forem opostos, constituir-se-á, de pleno direito, o título executivo judicial, convertendo-se o mandado inicial em mandado executivo e prosseguindo na forma do Livro I, Título VIII, Capítulo X, desta Lei."

7 Nesse sentido, reproduzimos o art. 475-L, introduzido no CPC pela Lei nº 11.232, de 22 de dezembro de 2005: "Art. 475-L. A impugnação somente poderá versar sobre: I – falta ou nulidade de citação, se o processo correu à revelia; II – inexigibilidade do título; III – penhora incorreta ou avaliação errônea; IV – ilegitimidade das partes; V – excesso de execução; VI – qualquer causa impeditiva, modificativa ou extintiva da obrigação, como pagamento, novação, compensação, transação ou prescrição, desde que superveniente à sentença."

Além disso, atendendo aos reclamos de parte expressiva da doutrina nacional,[8] a defesa do executado não mais suspende o curso da execução, não obstante a lei permita ao magistrado suspender o trâmite da execução de forma excepcional, quando os fundamentos da defesa forem relevantes e o prosseguimento da execução seja manifestamente suscetível de causar ao executado grave dano de difícil ou incerta reparação.

Rogamos que o recebimento da impugnação sem garantir a suspensão da execução seja efetivamente a regra, permitindo a concretização da efetividade da execução, reservando-se para situações ímpares o recebimento da defesa para impor a suspensão do processo principal, sempre através de pronunciamento judicial fundamentado, com o direto enfrentamento do preenchimento dos requisitos alinhados como condição para o afastamento da regra geral, em respeito ao inciso IX do art. 93 da CF, como princípio constitucional (*princípio da fundamentação* ou da *motivação das decisões judiciais*).

Os **embargos à execução** ficam restritos para o ataque à execução apoiada em **título extrajudicial** (cheque, duplicata, nota promissória, por exemplo), devendo o devedor se valer da **impugnação**, para o ataque de execução fundada em **título judicial** (sentença penal condenatória transitada em julgado, sentença cível, por exemplo).

15.3 CONDIÇÕES DA AÇÃO DE EMBARGOS À EXECUÇÃO, CONDIÇÕES E PRESSUPOSTOS ESPECÍFICOS

Como ação autônoma, embora incidental (por depender da existência da ação principal, sem a qual não pode ser proposta em razão da ausência do interesse de agir), os embargos se submetem à observância das condições de toda e qualquer ação judicial, a saber: (a) legitimidade das partes; (b) interesse de agir; e (c) possibilidade jurídica do pedido. A ausência das condições da ação executiva retira do credor a possibilidade de receber a prestação jurisdicional *substitutiva*, deparando com a extinção do processo sem a resolução do mérito (*falsa* sentença terminativa).[9]

---

[8] "Merece crítica, também, a imposição do efeito suspensivo automático, conferido aos embargos, inibindo a eficácia do título executivo e prestando-se a frequentes manobras procrastinatórias. O título gera a presunção de certeza, liquidez e exigibilidade da dívida. Se os embargos alegam e provam liminarmente a existência de fundamento relevante, elisivo da executoriedade do título, e o juízo está garantido pela penhora ou pelo depósito, podem eles ser recebidos com efeito suspensivo. Caso contrário, deveria a execução prosseguir, sem prejuízo de, se acolhidos viessem a ser os embargos, fossem as coisas repostas no estado anterior ou restituído ao devedor o seu equivalente em dinheiro" (GRECO, Leonardo. *O processo de execução*. Rio de Janeiro: Renovar, 2001. v. 2, p. 585).

[9] Posto que a sentença esperada na execução não pode ser qualificada como de mérito, mas apenas confirmatória do adimplemento da obrigação.

A trilogia *desenhada* em linhas anteriores representa os requisitos mínimos que devem ser preenchidos pelo autor em toda e qualquer demanda judicial, podendo o magistrado enfrentar o tema de ofício, a qualquer tempo e grau de jurisdição, não acarretando a preclusão processual por não ter sido externada no momento ideal (mas não único) da defesa do promovido, por ser matéria do interesse do Estado, não apenas das partes em litígio.

No caso da ação de execução, o fato de o magistrado ter determinado a citação do executado quando a ilegitimidade ativa do credor era evidente – por estar pleiteando em nome próprio o reconhecimento de direito alheio, sem autorização legal – não retira do julgador a prerrogativa de voltar a examinar o assunto em qualquer fase da execução, de ofício ou através do acolhimento dos embargos do executado, bem assim do acatamento da exceção de pré-executividade apresentada pelo devedor, com a ressalva de que o legislador que edificou a Lei nº 11.382/2006 pretendeu eliminar o cabimento da exceção de pré-executividade (fato provado através da constatação de que os embargos à execução não mais reclamam a prévia segurança do juízo – art. 736), embora admitamos a apresentação da manifestação em exame (ver apontamentos em passagem seguinte).

Em decorrência da preocupação de se manter a isonomia processual, alçada à condição de princípio constitucional, como estudamos no Capítulo 1 desta obra, as mesmas exigências dirigidas ao credor também se destinam ao executado, de modo que a ação de embargos deve evidenciar a observância das condições da ação. O fato de os embargos serem opostos por quem não é parte da ação de execução (que deveria ter reagido através dos embargos de terceiro, por exemplo, tendo sido injustamente atingido pela formalização de penhora judicial em parcela do seu patrimônio) resulta consequência processual de vulto, referindo-se à extinção da ação incidental sem a apreciação do mérito, pelo reconhecimento da ilegitimidade ativa *ad causam*.

Os embargos à execução devem ser opostos no prazo de quinze dias, a contar da juntada do mandado de citação aos autos. Encontramo-nos diante de ato processual que exige prazo *peremptório* para a sua prática, vale dizer, prazo fixado em lei, inafastável pela vontade das partes, em vista de se referir à norma de procedimento, de trato monopolizado pelo Estado.

Com essa característica, não sendo prazo *dilatório* (que autorizaria a modificação da sua contagem em acolhimento a requerimento apresentado pelas partes – art. 181), não pode ser alterado. Em linhas seguintes, anotamos que várias nuanças decorrem do prazo em exame, como a sua eventual duplicação quando a execução é proposta contra mais de um executado, estando representados nos autos por diferentes procuradores, sugerindo a aplicação do art. 191 (embora o § 3º do art. 739-A tenha pacificado a matéria); os termos *a quo* e *ad quem* quando a citação é aperfeiçoada por carta etc.

Neste instante, deixamos registrado que a oposição dos embargos além do prazo legal representa a prática de *ato inexistente* (não apenas nulo ou anulável), como *não ato*,[10] por não surtir efeitos no mundo jurídico, por mais razoável que fosse a sua fundamentação, impondo a rejeição liminar da manifestação extemporânea, com fundamento no inciso I do art. 739.[11]

15.4 EMBARGOS À EXECUÇÃO SEM EXIGÊNCIA DA GARANTIA DO JUÍZO

Dispõe o art. 736:

> *"Art. 736. O executado, independentemente de penhora, depósito ou caução, poderá opor-se à execução por meio de embargos."*

Com as atenções voltadas para a norma reproduzida, originada da aprovação da Lei nº 11.382/2006, observamos que o devedor deve apresentar defesa após a juntada do mandado de citação aos autos, no *nascedouro* do processo, sem exigência de que garanta o juízo, o que não significa a impossibilidade de a penhora ser formalizada.

N'outro modo de dizer, a penhora pode ser efetivada pelo oficial de justiça na *abertura* do processo, como resultado das diligências positivas realizadas pelo auxiliar do juízo ou pela indicação procedida pelo credor, como lhe faculta o § 2º do art. 652. **O prazo para a oposição dos embargos não é contado da formalização da penhora, mas da juntada do mandado de citação aos autos**, mesmo sem penhora formalizada.

Se o oficial de justiça recolher o mandado aos autos sem formalizar a penhora e a avaliação, por não ter localizado bens do devedor e de o credor não ter realizado a indicação referida em linhas anteriores, o devedor não mais aguarda pelo aperfeiçoamento da penhora em momento seguinte (em algumas situações, meses depois, diante da dificuldade enfrentada pelo credor para localizar bens passíveis de constrição). **A defesa (sob a forma dos embargos) deve ser apresentada nos quinze dias que se seguem à juntada do mandado de citação aos autos** (que, *in casu*, será somente mandado de citação, não mandado de citação, de penhora e de avaliação, como se esperava).

A juntada do mandado aos autos inaugura para o executado a possibilidade de estabelecer o contraditório de mérito, antes restrito a aspectos processuais ou formais, por meio da oposição dos embargos, no prazo de quinze dias, sempre

---

10 "O ato inexistente *não é ato processual.* O ato nulo é ato processual, ainda quando defeituoso, anormal, aleijado, digamos assim. A inexistência não pode ser um defeito do ato processual. Essa afirmativa, inclusive, encerra uma contradição insuperável. Inexistir e não ser. A inexistência é uma negação, e o ato processual inexistente é um *não ato-processual*, vale dizer, é um *não ser* e o que 'não é' jamais pode ser viciado ou defeituoso" (PASSOS, J. J. Calmon de. *Esboço de uma teoria das nulidades aplicada às nulidades processuais.* Rio de Janeiro: Forense, 2002. p. 96).

11 "Art. 739. O juiz rejeitará liminarmente os embargos: I – quando intempestivos; *omissis*".

contados da juntada da comunicação ao processo, nas execuções por quantia certa contra devedor solvente, na execução das obrigações de dar, de fazer e de não fazer, indistintamente.

Na hipótese que envolve a execução fiscal, em vista do art. 16 da LEF, aplicamos regra temporal diferente da que consta no CPC, em respeito ao *princípio da especialidade* (lei especial sobrepondo-se a incidência da lei geral, sem revogá-la – art. 2º da LICC).[12] O artigo em referência textualiza a regra de que o prazo para o oferecimento dos embargos começa a fluir da intimação da penhora (não da juntada do mandado de citação aos autos) ou do depósito, inaugurando para o executado a possibilidade de se defender, contando o prazo de 30 dias para embargar a execução especial (*caput* do art. 16), afastando a aplicação do CPC.

15.5 PRAZO PARA A OPOSIÇÃO DOS EMBARGOS NA HIPÓTESE DE A CITAÇÃO SER EFETIVADA ATRAVÉS DE CARTA PRECATÓRIA

No volume 1 desta obra, especificamente no Capítulo *Atos processuais*, deixamos registrado que o juízo em algumas situações solicita à autoridade jurisdicional de mesma hierarquia que o auxilie no cumprimento de determinado ato processual, através da expedição de carta precatória, em face de a providência extrapolar os limites geográficos da localidade na qual aquele exerce a jurisdição, efetivando-se em regime de cooperação, repetindo-se a providência com razoável intensidade na situação que envolve a expedição de carta precatória para que juízo de outra comarca colha o depoimento de testemunha, sem que se possa exigir o deslocamento da testemunha para que preste as declarações na sede do juízo pelo qual a ação judicial tramita.

A dinâmica também é comum na realidade da ação de execução, assistindo-se com repetição a expedição de carta precatória a fim de que o juízo deprecado (o que recebe a delegação) cumpra mandado de citação extraído por determinação do deprecante (o que delega), quando o executado residir em localidade distante da sede do juízo, não tendo o credor solicitado o encaminhamento dos autos para outro juízo, como lhe faculta o art. 475-P. Como exemplo, anotamos a expedição de carta precatória extraída por determinação do juízo da 20ª Vara Cível da Comarca

---

12 "**A jurisprudência do Superior Tribunal de Justiça pacificou o entendimento no sentido de que, no processo de execução fiscal, o prazo para oposição de embargos inicia-se a partir da intimação da penhora, e não da juntada do mandado**, devendo o oficial de justiça advertir o devedor, de modo expresso, que o prazo de trinta dias para o oferecimento dos embargos contar-se-á daquele ato. Havendo mais de um sócio executado, corre o aludido prazo a contar da última intimação" (REsp 593633-SP, 1ª Turma do STJ, rel. Min. JOSÉ AUGUSTO DELGADO, j. 16.12.2003, *DJ* 22.3.2004, em transcrição parcial) (grifamos).

de Porto Alegre, para a efetivação da citação de executado residente e domiciliado no Rio de Janeiro, através do critério da distribuição, em respeito ao princípio do juiz natural.

Caso a citação seja aperfeiçoada através do cumprimento da carta precatória, por diligências empreendidas perante o juízo deprecado, cabe-nos investigar se o prazo para a oposição dos embargos começa a fluir da data da juntada do mandado de citação à carta precatória cumprida (no juízo deprecado), ou da data da juntada da comunicação aos autos do processo de execução, após a devolução, perante o juízo deprecante.

Após vacilações jurisprudenciais, a Lei nº 11.382/2006 pacificou o assunto, dispondo no § 2º do art. 739-A: "Nas execuções por carta precatória, a citação do executado será imediatamente comunicada pelo juiz deprecado ao juiz deprecante, inclusive por meios eletrônicos, contando-se o prazo para embargos a partir da juntada aos autos de tal comunicação."

A técnica adotada respeita os princípios da celeridade e da razoável duração do processo (inciso LXXVIII do art. 5º da CF), ficando a sugestão para que o magistrado que toma assento no juízo deprecado comunique o cumprimento da carta precatória por e-mail, sempre que possível, sendo o meio mais rápido de comunicação existente, evitando a expedição de ofícios ou de outros documentos pela via protocolar tradicional, de recepção lenta, se comparada ao modelo de uso incentivado.

Se a comunicação a que o dispositivo se refere chegar ao destino após a própria carta precatória, por razões de entrave no encaminhamento da correspondência, por deficiência dos serviços prestados pelos correios, por exemplo, entendemos que o prazo para a oposição dos embargos deve ser contado a partir da juntada da carta precatória aos autos, na qual o mandado de citação se encontra acostado, não da juntada da comunicação, efetivada posteriormente, para que os princípios da celeridade e da razoável duração do processo não sejam infringidos.

15.6 PRAZO PARA A OPOSIÇÃO DOS EMBARGOS NA HIPÓTESE DE A EXECUÇÃO TER SIDO PROPOSTA CONTRA MAIS DE UM EXECUTADO

Em outras edições desta obra, registramos a divergência de entendimento jurisprudencial no que se refere ao prazo para a oposição dos embargos quando a execução apresenta mais de um executado, representados nos autos por diferentes procuradores. Parte da jurisprudência defendia a aplicação do art. 191,[13] conferindo

[13] "Art. 191. Quando os litisconsortes tiverem diferentes procuradores, ser-lhe-ão contados em dobro os prazos para contestar, para recorrer e, de modo geral, para falar nos autos."

prazo em dobro aos executados para apresentação dos embargos.[14] Outra corrente afirmava que o prazo seria singelo, não atraindo a norma em exame, posição que indicávamos como majoritária, em atenção ao *princípio da efetividade da execução*, permitindo que a causa principal fosse desfechada no menor espaço de tempo possível, logicamente sem comprometer a prerrogativa de defesa constitucionalmente assegurada ao devedor ou ao responsável pelo pagamento do débito (fiador, sócio da executada etc.).

A Lei nº 11.382/2006 pacificou o assunto, como se observa através da simples interpretação literal do § 3º do art. 739-A, prevendo que *aos embargos do executado não se aplica o disposto no art. 191 desta Lei*, técnica que se assenta nos princípios da celeridade e da razoável duração do processo, elevado ao plano constitucional (inciso LXXVIII do art. 5º da CF).

15.7 REFORÇO DE PENHORA E OPOSIÇÃO DE NOVOS EMBARGOS

O executado pode sofrer várias penhoras numa única execução, como na hipótese referente ao *reforço de penhora*, posterior à avaliação dos bens penhorados (quando não realizada na abertura do processo, através de diligência empreendida pelo oficial de justiça), somente nesse instante se apercebendo que o bem atingido por constrição anterior é insuficiente para garantir o adimplemento da obrigação de satisfação reclamada pela parte contrária (inciso II do art. 685).[15] Ocorre que o executado já se opôs à execução anteriormente, através da apresentação dos embargos, impugnando a validade do título, e este processo já foi julgado por sentença, tendo sido a decisão acobertada pelo manto da coisa julgada (*res iudicata*), impedindo a renovação dos temas no curso de outra demanda judicial assentada nos mesmos elementos (partes, causa de pedir e pedido).

Em nosso entendimento, o devedor não poderia arguir em novos embargos a mesma matéria suscitada na primeira manifestação apresentada, sob pena de desrespeitar a coisa julgada, própria da sentença anteriormente proferida. Na hipótese, se fosse admitida a oposição de novos embargos, o que era defendido com fôlego

---

14 "Se na ação de oposição os embargantes se colocaram irmanados como litisconsortes, com procuradores diferentes, vige, imperativamente, a disposição geral relativa a prazos em dobro do CPC 191" (*RT* 493/131).

15 "Art. 685. Após a avaliação, poderá mandar o juiz, a requerimento do interessado e ouvida a parte contrária: *Omissis*. II – ampliar a penhora, ou transferi-la para outros bens mais valiosos, se o valor dos penhorados for inferior ao referido crédito; *omissis*."

por parte da jurisprudência,[16] antes da edição da Lei nº 11.382/2006, estes seriam limitados, não mais podendo referir-se à impugnação ao título em si, aos aspectos de mérito da controvérsia (porque isto já foi discutido nos primeiros embargos), mas apenas à questão relativa à necessidade (ou não) do reforço de penhora, sustentando-se a nulidade da avaliação, questão meramente processual.

Já entendíamos pelo não cabimento de novos embargos, explicitando as razões do nosso convencimento. Considerando que a ação incidental apoiar-se-ia apenas em questões relativas a aspectos formais – processuais – sem contemplação da matéria de fundo – de validade do título –, advertíamos que as alegações deviam ser transportadas por simples petição (peça *avulsa*), nos autos da própria ação de execução, sem reclamar nova burocratização do processo, representada pela oposição dos embargos, com todos os prejuízos decorrentes, não permitindo que o Estado se desincumba do encargo assumido, de prestar a função jurisdicional executiva.

O magistrado devia rejeitar liminarmente os embargos quando exclusivamente apoiados no excesso de penhora, forçando a parte a suscitar a matéria no curso da ação executiva, fundamentando o pronunciamento na ausência do interesse de agir, já que igual resultado prático poderia ser alcançado através de via processual mais simplificada, impondo-lhe a Lei de Procedimentos *velar pela rápida solução do litígio* (inciso II do art. 125), o que não estaria garantido com o recebimento dos novos embargos à execução.

Outra razão que nos fazia concluir pelo não cabimento dos embargos para impugnar a ampliação da penhora judicial sofrida pelo executado assentava-se na constatação de que a matéria que subsidiava a reclamação do devedor não se encontrava alinhada em qualquer dispositivo legal, devendo ser tratada como incidente processual, por simples petição apresentada no curso da ação principal, sem acarretar a burocratização da execução.[17]

O modo de pensar retratado, apoiado nos princípios da *celeridade processual* e da *efetividade da execução*, vinha sendo obtemperado pela jurisprudência, que em sua maioria validava a oposição dos novos embargos, apenas limitando-os ao trato de questões processuais,[18] não mais podendo se referir às matérias suscitadas e enfrentadas nos embargos anteriormente opostos e já sentenciados.

---

16 "Havendo segunda penhora, há possibilidade de novos embargos quanto a aspectos formais da mesma" (VI ENTA 21).

17 O entendimento é reforçado por lúcido posicionamento jurisprudencial: "**Cuidando-se de ampliação da penhora, a impugnação deve ser alegada em simples incidente de execução**, eis que não presente alguma das causas previstas no art. 741, do CPC. Recurso conhecido, mas desprovido" (REsp 272735-SP, 5ª Turma do STJ, rel. Min. JOSÉ ARNALDO DA FONSECA, j. 24.10.2000, *DJ* 4.12.2000) (grifamos).

18 "Em havendo segunda (nova) penhora (CPC, art. 667), impõe-se a intimação de todos os executados (CPC, art. 669), salvo se ocorrer desistência (CPC, art. 569). **O oferecimento de novos embargos à execução, nessa hipótese, deverá restringir-se aos aspectos formais do novo ato constritivo**" (REsp

Quer-nos parecer que a matéria deve sofrer alteração de entendimento doutrinário e jurisprudencial, já que a oposição dos embargos não mais decorre da formalização da penhora, mas da citação, que é única, sendo realizada na abertura da execução. Desse modo, com o reforço de penhora, são desdobrados atos instrumentais da execução, como avaliação do bem, vista às partes, em respeito ao princípio do contraditório e da ampla defesa, designação de dia e hora para a realização da hasta pública (se o exequente não optar pela *alienação por iniciativa particular* ou pela venda através da rede mundial de computadores), realização da praça ou do leilão etc. Eventual reclamação do devedor contra o reforço de penhora deve ser manifestada através de peça *avulsa*, apresentada na primeira oportunidade de que dispõe para falar nos autos, sob pena de preclusão (art. 245), reiterando o tema em embargos à adjudicação (art. 746), se o magistrado não enfrentar o assunto até a conclusão do procedimento.

15.8 LEGITIMIDADE DO RESPONSÁVEL PARA OPOSIÇÃO DOS EMBARGOS À EXECUÇÃO

Os embargos podem ser apresentados pela pessoa que habita o polo passivo do processo de execução, nominado *executado*. Contudo, por previsão legal e entendimento da jurisprudência,[19] podem embargar a execução outras pessoas que não sejam parte do processo, mas que tenham relação direta com o devedor, como o fiador do executado, seu cônjuge, o sócio de empresa demandada (intitulado *responsável tributário*, segundo os arts. 134 e 135 do CTN).

Detalhando a hipótese, para que se compreenda a razão de se conferir legitimidade para a oposição dos embargos às pessoas indicadas, observamos que, na situação que envolve o fiador, o não pagamento do débito pelo devedor principal pode sujeitar os bens do fiador à execução, justificando o seu interesse para propor a ação incidental autônoma com o objetivo de impugnar a validade do título, já que a procedência dos embargos pode afastar o risco de comprometimento do seu patrimônio na ação principal.

De igual modo, se o cônjuge do executado recebeu citação judicial, pode opor-se à execução através da apresentação dos embargos à execução, sem afastar a eventual

---

172032 – RS, 4ª Turma do STJ, rel. Min. SÁLVIO DE FIGUEIREDO TEIXEIRA, j. 6.5.1999, *DJ* 21.6.1999) (grifamos).

19 "**Não obstante a denominação adotada na lei e o teor literal do art. 736 do CPC, não é só o devedor que se habilita ao oferecimento de embargos do devedor, mas também aquele que porventura suporte a responsabilidade executiva**, apesar de não figurar na relação jurídica de direito material" (*RF* 328/201) (grifamos).

oposição dos embargos de terceiro,[20] para defender a sua meação, desde que demonstre que a dívida que deu origem à execução não foi contraída a bem da família.

A possibilidade de desconstituição da dívida que ensejou a propositura da ação de execução contra o cônjuge do embargante justifica a legitimidade que lhe é conferida para utilizar a ação incidental autônoma, eliminando a possibilidade de ter a sua meação comprometida pela formalização de penhora no patrimônio do casal e pela alienação do bem em hasta pública, como etapa final da execução.

Mesmo que o devedor tenha convicção de que não poderia ter sido incluído como tal no processo executivo, deve opor-se ao procedimento através dos embargos à execução, não dos embargos de terceiro. Enquanto não for excluído do processo executivo é qualificado como parte, devendo se defender através dos embargos à execução ou da exceção de pré-executividade (de admissibilidade preservada mesmo após a edição da Lei 11.382/2006, segundo entendemos). O fato de ingressar com os embargos à execução – ao invés dos embargos de terceiro – não representa confissão da condição de devedor – e não de terceiro –, originando-se a sua atuação da posição que ocupa no processo executivo, tendo sido incluído como executado.

Porém, se utilizou os embargos de terceiro por equívoco, defendemos a tese de que a manifestação processual pode ser recebida como embargos à execução, com fundamento nos *princípios da fungibilidade* e da *instrumentalidade das formas* (art. 250),[21] logicamente quando manifestada no prazo para a apresentação dos embargos do devedor. A posição tem eco na jurisprudência, inclusive da que emana do STJ.[22]

---

[20] Nesse sentido: "Comercial. Aval prestado pelo sócio. **Se o aval foi prestado pelo marido em garantia de dívida da sociedade de que faz parte, cabe à mulher que opõe embargos de terceiro o ônus da prova de que disso não resultou benefício para a família.** Recurso especial conhecido e provido" (REsp 148.719-SP, 3ª Turma do STJ, rel. Min. ARI PARGENDLER, j. 27.3.2001) (grifamos).

[21] "Art. 250. O erro de forma do processo acarreta unicamente a anulação dos atos que não possam ser aproveitados, devendo praticar-se os que forem necessários, a fim de que se observem, quanto possível, as prescrições legais."

[22] "Processo civil. Execução. Novação. Citação dos garantes anteriores. Intervenção. Vias. Utilização dos embargos de terceiros. Descabimento. Possibilidade, no caso. Circunstâncias da causa. Instrumentalidade do processo. Recurso provido. Maioria. I – A parte citada na execução como executada, mesmo indevidamente, integra a relação processual enquanto não excluída por decisão judicial. Assim, na defesa de seu direito, não poderá ela se valer do manejo de embargos de terceiro, por ser essa via deferida apenas a quem não é parte no processo. II – No caso concreto, no entanto, em face da instrumentalidade do processo, admite-se o manejo dos embargos de terceiro, na medida em que poderiam os recorrentes, inclusive, oferecer a exceção de pré-executividade. Se podiam mais, poderiam também utilizar-se, não obstante, sem rigor técnico, da via dos embargos de terceiro" (REsp 98655-RS, 4ª Turma do STJ, rel. Min. ALDIR PASSARINHO JÚNIOR, j. 12.9.2000, *DJ* 17.3.2003).

15.9 PERDA DO PRAZO PARA A OPOSIÇÃO DOS EMBARGOS E SUAS CONSEQUÊNCIAS JURÍDICAS

Na hipótese de o devedor ter perdido o prazo para o aforamento dos embargos, estaria impedido de se opor à execução através de outro instrumento processual? Entendemos que não, vislumbrando a possibilidade de a matéria ser tratada no âmbito de outra demanda judicial, de natureza declaratória, para obtenção de sentença que confirme a inexistência de relação jurídica entre o credor e o executado, que justificasse a emissão do título que deu apoio à ação executiva.

Embora admitindo que a matéria é polêmica, aplicamos por analogia as regras próprias da reconvenção, espécie de defesa que permite a manifestação de ataque pelo réu, que em princípio só pode se defender. A não apresentação da reconvenção no prazo da defesa não retira do réu a possibilidade de expor a sua pretensão de ataque através de ação autônoma, que pode ou não tramitar em apenso aos autos da ação proposta pela parte contrária, a depender da confirmação das regras da conexão (art. 103).

A não apresentação dos embargos não acarreta *preclusão processual*, a ponto de impedir a impugnação do título através de outro instrumento processual, já que a preclusão é instituto de efeito endoprocessual (art. 183[23]), com consequências limitadas ao âmbito da ação executiva. Encontrando-se o executado diante de nulidades absolutas; de títulos manifestamente inválidos; de questões de ordem pública, como a ilegitimidade de uma das partes, a falta de interesse de agir, ou da impossibilidade jurídica do pedido, pode suscitar as matérias através: (a) de simples petição nos autos da execução; (b) da exceção de pré-executividade; ou (c) da ação declaratória de nulidade de ato (*querela nullitatis insanabilis*), pouco importando o escoamento *in albis* do prazo para a oposição dos embargos.

Entendemos que o devedor, diante da perda do prazo para a oposição dos embargos à execução, e se a sua opção foi inclinada para a última das comentadas hipóteses, pode requerer autorização ao juiz do processo executivo para distribuição da ação declaratória por dependência, processando-se em apenso aos autos do processo principal. O inconveniente que se vê refere-se ao prosseguimento da ação de execução, considerando que a demanda declaratória não tem efeito suspensivo em relação ao processo executivo, não impedindo a prática de todos os atos que integram o procedimento, até a hasta pública e a conversão do produto da venda judicial ao credor.

A jurisprudência, sensibilizada com a situação incômoda do devedor, admite a propositura da medida cautelar incidental, para obstar o curso da execução até o

---

23 "Art. 183. Decorrido o prazo, extingue-se, independentemente de declaração judicial, o direito de praticar o ato, ficando salvo, porém, à parte provar que o não realizou por justa causa."

desate da ação declaratória que se processa em apenso.[24] Não afastamos a possibilidade de o devedor pleitear o deferimento da tutela antecipada na ação declaratória, devendo demonstrar o preenchimento dos requisitos atinentes à prova inequívoca da verossimilhança da alegação (requisito básico) e do *periculum in mora* (requisito alternativo) ou do manifesto propósito protelatório do réu (situação menos comum, já que o réu a que se refere a norma seria o credor da ação de execução).

15.10 EMBARGOS À EXECUÇÃO E IMPUGNAÇÃO – HIPÓTESES DE CABIMENTO

A simples leitura dos arts. 475-L e 745 demonstra que, na execução fundada em título judicial, a defesa do devedor (através da impugnação) é restrita, só podendo se referir às matérias contempladas na primeira norma, dispostas em *numerus clausus*.

Na dinâmica forense, muitos embargos vinham sendo opostos com o único propósito de arguir o *excesso de penhora*, matéria que não se encontrava prevista no rol do art. 741, repita-se, disposto em *numerus clausus*, segundo entendimento que afiançamos. Por conta dessa constatação, a doutrina convergia em afirmar que seria incabível a oposição dos embargos na hipótese, devendo o devedor arguir o alegado excesso por simples petição nos autos da ação de execução, sem propor a demanda incidental autônoma.[25] Se fosse apresentada, faltaria interesse processual ao executado, acarretando a rejeição liminar dos embargos ou a sua extinção sem a resolução do mérito, com fundamento no o inciso VI do art. 267.[26]

O *excesso de penhora* não se confunde com o *excesso de execução*, o último representando matéria que permite a oposição da *impugnação* (inciso V do art. 475-L). O excesso de penhora não impugna o valor da execução, coincidindo este com o valor da obrigação disposta no título judicial ou extrajudicial, mas o excesso

---

24 "Em curso processo de execução, não há impedimento a que seja ajuizada ação tendente a desconstituir o título em que aquela se fundamenta. Inexistência de preclusão, que essa opera dentro do processo, não atingindo outros que possam ser instaurados, o que é próprio da coisa julgada material. Carecendo a ação da eficácia própria dos embargos, a execução prosseguirá, salvo se, em cautelar, for outorgado efeito suspensivo. Julgada procedente a ação, extingue-se a execução. Se a sentença sobrevier ao exaurimento da execução, abrir-se-á ao executado a possibilidade de, mediante ação condenatória, reaver o que houver pago indevidamente" (REsp 135.355-SP, 3ª Turma do STJ, rel. Min. EDUARDO RIBEIRO, j. 4.4.2000, *DJ* 19.6.2000, p. 140).

25 Nesse sentido: "Excesso de penhora. Pode ser alegado em simples petição o excesso de penhora e não por meio de embargos do devedor. O juiz deve conhecer e proclamar de ofício esta matéria, que é de ordem pública" (NERY JUNIOR, Nelson. *Código de processo civil comentado e legislação processual civil extravagante em vigor.* 4 ed., rev. e atual., São Paulo: Revista dos Tribunais, 1999. p. 1192).

26 "Art. 267. Extingue-se o processo, sem resolução de mérito: *Omissis*. VI – quando não concorrer qualquer das condições da ação, como a possibilidade jurídica, a legitimidade das partes e o interesse processual."

da constrição, mediante a demonstração de que o patrimônio do executado foi indevidamente atingido (em excesso) em execução que tem valor inferior ao bem constrito, reclamando a correção do ato judicial em atenção ao *princípio da menor onerosidade para o executado* (art. 620). No mesmo conduto de exposição, entendemos que **a alegação de impenhorabilidade do bem atingido pela constrição também não enseja a oposição da impugnação**, por não se encontrar previsto no art. 475-L, o que embasa a afirmação de que a reação do executado deve ser manifestada através de simples petição, no curso da execução. A jurisprudência de nossos tribunais, embora aplique em parte o nosso ponto de vista, admitia a oposição dos embargos de forma facultativa,[27] o que pode sugerir a admissibilidade da impugnação, com o que não concordamos. Segundo pensamos, a apresentação da impugnação na situação analisada reclama a sua rejeição liminar, por falta de interesse de agir. A limitação das matérias que podem ser suscitadas pelo executado, garantida pela interpretação gramatical do art. 475-L, justifica-se pela constatação de que este **não mais pode revisitar temas próprios da fase de conhecimento**, encontrando-se superados por não terem sido oportunamente arguidos pela parte ou, tendo sido articulados, por terem sido repelidos através de sentença judicial transitada em julgado, gerando o fenômeno da imutabilidade do julgado, que só pode ser desconstituído através da ação rescisória ou da ação anulatória, assunto estudado à exaustão no Capítulo 12, no volume 1 desta obra, intitulado *Sentença e coisa julgada*. Em exemplo ilustrativo, observe a situação que envolve acidente automobilístico, afirmando o réu na peça de defesa que não seria culpado pelo infortúnio, e que o promovente não teria suportado os danos narrados na peça inicial. Esses argumentos foram repelidos pelo juízo do 1º Grau de Jurisdição, com pronunciamento posteriormente confirmado pelo tribunal, operando-se o fenômeno da coisa julgada material em vista de o acórdão não ter sido atacado através do recurso especial e/ou do recurso extraordinário.

Sendo convocado na fase de execução, o executado não pode renovar as argumentações alinhadas na fase de conhecimento (ausência de culpa em relação ao acidente e inexistência de dano), em respeito a *res iudicata*,[28] mesmo que evidenciem nulidades, que deveriam ter sido espancadas através da ação rescisória ou da ação

---

[27] "**A impenhorabilidade do bem protegido pela Lei nº 8.009, de 1990, pode ser oposta, como matéria de defesa, nos embargos do devedor, ou por simples petição, como incidente da execução.** Recurso especial conhecido e provido" (REsp 180286-SP, STJ, rel. Min. ARI PARGENDLER, j. 16.9.2003, *DJ* 15.12.2003) (grifamos).

[28] "**No processo de execução de título judicial, a restrição da matéria dos embargos ao rol do art. 741, CPC, tem por escopo prestigiar a definitividade e a imutabilidade da coisa julgada no ordenamento jurídico.** Neste passo é que a sua desconstituição encontra previsões limitadas e enumeradas na lei processual, como é o caso das ações rescisórias, e das anulatórias do art. 486, CPC, situando-se, em plano distinto, a nulidade *pleno jure*" (REsp 316285-RS, 4ª Turma do STJ, rel. Min. SÁLVIO DE FIGUEIREDO TEIXEIRA, j. 20.3.2003, *DJ* 4.8.2003) (grifamos).

anulatória.[29] Não fosse assim, **estaríamos fazendo da execução um prolongamento da fase de conhecimento**, retirando-lhe a sua índole instrumental para conferir-lhe a conotação de processo cognitivo, desprezando os atributos imanentes à obrigação firmada no título judicial, a saber: certeza, liquidez e exigibilidade.

A limitação dos temas que podem fundamentar a impugnação quando a pretensão do credor apoia-se em título judicial impõe como consequência a conclusão de que **a cognição na espécie do incidente em exame é sumária, não se ampliando a possibilidade de examinar todos os fatos que deram ensejo à formação do título**, em termos de mérito, restringindo a manifestação do executado a aspectos quase que puramente formais, o que aproxima a espécie da *opposizione agli atti esecutivi* do direito processual civil italiano.

Ao contrário desse panorama restritivo, como não há fase de conhecimento em antecedência à ação de execução fundada em título extrajudicial, é incontroverso que **o devedor pode impugnar o título de forma mais ampla**, segundo previsto no art. 745,[30] articulando todas as matérias de defesa que seriam admitidas na ação de conhecimento.

Feitas as considerações preliminares, passamos a analisar cada uma das matérias dispostas no art. 475-L, que subsidiam a oposição da impugnação para o combate de execução fundada em título judicial.

15.10.1 Falta ou nulidade de citação no processo de conhecimento

A única das matérias próprias da fase de conhecimento que pode ser alegada pelo devedor na execução é a falta ou nulidade de citação na ação de formação do título, "se o processo lhe correu à revelia" (inciso I do art. 475-L).

Ainda assim, **a lei exige que o processo de conhecimento tenha corrido à revelia do executado**, por não ter apresentado impugnação naquela fase relativa à nulidade em destaque, nem na peça de defesa (que não foi apresentada) nem em qualquer fase seguinte do processo, suscitando o assunto pela primeira vez na impugnação,

---

29 "**Com exceção da hipótese de nulidade absoluta por falta ou nulidade da citação, o artigo 741 do Código de Processo Civil não prevê a possibilidade de ataque ao título executivo judicial tendo em vista nulidades do processo de conhecimento.** De modo que os embargos do executado não podem substituir nem a ação rescisória (CPC, art. 485), nem a ação ordinária anulatória de sentença meramente homologatória (CPC, art. 486). Recurso especial não conhecido, com ressalvas quanto à terminologia" (REsp 402291-PB, 3ª Turma do STJ, rel. Min. CASTRO FILHO, j. 21.10.2003, *DJ* 10.11.2003) (grifamos).

30 "Art. 745. Nos embargos, poderá o executado alegar: I – nulidade da execução, por não ser executivo o título apresentado; II – penhora incorreta ou avaliação errônea; III – excesso de execução ou cumulação indevida de execuções; IV – retenção por benfeitorias necessárias ou úteis, nos casos de título para entrega de coisa certa (art. 621); V – qualquer matéria que lhe seria lícito deduzir como defesa em processo de conhecimento."

sendo de logo antecipado que o acolhimento da questão resulta na declaração de nulidade de todo o processo, não apenas da fase de execução, mas também, e, sobretudo, da ação de conhecimento, retroagindo o processo às suas origens.[31] Parte da doutrina não reputa a sentença como *inexistente*, mas apenas *inválida*,[32] com o que não concordamos.

Sendo prestigiada a decisão proferida na impugnação (pelo fato de o credor não ter interposto o recurso de apelação ou pelo seu não conhecimento ou improvimento pelo tribunal), confere-se oportunidade ao réu para a apresentação da sua defesa na ação de conhecimento, no gênero, com as espécies da contestação (defesa principal), das exceções (de incompetência relativa, de impedimento ou de suspeição), da reconvenção (quando admitida) e da impugnação ao valor da causa (embora não tenha sido prevista como modalidade de defesa no art. 297).

Entendemos que a citação é o ato de maior importância do processo, por possibilitar a *angularização* da relação jurídico-processual, que antes apenas atava o autor ao magistrado que conduz o feito. Embora o processo seja *formado* por ocasião da distribuição da petição inicial, segundo a regra que emana do art. 263, é evidente que permanece em estado de hesitação até o aperfeiçoamento da citação do réu, sem que se possa defender a sua existência antes da efetivação da comunicação processual, pelo menos não em relação ao réu.

O magistrado não pode proferir a sentença de mérito sem que o réu tenha sido citado, em respeito aos princípios do contraditório e da ampla defesa e da bilateralidade da audiência. As considerações alinhadas neste sentido foram expostas com a devida fundamentação no Capítulo 4, *Do processo*, no volume 1 desta obra.

Diante da inexistência do processo pela falta ou nulidade da citação, a sentença também não pode existir, não se admitindo que o pronunciamento judicial seja considerado *título*, sem qualquer comando executivo que possa ser dirigido ao réu. É por esta razão que defendemos a tese de que **a sentença proferida em resposta à impugnação, nesta hipótese, declara a nulidade do título, da execução e de todo**

---

31 Nesse particular, precisa a lição externada pela doutrina especializada: "O primeiro fundamento confere aos embargos uma função rescidente notável, portanto, acolhidos, destroem todo o processo de execução e o de conhecimento, com efeito retro-operante, iniciando-se, a partir da intimação da decisão, novo prazo para defesa no processo cognitivo, tal como se opera quando o réu comparece para arguir a nulidade ou a falta de sua convocação" (FUX, Luiz. *Curso de direito processual civil.* Rio de Janeiro: Forense, 2001. p. 1188).

32 Por todos, PAULO HENRIQUE LUCON: "A sentença proferida sem citação válida não é inexistente, porque, enquanto não reconhecido esse vício, bens do executado podem ser constritos, avaliados e alienados judicialmente. Nas palavras de Couture, 'o ato inexistente (fato) não pode ser convalidado nem necessita ser invalidado' (*Fundamentos del derecho procesal civil,* nº 234, p. 377). Somente uma sentença que existe pode produzir efeitos; ao reverso, aquela que não existe não produz efeitos processuais, substanciais, primários ou secundários" (LUCON, Paulo Henrique. In: MARCATO, Antônio Carlos (Coord.). *Código de processo civil interpretado*. São Paulo: Atlas, 2004. p. 2097).

o processo de conhecimento, a partir do instante em que se esperava o aperfeiçoamento da citação.

A mácula em destaque pode subsidiar (alternativamente) a oposição da impugnação, a propositura da ação rescisória (inciso V do art. 485), se ainda dentro do prazo decadencial previsto no art. 495, ou a ação declaratória de nulidade de ato judicial, doutrinariamente denominada *querela nullitatis insanabilis*. A escolha de uma das espécies é faculdade do executado, apenas não se admitindo a propositura de mais de uma, ao mesmo tempo, evitando a litispendência.

15.10.2 Inexigibilidade do título

O título não será exigível por não se verificar presente a condição (art. 125 do CC)[33] ou o termo que possibilitaria a sua cobrança na via judicial, geralmente por não se encontrar *vencido* (uma nota promissória, por exemplo, emitida para pagamento em 30 dias, tendo o credor movido a ação executiva 15 dias depois da emissão do título) ou por não ter sido observada, pelo credor, a *contraprestação* a que estava obrigado.

No caso de o título ser a sentença judicial, só pode ser executado se a parte vencida não interpuser o recurso de apelação (condição suspensiva); se o recurso interposto não for dotado do efeito suspensivo (recurso especial ou recurso extraordinário, por exemplo – § 2º do art. 542), ou quando o pronunciamento transitar em julgado, não mais cabendo a interposição de qualquer *remédio* de apresentação endoprocessual para combatê-lo.

A situação que envolve a *não observância da contraprestação* remete-nos ao art. 476 do CC, repetindo a regra encartada no art. 1.092 do CC de 1916, peremptória no sentido de afirmar que "nos contratos bilaterais, nenhum dos contratantes, antes de cumprida a sua obrigação, pode exigir o implemento da do outro" (*exceptio non adimpleti contractus*). A norma, embora se refira à parte geral dos contratos, é aplicada por extensão às demais relações obrigacionais.

Os exemplos sobre o tema são múltiplos, citando-se, como ilustração, a hipótese em que a sentença tenha condenado o devedor à entrega da coisa mediante o pagamento do preço.[34]

O suposto credor não pode exigir o adimplemento da obrigação por parte do devedor, posto que ele próprio – o credor – também é devedor de obrigação que *enlaça* as partes. A realidade fática reforça a tese de que os contratos bilaterais, em termos de execução, em princípio são imprestáveis para o arrimo de ação executiva,

---

33 "Art. 125. Subordinando-se a eficácia do negócio jurídico a condição suspensiva, enquanto esta se não verificar, não se terá adquirido o direito, a que ele visa."

34 Cf. FUX, Luiz. *Curso de direito processual civil*. Rio de Janeiro: Forense, 2001. p. 1189.

a não ser que o credor consiga demonstrar no nascedouro da relação processual que adimpliu a obrigação a que estava vinculado.

Em qualquer das situações que envolvem a inexigibilidade do título, **o acolhimento da impugnação (por sentença) reconhece a carência da ação**, relativamente à pretensão executiva, por falta de interesse de agir, que é matéria de ordem pública, podendo – e devendo – ser conhecida de ofício pelo magistrado a qualquer tempo e grau de jurisdição (§ 3º do art. 267 e § 4º do art. 301 do CPC), o que significa que pode ser suscitada independentemente da oposição da impugnação.

15.10.3 Ilegitimidade das partes

Verificamos que o devedor também pode arguir a ilegitimidade da parte na impugnação, seja do credor ou dele próprio executado, admitindo-se e estimulando-se que a matéria seja suscitada através da exceção de pré-executividade, por ser de ordem pública, do interesse do Estado, não se restringindo às partes envolvidas na empreitada processual, estímulo que se justifica em atenção aos *princípios da economia processual* e da *efetividade da execução*.

No Capítulo 3, *Da ação*, no volume 1 desta obra, deixamos registrado que o convívio com os efeitos de uma sentença de mérito está condicionado ao preenchimento – pelo autor – de condições mínimas, representando as *condições da ação* e os pressupostos de constituição e de desenvolvimento válido e regular do processo.

A ausência de qualquer das condições (legitimidade das partes, interesse de agir e possibilidade jurídica do pedido) e/ou dos pressupostos (petição inicial, capacidade postulatória – para o autor – citação e jurisdição, como pressupostos de constituição) determina a extinção do processo sem a resolução do mérito, produzindo *coisa julgada formal*, sem impedir a propositura de nova ação, desde que seja possível eliminar o vício que determinou o encerramento abreviado do primeiro processo.

Feita a introdução, devemos destacar que a legitimidade das partes na fase de execução é confirmada (ou não) através do confronto das pessoas envolvidas no processo com as identificadas no título, que necessariamente devem estar listadas nos arts. 566, 567 e 568, disciplinando a legitimidade executiva ativa – do credor originário e do substituto processual (Ministério Público) – e dos devedores originários e derivados. Não se encontrando as pessoas vinculadas ao título, como credores, devedores ou responsáveis, descabe a instauração da execução por ou contra elas.

O reconhecimento da ilegitimidade de qualquer das partes acarreta a extinção da execução por carência de ação, através de sentença, atribuindo ao credor a obrigação de efetuar o pagamento das custas processuais e dos honorários advocatícios, no *quantum* a ser fixado pelo magistrado, em respeito aos princípios da causalidade e da sucumbência (art. 20). A matéria – por ser de ordem pública – pode ser conhecida quando suscitada na impugnação; por simples petição nos autos da execução ou na exceção de pré-executividade, devendo ser a última espécie estimulada, mais uma vez em atenção aos *princípios da economia processual* e da *efetividade da execução.*

15.10.4 Penhora incorreta ou avaliação errônea

O devedor pode apresentar impugnação para suscitar que a **penhora** é *incorreta* e/ou para alegar que a **avaliação** é ***errônea***. As expressões *incorreta* e *errônea* representam inovações terminológicas do legislador, sendo de entendimento vago, pelo menos do ponto de vista processual.

Em face disso, tomamos a liberdade de recorrer ao conceito enciclopédico, do qual extraímos que incorreto significa *não correto; errado; inexato,* enquanto *errôneo* significa aquilo que *contém erro; falso; que se desvia da verdade*.[35]

A erronia da avaliação é fenômeno de significado jurídico mais simples, até intuitivo. O legislador infraconstitucional concentrou atos da execução, que, pelo modelo anterior, eram praticados de forma dispersa, primeiro se registrando a formalização da penhora, para, após o julgamento dos embargos, proceder-se à avaliação dos bens atingidos pela constrição judicial.

A penhora e a avaliação são realizadas ao mesmo tempo, pelo novo sistema, no nascedouro da fase de execução, sendo as atribuições delegadas a um único auxiliar do juízo, a saber: o oficial de justiça. Antevemos dificuldade para que a técnica seja adotada com êxito, em face da exigência de conhecimentos técnicos imposta pela norma em relação ao oficial de justiça, que deve reunir conhecimentos que lhe permitam avaliar automóveis, imóveis, cavalos de raça, joias e metais preciosos etc.

Num outro modo de dizer, há uma probabilidade natural de que a diligência não seja cumprida com exatidão, dando margem para a apresentação da impugnação pelo devedor, que não ataca a execução propriamente dita, que não faz considerações relacionadas aos atributos de certeza, de liquidez e de exigibilidade da obrigação representada no título. Muito menos do que isso, a impugnação versa sobre questão pontual, com a pretensão de que a penhora seja reduzida, sob a alegação de que o valor do(s) bem(ns) atingido(s) pela constrição é superior ao *quantum* da execução, o que impõe sacrifício descabido, em detrimento do devedor.

Quando a impugnação apresentar esse conteúdo, também antevemos que o seu desate não é imediato, após o recebimento da manifestação do credor, reclamando o percurso pela fase de instrução, para a colheita de provas que permitam o julgamento do incidente processual.

Sobre a incorreção da penhora, entendemos que a reclamação do devedor pode abranger a nulidade da penhora, por ter incidido sobre bens protegidos pelo Estado, de forma relativa ou absoluta, embora o tema que diz respeito à impenhorabilidade

---

[35] FERNANDES, Francisco. *Dicionário brasileiro Globo.* 30. ed. São Paulo: Globo, 1993. p. 365 e 421.

do bem de família possa (e deva) ser suscitado sem a oposição da impugnação, por *petição avulsa*, já que é de ordem pública, do interesse do Estado, não se limitando às pretensões do credor e do devedor.

Desse modo, em visão ampliada, manifestamos a opinião doutrinária de que a incorreção diz respeito:

a) à nulidade da constrição, por ter recaído sobre bem absoluta ou relativamente impenhorável;
b) ao fato de a penhora ter sido formalizada de modo exagerado, incluindo bens em excesso, *castigando* o devedor de forma desmedida (como exemplo: o credor porta título judicial no valor de R$ 1.000,00 e o oficial de justiça penhora bens no valor de R$ 3.000,00, fato reconhecido na certidão que acompanha o mandado de penhora e de avaliação).

A decisão que enfrenta a impugnação é de natureza interlocutória, quando fundada na alegação de *penhora incorreta* ou de *avaliação errônea,* não tendo força suficiente para extinguir a execução, já que a reclamação do interessado está centrada em questões puramente formais, não atacando a obrigação disposta no título, que se mantém investida dos atributos de certeza, de liquidez e de exigibilidade.

15.10.5 Excesso de execução

Outra matéria que também pode ser suscitada na impugnação é o *excesso de execução*, que ocorre quando o credor pleiteia na execução quantia superior ou obrigação de natureza diversa da que se encontra prevista no título. A maior incidência da situação, na dinâmica forense, refere-se a problemas com a atualização do crédito, tratando o exequente de nos cálculos apresentados (*memória discriminada de cálculos*) incluir parcela não contemplada no título que apoia a execução, como juros moratórios, por exemplo.

Isso surge com repetição na execução por quantia certa contra devedor solvente, em decorrência da aplicação do art. 475-B, que obriga o credor a munir a inicial com cálculos de atualização do crédito que se pretende executar.

Num outro modo de dizer, é fato incontroverso que a execução fundada em título judicial é instaurada longos anos após o início da fase de conhecimento, fluindo a correção monetária a partir do ajuizamento da ação (§ 2º do art. 1º da Lei nº 6.899, de 8 de abril de 1981), outras vezes da citação do réu e algumas do fato ou ato que enseja a propositura da ação. O credor, na elaboração dos cálculos, aplica juros e correção monetária em desacordo com o previsto em lei, utilizando índice diverso do permitido ou calculando a parcela de juros em percentual exorbitante.

Mesmo que isto ocorra, o reconhecimento do excesso não acarreta a extinção total da execução, mas a **redução do *quantum* exigido pelo credor**, permitindo que a execução se adéque ao seu valor correto, reconhecendo-se a carência da ação no que se refere à parte da execução expurgada pela *poda* procedida pela decisão da impugnação, que é de natureza interlocutória.

O fato de o credor atualizar o crédito com a aplicação do índice de correção monetária utilizado pela Justiça para atualização de contas em geral, mesmo que o procedimento não tenha sido previsto em letras na sentença judicial, não dá azo à oposição da impugnação, já que a correção monetária não representa um *plus* acrescido ao principal, a ponto de sugerir o excesso de execução, mas um *pedido implícito*, que pode ser reconhecido inclusive em fase de execução.[36]

15.10.6 Demonstração da ocorrência de causa impeditiva, modificativa ou extintiva da obrigação

O inciso VI do art. 475-L prevê de forma *aberta* (o que se extrai da análise da expressão *qualquer causa*, acrescida da palavra *como*) que o devedor pode arguir através da impugnação:

> *"qualquer causa impeditiva, modificativa ou extintiva da obrigação, como pagamento, novação, compensação, transação ou prescrição, desde que superveniente à sentença".*

Os institutos alinhados de forma exemplificativa no Código estão disciplinados em maior parte no CC, sendo que em todas as situações verificamos que a pretensão do devedor atinge o mérito da execução. No que atine à **compensação**, revelando que as partes da execução são credoras e devedoras, ao mesmo tempo, uma da outra, anotamos que, para que o direito à compensação de créditos e débitos seja reconhecido, **é necessário que ambas as pretensões sejam *líquidas*, *vencidas* e de *coisas fungíveis***, como estabelece o art. 369 do CC.[37]

Imagine-se, sobre o tema, que o credor porta cheque emitido pelo devedor. Depois da emissão, o credor atropela o devedor, por culpa daquele. Sendo proposta a demanda executiva apoiada no cheque, o executado não poderia obstar o seu pagamento com o pleito de compensação da dívida com a indenização atinente aos danos decorrentes do atropelamento, considerando que tem apenas expectativa de direito em relação ao exequente, não sendo o seu crédito exigível, muito menos vencido.

---

[36] "**A correção monetária não constitui um *plus* que se acrescenta, mas simples recomposição do poder aquisitivo da moeda aviltada pela inflação. Possível, portanto, a sua inclusão na liquidação, ainda que não requerida na inicial, nem cogitada na sentença**" (REsp 332650 – RJ, 4ª Turma do STJ, rel. Min. BARROS MONTEIRO, j. 9.4.2002, *DJ* 5.8.2002, em transcrição parcial) (grifamos).

[37] "Art. 369. A compensação efetua-se entre dívidas líquidas, vencidas e de coisas fungíveis."

No que se refere à **prescrição**, esta se refere à execução, não à ação de conhecimento. A Súmula 150 do STF textualiza que "prescreve a execução no mesmo prazo de prescrição da ação". Se a execução se apoiar em título extrajudicial, o executado deve analisar os prazos prescricionais previstos em seu maior número no art. 206 do CC, comparando a norma genérica com o caso concreto.

Mesmo que a prescrição não seja alegada pelo devedor por ocasião da oposição da impugnação, essa omissão não representa óbice para que a matéria seja suscitada posteriormente, até no recurso que seja interposto contra a decisão que desatar o incidente, em face da literalidade do § 5º do art. 219. Não poderá, contudo, ser alegada pela primeira vez em recurso especial e/ou em recurso extraordinário, em respeito à Súmula 282 do STF, peremptória no sentido de exigir que a matéria suscitada nesses recursos seja prequestionada, com a demonstração de que foi arguida na instância ordinária (1º e 2º Graus de Jurisdição) e decidida pelos tribunais de justiça dos Estados ou pelos TRF's.

Lembramos que a simples propositura da ação de execução não interrompe o prazo prescricional. No caso do cheque, por exemplo, a ação executiva deve ser proposta no prazo de 6 (seis) meses, a contar da expiração do prazo de apresentação do título, conforme previsão dos arts. 59 ss da Lei nº 7.357, de 2.9.1985. O só fato de a ação executiva ter sido ajuizada no prazo em referência não determina a interrupção da prescrição, já que o credor deve providenciar a citação do réu nos 10 dias seguintes, prorrogável por no máximo 90 dias, como se percebe pela análise dos §§ 2º e 3º do art. 219.

Aperfeiçoada a citação dentro do prazo acima indicado, a "interrupção da prescrição retroagirá à data da propositura da ação", conforme regra insculpida no § 1º do mesmo dispositivo. O inciso I do art. 202 do CC, em aparente conflito com as disposições do CPC, textualiza que a interrupção retroagiria à data do despacho que ordenou a citação, não à data da propositura da ação, como previsto na Lei de Ritos.

Analisando o conflito legislativo, CARLOS ROBERTO GONÇALVES ensina--nos:[38]

> *"De acordo, porém, com o citado art. 202, inciso I, do Código Civil, a interrupção retroagirá à data do despacho. Tal dispositivo não pode, todavia, sofrer uma interpretação literal, sob pena de constituir indesejável retrocesso doutrinário e legal. A interpretação sistemática conduz à conclusão de que a interrupção da prescrição continua a retroagir à data da propositura da ação, desde que o autor cumpra o ônus de promover a citação do réu no prazo estabelecido."*

---

38 GONÇALVES, Carlos Roberto. Prescrição: questões relevantes e polêmicas. In: DELGADO, Mário Luiz; ALVES, Jones Figueiredo (Coord.). *Questões controvertidas no novo Código Civil*. São Paulo: Método, 2003. p. 98.

Em complemento, se a citação não for aperfeiçoada, por deficiência dos serviços forenses, não se justifica o reconhecimento da prescrição, desde que a ação tenha sido proposta no prazo fixado em lei para o seu exercício, conforme a orientação da Súmula 106 do STJ.[39]

15.11 DINÂMICA DOS EMBARGOS À EXECUÇÃO

Na dinâmica forense, a tramitação dos embargos à execução é extremamente simplificada, considerando que a matéria suscitada pelo devedor em princípio não reclama a produção de prova diferente da documental (depoimento pessoal das partes, inspeção judicial, perícia, ouvida de testemunhas etc.), sendo dirimida através da análise dos documentos que acompanham a inicial dos embargos e com a impugnação oferecida pela parte contrária, sem prejuízo da utilização de outros documentos atados aos autos em instantes diferentes dos comentados, com fundamento na regra do art. 397,[40] desde que seja concedida vista dos autos ao opositor da parte responsável pela juntada (art. 398), a fim de que se manifeste sobre a prova produzida, em respeito aos princípios da *audiência bilateral* e do *contraditório e da ampla defesa*. O parágrafo único do art. 736 permite que o advogado do embargante confirme a autenticidade das peças atadas à manifestação, sem necessidade de autenticação formal, assumindo responsabilidade pessoal nesse particular.

A petição inicial dos embargos deve preencher os requisitos do art. 282, aplicáveis às petições iniciais de demandas sujeitas a praticamente todos os ritos processuais, sob pena do seu indeferimento, antes devendo lhe ser oportunizada a prerrogativa de sanar o vício através da emenda da inicial (art. 284), como direito subjetivo do autor. A distribuição da ação incidental autônoma depende do recolhimento das custas processuais, calculadas sobre o valor da causa.

Com a distribuição da petição inicial, o magistrado pode atribuir efeito suspensivo excepcional aos embargos, obstando o curso da execução, reconhecendo a *prejudicialidade externa de causas*, considerando que a decisão dos embargos pode

---

39 **Súmula 106 do STJ:** "Proposta a ação no prazo fixado para o seu exercício, a demora na citação, por motivos inerentes ao mecanismo da Justiça, não justifica o acolhimento da arguição de prescrição ou decadência." Precisa a lição da doutrina: "A demora na citação poderia alcançar a prescrição, desde que haja despacho ordinatório da citação, quando haverá a interrupção que retroagirá à data da propositura da ação (art. 219, § 1º, com a nova redação). Ora, cabe à parte a promoção da citação nos dez dias seguintes ao despacho, podendo solicitar a prorrogação do prazo até noventa dias. Apesar disso tudo, o serviço forense pode inviabilizar a citação, não podendo ser debitada ao autor a demora, e consequentemente a prescrição ou decadência" (ROSAS, Roberto. *Direito sumular*. 12. ed. São Paulo: Malheiros, 2004. p. 378).

40 "Art. 397. É lícito às partes, em qualquer tempo, juntar aos autos documentos novos, quando destinados a fazer prova de fatos ocorridos depois dos articulados, ou para contrapô-los aos que foram produzidos nos autos."

declarar a nulidade da execução; o seu excesso; a carência de ação (por várias razões); a invalidação do título etc., afetando diretamente a execução, com a necessidade de que o pronunciamento em estudo seja fundamentado, demonstrando a adequação do caso concreto aos requisitos relacionados no § 1º do art. 739-A (relevância da fundamentação e verificação de que o prosseguimento da execução pode causar grave dano de difícil ou incerta reparação ao executado), com a prova de que o juízo se encontra seguro pela penhora, pelo depósito ou por caução.

Se os embargos versarem apenas sobre parte da execução (como na situação em que o embargante limita-se a impugnar a mera atualização do principal, mostrando-se como *parcela incontroversa*), o eventual recebimento dos embargos com efeito suspensivo não atinge a parte da execução não embargada, prosseguindo a ação de execução para a satisfação do crédito não atingido pela manifestação externada na ação prejudicial.

Após a oposição dos embargos, o magistrado determina a intimação do exequente para impugnar a peça inicial, o que deve ser feito no prazo de 15 dias, com a aplicação das regras dispostas nos arts. 184[41] e 240.[42] A intimação em análise é formalizada na pessoa do advogado do exequente,[43] independentemente de lhe terem sido outorgados poderes especiais, tendo verdadeira feição de citação judicial.

A não apresentação da defesa por parte do embargado acarreta os efeitos da revelia, segundo entendemos, em grau muito menor que o visto na realidade do processo de conhecimento. No Capítulo *Defesa do réu*, no volume 1 desta obra, registramos que o não oferecimento da contestação pelo réu que tenha sido regularmente citado em processo de conhecimento acarreta como consequências: (a) a presunção de veracidade dos fatos afirmados pelo autor; (b) a autorização para o julgamento antecipado da lide; e (c) a fluência de prazos independentemente de intimações cartorárias.

Ao lado das anotações gerais, manifestamos a nossa antipatia pelo julgamento pela procedência dos pedidos pela só razão de o réu não ter apresentado a defesa. Segundo pensamos, sempre se carreia ao magistrado a obrigação de atestar a veracidade das alegações em juízo de probabilidade, tentando se aproximar da *verdade formal* do processo. Essas considerações assumem relevo muito maior no panorama da revelia em face da não apresentação da defesa nos embargos à execução.

---

41 "Art. 184. Salvo disposição em contrário, computar-se-ão os prazos, excluindo o dia do começo e incluindo o do vencimento."

42 "Art. 240. Salvo disposição em contrário, os prazos para as partes, para a Fazenda Pública e para o Ministério Público contar-se-ão da intimação. Parágrafo único. As intimações consideram-se realizadas no primeiro dia útil seguinte, se tiverem ocorrido em dia que não havido expediente forense."

43 Nesse sentido: "A intimação para impugnação dos embargos, a que se refere o art. 740 do CPC, é feita ao advogado do exequente embargado, pela imprensa, pessoalmente ou por carta registrada" (VI ENTA – concl 20, aprovada por unanimidade).

É que o título que apoia a demanda executiva exibe os atributos de certeza, de liquidez e de exigibilidade, não de forma plena, já que a presunção que o cerca é apenas relativa, cabendo ao executado o ônus da prova de demonstrar a procedência de qualquer alegação de defesa, quando o título que embasa a execução for extrajudicial.

O ônus da prova assumido pelo executado, que toma assento na ação incidental autônoma na condição de embargante, não é afastado pela só razão de o credor não ter oferecido defesa nos embargos, já que a presunção de veracidade dos fatos afirmados (decorrente da revelia) não poderia sobrepor-se à presunção de certeza, de liquidez e de exigibilidade da obrigação representada pelo título. Pensar em contrário seria o mesmo que atribuir um grau mínimo de validade ao título, o que não é de se admitir.

De qualquer modo, em continuidade ao estudo da dinâmica dos embargos à execução, verificamos que, embora o CPC preveja a possibilidade de o magistrado designar dia e hora para a realização da audiência de instrução e julgamento após o recebimento da impugnação originada do embargado, não observamos a prática do ato de forma repetida na dinâmica forense, sendo mais comum a aplicação da parte intermediária do art. 740, com a seguinte redação:

> *"Art. 740. Recebidos os embargos, será o exequente ouvido no prazo de 15 (quinze) dias; a seguir, o juiz julgará imediatamente o pedido (art. 330) ou designará audiência de conciliação, instrução e julgamento, proferindo sentença no prazo de 10 (dez) dias."*

O julgamento antecipado dos embargos quando o processo reclamava a produção de provas, protestadas pelas partes na petição inicial e na impugnação, marca o pronunciamento de nulidade,[44] em face do cerceamento do direito de defesa, devendo o prejudicado suscitar o tema como preliminar da apelação, preparando a interposição do recurso especial e/ou do recurso extraordinário, garantindo o preenchimento do requisito relativo ao prequestionamento da matéria (Súmula 282 do STF).

Nada obsta que o magistrado designe dia e hora para a realização da audiência de tentativa de conciliação, embora não seja da normalidade dos embargos à execução, com fundamento no inciso IV do art. 125, prevendo que a conciliação pode ser tentada a qualquer tempo. A audiência em exame não se confunde com a espécie disciplinada pelo art. 331, intitulada *audiência preliminar*, que apresenta como complemento (além da tentativa de conciliação) o saneamento do processo, o deferimento da produção das provas e a fixação dos pontos controvertidos.

---

44 Nesse sentido: "**Havendo controvérsia sobre a matéria de fato, o juiz que decide a causa sem a realização da prova pericial, oportunamente requerida, contraria o artigo 740, parágrafo único, do Código de Processo Civil**. Recurso especial conhecido e provido" (REsp 101276 – PA, 3ª Turma do STJ, rel. Min. ARI PARGENDLER, j. 15.12.2000, *DJ* 5.3.2000) (grifamos).

O único objetivo da audiência disciplinada pelo inciso IV do art. 125 é o de ser tentada a conciliação entre as partes. Sendo sem êxito a proposta exortada pelo magistrado, o processo é preparado para o recebimento da sentença, que deve ser proferida com a observância dos requisitos essenciais previstos no art. 458, sobressaindo em complemento a necessidade de ser fundamentada, respeitando o inciso IX do art. 93 da CF, sob pena de nulidade.

15.12 PLEITO DE CONDENAÇÃO EM PERDAS E DANOS NO ÂMBITO DOS EMBARGOS À EXECUÇÃO

O pedido principal dos embargos é a declaração de nulidade da execução, por não ser executivo o título apresentado; a redução do valor da execução; a sua extinção etc., a depender da fundamentação utilizada pelo embargante. Ao lado dos pedidos em destaque, que são típicos, registramos a possibilidade de o executado pleitear a condenação do credor ao pagamento de perdas e danos em vista de prejuízos materiais e morais que tenha suportado com a execução descabida, proposta sem qualquer fundamentação ou base legal.

A situação não é de desate simplificado. É que a Carta Magna assegura o exercício do *direito de ação*, como garantia constitucional, permitindo às pessoas recorrer ao Poder Judiciário, perseguindo a prestação jurisdicional que ponha fim ao conflito de interesses instalado ou em vias de sê-lo. A postulação em princípio representa *exercício regular de um direito*.

Não obstante a garantia constitucional, entendemos que o devedor se credencia ao recebimento de indenização quando a propositura da execução revelar o *abuso do direito de ação*, como na hipótese de a pretensão executiva ter sido articulada com apoio em documento que sabidamente não se enquadra em qualquer das situações contempladas nos arts. 475-N e 585, não sendo título executivo judicial ou extrajudicial, fato que é público, notório e indiscutível, sem qualquer dúvida doutrinária e jurisprudencial a esse respeito.

Muitos exemplos podem ser apresentados, como o ingresso da ação de execução apoiada em cheque prescrito; em duplicata que não representa a efetiva venda de mercadoria ou a prestação de qualquer serviço, perseguindo a cobrança de juros e de correção monetária de título pago com retardo; em contrato não assinado pelo executado e por testemunhas, o fato de o credor exigir do executado dívida integralmente quitada muito tempo antes do ajuizamento da ação etc., não se podendo ignorar que os documentos em referência não são títulos, em vista da máxima *ignorantia legis neminem excusat*. Em todas as situações, verificamos que o exercício do direito de ação é abusivo, com a pretensão de submeter o executado a uma penhora completamente descabida.

Entendemos que a propositura de ação judicial em situações tais, sem qualquer base legal para o exercício do direito de ação, representa *ato ilícito*, pois sem causa, podendo amparar o pleito de indenização por perdas e danos, fundada nos arts. 186 do CC e 574 do CPC, o último com a seguinte redação:

> *"Art. 574. O credor ressarcirá ao devedor os danos que este sofreu, quando a sentença, passada em julgado, declarar inexistente, no todo ou em parte, a obrigação, que deu lugar à execução."*

Não bastasse a incidência dos dispositivos gerais, anotamos o reforço legislativo implementado pelo art. 187 do CC, positivando o instituto do *abuso de direito*, originado da *aemulatio* do Direito Romano, com a seguinte redação:

> *"Também comete ato ilícito o titular de um direito que, ao exercê-lo, excede manifestamente os limites impostos pelo seu fim econômico ou social, pela boa-fé ou pelos bons costumes."*

A emulação é vista como o propósito do autor de utilizar o processo para prejudicar o réu, e não para trazer benefício em seu favor.[45] O comportamento do credor nas situações apresentadas como exemplos ilustrativos no decorrer desta seção representa um *abuso de estar em juízo*,[46] justificando o pagamento da indenização correspondente aos danos (art. 944 do CC), logicamente diante da prova da ocorrência do prejuízo (na situação que envolve os prejuízos materiais, que não são presumidos, devendo ser provados, ao contrário do prejuízo moral), como *pilar* da teoria da responsabilidade civil, ao lado do ato do agente e do nexo de causalidade.

Na hipótese que envolve a propositura da ação de execução sem base legal, anotamos que o dano refere-se, dentre outras circunstâncias, à formalização de penhora em bens do executado, com evidente constrangimento, seja econômico ou moral, acarretando desconforto presumido, o ambiente de emulação por excelência. *A rixa, a briga, a altercação, é a substância da vida medieval. Brigas de vizinho, brigas de barões, brigas de corporações, no seio das sociedades; brigas entre o poder temporal e o poder espiritual. Todas as formas de altercações, a sociedade medieval conheceu, como não podia deixar de acontecer numa época de considerável atrofia do Estado. É aí que, pela primeira vez, os juristas têm conhecimento deste problema: o exercício de um direito com o fim de prejudicar a outrem. O direito como elemento de emulação. Entende-se, por emulação, o exercício de um direito com o fim de prejudicar outrem.*

---

45 Precisa a lição de San Tiago Dantas: "Já se sabe o que foi a vida medieval, o fim de tirar para si um benefício, o autor do ato tem em vista causar prejuízo a outrem" (DANTAS, San Tiago. *Programa de direito civil*. Rio de Janeiro: Editora Rio, 1979. v. 1. p. 368-369).

46 Cf. STOCO, Rui. *Tratado de responsabilidade civil*. 6. ed. São Paulo: Revista dos Tribunais, 2004. p. 126).

Quer dizer, que em vez de ter que permanecer longo tempo com bens de sua propriedade atados à demanda que jamais poderia ter sido proposta.[47]

Cada caso deve ser analisado de forma destacada, não se podendo impor o dever de indenizar pela só procedência dos embargos à execução. A imposição pode incidir quando for constatado que o credor ingressou com execução sem qualquer base legal, sem qualquer dúvida objetiva que amparasse a postulação, o que não se confirma quando a execução é apoiada em título de qualificação controvertida, denotando mero *erro escusável* do exequente (*que se pode desculpar*, segundo ensinamento enciclopédico), isentando-o do dever de indenizar.[48]

15.13 NOVIDADES ORIGINADAS DA LEI Nº 11.382/2006 NO CAMPO DA REAÇÃO DO EXECUTADO

Com as atenções voltadas para a Lei nº 11.382/2006, percebemos que o legislador infraconstitucional foi *fértil* no disciplinamento da reação do executado, além das ponderações articuladas em passagem anterior. Em primeiro lugar, com a pretensão de estimular o executado a adimplir a obrigação disposta em título extrajudicial, o art. 745-A prevê que este, *reconhecendo o crédito do exequente e comprovando o depósito de 30% (trinta por cento) do valor em execução, inclusive custas e honorários de advogado*, pode requerer seja admitido o pagamento restante em até 6 (seis) parcelas mensais, acrescidas de correção monetária e juros de 1% (um por cento) ao mês.

Para a aplicação da norma, é necessária (concomitantemente):

a) A apresentação de requerimento pelo devedor.

b) Que o requerimento seja formulado no prazo para a oposição dos embargos (impondo a *preclusão lógica*, retirando a possibilidade de o devedor embargar posteriormente, diante do reconhecimento da dívida).

---

47 "A execução ilegal, como é óbvio, é muito mais grave do que o protesto indevido. Executar é praticar o exercício regular de um direito, mas executar ilegalmente é afrontar o mais comezinho dos princípios, qual seja o de expor a ridículo um cidadão, comprometendo o seu conceito e a sua honra, bens maiores da vida. Via de regra, não tem preço a honra de um cidadão, mas em função de sua popularidade e de sua posição social, econômica, política e financeira, o valor da indenização pode chegar a milhões de reais, isto por conta de sua moral e de sua imagem, como aconteceu recentemente com o maior cantor da música popular brasileira – Roberto Carlos Braga, conforme decisão proferida pela mais alta Corte de Justiça do país" (LOPES, Aldo. *A execução ilegal e os danos decorrentes*. Campo Grande: Solivros, 1998. p. 33-34).

48 "Impõe-se concluir, portanto, que em sede de abuso do direito a culpa levíssima mostra-se irrelevante para efeito de responsabilização, ou seja, não é suficiente para induzir responsabilidade, sabido que, no conceito de culpa, em sentido amplo, o erro que ganha relevo será apenas aquele inescusável, que não pode ser relevado" (Idem. Ibidem. p. 128).

c) Que o executado efetue o depósito do *sinal*, no prazo preclusivo de quinze dias, contados da juntada do mandado de citação aos autos, sem necessidade de autorização judicial.

Fluído o prazo de que tratamos, o devedor pode pôr fim à demanda executiva (a qualquer tempo), através do pagamento da dívida, com os acréscimos legais e processuais, como permitido pelo art. 651 (remição da dívida). A diferença reside no fato de que, se a intenção de pagar for manifestada no prazo para a oposição dos embargos (nos quinze dias contados a partir da juntada do mandado de citação aos autos), o executado pode efetuar o pagamento da dívida de forma parcelada, o que não se confirma após o decurso da dilação, quando a dívida deve ser liquidada a vista.

A quitação da dívida não é garantida de forma automática. Após a manifestação do executado, o magistrado deve ouvir o exequente, em respeito ao princípio do contraditório e da ampla defesa, prolatando decisão de natureza interlocutória em momento seguinte, passível (em tese) de ataque por meio da interposição do recurso de agravo de instrumento, de uso admitido em face da lesividade que acompanha o pronunciamento, para o exequente ou para o executado.

O deferimento do parcelamento implica *novação de natureza processual*, com a ressalva de que o não pagamento de qualquer das parcelas acarretará, de pleno direito (ou seja, sem necessidade de decisão judicial) o vencimento das subsequentes e o prosseguimento do processo, com o acréscimo de multa em detrimento do executado, sem a possibilidade de oposição dos embargos.

Outro tema interessante diz respeito à possibilidade de o magistrado reconhecer que os embargos são *procrastinatórios*, tendo sido opostos com o só propósito de obstar o curso da execução. O reconhecimento em exame origina duas consequências processuais de vulto:

a) A autorização para rejeição dos embargos.

b) A imposição de multa contra o executado, por litigância de má-fé, revertendo em favor do exequente (punido pela conduta assumida pelo seu adversário processual), em quantia não superior a 20% (vinte por cento) do valor da execução.

O reconhecimento do intuito procrastinatório dos embargos não pode ocorrer de forma subjetiva, sob pena de nulidade do pronunciamento, em atenção ao princípio da motivação ou da fundamentação, que habita o inciso IX do art. 93 da CF. O magistrado deve valorizar os dados objetivos presentes no processo, que autorizam a conclusão em exame.

15.14 EXCEÇÃO DE PRÉ-EXECUTIVIDADE – CONSIDERAÇÕES GERAIS

Como anteriormente antecipado, a exceção de pré-executividade se presta para o combate de execuções desprovidas dos seus atributos essenciais, marcadas pela incerteza, pela iliquidez e/ou pela inexigibilidade do documento que apoiou a pretensão do que se afirma credor, quando a mácula for perceptível através do simples exame do *título*, dispensando a análise do negócio que gerou a sua emissão, da sua *causa debendi*.

Percebeu-se, na dinâmica forense e em situações determinadas, a partir da lição de PONTES DE MIRANDA,[49] que seria extremamente gravoso e injusto exigir do devedor a prévia segurança do juízo para apresentação da sua defesa, através da penhora, sabido que a defesa do executado apenas é admitida após a segurança do juízo (nas execuções por quantia certa fundadas em título judicial, igual situação não se confirmando na execução apoiada em título extrajudicial – art. 736), mostrando-se como condição para a oposição da impugnação (embora não o seja mais para a apresentação dos embargos), ao lado das condições de qualquer outra espécie de demanda de conhecimento (legitimidade das partes, interesse de agir e possibilidade jurídica do pedido).

Imagine, apenas para exemplificar, que a execução seja movida contra pessoa que não figura como devedora no título, não havendo vinculação sua ao negócio que determinou a emissão do documento. A postulação contra a pessoa ocorreu por ignorância ou mesmo por má-fé do credor.

Embora o direito de ação seja assegurado pela Carta Magna, o Judiciário deve *podar* os excessos praticados pelos autores de demandas judiciais, evitando que o processo sirva de instrumento de coação em relação ao réu, que não deveria estar ocupando o polo passivo da relação jurídico-processual, em vista da sua manifesta ilegitimidade passiva.

Exigir do apontado devedor a segurança do juízo para apresentação da defesa seria medida odiosa[50] em situações como a examinada, e manifestamente injusta

---

49 Através de parecer lançado no *caso Mannesmann,* de autoria do mestre PONTES DE MIRANDA, fato ocorrido no ano de 1966. Resumindo a hipótese, destacamos que várias ações foram ajuizadas contra a Companhia Siderúrgica Mannesmann, exigindo o pagamento de quantias *lotéricas*, apoiadas em títulos visivelmente falsos, na ocasião arguindo o citado parecerista que a exigência da garantia do juízo para repelir a exigibilidade dos títulos era medida que em muito sacrificaria a executada, de forma manifestamente injusta, o que deu cabimento à criação de uma modalidade de defesa nos próprios autos da ação de execução.

50 Nesse sentido, colhemos a seguinte lição doutrinária: "Em sendo assim, e tendo em vista que a ausência de pressupostos processuais ou de condições da ação impede o desenvolvimento regular e válido do processo executivo, parece-nos inconcebível exigir que tais matérias tenham de ser arguidas pelo executado em sede de embargos, negando-lhe a possibilidade de alegá-las mediante simples petição, nos termos do § 3º do art. 267 do diploma processual pátrio. Fosse exigida a arguição de

do ponto de vista processual, sobretudo porque o bem oferecido à penhora (na execução por quantia certa contra devedor solvente apoiada em título judicial) permanecerá longo tempo vinculado ao processo, tornando-se inalienável para o indigitado devedor, com sacrifício evidente, sobretudo nos tempos atuais, em que impera a necessidade de liquidez do patrimônio dos particulares.

Por conta disso, a doutrina evoluiu na admissão de mecanismo processual que possibilita ao executado apresentar a sua defesa na busca da extinção da execução ou da sua exclusão do processo (na hipótese do acolhimento da tese de ilegitimidade passiva de um dos devedores, remanescendo os demais coobrigados no processo), sem exigência da apresentação da impugnação e da formalização da penhora.

A defesa do executado é oferecida nos próprios autos da execução (defesa endoprocessual), sem o recolhimento das custas calculadas sobre o valor da dívida (como observamos com a impugnação) e, principalmente, sem a formalização da penhora em bens do executado (na execução por quantia certa contra devedor solvente apoiada em título judicial).

A nulidade da execução, a ausência das condições da ação ou o não preenchimento dos pressupostos de constituição do processo (matérias que com maior repetição amparam a apresentação da exceção de pré-executividade) deve ser visível, para a admissibilidade da exceção, circunstâncias constatadas independentemente de dilação probatória,[51] podendo – e devendo – ser o vício conhecido de ofício pelo magistrado,[52] dispensando a provocação da parte executada, em respeito aos princípios da *economia processual*, da *celeridade* e da *menor onerosidade em relação ao executado*.[53]

---

tais matérias por meio de embargos à execução, em vez de permitir a alegação das mesmas mediante simples petição, obrigar-se-ia o executado a comprometer o seu patrimônio pela penhora, para que pudesse afastar um processo cujos requisitos de desenvolvimento sequer se apresentam regularmente preenchidos" (MEDEIROS, João Paulo Fontoura de. *Embargos à execução*: sentença de procedência e improcedência. Curitiba: Juruá, 2003. p. 40).

[51] "**A objeção de pré-executividade pressupõe que o vício seja aferível de plano e que se trate de matéria ligada à admissibilidade da execução, e seja, portanto, conhecível de ofício e a qualquer tempo**" (REsp 221.202 – MT, 4ª Turma do STJ, rel. Min. SÁLVIO DE FIGUEIREDO, j. 9.10.2001, *DJ* 4.2.2002) (grifamos).

[52] "**As questões de ordem pública referentes às condições da ação e pressupostos processuais da execução podem e devem ser decididas de ofício. A arguição de nulidade da execução, com base no art. 618 do CPC, independe da apresentação de embargos.** Embargos declaratórios conhecidos como agravo regimental, improvido" (AGREsp 194546 – PR, 4ª Turma do STJ, rel. Min. BARROS MONTEIRO, j. 21.8.2003, *DJ* 13.10.2003) (grifamos).

[53] "Em princípio, a defesa do executado deve realizar-se através dos embargos, nos termos do art. 16 da Lei de Execução Fiscal. **Todavia, é assente na doutrina e na jurisprudência o cabimento de exceção de pré-executividade quando a parte argúi matérias de ordem pública ou nulidades absolutas que dispensam, para seu exame, dilação probatória. Esse entendimento objetiva atender ao interesse público quanto à economia e celeridade processual**" (REsp 602407 – RJ, 2ª Turma do STJ, rel. Min. CASTRO MEIRA, j. 20.4.2004, *DJ* 28.6.2004, em transcrição parcial) (grifamos).

Se a matéria pode ser conhecida de ofício – pela sua gravidade e repercussão no *mundo* do processo –, não se exige forma de arguição quando suscitada pelo devedor fora da impugnação, como espécie clássica de defesa do executado que se opõe à penhora formalizada em execução fundada em título judicial, através de petição específica, não sujeita a maiores formalidades. Embora não incluída no texto do CPC, é incontroversa a larga utilização da exceção de pré-executividade, não havendo objeção ao seu manejo diante das suas hipóteses de cabimento.

A apresentação pode ocorrer a qualquer tempo dentro da execução. Porém, com as atenções voltadas para a dinâmica forense, cabe-nos anotar que a sua maior frequência é vista no início da fase executiva, após o recebimento do mandado de intimação, no prazo conferido ao executado para pagar, sendo o seu cabimento admitido em todas as espécies de execução, até mesmo nas especiais, como a fiscal,[54] a hipotecária e a de alimentos.

A exceção é apresentada por simples petição, sem suspender a execução.[55] Num outro modo de dizer, a exceção de pré-executividade não impede o magistrado de determinar a formalização da penhora em bens do executado, indicados pelo credor na inicial, diante da inércia do devedor de pagar a soma em dinheiro objeto da execução.

15.14.1 Exceção de pré-executividade – natureza jurídica

A exceção de pré-executividade, pela sua finalidade, pode sugerir o seu enquadramento em vários institutos jurídicos, tendo características de ação judicial e também de modalidade de defesa. Na primeira hipótese, poderíamos sustentar que o executado estaria formulando um pedido de extinção total ou parcial da ação de execução, em manifestação que extrapola os limites da defesa, sendo próprio das pretensões de ataque.

Em sentido contrário, poderíamos refletir que a exceção de pré-executividade objetiva atacar o documento que deu suporte à pretensão executiva, desconstituin-

---

[54] "**A teor da orientação jurisprudencial desta Corte, vem-se admitindo a arguição da exceção de pré-executividade para alegar matérias de ordem pública na ação executiva fiscal, tais como as condições da ação e os pressupostos processuais**, desde que não se afigure necessário, para tanto, a dilação probatória" (AGA 441064 – RS, 2ª Turma do STJ, rel. Min. JOÃO OTÁVIO DE NORONHA, j. 4.1.2004, *DJ* 3.5.2004, em transcrição parcial) (grifamos).

[55] "De mais a mais, embora os casos de suspensão do processo de execução, melhor dizendo, do procedimento desse, encontrem-se taxativamente previstos no Código de Processo Civil, existem doutos que compreendem que a apresentação da exceção de pré-executividade tem o condão de suspendê-lo. Ora, atribuir efeito suspensivo à exceção de pré-executividade representaria uma afronta ao Código de Processo Civil, pois a suspensão de procedimento depende de previsão legal" (MEDEIROS, João Paulo Fontoura de. *Embargos à execução*: sentença de procedência e improcedência. São Paulo: Juruá, 2003. p. 51).

do os atributos de liquidez, de certeza e/ou de exigibilidade que lhe são peculiares, combatendo o ponto nodal da execução, como manifestação endoprocessual, o que emprestaria ao instituto contornos de pretensão de defesa, como se contestação fosse, o que é de pronto afastado, em vista de a execução não permitir a instauração de contraditório de mérito em seu curso, sendo processo meramente instrumental, de *realização* do direito, não da sua *afirmação* ou *certificação*.

Na nossa reflexão, de acordo com o posicionamento quase unânime da doutrina e da jurisprudência, entendemos que a exceção de pré-executividade é *incidente processual* (assim como a *impugnação ao valor da causa*, a *exceção de incompetência relativa*, o *incidente de falsidade documental* etc.), processando-se não no interior da execução, mas em instrumento apartado, sendo a decisão que põe fim ao incidente prejudicial em relação à demanda executiva, pela só razão de poder acarretar a sua extinção sem a satisfação do crédito reclamado pelo exequente, que se autointitulou credor.

A definição da sua natureza jurídica é relevante para determinar a forma do seu processamento, a sua eventual submissão ao preenchimento de requisitos essenciais (como se daria com a obrigatória observância dos requisitos essenciais da petição inicial, se fosse considerada ação judicial) e, sobretudo, a natureza da decisão que lhe põe termo, definindo, como consequência, o instrumento recursal que pode ser manejado para o ataque ao pronunciamento.

15.14.2 Exceção de pré-executividade – fundamentação jurídica

Em linhas anteriores, antecipamos que os vícios denunciados na exceção de pré-executividade podem e devem ser examinados de ofício pelo magistrado, independentemente da provocação do executado, por nos encontrarmos diante de questões de ordem pública, do interesse do Estado, transpassando as pretensões das partes em litígio (credor e devedor).

Em outra seção, quando estudamos as hipóteses de cabimento da exceção de pré-executividade, verificamos que a pretensão do executado é a de pôr fim a uma execução que jamais deveria ter sido instaurada, em vista da ilegitimidade de uma das partes, da *inadequação da via eleita*, de vícios extrínsecos do título, do anterior pagamento do débito reclamado etc.

Grande parte dos temas em exame refere-se às condições da ação (legitimidade das partes, interesse de agir e possibilidade jurídica do pedido). O fato de o autor instaurar a execução quando a obrigação havia sido adimplida através do pagamento integral da dívida revela a ausência do interesse de agir, em face da inexistência de conflito de interesses a ser debelado. No mesmo conduto de exposição, observamos que também há falta de interesse de agir (por *inadequação da via eleita*) quando o credor promove execução apoiada em contrato particular apenas assinado pelas partes, sem as assinaturas de testemunhas, não se enquadrando na previsão do inciso II do art. 585.

Vários outros exemplos poderiam ser apresentados, sendo evitados para garantir a abreviação da exposição. O certo é que o autor, quando exercita o direito de ação, dando ensejo à formação do processo, não se credencia no direito de conviver com os efeitos da sentença de mérito, exigindo a lei que observe as condições da ação e que preencha todos os pressupostos de constituição e de desenvolvimento válido e regular do processo, como a citação, a jurisdição, a existência da petição inicial, a sua subscrição por advogado (capacidade postulatória) etc.

Ausentes essas *condições mínimas*, o autor não conviverá com os efeitos da sentença de mérito, que ponha fim ao conflito de interesses na fase de cognição, deparando com sentença de extinção do processo sem a resolução do mérito, que apenas produz *coisa julgada formal*, não impedindo a propositura de nova ação assentada nos mesmos elementos, desde que seja possível eliminar a imperfeição que determinou a extinção anterior.

A pretensão executiva submete-se à observância de todas as premissas alinhadas. Para exigir do Estado que retire bens do patrimônio do executado suficientes para o adimplemento do débito (na execução por quantia certa); que entregue a coisa (na execução para a entrega de coisa); que satisfaça a obrigação de fazer ou de não fazer, é necessário que o credor preencha requisitos mínimos, sem os quais o magistrado não pode prestar a função jurisdicional reclamada, que não é de mérito, mas de índole instrumental.

O magistrado deve verificar se as condições da ação estão presentes quando recebe a petição de *abertura* da execução, respeitando o § 3º do art. 267[56] e o § 4º do art. 301.[57] Não se confirmando a presença de qualquer das condições, não lhe é conferida a prerrogativa de sequer determinar a citação do réu, urgindo o decreto de extinção do processo sem a resolução do mérito, que em termos executivos equivale à negativa do Estado de atuar de forma *substitutiva* à vontade do executado.

De qualquer modo, cabe-nos anotar que a fundamentação jurídica da exceção de pré-executividade apoia-se no inciso I do art. 618, dispondo: "é nula a execução: I – se o título executivo extrajudicial não corresponder a obrigação certa, líquida e exigível", além dos dispositivos legais indicados em linhas anteriores.

---

[56] "Art. 267. Extingue-se o processo, sem resolução de mérito: *Omissis*. IV – quando se verificar a ausência de pressupostos de constituição e de desenvolvimento válido e regular do processo; V – quando o juiz acolher a alegação de perempção, litispendência ou de coisa julgada; VI – quando não concorrer qualquer das condições da ação, como a possibilidade jurídica, a legitimidade das partes e o interesse processual. § 3º O juiz conhecerá de ofício, em qualquer tempo e grau de jurisdição, enquanto não proferida a sentença de mérito, da matéria constante dos nºs IV, V e VI; todavia, o réu que a não alegar, na primeira oportunidade em que lhe caiba falar nos autos, responderá pelas custas de retardamento."

[57] "Art. 301. Compete-lhe, porém, antes de discutir o mérito, alegar: *Omissis*; X – carência de ação. § 4º Com exceção do compromisso arbitral, o juiz conhecerá de ofício da matéria enumerada neste artigo."

A prescrição está incluída dentre as matérias de ordem pública que merecem especial atenção do magistrado, independentemente da manifestação da parte interessada, dando guarida à apresentação de exceção de pré-executividade, em vista da redação do § 5º do art. 219, permitindo ao magistrado enfrentar o tema de ofício, independentemente de provocação do executado.

Embora parte da doutrina posicione-se para admitir a apresentação da exceção de pré-executividade apenas quando o executado demonstra a existência de questão de ordem pública, que merece a atenção do magistrado mesmo sem provocação da parte interessada, inclinamo-nos para afirmar que outras matérias também podem ensejar a apresentação da exceção, desde que a veracidade da alegação do executado possa ser comprovada de plano, sem necessidade de dilação probatória mais ampla, própria dos embargos à execução, como ação de cognição.

Conseguindo o executado provar de forma cabal que a parte contrária está exigindo quantia superior à permitida pelo título que apoia a demanda, entendemos que a apresentação da exceção de pré-executividade deve ser estimulada, eliminando a oposição dos embargos, instrumento que (muito) burocratiza a ação de execução, impedindo o Estado de se desincumbir da função jurisdicional em curto espaço de tempo. Em várias passagens desta obra, demonstramos que a doutrina moderna prega a adoção do intitulado *processo de resultados*, no qual o fim prevalece em relação aos meios, sem descuidar de garantias constitucionais que se apresentam como primados básicos.

O critério para a admissão da exceção de pré-executividade é a possibilidade de a veracidade da alegação suscitada pela parte interessada ser ratificada e demonstrada de plano, sem dilação probatória complementar, independentemente de ser (ou não) de ordem pública, do interesse do Estado, podendo se referir ao tópico interesse da parte envolvida no litígio.

15.14.3 Não oferecimento dos embargos e possibilidade de apresentação da exceção de pré-executividade

Questão elegante do ponto de vista doutrinário e jurisprudencial diz respeito à possibilidade (ou não) de a exceção de pré-executividade ser apresentada quando o executado não opôs embargos à execução no momento adequado, deixando fluir *in albis* o prazo que a lei lhe conferiu para articular a defesa.

Para o exame da questão, é necessário investigarmos a consequência do não oferecimento dos embargos, analisando se a omissão do executado no sentido de opor a espécie clássica de defesa gera consequência proibitiva da utilização de outro instrumento processual para o combate do título que apoiou a pretensão executiva manifestada pelo seu opositor. Entendemos que a resposta deve pender necessariamente no sentido de afirmar que o não oferecimento dos embargos não é *causa impeditiva* ao ataque do título, mesmo após a edição da Lei nº 11.382/2006, que pretendeu eliminar o uso da exceção, sem conseguir fazê-lo. Detalhamos nossas conclusões.

Em primeiro lugar, observamos que o não oferecimento dos embargos não acarreta a *preclusão processual* (na sua espécie temporal), na consideração de que o analisado instituto é de índole endoprocessual. Num outro modo de dizer, como o ato esperado (oposição dos embargos) não seria praticado no mesmo plano da execução, mas através de ação autônoma (embora incidental), por evidente que não se poderia falar de preclusão.

O não oferecimento dos embargos apenas retira do devedor a prerrogativa de utilizar a espécie clássica de defesa na seara executiva, podendo fazer uso de outro instrumento processual para denunciar a nulidade da execução, como a ação rescisória (para discutir a nulidade da citação no processo de conhecimento, por exemplo – inciso V do art. 485 –, quando a execução se apoia em título judicial), a *querela nullitatis insanabilis* (também para suscitar a nulidade da citação no processo de conhecimento que lhe correu à revelia), assim como a exceção de pré-executividade.

Na última hipótese, contudo, o executado não pode substituir os embargos pela exceção de pré-executividade, suscitando matérias no incidente que só podem ser discutidas no interior da defesa clássica, por demandar ampla dilação probatória, própria da ação de conhecimento. Fluindo *in albis* o prazo para a oposição dos embargos, confere-se ao executado o direito processual de se valer da exceção de pré-executividade para (mantendo a sua filosofia e a *ratio* da sua criação doutrinária e jurisprudencial) suscitar questões de ordem pública, conhecíveis a qualquer tempo e grau de jurisdição, repita-se, porque do interesse do Estado, ou outras questões que possam ser examinadas através da documentação atada ao incidente processual.

O fato de o prazo para a oposição dos embargos ter fluído não tem qualquer relevância diante das questões de ordem pública, como as condições da ação e os pressupostos processuais, que, como percebemos através da leitura do § 3º do art. 267 e do § 4º do art. 301 do CPC, podem ser conhecidos a qualquer tempo e grau de jurisdição, não se submetendo à preclusão processual. A jurisprudência de nossos tribunais apenas impede a apresentação da exceção depois de escoado o prazo para os embargos quando o executado pretende na via incidental tratar de matérias próprias da ação de conhecimento, o que efetivamente não é de se admitir.[58]

Com as atenções voltadas para a Lei nº 11.382/2006, percebemos que o legislador pretendeu eliminar o uso da exceção de pré-executividade no curso da execução fundada em título extrajudicial, prevendo que o cabimento dos embargos à execução não está condicionado ao aperfeiçoamento da penhora, da caução ou do depósito.

---

[58] "**É inadmissível o oferecimento da objeção de não executividade depois de esgotado o prazo para apresentação dos embargos do devedor, sede própria para discussão da matéria ventilada pelo devedor**" (REsp 432036 – DF, 4ª Turma do STJ, rel. Min. BARROS MONTEIRO, j. 1.10.2002, *DJ* 9.12.2002) (grifamos).

Assim, em face de a lei disponibilizar instrumento de defesa não condicionado ao executado, faltaria interesse para reagir através da exceção de pré-executividade, que se justifica pela intenção de evitar a formalização da penhora em bens que integram o patrimônio do devedor.

Contudo, quer-nos parecer que o cabimento da exceção está garantido, mesmo após o início da vigência da lei indicada em linhas anteriores, não pelo aspecto da pretensão de evitar a formalização da penhora, mas por conduzir alegações referentes a matérias de ordem pública, do interesse do Estado.

Não vislumbramos grande utilidade na apresentação da exceção no prazo para a oposição dos embargos, já que a lei prevê instrumento adequado de reação ao executado, nos quinze dias, contados da juntada do mandado de citação aos autos. Entretanto, fluído o prazo dos embargos, não sendo opostos, é evidente que o executado pode fazer uso da exceção, para denunciar a ausência de uma das condições da ação e/ou de um dos pressupostos processuais, posto que a arguição em referência pode ser realizada até mesmo por peça *avulsa*, quanto mais no ambiente da exceção.

Apenas para ilustrar a colocação, percebemos que o inciso I do art. 745 confere ao executado a prerrogativa de se opor à execução para alegar a *nulidade da execução, por não ser executivo o título apresentado*. O fato de o documento exibido pelo pretenso credor não ser considerado título evidencia que nos encontramos diante de matéria de ordem pública, do interesse do Estado, monopolista da organização do procedimento, abrindo ensejo para a denúncia de nulidade da execução, por meio dos embargos, de peça *avulsa* ou da exceção de pré-executividade, que se mantém em uso, segundo pensamos, não apenas no modelo da execução fundada em título judicial, como também no da fundada em título extrajudicial, não obstante o desejo do legislador de *sepultar* a sua utilização, para permitir o curso acelerado da execução, *podando* incidentes que possam obstar a dinâmica processual.

15.14.4 Exceção de pré-executividade – hipóteses clássicas de cabimento

Como já afirmado anteriormente, a exceção de pré-executividade apresenta hipóteses clássicas de cabimento, sendo que em todas elas encontramo-nos diante de uma constatação inegável de que a obrigação representada pelo título que apoia a execução não é líquida, certa e/ou exigível, de que há uma nulidade de grande *estatura*, de que não se confirma a presença das condições da ação ou dos pressupostos de constituição e de desenvolvimento válido e regular do processo.

Mas a constatação – em qualquer caso – não depende da análise do negócio que gerou a emissão do título, a reclamar investigação mais profunda dos seus contornos, com amplo contraditório, o que é próprio dos embargos à execução e da impugnação, eliminando a possibilidade de apresentação da exceção de pré-executividade, marcada pelo seu caráter cognitivo extremamente sumário e superficial.[59]

Em termos de repetições, mais uma vez debruçados na dinâmica forense, registramos a costumeira apresentação da exceção de pré-executividade nas seguintes hipóteses clássicas:

a) Para arguir a ilegitimidade passiva do devedor, quando este não figurar como tal no título executivo, seja judicial ou extrajudicial,[60] circunstância que se verifica de plano, sem necessidade de dilação probatória, evidenciando a carência de ação em face da ausência de uma das suas condições (legitimidade das partes), desrespeitando-se a norma do art. 3º.[61]

b) Para demonstrar o prévio pagamento da dívida, de forma integral, abrangendo o principal, os juros e a correção monetária, o que evidencia a carência de ação em face da ausência de uma das suas condições (interesse de agir), por não haver conflito de interesses a ser espancado, mais uma vez sendo infringido o art. 3º, registrando-se, contudo, entendimento pretoriano contrário à admissibilidade da exceção na hipótese.[62]

c) Para demonstrar que o documento utilizado pela parte contrária não é título judicial ou extrajudicial, não se enquadrando nas hipóteses previstas nos arts. 475-N e 585, o que ratifica a tese de carência de ação em face da ausência de uma das suas condições (interesse de agir), considerando a *inadequação da via eleita*, com infração ao art. 3º.

d) Para demonstrar que o título utilizado pela parte contrária, embora originariamente executivo, perdeu essa condição, geralmente por ter prescrito em poder do credor.

e) Para demonstrar que o título utilizado pelo suposto credor conduz vício insanável, como o contrato particular assinado pelas partes e por apenas

---

59 "**A possibilidade de verificação de plano, sem necessidade de dilação probatória, delimita as matérias passíveis de serem deduzidas na exceção de pré-executividade, independentemente da garantia do juízo.** Não se admite a arguição de ilegitimidade passiva *ad causam* por meio de exceção de pré-executividade quando sua verificação demandar extenso revolvimento de provas. Agravo regimental desprovido" (AGREsp 604257 – MG, 1ª Turma do STJ, rel. Min. TEORI ALBINO ZAVASCKI, j. 4.5.2004, *DJ* 24.5.2004) (grifamos).

60 "**Se o 'thema decidendum' diz respeito à ilegitimidade passiva de um dos executados (que se inclui entre as condições da ação) e pode ser decidido à vista do título, a exceção de pré-executividade deve ser processada**" (REsp 254.315 – RJ, 3ª Turma do STJ, rel. Min. ARI PARGENDLER, j. 8.4.2002, *DJ* 27.5.2002) (grifamos).

61 "Art. 3º Para propor ou contestar ação é necessário ter interesse e legitimidade."

62 "Os embargos do devedor pressupõem penhora regular, que só se dispensa em sede de exceção de pré-executividade, **limitada a questões relativas aos pressupostos processuais e às condições da ação; nesse rol não se inclui a alegação de que a dívida foi paga**" (REsp 146.923 – SP, 3ª Turma do STJ, rel. Min. ARI PARGENDLER, j. 24.5.2001, *DJ* 18.6.2001) (grifamos).

uma testemunha (ou sem assinatura de testemunhas), evidenciando a carência de ação em face da ausência de uma das suas condições (interesse de agir), representando a *inadequação da via eleita*, não sendo servil para conferir a prestação executiva ao credor, reclamando a propositura da ação de conhecimento (ação de cobrança, por exemplo, de rito ordinário ou sumário) para *certificação* do direito em favor do autor.

f) Para demonstrar a existência de vício no negócio que originou a emissão do título, como a duplicata, que é *título causal*, exigindo a perfeição de uma compra e venda ou de uma prestação de serviços anterior, com a ressalva de que a inexistência dos comentados negócios deve ser provada de plano, não reclamando dilação probatória complementar.

g) Para requerer a exclusão do fiador do processo, quando o credor executa dívida originária de aditamentos contratuais aos quais o coobrigado não anuiu,[63] não tendo tomado assento na ação de despejo proposta exclusivamente contra o locatário (Súmula 268 do STJ).[64]

Além das situações alinhadas, defendemos a apresentação da exceção de pré-executividade para *podar* o excesso de execução, pelo fato de o credor ter requerido a intimação do executado para pagar quantia superior à permitida pelo título que apoia a pretensão, evitando que o executado seja submetido à penhora judicial excessiva, que comprometeria a disponibilidade do seu patrimônio até o julgamento da impugnação, de tramitação lenta, se comparada com a dinâmica da exceção de pré-executividade.

Conseguindo o executado demonstrar documentalmente, *prima facie*, que dele se exige o pagamento de importância não devida, pode perfeitamente opor-se às pretensões do credor através da exceção de pré-executividade. Pensar o contrário seria o mesmo que legitimar a conduta desmedida do credor, que submeteria o executado a um constrangimento ilegal, posto que não apoiado em documentação

---

[63] Nesse sentido: "Agravo de instrumento. Exceção de pré-executividade. Fiança em contrato de locação. Modificação dos aluguéis em ação revisional. Falta de anuência do fiador. Ineficácia. 1. Se o fiador não anuiu à modificação dos aluguéis em sede revisional, em cujo feito não figurou como parte, não deve integrar o polo passivo da execução atinente ao débito locatício, uma vez que o contrato de fiança não admite interpretação extensiva (art. 1.483, Código Civil). 2. Correto, assim, o acolhimento da exceção de pré-executividade intentada pelo fiador, contra quem não se viabiliza o prosseguimento do feito executivo. 3. Agravo improvido. Unânime" (Ac un da 2ª Turma Civ do TJDF – Ag 2001.00.2.002303 – 0, Rel. Desa. ADELITH DE CARVALHO LOPES, j. 3.9.2001 – Agte.: Roberto Antônio Coutinho; Agdo.: Paulo Alberto Cândido dos Remédios – *DJU* 3 21.11.2001, p. 145 – ementa oficial).

[64] **Súmula 268 do STJ:** "O fiador que não integrou a relação processual na ação de despejo não responde pela execução do julgado."

idônea, mostrando-se completamente exagerada a memória discriminada que acompanhou a petição que requer a instauração da execução.[65]

De qualquer modo, observamos que as provas relativas às alegações em destaque devem estar aportadas à petição da exceção de pré-executividade, como sói ocorrer, por exemplo, na alegação de pagamento da dívida, devendo o credor exibir o recibo de quitação do débito que é a si imputado.

As considerações esmiuçadas, atinentes às hipóteses de cabimento e de admissibilidade da exceção de pré-executividade, não são apresentadas de forma taxativa, em *numerus clausus*, sempre partindo da mesma premissa, ou seja, de que a execução não tem como prosperar em face da nulidade do título que a apoia, da ausência de condições da ação ou de pressupostos de constituição e de desenvolvimento válido e regular do processo.

Qualquer defeito físico do título (rasura, por exemplo), problemas com o seu conteúdo (ausência de um requisito), ou por fato substancial e relevante para a execução (novação, transferindo para o novo devedor a obrigação de pagar, com o consentimento do credor), autoriza a arguição da exceção de pré-executividade, com a pretensão de pôr fim à execução, desde que os fatos suscitados no curso da manifestação incidental estejam provados de plano, não reclamando dilação probatória complementar,[66] própria dos embargos à execução ou da impugnação, instrumentos de cognição garantida, mesmo na hipótese que envolve a execução escorada em título judicial, embora limitada às matérias do art. 475-L, como demonstrado em momento anterior.

65 O posicionamento é ratificado por opinião doutrinária qualificada: "(...) se o devedor dispõe de elementos que, dispensando uma investigação mais aprofundada, possa revelar ao juiz que o credor pretende receber um valor excessivo e incompatível com o seu título, deve ser considerado lícito e perfeitamente cabível o ataque à execução utilizando-se a defesa sem embargos, pois não é justo que o devedor sofra a penhora de seus bens, para somente então poder provar o excesso de execução". E prossegue em linhas seguintes: "Tenha-se presente que cabe ao juiz, a condução do processo executório, devendo, de ofício, coibir no nascedouro eventuais excessos de execução, *extra* ou *ultra petita*, sendo de todo aconselhável que o faça, podendo até determinar que os cálculos apresentados sejam aferidos pelo contador judicial, de molde a se fundamentar eventual sentença terminativa, se não for possível conter o cálculo nos limires do título" (BRUSCHI, Gilberto Gomes. *Incidente defensivo no processo de execução*: uma visão sobre a exceção de pré-executividade. São Paulo: Juarez de Oliveira, 2002. p. 69).

66 Apenas ilustrativamente, como forma de demonstrar que as questões de maior complexidade são relegadas para os embargos à execução, desautorizando a apresentação de exceção de pré-executividade, reproduzimos o seguinte julgado: "Agravo de Instrumento. Exceção de pré-executividade. Alegação de vícios insanáveis. Necessidade de complexas investigações. Sede própria em embargos à execução. Mesmo sem estar seguro o juízo, o devedor pode opor objeção de pré-executividade, alegando matérias que o juiz deveria conhecer de ofício, com o objetivo de ver extinto o processo de execução. **Quando, porém, depender de mais detido exame de provas, que reclamam contraditório, só através de embargos à execução será possível a arguição das nulidades**. Negado provimento. Unânime" (Agravo 2000.00.2.003537 – 7, 3ª Turma do TJDF, rel. Desa. SANDRA DE SANTIS, j. 23.10.2000, *DJU* 7.2.2001) (grifamos).

15.14.5 Julgamento da exceção e suas consequências jurídicas

O acolhimento da exceção se dá por sentença que põe fim à execução, admitindo a interposição do recurso de apelação pelo exequente,[67] ao passo que a sua rejeição ocorre por decisão de natureza interlocutória, podendo ser atacada através da interposição do recurso de agravo de instrumento, sem que o magistrado possa condenar o devedor ao pagamento da verba honorária como consequência do não acolhimento da manifestação, por não ser ação judicial (a justificar a imposição dos ônus da sucumbência), tendo índole meramente incidental.[68]

A afirmação do cabimento do recurso de agravo de instrumento, afastando a regra prevista no art. 522 (que prevê o cabimento do recurso de agravo retido para o combate de quase todas as decisões interlocutórias), decorre da constatação de que o pronunciamento em estudo apresenta (em tese) o condão de causar à parte lesão grave e de difícil reparação.

Ao enfrentar a exceção de pré-executividade, sendo negativa a resposta à pretensão extintiva formulada pelo executado, o magistrado não ingressa no mérito da validade (ou não) do título, posto que essa apreciação, com maior profundidade, é própria dos embargos à execução ou da impugnação. A resposta negativa apresentada ao incidente na fase inicial da execução é apenas indicativa de que o título não seria *manifestamente* inválido, de que se encontram *aparentemente* presentes as condições da ação e os pressupostos de constituição do processo, o que eventualmente pode não ser confirmado posteriormente.

Para esgotamento do assunto, contudo, é necessário que se faça uma avaliação mais profunda do negócio que deu origem ao título, o que não pode ocorrer no ambiente de incidente tão superficial como a exceção de pré-executividade, reclamando a oposição dos embargos à execução ou da impugnação, em cujos instrumentos será renovada em favor do executado a oportunidade de impugnar o título que arrimou a pretensão executiva, mediante a produção de prova de qualquer natureza, respeitando-se a superficialidade da cognição quando a impugnação é oposta contra execução fundada em título judicial, em face das limitações do art. 475-N, tema por seguidas vezes visitado no Capítulo 14 deste volume.

Questão controvertida na dinâmica forense diz respeito à possibilidade (ou não) de condenação do exequente ao pagamento dos honorários advocatícios, em decorrência da extinção da ação de execução pelo acolhimento da exceção de pré-

---

[67] "**A decisão que acolhe exceção de pré-executividade põe fim ao processo executório e, como ato extintivo, desafia recurso de apelação.** Recurso especial conhecido e provido" (REsp 613702 – PA, 4ª Turma do STJ, rel. Min. FERNANDO GONÇALVES, j. 8.6.2004, *DJ* 28.6.2004) (grifamos).

[68] Nesse sentido, esclarecedor o julgado reproduzido: "**Não extinta a execução, a exceção de pré-executividade tem caráter de nímio incidente processual, descabendo impor-se o encargo da verba de patrocínio**" (REsp 442.156 – SP, 5ª Turma do STJ, rel. Min. JOSÉ ARNALDO, j. 15.10.2001, *DJ* 11.11.2002) (grifamos).

-executividade apresentada pelo executado, sobretudo nas hipóteses em que o título que arrimou a ação não é considerado executivo por modificação de entendimento jurisprudencial sobre o assunto.

Era considerado título no início da ação de execução. No curso da demanda, por conta de modificação do entendimento da doutrina e/ou da jurisprudência, o documento perdeu a característica executiva, não mais se prestando para o processo em estudo, reclamando o ingresso da ação de conhecimento, geralmente ação de cobrança – de rito sumário ou ordinário – ou de ação monitória.

Apenas para exemplificar, veja o exemplo do contrato de abertura de crédito em conta corrente, que acabou sendo considerado inválido para a ação de execução, não se vislumbrando nele as características próprias do título executivo extrajudicial. Sobre o assunto, o STJ editou a Súmula 233, textualizando que o contrato de abertura de crédito em conta-corrente não é título executivo extrajudicial, mesmo quando acompanhado de extratos bancários.

O entendimento foi consolidado depois da postulação. Em outras palavras, o credor era portador de título quando ingressou com a ação de execução, sendo surpreendido pelo movimento da jurisprudência que desqualificou o documento, não mais o considerando hábil para o manejo da ação executiva. Nessas hipóteses, o credor sustenta que a extinção da ação de execução não decorreu de culpa sua, demonstrando que a demanda por ele proposta não seria *temerária* a ponto de justificar a condenação ao pagamento da verba honorária em face da extinção abreviada.

Temos opinião contrária. A simples propositura da ação, de conhecimento, cautelar ou executiva, representa risco processual tanto para o autor como para o réu, no concernente ao pagamento das custas e dos honorários advocatícios, risco que permanece latente até a sentença ser prolatada – de mérito ou terminativa.

É evidente que o devedor necessitou contratar advogado para a apresentação da sua defesa, importando no desembolso de valores, devendo ser reembolsado pelo credor na verba honorária. O contrário representaria *enriquecimento ilícito*, pois sem causa, em prejuízo da parte que assistiu à propositura de ação judicial sem qualquer iniciativa ou colaboração sua, razão pela qual entendemos que a verba deve ser imposta contra o credor, sendo fixada com fundamento no art. 20, o que encontra eco na jurisprudência dos nossos Tribunais.[69]

---

69 "**Extinguindo-se a execução por iniciativa dos devedores, ainda que em decorrência de exceção de pré-executividade, devida é a verba honorária**" (REsp 195.351 – MS, 4ª Turma do STJ, rel. Min. SÁLVIO DE FIGUEIREDO TEIXEIRA, j. 18.2.1999, *DJ* 12.4.1999) (grifamos). No mesmo sentido: "A condenação em honorários advocatícios deve observar critérios objetivos, sendo a sucumbência um desses critérios que guarda relação com o princípio da causalidade. **Acolhida a exceção de pré-executividade, dando ensejo à extinção da execução, deve o exequente ser condenado aos ônus sucumbenciais**. Agravo regimental a que se nega provimento" (AGA 506582 – RS, 2ª Turma do STJ, rel. Min. JOÃO OTÁVIO DE NORONHA, j. 4.5.2004, *DJ* 24.5.2004) (grifamos).

15.14.6 Dinâmica da exceção de pré-executividade

Como já ressaltado em passagem anterior, a exceção de pré-executividade é apresentada nos autos da própria execução, sem originar a formação de um novo processo, não se submetendo ao pagamento das custas processuais ou à distribuição, como observamos com as ações autônomas, inclusive com os embargos à execução. Quando muito, os magistrados vêm determinando o seu processamento em apartado, preservando a característica de ser *incidente processual*. Mesmo nessas hipóteses, a petição que articula a exceção de pré-executividade é dirigida ao juízo da execução.

Não há forma prevista para a sua apresentação nem requisitos que orientam a redação da peça, já que, não sendo uma nova ação, não se submete ao preenchimento dos requisitos essenciais alinhados do art. 282, próprios da petição inicial das demandas judiciais, apenas se exigindo que a petição da exceção seja fundamentada, com a indicação da nulidade absoluta, da condição da ação ou do pressuposto de constituição ausente na execução.

Embasando-se em alegações jurídicas próprias dos embargos, que demandam ampla dilação probatória, entendemos que o magistrado deve rejeitar liminarmente o incidente através de decisão fundamentada, contra a qual é cabível a interposição do recurso de agravo de instrumento, dirigido ao tribunal ao qual a autoridade se vincula. A decisão não acarreta cerceamento do direito de defesa ao executado, em face da inadequação da via eleita e dos princípios da *celeridade* e da *efetividade da ação de execução*.

A afirmação do cabimento do recurso de agravo de instrumento, afastando a regra prevista no art. 522 (que textualiza o cabimento do recurso de agravo retido para o combate de quase todas as decisões interlocutórias), decorre da constatação de que o pronunciamento em estudo apresenta (em tese) o condão de causar à parte lesão grave e de difícil reparação, pela circunstância de dar ensejo à formalização de penhora judicial em bens do devedor.

O indigitado devedor deve apontar o vício presente no título que embasou a execução, demonstrando ao magistrado que o defeito é claramente perceptível, sem a necessidade de dilação probatória para comprovar a veracidade da alegação (incluindo a designação de audiência para a ouvida das partes e/ou de testemunhas, a realização de perícia etc.).

O requerimento clássico da exceção é o de extinção do processo de execução sem a resolução do mérito, com a liberação do devedor do processo, condenando a parte adversa ao pagamento das custas processuais e dos honorários advocatícios, no percentual que for arbitrado pelo magistrado, numa variação de 10 a 20% do valor da execução.

Destacamos, contudo, a redação do § 4º do art. 20, do seguinte teor:

> *"Nas causas de pequeno valor, nas de valor inestimável, naquelas em que não houver condenação ou for vencida a Fazenda Pública, e nas execuções,*

embargadas ou não, os honorários serão fixados consoante apreciação equitativa do juiz, atendidas as normas das alíneas a, b, c *do parágrafo anterior.*"

Apegados à literalidade do dispositivo transcrito, alguns magistrados entendem que a imposição da verba honorária como consequência do acolhimento da exceção de pré-executividade não resultaria a aplicação de percentual variável entre 10 e 20% do valor atribuído à execução, frustrando as expectativas do devedor, que pretendia receber verba expressiva, correspondente ao valor da execução que foi desatada.

Defendemos a tese de que a parcela de honorários não pode ser aviltante[70] apenas pelo fato de a ação de execução ter sido extinta sem um maior labor do advogado, como consequência do só acolhimento da exceção de pré-executividade. É necessária a imposição de verba honorária que seja proporcional à responsabilidade assumida pelo profissional, que foi a de pôr fim a uma ação executiva.

Como não está disciplinado pelo CPC, o incidente de exceção de pré-executividade vem recebendo várias formas de procedimento, a depender do entendimento de cada magistrado. Defendemos que, após a apresentação da exceção, o magistrado deve determinar a abertura de vista dos autos em favor do exequente, assegurando a prevalência e a aplicação da norma contida no inciso LV do art. 5º da Carta Magna, alusiva ao contraditório e à ampla defesa em processos judiciais e administrativos.[71] É que a manifestação processual em destaque pode determinar a extinção do processo sem a resolução do mérito, com inegável prejuízo processual e financeiro para o credor, devendo ser-lhe garantido o direito de defesa na tentativa de rebater a mácula apontada em relação ao título judicial ou extrajudicial que fundamentou a execução, ou a alegação de ausência das condições da ação ou da não observância dos pressupostos de constituição do processo.

A extinção do processo decorrente do acolhimento da exceção de pré-executividade, sem ter sido oportunizada ao credor a possibilidade de se manifestar, representa *cerceamento do direito de defesa*, devendo o prejudicado arguir a tese como preliminar da apelação, forçando o tribunal a se manifestar sobre o tema, desta forma garantindo o prequestionamento da matéria,[72] preparando a interposição do recurso especial e/ou do recurso extraordinário, se for necessário.

---

70 "**O art. 20, § 4º do CPC, ao determinar se decida por equidade, não autoriza se fixem em valor aviltante os honorários por sucumbência**" (REsp 18.647 – RJ, 1ª Turma do STJ, rel. Min. Humberto Gomes de Barros, j. 11.11.1992, *DJ* 17.12.1992) (grifamos).

71 "O princípio do contraditório implica também comandos negativos, dirigidos ao juiz, tais como o da vedação a que tome providências sem que delas dê ciência aos litigantes, ou que profira decisões com fundamento em provas a respeito das quais as partes não tiveram oportunidade de se manifestar, ou ainda, a respeito das quais, somente uma das partes falou nos autos" (CRETELLA NETO, José. *Fundamentos principiológicos do processo civil*. Rio de Janeiro: Forense, 2002. p. 70).

72 Lembramos que o prequestionamento da matéria depende de uma dupla atuação no processo, a primeiro pela parte que se sente prejudicada pela decisão, e a segunda pelo órgão judicial competente para julgar o recurso. No que se refere ao prejudicado, deve arguir, na irresignação, uma violação à

De qualquer modo, após a ouvida do credor, e como não há dilação probatória a ser realizada, o processo segue concluso ao magistrado, para que acolha (ou não) a exceção apresentada. Acolhendo-a, prolata sentença *equiparável ao figurino da "terminativa"*,[73] pondo fim à execução por completo ou apenas em relação a um dos coobrigados, se a execução apresentar mais de um executado.

A decisão pode ser desafiada através da interposição do recurso de apelação. Diante da rejeição da exceção de pré-executividade, através de decisão de natureza interlocutória, a execução prossegue regularmente. Contra a decisão negativa (para o executado) é cabível a interposição do agravo de instrumento no prazo de dez dias, pelo fato de o pronunciamento ter o condão de causar à parte lesão grave e de difícil reparação (art. 522), não sendo agraciado pela contagem do prazo em dobro (como observamos com a Fazenda Pública; com o Ministério Público; com o *pobre na forma da lei*, desde que representado nos autos por defensor dativo, e com os litisconsortes representados por diferentes procuradores), observando-se as normas previstas nos arts. 527 ss.

Demonstramos em linhas anteriores que a decisão negativa (inacolhendo o incidente) não retira do devedor a possibilidade de revisitar o tema através da oposição da impugnação, devendo ser destacado que o magistrado não fica atrelado ao seu posicionamento anterior, podendo (e devendo, quando for a hipótese) concluir pela procedência da impugnação em face da ausência das condições da ação, não obstante tenha afirmado anteriormente que as condições se encontravam aparentemente presentes.

A decisão proferida no incidente não torna a matéria *preclusa*, a ponto de vedar a sua análise quando da apresentação da impugnação. É que a decisão proferida na exceção – quando negativa – não faz referência à validade ou não do título, à confirmação da sua liquidez, certeza e exigibilidade, à presença das condições da ação e dos pressupostos de constituição do processo, apenas aduzindo que a matéria é *profunda*, reclamando investigação mais ampla, apenas possível em sede da impugnação, marcada pela possibilidade de instauração da fase de instrução probatória.

Não fosse assim, já não mais haveria ensejo para a apresentação da impugnação, confirmando-se através de decisão interlocutória a presunção de certeza, de liquidez e de exigibilidade da obrigação disposta no título que apoiou a execução, o que não é de se admitir.

---

norma constitucional ou infraconstitucional, enquadrando seu recurso em uma das hipóteses dos arts. 102, inciso III e 105, inciso III da Carta Magna. No que toca ao órgão judicial, deve manifestar-se sobre a matéria, evitando a omissão sobre o tema, que daria ensejo à interposição do recurso de embargos de declaração.

[73] ASSIS, Araken de. *Manual do processo de execução*. 8. ed. São Paulo: Revista dos Tribunais, 2002. p. 1364.

Com a rejeição da exceção, retornamos ao *caminhar* normal da execução, devendo o exequente indicar bens do devedor passíveis de penhora, permitindo a efetivação da constrição e a satisfação da obrigação.

Cabe-nos anotar que a decisão do magistrado, acolhendo ou rejeitando o incidente, deve ser fundamentada, mantendo íntegro o inciso IX do art. 93 da CF, sob pena de nulidade do pronunciamento. Se o magistrado concluir que a parte utilizou a exceção com o intuito procrastinatório, *opondo resistência injustificada ao andamento do processo; alterando a verdade dos fatos; procedendo de modo temerário; provocando incidentes procrastinatórios* (ver art. 17 e incisos), deve impor multa pela litigância de má-fé, no percentual de até 1% do valor da execução, sem prejuízo da fixação de indenização pelos prejuízos acarretados ao credor.

O reconhecimento da má-fé processual deve se fundamentar na presença de elementos objetivos, mediante a demonstração de que o executado utilizou a exceção quando era clara a hipótese de oposição da impugnação, em vista da ausência de nulidade absoluta, da inegável presença das condições da ação e dos pressupostos de constituição do processo.

15.15 EMBARGOS À ARREMATAÇÃO E À ADJUDICAÇÃO

Como verificado nas linhas anteriores, a lei impõe ao executado o ônus (não a obrigação ou o dever) de se opor à execução através da apresentação dos embargos, na execução fundada em título extrajudicial, e da impugnação, na execução fundada em título judicial, objetivando o reconhecimento da iliquidez, da incerteza e/ou da inexigibilidade da obrigação disposta no título atado aos autos, *destruindo* o suporte da execução.

Contudo, essas defesas são apresentadas na fase inicial da execução, tão logo o devedor seja intimado da penhora formalizada (na execução por quantia certa contra devedor solvente, apoiada em título judicial) ou ato contínuo à juntada do mandado de citação aos autos (nas execuções apoiadas em título extrajudicial), o que, numa ordem cronológica, representa menos do que a metade da tramitação da execução. Vários atos serão praticados após o julgamento dos embargos ou da impugnação, como: a avaliação dos bens penhorados (se o oficial de justiça não procedeu à avaliação no início da execução; a ouvida das partes sobre o laudo; a eventual renovação da avaliação; a manutenção, o reforço ou a redução da penhora; a designação da hasta pública; a publicação de edital; a intimação do devedor (através do seu advogado); as tentativas de venda judicial do(s) bem(ns) penhorado(s); o oferecimento de lanços; a lavratura de autos; a expedição de cartas etc.

No espaço de tempo que medeia a formalização da penhora e o desfecho da execução, é possível que algum ou algum(ns) ato(s) processual(is) seja(m) praticado(s) em desacordo com as previsões da lei, causando prejuízo a uma das partes, principalmente ao executado, às vezes quase que irreparável (a venda de bem por valor manifestamente simbólico, por exemplo, situação prevista no art. 692, fazendo referência à venda do bem por preço *vil*).

Considerando a possibilidade, a lei oferece ao executado uma última manifestação processual no desfecho da execução, materializando-se na apresentação dos *embargos à arrematação* – se o bem penhorado foi arrematado em hasta pública – ou à *adjudicação* – na hipótese de a propriedade do bem penhorado ter sido atribuída ao credor.

Seja qual for a espécie, a manifestação é apresentada no prazo de cinco dias, contados da adjudicação, alienação ou arrematação, sendo verdadeira *ação judicial*, não manifestação endoprocessual, processando-se em apenso aos autos da ação de execução, submetendo-se ao preenchimento dos requisitos do art. 282, exigindo o recolhimento das custas processuais, exceto nos Estados que trabalham com normas de isenção.

A causa de pedir dos embargos refere-se à nulidade do processo por algum vício superveniente à penhora, já que qualquer mácula ocorrida até esta fase deve ser impugnada através dos embargos ou da impugnação, repita-se, sendo anterior ao ato de constrição. Quando afirmamos que as nulidades ocorridas até a penhora devem ser denunciadas através dos embargos à execução ou da impugnação, não excluímos a apresentação da exceção de pré-executividade, quando cabível a reclamação do executado pela mencionada via.

As nulidades posteriores à penhora, desde que não tenham sido suscitadas por simples petição nos autos da ação de execução, podem ser atacadas através da apresentação dos embargos à arrematação ou à adjudicação. Não se confere ao embargante, em qualquer das duas espécies, a prerrogativa de suscitar questões que deveriam ter apoiado a oposição dos embargos ou da impugnação, em respeito à preclusão, de modo que as manifestações em referência não são servis para tratar da impugnação ao título em si, o que deveria ter sido objeto da defesa principal,[74] de cognição mais ampla, se comparada à própria dos embargos à arrematação ou à adjudicação.

A regra não é de contornos rígidos, inflexíveis. Alguns temas que deveriam ter sido suscitados no âmbito dos embargos ou da impugnação – e não foram – podem servir de fundamento à oposição dos embargos à arrematação ou à adjudicação. Para que isto ocorra, é necessário que nos encontremos diante de questões de ordem pública, do interesse do Estado, não se sujeitando à preclusão, podendo ser conhecidas em qualquer tempo e grau de jurisdição, mesmo de ofício pelo magistrado.

---

74 "**Os embargos à arrematação podem ser opostos apenas nos casos previstos no artigo 746 do Código de Processo Civil; taxa de juros e outros temas cuja origem é anterior à penhora estão fora do seu âmbito.** Agravo regimental não provido" (AGA 325301 – SP, 3ª Turma do STJ, rel. Min. ARI PARGENDLER, j. 30.8.2002, *DJ* 2.12.2002) (grifamos).

A situação clássica refere-se à oposição dos embargos à arrematação ou à adjudicação para suscitar a nulidade da penhora, por ter incidido em bem impenhorável, qualificado como *bem de família*, protegido pela Lei nº 8.009/90. A jurisprudência de nossos tribunais inclina-se para permitir que a matéria seja suscitada pela primeira vez em embargos à arrematação ou à adjudicação.[75] Não se repetiria o modo de pensar na hipótese de a matéria já ter sido suscitada pelo executado nos embargos à execução ou na impugnação anteriormente oposta, com decisão judicial proferida sobre o assunto, acobertada pelo manto da coisa julgada.

A pretensão do embargante de voltar a tratar do tema apenas seria permitida em sede da ação rescisória, em respeito à *res iudicata*.

O pedido em qualquer das duas espécies refere-se à declaração de nulidade de determinado ato processual, geralmente com a invalidação dos atos seguintes que sejam dele dependentes (art. 248),[76] em face da *teoria dos frutos da árvore envenenada* (*fruit of the poisonous tree*). Em se tratando de embargos à arrematação, considerando que o bem penhorado foi adquirido por um terceiro, registramos que a ação deve ser proposta contra o credor e o terceiro adquirente da coisa penhorada, estabelecendo verdadeiro litisconsórcio necessário,[77] sob pena de nulidade do processo de embargos (parágrafo único do art. 47).[78]

---

[75] "**A impenhorabilidade de imóvel como bem de família, por constituir proteção de ordem pública instituída pela Lei nº 8.009/90, pode ser arguida até mesmo em fase de embargos à arrematação**, arcando, no entanto, com todas as custas e despesas decorrentes da praça ou leilão, inclusive editais e comissão de leiloeiro. Recurso especial conhecido e parcialmente provido" (REsp 467246 – RS, 4ª Turma do STJ, rel. Min. ALDIR PASSARINHO JÚNIOR, j. 8.4.2003, *DJ* 12.8.2003) (grifamos). No mesmo sentido: "**Os embargos à arrematação não se prestam ao exame de irregularidades da penhora levada a efeito na execução, salvo se se tratar de impenhorabilidade absoluta, que pode ser alegada em qualquer momento nas instâncias ordinárias por se tratar de matéria de ordem pública**" (REsp 327593 – MG, 4ª Turma do STJ, rel. Min. SÁLVIO DE FIGUEIREDO TEIXEIRA, j. 19.12.2002, *DJ* 24.2.2002, em transcrição parcial) (grifamos).

[76] "Art. 248. Anulado o ato, reputam-se de nenhum efeito todos os subsequentes, que dele dependam; todavia, a nulidade de uma parte do ato não prejudicará as outras, que dela sejam dependentes."

[77] "**É indispensável a presença do arrematante, na qualidade de litisconsorte necessário, na ação de embargos à arrematação, porquanto o seu direito será discutido e decidido pela sentença.** É pacífica a jurisprudência no sentido de que a falta de citação do litisconsorte necessário implica nulidade do processo" (REsp 18.550 – SP, 2ª Turma do STJ, rel. Min. ANTÔNIO DE PÁDUA RIBEIRO, j. 20.10.1993, *DJ* 22.11.1993) (grifamos).

[78] "Na ação de embargos à arrematação, devem figurar no polo passivo, em litisconsórcio necessário, o exequente e o arrematante. Isso porque no processo que se formará com a propositura dos embargos serão discutidos e decididos não somente os interesses do exequente, mas também aqueles do arrematante. Como a eficácia da sentença dos embargos à arrematação é prevalentemente desconstitutiva do ato de transferência patrimonial, a relação jurídica existente entre exequente, executado e arrematante é incindível, daí a presença do litisconsórcio necessário" (LUCON, Paulo Henrique. In: MARCATO, Antônio Carlos (Coord.). *Código de processo civil interpretado.* São Paulo: Atlas, 2004. p. 2112).

É que a sentença a ser proferida nos embargos pode acarretar consequências negativas tanto ao exequente (com a invalidação dos atos processuais que o beneficiaram) como ao terceiro (com o eventual desfazimento da arrematação, determinando o retorno da coisa à sujeição do magistrado). O § 1º do art. 746 (com a redação que lhe foi conferida pela Lei nº 11.382/2006) prevê que *oferecidos os embargos, poderá o adquirente desistir da* aquisição. Isto ocorrendo, o magistrado defere de pronto o requerimento, determinando a devolução do valor depositado em favor do arrematante.

O reconhecimento de que os embargos foram opostos de modo procrastinatório (reclamando pronunciamento fundamentado, sob pena de nulidade) permite ao magistrado impor multa ao embargante, não superior a 20% (vinte por cento) do valor da execução, revertendo em favor de quem desistiu da aquisição, como espécie de compensação.

Em se tratando de embargos à adjudicação, como a relação jurídico-processual não foi ampliada para incluir um terceiro, a ação incidental deve (*incidental* por depender da anterior existência de uma ação de execução) ser proposta exclusivamente contra o credor da ação executiva. Em qualquer das hipóteses, com a apresentação dos embargos, a expedição da carta de arrematação ou de adjudicação é suspensa,[79] devendo o terceiro ou o credor aguardar o julgamento do procedimento para ver (ou não) confirmada a expedição em referência, diante da existência de *causa prejudicial*, que pode alterar o panorama da execução.

O prazo para a oposição dos embargos é de cinco dias, inclusive em execuções fiscais.[80]

15.15.1 Embargos à arrematação e à adjudicação – hipóteses de cabimento

Como afirmado anteriormente, os embargos à arrematação ou à adjudicação se prestam à impugnação de nulidades processuais ocorridas após a formalização da penhora e da oposição dos embargos ou da impugnação, nos quais (em tese) as nulidades ocorridas até a constrição judicial foram denunciadas.

---

79 "**Os embargos à adjudicação têm efeito suspensivo da expedição da carta respectiva**" (AC 91.543 – RJ, 5ª Turma do TFR, rel. Min. ANTÔNIO DE PÁDUA RIBEIRO, j. 6.2.1985, *DJU* 28.3.1985) (grifamos).

80 "A Lei nº 6.830/80 não especifica o prazo para oposição de embargos à arrematação, devendo ser aplicados os artigos 746, parágrafo único e 738, do CPC. O Código de Processo Civil, ao dispor sobre os embargos à arrematação no parágrafo único do artigo 746, remete o intérprete aos antecedentes Capítulos I e II, do Título III, referente aos embargos do devedor, onde encontramos, no artigo 738, o prazo de 10 dias para o oferecimento do recurso. Recurso especial provido" (REsp 598186 – SP, 1ª Turma do STJ, rel. Min. FRANCISCO FALCÃO, j. 4.5.2004, *DJ* 31.5.2004) (grifamos).

De forma não exaustiva, listamos as principais situações que fundamentam a apresentação dos embargos na dinâmica forense:

a) Para suscitar a nulidade do edital de convocação para a praça ou o leilão, por não ter sido publicado em *jornal de grande circulação*; por não ter sido observado o prazo mínimo do art. 687; por lhe faltar algum dos requisitos do art. 686 etc.

b) Para denunciar a falta de intimação do devedor, não tendo sido cientificado do dia e hora da realização da hasta pública, tendo-lhe sido obstado o direito de remir a execução.

c) Para denunciar que o bem foi adquirido por preço inferior ao valor da avaliação, na primeira tentativa de venda.

d) Para denunciar que o bem penhorado foi vendido por preço *vil*.[81]

e) Para denunciar que o bem foi arrematado por quem se encontrava impedido de concorrer.

f) Para denunciar que o credor/arrematante não providenciou o depósito da diferença a que alude o parágrafo único do art. 690-A.

g) Para suscitar a nulidade na lavratura do auto de arrematação ou de adjudicação.

15.15.2 Dinâmica dos embargos à arrematação e à adjudicação

Da mesma forma como observamos com os embargos à execução, que têm forma simplificada de tramitação em vista de a cognição ser sumária, os embargos à adjudicação e à arrematação são marcados pelo prazo reduzido da sua tramitação, exaurindo-se quase após a sua apresentação, sem descuidar do estabelecimento do contraditório, como primado constitucional de toda e qualquer ação judicial, independentemente do seu grau maior ou menor de cognição.

Após a distribuição da petição inicial dos embargos, o magistrado determina que o(s) embargado(s) seja(m) intimado(s) para apresentar impugnação, seguindo os autos conclusos para decisão. Como a matéria que fundamenta os embargos à arrematação ou à adjudicação é quase sempre de direito (nulidades processuais pela não observância de preceito legal, acarretando a sua infração), não há em princípio necessidade de ser garantida a dilação probatória a qualquer das partes do processo, o que apenas resultaria na perda de tempo, frustrando vários princípios processuais

---

[81] "**Caracteriza-se a vileza da arrematação quando realizada pela metade do valor histórico da avaliação**. Jurisprudência reiterada deste Tribunal. Incidência, também, da Súmula STJ – 128. Recurso conhecido e provido" (REsp 63385 – SP, 2ª Turma do STJ, rel. Min. PEÇANHA MARTINS, j. 18.9.1995, *DJ* 27.11.1995) (grifamos).

e a aplicação do inciso VI do art. 125, que impõe ao magistrado *velar pela rápida solução do litígio*, em época marcada pela preocupação com o *processo de resultados*.

Os embargos são julgados por sentença, impugnável através da apelação, recebida apenas no efeito devolutivo,[82] não impedindo que a execução volte a tramitar. Não obstante a realidade, o embargante pode requerer seja a excepcional atribuição de efeito suspensivo à apelação, desde que demonstre a coexistência dos requisitos objetivos que dão amparo à pretensão, elencados no parágrafo único do art. 558 (relevância da fundamentação e *periculum in mora*).

De qualquer modo, como os embargos têm a natureza jurídica de ação judicial – não mera pretensão apresentada no âmbito da execução –, o magistrado deve condenar o vencido ao pagamento das custas, das despesas processuais e dos honorários advocatícios, sem prejuízo da eventual aplicação da penalidade pela litigância de má-fé, quando concluir que os embargos foram opostos com intuito procrastinatório, apenas para obstar o término da execução.

15.16 LEI Nº 11.232/2005 – ARTIGOS RELACIONADOS À DEFESA DO EXECUTADO

Alteração Legislativa:

"Art. 475-J. Caso o devedor, condenado ao pagamento de quantia certa ou já fixada em liquidação, não o efetue no prazo de quinze dias, o montante da condenação será acrescido de multa no percentual de dez por cento e, a requerimento do credor e observado o disposto no art. 614, inciso II, desta lei, expedir-se-á mandado de penhora e avaliação.

§ 1º Do auto de penhora e de avaliação será de imediato intimado o executado, na pessoa de seu advogado (arts. 236 e 237), ou, na falta deste, o seu representante legal, ou pessoalmente, por mandado ou pelo correio, podendo oferecer impugnação, querendo, no prazo de quinze dias.

§ 2º Caso o oficial de justiça não possa proceder à avaliação, por depender de conhecimentos especializados, o juiz, de imediato, nomeará avaliador, assinando-lhe breve prazo para a entrega do laudo.

---

82 "**O recurso de apelação nos embargos à arrematação deve ser recebido apenas no efeito devolutivo, em respeito ao princípio da definitividade da execução por título extrajudicial**" (REsp 195.170 – SP, 3ª Turma do STJ, rel. Min. MENEZES DIREITO, j. 24.6.1999, *DJ* 9.8.1999) (grifamos). No mesmo sentido: "Não é nulo o acórdão estadual que enfrenta a questão suscitada pela parte, apenas que com conclusão desfavorável à tese por ela sustentada. **A apelação de decisão que julga improcedentes os embargos à arrematação goza, apenas, de efeito devolutivo**. Agravo improvido" (AGA 395113 – MS, 4ª Turma do STJ, rel. Min. ALDIR PASSARINHO JÚNIOR, j. 18.4.2002, *DJ* 24.6.2002) (grifamos).

§ 3º O exequente poderá, em seu requerimento, indicar desde logo os bens a serem penhorados.

§ 4º Efetuado o pagamento parcial no prazo previsto no caput deste artigo, a multa de dez por cento incidirá sobre o restante.

§ 5º Não sendo requerida a execução no prazo de seis meses, o juiz mandará arquivar os autos, sem prejuízo de seu desarquivamento a pedido da parte."

Artigos correspondentes no CPC de 1973:

Embora o dispositivo transcrito não tenha precedente no CPC de 1973, impondo acréscimo à lei – e não modificação de artigos existentes –, transcrevemos normas que foram modificadas, revogadas ou derrogadas pela aprovação da Lei nº 11.232, de 22 de dezembro de 2005.

"Art. 652. O devedor será citado para, no prazo de vinte e quatro horas, pagar ou nomear bens à penhora."

"Art. 659. Se o devedor não pagar, nem fizer nomeação válida, o oficial de justiça penhorar-lhe-á tantos bens quantos bastem para o pagamento do principal, juros, custas e honorários advocatícios."

"Art. 736. O devedor poderá opor-se à execução por meio de embargos, que serão autuados em apenso aos autos do processo principal."

"Art. 738. O devedor oferecerá os embargos no prazo de dez dias, contados."

"Art. 739. O juiz rejeitará liminarmente os embargos:

I – quando apresentados fora do prazo legal;

II – quando não se fundarem em algum dos fatos mencionados no artigo 741;

III – nos casos previstos no artigo 295.

§ 1º Os embargos serão sempre recebidos com efeito suspensivo.

§ 2º Quando os embargos forem parciais, a execução prosseguirá quanto à parte não embargada.

§ 3º O oferecimento dos embargos por um dos devedores não suspenderá a execução contra os que não embargaram, quando o respectivo fundamento disser respeito exclusivamente ao embargante."

Breve anotação doutrinária:

O artigo representa o *ponto nodal* da alteração legislativa em estudo, transformando a execução em fase do processo de conhecimento, posterior à sentença, não mais a qualificando como ação judicial, dispensando a formalização de nova citação dirigida ao vencido.

Alteração legislativa:

"Art. 475-L. A impugnação somente poderá versar sobre:

I – falta ou nulidade da citação, se o processo correu à revelia;

II – inexigibilidade do título;

III – penhora incorreta ou avaliação errônea;

IV – ilegitimidade das partes;

V – excesso de execução;

VI – qualquer causa impeditiva, modificativa ou extintiva da obrigação, como pagamento, novação, compensação, transação ou prescrição, desde que superveniente à sentença.

§ 1º Para efeito do disposto no inciso II, do caput deste artigo, considera-se também inexigível o título judicial fundado em lei ou ato normativo declarados inconstitucionais pelo Supremo Tribunal Federal, ou fundado em aplicação ou interpretação da lei ou ato normativo, tidas pelo Supremo Tribunal Federal como incompatíveis com a Constituição Federal.

§ 2º Quando o executado alegar que o exequente, em excesso de execução, pleiteia quantia superior à resultante da sentença, cumprir-lhe-á declarar de imediato o valor que entende correto, sob pena de rejeição liminar dessa impugnação."

Artigo correspondente no CPC de 1973:

"Art. 741. Na execução fundada em título judicial, os embargos só poderão versar sobre: Redação do caput *dada pela Lei nº 8.953, de 13-12-1994. I – falta ou nulidade de citação no processo de conhecimento, se a ação lhe correu à revelia; II – inexigibilidade do título;*

III – ilegitimidade das partes;

IV – cumulação indevida de execuções;

V – excesso de execução, ou nulidade deste até a penhora;

VI – qualquer causa impeditiva, modificativa ou extintiva da obrigação, como pagamento, novação, compensação com execução aparelhada, transação ou prescrição, desde que supervenientes à sentença; – Arts. 930 a 1.008 do Código Civil;

VII – incompetência do juízo da execução, bem como suspeição ou impedimento do juiz. Arts. 575 a 578, 135 e 134 deste Código. 'Parágrafo único. Para efeito do disposto no inciso II deste artigo, considera-se também inexigível o título judicial fundado em lei ou ato normativo declarados inconstitucionais pelo Supremo Tribunal Federal ou em aplicação ou interpretação tidas por incompatíveis com a Constituição Federal.' – *Parágrafo único acrescido pela Medida Provisória nº 2.180-35, de 24-8-2001, que até o encerramento desta edição não havia sido convertida em lei."*

"Art. 742. Será oferecida, juntamente com os embargos, a exceção de incompetência do juízo, bem como a de suspeição ou de impedimento do juiz. Arts. 304 a 312 deste Código."

"Art. 743. Há excesso de execução:

I – quando o credor pleiteia quantia superior à do título; – Arts. 460, 610 e 645 deste Código;

II – quando recai sobre coisa diversa daquela declarada no título;

III – quando se processa de modo diferente do que foi determinado na sentença;

IV – quando o credor, sem cumprir a prestação que lhe corresponde, exige o adimplemento da do devedor;

V – se o credor não provar que a condição se realizou."

Breve anotação doutrinária:

A alteração legislativa afirma a substituição dos embargos à execução (como ação incidental autônoma) pela impugnação (defesa endoprocessual), como regra não suspendendo o curso da execução, *admitindo-se a excepcional atribuição de efeito suspensivo* à defesa, quando demonstrada a relevância da fundamentação e a possibilidade de o executado suportar grave dano de difícil ou incerta reparação.

Alteração legislativa:

"Art. 475-M. A impugnação não terá efeito suspensivo, podendo o juiz atribuir-lhe tal efeito desde que relevantes seus fundamentos e o prosseguimento da execução seja manifestamente suscetível de causar ao executado grave dano de difícil ou incerta reparação.

§ 1º Ainda que atribuído efeito suspensivo à impugnação, é lícito ao exequente requerer o prosseguimento da execução, oferecendo e prestando caução suficiente e idônea, arbitrada pelo juiz e prestada nos próprios autos.

§ 2º Deferido efeito suspensivo, a impugnação será instruída e decidida nos próprios autos e, caso contrário, em autos apartados.

§ 3º A decisão que resolver a impugnação é recorrível mediante agravo de instrumento, salvo quando importar extinção da execução, caso em que caberá apelação."

Artigo correspondente no CPC de 1973:

"Art. 739. O juiz rejeitará liminarmente os embargos:

I – quando apresentados fora do prazo legal;

II – quando não se fundarem em algum dos fatos mencionados no artigo 741;

III – nos casos previstos no artigo 295. – Art. 520, V deste Código.

§ 1º Os embargos serão sempre recebidos com efeito suspensivo.

§ 2º Quando os embargos forem parciais, a execução prosseguirá quanto à parte não embargada.

§ 3º O oferecimento dos embargos por um dos devedores não suspenderá a execução contra os que não embargaram, quando o respectivo fundamento disser respeito exclusivamente ao embargante."

Alteração legislativa:

"Art. 475-R. Aplicam-se subsidiariamente ao cumprimento da sentença, no que couber, as normas que regem o processo de execução de título extrajudicial." (NR)

Artigo correspondente no CPC de 1973:

Sem precedente.

Alteração legislativa:

"Art. 741. Na execução contra a Fazenda Pública, os embargos só poderão versar sobre:

I – falta ou nulidade da citação, se o processo correu à revelia;

IV – excesso de execução;

V – qualquer causa impeditiva, modificativa ou extintiva da obrigação, como pagamento, novação, compensação, transação ou prescrição, desde que superveniente à sentença.

Parágrafo único. Para efeito do disposto no inciso II do caput deste artigo, considera-se também inexigível o título judicial fundado em lei ou ato normativo declarados inconstitucionais pelo Supremo Tribunal Federal, ou fundado em aplicação ou interpretação da lei ou ato normativo tidas pelo Supremo Tribunal Federal como incompatíveis com a Constituição Federal." (NR)

Artigo correspondente no CPC de 1973:

"Art. 730. Na execução por quantia certa contra a Fazenda Pública, citar-se-á a devedora para opor embargos em dez dias; se esta não os opuser, no prazo legal, observa-se-ão as seguintes regras:

I – o juiz requisitará o pagamento por intermédio do presidente do tribunal competente;

II – far-se-á o pagamento na ordem de apresentação do precatório e à conta do respectivo crédito."

"Art. 731. Se o credor for preterido no seu direito de preferência, o presidente do tribunal, que expediu a ordem, poderá, depois de ouvido o chefe do Ministério Público, ordenar o sequestro da quantia necessária para satisfazer o débito."

Breve anotação doutrinária:

A alteração legislativa limita as teses que podem ser suscitadas nos embargos à execução opostos pela Fazenda Pública em execuções movidas contra as pessoas jurídicas de direito público, estabelecendo regramento isonômico do visto em relação à defesa apresentada pelas pessoas naturais e pelas pessoas jurídicas de direito privado.

Alteração legislativa:

"Art. 1.102-C. No prazo previsto no art. 1.102-B, poderá o réu oferecer embargos, que suspenderão a eficácia do mandado inicial. Se os embargos não forem opostos, constituir-se-á, de pleno direito, o título executivo judicial, convertendo-se o mandado inicial em mandado executivo e prosseguindo-se na forma do Livro I, Título VIII, Capítulo X, desta Lei."

Artigo correspondente no CPC de 1973:

"Art. 1.102-C. No prazo previsto no artigo anterior, poderá o réu oferecer embargos, que suspenderão a eficácia do mandado inicial. Se os embargos não forem opostos, constituir-se-á, de pleno direito, o título executivo judicial, convertendo-se o mandado inicial em mandado executivo e prosseguindo-se na forma prevista no Livro II, Título II, Capítulo II e IV.

§ 1º Cumprindo o réu o mandado, ficará isento de custas e honorários advocatícios.

§ 2º Os embargos independem de prévia segurança o juízo e serão processados nos próprios autos, pelo procedimento ordinário.

§ 3º Rejeitados os embargos, constituir-se-á, de pleno direito, o título executivo judicial, intimando-se o devedor e prosseguindo-se na forma prevista no Livro II, Título II, Capítulo II e IV."

15.17 SÍNTESE CONCLUSIVA

15.17.1 Na execução fundada em título extrajudicial, diferentemente do que observamos no curso do processo de conhecimento, a defesa do devedor é apresentada através de ação incidental autônoma, intitulada *embargos à execução*, *embargos do devedor* ou *embargos do executado*, expressões utilizadas indistintamente pela doutrina.

15.17.2 Sustentamos que não há contraditório de mérito na execução, sendo topograficamente deslocado para os embargos ou para a impugnação, que apresentam cognição ampla ou sumária (quando atacam execução fundada em título judicial).

15.17.3 Além dos embargos, o executado pode apresentar *exceção de pré-executividade* no interior da própria execução, suscitando questão de ordem pública (nulidades absolutas; carência de ação; ausência de pressupostos de constituição do processo, por exemplo).

15.17.4 Defendemos a tese de que a exceção pode ser apresentada não apenas para suscitar questões de ordem pública, mas também para arguir outras matérias relevantes, desde que a demonstração da veracidade das alegações do executado seja cabal, dispensando dilação probatória.

15.17.5 A Lei nº 11.232, de 22 de dezembro de 2005, alterou a sistemática procedimental da execução por quantia certa, apoiada em sentença judicial, incidindo na defesa do executado para qualificar sua resistência não mais como ação autônoma (embargos do executado), mas como incidente processual (denominada *impugnação*).

15.17.6 Os embargos à execução submetem-se à verificação das condições de toda e qualquer ação judicial (legitimidade das partes; interesse de agir e possibilidade jurídica do pedido).

15.17.7 Os embargos à execução devem ser opostos no prazo de quinze dias após a juntada do mandado de citação aos autos, situação que não se repete no âmbito da execução fiscal, na sua realidade contando-se o prazo a partir da intimação dirigida ao devedor.

15.17.8 Quando a citação da execução fundada em título extrajudicial for aperfeiçoada por carta precatória, o prazo para a oposição dos embargos começa a fluir da data em que o juízo deprecado comunicar o cumprimento da diligência ao juízo deprecante, por qualquer meio, inclusive eletrônico.

15.17.9 Quando a execução apresentar mais de um coobrigado, o prazo para a oposição dos embargos não é contado em dobro (afastando a aplicação do art. 191), em face da previsão da lei, ratificando o entendimento majoritário da doutrina e da jurisprudência.

15.17.10 Os embargos podem ser opostos não apenas pelo devedor, como também pelo *responsável*, pelo fiador, pelo cônjuge do executado etc.

15.17.11 Defendemos a tese de que a perda do prazo para a oposição dos embargos não retira do devedor a prerrogativa de combater o título através da apresentação da *exceção de pré-executividade* ou do ingresso da ação de *querela nullitatis insanabilis.*

15.17.12 A impugnação apresentada na execução fundada em título judicial é de cognição sumária, limitando-se às matérias do art. 475-N. Em vista da inexistência de anterior processo de conhecimento, igual regra não é extensiva aos embargos opostos contra execução apoiada em título extrajudicial.

15.17.13 Em termos de dinâmica, após a oposição dos embargos, o credor é intimado na pessoa do seu advogado, correspondendo a uma citação judicial, atraindo os efeitos da revelia quando desatendida.

15.17.14 Contudo, o efeito principal da revelia (presunção de veracidade dos fatos afirmados pelo autor) não pode se sobrepor à presunção de certeza, de exigibilidade e de liquidez de que goza o título.

15.17.15 Defendemos a tese de que a propositura da ação de execução sem base legal representa *abuso do exercício do direito de ação*, podendo originar a propositura da ação de indenização por perdas e danos, desde que o autor preencha os requisitos da demanda em referência (dano, ato do agente e nexo causal).

15.17.16 Os embargos à arrematação e à adjudicação podem ser opostos no término da ação executiva para suscitar nulidades ocorridas após a formalização da penhora, podendo impor o reconhecimento da nulidade de atos processuais.

15.18 PRINCIPAIS SÚMULAS RELACIONADAS AOS ASSUNTOS TRATADOS

- Do STF:

Súmula 277: "São cabíveis embargos, em favor da Fazenda Pública, am ação executiva fiscal, não sendo unânime a decisão."

Súmula 278: "São cabíveis embargos em ação executiva fiscal contra decisão reformatória da de primeira instância, ainda que unânime."

- Do STJ

Súmula 46: "Na execução por carta, os embargos do devedor serão decididos no juízo deprecante, salvo se versarem unicamente vícios ou defeitos da penhora, avaliação ou alienação dos bens."

Súmula 153: "A desistência da execução fiscal, após o oferecimento dos embargos, não exime o exequente dos encargos da sucumbência."

Súmula 196: "Ao executado que, citado por edital ou por hora certa, perma necer revel, será nomeado curador especial, com legitimidade para apresentação de embargos."

- Dos demais Tribunais

Súmula 51 do TJ-RJ: "Não constitui garantia hábil, para interposição de embargos de devedor, o oferecimento de títulos da dívida pública antigos, de difícil liquidez."

Súmula 3 do TARGS: "O prazo de 10 (dez) dias, para o oferecimento de embargos de devedor, em execução por quantia certa, quando a citação e penhora se processam por mandado, conta-se da intimação da penhora ao devedor."

Súmula 1 do 1º TACivSP: "Na execução por Quantia certa contra devedor solvente, o prazo para oposição de embargos deve ser contado da data da intimação da penhora."

Súmula 27 do 1º TACivSP: "No Estado de São Paulo, não incide a taxa judiciária nos embargos de devedor, nem mesmo, a título de preparo, nas apelações opostas contra sentenças neles proferidas."

Bibliografia

ACIOLI, José Adelmy da Silva. *A crise do processo civil*: uma visão crítica. Disponível em: <http://oas.trt19.gov.br:8022/doutrina/003.asp>. Acesso em: 17 ago. 2004.

ALVES, Francisco Glauber Pessoa. Ampla defesa × desvirtuamentos. In: NERY JUNIOR, Nelson; WAMBIER, Teresa Arruda Alvim. *Aspectos polêmicos e atuais dos recursos e de outros meios de impugnação às decisões judiciais*. São Paulo: Revista dos Tribunais, 2002. v. 6.

ALVES, Jones Figueirêdo. In: FIUZA, Ricardo (Coord.). *Novo código civil comentado*. São Paulo: Saraiva, 2002.

ALVIM, J. E. Carreira. *Ação monitória e temas polêmicos da reforma processual*. 4. ed. Rio de Janeiro: Forense, 2004.

______. *Novo agravo*. 2. ed. Belo Horizonte: Del Rey, 1996.

APRIGLIANO, Ricardo de Carvalho. *A apelação e seus efeitos*. São Paulo: Atlas, 2003.

ASSIS, Araken de. Efeito devolutivo da apelação. *Revista Síntese de Direito Civil e Processual Civil*, Porto Alegre: Síntese, nº 13, set./out. 2001.

______. *Eficácia civil da sentença penal*. 2. ed. rev. ampl. São Paulo: Revista dos Tribunais, 2000.

______. *Manual do processo de execução*. 8. ed. São Paulo: Revista dos Tribunais, 2002.

ASSIS, Araken de. Introdução aos sucedâneos recursais. In: NERY JUNIOR, Nelson; WAMBIER, Tereza Arruda Alvim. *Aspectos polêmicos e atuais dos recursos e de outros meios de impugnação às decisões judiciais*. São Paulo: Revista dos Tribunais, 2002. v. 6.

BATISTA JÚNIOR, Geraldo da Silva. Exceção de pré-executividade: alcance e limites. *Revista EMERJ*, Rio de Janeiro: EMERJ, v. 5, nº 19, 1998.

BRUSCHI, Gilberto Gomes. *Incidente defensivo no processo de execução*: uma visão sobre a exceção de pré-executividade. São Paulo: Juarez de Oliveira, 2002.

CALDARA, Emilio. *Interpretazione delle leggi*. Milão, 1908.

CÂMARA, Alexandre Freitas. *Lições de direito processual civil*. 7. ed. Rio de Janeiro: Lumen Juris, 2004. v. 2.

CAPPELLETTI, Mauro. *O processo civil no direito comparado*. Tradução de Hiltomar Martins de Oliveira. Belo Horizonte: Líder, 2001.

CARMONA, Carlos Alberto. In: MARCATO, Antônio Carlos (Coord.). *Código de processo civil interpretado*. São Paulo: Atlas, 2004.

CARNEIRO, Athos Gusmão. Dos embargos de declaração e seu inerente efeito interruptivo do prazo recursal. In: *Revista Síntese de Direito Civil e Processual Civil*, Porto Alegre: Síntese, nº 10, mar./abr. 2001.

_____. Os "novos" embargos infringentes e o direito intertemporal. *Revista Síntese de Direito Civil e Processual Civil*, Porto Alegre: Síntese, nº 18, jul./ago. 2002.

_____. *Recurso especial, agravos e agravo interno*. Rio de Janeiro: Forense, 2001.

CARNELUTTI, Francesco. *Derecho y proceso*. Tradução de Santiago Sentis Melendo. Buenos Aires: Ediciones Jurídicas Europa – América, 1971.

CARVALHO, Rubens Miranda de. *Terrenos de marinha, taxa de ocupação, foro e laudênio*. Disponível em: <www.mirandadecarvalho.com.br>. Acesso em: 3 ago. 2004.

CASTRO, Almicar de. *Comentários ao código de processo civil*. 3. ed. São Paulo: Revista dos Tribunais, 1983.

CHIOVENDA, Giuseppe. *Principii di diritto processuale civile.* Nápoles: Eugenio Jovene, 1980.

CINTRA, Antônio Carlos de Araújo et al. *Teoria geral do processo*. 15. ed. São Paulo: Malheiros, 1999.

CORRÊA, Josel Machado. *Recurso de apelação*. São Paulo: Iglu, 2001.

CORREIA, André de Luizi. Os recursos interpostos contra decisões proferidas antes da citação – necessidade de contra-razões? In: NERY JUNIOR, Nelson; WAMBIER,

Teresa Arruda Alvim. *Aspectos polêmicos e atuais dos recursos cíveis e de outras formas de impugnação às decisões judiciais*. São Paulo: Revista dos Tribunais, 2001. v. 4.

COSTA JÚNIOR, Paulo José da. *Comentários ao Código Penal*. São Paulo: Saraiva, 1986. v. 1.

CRETELLA NETO, José. *Fundamentos principiológicos do processo civil*. Rio de Janeiro: Forense, 2002.

CUNHA, Leonardo José Carneiro da. *Inovações no processo civil*. São Paulo: Dialética, 2002.

DANTAS, San Tiago. *Programa de direito civil*. Rio de Janeiro: Editora Rio, 1979. v. 1.

DIAS, Ronaldo Bretãs C. *Fraude no processo civil*. Belo Horizonte: Del Rey, 1998.

DIDIER JUNIOR, Fredie. Primeiras impressões sobre o par. ún., art. 526, CPC. In: NERY JUNIOR, Nelson; WAMBIER, Teresa Arruda Alvim. *Aspectos polêmicos e atuais dos recursos e de outros meios de impugnação às decisões judiciais*. São Paulo: Revista dos Tribunais, 2002. v. 6.

DINAMARCO, Cândido Rangel. *A nova era do processo civil*. São Paulo: Malheiros, 2004.

______. *Execução civil*. 8. ed. São Paulo: Malheiros, 2002.

______. *Execução e processo executivo*. 8. ed. São Paulo: Malheiros, 2002.

DINIZ, Maria Helena. In: FIUZA, Ricardo (Coord.). *Novo Código Civil comentado*. São Paulo: Saraiva, 2002.

FADEL, Sérgio Sahione. *Código de Processo Civil comentado*. Atualizado por J. E. Carreira Alvim. 7. ed. Rio de Janeiro: Forense, 2004.

FERRAZ JR., Tercio. *Introdução ao estudo do direito*. 2. ed. São Paulo: Ática, 1994.

FIORE, Paquale. *De la irretroactividad e interpretación de las leyes*. Madri, 1927.

FRANCO, André Ricardo. Sistema de preclusão. *Revista Consulex*, ano IV, nº 42.

FREIRE, Rodrigo da Cunha Lima. *Condições da ação enfoque sobre o interesse de agir*. 2. ed. São Paulo: Revista dos Tribunais, 2001.

______. Prequestionamento implícito em recurso especial: posição divergente no STJ. In: NERY JUNIOR, Nelson; WAMBIER, Teresa Arruda Alvim. *Aspectos polêmicos e atuais dos recursos cíveis e de outros meios de impugnação às decisões judiciais*. São Paulo: Revista dos Tribunais, 2001.

FUX, Luiz. *Curso de direito processual civil*. Rio de Janeiro: Forense, 2001.

GAULIA, Cristina Tereza. A desconsideração da personalidade jurídica no Código de Defesa do Consumidor – Eficácia das decisões judiciais. *Revista da EMERJ*, Rio de Janeiro: EMERJ, v. 5, nº 18, 2002.

GIANESINI, Rita. A fazenda pública e o reexame necessário. In: NERY JUNIOR, Nelson; WAMBIER, Teresa Arruda Alvim. *Aspectos polêmicos e atuais dos recursos cíveis e de outras formas de impugnação às decisões judiciais*. São Paulo: Revista dos Tribunais, 2001. v. 4.

_____. Da recorribilidade do "cite-se". In: NERY JUNIOR, Nelson; WAMBIER, Teresa Arruda Alvim. *Aspectos polêmicos e atuais dos recursos cíveis e de outras formas de impugnação às decisões judiciais*. São Paulo: Revista dos Tribunais, 2001. v. 4.

GOMES, Luiz Roldão de Freitas. Da assunção de dívida. *Revista da EMERJ*, Rio de Janeiro: EMERJ, v. 5, nº 20, 2002.

GONÇALVES, Carlos Roberto. Prescrição: questões relevantes e polêmicas. In: DELGADO, Mário Luiz; ALVES, Jones Figueiredo (Coord.). *Questões controvertidas no novo Código Civil*. São Paulo: Método, 2003.

GRECO, Leonardo. A execução e a efetividade do processo. *Revista de Processo*, São Paulo: Revista dos Tribunais, nº 94, abr./jun. 1999.

_____. *O processo de execução*. Rio de Janeiro: Renovar, 2001. v. 2.

GUASP, Jaime. *Derecho procesal civil*. 4. ed. Madri: Civitas, 1998.

GUERRA, Marcelo Lima. Antecipação de tutela no processo executivo. *Revista de Processo*, São Paulo: Revista dos Tribunais, ano 22, 1997.

GUIMARÃES, Mário. *O juiz e a função jurisdicional*. Rio de Janeiro: Forense, 1962.

JORGE, Flávio Cheim. *Apelação*: teoria e admissibilidade. 2. ed. São Paulo: Revista dos Tribunais, 2002.

_____. Recurso especial com fundamento na divergência jurisprudencial. In: NERY JUNIOR, Nelson; WAMBIER, Teresa Arruda Alvim. *Aspectos polêmicos e atuais dos recursos cíveis e outras formas de impugnação às decisões judiciais*. São Paulo: Revista dos Tribunais, 2001.

LACERDA, J. C. Sampaio de. *Manual de direito falimentar*. 13. ed. Rio de Janeiro: Freitas Bastos, 1996.

LIEBMAN, Enrico Tullio. *Estudos sobre o processo civil brasileiro*. São Paulo: Saraiva, 1947.

_____. *Processo de execução*. 5. ed. São Paulo: Saraiva, 1986.

LOPES, Aldo. *A execução ilegal e os danos decorrentes*. Campo Grande: Solivros, 1998.

LUCON, Paulo Henrique. In: MARCATO, Antônio Carlos (Coord.). *Código de Processo Civil interpretado*. São Paulo: Atlas, 2004.

MACHADO, Hugo de Brito. *Curso de direito tributário*. 16. ed. São Paulo: Malheiros, 1999.

MARTINS, Fran. *Títulos de crédito*. 9. ed. Rio de Janeiro: Forense, 1994. v. 1.

MEDEIROS, João Paulo Fontoura de. *Embargos à execução*: sentença de procedência e improcedência. Curitiba: Juruá, 2003.

MEDEIROS, Maria Lúcia de. *A revelia sob o aspecto da instrumentalidade*. São Paulo: Revista dos Tribunais, 2003.

MEDINA, Paulo Roberto de Gouvêa. O preparo dos recursos em face da instrumentalidade do processo. In: NERY JUNIOR, Nelson; WAMBIER, Teresa Arruda Alvim. *Aspectos polêmicos e atuais dos recursos cíveis e de outras formas de impugnação às decisões judiciais*. São Paulo: Revista dos Tribunais, 2001.

MEIRELLES, Hely Lopes. *Mandado de segurança, ação popular, ação civil pública, mandado de injunção, "habeas data"*. 20. ed. São Paulo: Malheiros, 1998.

MIRABETE, Julio Fabbrini. *Código de Processo Penal interpretado*. 8. ed. São Paulo: Atlas, 2001.

MIRANDA, Gilson Delgado. *Código Civil interpretado*. In: MARCATO, Antônio Carlos (Coord.). São Paulo: Atlas, 2004.

MIRANDA, Pontes de. *Comentários ao Código de Processo Civil*. Rio de Janeiro: Forense, 1976. t. X.

MONTEIRO, Samuel. *Recurso especial e extraordinário*. São Paulo: Hemus, 1992.

MONTEIRO, Washington de Barros. *Curso de direito civil*. 16. ed. São Paulo: Saraiva, 1997.

MONTENEGRO FILHO, Misael. *Prática do processo civil*. São Paulo: Atlas, 2004.

______. *Processo de conhecimento na prática*. São Paulo: Atlas, 2004.

______. *Recursos cíveis na prática*. São Paulo: Atlas, 2004.

MORAES, Alexandre de. *Direito constitucional*. 13. ed. São Paulo: Atlas, 2003.

MOREIRA, José Carlos Barbosa. *A constituição e as provas ilicitamente obtidas*. Disponível em: <www.editoraforense.com.br>. Acesso em: 13 ago. 2004.

NEGRÃO, Theotonio. *Código de processo civil e legislação processual em vigor*. 32. ed. São Paulo: Saraiva, 2001.

______. *Código de processo civil e legislação processual em vigor*. 35. ed. São Paulo: Saraiva, 2003.

NERY JUNIOR, Nelson. *Código de processo civil comentado e legislação processual extravagante em vigor*. 4. ed. São Paulo: Revista dos Tribunais, 1999.

OLIVEIRA, Cândido. *Algumas notas sobre o recurso extraordinário*. Rio de Janeiro, 1910.

OLIVEIRA, Gleydson Kleber Lopes. Interesse em recorrer nos recursos extraordinário e especial retidos, instituídos pela Lei nº 9.756/98. In: NERY JUNIOR, Nelson; WAMBIER, Teresa Arruda Alvim. *Aspectos polêmicos e atuais dos recursos cíveis e de outras formas de impugnação às decisões judiciais*. São Paulo: Revista dos Tribunais, 2001. v. 4.

OLIVEIRA, Vallisney de Souza. *Nulidade da sentença e o princípio da congruência*. São Paulo: Saraiva, 2004.

PARENTE, Eduardo de Albuquerque. Os recursos e as matérias de ordem pública. In: NERY JUNIOR, Nelson; WAMBIER, Teresa Arruda Alvim. *Aspectos polêmicos e atuais dos recursos cíveis e de outros meios de impugnação às decisões judiciais*. São Paulo: Revista dos Tribunais, 2003. v. 7.

PASSOS, J. J. Camon de. *Esboço de uma teoria das nulidades aplicada às nulidades processuais*. Rio de Janeiro: Forense, 2002.

PINTO, Nelson Luiz. In: MARCATO, Antônio Carlos (Coord.). *Código de Processo Civil interpretado*. São Paulo: Atlas, 2004.

______. *Manual dos recursos cíveis*. 3. ed. São Paulo: Malheiros, 2002.

PIPOLO, Henrique Afonso. Do cabimento dos embargos de declaração em decisões interlocutórias e seus efeitos em relação ao prazo para interposição de agravo. *Repertório IOB de Jurisprudência*, Caderno 3, nº 16/2001, 2ª quinzena ago. 2001.

RÉGIS, Mário Luiz Delgado. In: FIUZA, Ricardo (Coord.). *Novo Código Civil comentado*. São Paulo: Saraiva, 2002.

RIZZARDO, Arnaldo. *Contratos*. 2. ed. Rio de Janeiro: Forense, 2001.

ROSAS, Roberto. *Direito sumular*. 12. ed. São Paulo: Malheiros, 2004.

SANTOS, Ernane Fidélis dos. *Manual de direito processual civil*. São Paulo: Saraiva, 2002. v. 2.

SEGUNDO, Hugo de Brito Machado; MACHADO, Raquel Cavalcanti Ramos. Recurso interposto antes de publicada a decisão recorrida: tempestividade. *Revista Dialética de Direito Processual*, nº 7, out. 2003.

SHIMURA, Sérgio. *Título executivo*. São Paulo: Revista dos Tribunais, 1997.

SILVA, Ovídio Baptista da. *Curso de processo civil*. 5. ed. São Paulo: Revista dos Tribunais, 2000. v. 1.

SILVA, Ovídio Baptista da. Mandamentalidade e autoexecutividade das decisões judiciais. *Revista da EMERJ*, v. 5, nº 18, 2002.

SLAIBI FILHO, Nagib. *Sentença civil*. 5. ed. Rio de Janeiro: Forense, 2001.

SOUZA, Sylvio Capanema de. A prescrição no contrato de seguros e o novo Código Civil. *Revista da EMERJ*, Rio de Janeiro, v. 1, nº 1, 1998.

SPADONI, Joaquim Felipe. Breves anotações sobre a tutela antecipada e os efeitos da apelação. In: NERY JUNIOR, Nelson; WAMBIER, Teresa Arruda Alvim. *Aspectos polêmicos e atuais dos recursos e de outros meios de impugnação às decisões judiciais*. São Paulo: Revista dos Tribunais, 2002. v. 6.

STOCO, Rui. *Tratado de responsabilidade civil*. 6. ed. São Paulo: Revista dos Tribunais, 2004.

THEODORO JÚNIOR, Humberto. A intimação e a contagem do prazo para recorrer. *Revista Síntese de Direito Civil e Direito Processual Civil*, Porto Alegre: Síntese, nº 13, 1999.

_____. *Curso de direito processual civil*. 25. ed. Rio de Janeiro: Forense, 2001. v. 3.

_____. *Processo de execução*. 20. ed. São Paulo: Leud, 2000.

_____. Fraude contra credores. *Revista Síntese de Direito Civil e Processual Civil*, Porto Alegre: Síntese, nº 11, maio/jun. 2001.

TOLEDO, Helena Damiani Vergueiro. Cheque: mundo jurídico × realidade contemporânea. *Repertório IOB de Jurisprudência*, nº 14/2001, Caderno 3.

TOURINHO FILHO, Fernando da Costa. *Manual de processo penal*. 3. ed. São Paulo: Saraiva, 2001.

TUCCI, José Rogério Cruz e. *Lineamentos da nova reforma do CPC*. 2. ed. rev. atual. e ampl. São Paulo: Revista dos Tribunais, 2002.

VELOSO, Zeno. In: FIUZA, Ricardo (Coord.). *Novo Código Civil comentado*. São Paulo: Saraiva, 2002.

WAMBIER, Luiz Rodrigues. *Curso avançado de processo civil*. 6. ed. São Paulo: Revista dos Tribunais, 2003. v. 1.

_____. *Processo de execução*. 5. ed. São Paulo: Revista dos Tribunais, 2002. v. 2.

WAMBIER, Teresa Arruda Alvim. Fungibilidade de "meios": uma outra dimensão do princípio da fungibilidade. In: NERY JUNIOR, Nelson; WAMBIER, Teresa Arruda Alvim. *Aspectos polêmicos e atuais dos recursos cíveis e de outras formas de impugnação às decisões judiciais*. São Paulo: Revista dos Tribunais, 2001. v. 4.

Índice Remissivo

(Os números referem-se aos pontos deste volume)

– D –

– E –

Formato	17 x 24 cm
Tipografia	Dutch801 11/13
Papel	Offset Sun Paper 63 g/m² (miolo)
	Supremo 250 g/m² (capa)
Número de páginas	576
Impressão	RR Donnelley